国网福建经研院2024年国际能源电力智库建设路径及发展范式研究项目

国网福建省电力有限公司经济技术研究院
南京大学中国智库研究与评价中心
联合发布

国际能源智库概论

主　　编：陈彬　李刚
执行主编：魏宏俊
副 主 编：蔡建煌　施鹏佳　卢柯全

中国财经出版传媒集团
经济科学出版社
Economic Science Press
·北京·

图书在版编目（CIP）数据

国际能源智库概论／陈彬，李刚主编；魏宏俊执行主编；蔡建煌，施鹏佳，卢柯全副主编. -- 北京：经济科学出版社，2025.4. -- ISBN 978-7-5218-6959-0

Ⅰ.F206

中国国家版本馆 CIP 数据核字第 20254RN676 号

责任编辑：戴婷婷
责任校对：郑淑艳
责任印制：范 艳

国际能源智库概论

主　编　陈 彬　李 刚
执行主编　魏宏俊
副 主 编　蔡建煌　施鹏佳　卢柯全
经济科学出版社出版、发行　新华书店经销
社址：北京市海淀区阜成路甲 28 号　邮编：100142
总编部电话：010-88191217　发行部电话：010-88191522
网址：www.esp.com.cn
电子邮箱：esp@esp.com.cn
天猫网店：经济科学出版社旗舰店
网址：http://jjkxcbs.tmall.com
北京季蜂印刷有限公司印装
787×1092　16 开　28.5 印张　540000 字
2025 年 4 月第 1 版　2025 年 4 月第 1 次印刷
ISBN 978-7-5218-6959-0　定价：116.00 元
（图书出现印装问题，本社负责调换。电话：010-88191545）
（版权所有　侵权必究　打击盗版　举报热线：010-88191661
QQ：2242791300　营销中心电话：010-88191537
电子邮箱：dbts@esp.com.cn）

《国际能源智库概论》编委会名单

主　　编：陈　彬　李　刚
执行主编：魏宏俊
副 主 编：蔡建煌　施鹏佳　卢柯全
编　　委（以姓氏笔画为序）：
　　　　　杜　翼　李益楠　李源非　吴建发　陈　晗
　　　　　陈文欣　陈立涵　陈劲宇　陈柯任　陈津莼
　　　　　陈思敏　陈晓晴　陈紫晗　张雨馨　林晓凡
　　　　　林晗星　郑　楠　项康利　蔡期塬

序 言

能源是现代文明的基石,驱动经济发展,塑造国际关系,深刻影响环境可持续性。当前,全球能源格局正经历前所未有的变革——能源供应链受地缘政治冲突与市场波动影响日益显著。能源安全的内涵从简单的供应保障扩展为包含经济可负担性、技术可获得性与环境可持续性的综合命题。"碳达峰碳中和"目标下的能源转型正全面加速,可再生能源占比提升,电气化、数字化与智能化正重塑能源生产消费模式。

在百年变局中,能源智库面临着前所未有的挑战。国际能源智库作为连接政策与市场、理论与实践、国内与国际的桥梁,需要重新调整自己的历史方位:作为"政策智囊",深入解析国内外战略目标下的路径选择,平衡能源安全与低碳转型;作为"创新引擎",推动技术—产业—政策闭环协同;作为"全球桥梁",参与国际能源规则制定,构建多边合作机制。国际能源智库与政府部门、能源企业、国际组织所构成的政策倡导共同体,通过构建能源领域的价值框架和话语体系,设定和引导全球能源议程,是全球能源治理的重要参与者和塑造者。中国作为世界最大的能源生产国和消费国之一,迫切需要建立一套既符合国际通行规范又体现中国特色的国际能源智库体系,为推动全球能源治理变革贡献中国智慧。

能源问题的研究需要一个整合政治、经济和环境维度的多学科理论框架。笔者认为,能源问题绝非一个简单的国际经济议程,也是一个国际政治问题。受地缘政治理论的启发,本书认为也要从"能缘政治"的基本概念出发来理解世界能源问题,二战以来的很多战争背后都有能源争夺的深层因素。因此,能源既是经济活动的基础投入,又是国际关系的战略要素,同时还是环境可持续发展的关键变量，这种多重属性决定了能源研究必须打破学科壁垒，构建跨领域的理论视角。构建具有中国特色的能源智库学术体系，需要在守正创新的辩证统一中找到平衡点——一方面充分借鉴国际主流能源理论的分析范式和方法工具，保持与全球学术共同体的有效对话；另一方面立足中国能源发展的实际国情，吸收中华优秀传统文化中的生态智慧，融合中国特色能源发展道路的实践经验，形成既有国际视野又有中国特色的理论创新，为全球能源治理贡献中国智慧。

高效的能源智库需要健全的组织结构、多元化的人才队伍和系统的研究管理机制。能源智库作为典型的知识密集型组织，其管理模式既需遵循一般智库的规律，又需适应能源领域的特殊性。国际能源智库普遍具有"三密集"特征——资金密集、人才密集和数据密集，这构筑起显著的行业进入壁垒，形成了头部机构占据绝大部分话语权和影响力的金字塔结构。构建中国特色的能源智库管理体系，需要着眼于组织形态多样化、人才结构专业化、科研管理精细化三个关键维度：在组织形态上，既要研究独立型、附属型和政策联盟型等不同模式的优劣势，又要思考如何在保持必要自主性的同时实现与政府、企业、学界的有效衔接；在人才体系上，需要打破传统学科壁垒，培养兼具专业背景、国际视野和政策敏感度的复合型研究人才；在科研管理上，需创新项目选题机制、团队组建方式和成果评价标准，形成从需求识别、方案设计到成果转化的闭环管理体系，从而提升能源智库的研究质量和政策影响力。

数字化转型正重塑能源智库的研究方法、传播策略和政策咨询服务。在全球化与数字化的双重驱动下，能源智库的业务模式正从传统的报告研究向多元化知识服务转变，研究方法从经验科学向以人工智能驱动的"AI4S"范式演进，传播渠道从单向输出向多平台互动拓展。国际能源智库虽以能源产业为核心研究对象，但内部研究领域高度多元化，涵盖从化石能源到可再生能源、从能源技术到市场监管、从供应安全到气候政策的繁多垂直细分领域，这种"大能源"视角下的多样化垂类研究体系，使能源智库能够在复杂多变的全球能源格局中提供跨界整合的系统性分析和解决方案。提升中国能源智库的核心竞争力，需要在三个方面发力：一是强化数据驱动研究能力，建立从观念文化、政策体系到人才团队、技术工具的全链条数智化转型路径；二是创新传播影响模式，构建传播资源整合调配、效果评估反馈、风险防控处置的国际传播保障机制；三是升级咨询服务质量，完善从战略规划、政策建议到技术路线图的专业咨询业务体系，实现研究成果向决策支持的有效转化，进而提升中国能源智库在全球能源治理中的影响力。

世界各地区的能源智库展现出由当地能源资源禀赋、政策优先事项与机构传统塑造的独特特征。从欧洲能源智库的规则引领、美洲能源智库的技术创新、亚洲能源智库的发展模式到非洲和大洋洲能源智库的本土化实践，全球能源智库呈现出丰富多彩的发展图景。国际能源组织智库则通过跨国协作平台，整合各区域智库资源，在全球能源治理中发挥着独特作用。这些多元化的实践为中国能源智库建设提供了宝贵经验：欧洲智库的政策研究与规则制定能力、美洲智库的技术评估与市场分析专长、亚洲智库的发展战略研究传统，以及国际组织智库的多边协调机制，都值得深入研究与选择性借鉴。构建中国特色的国际能源智库，既要立足中国能源发展实际，又要放眼全球能源治理大局；既要吸收国际先进经验，又要保持文化自信与战略定力；既要重视对西方主流能源话语体系的理性批判，又要积极构建具有中国特色的能源理论与话语体系，努力在全球能源治理变革中贡献中国方案、中国智慧和中国力量。

本书通过系统梳理国际能源智库的理论基础、组织实践、业务模式和区域差异，为中国能源智库建设提供参考。全书共十七章，分为四个篇章：理论篇（第一至第五章）系统阐述国际能源智库的概念范畴、类型功能及能源政治、经济、环境与智库管理的相关理论，构建了多维度的分析框架；管理篇（第六至第八章）深入探讨国际能源智库的组织管理机制、人力资源管理机制与科研管理机制，为能源智库的高效运营提供实践指导；业务篇（第九至第十二章）聚焦国际能源智库的传播策略、研究方法、专业咨询实务与数智化建设，揭示了能源智库核心业务的演进规律与创新路径；借鉴篇（第十三至第十七章）全面梳理了国际能源组织智库及欧洲、美洲、亚洲、非洲与大洋洲等地区能源智库的发展特征与代表性机构，为中国能源智库的国际化发展提供了多元参照。本书既有理论高度，又有实践深度；既关注全球视野，又立足中国国情；既梳理历史沿革，又展望未来趋势，旨在为能源领域的研究者、管理者、政策制定者以及对能源治理感兴趣的读者提供系统化的知识框架与实践指南。

在全球能源转型与中国"双碳"目标的背景下，能源智库作为政策与实践的桥梁，创新与落地的纽带，国内与国际能源治理的连接点，肩负着特殊的历史使命。国际能源智库作为知识生产与政策影响的专业组织，其发展水平一定程度上反映了其在全球能源格局重塑过程中的话语权与影响力。加强中国特色国际能源智库建设，对于增强国家能源安全保障能力、提升国际能源规则制定参与度、推动国家能源科技自立自强具有重要意义。本书立足于总结国际经验、提炼规律认识、探索中国道路，希望为中国能源智库的理论创新与实践发展提供有益参考，进而推动中国在全球能源治理体系中发挥更加积极的建设性作用。能源领域的大变局孕育着大机遇，大挑战呼唤着大智慧。展望未来，中国特色国际能源智库将在传承中创新、在交流中融合、在借鉴中超越，为构建更加公平、高效、绿色的全球能源治理体系贡献中国方案。

  本书是国内第一本国际能源智库的概论书籍，由国网福建经济技术研究院和南京大学中国智库研究与评价中心联合课题组完成。由于时间匆忙，跨学科理论与知识储备不足，加上国际能源智库实地调研相对困难，本书不当、不妥之处，恳请广大读者不吝指正，以便课题组在后续研究中加以修正。

目录

理论篇

第一章
国际能源智库概述   3

一、国际能源智库本质论   3
二、国际能源智库类型论   9
三、国际能源智库功能论   15
四、国际能源智库概况   22

第二章
能源政治相关理论   38

一、地缘政治理论：空间维度的能源政治分析   38
二、国际关系理论：互动维度的能源政治分析   45
三、公共政策分析理论：治理维度的能源政治分析   52

第三章
能源经济相关理论   59

一、资源维度：资源经济学视角下的能源分析   59
二、市场维度：产业经济学视角下的能源分析   65
三、技术维度：技术经济学视角下的能源分析   71

第四章
能源环境相关理论　　　　　　　　　　　　　　　　　　　　　78

　　一、系统维度：可持续发展理论解析　　　　　　　　　78
　　二、效率维度：生态经济学分析　　　　　　　　　　　84
　　三、价值维度：环境伦理学探讨　　　　　　　　　　　90
　　四、文明维度：生态文明理论探索　　　　　　　　　　94

第五章
智库管理相关理论　　　　　　　　　　　　　　　　　　　101

　　一、国际能源智库的基础理论体系　　　　　　　　　101
　　二、国际能源智库的知识生产理论　　　　　　　　　106
　　三、国际能源智库的运营管理理论　　　　　　　　　111
　　四、国际能源智库的治理参与理论　　　　　　　　　118

管　理　篇

第六章
国际能源智库的组织管理机制　　　　　　　　　　　　　129

　　一、组织形态　　　　　　　　　　　　　　　　　　129
　　二、组织结构　　　　　　　　　　　　　　　　　　139
　　三、文化建设　　　　　　　　　　　　　　　　　　148

第七章
国际能源智库的人力资源管理机制　　　　　　　　　　　154

　　一、人才选拔招募　　　　　　　　　　　　　　　　154
　　二、团队建设管理　　　　　　　　　　　　　　　　158
　　三、人才培养发展　　　　　　　　　　　　　　　　163
　　四、绩效考核管理　　　　　　　　　　　　　　　　167

第八章
国际能源智库的科研管理机制　　173

一、科研课题的选题机制　　173
二、科研课题的组织实施　　181
三、科研成果的转化应用　　193

业务篇

第九章
国际能源智库传播　　203

一、国际化传播体系建设　　203
二、国际化传播的策略方法　　210
三、国际化传播的保障措施　　216

第十章
国际能源智库的研究发展　　223

一、科学研究范式与能源研究　　223
二、能源智库研究的核心方法　　233
三、能源智库研究的技术工具　　241

第十一章
国际能源智库的专业咨询实务　　251

一、智库咨询业务的基本属性　　251
二、智库咨询业务的主要类型　　255
三、智库咨询业务的实施流程　　262
四、智库咨询业务的创新发展　　270

第十二章
国际能源智库的数智化建设与转型   **275**

一、数智化建设与转型思路   275

二、能源知识的信息资源库   281

三、能源研究工具库的建设与应用   291

借鉴篇

第十三章
国际能源组织智库   **303**

一、国际能源署   303

二、国际可再生能源署   310

三、联合国气候变化框架公约秘书处   316

四、其他   323

第十四章
欧洲能源智库   **329**

一、欧洲能源智库的总体发展特征   329

二、典型能源智库案例分析   330

第十五章
美洲能源智库   **351**

一、美洲能源智库概述   351

二、典型能源智库案例分析   355

第十六章
亚洲能源智库   **378**

一、亚洲能源智库概述   378

二、典型案例   381

第十七章
其他大洲能源智库　　　　　　　　　　　　　　　　**396**

　　一、非洲　　　　　　　　　　　　　　　　　　　396
　　二、大洋洲　　　　　　　　　　　　　　　　　　400

附录　各大洲能源智库一览表　　　　　　　　　　　**406**
后记　　　　　　　　　　　　　　　　　　　　　　**436**

理论篇

第一章

国际能源智库概述

能源是现代社会赖以生存和发展的基础，关乎国计民生和国家安全。随着全球能源形势的不断变化，能源问题日益复杂化、国际化，迫切需要专业化的研究机构为能源决策提供智力支持。能源智库应运而生，成为能源治理中一支重要的力量。加强能源智库建设，推动全球能源治理，已成为国际社会的普遍共识。本章将从能源智库的范畴、类型、功能及概况入手，厘清国际能源智库的内涵外延与现况，为后续梳理能源智库研究运营过程中所涉及的理论、业务、经验等奠定基础。

一、国际能源智库本质论

国际能源智库的本质体现为其在全球能源治理体系中的独特定位，强调通过知识生产与政策影响实现对能源领域的深刻干预。该类智库以独立性和专业性为基础，承担起促进国际能源合作、推动政策制定与创新的重任。在国际能源挑战愈加复杂的背景下，探寻国际能源智库的本质，有助于从宏观层面构建前瞻性视角，并以此为基础提出应对全球能源问题的战略路径。

（一）国际能源智库定义

科学的概念界定通常包括五个步骤，分别是对概念的理论化，即明确概念的核心内容和其理论背景；明确概念的内涵与外延；构建多维度和多层次概念结构；将理论上的概念转化为可以测量的指标；验证概念的一致性，并对概念进行反思与调整[1]。

国际能源智库的概念核心就是参与全球能源治理的智库。因此在对其概念进行界定时，除了基础的组织管理与公共政策理论假设，还应将其置于全球能源治理的框架范畴之中，特别是强调智库在全球能源政策中所发挥的连接知识生产与政策影响的桥梁功能。公共政策理论强调，智库通过知识生产为政策制定提供科学依据，尤其在能

---

[1] 戈茨. 概念界定：关于测量、个案和理论的讨论 [M]. 尹继武，译. 重庆：重庆大学出版社，2014.

源政策中，智库的独立性与专业性研究为政策制定者在纷繁的全球能源问题中做出更具前瞻性与实现性的决策。而全球能源治理框架则进一步拓展了智库的角色，使智库不仅作为知识传播者，更是跨国能源合作与多方利益协调的重要平台。因此解剖国际能源智库的概念需从智库、全球能源治理以及两者之间的交互着手。

  国际能源智库作为智库的下位类概念，明确其内涵需从更为核心的智库概念出发。根据韦氏词典对于智库"Think Tank"的定义，智库是研究特定主题（如政策议题或科学问题）并提供资讯、意见以及建议而组成的机构、公司或团体①。维基百科在此基础上强调了智库的价值倡导功能。而全球能源治理是指通过国际合作来管理能源生产、运输和消费过程中出现的技术、规则等复杂问题的过程②。其核心目标是建立一个公平、高效、可持续的全球能源系统，以应对能源安全、气候变化和可持续发展等全球性挑战③。因此，国际能源智库不仅承载着传统智库的核心职能，还具有国际化视野和全球化行动的广泛外延。基于这些广泛的定义，国际能源智库在内涵上，应被视作独立的知识生产机构，专注于全球能源政策的研究和分析，服务于国际能源治理的需求。其核心职能不仅在于提供前沿的学术研究和政策建议，还在于通过跨学科的研究能力与全球视角，协助政策制定者应对复杂的能源挑战。外延上，国际能源智库的影响范围覆盖全球，不仅在国家或地区能源政策中发挥作用，还积极参与全球能源合作、能源安全保障以及推动可持续能源转型的国际行动。这种广泛的外延确保了国际能源智库在应对气候变化、能源危机等全球性问题时，能够提供战略性的解决方案。

  智库的功能和角色随时代和需求的变化而不断扩展。因此国际能源智库作为智库的下位类概念，也应随着对智库功能和角色的认识发展进行多维度、多层次的概念建构。举例而言，相比《第五阶层：智库 公共政策 治理》中对于智库的定义④，麦甘博士在《全球智库报告·2020》⑤中强调了智库不仅是政策研究与分析的机构，还积极参与公众事务，作为公众与政策制定者的桥梁。他强调智库在学术界与政策制定者之间的中介作用，并且将复杂的研究转化为易于理解的政策建议。相较之下，旧定义更多

---

① Merriam-webster. Think Tank [EB/OL]. [2024-10-17]. https：//www.merriam-webster.com/dictionary/think%20tank.
② 于宏源. 全球能源治理：变化趋势、地缘博弈及应对 [EB/OL]. (2019-04-18) [2024-10-17]. http：//world.people.com.cn/n1/2019/0418/c187656-31037625.html.
③ 新华社. 中国代表：国际社会应积极推进全球能源公正转型 [EB/OL]. (2024-07-11) [2024-10-17]. https：//www.gov.cn/yaowen/liebao/202407/content_6962528.htm.
④ James G, Mcgann. The Fifth Estate Think Tanks, Public Policy, and Governance [M]. Washington DC：Brookings Institution Press, 2018：6.
⑤ James G, Mcgann. Global Go to think tank index report (1st-11th edition) [R]. Think Tanks and Civil Societies Program, University of Pennsylvania, 2008-2019.

强调智库的独立性与政策导向性，但并没有明确提到智库在公共领域的广泛参与和与公众的互动。这种演变体现了智库从单纯的政策建议提供者，逐渐转变为更加关注公众参与与知识转化的多功能机构。即国际能源智库不仅是知识生产和政策建议的机构，还涵盖了在国际合作、政策制定、学术研究等多个层面发挥作用的功能结构。在全球能源治理的背景下，国际能源智库的多层次功能可以从国家能源政策参与、国际能源合作与多边外交推动以及全球能源学术研究等角度进行解读。智库通过横跨多个层次和领域的综合功能，构建起其在全球能源政策制定中的独特地位，并能够响应不同政策需求，灵活调整其研究方向和合作策略。这种多层次的功能结构，使得国际能源智库在应对全球能源挑战中具有高度的适应性和广泛的影响力。

对国际能源智库的概念认知还需要通过其可操作化的指标实现。一是政策影响力。国际能源智库在全球能源政策中的桥梁作用使得通过政策影响力来衡量其贡献成为必要。具体可以包括智库所发布的政策报告数量、其政策建议被采纳的情况、参与国际能源合作项目的频率等。这些数据可以帮助评估智库在知识生产与政策执行之间的连接作用。二是国际化合作与传播能力。国际能源智库通过跨国研究项目的参与、在国际能源论坛上的活跃度以及在国际学术交流中的表现，展现其在全球能源合作中的桥梁作用。这些活动不仅有助于推动能源技术的国际传播，还能够加强智库在多边外交中的重要性，尤其是在全球能源安全和能源转型议题上。三是业务运作模式。行之有效的运营机制是智库功能得以高效发挥的重要支撑，主要体现在项目管理能力、资源配置的合理性和组织结构的灵活性上。这一层次的指标虽然不直接影响智库的核心功能，但其高效运作能够确保智库长期发挥其在能源治理中的战略性作用。最后，智库的外部评估与专家反馈也是确保其运营透明度与独立性的必要步骤。外部审计、专家委员会的意见以及多边机构对智库的评估报告能够提供实证数据，帮助完善对其治理结构与专业能力的认识。

国际能源智库的概念界定还需要结合相近概念与实证数据进行检验。与国内已有的近似概念相比，"新型智库"特指"中国特色新型智库"，是以战略问题和公共政策为主要研究对象、以服务党和政府科学民主依法决策为宗旨的非营利性研究咨询机构[①]；"现代智库"则是为服务公共福祉，非营利的，从事基于证据的政策分析工作，具有理论创新、决策咨询、社会服务、价值倡导等功能的专业组织。上述两个概念看似与国际能源智库存在交集，但其均是在具有中国特色的智库语境下界定的，与国际能源智库所属的体制机制以及全球化定位存在差异，因此不能简单地将国际能源智库

---

① 中共中央办公厅 国务院办公厅. 关于加强中国特色新型智库建设的意见 [EB/OL]. (2015-01-20) [2024-12-10]. https://www.gov.cn/xinwen/2015-01/20/content_2807126.htm.

作为上述"新型智库"或者"现代智库"的下位类概念。另外，以OTT（On Think Tanks）全球智库名录中从事能源领域研究的1593家智库为样本进行统计，发现其中至少6%的智库属于营利性组织，可见国内智库语境中的非营利性特征在国际能源智库的概念界定中并不一定适用（见图1-1）。

DISTRIBUTION OF BUSINESS MODELS IN THINK TANKS

类别	数量
FOR PROFIT, UNIVERSITY INSTITUTE/CENTER	1
FOR PROFIT, OTHER	1
OTHER, NON-PROFIT	2
GOVERNMENT, NON-PROFIT	3
NON-PROFIT, OTHER	5
NON-PROFIT, UNIVERSITY INSTITUTE/CENTER	11
UNIVERSITY INSTITUTE/CENTER, NON-PROFIT	12
OTHER	48
N/A	82
GOVERNMENT	88
FOR PROFIT	102
UNIVERSITY INSTITUTE/CENTER	215
NON-PROFIT	992

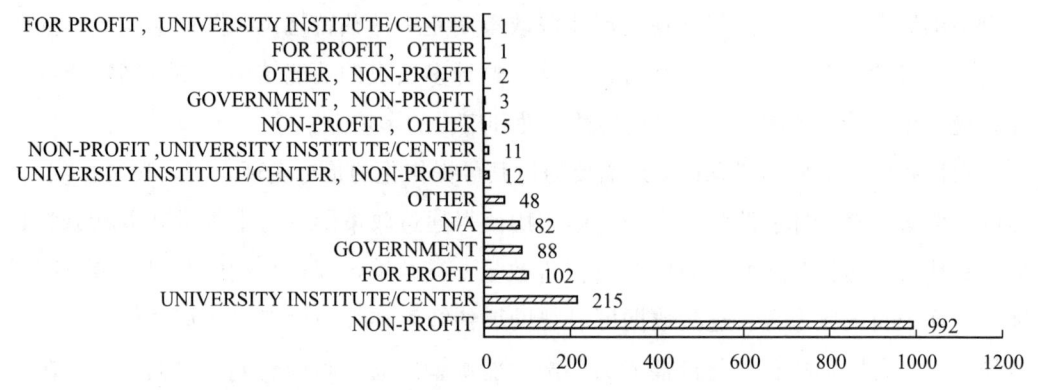

图1-1 从事能源领域研究的国际能源智库运营模式分类

资料来源：OTT. Access full dataset [EB/OL]. https://onthinktanks.org/download-full-dataset/. 图中数据由笔者根据OTT全球智库名录中的"Business Models"字段整理得到的结果。

综合以上观点，国际能源智库是致力于全球能源政策研究与分析的专业机构或组织，在全球能源治理框架下通过知识创新、政策咨询、国际合作与公共参与，为国际能源决策提供智力支持，促进全球能源安全与可持续发展。这一定义凸显了国际能源智库的全球视野、跨国影响力及其在全球能源治理中的关键角色。与一般能源智库相比，国际能源智库更强调国际协作，其研究与活动范围超越单一国家或地区的界限。值得注意的是，国际能源智库可能呈现多样化的组织形式，包括附属型、独立型或政策联盟型，但其均以推动全球能源问题的解决与促进国际能源合作为共同目标。这种多元化的组织结构使得国际能源智库能够更全面地应对复杂的全球能源挑战，在知识创新、政策制定与国际协作等方面发挥独特作用。

（二）国际能源智库特征

国际能源智库以独立客观为根基，以专业知识和研究能力为核心，组建跨学科复合性团队，通过政策建议、价值倡导等方式积极参与全球能源治理。其所囊括的独立性、专业性、复合性、倡导性以及国际性五个特征相互交织，共同塑造了国际能源智库的独特角色。

1. 独立性

独立性是国际能源智库的重要表征。其主要体现在研究过程中保持独立，不受单一利益集团控制，为研究和建议的公信力提供保障。但独立性并不代表着组织形式上的完全独立，相反国际能源智库需要与政府、企业、社会组织等保持广泛的联系，以获取研究所需的信息与资源。

国际能源智库通过多样化的资金来源和严格的政策来维护其研究独立性。阿卜杜拉国王石油研发中心（King Abdullah Petroleum Studies and Research Center，KAPSARC）通过定期发布年度报告，详细说明资金来源和研究项目进展，确保外部资助方不会对其研究方向产生过度影响[1]。同样，查塔姆研究所（Chatham House）采取了严格的资助审查政策，确保资金来源与智库的使命保持一致，避免影响研究的客观性和独立性[2]。除此之外，这些智库通常会依赖自建数据库与信息源，确保其研究基于客观的独立数据，而不是依赖未经核实可能存在外部偏见的数据，这种做法进一步强化了其在政策研究中的可信度和公正性。

2. 专业性

专业性是国际能源智库的核心竞争力。其体现在智库研究领域的聚焦与研究团队的构成上。国际能源智库专注于能源相关的问题，包括能源政策、技术创新、市场动态、环境影响等多个方面。这种专业性使得能源智库能够深入分析复杂的能源问题，提供高质量的研究成果与政策建议。同时，国际能源智库通常汇聚了能源领域的专家学者，形成了多学科交叉的研究团队，其人才结构进一步强化了其专业性。

国际能源智库的专业性体现在其广泛的研究领域、严谨的研究方法和深度的案例分析。其研究主题不仅涵盖了能源政策、气候变化与能源安全等关键议题，还通过定量分析、政策建模和国家/区域案例研究等方法，为全球能源挑战提供切实可行的解决方案。例如，哥伦比亚大学国际与公共事务研究院全球能源政策中心（Center on Global Energy Policy at Columbia University SIPA，CGEP）和麻省理工学院能源与政策研究中心（Center for Energy and Environmental Policy Research，CEEPR）等机构依托数据建模与案例研究，提供高质量的政策建议，并有效支持决策者制定面向未来的能源战略[3][4]。

---

[1] KAPSARC. About [EB/OL]. [2024-10-20]. https：//www.kapsarc.org/about/.

[2] Charham House. Principles for Independent Research and Convening [EB/OL]. [2024-10-20]. https：//www.chathamhouse.org/about-us/our-funding/principles-independent-research-and-convening.

[3] Center on Global Energy Policy at Columbia University SIPA. What we do [EB/OL]. [2024-10-20]. https：//www.energypolicy.columbia.edu/about-us/what-we-do/.

[4] MIT CEEPR. MIT CEEPR Again Ranked Among Top Energy Policy Think Tanks in the World [EB/OL]. [2024-10-20]. https：//ceepr.mit.edu/mit-ceepr-again-ranked-among-top-energy-policy-think-tanks-in-the-world/.

这些智库的专业性确保了它们在复杂的能源转型中发挥关键作用，帮助推动全球向净零排放目标迈进①。

3. 倡导性

价值倡导是能源智库的重要特性，也是国际能源智库推动全球能源转型与实现可持续发展目标的核心能力。倡导性体现在智库通过推动绿色能源、低碳发展理念的传播，塑造社会影响力，并引导公共政策的制定与实施。国际能源智库通过政策建议、研究报告、国际会议等多种途径，积极推动社会各界对绿色发展和低碳转型的认同和采纳，从而发挥其倡导作用。

倡导性不仅限于政策制定过程中的影响力，还体现在推动公众意识和企业实践的层面。智库通过公众教育活动、研讨会以及媒体传播，倡导可持续能源使用的理念，推动更多公众认识到绿色能源的重要性。此外，国际能源智库与企业合作，通过向企业提供可持续发展战略建议，帮助企业实现绿色转型。倡导性使得智库能够不仅在理论层面提出发展方向，更在实践中通过具体的倡导活动推动政策和社会行为的改变。

倡导性对于国际能源智库在全球能源治理中的地位至关重要。在全球能源议题复杂多变的背景下，智库的倡导性使其能够有效地影响政策讨论，推动利益相关方对可持续能源议题形成共识。倡导性通过多维度、多渠道的方式，将智库的研究成果转化为实际的政策影响和社会效应，从而在全球能源治理中发挥积极作用。因此，倡导性不仅是能源智库自身使命的体现，更是其在推动全球能源议题中不可或缺的功能之一。

4. 复合性

在全球能源治理日益复杂的背景下，国际能源智库的复合型特征成为应对全球能源挑战的重要支撑。面对能源安全、气候变化、地缘政治等多重因素交织的治理难题，国际能源智库通过跨学科研究②、方法融合和团队多元化三个维度展现其复合性优势。在跨学科研究方面，智库整合了能源工程、经济学、政治学、环境科学、国际关系等多领域知识，通过多维度分析深入剖析复杂的能源问题，形成了新的研究范式。在研究方法上，国际能源智库综合运用定量分析、案例研究、情景分析等多种方法，并建立严格的质量控制与同行评议机制，确保研究成果的科学性和可靠性。在团队构成上，智库汇集了能源领域专家与经济学、政治学、国际关系等相关学科的学者，形成了多学科交叉的研究队伍，促进多角度思考与创新性解决方案的提出。

这种复合型特征在全球能源治理体系中发挥着关键作用。跨学科的研究视角使国

---

① Public Affairs Research Institute. The Net – Zero Energy Transition：Policy case studies from INETT ［EB/OL］. https：//pari. org. za/the – net – zero – energy – transition – policy – case – studies – from – inettt/.

② 黄珂敏，曲建升. 国外知名能源智库运行机制研究［J］. 智库理论与实践，2022，7（6）：117 – 128.

际能源智库能够准确把握能源转型、碳中和等重大议题的复杂性，为全球能源治理提供系统性解决方案。通过学科间的深度融合，智库不仅能够分析能源技术创新路径，还能深入研究能源市场变革、国际能源合作机制以及能源地缘政治等多维度问题。这种复合型优势使国际能源智库成为连接全球能源治理各利益相关方的重要桥梁，为推动全球能源治理体系的完善和发展提供了强有力的智力支持。

5. 国际性

全球视野是国际能源智库区别于区域性能源智库的重要特征，体现了全球能源治理的国际性与区域关联性。国际能源智库通常关注全球能源格局的变化，研究国际能源市场动态，分析各国能源政策的影响。这种全球视野使得国际能源智库能够在更宏观的背景下理解和分析能源问题，为决策者提供具有国际视野的政策建议。国际能源智库通过整合国际能源治理经验与本土实践需求，在促进全球能源治理最佳实践的本土化落地与国内创新经验的国际化传播之间发挥着双向桥梁作用。

本土洞察是与全球视野并重的特征，反映了能源智库对地区特殊性的重视。尽管拥有全球视野，能源智库也深刻认识到不同地区在能源资源禀赋、经济发展水平、政治制度等方面的差异。因此，国际能源智库在提供政策建议时，会充分考虑本地的实际情况，结合当地特点提出切实可行的解决方案。这种本土洞察力使得能源智库的研究成果更具针对性和实用性。通过对全球主要能源智库的研究报告分析，还发现不同地区的能源智库在议程设置上呈现出一定差异。以牛津能源研究所为代表的欧洲智库更关注能源市场整合和跨境能源政策协调，北美智库更侧重能源技术创新和市场化机制，而亚洲智库则更多关注能源安全和经济发展的平衡。但这些差异也会随着各地区的能源挑战与政策优先级的改变而发生演化。

这五个特征形成了一个有机整体：独立性为复合性研究提供了客观环境；专业性和复合性相互促进，深化了研究的广度和深度；国际性为复合性研究提供了更广阔的视野和资源；而倡导性则是将这些复合研究成果转化为实际影响的重要途径。通过这种多维度的特征组合，国际能源智库能够全面把握能源这一宽泛而复杂的议题，在全球能源治理中发挥独特而重要的作用。

二、国际能源智库类型论

世界各国的能源智库在发展过程中，受本国政治体制、经济结构、能源禀赋等因素的影响，形成了不同的类型和特点。具体而言，国际能源智库可以分为附属型、独立型以及政策联盟型能源智库。表 1-1 对各类能源智库的特点进行详细论述。

表1-1　　　　　　　　　　国际能源智库的类型特征对比

智库类型	研究议题特点	资金来源	研究团队构成	组织特点
附属型	以主体单位研究需求为导向，研究范围囊括能源战略、政策、技术创新与市场分析等	主体单位固定拨款，部分外部项目资助	主体单位机构人员与专职研究员为主	依附于主体单位，又同时兼具一定独立性的规范性组织
独立型	基于社会需求与价值倡导的自主命题	社会捐赠、基金会资助、外部项目资助	以拥有多学科背景的独立学者、专家为主	拥有独立议程设置权且注重跨学科研究的组织
政策联盟型	关注全球能源治理与资源协调问题	联盟成员共同资助	多国代表、国际组织专家	注重多层次合作机制与知识共享

资料来源：笔者根据国际能源智库的组织形式总结出常见的三类能源智库，并根据三类智库中具有代表性的智库相关材料汇总得出。

（一）附属型能源智库

附属型能源智库在国际能源智库中占有重要地位，其类型包括政党附属型、高校附属型以及企业附属型智库。

1. 政党附属型能源智库

政党附属型能源智库是依附于政府部门或党派，在组织架构、管理体系或者行动理念上与之保持紧密从属关系的研究机构。这类智库通常隶属于政府能源部门或国家能源研究机构，主要承担政府委托的能源研究项目，为政府能源决策提供直接支持，以确保政府在能源治理中的科学决策。例如，美国能源部下属的国家可再生能源实验室（National Renewable Energy Laboratory，NREL）自成立以来，一直专注于可再生能源的开发和应用，涵盖太阳能、风能、生物质能等多个领域，为美国的可持续能源政策提供了强有力的支持。日本能源经济研究所（The Institute of Energy Economics, Japan）则以探索日本和亚洲的能源经济问题为目标，针对全球和地区能源安全、能源市场等议题提出政策建议，其研究成果为日本的能源政策制定提供了重要参考[1]。

政党附属型能源智库以稳定的资金来源为特点，主要依靠政府拨款。这类智库的资金来源由政府财政预算保障，使其研究得以长期、稳定地进行。例如，国家可再生能源实验室和日本能源经济研究所都依赖政府资金进行持续的能源研究，并且对外保持一定的透明度，通过发布年度报告等方式详细说明资金的使用情况，从而提升社会公信力。

---

[1] The Institute of Energy Economics, Japan. Purpose [EB/OL]. [2024-10-21]. https://eneken.ieej.or.jp/en/about/purpose.html.

政党附属型能源智库的组织架构和研究任务具有较强的政策属性。其研究团队多由政府官员和内部研究人员组成，确保研究成果紧密契合政府的政策需求。这种紧密的联系使得这类智库能够迅速响应政策制定中的需求，及时为政府提供科学的研究支持和政策建议。此外，政党附属型智库的研究任务直接由政府部门下达，其研究成果对政府能源政策的制定和实施有着重要的影响。政党附属型能源智库虽然受到政府的直接管理，但仍保持一定的学术独立性。这类智库通过自建的数据收集系统与自主的研究设计，确保其研究基于客观、可靠的数据，避免过度依赖外部可能存在偏见的数据来源。例如，国家可再生能源实验室依靠自身对可再生能源领域的深入研究，在减少化石燃料碳排放、提升能源效率等方面取得了重要成果，其研究对美国乃至全球的能源政策都产生了深远的影响。

2. 高校附属型能源智库

高校附属型能源智库是依托于高等院校建立的研究机构，充分整合高校现有研究资源，并在组织架构与研究导向上与院校保持紧密联系。

高校附属型能源智库具有广泛的研究领域和学术背景深厚的特点。这类智库的研究涵盖能源科学、技术创新、经济与政策等多个领域，既注重基础理论的突破，也重视技术应用和政策支持。例如，清华大学能源互联网研究院依托清华大学的学科优势，致力于能源互联网的研究，涵盖能源战略与政策、能源互联网规划与设计、关键技术研发等领域，为国家能源政策提供了有力的学术支持。中国石油大学（北京）中国能源战略研究院则聚焦于能源战略与政策，为国家能源安全和能源转型提供决策建议。

高校附属型能源智库的资金来源通常是多样化的，既包括政府科研项目的资助，也包括企业合作和社会捐赠。资金的多样性使得高校附属型智库在开展学术研究时具有较高的自主性，能够围绕学术兴趣和社会需求自主选择研究方向。例如，清华大学能源互联网研究院通过政府和企业的双重资助，开展了一系列能源互联网技术创新研究，为国家能源政策制定提供了重要依据。

高校附属型能源智库的研究团队主要由高校教师和研究生组成，具备深厚的学术背景和研究能力。这些研究团队通常与其他学术机构和国际组织保持合作，积极参与国际能源研究项目，确保研究成果具有前瞻性和国际影响力。此外，高校附属型智库还承担能源领域的人才培养任务，通过教育与科研相结合，培养能源政策和技术方面的高素质人才。

高校附属型能源智库在推动能源学术研究、技术创新和政策制定方面发挥着重要作用。其研究成果不仅为政府能源政策提供科学依据，还通过学术论文、政策建议等形式广泛传播,推动社会各界对能源问题的关注和理解。这类智库在能源基础理论、技术突破以及政策咨询等方面的贡献,构成了国家能源科研和决策支持的重要组成部分。

3. 企业附属型能源智库

企业附属型能源智库是由能源企业出资设立的研究机构,旨在为企业的战略决策和商业发展提供智力支持。企业附属型智库通常具有高度的实用性和市场导向,其研究议题紧密围绕企业的业务需求展开,涵盖能源市场分析、技术评估和政策咨询等方面。

企业附属型能源智库的研究议题具有较强的针对性和实用性。这类智库的研究方向往往与企业的商业目标紧密结合,注重为企业发展提供具体的解决方案。例如,南方电网能源发展研究院是中国南方电网有限责任公司的全资子公司,是南方电网公司的智库机构,是能源电力行业智囊,是南方电网公司的共享服务平台企业。通过这种方式,企业附属型智库帮助企业在能源市场中占据有利地位,应对能源政策的变化和市场的不确定性。

企业附属型能源智库的资金来源主要依赖于企业赞助,因此在研究过程中需要平衡企业利益和学术独立性。尽管资金来源依赖企业,但这些智库通常通过设立学术委员会和评审机制,确保研究的客观性和公正性。例如,中国石油集团经济技术研究院是中国石油集团的智库机构,承担了可再生能源行业政策研究、行业与专项规划、发布有影响力的行业发展报告等工作,其内设专门的智库学术委员会、智库研究和成果信息中心用于提升智库成果的质量控制。企业附属型能源智库的研究团队多由企业内部专家和行业资深人士组成,具备丰富的行业实践经验和技术专长。这些智库通过与学术界和其他智库合作,确保其研究成果的科学性和前沿性。例如,国家电网能源研究院通过与国内外高校合作,开展能源技术创新和智能电网发展研究,不仅为企业发展提供技术支持,也为国家能源战略提供重要的智力支持。

企业附属型能源智库的特点还体现在其推动能源技术创新的能力上。这类智库通过对新兴能源技术的研发和评估,帮助企业保持在能源领域的竞争优势。例如,壳牌公司支持的能源技术创新项目,专注于氢能和碳捕集技术的研发,为实现能源转型提供了技术储备和解决方案。这类智库在推动企业绿色转型和能源技术进步方面具有重要作用。其不仅在企业内部发挥重要作用,还积极参与公共政策的讨论和制定,提升其在行业中的影响力。通过发布研究报告、参与国际能源会议等方式,这些智库不仅为企业争取政策支持,也在全球能源政策讨论中扮演着重要角色。例如,壳牌公司和其他企业智库通过能源转型委员会等平台,推动全球对可持续能源政策的讨论和合作。同时，企业附属型能源智库在推动能源技术创新、引领行业发展和支持企业战略决策方面具有不可替代的地位。其研究成果不仅直接为企业提供智力支持，还通过参与政策制定和行业讨论，为推动能源产业的整体进步和全球能源转型贡献力量。

（二）独立型能源智库

独立型能源智库是指不依附于政府、企业或高校，而是以独立研究机构或社会组织为主体设立的能源智库。这类智库通常以学术独立性和资金多元化为特征，致力于提供客观、中立的能源研究成果。

独立型能源智库的研究议题自主性较高，通常基于社会需求和学术兴趣，自主选择研究方向。这些智库专注于能源政策、市场动态、技术创新以及环境影响等方面的前沿研究，追求学术真理和社会影响力。例如，英国牛津能源研究所（The Oxford Institute for Energy Studies，OIES）专注于全球能源市场、能源政策与经济的研究，其独立的研究成果为国际能源政策制定和学术界提供了重要参考。由能源领域领导者组成的能源转型委员会和美国的世界资源研究所（World Resources Institute，WRI）等则致力于可再生能源发展和气候变化等方面的研究，为全球能源政策和可持续发展提供科学支持。

独立型能源智库的资金来源多样化，通常依靠社会捐赠、基金会资助以及项目资金等多渠道支持。资金的多样化保障了研究的独立性和可持续性，使得智库在选择研究方向时不受特定利益集团的限制。例如，世界资源研究所通过多方资助，确保其在能源转型和气候变化方面的研究保持独立性和前瞻性。

独立型能源智库的研究团队由独立学者、行业专家和多学科背景的研究人员组成，注重跨学科的知识整合和创新。这些研究团队通过与国际组织、政府、企业以及其他智库的合作，确保其研究成果的科学性和影响力。例如，牛津能源研究所通过与世界各国的能源研究机构合作，分享知识和数据，推动全球能源治理和政策的协调与合作。独立型能源智库在推动能源政策制定和公众意识提升方面具有重要作用。通过发布独立的研究报告、参与国际会议以及提供政策建议，这些智库在能源政策的讨论和制定过程中发挥了重要影响。同时，独立型能源智库通过公众教育和能源政策倡导，提升社会对可持续能源发展的意识，推动能源转型和环境保护。

（三）政策联盟型能源智库

政策联盟型能源智库是由多个国家、地区或组织联合设立，以推动跨区域能源政策协同和合作的智库。这类智库的核心在于通过政策联盟的方式实现跨国、跨区域的政策协同与合作，以应对全球能源挑战。与拥有不同国籍成员的附属型、独立型能源智库相比，政策联盟型智库的成员在组成上以更具权威的代表性组织为主。

政策联盟型能源智库通过多层次的合作机制，推动跨区域政策的一致性和协调性。这些智库通常由国际组织、跨国政府机构、研究机构和企业联合组成，旨在通过共同的政策研究和行动框架，促进成员间的能源治理合作。例如，国际能源署（International Energy Agency，IEA）通过与成员国和非成员国的合作，推动全球能源政策的协调一致，为成员国提供应对能源安全和能源转型挑战的建议和行动指南。

政策联盟型能源智库通常通过制定标准化的政策框架和绩效评估机制，确保政策执行的质量和一致性。例如，MEETHINK Energy Project 能源项目就是一个典型的政策联盟型智库案例，它通过制定一套能源效率绩效指标，推动欧洲各国在能源效率和可持续能源政策上的协调和统一。通过这种标准化的指标，各参与方能够有效地评估政策成果，提升政策执行的有效性和透明度[①]。

政策联盟型能源智库的运作方式注重知识共享和跨国经验交流。这些智库通过建立信息共享平台，促进成员国之间的数据共享、经验交流和技术合作。同样，MEETHINK 项目通过构建多层次的信息平台，实现了数据共享和开放数据资源，使各成员国能够实时监控政策执行情况，推动政策协同与创新。通过这种多方合作的方式，政策联盟型智库在推动全球能源治理的协调性和一致性方面发挥了重要作用。

政策联盟型能源智库还为公共和私营部门利益相关者提供了一个重要的合作平台，增强公共政策的可操作性和广泛性。相同，MEETHINK 能源项目通过将地方政府、企业和研究机构联合起来，共同推动能源效率和可再生能源政策的实施，不仅增强了政策的执行力，还促进了政策制定过程中的多方参与，提升了政策的包容性和广泛性。

政策联盟型能源智库在推动区域合作和多方利益结合方面具有不可替代的作用。通过整合多方资源和力量，该类智库为各国政府提供了多维度的政策支持，有效应对跨国能源挑战，推动能源可持续发展与绿色转型。国际能源署就是一个典范，其通过多层次合作机制推动了全球能源治理的协同发展，为能源转型提供了重要的政策支持和技术指导。具体表现在三个方面：首先，在清洁能源技术创新领域，国际能源署通

---

① T Antonella. Multidisciplinary Energy – Efficiency Think Tank for Supporting a Multilevel Governance Model in Energy Policies and Measures：MEETHINK Energy Project ［M］//A. SAYIGH. Mediterranean Green Buildings & Renewable Energy. Switzerland：Springer International Publishing，2017：177.

过建立全球能源效率行动委员会①，推动了能源效率提升的国际合作，并开发了在线甲烷追踪工具②等实用解决方案。其次，在政策协调方面，国际能源署积极推动了COP28等重要国际气候会议的政策共识形成，特别是在化石燃料需求峰值预测和清洁能源投资激励等关键议题上发挥了核心作用。最后，在解决全球能源供应链挑战方面，国际能源署通过研究和政策建议，帮助各国应对供应链脆弱性和区域集中度过高的问题。例如，该机构积极推动关键矿产供应多元化的国际合作，通过多边协商机制促进成员国就扩大清洁能源制造能力达成共识。同时，国际能源署还在天然气供应危机和能源脱碳化方面提出了多项解决方案，包括推动灵活目的地的LNG合同③以及加强地下气体存储④等基础设施建设，为各国平衡能源安全与长期气候目标提供了重要参考。

政策联盟型能源智库通过推动政策协同、知识共享和多方参与，为实现跨区域能源治理和能源转型目标提供了重要的智力支持和合作平台。在全球能源治理日益复杂的背景下，这类智库的作用日益重要，为应对气候变化、提升能源效率和实现可再生能源发展目标提供了宝贵的经验和解决方案。

基于组织隶属关系的分类方式为理解国际能源智库的特征提供了清晰的分析框架。这种分类方法着眼于智库的组织属性，将国际能源智库划分为附属型、独立型和政策联盟型三类，能够有效反映不同类型智库在资源获取、研究导向和政策影响等方面的特点。当前，全球能源治理体系正处于深刻变革期，能源转型的复杂性和系统性使得国际能源智库普遍采取多领域、跨学科的研究方法，这种综合性研究特征也为进一步细化智库的研究领域分类提出了新的思考。随着全球能源治理规则的逐步完善和各领域研究的深入推进，未来或将呈现出更加专业化、精细化的研究分工趋势。在此过程中，组织隶属关系这一相对稳定的制度性特征，是把握国际能源智库的发展脉络和演进趋势的重要参考。

三、国际能源智库功能论

国际能源智库在全球能源治理体系中扮演着不可或缺的角色，它们不仅是连接政

---

① IEA创建全球高水平能源效率委员会[J]. 中外能源，2020，25（1）：104.
② International Energy Agency（IEA）. Methane tracker[EB/OL]. https：//www.iea.org/data–and–statistics/data–tools/methane–tracker.
③ International energy agency（IEA）. Secure gas and LNG value chains call for greater international cooperation[EB/OL]. https：//www.iea.org/commentaries/secure–gas–and–lng–value–chains–call–for–greater–international–cooperation.
④ International energy agency（IEA）. Net Zero by 2050[EB/OL]. https：//www.iea.org/reports/net–zero–by–2050.

府、市场和社会的桥梁，更是推动全球能源转型与可持续发展的智力支持力量。随着全球能源格局的深刻变革，国际能源智库逐渐从单一的政策研究机构发展为多功能的综合体。其功能已经从最初的政策咨询和研究，扩展到知识创新、国际合作、战略规划等多个层面。因此，对国际能源智库的功能分析，不仅要关注其传统的政策研究职能，还要围绕其在全球能源治理中扮演的多重角色以及不同利益相关者的需求，进行全面系统的梳理。

在全球能源治理体系日益复杂的背景下，国际能源智库的功能也随着现实需求的变化而不断拓展。除了提供高质量的政策咨询和战略支持，能源智库还积极参与知识创新与技术引领，通过跨国合作和多学科交叉，推动能源系统的转型升级。同时，它们还致力于推动社会认知的提升和价值观的倡导，形成推动绿色能源、低碳发展等理念传播的有效机制。因此，国际能源智库的功能不仅仅局限于单一层面的政策建议，而是涵盖了从知识创造到政策实践的全方位、多层次功能结构。接下来，将对国际能源智库的核心功能及其在全球能源转型中的作用进行详细分析，特别是在新形势下的功能拓展和创新。

（一）国际能源智库的基本功能

国际能源智库的基本功能体现了其在全球能源治理体系中的核心价值和作用。作为政策制定与实践的智力支持者，国际能源智库通过系统化的知识生产和政策建议，推动了能源政策的优化与落实。它们不仅在能源战略和政策研究方面提供了关键的智力支撑，还通过信息传播、国际合作和社会服务等途径，确保能源领域的多方利益相关者能够有效应对全球能源转型带来的挑战和机遇。随着全球能源形势的不断变化，国际能源智库的基本功能逐步丰富，形成了以知识创新、政策咨询、国际协作和价值倡导为核心的功能体系，共同推动全球能源治理的可持续发展。

1. 知识创新与前沿研究

知识创新与前沿研究是国际能源智库的核心功能之一，它不仅帮助推动能源领域的科学技术进步，还为全球能源治理提供了坚实的智力支持。能源智库通过研究全球能源转型中的前沿技术、新兴能源市场动态以及低碳发展路径，构建了应对未来能源挑战的理论框架。例如，国际可再生能源署（International Renewable Energy Agency，IRENA）通过其报告详细分析了可再生能源的最新技术和发展潜力，提出了实现低碳发展的技术路线图。这些研究为全球能源政策制定者、企业和学者提供了创新的解决方案，推动了绿色能源技术的推广应用。通过不断的知识创新，能源智库构建了全球能源系统的前瞻性研究平台，形成了多元化的知识体系。

与此同时，智库还通过跨学科、多领域的协作研究，在能源问题的理论和实证研究方面不断取得进展。它们不仅关注传统能源领域的政策和技术研究，还将重点放在人工智能、大数据、区块链等新兴技术在能源系统中的应用与整合。这种前沿研究不仅为各国政府应对能源变革提供了政策参考，还为私营企业和学术机构提供了技术支持。国际能源智库通过定期发布能源研究报告、举办国际研讨会和参与国际学术合作，推动全球能源研究领域的知识共享和交流。世界能源理事会（World Energy Council，WEC）在其未来能源领袖计划中，聚集全球顶尖专家和学者，探索能源领域的未来发展方向，推动了多学科融合和跨国知识合作。

2. 政策咨询与战略规划

政策咨询与战略规划是国际能源智库为政府和国际组织提供决策支持的重要功能，它贯穿于能源政策制定和实施的全过程。通过对全球能源格局的深度研究，智库为政府制定能源战略和政策提供科学依据。国际能源署每年发布的《世界能源展望》报告不仅为全球能源政策制定者提供了详尽的能源数据，还为各国的能源战略规划提供了方向性建议。这些报告帮助各国在全球能源转型过程中把握机遇，制定有效的中长期发展战略，以应对能源供应安全、气候变化和技术革新等挑战。

在政策咨询方面，智库通过对能源政策的评估和效果分析，为政府和企业提供优化现有政策的建议。比如德国的阿格拉能源转型智库（Agora Energiewende）在推动低碳能源政策上发挥了重要作用，其针对德国和欧盟的能源政策评估报告帮助政府调整和完善了能源市场的规则。智库不仅为政府制定政策提供支持，还通过协同国际组织和跨国公司，推动多边能源合作战略。例如，查塔姆研究所为英国和欧盟的能源合作提供了重要的政策建议，帮助各国在脱欧背景下维持能源市场的稳定性和合作关系。智库通过战略规划和政策评估，在全球能源治理体系中发挥着至关重要的作用，推动了国际能源市场的稳定与可持续发展。

3. 社会服务与价值倡导

社会服务与价值倡导是国际能源智库功能拓展的重要体现，智库通过推动公众对能源问题的认知、倡导可持续发展的能源理念，发挥了塑造全球能源价值观的关键作用。随着能源问题对社会的影响日益加深，智库在倡导绿色能源、推动低碳发展方面承担了重要的角色。例如，气候与能源解决方案中心（Center For Climate and Energy Solutions，C2ES）通过其研究和倡导工作，推动了国际社会对净零排放的广泛认同，并为全球能源政策的价值导向提供了依据。这种倡导性功能，使得智库不仅是政策建议的提供者，更是全球能源治理中价值理念的传播者。

在此基础上，智库通过社会服务功能推动能源知识的普及与社会认知的提升。例如，美国能源基金会（Energy Foundation）通过其清洁能源工作岗位培训项目，不仅推动了清洁能源的社会认同，还为劳动力提供了实质性技能培训。这些服务不仅帮助能源从业者提升技能，也通过公众教育、社区服务等方式推动了社会的绿色转型。国际能源智库通过倡导能源转型中的关键价值理念，推动社会对可持续发展、低碳经济等目标的广泛支持，进而为全球能源政策的落实和能源体系的转型提供了坚实的社会基础。

4. 国际合作与政策协同

国际合作与政策协同是国际能源智库的重要功能之一，体现了智库在全球能源治理中的桥梁作用。能源问题的全球性特征决定了各国在能源安全、技术创新和市场发展上必须进行跨国协作，而智库通过其独立、专业的研究平台为这种国际合作提供了智力支持。国际能源署作为全球能源领域的重要智库，通过发布能源报告和举办多边能源会议，推动了成员国之间的能源合作与政策协调。这种合作不仅在能源技术交流、市场开放方面取得了显著成效，还在全球能源转型进程中起到了关键的推动作用。通过促进政府间的能源政策协调，智库为各国在全球能源框架内的合作打下了坚实基础。

此外，智库还通过搭建国际合作平台，推动多方利益相关者在全球能源议题上的对话与协作。例如，世界能源理事会通过其全球能源大会，将政府、企业、学者汇聚一堂，探讨如何通过国际合作应对能源转型中的挑战。智库通过多边合作机制，帮助不同国家在能源领域建立互信，并促进能源政策的有效实施。这种跨国政策协同不仅解决了全球能源市场的供需不平衡，还为应对气候变化、能源安全等全球性问题提供了集体解决方案。智库通过国际合作与政策协同，进一步推动全球能源治理的可持续发展。

（二）国际能源智库的功能拓展

随着全球能源形势的深刻变革，国际能源智库的功能不断丰富和深化，在基本功能的基础上发展出更加专业化、精细化的功能拓展。这些拓展功能既是对基本功能的延伸和深化，也是对新时期全球能源治理需求的积极回应。通过构建风险预警体系、引导技术创新路径、搭建多边对话平台、推动知识赋能以及促进学科交融，国际能源智库进一步强化了其在全球能源治理体系中的支撑作用，为应对全球能源转型的复杂挑战提供了更全面的智力支持。

1. 危机预警与风险管理

危机预警与风险管理是国际能源智库在全球能源治理中发展出的关键功能拓展，

它通过系统化的风险识别和预警机制，为全球能源安全提供了重要保障。随着全球能源市场的复杂性和不确定性不断增加，能源智库开发了一系列预警工具和风险评估模型，帮助决策者及时发现和应对潜在的能源危机。例如，德国能源安全中心通过引入基于方差的加权方法，对全球能源中断（GEI）数据进行分析，为各国能源安全风险评估提供了新的范式。这种创新性的评估方法不仅覆盖传统的供需失衡风险，还将地缘政治冲突、极端气候事件等新型风险因素纳入评估体系，体现了能源安全概念从传统供给可靠性向多维度风险防控的转变。

在风险管理方面，智库通过建立多层次的风险防控体系，为全球能源市场的稳定运行提供支撑。它们构建了综合性的能源风险评估模型，将资源禀赋、市场波动、技术变革等多重因素纳入考量，并通过定期发布风险预警报告，为政府和企业提供及时的风险信号和应对建议。世界经济论坛能源与材料中心开发的能源风险矩阵，整合了传统与新型风险要素，为全球能源治理提供了系统性的风险管理框架。通过开展国内外能源风险管理经验研究，智库不仅帮助各利益相关方提升了风险防控能力，还为建立更具韧性的全球能源体系做出了重要贡献。这种功能拓展使智库在应对全球能源系统脆弱性和外部冲击方面发挥着越来越重要的作用，推动了全球能源安全治理的现代化转型。

2. 技术路径评估与创新引导

技术路径评估与创新引导是国际能源智库助力全球能源转型的重要功能拓展，它通过系统化的技术评估和创新咨询，为能源企业的转型发展提供专业支持。在能源革命深入推进的背景下，智库利用其专业知识和研究网络，为企业在技术路线选择、创新战略制定等方面提供前瞻性指导。例如，剑桥能源研究协会（CERA）通过其全球能源论坛平台，汇聚行业领袖和专家，深入分析能源技术发展趋势，为国际能源企业的技术创新决策提供重要参考。这种专业化的技术评估不仅帮助企业把握创新方向，还推动了全球能源技术的协同发展。

在创新引导方面，智库通过建立系统化的技术评估体系，为能源企业的转型升级提供全方位咨询服务。它们不仅关注传统能源技术的优化升级，还积极跟踪新能源技术的突破性进展，为企业提供多元化的技术路径选择。伍德麦肯兹（Wood Mackenzie）作为全球领先的能源研究机构，通过发布细分领域的战略规划展望，帮助企业在电力、新能源等领域制定精准的创新战略①。智库通过开展技术路径评估、市场前景分析和创新管理咨询，不仅提升了企业的创新能力，还推动了能源行业的整体技术进步。这种

---

① 中国石化新闻网. 伍德麦肯兹称全球电力需求将显著增长［EB/OL］.（2024 - 09 - 13）［2024 - 10 - 20］. http://www.sinopecnews.com.cn/xnews/content/2024 - 09/13/content_7105945.html.

功能拓展使智库成为连接技术创新与市场应用的重要桥梁，为全球能源系统的低碳转型提供了有力支撑。

3. 对话机制构建与共识凝聚

对话机制构建与共识凝聚是国际能源智库在全球能源治理中发挥桥梁作用的重要功能拓展，它通过搭建多层次的对话平台，促进了全球能源合作与共识达成。随着全球能源转型进程的深入，智库运用其独特的中立性和专业性，构建了连接政府、企业和学术界的多边对话机制。例如，阿格拉能源转型智库通过组织跨领域研讨、政策对话等形式，成功推动了清洁能源技术发展和政策框架改进的多方共识，展现了智库在促进能源转型对话中的关键作用[1]。这种对话机制不仅促进了各利益相关方的深入交流，还为全球能源治理提供了重要的协商平台。

在共识凝聚方面，智库通过开展能源国别研究和组织国际论坛，推动了全球能源治理理念的形成与传播。它们积极参与国际组织活动，举办双边或多边能源合作论坛，为各国在能源外交领域的深入对话提供了专业支持。气候与能源解决方案中心通过其研究成果和企业合作网络，有效促进了各方对净零排放转型路径的认同，推动了符合巴黎协定的政策共识[2]。联合国环境署（UN Environment Programme）认为在气候变化的应对中，智库能够发挥帮助发展中国家提升能力建设，特别是在制定融资方案和管理气候资金方面的作用。这些智库不仅提供技术支持，还能通过与大学和政府的合作，推动政策的实施，确保气候适应措施得以落实[3]。智库通过这种持续的对话与互动，不仅提升了各国在全球能源治理中的话语权，还为应对气候变化等全球性挑战凝聚了广泛共识。这种功能拓展使智库成为推动全球能源合作的重要力量，为构建更加包容、可持续的全球能源治理体系做出了积极贡献。

4. 知识普及与转型赋能

知识普及与转型赋能是国际能源智库推动全球能源转型的重要功能拓展，它通过系统化的知识传播和能力建设，促进了社会各界对能源转型的理解和参与。在全球气候治理与能源革命的双重背景下，智库利用其专业知识储备和研究网络，开展了多样化的知识普及活动，提升了社会对能源转型重要性的认知。例如，联合国环境署通过其智库网络，帮助发展中国家提升气候资金管理和政策制定能力，展现了智库在知识转移和能力建设方面的独特优势。这种知识普及不仅促进了公众对能源问题的深入理

---

[1] Ecologic Institute. The Role of Think Tanks in the Energy Transition [EB/OL]. (2018 - 04 - 19) [2024 - 10 - 22]. https：//www.ecologic.eu/15663.
[2] Center for Climate and Energy Solutions. About [EB/OL]. [2024 - 10 - 22]. https：//www.c2es.org/about/.
[3] UN Environment Programme. The Role of Think - Tanks in Climate Change Adaptation [EB/OL]. (2024 - 09 - 26) [2024 - 10 - 22]. https：//www.unep.org/gan/news/blogpost/role - think - tanks - climate - change - adaptation.

解，还为全球能源转型提供了坚实的社会基础。

在转型赋能方面，智库通过建立系统化的培训体系和实践平台，为能源转型的各类参与者提供专业支持。它们不仅为政府部门提供政策落实指导，还为企业和社会组织提供转型所需的技术知识和管理技能。例如，气候与能源解决方案中心通过与企业和政府的密切合作，开发了一系列实用的转型工具和指南，帮助各方实现碳中和目标。智库通过组织专业培训、发布教育资源、搭建实践平台等多种方式，不仅提升了社会各界的转型能力，还推动了能源转型理念的深入人心。这种功能拓展使智库成为连接知识与实践的重要纽带，为全球能源系统的低碳转型提供了持续动力。

5. 学科交融与方法整合

不同于能源教育培训，国际能源智库在推动跨专业学科交叉融合方面也发挥着积极作用[1]。学科交融与方法整合是国际能源智库推动能源研究范式革新的重要功能拓展，它通过促进多学科知识的深度融合和研究方法的系统整合，为全球能源问题提供了更全面的解决方案。在能源系统日益复杂化的背景下，智库充分发挥其跨学科研究平台的优势，将工程技术、经济、环境、社会等多领域知识有机结合，构建了更具包容性的研究框架。例如，麻省理工学院能源倡议中心（MIT Energy Initiative）通过整合工程、经济、政策等多个学科的研究力量，在能源储存技术、系统优化等领域取得了突破性进展[2]。这种跨学科研究不仅突破了传统学科界限，还为能源领域的综合性问题提供了新的研究视角。

在方法整合方面，智库通过开发和应用跨学科研究方法，提升了能源研究的科学性和系统性。它们不仅整合了定量与定性分析方法，还积极引入人工智能、大数据等新兴技术工具，拓展了能源研究的方法论边界。世界资源研究所通过融合气候科学、经济学和社会学的研究方法，建立了更加全面的能源转型评估体系，为政策制定提供了多维度的决策支持。智库通过推动研究方法的创新与整合，不仅提高了能源研究的深度和广度，还促进了能源科学的方法论进步。这种功能拓展使智库成为推动能源研究方法革新的重要力量，为全球能源治理提供了更加科学和系统的知识基础。

这五个拓展功能之间形成了一个有机的联动体系。"危机预警与风险管理"为能源治理提供了安全保障，是其他功能开展的基础；"技术路径评估与创新引导"则为能源

---

[1] 周坚. 高校应成为能源智库建设主力［EB/OL］.（2018-09-24）［2024-12-10］. http：//paper. people. com. cn/zgnyb/html/2018-09/24/content_1883082. htm.

[2] MIT Energy Initiative. About ［EB/OL］.［2024-10-22］. https：//energy. mit. edu/about/.

转型提供了技术支撑，指明发展方向；"对话机制构建与共识凝聚"搭建了各方互动的桥梁，促进了理念和行动的统一；"知识普及与转型赋能"则将研究成果转化为实践能力，推动了能源转型的社会基础；"学科交融与方法整合"为前述功能提供了方法论支持，确保了研究的科学性和系统性。这些功能相互支撑、协同发展，共同构成了国际能源智库应对全球能源治理挑战的完整功能体系。

四、国际能源智库概况

（一）全球能源智库空间分布

在全球能源格局深刻演变、能源转型加速推进的时代背景下，能源智库作为能源领域专业研究与决策咨询的核心力量，其空间分布态势对各国乃至全球能源战略布局、技术创新及可持续发展意义深远，也直观反映了能源研究力量的聚集与离散。深入剖析全球能源智库的空间分布，能精准把握能源研究与决策资源的地域集聚特征及不均衡性，为优化资源配置、强化国际合作、协同应对能源挑战提供关键支撑与科学指引。

基于全球能源智库洲际分布、所在国家和城市的地理信息数据，分析全球能源智库的空间分布。研究数据来源于 OTT（On Think Tank）全球智库数据库和互联网公开信息等，初步筛选后选出能源研究领域的综合型智库和专业型智库 318 家，基于智库总部所在地理位置进行空间分析（见图 1-2）。

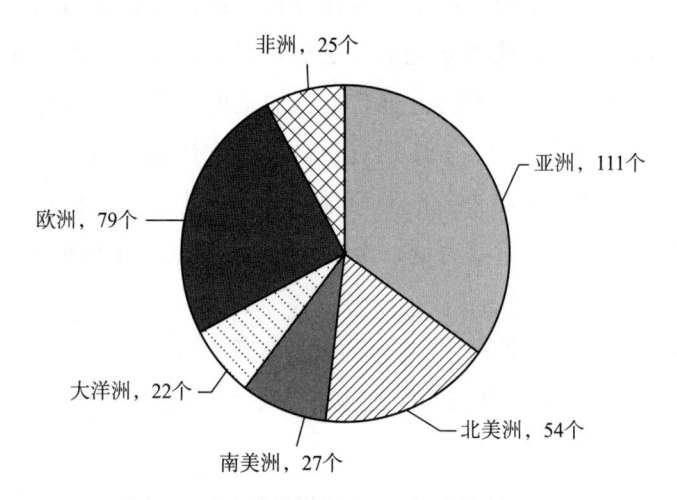

图 1-2　全球能源智库洲际分布情况总览

资料来源：笔者根据 318 家能源智库地理信息（所在大洲）自制。

1. 洲际分布概况

从各大洲总智库数量的统计结果来看，亚洲拥有最多的能源智库（111 个），其次是欧洲（79 个）和北美洲（54 个）。南美洲（27 个）、非洲（25 个）和大洋洲（22 个）的能源智库数量相对较少，分布情况如图 1-2 所示。

亚洲的总智库数量最多，为 111 个。这可能表明亚洲在能源领域的研究和决策方面有着较为庞大的智力支持体系。亚洲拥有众多人口和快速发展的经济体，对能源的需求巨大，因此对于能源相关的研究和决策也更加重视，从而催生了较多的能源智库。

北美洲的总智库数量为 54 个，也处于较高水平。北美洲包括美国和加拿大等经济发达的国家，这些国家在能源技术研发、能源政策制定等方面一直处于世界领先地位，拥有较多的能源智库也符合其在能源领域的重要地位。

欧洲的总智库数量为 79 个，仅次于亚洲。欧洲是许多传统发达国家的聚集地，在能源领域有着悠久的研究历史和丰富的经验。同时，欧洲国家在应对气候变化、推动能源转型等方面也积极开展合作和研究，这可能是欧洲拥有较多能源智库的原因之一。

南美洲、非洲和大洋洲的总智库数量相对较少，分别为 27 个、25 个和 22 个。这可能与这些大洲的经济发展水平、能源资源禀赋以及对能源研究的重视程度有关。南美洲和非洲虽然拥有丰富的能源资源，但在能源技术研发和政策制定方面可能相对薄弱。大洋洲的国家数量较少，经济规模相对较小，对能源智库的需求也可能相对较低。

总的来看，全球能源智库的洲际分布规律呈现出各地区深厚的历史渊源和显著的经济面貌。从全球能源智库具体分布情况来看，北半球能源智库数量更多，且分布更为集中，尤其是沿海地带。这可能是因为北半球拥有更多发达经济体，能源需求和研究投入较大，同时沿海地区便于能源运输和国际贸易，促进了能源智库的聚集。全球能源智库分布的规律揭示了能源研究与区域态势之间的紧密关联。

2. 国家维度观察

全球能源智库在各国的布局差异显著（见图 1-3）。中国以 33 个能源智库位居榜首，彰显其能源领域强劲的研究实力与决策支持力度。伴随经济持续高速增长与能源需求激增，中国对于能源战略规划、技术革新研发、政策法规制定等多层面需求庞大，能源智库蓬勃发展。美国凭借 32 个智库紧随其后，以其深厚的科研积淀、活跃的市场机制与多元的能源结构，共同构筑起全方位、多层次的能源智库体系，在全球能源治理、前沿技术探索及政策示范等领域发挥着引领性影响力。澳大利亚、德国与加拿大也各自拥有 18~19 个能源智库，这些国家在能源资源禀赋、经济发展模式及科技研发投入等因素驱动下，形成各自独特的能源智库集群，对于特定能源研究范畴，诸如可再生能源开发、能源效率提升、能源市场机制优化等，优势凸显、成果斐然。

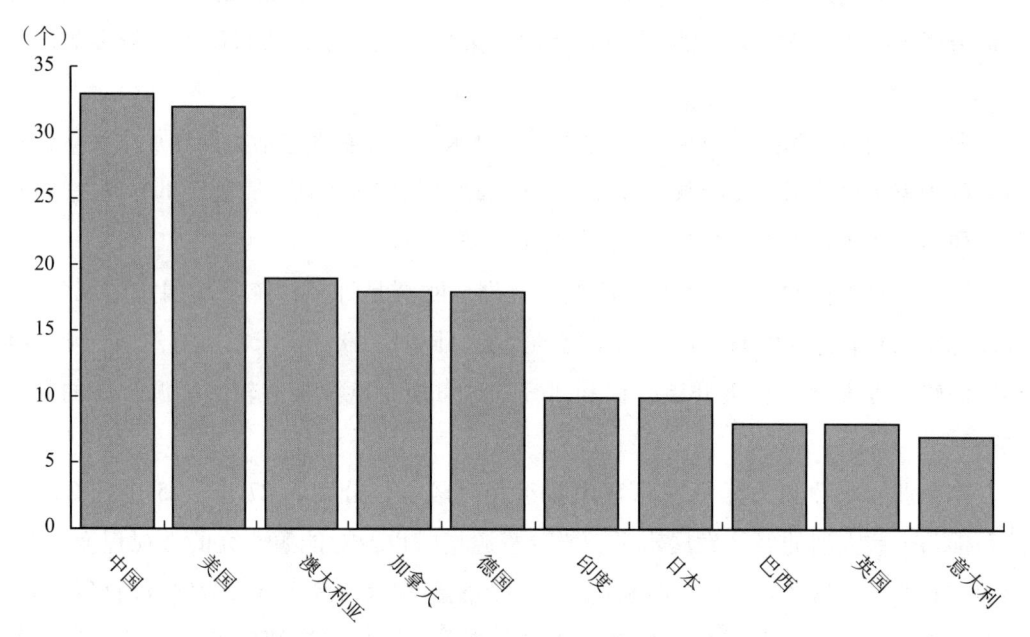

图 1-3　能源智库国家分布数量（前 10 个国家）

资料来源：笔者根据 318 家能源智库地理信息（所在国家）自制。

3. 城市分布解读

分析能源智库的城市分布情况，北京凭借 25 个能源智库总部的所在成为能源智库最为集中的城市，作为中国的政治、经济与文化核心，北京汇聚海量政策、资金、人才与科研资源，为能源智库的成长、交流与协作筑牢坚实根基。华盛顿以 16 个智库位列次席，依托美国首都的政治中枢地位，深度参与联邦能源政策的制定、评估与前瞻布局，成为全球能源政策研究与战略博弈的关键高地。柏林则以 10 个智库跻身前列，德国浓厚的工业底蕴、严谨的科研风尚与积极的能源转型战略，孕育出众多专业精湛、创新活跃的能源智库，为德国乃至欧洲的能源转型实践提供强有力的理论驱动与技术支撑（见图 1-4）。

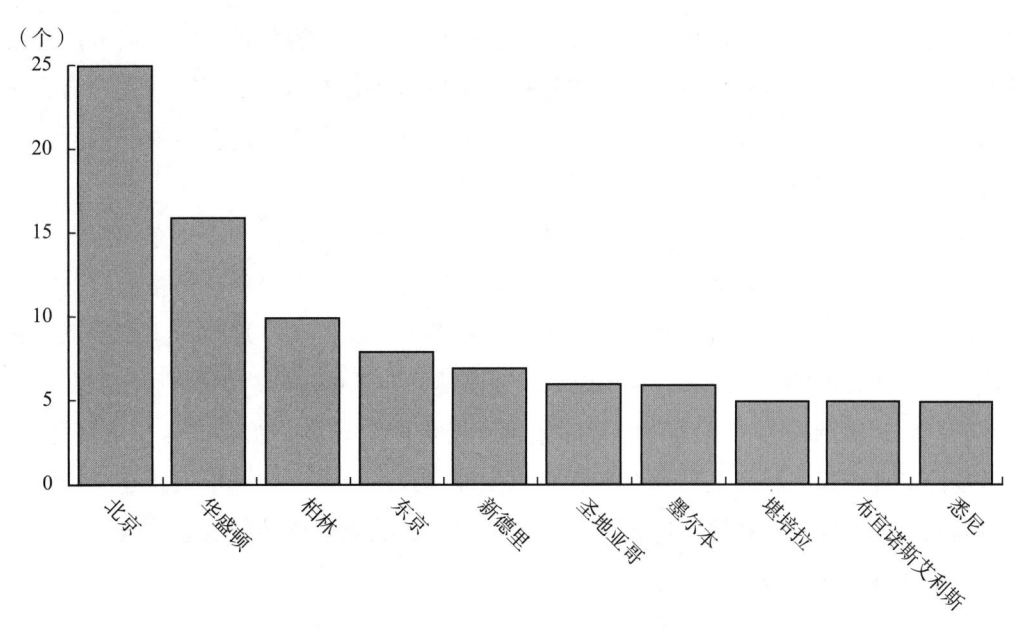

图 1-4　全球能源智库城市分布数量（前 10 个城市）

资料来源：笔者根据 318 家能源智库地理信息（所在城市）自制。

综合上述分析结果，对影响分布格局的关键因素进行深度分析，归纳为以下四点。

第一，经济发展水平与能源智库分布紧密关联。全球能源智库空间分布呈现显著不均衡态势，集中于能源消费和生产大国以及经济科技发达地区。美国、中国、德国等能源巨头，凭借自身资源、产业及研发优势，成为能源研究的核心。美国在华盛顿、纽约等地形成众多高端能源智库集群，如布鲁金斯学会能源项目组、全球能源政策中心等，在能源政策、技术、市场研究方面。高度发达的经济体，其雄厚的产业基础、旺盛的市场需求与充裕的资金保障，为能源智库的创设、运营及拓展构筑起稳固支撑。此类经济体于能源产业链占据高端环节，需凭借智库的专业智慧引领能源技术创新突破、优化产业布局、提升能源利用效能、增强市场竞争力，进而稳固其在全球能源经济格局中的优势地位。

第二，各国政府的能源政策导向发挥着关键的指引与塑造作用。积极推动能源转型、谋求可持续发展、强化能源安全保障的国家，往往借助政策扶持、资金激励、项目牵引等多元举措，大力培育与发展本土能源智库。中国北京作为国家政治核心枢纽，集聚海量高规格政治资源，为能源智库的成长、交流与协作筑牢坚实根基。能源智库需要深度融入国家能源战略规划流程，强调政策的精准制定、高效实施与动态评估输送前沿理论、科学依据与可行建议，往往聚集于国家政治中心，助力政策目标有效实现。

第三，优质科研资源的富集程度直接左右能源智库的集中程度。在科研院所林立、高等学府云集、专业人才汇聚、科研设施先进的区域，能源智库得以深度嵌入产学研协作网络，充分共享前沿科研成果、先进技术手段与多元学术观点，有效提升自身研究深度、广度与精度，加速创新理念的孵化、转化与应用推广，持续增强在国际能源研究领域的话语权与影响力。

第四，能源智库空间分布与能源资源分布、产业集群紧密耦合。中东地区石油资源富集，沙特阿拉伯、阿联酋等国能源智库紧密围绕石油产业升级、价格稳定与可持续开发等议题，聚集了一批活跃的能源智库。能源产业的类型、规模与集聚特征同样深刻影响能源智库的布局逻辑。传统能源产业重镇倾向于催生围绕能源资源勘探开采、加工转化、运输调配及市场运营的智库集群，聚焦产业升级、能效提升与市场稳定；新兴能源产业崛起区域则更易孕育专注可再生能源技术突破、智能电网构建、能源存储创新及能源互联网发展的智库机构，如集中于澳大利亚的清洁能源委员会、澳大利亚国立大学能源变革研究所等机构。

（二）全球能源智库热点议题

随着全球能源需求的持续攀升、环境问题的日益严峻以及地缘政治风险的加剧，能源安全已成为世界各国关注的核心议题。无论是在传统化石能源领域，还是在可再生能源的转型过程中，如何确保能源供应的稳定与可持续，已成为摆在各国政府和科研机构面前的一项重大挑战。在这种背景下，学术界和能源智库对能源发展的未来趋势进行了广泛而深入的研究，其中，能源采集、能源清洁与能源公平这三大议题日益成为全球关注的焦点。三者相辅相成，共同构成了能源系统安全发展的支柱。清洁能源提供了可持续的能源供应，能源采集增强了能源系统的韧性和自主性，而能源公平则确保了能源资源的公平分配和社会稳定。通过这三者的协同作用，能源系统能够更加安全、稳定和可持续地发展，从而更好地应对全球能源挑战。

印度尼西亚学者 Sri Sarjana 的研究通过文献计量分析和层次分析法，探讨了能源安全领域的研究趋势和新兴主题——能源清洁、能源采集与能源公平，并提出了它们对构建科学、安全、可持续能源系统的重要意义[①]。这三大主题不仅反映了全球能源体系向绿色低碳转型的迫切需求，也凸显了在气候变化、地缘政治不确定性以及能源结构优化的多重挑战下，能源安全与公平的重要性。清洁能源作为减少温室气体排放和应对能源供应波动的关键手段，正在推动全球能源市场向可再生能源转型；能源采集技术则为去中心化能源解决方案提供了技术支持，减少了对传统能源供应的依赖，增强

---

① Sarjana S. Energy Security Faces Critical Global Attention [J]. International Journal of Energy Economics and Policy, 2024, 14 (1): 37-44.

了能源系统的韧性；而能源公平则致力于确保所有社会群体，特别是弱势群体，能够平等地获得能源资源，从而促进社会经济的稳定与包容性发展。

在全球能源格局的不断变化中，智库作为桥梁和纽带，发挥着越来越重要的作用。从地缘政治冲突到技术创新，从能源安全到环境保护，智库的研究不仅为政策制定者提供了宝贵的理论支持，还为全球能源治理提供了实证依据。在此背景下，如何应对能源安全、推动能源转型、保护生态系统以及促进技术创新，已成为各国能源智库的核心议题。

本节将基于探讨全球能源治理的复杂性，并分析全球能源智库当下关注和探讨的热点议题，从能源安全的综合方法到清洁能源转型的推进，能源智库的研究议题为我们提供了深入理解当前能源困境和解决方案的宝贵视角。

1. 能源安全

能源安全不仅是能源议题的核心，更是推动能源领域研究向纵深发展的时代背景与根本动因。中东冲突升级等凸显了全球面临的持续能源安全风险。过去几年的一系列全球能源危机表明，能源供应链条上的相互依赖随时会转化为脆弱性，地缘政治的紧张和分裂已然成为能源安全的最主要风险。能源市场的脆弱提醒我们，能源安全问题依然至关重要，各国需要更高效、更清洁的能源系统以应对能源安全风险。气候变化的日益显著影响、清洁能源转型的推动力以及清洁能源技术的特点，都在改变着能源系统安全的定义。因此，能源安全的综合性方法不仅要涵盖传统燃料，还应包括电力部门的安全转型和清洁能源供应链的韧性。能源安全与气候行动同样密不可分，极端天气事件在几十年高排放的加剧下，已经成为能源安全风险的重要诱因。

围绕能源安全问题，智库们展开了广泛的讨论，重点关注当前全球能源体系的脆弱性与挑战，尤其是在地缘政治冲突和气候变化的双重影响下，能源安全问题变得更加复杂。Sri Sarjana 的研究指出，地缘冲突和各类战争加剧了全球能源供应的不确定性，暴露了全球能源市场在面对突发事件时的脆弱性。国际能源署（IEA）发布《2024年世界能源展望》，认为地缘政治紧张和分裂是能源安全和减排协同行动的主要风险[①]。中国石油经济技术研究院发布的《全球能源安全报告（2023）》指出，全球能源发展环境正经历深刻转变，"四期叠加"（国际格局动荡变革期、极端气候灾害频发期、能源行业低碳转型期、新一轮科技革命爆发期）使能源安全风险更加复杂难测，地缘政治冲突、极端气候事件、新能源供应不稳定以及技术革命带来的新风险共同加剧了全球

---

① World Energy Outlook 2024 – Analysis – IEA [EB/OL]. [2025 – 02 – 14]. https：//www.iea.org/reports/world-energy-outlook-2024.

能源安全挑战①。能源智库的讨论还着重强调了气候变化对能源安全的深远影响，认为气候变化加剧了极端天气事件，进一步威胁到能源基础设施的安全。各智库普遍认为，能源安全和气候行动密切相关，气候政策的推动虽然对清洁能源发展起到了积极作用，但也带来了新的政策和市场的不确定性。此外，能源开发领域的激烈竞争与成本压力，促使各国在全球能源市场中争夺领导地位，同时也推动了技术创新和经济增长。只有采取更加全面、综合的能源安全战略，才能有效应对未来能源安全所面临的挑战。

2. 能源采集

能源采集问题是全球能源领域研究的重要课题，尤其是在能源资源日益紧张、环境问题日益严峻的背景下，如何高效且可持续地采集能源成为各国能源智库关注的重点。近年来，随着技术进步和环境保护要求的提升，能源采集的问题逐渐从传统的化石燃料开采转向可再生能源资源的高效采集，特别是在风能、太阳能和生物质能等清洁能源的采集上，智库们开展了大量的实证研究与理论探讨。

根据近期的能源智库报告，许多研究集中在能源采集技术的创新与优化上。国际能源署（IEA）2023年的报告指出，太阳能光伏技术的效率已经从过去的10%左右提高到了现在的20%以上，且随着新型材料的出现，未来太阳能采集的成本将持续下降②。同样，风能的采集效率也在不断提高，许多智库分析了不同地区风能资源的潜力，并提出了针对性的发展建议。例如，美国能源信息署（EIA）通过数据分析表明，北美地区的风能资源具有巨大的开发潜力，尤其是在海上风电领域，采集效率相较于传统陆上风电有显著提升③。此外，能源智库还关注了能源采集的系统性问题，如能源存储与输送技术。研究表明，如何有效存储采集的能源，尤其是如何解决风能和太阳能的不稳定性问题，是能源采集的另一大挑战。

在实际应用中，能源采集问题不仅是技术层面的挑战，还涉及政策、经济和社会等多方面的因素。全球能源智库普遍认为，制定有效的政策框架，鼓励绿色技术的研发和创新，是推动能源采集技术进步的关键。例如，欧盟在其能源政策中提出了到2030年实现40%可再生能源目标的战略规划，其中涉及大量关于能源采集效率的具体目标④。与此同时，部分发展中国家的能源采集问题也面临着独特的挑战，如基础设施

---

① 余国，张鹏程，高慧，等. 能源体系建设进入韧性时代——2023年《全球能源安全报告》主要观点［J］. 国际石油经济，2024，32（4）：1-11.

② International Energy Agency. Renewable Energy Technologies：Trends and Innovations［EB/OL］.（2023-10-10）［2024-06-25］. https：//www.iea.org/publications/renewable-energy-technologies-trends-innovations/.

③ U. S. Energy Information Administration. Wind Energy Resources in North America［EB/OL］.（2022-05-12）［2024-06-25］. https：//www.eia.gov/wind-energy-resources/.

④ European Commission. EU Energy Policy：Towards a Green and Sustainable Future［EB/OL］.（2022-03-15）［2024-06-25］. https：//ec.europa.eu/energy-policy-green-future.

建设滞后、投资不足等，这使得他们在推进能源采集和利用方面的进展相对缓慢。

新能源技术的突飞猛进也为智库参与全球能源治理带来了重要希望。核裂变、氢能技术、下一代储能技术、人工智能等领域的技术突破，为人类社会带来更加高效且可持续的经济增长路径。鉴于此，各国都在能源技术上加大投资力度，最先取得突破的国家将可能引领新一轮科技革命，重塑全球经济格局。

总体而言，能源采集问题的解决方案不仅仅依赖于单一技术的突破，而是需要综合考虑技术、政策、市场和社会等多方面因素。各个能源智库的研究表明，尽管当前的能源采集技术已经取得了显著进展，但在可持续性、效率和成本等方面仍有待进一步优化。

3. 能源清洁

气候变化的加剧、清洁能源转型的推动力以及清洁能源技术的发展情况，正在深刻影响全球能源系统的可持续性。能源安全的内涵已从传统燃料的供应安全扩展到电力部门的安全转型和清洁能源供应链的韧性。能源清洁议题的源流与气候变化紧密相连，最早可追溯至1896年瑞典科学家斯万关于"二氧化碳排放可能导致全球变暖"的研究结论。2021年8月，联合国政府间气候变化专门委员会（IPCC）发布报告，指出全球气温升幅将在2030年前后达到1.5摄氏度，比2018年的预测提前了10年，进一步凸显了能源清洁化的紧迫性。

鉴于气候变化与清洁能源的全球性特征，关于能源清洁问题的讨论历来在联合国框架下或主要碳排放大国之间进行集体磋商，包括《联合国气候变化框架公约》《京都议定书》《关于消耗臭氧层物质的蒙特利尔议定书》《巴黎协定》等。这些协议明确了国际合作中的国家主权原则，即所有国家应结合自身实际发展状况平衡经济增长与节能减排，承担共同但有区别的责任，尽可能开展广泛的合作，参与有效和适当的国际应对活动。在这一原则下，气候与能源治理已成为人类命运共同体的重要体现。除了国际合作与交流，全球能源智库围绕能源清洁化也提出了多项关键见解和政策建议。

国际能源署（IEA）指出，太阳能光伏、风能和氢能等清洁能源技术将在未来承担全球近3/4的碳减排任务。氢能技术尤其被视为实现深度脱碳的关键选项。此外，储能技术的突破也被认为是清洁能源大规模应用的重要支撑。全球能源互联网发展合作组织强调，储能与可再生能源的融合是构建可持续能源系统的核心[1]。全球化智库（CCG）呼吁加强绿色产业链的国际合作，推动低碳技术的跨境流动和联合研发，建议通过碳定价机制激励企业减少碳排放[2]。在能源清洁方面，能源智库的研究重点关注清

---

[1] 全球能源互联网报告2023_全球能源互联网发展合作组织［EB/OL］.［2025-02-14］. https：//www.geidco.org.cn/publications/zxbg/2024/6405.shtml.

[2] 全球气候变局下的可持续贸易［EB/OL］.［2025-02-14］. http：//www.ccg.org.cn/archives/87175.

洁能源的技术创新、成本降低以及国际合作机制的完善。智库普遍认为，通过技术创新、政策支持和国际合作，全球能源系统有望向更清洁、更可持续的方向转型。

4. 能源公平

能源公平作为全球能源转型的重要组成部分，近年来受到国际社会的广泛关注。能源公平不仅关乎能源资源的公平分配，还涉及能源服务的可及性、可负担性以及能源转型过程中的社会包容性。随着全球气候变化加剧和能源清洁化进程的推进，能源公平问题愈发凸显，尤其是在发展中国家和弱势群体中，能源贫困和不平等现象依然严峻。全球能源智库围绕能源公平展开了深入研究，提出了多项政策建议和实践路径。

国际能源署（IEA）指出，能源公平是实现可持续发展目标（SDG 7）的核心，即确保所有人获得可负担、可靠、可持续的现代能源服务[1]。世界资源研究所（WRI）从政策设计的角度强调了能源公平的重要性。世界资源研究所（WRI）发布了《从概念到应用：解析80个缔约方核心气候文件中的公正转型》报告，报告深入分析了80个提及"公正转型"的缔约方的相关政策文本，剖析公正转型的政策内涵，提炼公正转型的核心原则框架，并研究公正转型如何与现有气候行动相融互促[2]。例如，WRI 建议通过"公正转型"框架，确保在淘汰化石燃料的过程中，为受影响的工人和社区提供再培训和经济支持，以减少社会不平等。

中国能源模型论坛（CEMF）发布的《能源转型的低碳、韧性、包容性发展》报告强调，能源系统与经济、社会和环境系统之间存在复杂的相互关系，因此能源转型不仅是能源系统的变革，也是一场经济社会系统性变革。新时代的能源转型必须是一个低碳、韧性、公平性和包容性协同发展的过程。能源转型委员会（ETC）在其报告中强调，能源公平与气候目标密不可分。ETC 认为，实现全球碳中和目标必须确保能源转型的包容性，避免将能源贫困问题进一步恶化。国际可再生能源机构（IRENA）则从技术转移和能力建设的角度提出了能源公平的实现路径。IRENA 建议通过其开发的"可再生能源准备评估"（Renewables Readiness Assessment）工具，帮助发展中国家制定可再生能源发展策略，确保能源转型过程中的公平性和包容性[3]。

能源公平一直是能源智库讨论的重要议题之一。世界能源大会（WEC）始终将"能源公平"作为核心议题。2024 年达沃斯论坛上，能源公平与绿色金融的结合成为热点话题，特别是如何通过创新融资模式支持发展中国家的能源转型。全球能源智库

---

[1] International Energy Agency. Renewable Energy Technologies: Trends and Innovations [EB/OL]. (2023 – 10 – 10) [2024 – 06 – 25]. https://www.iea.org/publications/renewable-energy-technologies-trends-innovations/.

[2] 鹿璐，陈艺丹. 从概念到应用：解析80个缔约方核心气候文件中的公正转型 [J/OL]. 2024 [2025 – 02 – 14]. https://wri.org.cn/research/just-transition-core-climate-documents-80-paris-agreement.

[3] RRA [EB/OL]. [2025 – 02 – 14]. https://www.irena.org/Energy-Transition/Country-engagement/RRA.

能够形成共识，能源公平不仅是实现可持续发展的必要条件，也是构建包容型社会的重要基石。通过技术创新、政策支持和国际合作，全球能源系统有望在实现清洁化的同时，确保能源资源的公平分配和社会的共同繁荣。然而，能源贫困、融资难题和地缘政治风险仍需各方共同努力克服。

5. 能源智库议题的实证研究

OTT 发布的《THINK TANK STATE OF THE SECTOR 2023》显示，"环境/资源/能源"问题成为美国和加拿大以及西欧和北欧的主要关注点，而亚洲地区智库对此类议题的关注度较低，如图 1-5 所示。与加拿大、西欧以及北欧地区能源议题受到的高关注度相比，在亚洲、南欧和东欧，"环境/资源/能源"问题的优先程度较低。在美国和加拿大，尽管该议题受到广泛关注，但在政策制定中并未被列为高度优先事项。而在 2022 年，相关议题是欧洲政府进行决策时最优先考虑的问题之一。2023 年，西欧和北欧的智库依旧将气候变化、能源安全（与对俄罗斯天然气的依赖有关）、环境保护、可再生能源和粮食安全列为重点关注的关键问题。

Key policy issues	Global	Africa	Asia	South & Eastern Europe	West & Northern Europe	Latin America & the Caribbean	USA & Canada
Trade/economics/finance	22%	--	++	-	-	=	=
Governance	21%	++	=	=	=	=	-
Environment/resources/energy	19%	=	-	-	+	=	++
International affairs/development	21%	=	=	=	++	=	=
Social policy	18%	-	-	+	-	+	+
Research & policy landscape	10%	=	+	=	=	=	=
Defence/peace/security	12%	=	=	=	=	++	=

（-16%　-6%　Global　+6%　+16%）

图 1-5　各类议题受关注情况占比

资料来源：On Think Tanks. Think tank state of the sector 2023 [EB/OL]. (2023-10-16) [2024-06-25]. https：//onthinktanks.org/publication/think-tank-state-of-the-sector-2023/.

从智库讨论各类议题的统计图中可以明显看出，尽管环境/资源/能源议题的受关注度略低于去年，但仍是智库成员关注的重点之一（19%）。智库的研究主要围绕气候变化（现实危机和政策工具）、可持续性发展、清洁能源以及水安全资源管理等问题展开，并认为这些问题的研究是推动能源问题改善的关键驱动力。在 2023 年的统计中，灾害风险管理议题的受关注度大大降低①。

---

① On Think Tanks. Think tank state of the sector 2023 [EB/OL]. (2023-10-16) [2024-06-25]. https：//onthinktanks.org/publication/think-tank-state-of-the-sector-2023/.

中国科学院成都文献情报中心对能源智库研究主题进行了科技文献研究，梳理了国际知名能源智库涵盖多方面的研究主题，主要包括如下主题（见图1-6)[①]：

（1）气候变化：是智库研究中出现频次最高的议题，反映了其作为当前人类社会面临的重大挑战，涉及社会和经济发展的多个层面。

（2）生态系统服务与生物多样性保护：智库关注生态系统的健康及生物多样性的重要性。

（3）能源经济与政策监管：强调能源战略与经济发展、政策制定的密切联系。

（4）可再生能源与新能源技术：涉及技术创新和推广应用，以实现可持续发展。

（5）碳排放与环境保护：这些领域在应对气候危机、促进清洁能源转型中起关键作用。

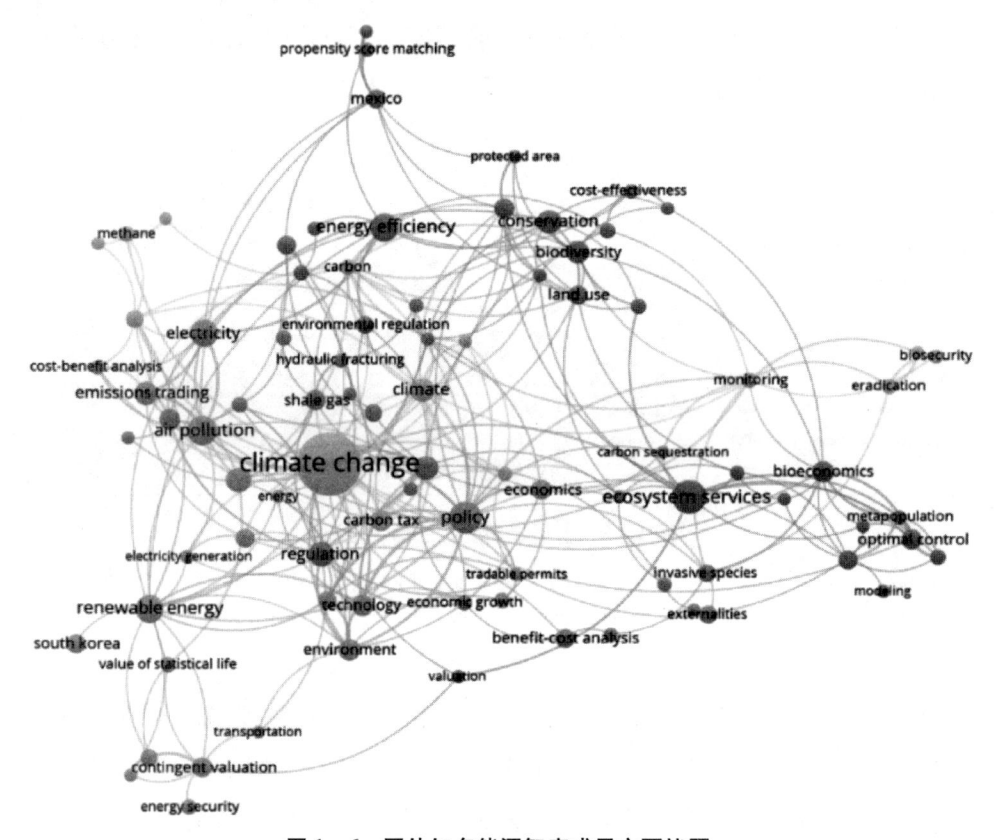

图1-6　国外知名能源智库成果主要议题

资料来源：黄珂敏，曲建升. 国外知名能源智库运行机制研究［J］. 智库理论与实践，2022，7（6）：117-128.

---

① 黄珂敏，曲建升. 国外知名能源智库运行机制研究［J］. 智库理论与实践，2022，7（6）：117-128.

世界能源热点议题监测平台（World Energy Issues Monitor）是世界能源理事会搭建的信息平台，用以收集能源行业决策者对影响该行业的问题的看法。平台通过邀请政策制定者、公司高管和行业专家广泛参与，通过调查问卷方式收集能源转型问题的影响和不确定性程度。平台设计的调查问卷涵盖了25个核心能源转型问题，分为以下5个类别：一是全球趋势和宏观经济，包括地缘政治、经济增长、区域一体化和大宗商品价格；二是环境，包括气候变化、能源效率、资源可用性和循环经济；三是能源技术，包括氢能、可再生能源、核能、电能储存、数字化和网络安全；四是政策和业务，包括市场设计、贸易和投资；五是社会动态，包括需求端影响、能源获取和公平性。

《2023年世界能源脉搏报告》即以此平台调研分析结果为基础，在以下方面形成了独特见解，具有一定代表性和典型意义：一是各国推进能源转型所做出的务实行动及优先事项；二是各方共同关注的在能源转型道路上的热点问题和转型进程中可能发生的潜在问题，以及上述问题的解决方案建议。

随着全球化的逐步深入，全球能源治理在推动国际合作、协调解决全球性问题中的作用越来越明显。适应能源转型面临的新问题、新挑战，现有的全球能源治理体系的目标对象、思维策略均有了大的转变，具体体现在：

一是治理对象由以石油为主向多能互补转变。国际能源署（IEA）、石油输出国组织（OPEC）、国际能源论坛（IEF）、能源宪章（ECT）等代表性国际能源组织均因石油安全而创、以保障石油安全为初心使命。应对气候变化与绿色低碳转型的交织作用，将加速推动多能互补时代的到来，能源治理也更加关注新能源与可再生能源领域。

二是治理目标由相对单一的石油安全向多目标兼顾转变。第一次石油危机以来，石油长期作为最重要的全球性大宗商品和战略性资源产品，石油的供应安全始终作为全球能源治理的首要目标。随着能源转型日趋成为全球共识，全球能源治理力求达到的目标也更为多元，需要兼顾能源发展的效率质量、公平性与资源环境等领域的外部性等多个方面。

三是治理思维由线性思维向系统性思维转变。当下全球各国、各行业均在经历能源转型的关键时期。加快能源转型成为国际共识，清洁转型中的能源质量问题、公平性问题、能源可负担性问题均受到广泛关注和各方因素影响，能源治理所遵循的底层逻辑不再仅仅是"供过于求"或"供不应求"间的线性平衡那么简单，而开始以系统思维思考如何构建新的世界能源体系，以兼顾多个维度的平衡问题。

四是治理手段由单纯的市场手段向多维兼顾转变。过去以化石能源为主体的能源治理格局下，治理手段主要为能源资源的区域性协调，以解决供需矛盾为主。面对更为复杂的能源转型议题，必须兼顾多边协商、技术贸易、金融投资、国际援助等多种手段，多管齐下，以应对更为多维的目标和多元的利益诉求。

综上所述，为应对国际能源形势的新变化，国外知名能源智库面临着前所未有的挑战与机遇，逐渐将加快能源转型、应对气候危机、保护生物多样性、实现可持续发展、拥有全球能源治理话语权等目标作为主要需求。能源智库围绕外部需求开展一系列的相关研究，科技文献的研究主题能够有效地揭示该领域的研究热点。

（三）全球能源智库传播渠道

随着全球化和能源相互依赖程度的日益加深，能源问题研究越来越需要全球视野，只有持续跟踪国际能源政治、经济和技术发展态势，把准世界能源格局，才能对本国能源发展有深刻的见解和提出有效的建议。

全球顶尖能源智库通过三个途径拓宽全球视野：一是将全球能源问题作为重要研究领域，尤其重视研究与本国能源紧密关联地区的能源和政治。如IEEJ不仅在其战略研究部设立了多个全球能源研究团队，还专门设立了中东研究中心和亚太能源研究中心两个机构。许多成立国际能源研究项目组或机构，以跟踪全球能源发展动态。例如，英国的OIES于2019年启动中国能源研究计划，旨在深入了解中国能源政策及全球能源市场，围绕宏观规划、能源转型、能源短期发展等主题与中国的主要研究人员紧密合作。

二是建立海外分支机构，将研究触角向世界各地延伸，逐步建设全球性的智库组织。如世界资源研究所（WRI）在巴西、中国、欧洲、印度、印度尼西亚等6个海外国家和地区设立了研究办公室[①]；兰德公司（RAND）在北美、欧洲等地区设立分支机构。美国的RFF与欧洲地中海气候变化中心合作组建了欧洲经济和环境研究所（European Institute on Economics and the Environment，EIEE），致力于欧洲的能源政策研究。

三是开展国际交流合作，主要通过与其他国家的智库、大学和科研机构联合召开研讨会、联合开展项目合作研究、人员互访交流等方式，交流思想，拓展对相关国家能源发展情况的认识。例如，韩国能源经济研究所（KEEI）定期举办政策论坛、国际能源研讨会和产学研联合会议，以吸收各国能源专家的意见。

同时，能源智库也在政策扩散与传播的过程中发挥越来越重要的影响。《智库参与国际政策扩散模式选择研究——基于能源领域的案例分析》中的研究表明：虽然国际

---

① 世界资源研究所. 我们的工作领域[EB/OL]. https://wri.org.cn/our-work.

政策扩散过程本应以政府为主体，但作为政策扩散中间人的智库却以倡导者的姿态出现：德国国际合作机构受到以经济合作与发展部为首的德国政府部门的委托与支持，得以更加积极地参与到政策扩散之中，不再局限于"中间人"的身份，表现出更加主动地传递思想的态度与愿望，甚至影响到政策扩散地相关政策制定的过程——这也符合政策的倡导者的角色身份：智库或智库学者及活动人士受意识形态、学术或专业原则的驱动，会摆脱智库身份在国际政策扩散中的桎梏，更加主动、积极地传播符合其观点或自身利益的实践与政策①。

（四）全球能源智库面临的挑战与问题

全球能源智库的独立性面临来自多方面的挑战。独立性是能源智库维持公信力和客观性的关键，但在实际运作中，多种因素可能影响智库的独立性。首先，资金来源对智库独立性的影响最为直接。政府资助可能导致智库研究倾向于支持官方立场，而企业赞助则可能使智库偏向特定利益集团。例如，一些由石油公司资助的能源智库在气候变化问题上的立场往往更加保守。其次，政治压力也是影响智库独立性的重要因素。在某些政治环境下，智库可能因担心失去政府支持或面临制裁而自我审查，避免发表与官方立场相左的观点。再者，智库研究人员的个人背景和倾向也可能影响研究的客观性。许多能源智库的研究人员来自能源行业或政府部门，他们的经验虽然有利于深入了解行业，但也可能带来先入为主的观点。此外，市场需求和舆论导向也可能影响智库的研究方向和结论。为了获得更多关注和影响力，智库可能倾向于发布更具争议性或迎合公众预期的研究结果。这些因素综合作用，使得能源智库在坚持独立性和客观性方面面临持续的挑战。

国际能源智库的影响力评估存在方法论和实践上的困难。影响力是衡量智库价值和效能的重要指标，但其评估面临诸多挑战。首先，量化指标的局限性明显。常用的引用率、媒体提及次数等指标虽然易于统计，但难以真实反映智库对政策制定和公众认知的深层影响。例如，一份被广泛引用的报告可能仅仅因其争议性而受关注，而非因其实质内容。其次，国际能源智库的长期影响难以衡量。能源政策的制定和实施往往是一个漫长的过程，智库的研究可能在多年后才显现其影响，这种滞后效应使得及时评估变得困难。再者，不同类型智库影响力的可比性问题也值得关注。政府背景的智库可能在政策制定中具有直接影响力，而独立智库则可能通过舆论引导间接影响决策，这种影响方式的差异使得横向比较变得复杂。此外，智库影响力的地域差异也增

---

① 姜玥辉. 智库参与国际政策扩散模式选择研究——基于能源领域的案例分析 [D/OL]. 上海外国语大学, 2023. [2024-09-23]. https：//d.wanfangdata.com.cn/thesis/D03185824.

加了评估的难度。在全球化背景下，一家智库的研究可能在国际上产生重要影响，但在本国影响有限，如何权衡这种差异是评估中面临的又一难题。

国际能源领域的快速变革对智库的专业性和前瞻性提出了更高要求。能源行业正经历深刻的技术革新和结构调整，这对能源智库的研究能力提出了严峻挑战。首先，新能源技术的迅速发展要求智库具备跨学科的知识储备。例如，对氢能源的研究不仅需要了解能源系统，还需要掌握材料科学、电化学等多个领域的知识。其次，能源市场结构的复杂化要求智库具备更强的系统分析能力。传统的供需分析模型已不足以解释当前能源市场的动态，智库需要整合经济学、气候科学、地缘政治等多维度因素进行分析。再者，能源政策环境的频繁变化也考验着智库的应变能力。例如，各国在应对气候变化问题上立场的变化，要求智库能够快速调整研究重点和政策建议。此外，保持前瞻性视角的难度也在增加。在技术进步和政策变革的双重作用下，能源领域的长期预测变得越来越困难。智库需要在保持谨慎的同时，又要有足够的洞察力来预见未来趋势。

数字化转型为能源智库带来机遇的同时也带来了新的挑战。大数据和人工智能技术的应用为能源智库的研究方法带来革新，使得更精确、更全面的能源分析成为可能。例如，彭博新能源财经（BNEF）利用大数据分析技术，为可再生能源投资决策提供了更精准的市场预测。然而，数字化转型也对能源智库的数据获取和处理能力提出了更高要求。如何在海量数据中提取有价值的信息，如何确保数据的准确性和可靠性，成为能源智库面临的新挑战。此外，在信息爆炸的时代，能源智库还面临如何保持研究深度和权威性的问题。面对快速变化的能源形势和纷繁复杂的信息，能源智库需要不断提升自身的专业能力和判断力，以保持其在能源领域的话语权和影响力。如国际应用系统分析研究所（International Institute for Applied Systems Analysis，IIASA）在气候变化研究中，面对大量且经常相互矛盾的数据，需要运用复杂的模型和专业判断来得出可靠的结论。数字化时代的到来，既为能源智库的发展提供了新工具和新方法，也对其研究能力和创新能力提出了更高的要求。

全球化背景下，能源智库面临跨文化沟通和国际化发展的挑战。随着能源问题的全球化，能源智库越来越需要在国际舞台上发挥作用。首先，跨国研究合作面临语言和文化障碍。不同国家的研究方法、数据标准和政策环境可能存在显著差异，这增加了合作的复杂性。其次，如何在不同文化和政治背景下保持研究的客观性和适用性是一大挑战。例如，在讨论能源安全问题时，发达国家和发展中国家的视角可能大相径庭，不可避免产生矛盾和分歧。国际化发展也带来了资源分配的难题。智库需要在保持本土优势和拓展国际影响力之间找到平衡。此外，在全球能源治理中，如何定位自身角色也是能源智库面临的重要问题。它们需要在维护国家利益和促进全球合作之间寻找适当的平衡点。

> 本章以国际能源智库核心内涵与现状梳理为脉络，从本质论出发，界定了国际能源智库致力于全球能源治理的关键特征，具体表现为：以科学客观为根基的独立性，以专业知识与研究能力为核心的专业性，通过政策建议与价值导向发挥作用的倡导性，组建跨学科团队应对复杂问题的复合性，以及展现全球视野参与国际合作的国际性。类型论方面，将能源智库分为附属型（政党、高校、企业）、独立型以及政策联盟型三大类别。功能论上，智库呈现知识创新、政策咨询、国际合作与价值倡导等基本功能，并拓展至危机预警、技术路径评估、多边对话、知识普及和学科交融等领域。从全球空间分布看，能源智库主要集中于北美、亚洲以及欧洲，经济发展水平、政府政策导向、科研资源集聚度和能源资源禀赋是影响分布的关键因素。研究热点集中于能源安全、能源采集、能源清洁与能源公平，并面临独立性、影响力评估、专业能力提升、数字化转型与跨文化沟通等挑战。

第二章

能源政治相关理论

能源政治理论是能源智库研究的基础性理论支撑。随着全球能源形势的深刻变革，能源问题日益超越单纯的经济属性，呈现出鲜明的政治特征。本章尝试从地缘空间、国际关系与多元治理三个维度构建贴合能源智库的政治议程分析框架，系统梳理地缘政治、国际关系与公共政策理论等在能源智库研究中的具体应用，为能源智库深入把握能源政治问题提供理论指导。

一、地缘政治理论：空间维度的能源政治分析

地缘政治理论为能源智库提供了空间维度的分析视角。能源资源的地理分布、能源运输通道的空间布局以及能源设施的区位选择，都深刻影响着国际能源格局的演变。通过地缘政治理论，能源智库可以深入分析空间因素对能源政治的塑造作用，揭示能源地缘格局的变迁规律，预测能源地缘博弈的发展趋势。

（一）地缘政治学的理论演进

地缘政治学的发展历程反映了学界对空间与权力关系认识的不断深化。从早期的地理决定论到现代的综合分析范式，再到当代对能源要素的特殊关注，地缘政治学理论在与时俱进中不断丰富和完善其分析方法。

1. 传统地缘政治学的空间思维

地缘政治学的中心议题是阐释国家在地理空间方面的权力关系[1]。所谓地缘政治，即指一国或地区的地理环境对其政治的影响，以及由此形成的不同国家与地区之间的政治关系。传统地缘政治学认为，国家的行为和国际关系的本质，在很大程度上取决于其所处的地理环境。

---

[1] 人大国关. 评判性地缘政治学 [EB/OL]. (2017-10-31) [2024-11-18]. http://sis.ruc.edu.cn/kxyj/xszl/053987e8b1e34b2886a24144cdf6296c.htm.

传统的地缘政治学建立在地理决定论的基础上，强调地理空间对国际政治的决定性影响。19世纪末至20世纪初，以拉采尔（Friedrich Ratzel）为代表的德国地缘政治学派首次系统地阐述了国家与地理空间的关系，提出"有机国家论"与"生存空间论"，认为国家如同有机体需要不断扩张领土以获取生存发展所需的资源与空间，这为彼时大国竞争中各自国家的原料、产品和资本找到了出路①。

海权与陆权的对立构成了传统地缘政治学的核心命题。美国海军战略家马汉（Alfred Thayer Mahan）提出了"海权论"，其在《海权对历史的影响》中系统论证了海上交通线对国家战略利益的决定性作用，强调控制海上贸易路线是维持国家实力的根本②；与之相对，英国地理学家麦金德（Halford John Mackinder）提出了"心脏地带论"，其在《民主的理想与现实》中提出，控制资源丰富的欧亚大陆中心区域是获取全球霸权的关键③。这种二元对立的空间思维深刻影响了20世纪上半叶的国际关系理论与实践，也为后续能源地缘政治研究提供了基本分析框架。

资源获取成为传统地缘政治学空间竞争的重要动因。德国地缘政治学者豪斯霍弗尔（Karl Haushofer）发展了"泛区域论"，强调实现资源自给自足对国家安全的关键作用。其在代表作《太平洋地缘政治学》中深入探讨了资源获取对国家战略的重要性，他提出通过建立跨区域经济联系来确保资源供给以突破地理空间的限制。这一理论虽然后来因其与扩张主义的关联而备受争议，但其关注资源获取与空间控制关系的视角对当代能源地缘政治研究仍具有重要启示④。

2. 现代地缘政治学的权利逻辑

冷战时期的地缘政治学经历了范式转换，从单纯的地理决定论转向强调权力政治的综合分析。美国地缘政治学者斯皮克曼（Nicholas J. Spykman）在20世纪40年代初期提出了"边缘地带理论"，将地理位置与政治、经济、军事等权力要素系统整合，其思想后被乔治·凯南（George F. Kennan）吸收，为美国的遏制战略提供了部分理论基础。"边缘地带理论"的提出标志着地缘政治学开始关注多元权力因素在空间竞争中的作用。

---

① 胡志丁，赵玉洁，赵路平. 地缘政治学诞生的时代背景与创建的学理基础［J］. 地理研究，2024，43（2）：505-518.

② Thayer Mahan A. The influence of sea power upon history［EB/OL］.［2024-11-18］. https：//www.gutenberg.org/cache/epub/13529/pg13529-images.html.

③ John Mackinder H. Democratic ideals and reality：A study in the politics of reconstruction［EB/OL］.［2024-11-01］. https：//archive.org/details/democraticideals00mackiala/page/n11/mode/2up.

④ Haushofer K. An English Translation of Major General Karl Ernst Haushofer's Geopolitics of the Pacific Ocean and Studies in the Relationship Between Geography and History［EB/OL］.［2024-10-07］. https：//networks.h-net.org/node/35008/reviews/44267/juergens-haushofer-english-translation-major-general-karl-ernst.

权力转移逐步成为现代地缘政治学关注的核心问题。法国地缘政治学家拉科斯特（Yves Lacoste）提出了"内部地缘政治"概念，强调国家内部权力结构对地缘政治格局的影响；美国学者摩根索（Hans Morgenthau）在1948年出版的《国家间政治》将权力政治引入国际关系分析，间接深化了地缘政治学对国际体系中权力分配与转移的研究。这些理论创新为分析能源资源控制权与流动路径的地缘政治竞争提供了重要分析思路。

地缘政治学的方法论在20世纪70年代实现了重要突破。美国地理学家科恩（Saul B. Cohen）提出了"地缘政治区域体系理论"，建立了层次化的地缘政治分析框架，将地区划分为地缘战略区域和地缘政治区域，并系统整合了地理、政治、经济等多重因素的相互作用。这一方法论创新为后续地缘政治研究提供了结构化分析工具，也为能源安全与资源流动的地缘政治研究提供了范式参考。

3. 新地缘政治学对能源要素的关注

随着全球化的深入发展，地缘政治理论也呈现新的特点。现代地缘政治理论更加重视地缘经济、地缘文化等因素对国际关系的塑造作用，不仅关注传统的地缘战略博弈，也更加强调地缘合作、地缘治理等议题。新要素的加入，催生了诸如"地缘经济理论"等理论，其中"地缘经济理论"分析经济全球化背景下国家如何利用区位、资源等优势参与国际经济合作、提升国际影响力。有学者认为新地缘政治结构包括以新地缘为核心的，囊括地缘政治、地缘经济、地缘文化、地缘环境、地缘资源、地缘科技的一整套多元化内容①。

能源因素日益成为新地缘政治学的核心研究对象。能源地缘政治学的基本变量有三个：权力、国际能源战略和国际能源体系，其中权力为自变量，国际能源战略为中介变量，国际能源体系为因变量②。冷战结束后，以布热津斯基（Zbigniew Brzezinski）为代表的学者在1997年出版的《大棋局：美国的首要地位与其地缘战略》中提出了"大棋局理论"，将能源资源控制视为地缘战略的关键要素，强调能源通道对地缘政治格局的塑造作用。这反映了新地缘政治学对能源要素战略价值的深刻认识。

全球化背景下的能源地缘政治呈现出新的特点。美国学者约瑟夫·奈和罗伯特·基欧汉（Joseph S. Nye Jr. & Robert O. Keohane）于1977年合作提出了"复合相互依赖"理论，强调能源供需关系中的互赖性与脆弱性；法国学者德法尔热（François Thual）

---

① 浅旭明. 美国的国际能源战略研究——一种能源地缘政治学的分析 [M]. 上海：复旦大学出版社，2013：40.

② 浅旭明. 美国的国际能源战略研究——一种能源地缘政治学的分析 [M]. 上海：复旦大学出版社，2013：62.

在20世纪90年代发展了"地缘政治复合体"概念,阐释能源网络对地缘政治格局的重构作用。这些理论创新反映了新地缘政治学对能源要素复杂性的把握。

新地缘政治学强调能源转型对地缘格局的深远影响。随着气候变化问题日益突出,国际能源格局正在经历深刻变革,可再生新能源技术和清洁能源的地缘政治意涵成为学界关注的焦点。特别是近年来,随着太阳能、风能等新能源技术的突破发展,传统能源(石油、天然气)优势国与新能源技术领先国之间的地缘政治力量对比正在悄然改变。该趋势表明了新地缘政治学对能源要素动态演变的敏锐把握,为理解未来地缘政治变革提供了重要视角。

(二)能源地缘政治的理论创新

能源地缘政治理论在传统地缘政治学的基础上实现了重要创新。随着全球能源体系的深刻变革,传统地缘政治学的分析框架已难以完全解释当代能源政治的复杂性。能源地缘政治理论通过引入新的分析视角和研究方法,深化了对能源空间与权力结构互动关系的理解,为能源智库研究提供了更为系统的理论指导。

1. 能源空间与权力结构的互构关系

能源空间的控制直接影响国际权力结构的演变。能源资源的地理分布、能源基础设施的布局以及能源运输通道的走向共同构成了能源空间,这种空间格局既是自然地理的反映,也是权力博弈的结果。美国学者罗伯特·卡普兰在《地理的复仇》中指出,能源空间的控制权往往决定着国家在国际体系中的地位,石油、天然气等战略性能源资源的地理分布直接影响着全球权力格局的变迁[1]。

能源权力结构亦会塑造新的能源空间。随着全球能源体系的发展,能源基础设施投资、能源科技创新、能源市场定价等权力要素开始重构能源空间。以中东石油为例,其战略价值不仅源于自然禀赋,更取决于20世纪70年代形成的全球石油定价体系、1974年后确立的石油美元循环等制度性权力的支撑。这种权力结构与空间布局的互动关系构成了能源地缘政治的核心机制。

能源空间与权力结构的互构过程呈现出明显的路径依赖特征。哈佛大学能源地缘政治专家梅吉·奥萨利文在2017年出版的《意外之财:新能源丰富如何颠覆全球政治并增强美国实力》(*Windfall*:*How the New Energy Abundance Upends Global Politics and*

---

[1] Carnegie Council for Ethics in International Affairs. The Revenge of Geography:What the Map Tells Us About Coming Conflicts and the Battle Against Fate [EB/OL]. (2013-01-31) [2025-01-12]. https://www.carnegiecouncil.org/media/series/39/20130124-the-revenge-of-geography-what-the-map-tells-us-about-coming-conflicts-and-the-battle-against-fate.

Strengthens America's Power）一书中表明，历史上形成的能源基础设施布局、能源贸易网络和能源定价机制具有较强的惯性，这种路径依赖既维系着既有的能源权力结构，也制约着能源空间的重构①。因此，理解这种互构关系的历史维度对把握当前能源地缘政治格局具有重要意义。

2. 能源流动与地缘格局的动态演变

能源流动成为塑造当代地缘政治格局的关键变量。与传统地缘政治关注静态空间控制不同，能源地缘政治更强调能源在空间中的流动性。剑桥能源研究协会主席丹尼尔·耶金（Daniel Yergin）在其 2020 年出版的《新能源版图：气候危机和能源转型的地缘政治》（*The New Map: Energy, Climate, and the Clash of Nations*）中指出，石油、天然气等能源商品的跨境流动不仅具有经济属性，更具有深刻的政治和战略意涵，能源流动的方向、规模和稳定性直接影响着国家间的权力关系。

能源流动的网络化特征重塑了传统的地缘格局。随着全球能源贸易网络的形成和发展，传统的产消国二元对立格局逐渐演变为更为复杂的网络化结构。普林斯顿大学安德林格能源与环境中心的最新研究显示，能源流动网络的密度、中心度和脆弱性等特征直接影响着国家在能源地缘政治中的地位和影响力②。这种网络化特征要求我们突破传统地缘政治的线性思维。

能源流动的数字化转型加速了地缘格局的动态演变。智能电网、能源互联网等新型基础设施的发展使能源流动呈现出更强的即时性和可调度性。数字技术正在从根本上改变能源流动的时空特征，这种改变主要体现在三个方面：首先，区块链、物联网等技术的应用提高了能源流动的可追踪性和透明度，削弱了传统能源贸易中的信息不对称；其次，人工智能和大数据分析增强了能源供需预测与平衡能力，使得能源流动的区域配置更加灵活高效；最后，智能电网技术实现了可再生能源的跨区域调度和储能优化，打破了传统能源的地理约束。这些变革不仅提升了能源供需的匹配效率，更重要的是重塑了能源地缘政治的竞争规则和权力结构——技术能力和数据控制权正在成为与资源储量同等重要的地缘政治筹码，数字主权和网络安全也成为能源地缘博弈的新领域。哥伦比亚大学全球能源政策中心（Center on Global Energy Policy at Columbia）在 2021 年发表的《能源的数字未来：大数据与人工智能如何重塑能源地缘政治》（*Energy's Digital Future: Big Data and AI Reshaping Energy Geopolitics*）研究表明，在数

---

① Harvard Kennedy School. Windfall: How the New Energy Abundance Upends Global Politics and Strengthens America's Power ［EB/OL］. ［2025 – 01 – 10］. https：//www. hks. harvard. edu/publications/windfall – how – new – energy – abundance – upends – global – politics – and – strengthens – americas.

② Andlinger center for energy + the environment. Annual reports ［EB/OL］. ［2025 – 01 – 14］. https：//acee. princeton. edu/about/annual – reports/.

字化转型背景下,能源地缘政治的竞争焦点正在从传统的资源控制转向数字技术主导权的争夺①。

3. 能源控制与地缘博弈的多维分析

能源控制权的竞争已经超越传统的领土控制范畴。当代能源地缘政治中的控制权不仅包括对能源资源和运输通道的物理控制,还包括对能源技术、市场、定价机制等的制度性控制。牛津能源研究所(The Oxford Institute For Energy Studies)的系统研究显示,能源控制权的多维特征使得地缘博弈变得更加复杂,参与主体也从单纯的主权国家扩展到跨国企业、国际组织等多元行为体。

能源地缘博弈呈现出明显的非对称性特征。不同国家在能源控制的各个维度上具有不同的优势和劣势,这种非对称性导致了复杂的相互依赖关系。例如,俄罗斯在天然气资源储量上具有优势,但在液化天然气技术方面相对落后;而日本在资源储量上处于劣势,却通过领先的能源效率技术和全球液化天然气定价体系构建了自身的能源安全优势。这种非对称性使得传统的零和博弈思维难以解释当前的能源地缘政治现象。

气候变化背景下的能源转型正在改变地缘博弈的基本规则。随着全球气候治理的深入推进,清洁能源技术的竞争正在成为能源地缘博弈的新焦点。伦敦政治经济学院气候变化研究所的研究指出,未来的能源地缘政治将围绕清洁能源技术创新、关键矿产资源控制、低碳转型路径选择等新议题展开②。这种变化要求我们构建更为综合的分析框架来理解能源控制与地缘博弈的新特征。

(三) 地缘政治理论在能源智库研究中的作用

能源智库需要构建系统的地缘政治分析框架来把握全球能源形势。随着能源地缘政治的复杂性不断提升,传统的单一维度分析已难以满足决策需求。能源智库必须整合多元分析工具,建立涵盖脆弱性评估、风险研判、均衡分析和前瞻研究的综合分析框架,为能源战略决策提供系统性支撑。

1. 能源供应链的空间脆弱性评估

能源供应链的空间脆弱性已成为能源安全的关键风险点。全球能源供应链涉及勘探、开采、加工、运输、储存等多个环节,每个环节都面临着地缘政治风险的挑战。国际能源署的系统研究表明,供应链的空间延展性越大,其暴露于地缘政治风险的概

---

① Center on Global Energy Policy at Columbia | SIPA. Energy's Digital Future [EB/OL]. [2025-01-01]. https://www.energypolicy.columbia.edu/publications/energys-digital-future/.

② The London School of Economics and Political Science. A sustainable, inclusive and resilient world [EB/OL]. [2025-01-01]. https://www.lse.ac.uk/granthaminstitute/.

率就越高，尤其是在关键节点和战略通道处，脆弱性更为突出。

空间脆弱性评估需要建立多层次的指标体系。例如，麻省理工学院能源倡议组织（MIT Energy Initiative）于2015年提出的开展针对地缘能源的评估框架，将脆弱性分为物理脆弱性、制度脆弱性和系统脆弱性三个层次：物理脆弱性关注能源设施的地理分布与自然条件的适应性；制度脆弱性评估能源供应链所经过地区的政治稳定性和法律环境；系统脆弱性则考察供应链中断对整体能源系统的冲击程度。这种多层次评估有助于识别供应链的薄弱环节。

能源智库需要创新脆弱性评估的方法论。传统的静态风险评估方法已难以应对当前能源供应链的动态变化。世界经济论坛与埃森哲公司（Accenture）合作开发的"能源架构绩效指数"（Energy Architecture Performance Index）自2013年首次发布以来，提供了一个系统性的综合评估框架，通过经济增长与发展、环境可持续性、能源获取与安全三个维度的18个具体指标，系统评估国家能源系统的脆弱性[1]。同时，该评估体系还重点关注能源转型过程中新型供应链的特征，具有较强的前瞻性。

2. 能源通道的地缘风险研判方法

能源通道的地缘风险研判必须采用系统化的分析方法。能源运输通道是连接供给端和需求端的战略纽带，其安全性直接影响全球能源市场的稳定。关键节点的风险溢出效应需要特别关注。能源通道中的关键节点（如海峡、管道交汇处等）往往是风险的集中点，一旦发生问题，影响会迅速扩散到整个能源系统。牛津能源研究所的案例研究显示，霍尔木兹海峡的地缘政治风险不仅影响海湾地区的石油外运，还通过价格机制和市场预期影响全球能源市场。因此，建立关键节点风险的预警机制和应对预案尤为重要。

地缘风险研判需要强化情报分析能力。能源通道的风险往往具有潜伏性和突发性特征，这要求能源智库必须建立健全的情报收集和分析体系。美国战略与国际问题研究中心（Center for Strategic and International Studies，CSIS）自2018年起通过其"能源安全与气候变化项目"（Energy Security and Climate Change Program）利用先进的监测技术，包括卫星图像分析和船舶追踪，评估全球能源基础设施和海上活动。通过整合多种数据来源，CSIS 增强了对潜在风险的早期发现和分析能力，为决策者提供及时的洞察[2]。

---

[1] World Economic Forum. 2017年全球能源架构绩效指数报告［EB/OL］.（2016 – 11 – 16）［2025 – 01 – 01］. https：//cn. weforum. org/publications/global – energy – architecture – performance – index – 2017/.

[2] Center for strategic & international studies. Energy Security and Climate Change Program［EB/OL］.［2025 – 01 – 01］. https：//www. csis. org/programs/energy – security – and – climate – change – program.

3. 能源博弈的区域均衡分析模型

区域能源均衡分析需要构建动态博弈模型。能源地缘政治中的各个行为体都在追求自身利益最大化，但同时又存在相互依赖关系，这种复杂的互动关系需要通过博弈论模型来分析。诸如"区域能源均衡模型"将各方的战略选择、资源禀赋、技术能力等因素纳入分析框架，能够模拟不同情景下的均衡结果，为战略决策提供参考。

均衡分析需要考虑多重博弈的叠加效应。在当前的能源地缘政治中，资源博弈、市场博弈、技术博弈等多重博弈同时存在且相互影响。剑桥能源研究协会开发的"多层次博弈分析框架"创新性地引入了复杂系统理论，研究多重博弈的交互作用和叠加效应，揭示了区域能源格局演变的内在机理。

均衡分析结果需要进行稳定性检验。考虑到能源地缘政治的高度不确定性，均衡分析结果的稳定性尤为重要。伦敦政治经济学院能源经济与政策中心提出了"均衡稳定性评估方法"，通过引入外部冲击和参数扰动来测试均衡解的稳健性，这种方法有助于识别潜在的不稳定因素和临界点。

4. 能源地缘战略的前瞻性研究路径

能源地缘战略研究必须强化前瞻性思维。能源格局的变革往往具有长期性和路径依赖特征，这要求能源智库必须超越当前形势，着眼长远发展。世界经济论坛能源转型中心提出的"战略前瞻研究框架"采用情景分析、德尔菲法和路径规划等方法，系统探讨能源地缘格局的演变趋势和战略选择。

技术创新对能源地缘战略的影响需要重点关注。新能源技术的突破可能导致能源地缘格局的根本性改变。斯坦福大学全球能源评估项目开发的"技术影响评估模型"专门研究技术创新对能源地缘政治的长期影响，包括可再生能源技术进步、储能技术突破、氢能技术发展等多个方面，为战略研究提供了重要工具。

前瞻性研究需要构建开放的协作网络。鉴于能源地缘战略研究的复杂性和不确定性，单个智库难以独立完成全面的前瞻性研究。国际能源论坛倡导建立全球能源智库合作网络，通过知识共享、方法创新和研究协作，提升战略研究的广度和深度。这种开放协作的研究模式正成为能源地缘战略研究的重要趋势。

二、国际关系理论：互动维度的能源政治分析

国际关系理论为能源政治研究提供了互动维度的分析视角。能源问题本质上是一个跨国界的政治经济议题，涉及国家间的合作与竞争、制度与规范的构建、多元行为体的互动等复杂关系。通过国际关系理论的棱镜，能源智库可以更好地理解能源领域

的国际互动机制，为能源外交和国际合作提供理论指导。

（一）国际能源体系的理论结构

国际能源体系的复杂性需要通过多重理论范式进行解构。现实主义、自由主义和建构主义这三大国际关系理论范式从不同角度揭示了国际能源体系的运行逻辑：现实主义关注权力政治与能源竞争的关系，自由主义强调制度建设与合作机制的重要性，建构主义则着眼于规范演进与观念变迁的影响。这种多维度的理论解构有助于能源智库更全面地把握国际能源体系的演变规律，为能源外交决策提供理论指导。

1. 权力政治与能源竞争的现实主义阐释

能源资源的稀缺性和战略属性决定了国际能源体系中的权力政治本质。约翰·米尔斯海默（John J. Mearsheimer）在其代表作《大国政治的悲剧》（*The Tragedy of Great Power Politics*, 2001）中指出，能源资源的控制权是国家权力的重要组成部分，大国之间围绕能源资源的竞争实质上是一种权力竞争①。这种竞争在中东石油、里海能源、北极资源等地区的博弈中表现得尤为明显。

国际能源市场的运作深受权力政治的影响。罗伯特·吉尔平（Robert Gilpin）在《国际关系政治经济学》（*Global Political Economy*：*Understanding the International Economic Order*, 2001）中系统分析了霸权国家如何通过建立和维护国际能源贸易体系来实现其战略利益。美元本位的国际石油定价体系和以国际能源署（IEA）为代表的西方能源治理机制，都反映了权力政治对国际能源体系的深刻影响。

能源武器化成为大国博弈的重要工具。战略与国际研究中心（CSIS）的能源与国家安全项目（Energy and National Security Program）主任莎拉·拉迪斯拉夫（Sarah Ladislaw）主导的2022年的研究报告《武器化的相互依赖：能源安全的新维度》（*Weaponized Interdependence*：*New Dimensions of Energy Security*）详细分析了能源在国际制裁、地缘博弈中的工具性作用。从1973年的石油危机到近年来的能源制裁实践，能源武器化已成为大国施展影响力的重要手段。

2. 制度合作与能源治理的自由主义思考

全球能源治理机制的演进体现了制度主义的合作逻辑。国际能源署（IEA）成立于1974年，作为应对石油危机的制度性安排，其运作模式印证了罗伯特·基欧汉（Robert O. Keohane）于《霸权之后：世界政治经济中的合作与纷争》（*After Hegemony*：*Co-*

---

① The Ratchet of Technology. Book Summary："The Tragedy of Great Power Politics" by John Mearsheimer [EB/OL]. [2025 - 01 - 01]. https：//techratchet.com/2021/04/16/book - summary - the - tragedy - of - great - power - politics - by - john - mearsheimer/.

operation and Discord in the World Political Economy，1984）中提出的制度合作理论。IEA 通过建立石油储备机制、信息共享平台等制度安排，有效促进了成员国之间的能源合作。

区域能源合作机制展现了多层次治理的可能性。欧盟能源联盟（EU Energy Union）的建设过程为区域能源合作提供了重要范例。布鲁塞尔欧洲政策中心（European Policy Centre）2021 年的研究报告《欧盟能源联盟：从愿景到现实》（*The EU Energy Union：From Vision to Reality*）详细分析了如何通过制度建设推动区域能源市场一体化，协调成员国能源政策，共同应对能源安全挑战。

能源转型背景下的国际合作呈现新特点。国际可再生能源机构（IRENA）在其 2023 年发布的《世界能源转型展望》（*World Energy Transitions Outlook*）中强调，清洁能源技术的扩散和低碳转型的推进需要更加开放和包容的国际合作框架。这种新型合作模式超越了传统的供需关系，更强调技术创新、市场机制和政策协调的系统性合作。

3. 规范建构与能源秩序的建构主义视角

国际能源规范的演变反映了观念和认知的变迁。亚历山大·温特（Alexander Wendt）的社会建构主义理论为理解能源规范的形成提供了重要视角。全球气候治理进程中"共同但有区别的责任"原则的确立，以及"能源正义""能源民主"等新理念的兴起，都体现了国际社会对能源问题认知的深刻变化。

能源转型正在重塑国际能源秩序的合法性基础。联合国环境规划署（UN Environment Programme，UNEP）与剑桥大学可持续发展研究所 2022 年联合发布的《全球能源转型中的社会正义》（*Social Justice in Global Energy Transitions*）报告指出，低碳转型不仅是技术和经济的变革，更是价值观和规范体系的重构。新能源秩序的建立需要在效率、公平、可持续等多重价值维度中寻求平衡。

能源外交实践中的身份政治日益凸显。能源生产国、消费国、转口国等不同身份定位影响着国家在国际能源体系中的行为模式和战略选择。哈佛大学肯尼迪政府学院的能源地缘政治项目（Energy Geopolitics Project）研究发现，国家能源身份的建构往往与其在国际体系中的战略定位和发展愿景密切相关，这种身份认知会显著影响能源合作和冲突的模式[①]。

（二）能源政治中的行为体互动

国际能源政治的行为主体呈现多元化趋势。传统的国家中心主义分析框架已无法

---

① Harvard Kennedy School Belfer Center for Science and International Affairs. About ［EB/OL］.［2025-01-02］. https：//www.belfercenter.org/programs/geopolitics-energy/about-geopolitics-energy-project.

完全解释当代能源政治的复杂性，国际组织、跨国公司、非政府组织等非国家行为体在能源政治中发挥着越来越重要的作用。布鲁金斯学会曾有研究报告《全球能源治理》（*Global Energy Governance*：*The New Rules of the Game*）指出，多元行为体的互动正在重构国际能源政治的基本格局。

1. 国家行为体的能源利益博弈

能源生产国与消费国之间的互动构成了国家层面博弈的基本面。国际能源署（IEA）在其2023年《世界能源展望》（*World Energy Outlook 2023*）中深入分析了主要能源生产国和消费国的战略互动模式。报告指出，随着全球能源格局的变化，传统的生产国-消费国二元对立正在向更复杂的网络化关系转变。例如，美国页岩革命后的角色转换、中国在全球能源市场的影响力提升，以及俄罗斯能源外交战略的调整，都深刻改变着国家间的能源互动关系。

国家能源战略的制定越来越受到地缘政治约束。牛津能源研究所2023年发布的《中国及其能源地缘政治评估》（*Taking Stock of China and the Geopolitics of Energy*）研究报告表明，各国在制定能源战略时必须同时考虑经济效益和地缘政治影响。例如，能源转型已成为美国与中国竞争的最新舞台，两国正在对清洁能源技术的开发和部署进行重大投资，中国可以借助重要的优势，逐步提升国内氢产业，并在全球氢地缘政治中占据一席之地①。

能源转型背景下的国家竞争出现新特点。国际可再生能源机构（IRENA）在2023年的《能源转型的地缘政治：关键原材料》报告中指出，清洁能源技术和关键矿产资源的竞争正成为国家博弈的新焦点。各国在新能源产业链、技术标准和市场规则等方面的竞争日益激烈。

2. 非国家行为体的能源影响力分析

跨国能源公司在全球能源治理中发挥着独特作用。剑桥大学能源政策研究中心2022年的研究《跨国石油公司与能源转型》（*International Oil Companies and the Energy Transition*）分析了主要国际石油公司（如埃克森美孚、壳牌、道达尔等）如何通过业务转型、技术创新和政策倡导影响全球能源格局。这些公司不仅是能源市场的重要参与者，也是能源技术创新和能源转型的关键推动力。

国际组织在协调全球能源政策方面作用日益突出。除传统的IEA和OPEC外，新兴的国际组织如国际可再生能源机构（IRENA）、能源宪章会议（Energy Charter Conference）等在推动国际能源合作、制定全球标准、协调各方利益等方面发挥着越来越重

---

① 中国科学院科技战略咨询研究院．英国OIES发布《中国及其能源地缘政治评估》报告［EB/OL］．［2025-01-02］．http：//www.casisd.cas.cn/zkcg/ydkb/kjzcyzxkb/2023/zczxkb202310/202311/t20231120_6934938.html．

要的作用。

非政府组织在能源政策辩论中的声音越来越响亮。世界自然基金会（WWF）、绿色和平组织等环保组织通过政策倡导、研究发布和公众动员等方式，显著影响着各国的能源政策走向。哈佛大学肯尼迪学院的研究表明，这些组织在推动能源转型、监督能源项目环境影响以及促进能源公平等方面发挥着不可替代的作用。

3. 多层级行为体的能源互动机制

能源政治中的多层级互动呈现网络化特征。能源政治已从传统的等级制结构转向更加扁平化的网络结构。在这种结构中，不同层级的行为体通过正式和非正式渠道相互影响，共同塑造能源政策的走向。

数字技术的发展促进了多元行为体的协同互动。世界经济论坛（WEF）2023年的《能源转型指数报告》（*Energy Transition Index*）强调[1]，区块链、物联网等新技术为多层级行为体的协作提供了新的可能。例如，分布式能源系统一种由分散的小型能源生产单元组成的系统，如屋顶太阳能板、小型风力发电机等，通常接近终端用户的发展使得地方政府、社区组织和个体消费者能够更直接地参与能源治理。

利益相关者参与机制成为能源治理的重要创新。经济合作与发展组织（OECD）所提倡的包容性能源转型（Inclusive Energy Transitions）是一种确保能源转型过程中兼顾社会公平、经济增长和环境保护的政策理念，于2019年正式提出，结合了多个成功案例，展示了如何通过建立多方利益相关者对话平台、完善公众参与机制等方式，提高能源政策的科学性和可接受性。这种多层级互动机制的完善，对确保能源转型的公平性和可持续性具有重要意义。

（三）国际能源智库的互动研究范式

国际能源智库的互动研究范式反映了全球能源治理的内在要求。能源问题的复杂性和跨境性决定了单一智库难以独立应对所有研究任务，建立互动研究范式已成为能源智库发展的必然趋势。这种范式的核心在于突破传统封闭式研究模式的局限，实现多层次、多维度的协同创新。互动研究范式代表了能源智库研究的重要理论进步，它不仅体现了研究方法的革新，更反映了能源治理理念的深刻变革。在全球能源治理体系不断演进的背景下，互动研究范式正在重塑能源智库的功能定位和发展方向。

1. 能源安全困境的破解路径

能源安全困境的破解需要确立新型研究范式。传统的能源安全研究往往局限于单

---

[1] Energy and Industry Transition Intelligence [EB/OL]. [2024-11-18]. https：//initiatives.weforum.org/energy-and-industry-transition-intelligence/energy-transition-index.

一视角，难以全面把握能源安全的复杂性，这种局限性直接制约着能源安全困境的化解。互动研究范式通过整合多元观点，为能源安全研究提供了更为开阔的理论视野。这种范式强调突破零和博弈思维的束缚，探索建立基于互信与合作的新型能源安全观。正如 2030 年可持续发展议程所体现的①，发展研究已从"国际发展"向"全球发展"转变，超越了传统的南北二元对立模式。英国国际发展研究院学者霍纳（Andrew Horner）与休姆（David Hulme）在 2019 年发表的《全球发展的新范式》（*New Paradigms of Global Development*）中指出，当代发展议题呈现出"跨国协同性"特征，各国内部差异往往大于国家间差异②，这一转变为能源安全研究提供了新的思考维度。

能源安全研究的深化离不开智库间的理论对话。互信机制的构建本质上是一个认知共识的形成过程，需要通过持续的研究互动来推进。智库间的理论对话应着重于能源安全概念的重新界定、评估标准的科学构建以及保障机制的理论创新。这种对话不仅有助于消除认知偏差，更能推动能源安全理论的整体发展，为实践探索提供坚实的理论基础。智库互动还能促进能源安全研究的方法论创新，推动形成更具包容性的研究范式。南方智库网络（Southern Voice）的实践证明，通过构建横跨非洲、亚洲和拉丁美洲的 70 家智库联盟③，能够"将国家和区域知识，连同现实主义和务实精神，引入全球讨论"。这种跨区域智库协作为解决能源安全困境提供了可行模式，特别是在平衡全球与地方视角、促进南南合作方面具有独特优势。同时，东南亚国家联盟（Association of Southeast Asian Nations, ASEAN）智库网络的经验表明，智库间的持续对话能够有效支持区域性共识的形成，为政策制定者提供基于证据的建议④，这对于区域能源安全合作机制的构建具有重要启示意义。

2. 能源合作机制的优化方案

能源合作机制的理论研究需要实现范式转换。现有的能源合作理论存在割裂化、静态化等问题，难以适应全球能源合作的发展需求。互动研究范式强调从系统论和动态演进的角度理解能源合作，深化对合作机制内在规律的认识。这种理论视角有助于揭示能源合作的本质特征，把握其发展规律，进而为机制优化提供理论指导。例如基于多能互补运营方式，通过考虑各主体合作稳定性，构建风电、光伏、水电、火电的

---

① 联合国. 变革我们的世界：2030 年可持续发展议程 [EB/OL]. （2015 – 09 – 25）[2025 – 02 – 18]. https：//www. un. org/zh/documents/treaty/A – RES – 70 – 1.

② Horner R, Hulme D. From International to Global Development：New Geographies of 21st Century Development [J]. Development and Change, 2017, 50 (2): 347 – 78.

③ Southern voice. Network-members [EB/OL]. [2025 – 02 – 01]. https：//southernvoice. org/about – southern – voice/network – members/.

④ Ordóñez – Llanos A. Southern Think Tank Partnerships in the Era of the 2030 Agenda [M]. The Palgrave Handbook of Development Cooperation for Achieving the 2030 Agenda. 2021：689 – 703.

多能联盟运营模式，利用知识图谱方法对多能联盟相关研究进行关键词共现及发展脉络分析，实现能源系统的动态协同优化①。

能源合作研究应当建立起多维度的理论框架。合作机制的优化不能仅停留在技术层面，而应当上升到理论层面的思考。互动研究范式强调将制度理论、组织理论和治理理论等多学科理论融合运用，构建起系统的分析框架。这种理论框架既要关注合作机制的内在逻辑，又要重视其与外部环境的互动关系，从而形成更具解释力和指导性的理论体系。通过多维度评估系统，包括碳配额共享机制设计、基于多因素改进 shapley 值的收益分配方法以及基于 DEA（Data Envelopment Analysis，数据包络分析）的多能联盟低碳运营决策方法，构建了包含经济、环境和社会等维度的综合评价体系。这种方法不仅考虑了联盟内部的运营效率，还关注了外部环境如碳市场、电力市场等因素的影响②。同时在研究框架设计上，需要强调多学科交叉融合，将能源、经济、法律、技术等领域的专家纳入研究团队，实现对能源政策的全方位分析和评估③。

3. 能源治理网络的构建策略

能源治理网络理论体现了治理模式的根本转变。网络化治理代表了全球能源治理的未来发展方向，其理论内涵需要通过智库间的深度研究来挖掘。互动研究范式为网络治理理论的发展提供了新的思路，强调从关系性、整体性和动态性的视角理解治理网络的运行机理。这种理论视角有助于深化对网络治理本质特征的认识，推动治理理论的创新发展。

治理网络的理论研究应当注重整体性思维。网络治理不同于传统的层级治理，其复杂性要求建立更为系统的理论框架。互动研究范式强调探索网络节点之间的互动规律，研究网络结构的演化机制，揭示网络治理的内在逻辑。通过理论创新，推动形成更具解释力的网络治理理论体系，为实践发展提供理论指导。

4. 能源对话平台的创新设计

能源对话平台的理论创新反映了智库功能的深刻变革。传统对话平台理论过于注重形式构建，而忽视了实质性互动的理论探讨。互动研究范式强调从认知共识、价值整合和行动协同等维度深化对话平台的理论研究，探索建立更具生命力的对话机制。这种理论创新有助于推动对话平台从简单交流向深度互动转变。

---

①② 崔勇，韩一春，郑谦，等. 多能联盟低碳运营决策方法研究框架与展望[J]. 电测与仪表，2024，61（3）：10-19.

③ Doukas H, Flamos A. Establishment of a European energy policy think-tank: necessity or luxury? [J]. Int, J. Global Energy Issues, 2010, 33: 221-238.

对话平台的理论研究需要建立动态发展观。对话机制的有效性很大程度上取决于其适应性和创新性。互动研究范式强调将对话平台置于全球能源治理的动态演进过程中来研究，关注其发展规律和创新机理。这种研究不仅要探讨平台运行的基本原理，更要揭示其与外部环境互动的深层机制，从而形成更具前瞻性的理论指导。同时，互动研究范式也为对话平台的理论创新提供了新的思路，推动形成更具包容性和适应性的对话理论体系。

三、公共政策分析理论：治理维度的能源政治分析

公共政策分析理论为能源智库研究提供了治理维度的分析框架。能源问题的治理属性决定了公共政策理论在能源研究中的基础性地位，这种理论视角有助于深化对能源治理过程、治理机制和治理效能的系统认识。公共政策分析强调从治理的角度理解能源问题的本质特征，关注政策主体的互动关系、政策工具的选择效用以及政策过程的演化规律。随着全球能源治理实践的深入发展，公共政策分析理论也在不断创新，形成了更具包容性和适应性的分析框架。这种理论创新为能源智库的研究实践提供了重要指导，推动了能源治理研究的深化和发展。

（一）能源治理的理论基础

公共政策分析为能源治理提供了系统的理论基础。能源治理作为一个复杂的政策领域，需要通过公共政策理论来深化对其本质特征的认识。从政策分析的角度看，能源治理涉及政策目标的设定、政策工具的选择、政策过程的管理以及政策效果的评估等多个环节，这些环节共同构成了能源治理的基本理论框架。随着全球能源治理实践的深入发展，政策分析理论也在不断丰富和完善，为能源治理提供更为科学的理论指导。

1. 能源政策的系统性与复杂性

能源政策的系统性体现了现代治理理论的整体性思维。能源政策不是孤立的政策选择，而是一个相互关联的政策系统。这种系统性首先体现在政策目标的多元性上，能源政策需要同时考虑能源安全、经济效率、环境保护等多重目标。其次体现在政策工具的协同性上，各类政策工具之间存在着复杂的互动关系。最后体现在政策效果的关联性上，某一领域的政策变动往往会引发连锁反应。

能源政策的复杂性决定了其理论研究的特殊性。复杂性主要源于能源问题的跨领域属性和利益主体的多元化特征。这种复杂性使得传统的线性政策分析模式难以有效

应对现实挑战，需要发展更具包容性的理论框架。由埃德加·莫林（Edgar Morin）于1990年在《复杂性思想导论》中提出的复杂系统理论为理解能源政策的内在机理提供了新的视角，强调从非线性、动态性和涌现性等维度把握政策过程的本质特征。

2. 能源政策的工具选择与效用

能源政策工具的理论研究反映了治理手段的多样化发展。随着能源治理实践的深入，政策工具已经从传统的行政管制扩展到经济激励、信息引导等多元化形式。政策工具理论强调根据问题特征和政策目标选择恰当的治理手段，通过不同工具的优化组合提升政策效能。现代政策工具理论更加注重工具选择的情境适应性，强调考虑社会文化、制度环境等背景因素的影响。

政策效用分析构成了能源治理的重要理论议题。效用分析不仅关注政策目标的实现程度，更强调政策实施过程中的成本收益关系。这种分析需要建立系统的理论框架，将直接效用和间接效用、短期效用和长期效用统一起来考虑。效用理论的发展推动了能源政策评估方法的创新，促进了更为科学的决策机制的形成。

3. 能源政策的价值取向与目标

能源政策的价值理论体现了治理理念的深刻变革。传统的能源政策往往过分强调效率价值，而现代能源治理则更加注重价值的多元平衡。这种转变体现在对公平、可持续、包容等价值目标的重视上。价值理论的发展推动了能源政策目标体系的完善，形成了更具整合性的政策导向。

政策目标的理论研究揭示了能源治理的深层逻辑。目标设定不是简单的技术过程，而是涉及多元价值权衡的理论命题。现代目标理论强调在确保基本能源供给的同时，更加重视环境正义、代际公平等深层价值诉求。这种理论发展反映了能源治理从单一目标向多元目标转变的趋势，推动了更具包容性的治理模式的形成。政策目标理论还特别强调动态调适机制的重要性，认为目标体系应当具有足够的弹性来应对外部环境的变化。

4. 能源政策的整合机制与协同效应

政策整合理论为能源治理提供了系统的分析框架。能源政策的整合不是简单的政策叠加，而是需要在理论层面实现深度融合。整合理论强调从战略高度把握不同政策之间的关联性，通过制度创新和机制创新实现政策效能的整体提升。这种理论视角有助于克服政策碎片化的问题，推动形成更具系统性的治理框架。

政策协同理论深化了对能源治理效能的理解。协同效应产生的机理是现代政策理论研究的重要课题。这种研究揭示了政策要素之间的互动规律，为提升治理效能提供了理论指导。协同理论特别强调政策设计的整体性思维，主张通过科学的政策组合激发积极的协同效应，同时预防和化解消极的协同效应。这种理论创新推动了能源治理从分散管理向整体治理的转变，为提升治理能力提供了新的思路。

（二）能源治理的政策过程

政策过程理论为理解能源治理的动态特征提供了基础框架。能源治理不是静态的政策执行，而是一个涉及多个阶段、多元主体参与的复杂过程。政策过程理论强调从动态视角理解能源治理的运行机制，关注政策议程设置、方案制定、政策执行和评估反馈等各个环节的内在联系。这种过程性思维有助于深化对能源治理规律的认识，推动治理理论和实践的创新发展。

1. 能源问题的政策议程构建

政策议程构建理论揭示了能源问题的政治化过程。能源问题从客观存在到成为政策议题，需要经过复杂的社会建构和政治互动。议程构建理论强调关注问题界定的政治属性，探讨各种社会力量如何影响议题的选择和优先序的确定。这种理论视角突破了传统的技术理性思维，将能源问题置于更广泛的社会政治背景中来理解。

问题界定的理论分析构成了议程研究的核心内容。能源问题的界定不是单纯的事实判断，而是涉及价值选择的理论命题。界定理论关注问题认知框架的形成机制，探讨社会共识的达成过程。同时，这种理论还强调关注问题界定的动态性，主张通过持续的理论创新来推动问题认识的深化和更新。现代议程理论还特别强调议程设置的互动性特征，认为议程构建是一个多元主体共同参与的动态过程。

2. 能源政策的多中心决策机制

多中心决策理论反映了能源治理模式的深刻变革。传统的集中式决策模式已经难以应对现代能源治理的复杂性，多中心决策理论提供了新的分析视角。这种理论强调决策权力的分散性特征，关注不同决策主体之间的互动关系。同时，多中心理论还强调决策系统的自组织能力，认为这种能力是确保决策科学性的重要保障。

决策机制的理论创新体现了治理理念的演进。现代决策理论更加注重决策过程的开放性和包容性，强调通过制度创新来保障多元主体的有效参与。这种理论发展推动了决策机制从封闭走向开放，从单向控制转向多向互动。决策理论特别强调协商民主的重要性，主张通过深入对话来增进各方理解，形成更具包容性的政策方案。

3. 能源政策的执行网络分析

政策执行网络理论深化了对能源治理实践的认识。现代执行理论突破了传统的自上而下分析模式，强调从网络视角理解政策执行的复杂性。这种理论创新反映了执行主体的多元化趋势，揭示了政策执行过程中的互动机理。执行网络理论特别关注网络结构对执行效果的影响，探讨如何通过网络优化来提升政策执行的效能。

执行过程的理论分析构成了网络研究的重要内容。执行理论强调关注政策工具的运行机制，探讨不同执行策略的适用条件。这种理论视角有助于理解执行偏差产生的原因，为提升执行效能提供指导。现代执行理论还特别强调适应性管理的重要性，主张通过灵活调适来应对执行环境的变化。

4. 能源政策的适应性评估体系

政策评估理论体现了能源治理的反思性特征。现代评估理论突破了传统的结果导向思维，强调从过程视角理解政策效果的形成机制。这种理论创新推动了评估体系从静态向动态转变，从单一向多元发展。评估理论特别关注政策学习的重要性，主张通过系统评估来促进治理能力的提升。

适应性评估构成了现代评估理论的核心内容。适应性评估理论强调评估过程的动态性和互动性，关注政策效果与环境变化之间的关系。这种理论视角有助于把握政策演进的规律，为政策调适提供科学依据。评估理论还特别强调反馈机制的重要性，认为及时有效的反馈是实现政策优化的关键。同时，现代评估理论更加注重评估的整体性，主张将直接效果和间接效果、短期影响和长期影响统一起来考虑。

（三）能源智库的政策研究方法创新

能源智库的政策研究方法体现了现代治理理论的方法论创新。随着能源治理的复杂性不断提升，传统的政策研究方法已难以满足分析需求。方法论创新不仅涉及具体研究工具的改进，更体现了研究范式的根本转变。这种创新突出表现在研究视角的多元化、分析工具的系统化以及研究过程的动态化等方面，推动了能源政策研究的理论深化。

1. 情景模拟的政策分析方法

情景分析方法反映了能源政策研究的前瞻性特征。传统的线性预测方法难以应对能源系统的高度不确定性，情景分析提供了更具包容性的研究范式。这种方法强调通过多情景构建来探索政策选择的可能后果，揭示政策效果的条件依赖性。英国能源系统建模分析表明，通过将一致且现实的技术叙事与全球敏感性分析相结合，研究者能够系统评估低碳技术和资源可用性对能源系统长期发展的影响。这种方法揭示了燃料和技术使用的显著可变性，如天然气需求的强烈波动，以及技术间的互补性与替代性，如氢技术对碳捕获与储存（CCS）的依赖关系[①]。情景分析的理论价值不仅在于预测未

---

① Fais B, Keppo I, Zeyringer M, et al. Impact of technology uncertainty on future low-carbon pathways in the UK [J]. Energy Strategy Reviews, 2016, 13-14: 154-68.

来，更在于深化对政策影响机制的理解。

情景构建的理论基础体现了系统思维的重要性。情景分析不是简单的趋势外推，而是需要深入理解系统的内在机理。美国能源信息署（EIA）的年度能源展望（AEO）展示了这一点，其通过国家能源建模系统（NEMS）开发多种经济和政策情景。然而，研究发现 AEO 情景往往存在现状偏好，如 AEO 2020 参考情景对电力行业资产寿命做出了不切实际的假设，低估了约 1.3 万亿美元的资产更新成本。尽管这些情景分析结果非预测性质，但它们在实践中常被用作评估能源转型的基准，其内在假设对政策讨论具有显著影响力①。这种理论视角强调关注关键变量之间的互动关系，探索系统演化的基本规律。同时，情景分析理论还特别强调认知框架的作用，主张通过多维度的情景设计来突破既有认知的局限，激发政策创新的潜力。瑞士"能源视角"情景研究就体现了这一特点，瑞士联邦能源办公室开发的多维度情景分析成为瑞士能源战略 2050 的科学基础。该分析探索了三种不同的瑞士能源系统未来，通过系统性评估技术、经济和社会因素的相互作用，为政策制定提供了全面框架。值得注意的是，尽管情景方法论上应考虑多种未来可能性而不附加概率，但在实际政策制定过程中，这种多元性往往被简化为单一路径②。

2. 循证导向的政策建议框架

循证政策研究体现了能源治理的科学化趋势。循证研究强调以实证证据为基础开展政策分析，这种方法论取向推动了政策研究从经验判断向科学论证的转变。例如，欧盟能源政策智库 INSIGHT_E③ 就建立了多层次的证据收集与分析体系，通过快速响应能源简报（RREB）、热点能源议题（HET）和政策报告（PR）三种形式，满足不同时效性和深度要求的政策建议需求④。循证研究的理论价值在于提供了系统的证据收集和分析框架，增强了政策建议的科学性和可信度。

证据体系的理论构建构成了循证研究的核心内容。现代循证理论强调证据的多元性和层次性，关注不同类型证据的整合机制。这一理论导向在日本能源转型政策的研

---

① Zacarias L M, Grubert E. Effects of implausible power plant lifetime assumptions on US federal energy system projected costs, greenhouse gas emissions, air pollution, and water use [J]. Environmental Research: Infrastructure and Sustainability, 2021.

② Braunreiter L, Stauffacher M, Blumer Y B. How the public imagines the energy future: Exploring and clustering non-experts' techno-economic expectations towards the future energy system [J]. PLoS One, 2020, 15 (3): e0227369.

③ European Institute of Innovation & Technology. INSIGHT – E: Energy think-tank for the European Commission with KIC InnoEnergy [EB/OL]. (2019 – 02 – 05) [2025 – 02 – 02]. https://eit.europa.eu/news – events/news/insighte – energy – think – tank – european – commission – kic – innoenergy.

④ Coffineau L, Welsch M, Ayache C. INSIGHT_E—A Think Tank Informing the European Commission [M]. Europe's Energy Transition – Insights for Policy Making. 2017: 11 – 20.

究中得到了充分体现。研究者通过整合技术经济模型与政策过程理论，构建了包含政策组合、能源系统和政策过程三个维度的综合分析框架，实现了定量证据与定性分析的有机结合[①]。这种理论视角突破了传统的实证主义局限，强调在科学实证基础上融入价值判断和经验认知。

循证理论还特别强调证据质量的重要性，主张建立系统的证据评价标准，确保政策建议的可靠性。在 INSIGHT_E 的实践中，这体现为严格的质量控制流程。其政策报告通常需要 4~6 个月的研究周期，其间包括广泛的利益相关者咨询、审查和反馈流程[②]。同样，日本能源政策研究框架也建立了完整的评估体系，通过模拟不同政策情景的效果，评估利益相关者的接受度，确保政策建议的科学性和可行性[③]。这些实践表明，现代循证政策研究既需要严谨的方法论支撑，也需要对实践应用效果的持续关注。

3. 多维度的政策评估工具

政策评估工具的理论创新反映了评估范式的转变。现代评估理论强调评估维度的多元化，突破了传统的成本效益分析框架。这种理论发展体现在评估指标的丰富性、评估方法的多样性以及评估过程的动态性等方面。评估工具的创新不仅提升了评估的科学性，更推动了评估理论的整体发展。

评估体系的理论建构体现了整体性思维的重要性。评估工具的设计需要统筹考虑效率、公平、可持续等多重价值目标。这种理论视角强调通过指标体系的优化来实现多维评估，同时关注不同评估维度之间的关联性。评估理论还特别强调参与式评估的重要性，主张通过多元主体的共同参与来提升评估的客观性和可信度。

4. 整合性的政策优化方案

政策优化理论体现了能源治理的系统性特征。优化方案的设计不是单一政策的改进，而是需要从整体视角推动政策体系的完善。这种理论取向强调政策要素之间的协同效应，关注政策组合的整体效能。整合性思维的引入推动了优化理论从局部调适向系统重构的转变。

方案设计的理论创新反映了优化思维的深化。现代优化理论更加注重方案的适应性和可持续性，强调通过制度创新来增强政策的韧性。这种理论发展体现在优化目标的多元化、优化路径的多样化以及优化过程的动态化等方面。优化理论还特别强调实

[①③] Tanaka Y, Chapman A, Tezuka T, et al. Putting the process into the policy mix: Simulating policy design for energy and electricity transitions in Japan [J]. Energy Research & Social Science, 2020, 70.

[②] Coffineau L, Welsch M, Ayache C. INSIGHT_E—A Think Tank Informing the European Commission [M]. Europe's Energy Transition – Insights for Policy Making. 2017: 11–20.

施条件的重要性，主张通过深入分析来确保方案的可行性。同时，整合性思维要求将短期优化和长期发展统筹考虑，推动能源治理体系的持续完善。

　　本章从地缘空间、国际关系与多元治理三个维度构建能源政治分析框架，系统阐述了支撑能源智库研究的理论体系。地缘政治理论提供空间维度分析，从传统地缘政治学的空间思维发展到现代权力逻辑和新地缘政治对能源要素的关注，创新地揭示能源空间与权力结构互构关系、能源流动与地缘格局动态演变及能源控制与多维博弈。国际关系理论提供互动维度视角，通过现实主义、自由主义与建构主义三大范式解构国际能源的研究体系，分析国家与非国家行为体互动及多层级协作机制，推动能源智库形成互动研究范式。公共政策分析理论则提供治理维度框架，深化对能源治理过程、政策工具选择与执行网络的理解，推动能源智库在情景模拟、循证研究、多维评估以及整合方案设计等方法上的创新。

第三章

能源经济相关理论

能源经济理论为理解全球能源体系的运行规律、演化趋势和发展前景提供了系统的分析工具。随着全球能源转型深入推进,传统能源经济理论面临新的挑战,迫切需要拓展理论视野、创新分析范式。本章立足国际能源智库研究需求,从资源、市场和技术三个基础维度构建分析框架:资源维度关注能源要素投入的约束条件,揭示资源禀赋对能源体系的根本性影响;市场维度探讨能源商品配置的运行机制,阐释市场结构与产业组织的互动关系;技术维度聚焦能源效率提升的创新动力,分析技术进步对能源系统的重构作用。这三个维度相互关联、相互支撑,共同构成了理解能源经济问题的基本理论框架。基于此,国际能源智库可以更系统地把握能源经济规律,为全球能源治理提供理论指导。

一、资源维度:资源经济学视角下的能源分析

资源经济学为理解能源问题提供了独特的理论视角。资源经济学关注资源的稀缺性特征、空间分布规律和时间演化趋势,通过资源约束、资源配置和资源管理等核心概念[1],即研究资源的有限性对经济活动产生的限制、资源在不同用途间的分配机制以及资源使用的监督与调控,帮助智库深入把握能源系统的运行规律,揭示能源资源开发利用的经济学原理,为能源政策制定和战略规划提供理论支撑。

(一) 资源约束理论的能源解释

资源约束理论从资源稀缺性视角阐释能源系统的运行规律及其经济影响[2],该理论源于 19 世纪马尔萨斯(Thomas Malthus)人口理论和 20 世纪 70 年代罗马俱乐部《增长的极限》(*The Limits to Growth*)报告。作为经济社会发展的基础性要素,能源资源

---

[1] 陈枫楠,沈镭. 基于期刊文献检索的国内资源经济学研究述评[J]. 资源科学,2013,35(7):1339-1346.
[2] 方毅,张筱婉. 国际煤价与中国 GDP、能源消费的关联关系——兼论我国经济增长的资源约束阶段性假说[J]. 上海经济研究,2013,25(12):3-12.

的约束特征直接影响着全球能源体系的演进路径和人类社会的可持续发展前景。研究能源资源的稀缺性本质、空间分布特征和时间演化规律，对于理解国际能源格局的变迁具有重要意义。

1. 能源资源的稀缺性本质

能源资源稀缺性是制约经济社会发展的根本约束[①]。从物理学角度看，能源资源具有不可再生性和有限性的双重属性，其开发利用必然面临资源存量约束和流量约束。这种约束既表现为化石能源储量的绝对稀缺，也体现为可再生能源开发利用的技术和成本约束。这一基本特征决定了全球能源体系发展的边界条件。

从经济学角度看，能源资源稀缺性体现为供需矛盾的长期性和结构性特征。随着全球经济的持续发展，能源需求呈现刚性增长趋势，而能源供给受到资源禀赋、开发条件和环境容量等多重约束，供需矛盾日益凸显。这种矛盾推动着能源商品的价格形成机制和市场配置机制的演进，也催生了能源替代和技术创新的内在动力。能源稀缺性约束既是能源经济问题的核心，也是推动能源技术进步和体系转型的根本动力。

稀缺性约束的动态性要求智库从系统论视角分析能源问题。一方面，技术进步可以在一定程度上缓解稀缺性约束，如页岩油气革命拓展了传统化石能源的资源边界；另一方面，环境约束和气候变化加剧了能源资源的相对稀缺性，倒逼全球能源体系向低碳化转型。理解稀缺性约束的动态演变特征，是把握能源市场运行规律、预测能源价格走势和制定能源战略的关键。

数字时代赋予能源资源稀缺性新的内涵。随着能源系统数字化转型深入推进，数据要素正成为影响能源资源开发利用的关键因素。数据资源的稀缺性主要体现在三个方面：首先，高质量的能源数据获取难度大，实时、准确、完整的数据成为稀缺资源；其次，数据处理能力的不平衡导致了新的资源差距，算力、算法等要素成为制约因素；最后，数据主权和安全问题使数据资源的跨境流动面临新的约束。这种新型稀缺性正在重塑能源资源的开发模式和利用方式。

2. 能源资源的空间分布特征

能源资源的空间分布不均衡性构成了国际能源体系的基本格局。从地理维度看，能源资源禀赋的空间差异性导致了能源生产与消费的区域错配，进而形成了复杂的跨国能源贸易网络[②]。这种空间分布特征既是国际能源市场形成的客观基础，也是能源地

---

① 陈君华，黄旻洁. 从资源经济学角度看物质经济的衰落和知识经济的兴起 [J]. 世界经济文汇，1999 (4)：56-58.
② 孔祥瑜，李虹. 美国能源独立对全球能源贸易网络的影响——基于贸易流的视角 [J]. 资源科学，2024，46 (9)：1867-1880.

缘政治博弈的深层根源。

空间分布不均衡性直接影响着全球能源供需格局。主要能源生产国集中在中东、北美、俄罗斯等区域，而消费中心则分布在东亚、欧洲等经济发达地区。这种生产与消费的地理分离催生了庞大的能源贸易体系，也带来了能源运输和储备等衍生需求。同时，空间分布差异也加剧了国际能源市场的波动性和不确定性，影响着全球能源价格的形成机制。

从地缘政治视角看，能源资源的空间分布特征深刻影响着国际关系格局[1]，如政治学者迈克尔·克莱尔（Michael T. Klare）在《资源战争》（*Resource Wars*）中系统分析的石油与国际冲突的关联。能源资源丰富地区往往成为大国博弈的焦点，能源通道的控制权也成为国际竞争的重要内容。资源禀赋差异导致的相互依赖关系，既是国际能源合作的基础，也可能成为地缘政治冲突的导火索。理解空间分布规律对把握全球能源治理趋势、预测地缘政治风险具有重要意义。

全球能源治理格局的演变正在改变传统的空间分布效应。一方面，国际能源组织、多边合作机制等制度性安排降低了空间分布差异带来的摩擦；另一方面，能源技术的全球扩散和知识共享减弱了地理位置的制约作用[2]，例如国际可再生能源机构（IRENA）推动的可再生能源技术转移与合作机制有效促进了清洁能源技术在全球范围内的传播。特别是在清洁能源领域，技术创新和制度创新正在重构全球能源合作的空间格局。智库研究需要把握这种新趋势，深入分析全球能源治理对资源空间分布效应的影响。

3. 能源资源的时间演化规律

能源资源系统呈现出明显的时间演化特征。从历史进程来看，人类社会的能源利用经历了从传统生物质能向化石能源，再向清洁能源转型的发展轨迹。这一演化过程体现了资源约束与技术进步的辩证关系，揭示了能源系统转型的内在规律。理解能源系统的演化特征，对于预判全球能源转型趋势具有重要启示。

时间演化特征体现在能源结构的动态变迁中。随着技术进步和经济发展，能源利用效率不断提高，新型能源形式不断涌现。从柴薪到煤炭，从石油到天然气，从化石能源到可再生能源，能源结构的更迭反映了人类突破资源约束的不懈努力。这种演化趋势既受资源禀赋变化的影响，也受环境约束和技术进步的驱动，呈现出明显的阶段

---

[1] 于宏源，张致博. 国际能源安全治理体系重塑及中国的应对[J]. 俄罗斯东欧中亚研究，2024（4）：22-37, 161.

[2] 周德群，丁浩，周鹏，等. 基于过程划分的可再生能源技术扩散模型[J]. 中国管理科学，2022，30（2）：217-225.

性特征和路径依赖性，即前期投资和技术选择对后续发展路径的制约，如美国能源经济学家保罗·戴维（Paul A. David）和布莱恩·阿瑟（W. Brian Arthur）提出的"锁定效应"理论所描述。

能源系统演化的长期趋势正在发生深刻变革。当前，全球能源体系正经历新一轮重大转型，清洁低碳已成为主导方向。新能源技术的突破、气候变化的约束、能源市场的变革等多重因素共同推动着这一历史性转变。通过考察能源系统的历史演化规律，智库可以更好地把握转型路径，为能源战略规划和政策制定提供理论指导。能源智库需要深入研究这一演化趋势，为应对全球能源挑战提供前瞻性建议。

（二）资源配置理论的能源应用

资源配置理论为理解能源市场运行机制和优化能源资源配置提供了基础分析框架。能源资源配置涉及价格形成、产权界定[①]，即明确资源所有权和使用权归属的法律制度安排，如罗纳德·科斯（Ronald Coase）在《社会成本问题》中提出的产权理论和交易效率等核心问题，其理论创新对指导能源市场改革和完善能源治理具有重要意义。智库研究需要深入把握资源配置理论在能源领域的具体应用，为提升全球能源体系运行效率提供理论支撑。

1. 能源市场的价格机制

价格机制是能源资源配置的核心枢纽。能源价格既反映资源稀缺程度，也影响市场主体的生产和消费决策，在资源配置中发挥着基础性调节作用。作为商品属性与战略属性的双重载体，能源价格形成机制具有显著的特殊性，需要平衡市场效率与能源安全的双重目标。

能源价格形成过程体现了多重因素的复杂互动。一方面，资源禀赋、开采成本、运输条件等基础因素构成了能源价格的成本基础；另一方面，市场结构、政策规制、地缘政治等制度性因素影响着价格的最终形成。这种多重因素的叠加作用导致能源价格呈现出高度波动性和较强的传导效应。

价格机制的完善是能源市场化改革的核心任务。随着全球能源市场的深度发展，价格形成机制不断创新，如石油期货市场的发展改变了传统的价格发现模式，碳价格机制的引入促进了环境成本的市场化定价。理解价格机制的演进规律，对于把握能源市场改革方向和预判价格走势具有重要意义。

全球能源治理机制对资源配置的影响日益凸显。国际能源组织、多边协议和区域

[①] 杜群，万丽丽. 美国页岩气能源资源产权法律原则及对中国的启示 [J]. 中国地质大学学报（社会科学版），2016，16（3）：34-42.

合作框架构成了复杂的治理网络,这些制度性安排通过规则制定、信息共享和政策协调等方式影响着能源资源的全球配置。例如,《巴黎协定》的减排承诺推动了清洁能源投资的重新布局,国际能源署(International Energy Agency,IEA)的战略石油储备机制优化了全球油气资源的应急调配,"一带一路"能源合作促进了跨区域能源基础设施的互联互通。

治理机制的创新为优化资源配置提供了新思路。区块链技术的应用提高了能源交易的透明度和效率,碳市场机制引入了环境价值的量化定价,能源金融创新拓展了资源配置的空间维度。这些创新正在重塑全球能源资源配置的规则体系和运行机制。

2. 能源产权的制度安排

能源产权制度是资源配置效率的制度基础。明晰的产权界定有助于降低交易成本、激励投资创新,在能源开发利用中发挥着关键作用。能源产权的特殊性主要体现在资源主权、开发权益和收益分配等方面,需要建立适应性的制度框架。

能源产权制度呈现出多层次的复杂结构[1],如奥利弗·威廉姆森(Oliver E. Williamson)在《资本主义的经济制度》中分析的"制度层级理论"。从纵向看,能源产权包括资源所有权、开发经营权和使用权等不同层次;从横向看,又涉及国家、企业、个人等多元主体。这种复杂的产权结构要求建立科学的产权配置机制和有效的产权保护体系。同时,能源转型背景下的新型产权形式,如碳排放权、可再生能源配额等,也对传统产权理论提出了新的挑战。

产权制度创新是优化能源资源配置的重要路径。国际经验表明,产权制度的市场化改革往往能带来资源配置效率的显著提升。例如,石油天然气领域的矿业权改革激发了勘探开发活力,电力市场的输配分离改革促进了竞争机制的引入。研究产权制度创新规律,对指导能源体制改革具有重要启示。

3. 能源交易的效率边界

能源交易效率是资源配置优化的最终体现[2]。能源交易涉及复杂的合约安排和市场组织形式,其效率水平直接影响资源配置的整体绩效。理解能源交易的效率边界,有助于设计合理的市场机制和监管框架。

交易效率受到多重因素的制约。首先,能源商品的物理特性(如输电损耗、管道运输约束等)设定了交易的技术边界;其次,市场信息不对称、外部性等市场失灵因素影响着交易的经济效率;最后,地缘政治风险、环境约束等外部因素也会干扰正常

---

[1] 宋亦明. 国家维护能源安全手段的选择逻辑:产权制度的视角 [J]. 国际安全研究,2020,38 (1):98-130,159-160.

[2] 吴智泉,刘明浩. 基于资源配置理论的能源结构节能潜力测算 [J]. 系统工程,2017,35 (8):93-99.

的交易活动。

提升交易效率需要系统性的制度创新。当前,能源交易正经历数字化转型,区块链、智能合约等新技术的应用正在重塑交易模式①。同时,能源金融创新也在不断拓展交易工具和风险管理手段。这些创新既带来效率提升的机遇,也对交易监管提出了新要求。智库研究需要前瞻性地研判交易效率提升的路径,为完善能源市场体系提供政策建议。

(三) 智库研究的资源分析框架

能源智库研究需要构建系统化的资源分析框架。随着全球能源体系日益复杂化,传统的单一维度分析已难以应对现实需求。智库研究必须整合资源评估、安全预警和战略规划等多重工具,建立全方位的分析体系,为能源决策提供科学支撑。

1. 能源资源评估的方法体系

能源资源评估是智库研究的基础性工作。科学的资源评估不仅需要准确把握资源禀赋状况,还要深入分析资源开发的经济性和可行性。建立系统的评估方法体系,对于提升智库研究的科学性具有重要意义。

资源评估方法呈现多元化发展趋势。传统的地质评估方法主要关注资源储量和品位,而现代评估体系则更加注重经济可采性分析。其中,概率地质评估法有效整合了地质不确定性,资源经济性评价模型考虑了成本收益变动,而系统动力学方法则着重分析资源系统的动态演变。这些方法的综合运用有助于形成更全面的资源评估结论。

评估体系的创新发展方向主要体现在三个方面。首先,评估维度从单一储量向综合性指标体系转变,将技术可行性、经济合理性和环境承载力等因素纳入评估范围;其次,评估方法从静态分析向动态模拟升级,更好地把握资源系统的演化规律;最后,评估工具从传统统计向大数据分析转型,提升了评估的精准性和时效性。

新技术在资源评估中的应用不断深化。遥感技术与人工智能的结合提升了资源勘探的精准度,卫星大数据分析增强了资源分布的动态监测能力,区块链技术保障了评估数据的可信度和可追溯性。例如,美国能源信息署 (Energy Information Administration, EIA) 利用机器学习技术优化了页岩气资源评估模型,显著提高了评估准确性;欧盟联合研究中心 (Joint Research Centre, JRC) 运用遥感技术建立了可再生能源资源评估平台,为清洁能源规划提供了数据支持。

---

① 徐雪松,闫月,唐加乐,等. 基于异构区块链的分布式能源竞价策略研究 [J]. 中国管理科学,2024,32 (3):60-69.

评估方法的智能化转型呈现三个特点。首先，评估过程从人工操作向智能化处理转变，提高了评估效率；其次，评估维度从静态数据向动态监测拓展，增强了评估的时效性；最后，评估结果的应用从单一决策支持向多场景服务延伸，扩大了评估的价值空间。这些变革正在推动资源评估方法的革新升级。

2. 能源安全预警的分析工具

能源安全预警是智库研究的关键任务。面对日益复杂的全球能源形势，建立科学的预警分析体系对保障能源安全具有重要意义。预警分析需要准确识别风险因素，科学评估风险程度，有效预测风险演变趋势。

预警分析工具体现了系统性和前瞻性特征。从分析对象看，预警体系覆盖供给安全、需求安全、运输安全等多个维度；从分析方法看，结合了定量测算和定性判断，融合了趋势外推、情景模拟等多种技术；从时间维度看，既关注短期波动风险，也重视中长期结构性风险。

预警工具的创新主要体现在三个层面。一是指标体系的完善，构建了包含资源保障、市场稳定、技术支撑等多层次的预警指标；二是分析方法的创新，引入了人工智能、机器学习等新型分析工具；三是预警机制的优化，建立了多层级联动的风险响应体系。

3. 能源储备战略的规划路径

能源储备战略规划是智库研究的重要内容。科学的储备战略既要考虑资源安全需求，也要平衡经济成本效益，需要系统化的规划方法支撑。储备战略规划涉及规模测算、结构优化和布局设计等多个环节。

储备规划方法体现了综合性思维特征。从规模维度看，需要平衡安全需求与经济承受能力；从结构维度看，要考虑能源品种的互补性和替代性；从空间维度看，则要统筹区位条件和运输网络。这种多维度的规划思维有助于提升储备战略的科学性。

储备战略规划的创新发展呈三个趋势。首先，规划理念从单一储备向战略协同转变，注重与产业政策、区域发展的统筹；其次，规划方法从经验判断向模型优化升级，提高了决策的科学性；最后，规划实施从静态部署向动态调整转型，增强了战略的适应性。智库研究需要把握这些创新趋势，为完善储备战略提供专业支持。

二、市场维度：产业经济学视角下的能源分析

产业经济学为研究能源市场运行规律和产业演进提供了系统的分析工具。随着全

球能源市场化程度不断提高，市场机制在能源资源配置中发挥着越来越重要的作用。产业经济学通过市场结构、市场行为和市场绩效的分析范式，揭示了能源产业发展的内在规律，为理解能源市场运行机制和产业组织演进提供了理论基础。智库研究需要运用产业经济学的方法，深入分析能源市场的结构特征、价值链分布和产业组织形态，为推进能源市场改革和完善产业政策提供科学依据。

(一) 能源市场的结构特征

能源市场结构是理解能源产业运行规律的基础。作为关系国计民生的战略性产业，能源市场呈现出高度集中、规模经济和网络外部性等显著特征，这些特征深刻影响着市场竞争格局和产业发展路径。智库研究需要深入分析市场结构特征，为完善能源市场体系提供理论指导。

1. 市场主体的垄断性质

能源市场的垄断性是其最基本的结构特征[1]。由于能源产业具有投资规模大、沉没成本高、技术门槛高等特点，市场往往呈现出自然垄断或寡头垄断的格局。这种垄断性质既源于规模经济和范围经济的客观需要，也受到产业安全和公共利益的制度性约束。

垄断性质在不同能源子市场中表现出差异化特征。输配电网、油气管网等网络型基础设施环节具有显著的自然垄断属性；油气开采、发电等上游环节则多呈现寡头垄断格局；而终端销售环节的竞争性相对较强。这种差异化特征要求采取有针对性的市场规制政策。

市场主体的垄断性质正在经历结构性变革。一方面，技术进步和体制改革正在弱化传统的垄断基础，如分布式能源的发展降低了规模经济约束；另一方面，数字化转型和产业融合又催生了新型垄断，如能源数据和平台垄断。理解这种变革趋势对把握市场发展方向具有重要意义。

新能源市场展现出不同于传统能源市场的结构特征。首先，新能源市场的进入壁垒主要体现在技术创新和规模经济上，而非资源垄断；其次，市场主体呈现多元化特征，除传统能源企业外，互联网企业、制造业企业等跨界主体大量涌入；最后，市场结构呈现出"双层市场"特征，即在设备制造环节形成全球竞争格局，在项目开发运营环节则表现为区域性竞争特征。

新能源市场的竞争格局正在经历深刻变革。技术创新周期加快导致市场主体地位

---

[1] 林卫斌，方敏，胡涛. 管制、监管与市场——以能源行业为例 [J]. 学习与探索，2021 (3)：95–101.

频繁更迭，产业链垂直整合与专业化分工并存，市场份额集中度呈现动态变化特征。这种市场结构的新特点要求调整传统的市场监管思维，建立更加灵活的规制体系。

2. 市场主体的战略互动

战略互动是能源市场主体行为的核心特征。在寡头垄断结构下，市场主体之间存在复杂的竞合关系，其战略决策需要充分考虑其他主体的反应。这种战略互动不仅影响市场均衡的形成，也决定着产业创新的演进路径。

战略互动表现为多层次的博弈关系。横向上，同类市场主体之间在产能投放、价格策略、技术创新等方面展开竞争性博弈；纵向上，产业链上下游企业围绕定价机制、利益分配等进行合作性博弈；跨界上，能源企业与金融机构、科技企业的战略合作正在重塑产业边界。

数字化转型正在改变战略互动的基本模式。大数据和人工智能技术的应用提高了市场信息的透明度，改变了传统的竞争规则；平台经济的发展催生了新型的商业生态，重构了市场主体的互动方式。这些变革要求智库研究创新分析工具，更好地把握市场行为演变规律。

3. 市场绩效的评价标准

市场绩效评价是把握能源市场运行效果的关键。与一般竞争性市场不同，能源市场的绩效评价需要平衡效率、公平和安全等多重目标。建立科学的评价标准体系，对于指导市场改革和完善监管政策具有重要意义。

绩效评价标准呈现多元化特征。从经济维度看，需要考察资源配置效率、创新动力和成本控制等指标；从社会维度看，要关注能源普遍服务、区域协调和民生保障等目标；从安全维度看，则要评估供应稳定性、系统可靠性和战略安全度等因素。

评价标准正在适应能源转型的新要求。随着低碳转型深入推进，环境效益和气候贡献已成为重要评价维度；能源系统数字化转型也带来了网络安全、数据治理等新的评价需求。智库研究需要创新评价方法，构建更加完善的市场绩效评价体系。同时，要加强对新兴市场形态的评价研究，为能源市场的健康发展提供决策支持。

(二) 能源产业的价值链分析

能源产业价值链分析为理解产业组织形态和利益分配格局提供了系统框架。能源产业链具有长期性、资本密集性和高度关联性等特征，其价值分配机制直接影响着产业发展效率和市场主体行为。智库研究需要深入把握价值链演变规律，为优化产业结构和提升产业竞争力提供决策支持。

1. 产业链的系统构成

能源产业链呈现出复杂的系统性特征。从纵向看，能源产业链涵盖资源勘探、开发生产、加工转化、输配运输、终端利用等多个环节；从横向看，又与装备制造、工程服务、金融保险等支撑产业形成广泛联系。这种复杂的产业链结构既是分工深化的结果，也是协同创新的基础。

产业链的系统性体现在多个层面。首先，各环节之间存在紧密的技术关联，上游技术进步往往带动全产业链升级；其次，产业链各环节之间形成了复杂的成本传导机制，价格波动具有显著的链式效应；最后，产业链上下游之间建立了稳定的供需关系，系统性风险具有较强的传导性。

数字化转型正在重塑产业链的系统构成。能源互联网的发展打破了传统的产业链条线性结构，形成了更加网络化的产业生态；智能化技术的应用推动产业链向服务化、平台化方向演进；新业态、新模式的涌现也在不断拓展产业链边界。把握这些变革趋势对理解产业发展方向具有重要意义。

2. 价值分配的动态机制

价值分配机制是影响产业链稳定性的核心因素。能源产业链各环节的价值创造能力和议价能力存在显著差异，这种差异直接影响着利益分配格局。理解价值分配的动态机制，对于平衡产业链各方利益、维护产业链稳定具有重要意义。

价值分配呈现出明显的周期性特征。在产业发展的不同阶段，价值重心往往会在产业链不同环节之间转移。例如，在资源稀缺时期，上游开发环节的议价能力较强；在技术变革时期，关键技术环节的价值贡献突出；在市场竞争加剧时期，终端服务环节的价值创造作用增强。这种动态变化反映了产业发展的内在规律。

能源转型背景下，价值分配机制正在发生深刻变革。一方面，清洁能源的发展改变了传统的成本结构和收益模式，新的价值创造点不断涌现；另一方面，数字化转型催生了数据要素、平台服务等新的价值形态，重构了传统的分配关系。智库研究需要密切关注这些变革趋势，为完善价值分配机制提供政策建议。

能源金融创新正在重塑产业价值链的分配格局。一方面，金融工具的创新拓展了价值实现途径，如绿色债券为清洁能源项目提供了新的融资渠道，碳金融产品实现了环境价值的市场化；另一方面，金融服务的深化优化了风险管理机制，如电力期货市场为价格风险管理提供了有效工具，能源衍生品市场增强了产业链的稳定性。

数字金融的发展进一步推动了价值分配机制的创新。区块链技术支持的能源交易平台降低了交易成本，提高了结算效率；智能合约的应用实现了价值分配的自动化执行；通证化（tokenization）则将实物资产或权益数字化表示为区块链上的加密代币，使其可以在分布式账本上进行交易和管理，增强了资产的流动性和可分割性，为能源资产的流动性提供了新的解决方案。这些创新正在改变传统的价值分配模式，催生新的商业模式。

3. 产业组织的演进规律

产业组织形态反映了价值链整合的基本路径。能源产业的组织形态经历了从垂直整合到专业化分工，再到协同创新的演进过程。这种演进既受技术进步和市场需求的驱动，也受制度环境和政策规制的影响。

组织形态的演进表现出多样化趋势。从企业层面看，既有传统的垂直一体化模式，也有专业化分工模式，还有混合型组织模式；从产业层面看，既有集中度较高的寡头垄断结构，也有竞争性较强的开放市场结构；从区域层面看，则形成了全球价值链分工体系。这种多样化特征反映了不同组织形态的比较优势。

新技术革命正在推动产业组织的创新发展。区块链技术为分布式组织模式提供了可能，平台经济催生了生态型组织形态，智能化应用促进了组织结构的扁平化转型。理解这些创新趋势，对于预判产业组织的未来发展具有重要意义。智库研究需要深入分析组织创新的动力机制和演进路径，为产业政策的制定和实施提供理论支撑。

（三）智库研究的市场分析框架

能源市场分析是智库研究的核心任务之一。随着能源市场复杂性和不确定性不断增加，智库研究需要构建系统化的市场分析框架，整合竞争评估、风险识别和政策评估等多重工具，为市场改革和政策制定提供科学依据。

1. 能源市场的竞争评估方法

竞争评估是把握市场结构动态变化的基础工具。能源市场的竞争格局既受传统产业组织因素影响，也面临能源转型带来的新挑战。建立科学的竞争评估方法，对于指导市场监管和规制政策具有重要意义。

竞争评估体系需要兼顾多重目标。从静态角度看，要评估市场集中度、进入壁垒、价格传导等传统指标；从动态角度看，要分析创新活力、协同效应和适应能力等发展性指标；从系统角度看，则要考察市场稳定性、供应安全性等战略性指标。这种多维度的评估有助于形成全面的竞争状况判断。

评估方法的创新主要体现在三个方面。首先，评估维度从传统的结构性指标向包含行为特征和创新绩效的综合指标体系拓展；其次，评估技术从静态统计分析向基于大数据的动态监测升级；最后，评估范式从单一市场分析向产业生态系统评价转变。这些创新有助于提升竞争评估的科学性和有效性。

碳市场分析成为智库研究的重要新领域。碳市场作为能源转型的关键政策工具，其运行机制和效果评估需要专门的分析框架。碳市场分析主要包括：一是市场设计评估，关注配额分配、交易机制、价格形成等制度要素；二是市场效率分析，研究价格发现、流动性和市场稳定性；三是减排效果评估，考察配额管理的有效性和经济影响。

能源期货市场分析方法不断创新。期货市场作为现货市场的重要补充，其分析框架需要整合金融理论和能源经济学方法。重点包括：价格传导机制研究、跨市场关联性分析、投机与套期保值行为研究等。新的分析工具如高频交易数据分析、市场微观结构理论等的应用，提升了研究的深度和精度。

2. 产业链风险的识别工具

产业链风险识别是保障市场稳定运行的关键。能源产业链面临着技术迭代、市场波动、地缘政治等多重风险，建立系统的风险识别工具对于防范系统性风险具有重要意义。

风险识别工具体现了系统性思维特征。从风险来源看，需要识别内生性风险和外生性风险；从传导机制看，要分析直接风险和间接风险；从影响程度看，则要区分结构性风险和周期性风险。这种多层次的风险分类有助于制定针对性的防控措施。

风险识别方法正在经历深刻变革。一是识别维度的拓展，将数字安全、低碳转型等新型风险纳入评估范围；二是识别技术的升级，运用人工智能等新技术提升风险预警能力；三是识别机制的优化，建立跨部门、跨区域的协同识别体系。智库研究需要把握这些变革趋势，完善风险识别工具。

3. 产业政策的效果评估

产业政策评估是优化政策设计的重要环节。能源产业政策涉及市场规制、产业引导和创新支持等多个领域，其效果评估需要科学的方法支撑。建立系统的政策评估框架，对于提高政策制定的科学性具有重要意义。

政策评估体系强调多维度分析。从目标维度看，需要评估政策对市场效率、产业升级和能源安全等目标的实现程度；从成本维度看，要分析政策实施的经济成本、社会成本和环境成本；从效果维度看，则要考察政策的直接效果和溢出效应。这种综合评估有助于全面把握政策影响。

评估方法的创新发展呈现三个趋势。首先，评估理念从单一效果评价向综合影响评估转变，更加注重政策的协同效应和长期影响；其次，评估技术从定性分析向定量模型升级，提高了评估的精确性；最后，评估机制从事后评价向全程跟踪转型，增强了政策调整的灵活性。智库研究需要继续深化评估方法创新，为提升产业政策效能提供支撑。

4. 能源市场的数字化转型分析

数字化转型正在重构能源市场的运行机制，需要建立新的分析框架。首要任务是评估数字技术对市场结构的影响，包括平台经济模式对传统市场组织的冲击、数据要素市场的形成及其定价机制、算法交易对市场效率的影响等。

其次，需要分析数字化对市场运行效率的影响。重点包括：一是研究智能电网、虚拟电厂等通过聚合分布式能源资源（如小型发电设备、储能设备和可控负荷），形成如同传统发电厂般具有可调度能力的系统来推动新型市场主体的商业模式和运营效率；二是评估区块链等技术在降低交易成本、提高市场透明度方面的作用；三是分析大数据、人工智能在市场预测和决策支持中的应用效果。

最后，需要构建数字化风险的评估框架。评估框架包括网络安全风险评估、数据隐私保护评估、算法公平性评估等。这些分析工具的开发对于保障能源市场数字化转型的健康发展具有重要意义。

三、技术维度：技术经济学视角下的能源分析

技术经济学为理解能源系统的演进动力提供了独特视角。能源技术创新是推动能源系统转型的核心动力，其发展规律和经济效应深刻影响着全球能源格局。技术经济学通过分析技术创新的动力机制、演化路径和经济影响，揭示了能源技术进步的基本规律，为把握能源革命趋势提供了理论指导。智库研究需要运用技术经济学的方法，深入分析能源技术创新的特征规律、经济效应和发展趋势，为推进能源技术创新和完善创新政策提供理论支撑。

（一）能源技术进步的经济理论

能源技术进步体现了技术创新的普遍规律与能源领域的特殊性的统一。作为资本密集型和技术密集型产业，能源领域的技术创新既受规模经济、路径依赖等一般性因素影响，也呈现出系统性强、外部性显著等独特特征。理解能源技术进步的经济规律，对于指导技术创新实践和制定创新政策具有重要意义。

1. 技术进步的驱动机制

技术进步的驱动力来源于多重因素的复杂互动。从市场维度看，能源价格波动、供需变化和竞争压力构成了技术创新的基础动力；从产业维度看，产业升级需求、效率提升压力和成本控制目标推动着技术进步；从政策维度看，环境约束、气候目标和能源安全考虑催生了技术创新的政策驱动。

驱动机制呈现出明显的阶段性特征。在不同发展阶段，主导性驱动因素往往会发生转换。例如，早期的技术进步主要由资源约束驱动，中期更多受市场竞争推动，而当前则更多地由环境压力和低碳转型需求驱动。这种转换反映了能源技术创新的演进规律。

能源转型背景下的驱动机制正在发生深刻变革。一方面，传统的成本导向型创新模式正在向价值导向型转变，创新目标更加注重系统效益；另一方面，单一技术突破正在向系统性创新转型，多技术协同成为重要特征。理解这些变革趋势对把握技术创新方向具有重要意义。

技术创新的国际合作与竞争机制呈现新特征。在全球化背景下，能源技术创新既需要国际合作以分担风险、共享资源，又面临技术竞争加剧的挑战。这种"竞合"关系主要体现在三个层面：首先，基础研究领域的国际合作不断深化。大科学工程如国际热核聚变实验堆（International Thermonuclear Experimental Reactor，ITER）①展现了跨国联合创新的重要性，开放科学平台促进了创新资源的全球流动。这种合作有助于突破关键技术瓶颈，提升创新效率。其次，技术竞争格局日趋复杂。能源技术的战略性使其成为国际竞争的焦点，表现为专利布局竞争加剧、技术标准之争突出、创新链控制争夺激烈等。特别是在储能、智能电网等前沿领域，技术主导权的竞争更为激烈。最后，区域创新网络正在重构。新的区域性技术合作机制不断涌现，如清洁能源部长级会议（Clean Energy Ministerial，CEM）②推动的多边技术合作，欧盟"地平线计划"支持的跨境创新网络等，形成了多层次的国际创新体系。

2. 技术变迁的路径依赖

能源技术变迁体现出显著的路径依赖特征。由于能源基础设施投资规模大、使用周期长，既有技术体系形成的惯性阻力往往制约着新技术的扩散应用。这种路径依赖既表现为技术轨道的锁定效应，也体现在产业组织和制度变革层面。

路径依赖的形成机制具有多重性。从技术层面看，设备更新和基础设施改造的高昂成本构成了转型壁垒；从经济层面看，规模经济和网络效应强化了现有技术的优势；从制度层面看，既有利益格局和政策体系也会形成制度性障碍。理解这些机制对突破路径依赖具有重要启示。

突破路径依赖需要系统性创新。首先，技术创新要注重与现存系统的兼容性，降

---

① International Thermonuclear Experimental Reactor. About［EB/OL］.［2024-11-26］. https：//www.iter.org/few-lines.

② Clean Energy Ministerial. Who we are［EB/OL］.［2024-11-26］. https：//www.cleanenergyministerial.org/who-we-are/.

低转型成本；其次，商业模式创新要破解规模化应用难题，培育新技术市场；最后，制度创新要优化政策激励，营造有利于新技术发展的环境。智库研究需要深入分析路径依赖的突破机制，为推进能源革命提供决策支持。

3. 技术扩散的经济规律

技术扩散是技术进步实现经济价值的关键环节。能源技术的扩散过程既遵循一般性的扩散规律，也具有行业特殊性。理解技术扩散的经济规律，对于促进技术商业化和规模化应用具有重要意义。

技术扩散呈现出典型的"S"形曲线特征。在扩散初期，受示范效应和成本约束影响，扩散速度相对缓慢；进入快速扩散阶段后，规模效应和网络效应推动扩散加速；最终随着市场饱和，扩散速度逐渐放缓。这种规律性特征为预判技术发展前景提供了重要参考。

数字化转型正在改变传统的扩散模式。一方面，信息技术的发展加快了知识传播和经验分享，提升了扩散效率；另一方面，平台经济的发展为技术扩散提供了新渠道，降低了扩散成本。同时，智能化应用也使技术扩散的地理边界和时间约束逐渐弱化。把握这些新特征对推进技术推广具有重要意义。

(二) 能源技术的经济效应

能源技术进步对经济系统产生着深远影响。作为现代经济的基础性要素，能源技术创新不仅直接影响能源系统的运行效率，还通过多重传导机制重塑着产业结构和经济形态。智库研究需要系统把握技术进步的经济效应，为制定能源技术创新战略提供理论依据。

1. 技术进步对能源效率的影响

能源效率提升是技术进步的直接经济效应。技术进步通过优化能源转化过程、改进利用方式、创新管理手段等途径，不断提高能源利用效率。这种效率改进既体现为单位能耗的降低，也表现为能源系统整体效能的提升。

效率提升的影响机制呈现多层次特征。从微观层面看，技术进步降低了单位产出的能源消耗，提高了能源利用的经济性；从中观层面看，技术创新优化了产业链的能源配置，提升了系统协同效率；从宏观层面看，效率改进推动了经济增长方式转变，促进了能源强度下降。

数字技术与能源技术的融合正在创造新的效率提升空间。智能化技术的应用实现了能源系统的精准控制和优化调度；物联网技术的发展促进了分布式能源的协同利用；大数据分析增强了需求响应能力。这些创新正在推动能源效率提升进入新阶段。

2. 技术创新对产业结构的冲击

能源技术创新是推动产业结构调整的重要动力。新技术的出现往往伴随着新产业的兴起和传统产业的转型，这种结构性影响通过要素替代、产业关联和市场重构等机制展开。理解这种冲击效应对把握产业发展趋势具有重要意义。

产业结构调整表现出多维度特征。从产业构成看，技术创新推动了新能源产业快速发展，改变了能源产业的结构布局；从价值链看，技术进步重塑了产业链分工格局，创造了新的价值增长点；从空间布局看，创新能力的差异导致了产业转移和集聚。

低碳转型背景下的结构调整呈现新特点。清洁能源技术的突破正在加速传统化石能源产业的转型升级；储能技术的进步推动了新型电力系统的构建；氢能技术的发展开启了能源利用的新途径。这些变革正在重构全球能源产业版图。

3. 技术发展对能源成本的作用

技术发展对能源成本的影响是一个复杂的动态过程。从长期趋势看，技术进步总体上推动着能源成本的下降，但在不同发展阶段和技术路线上，成本变化可能呈现出不同特征。把握这种作用机制对预判能源经济趋势具有重要意义。

成本影响的传导机制具有系统性。首先，技术创新直接降低了能源开发、转化和利用环节的工程成本；其次，规模化应用带来的学习效应进一步降低了技术成本；最后，商业模式创新优化了价值分配机制，提高了经济性。这种多重机制共同推动着能源成本的演变。

能源转型过程中的成本变化呈现新规律。可再生能源技术的快速发展打破了传统的成本曲线，部分清洁能源已实现平价上网；智能化技术的应用重构了成本构成，软件和服务在成本结构中的占比上升；系统集成创新优化了整体解决方案，实现了成本协同下降。理解这些新趋势对把握技术创新方向具有重要启示。

4. 技术进步对能源消费行为的影响

能源技术进步正在深刻改变消费者行为模式。这种影响主要表现在三个方面：首先，智能化技术重塑了用能习惯。智能家居、智能电表等技术的普及使消费者能够实时监控和优化用能行为，需求响应技术的应用促进了灵活用能，形成了更为理性的消费模式。其次，分布式能源技术改变了供需关系。屋顶光伏、家庭储能等技术的发展使消费者转变为"生产消费者"，这种角色转换带来了新的市场机制和商业模式。最后，数字化应用提升了消费者参与度。能源互联网平台、移动支付等技术降低了市场参与门槛，增强了消费者的选择权和议价能力，推动了能源市场的多元化和普惠化发展。

(三) 智库研究的技术经济分析框架

能源技术经济分析需要构建系统化的研究框架。随着能源技术创新的复杂性和不确定性不断提升,智库研究必须整合技术经济性评估、趋势预测和投资决策等多重工具,建立全方位的分析体系,为技术创新决策提供科学支撑。

1. 技术经济性评估方法

技术经济性评估是技术创新决策的基础工作。科学的评估方法不仅需要准确测算技术的直接经济效益,还要综合考虑外部性影响和系统性价值。构建系统的评估方法体系,对于提升技术创新决策的科学性具有重要意义。

评估方法体系呈现多层次特征。从评估维度看,既要考察技术本身的成本效益,也要分析产业带动效应,还要评估社会环境影响;从评估周期看,需要覆盖技术研发、示范应用和规模化推广等不同阶段;从评估视角看,则要统筹考虑企业收益、产业效益和社会价值。

评估方法的创新发展方向主要体现在三个方面。首先,评估理念从单一财务分析向综合价值评估转变,更好地体现技术创新的系统效益;其次,评估工具从静态分析向动态模拟升级,提高了对技术演进特征的把握能力;最后,评估框架从封闭系统向开放系统转型,增强了对外部性影响的评估能力。

技术标准评估成为重要的分析工具。标准化程度直接影响技术的市场价值和推广效果,需要建立专门的评估体系:一是技术成熟度评估,判断标准的技术基础;二是市场兼容性评估,分析与现有系统的匹配度;三是经济可行性评估,测算标准实施的成本效益。

专利分析方法不断创新。专利作为技术创新的重要指标,其分析方法经历了从简单统计向复杂网络分析的转变。新的分析工具包括专利图谱分析、专利族价值评估、技术轨道预测等,为把握技术发展趋势提供了重要参考。

2. 技术进步趋势预测

技术进步趋势预测是把握创新方向的关键工具。面对能源技术的快速演进,建立科学的预测分析体系对指导创新战略具有重要意义。预测工作需要准确把握技术发展规律,科学判断演进方向,有效预见突破节点。

预测方法体现了系统性和前瞻性特征。从预测对象看,覆盖基础研究、工程技术和系统集成等多个层面;从预测方法看,结合了技术路线图、专家研判、情景分析等多种手段;从时间维度看,兼顾短期突破、中期发展和长期演进。

预测工具的创新主要体现在三个层面。一是预测维度的拓展,将技术成熟度、市场接受度、政策支持度等因素纳入分析框架；二是预测方法的升级，引入人工智能等新型分析工具提升预测精度；三是预测机制的优化，建立动态修正的反馈机制。智库研究需要持续创新预测方法，提高预判能力。

3. 技术投资决策模型

技术投资决策模型是优化资源配置的重要工具。能源技术投资具有周期长、风险高、外部性强等特点，需要科学的决策模型支撑。建立系统的决策分析框架，对于提高投资效率具有重要意义。

决策模型需要平衡多重目标。从收益维度看，要兼顾短期回报与长期价值；从风险维度看，需要平衡技术风险与市场风险；从战略维度看，则要协调发展需求与创新能力。这种多目标决策特征要求建立完善的评价体系。

决策模型的创新发展呈现三个趋势。首先，决策理念从单一投资收益向战略价值导向转变，更加注重技术创新的长期效应；其次，决策方法从确定性分析向不确定性管理升级，增强了风险应对能力；最后，决策过程从静态选择向动态优化转型，提高了资源配置的适应性。

投资决策需要构建开放的协同创新机制。鉴于能源技术创新的系统性特征，单一主体难以承担全部投资风险。通过建立产学研协同、央地协同、国际协同等多层次合作机制，可以实现资源优势互补、风险分担和收益共享。智库研究需要深入研究协同创新模式，为完善投资决策机制提供建议。同时，要加强对新型投资工具和融资模式的研究，为技术创新提供更加多元的资金支持。

4. 新兴技术领域的分析框架

新兴技术领域需要特殊的分析框架。以氢能技术为例，其分析框架需要考虑：首先，全生命周期分析。考察氢能生产、储运、应用全过程的技术经济性，评估不同技术路线的综合效益。其次，产业生态评估。分析氢能产业链的成熟度、配套体系的完整性，以及与现有能源体系的协同性。最后，市场培育机制研究。研究政策支持、示范项目、商业模式等促进技术市场化的关键要素。

类似地，储能技术分析框架需要关注：一是技术组合优化。评估不同储能技术的互补性，研究多种储能形式的协同应用。二是价值评估机制。构建储能的多重价值评估模型，包括系统调节价值、备用容量价值、环境价值等。三是商业模式创新。研究"储能+"的创新应用模式，分析收益机制和风险分担机制。

本章从资源、市场和技术三个基础维度构建了能源经济分析框架。资源维度聚焦于能源资源的稀缺性本质、空间分布特征和时间演化规律，揭

示了资源约束与能源体系发展的辩证关系；市场维度剖析了能源市场的垄断性结构、战略互动机制和价值链分配格局，展现出能源产业组织的演进规律；技术维度探讨了能源技术进步的驱动机制、路径依赖特征及其对效率提升、产业结构和消费行为的深远影响。这三个维度相互支撑、有机统一，共同构成了理解全球能源体系运行规律和转型趋势的理论基础，为国际能源智库把握能源经济规律、预判发展方向、制定战略政策提供了系统的分析工具，尤其在数字化转型和低碳发展的时代背景下，这一理论框架展现出更强的解释力和指导价值。

第四章

能源环境相关理论

能源环境关系研究需构建四重维度的理论分析框架。系统维度立足于复杂系统理论与社会-生态系统理论，揭示能源与环境的客观联系及其演化规律，通过能源-环境-社会的耦合分析为其他维度提供基础性认知；效率维度基于生态经济学原理，特别是环境库兹涅茨曲线与物质流分析方法，探讨能源开发利用的生态经济效率问题，体现理论研究的实践导向；价值维度借助环境伦理学中的生态中心主义和代际公平理论，引入道德判断与价值评价，为能源环境决策提供伦理指引；文明维度通过生态文明理论[①]，整合前三个维度的认知、效率和价值要素，指明能源智库推动能源生态文明建设的理论路径。这四个维度相互支撑、递进深入，共同构建了能源环境理论的完整体系，并最终指向可持续发展这一总体目标。

一、系统维度：可持续发展理论解析

系统维度是理解能源环境关系的基础性视角，通过可持续发展理论为能源环境问题研究提供了系统化的分析框架。该维度从能源环境系统的理论基础出发，探讨系统要素的耦合机理，进而构建智库研究的系统分析方法，形成了一个由理论到方法的完整研究链条。

（一）能源环境系统的理论基础

能源环境系统是一个由能源开发利用与环境保护要素构成的复杂适应系统，其理论基础植根于系统科学、生态学和可持续发展理论的交叉领域。从系统科学的视角来看，能源环境系统强调要素间的关联性和整体性，通过系统动力学方法揭示系统演化规律；从生态学的角度，该系统体现了能源活动与生态环境之间的耦合关系，反映了

---

① 罗贤宇. 生态文明的概念缘起与理论构架 [EB/OL]. (2024-03-20) [2025-02-10]. https://www.cssn.cn/skgz/bwyc/202403/t20240320_5739371.shtml.

生态系统对能源干扰的响应机制；从可持续发展理论的维度，则聚焦于系统的长期演化趋势和代际公平问题。这三个理论视角的交叉融合，为理解和管理能源环境关系提供了坚实的理论支撑，构成了能源环境智库研究的基础分析框架。

1. 能源环境系统的概念界定

能源环境系统是一个以能源流动和环境变化为核心的开放性复杂系统[1]。这一概念的提出源于对传统能源系统和环境系统割裂研究范式的突破，体现了系统整体性思维对能源环境关系研究的重要影响。从能源子系统来看，它包括能源资源勘探、开发、加工、运输、使用等全生命周期环节；从环境子系统来看，它涵盖了大气、水、土壤、生物等环境要素及其相互作用。两个子系统通过物质流、能量流和信息流紧密联系，形成了动态平衡的系统整体，这种系统整体具有结构复杂性、功能多样性和演化动态性等典型特征[2]。

系统的开放性特征决定了其与外部系统存在广泛的物质能量交换，这种交换过程既包括能源资源的输入输出，也包括环境影响的溢出效应。从物质流动的角度看，能源资源的开采、运输和使用过程中会与外部系统发生物质交换，如化石能源燃烧产生的温室气体排放、核能发电产生的放射性废物处理等；从能量流动的角度看，能源转换过程中不可避免地存在能量损耗和环境负荷，这些影响往往超越系统边界而波及更广范围。在经济全球化和气候变化的双重背景下，能源环境系统的开放性进一步增强，系统边界日益模糊，跨区域、跨国界的能源环境互动日趋频繁，这对系统的管理和调控提出了更高要求。

能源系统的开放性特征可通过中国西部地区煤炭开采对黄河流域水资源的影响为例。煤炭开采过程中的大量用水和废水排放不仅影响了局部水资源平衡，还通过河流系统将这种影响扩散到下游地区，形成了典型的跨区域环境影响。同时，煤炭燃烧产生的二氧化碳、二氧化硫等污染物通过大气循环影响了更广泛的区域。这种物质能量的跨边界流动充分体现了能源环境系统的开放性特征。

2. 系统要素的相互作用机制

能源环境系统中的要素互动遵循特定的系统动力学规律。基于系统动力学理论，能源开发利用活动会通过直接和间接方式引起环境要素的响应性变化，这些变化又会通过各种反馈机制影响能源系统的运行状态，形成复杂的因果链条和反馈循环。例如，

---

[1] Freire-González J, Font Vivanco D. The influence of energy efficiency on other natural resources use: An input-output perspective [J]. Journal of Cleaner Production, 2017, 162: 336-45.

[2] Namaganda E, Otsuki K, Steel G. Understanding the cumulative socioenvironmental impacts of energy transition-induced extractivism in Mozambique: The role of mixed methods [J]. J Environ Manage, 2023, 338: 117811.

化石能源的开发利用会引起温室气体排放增加,导致气候变化加剧,而气候变化又会影响能源需求和供给模式,形成正反馈效应;同时,环境政策的制定和实施则可能形成负反馈,抑制能源活动对环境的负面影响。这种复杂的反馈机制构成了系统演化的内在动力。

系统要素间的相互作用具有非线性特征,这种非线性主要体现在阈值效应和涌现效应两个方面。阈值效应指系统压力累积到某个临界点时可能触发系统的突变,如环境污染累积到一定程度可能导致生态系统崩溃,气候变化超过特定阈值可能引发不可逆转的环境变化[1]。涌现效应则指多个要素的协同作用可能产生无法从单个要素特征推断出的系统性新特征,这种效应增加了系统行为的不确定性和预测难度[2]。例如,能源价格波动、环境政策变化和技术创新的同时发生,可能导致能源市场出现难以预测的新格局,如2020年油价崩溃与新冠疫情、可再生能源快速发展的共同作用,引发了全球能源市场的重大变革。此外,要素互动过程中还可能存在协同效应和权衡效应,即某些要素的变化可能同时影响多个系统目标,这些目标之间可能存在互补或冲突关系。

要素互动的复杂性还体现在时空尺度的多维性上。在空间维度上,要素互动可能产生局部、区域和全球等多尺度效应,不同空间尺度上的环境问题往往具有不同的形成机理和解决路径。例如,大气污染物的扩散可能造成跨区域的环境影响,能源基础设施的建设可能产生局地性的生态破坏,而温室气体排放则具有全球性影响。在时间维度上,系统要素的互动可能产生短期、中期和长期的差异化影响,这种时间异质性增加了系统管理的复杂度。某些环境影响可能在短期内并不明显,但长期累积可能导致严重的环境问题,这就要求在系统管理中充分考虑时间维度的影响。

3. 系统边界与属性演变

能源环境系统的边界具有动态性和模糊性特征。随着能源技术的进步和环境认知的深化,系统边界不断扩展和调整,传统的地理边界、行政边界逐渐被功能边界所替代。从地理空间角度看,全球化进程打破了传统的区域界限,能源贸易和环境影响的跨境流动使系统边界日益模糊;从功能关联角度看,能源产业链的延伸和环境影响的扩散使系统的功能边界不断扩展;从治理视角看,环境问题的复杂性要求打破传统的部门分割,建立跨部门、跨区域的协同治理机制。这种边界的动态演变反映了能源环境系统的开放性特征,也对系统治理提出了新的挑战。

---

[1] 徐冠华,葛全胜,宫鹏,等. 全球变化和人类可持续发展:挑战与对策 [J]. 科学通报,2013,58 (21): 2100 – 2106.

[2] 约翰·霍兰德. 涌现:从混沌到有序 [M]. 陈禹,等译. 杭州:浙江教育出版社,2022:163.

系统属性在演变过程中呈现出自组织性、突变性和适应性等特征。自组织性使系统能够在外部干扰下通过内部调节机制维持相对稳定状态，这种能力源于系统内部要素间的协同作用和反馈机制。突变性意味着系统可能在特定条件下发生质的飞跃，如能源技术革命可能导致能源系统的结构性转型，环境治理能力的提升可能带来环境质量的根本改善。适应性则体现了系统对外部变化的调节能力，包括技术创新、制度变革和行为调整等多个层面的适应机制。这些系统属性的演变特征决定了能源环境系统的长期演化趋势。

随着全球气候变化和能源转型的深入推进，能源环境系统的属性正在发生深刻变革。一方面，系统的复杂性、不确定性和脆弱性不断增加，气候变化加剧了环境系统的不稳定性，能源转型增加了能源系统的不确定性，这些变化使系统面临更大的风险和挑战。另一方面，技术进步和制度创新为系统的适应性转型提供了新的机遇，清洁能源技术的发展、环境治理能力的提升、国际合作机制的完善等都为系统的可持续发展创造了有利条件。这种系统属性的深刻变革对智库研究提出了新的要求，需要从更宏观的视角理解系统演化规律，为能源环境决策提供科学依据。

（二）能源环境系统的耦合机理

能源环境系统的耦合机理揭示了能源开发利用与环境变化之间的内在关联规律。从系统科学的视角看，这种耦合关系体现为复杂的因果链条和反馈环路，包括能源活动对环境系统的影响机制、环境变化对能源系统的约束效应，以及二者之间的动态演化规律。理解这种耦合机理对于预测系统行为、制定干预策略和实现系统优化具有重要意义。

1. 能源开发的环境响应

能源开发活动会通过多重途径引发环境系统的响应性变化。首先，从物质流动角度看，能源开发过程中的资源消耗、污染物排放和生态破坏会直接改变环境要素的数量和质量，如化石能源开采导致的地表沉陷、水资源污染和生物多样性损失。其次，从能量流动角度看，能源转换过程中的能量损耗和热量释放会影响局地气候系统，改变生态系统的能量平衡。最后，从信息流动角度看，能源基础设施的建设会重构景观格局，影响生态系统的空间结构和功能连通性。这些环境响应往往具有累积性、滞后性和不可逆性特征，增加了系统管理的复杂性。

环境响应过程具有明显的时空分异特征。在空间尺度上，环境影响可能呈现出点源性、线源性或面源性特征，其空间扩散范围和强度分布受到自然条件和人为因素的共同影响。在时间尺度上，环境响应可能表现为即时效应、滞后效应和累积效应的叠加，不同时间尺度上的环境变化可能存在交互作用①。这种时空分异性使得环境影响的评估和管理需要采用多尺度的分析方法。

2. 环境变化的能源影响

环境变化会通过多种机制对能源系统产生反作用。从资源可及性角度看，环境退化会影响能源资源的开采条件和利用效率，如气候变化导致的水资源短缺会制约水电开发，生态保护要求会限制化石能源开采强度。从基础设施角度看，极端气候事件和生态灾害会威胁能源设施的安全运行，增加系统脆弱性。从市场需求角度看，环境政策约束和环境意识提升会改变能源消费结构和行为模式，推动清洁能源转型。

环境变化对能源系统的影响呈现出多重性和复杂性特征。一方面，单一环境要素的变化可能通过多个途径影响能源系统的不同组成部分，形成复杂的影响链条；另一方面，多个环境要素的协同变化可能产生意外的系统效应，增加能源系统的运行风险。这种多重性和复杂性要求在能源规划和管理中充分考虑环境因素的不确定性影响。

3. 系统耦合的演化规律

能源环境系统的耦合演化遵循特定的动力学规律。从系统结构看，能源开发强度与环境承载力之间存在动态平衡关系，这种平衡可能在外部扰动或内部压力作用下发生转移。从系统功能看，能源效率提升与环境质量改善之间可能存在协同效应，也可能出现权衡效应。从系统行为看，技术进步和制度创新可能改变耦合关系的性质和强度，推动系统向更可持续的方向演化②。

耦合演化过程具有阶段性和方向性特征。从演化阶段来看，能源环境系统的耦合关系可能经历从松散耦合到紧密耦合，再到协同演化的发展过程。在不同发展阶段，系统表现出不同的结构特征和功能属性，需要采用差异化的管理策略。从演化方向看，可持续发展理念的深入推进和生态文明建设的实践探索，正在推动能源环境系统向更加协调和谐的方向转型。

随着全球能源转型的深入推进和环境治理的不断强化，能源环境系统的耦合机理呈现出新的特征。首先，清洁能源技术的突破正在重塑能源开发对环境的影响方式，减少了传统的负面环境效应。其次，数字技术的应用增强了环境监测和预警能力，提高了系统调控的精准性。最后，治理理念和方式的创新推动了能源环境协同治理机制

---

① 杨文涛，谯鹏，刘贤赵，等. 2011~2017年中国PM2.5多尺度时空分异特征分析[J]. 环境科学，2020，41 (12)：5236-5244.

② 逯进，常虹，郭志仪. 中国省域能源、经济与环境耦合的演化机制研究[J]. 中国人口科学，2016 (3)：23-33.

的完善，为系统的可持续发展创造了有利条件。这些新特征为智库研究提供了新的研究视角和内容。

(三) 智库研究的系统分析框架

智库研究的系统分析框架是将系统科学方法应用于能源环境问题研究的理论工具体系。这一框架整合了系统动力学建模、脆弱性评估和协同发展路径设计等多种分析方法，为智库开展能源环境系统研究提供了系统化的方法论支撑。通过这一分析框架，智库能够更好地把握能源环境系统的复杂性，预测系统演化趋势，并为决策制定提供科学依据。

1. 系统动力学模型构建

系统动力学模型是描述能源环境系统结构和行为的核心分析工具。从方法论层面看，系统动力学强调整体性思维和反馈机制分析，通过因果环路图和存量流量图等工具，将复杂的能源环境关系转化为可分析的数学模型。模型构建过程需要识别关键变量、确定变量关系、设置参数和边界条件，最终形成能够模拟系统行为的定量分析工具。

系统动力学模型的构建需要遵循特定的理论原则和技术规范。在模型框架设计阶段，需要基于系统理论确定模型的层次结构和功能模块，建立变量间的因果关系网络。在模型参数设置阶段，需要综合运用理论推导、经验数据和专家判断等方法，确保参数的科学性和可靠性。在模型验证阶段，需要通过结构检验、行为检验和政策敏感性分析等手段，评估模型的有效性和适用性。

模型应用过程中需要特别关注不确定性分析和情景设计。不确定性分析要考虑参数不确定性、结构不确定性和情景不确定性等多个维度，采用敏感性分析和蒙特卡罗模拟等方法评估不确定性的影响范围。情景设计则需要基于系统的发展趋势和关键驱动因素，构建具有代表性的未来发展情景，为政策分析提供科学基础。

2. 系统脆弱性评估方法

系统脆弱性评估是识别能源环境系统风险和韧性的重要分析工具。从理论视角看，系统脆弱性体现了系统对外部冲击的敏感性和适应能力，包括暴露度、敏感性和适应能力三个核心要素[1]。评估方法的构建需要综合考虑系统的结构特征、功能属性和演化规律，建立科学的评估指标体系和量化方法。

脆弱性评估体系的构建需要多层次、多维度的理论框架支撑。在评估指标选取上，

---

[1] 刘文霞，黄钰辰，万海洋，等. 复杂网络理论在能源互联网脆弱性与鲁棒性研究中的应用 [J]. 智慧电力，2021，49 (1)：14-21.

需要涵盖能源安全、环境质量、经济效益和社会影响等多个维度，建立层次分明的指标体系。在评估方法设计上，需要综合运用层次分析、模糊综合评价和数据包络分析等多种方法，实现对系统脆弱性的科学量化。在评估结果应用上，需要注重时空尺度的差异性，为不同层次的决策提供有针对性的支撑。

评估过程中需要特别关注系统的动态性和复杂性特征。一方面，系统脆弱性会随时间推移和外部环境变化而改变，需要建立动态评估机制；另一方面，系统要素间的复杂交互可能产生难以预料的脆弱性特征，需要采用复杂系统分析方法。此外，评估结果的不确定性分析和可靠性验证也是方法体系中的重要组成部分。

3. 系统协同发展路径设计

系统协同发展路径设计是推动能源环境系统可持续转型的战略分析工具。从方法论角度看，路径设计需要基于系统协同理论，识别系统发展的关键节点和演化路径，设计具有可行性和适应性的发展策略。这一过程需要统筹考虑技术创新、制度变革和行为转型等多个层面的协同推进机制。

路径设计的理论框架包含目标体系构建、路径方案设计和实施机制设计三个核心环节。目标体系构建需要基于可持续发展理念，设定多层次、多维度的发展目标，并建立目标间的协调机制。路径方案设计需要综合考虑资源约束、技术条件和社会承受能力，提出阶段性的发展策略和具体措施。实施机制设计则需要关注政策工具的协同性和有效性，建立健全的监督评估体系。

路径设计过程需要特别重视战略性和操作性的统一。从战略层面看，需要把握全球能源转型和环境治理的发展趋势，确保路径设计的前瞻性和系统性；从操作层面看，需要因地制宜、分类施策，提高路径设计的可行性和有效性。同时，还需要建立动态调整机制，使路径设计能够适应外部环境的变化和内部需求的演变。

系统分析框架为智库研究能源环境问题提供了科学的方法论支撑。随着大数据、人工智能等新技术的发展，系统分析方法正在向数字化、智能化方向升级，这为提升分析的精准性和科学性创造了新的条件。同时，全球能源转型和环境治理的深入推进也对系统分析方法提出了新的要求，需要不断创新和完善分析工具，以更好地服务于能源环境决策。

二、效率维度：生态经济学分析

在系统维度厘清能源环境关系的基础上，效率维度从生态经济学视角探讨能源开发利用的生态经济效益问题。该维度通过分析能源生态效率的理论内涵，探索效率优化的基本理论，构建效率分析的方法框架，形成了一个聚焦于能源环境协同效率的分析体系，体现了理论研究的实践价值导向。

（一）能源生态效率的理论内涵

能源生态效率是衡量能源系统与生态环境协调发展水平的核心理论概念。生态经济学将能源活动置于更广泛的生态系统背景下进行审视，通过分析能源利用效率与生态环境效益的统一性，揭示了能源开发利用的外部性特征，建立了生态系统服务的价值评估理论，为理解和优化能源生态效率提供了系统的理论基础。

1. 能源生态效率的概念体系

能源生态效率是一个融合能源效率与生态效益的复合概念体系[①]。从生态经济学视角看，能源生态效率不仅包含传统的能源利用效率，还涵盖了能源活动对生态系统的影响效应，体现了经济效益与生态效益的统一。这一概念的提出突破了传统能源效率评价的局限，将生态环境成本内化到能源效率评价体系中，形成了更加全面的效率评价框架。

能源生态效率的概念内涵具有多层次性特征。微观层面，它反映了单位能源投入所产生的经济价值与生态影响的比值关系；中观层面，它体现了产业链或区域尺度上能源利用的综合效益；宏观层面，它衡量了国家或全球尺度上能源系统与生态系统的协调程度。这种多层次的概念结构为不同尺度上的效率评价和优化提供了理论基础。

构建能源生态效率概念体系需要综合考虑效率评价的科学性和可操作性。首先，效率指标的设计需要反映能源利用的全生命周期影响；其次，评价标准的确定需要考虑不同区域的资源禀赋和环境承载力差异；最后，评价方法的选择需要平衡理论严谨性和实践可行性的要求。这种概念体系的构建为智库研究提供了重要的理论工具。

2. 能源环境问题外部性的形成机制

能源环境问题外部性是能源生态效率研究的核心理论问题[②]。从形成机制看，外部性源于能源活动对生态系统服务功能的影响未能在市场交易中得到充分反映，导致社会成本与私人成本之间存在显著差异。这种外部性可能表现为负外部性，如环境污染和生态破坏；也可能表现为正外部性，如清洁能源技术创新带来的环境效益。

能源环境问题外部性具有复杂的传导机制和累积效应。在空间维度上，外部性可能通过大气传输、水文循环和生态链条等途径产生跨区域影响；在时间维度上，外部性可能通过生态系统的累积效应影响未来代际的福利。这种复杂的外部性特征既增加

---

① 吕彬，杨建新. 生态效率方法研究进展与应用 [J]. 生态学报，2006（11）：3898-3906.
② 程芳. 能源环境问题的外部性分析 [J]. 学术论坛，2013，36（6）：146-151，160.

了效率评价的难度，也对外部性治理提出了更高要求。

外部性形成机制的理论分析需要关注市场失灵和制度缺陷两个层面。市场失灵体现在能源价格无法有效反映环境成本，导致资源配置效率低下；制度缺陷则表现为产权界定不清、责任认定模糊等问题，影响了外部性内部化的效果。深入理解这些机制对于设计有效的政策干预措施具有重要意义。

3. 生态系统服务的价值评估

生态系统服务价值评估是能源生态效率研究的理论基石[①]。从评估框架看，需要系统识别能源活动影响的生态系统服务类型，包括供给服务、调节服务、文化服务和支持服务，并构建科学的价值量化方法。这种评估不仅要考虑直接使用价值，还要关注间接使用价值和非使用价值，体现生态系统服务的全面价值。生态系统服务价值评估在实践中可采用多种方法。以三峡水电站为例，其生态系统服务价值评估不仅包括发电带来的经济效益（直接使用价值），还包括水库调蓄减少下游洪涝灾害的价值（间接使用价值），以及库区景观与生物多样性保护的价值（非使用价值）。这种全面评估有助于对水电开发的综合效益做出更科学的判断。

价值评估理论体系具有多元性和层次性特征。评估方法包括市场价值法、替代成本法、条件价值法等多种途径，不同方法适用于不同类型的生态系统服务价值评估。评估过程需要处理好时间尺度、空间尺度和价值尺度三个维度的关系，确保评估结果的科学性和可比性。

评估理论的发展需要应对多重挑战。首先是生态系统服务的复杂性和不确定性带来的评估难度；其次是不同利益相关者对生态系统服务价值认知的差异性；最后是评估方法的科学性和可操作性之间的平衡问题。这些挑战推动着评估理论的不断创新和完善，为更准确地衡量能源生态效率提供了理论支撑。

生态系统服务价值评估理论正在经历深刻变革。一方面，新技术的应用拓展了价值评估的手段和范围，提高了评估的精确性；另一方面，可持续发展理念的深化推动评估理论向更加综合和动态的方向发展。这种理论创新为能源生态效率的优化提供了新的分析视角和方法工具。

（二）能源生态效率的优化理论

能源生态效率的优化理论是生态经济学在能源环境领域的重要理论创新。该理论以提升能源利用效率和降低生态环境成本为核心目标，通过分析效率提升机制、探讨

---

① 殷楠，王帅，刘焱序. 生态系统服务价值评估：研究进展与展望［J］. 生态学杂志，2021，40（1）：233－244.

成本内部化路径、构建生态补偿理论,形成了一个完整的效率优化理论体系。这一理论体系为智库研究能源生态效率优化问题提供了系统的理论指导。

1. 能源利用效率的提升机制

能源利用效率的提升遵循特定的理论机制和演化规律。从机理层面看,效率提升源于技术进步、管理优化和制度创新的协同作用,这三个要素构成了效率提升的核心动力系统。技术进步降低了单位能源消耗,管理优化实现了资源配置效率的提升,制度创新则为效率提升提供了制度保障和激励机制。

效率提升机制具有系统性和阶段性特征。系统性体现在效率提升需要多个子系统的协同配合,包括技术创新系统、市场激励系统和政策支持系统等。不同子系统之间存在复杂的交互关系,形成了推动效率提升的系统合力。阶段性特征则表现为效率提升在不同发展阶段呈现出不同的特点和要求,需要采取与发展阶段相适应的优化策略。

效率提升理论还需要特别关注边际效应递减规律。随着效率水平的提高,继续提升的难度和成本会逐渐增加,这就要求在效率优化过程中合理把握投入与产出的关系。同时,效率提升还面临着技术瓶颈、成本约束和环境限制等多重挑战,需要在理论层面深入探讨突破路径。

2. 环境成本的内部化路径

环境成本内部化是优化能源生态效率的关键理论机制。从理论视角看,内部化过程需要将能源活动的环境外部性转化为企业或个体的内部成本,通过价格信号引导市场主体调整行为。这一过程涉及环境价值核算、成本转化机制和激励约束设计等多个理论问题。环境成本内部化可通过碳排放权交易体系得到具体实践。例如,欧盟碳排放交易体系(EU ETS)通过限制碳排放配额总量并允许市场主体进行交易,将二氧化碳排放的环境成本转化为企业的实际经营成本。该机制使高碳排放企业必须购买额外配额,而低碳企业则可出售剩余配额获益,从而形成经济激励,推动整个市场向低碳方向转型。国内也于2021年启动了全国碳市场,将电力行业纳入交易范围,实现了环境成本的部分内部化。

内部化路径的设计需要考虑多重理论因素。首先是产权理论的应用,明确环境资源的产权归属是实现成本内部化的基础;其次是交易成本理论的运用,需要设计高效的市场机制降低内部化过程中的交易成本;最后是激励相容理论的应用,确保内部化机制能够有效引导市场主体的行为选择。

环境成本内部化理论还需要关注公平性和效率性的平衡。从公平性角度看,内部化机制的设计要考虑不同主体的承受能力和发展权益;从效率性角度看,则要确保内部化过程不会过度影响经济发展的活力。这种平衡的实现需要深入的理论研究和制度创新。

3. 生态补偿的理论基础

生态补偿理论为能源生态效率优化提供了重要的制度保障机制。从理论本质看，生态补偿是对生态系统服务提供者的经济补偿，旨在调节生态保护成本与收益的分配关系，激励生态环境保护行为。这一理论基于生态系统服务价值理论，融合了公共物品理论和外部性理论的核心观点。

生态补偿理论体系具有多层次的理论结构。补偿标准理论关注补偿量的科学确定，需要综合考虑生态服务价值、机会成本和保护成本等因素；补偿机制理论探讨了补偿主体、客体、方式和程序等制度性问题；补偿效果理论则关注补偿政策的实施效果评估和优化调整。

生态补偿理论的发展面临着理论创新的多重要求。首先是补偿标准的科学性问题，需要开发更精确的价值评估方法；其次是补偿机制的有效性问题，需要优化制度设计提高政策效果；最后是补偿体系的可持续性问题，需要建立动态调整和长效运行机制。

随着生态文明建设的深入推进，能源生态效率的优化理论正在经历深刻变革。新技术的应用为效率提升提供了新手段，数字化转型创造了成本内部化的新途径，多元治理理念推动了补偿机制的创新发展。这些变革对优化理论提出了更新和完善的要求，推动理论体系向更加系统和精细的方向发展。同时，全球能源转型和气候治理的深入推进也为效率优化理论提供了新的研究视角和内容。

（三）智库研究的效率分析框架

智库研究的效率分析框架是将生态经济学理论转化为实践工具的方法体系。该框架整合了能源效率评价、外部成本核算和政策效果评估等多种分析方法，为智库开展能源生态效率研究提供了系统的方法论支撑。通过这一分析框架，智库能够科学评估能源生态效率水平，准确核算环境外部成本，有效评价政策工具效果，为决策优化提供理论依据。

1. 能源效率评价方法

能源效率评价方法是衡量能源生态效率水平的基础性分析工具。从方法论层面看，评价体系需要整合能源效率和生态效益两个维度，通过构建科学的指标体系和评价模型，实现对能源生态效率的综合评估。这种评价不仅关注能源利用的经济效率，还要考虑生态环境影响，体现了生态经济学的整体性思维。

评价体系的构建需要处理好几个关键理论问题。首先是指标体系的科学性问题，需要在理论指导下选择具有代表性和可测度性的评价指标；其次是权重确定的合理性问题，需要运用适当的方法确定不同指标的相对重要性；最后是评价方法的适用性问题，需要根据研究对象的特征选择合适的评价模型。

评价方法的应用需要特别注意方法创新和实践适应。一方面，需要根据能源环境系统的复杂性特征，创新评价思路和方法，如引入网络分析、熵值分析等新方法；另一方面，需要考虑评价对象的实际情况，对评价方法进行必要的调整和改进，提高评价结果的实用性。同时，评价过程中还需要建立完善的不确定性分析机制，提高评价结果的可靠性。

2. 外部成本核算工具

外部成本核算工具是量化能源活动环境影响的关键性分析方法。从理论基础看，核算工具的设计需要基于环境价值理论和成本效益分析理论，构建系统的成本核算框架。这一框架不仅要考虑直接的环境损害成本，还要关注间接影响和长期效应，体现了外部成本核算的全面性要求。

核算工具体系包含多个层次的方法模块。价值量化模块运用环境价值评估方法，将环境影响转化为可计量的经济价值；成本分摊模块基于责任归属理论，设计科学的成本分配机制；动态调整模块则关注成本变化的时空特征，实现核算结果的动态更新。这些模块的有机结合，形成了完整的核算工具链。

核算工具的应用面临着多重理论难题。首先是价值核算的准确性问题，某些环境影响难以准确量化；其次是成本归属的合理性问题，不同主体之间的责任界定存在争议；最后是时空尺度的统一性问题，不同时空尺度上的成本核算结果可能存在差异。这些难题的解决需要持续的理论创新和方法突破。

3. 政策工具效果评估

政策工具效果评估是优化能源生态效率政策的重要分析手段。从评估框架看，需要构建包含政策目标实现程度、政策成本效益、政策影响范围等多个维度的综合评估体系。这一体系不仅要评价政策的直接效果，还要关注政策的间接影响和长期效应，体现了政策评估的系统性特征。

评估体系的理论基础包含多个层面。目标评估理论关注政策目标的实现程度和质量；效益评估理论分析政策实施的成本效益关系；影响评估理论则探讨政策的广泛社会影响。这些理论的整合应用，为政策工具效果评估提供了完整的分析框架。

评估方法的选择需要权衡多重因素。定量评估方法能够提供客观的数据支持，但可能忽视难以量化的影响；定性评估方法可以捕捉复杂的政策效应，但存在主观性风险。因此，评估实践中往往需要采用定量和定性相结合的混合方法，以获得更全面的评估结果。

随着数字技术的发展和理论创新的深化,效率分析框架正在经历新的变革。大数据技术为效率评价提供了新的数据基础和分析工具,人工智能技术提升了核算工具的精确性和效率,而区块链技术则为政策评估提供了更透明和可追踪的技术支撑。这些技术创新与理论创新的结合,推动着分析框架向更加精准和智能的方向发展。同时,全球能源转型背景下的新问题也要求效率分析框架不断更新和完善,以适应研究需求的变化。

三、价值维度:环境伦理学探讨

在系统维度揭示客观规律、效率维度分析实践路径的基础上,价值维度从环境伦理学视角探讨能源环境关系的道德内涵和价值取向。该维度通过分析能源环境伦理的基本理论,探讨能源伦理的多元视角,构建伦理分析框架,形成了一个聚焦于价值判断和道德评价的理论体系,为能源环境决策提供伦理指引。

(一)能源环境伦理的基本理论

能源环境伦理理论是探讨能源开发利用活动的道德属性和价值判断的基础理论体系。环境伦理学将能源活动置于更广泛的伦理框架下进行审视,通过分析环境伦理的价值取向、能源开发的伦理约束以及代际公平的价值诉求,构建了系统的能源环境伦理理论框架,为智库研究提供了价值判断的理论基础。

1. 环境伦理的价值取向

环境伦理的价值取向是能源环境伦理理论的基础性命题。从理论本质看,环境伦理将道德关怀的范围从人类社会扩展到整个生态系统,重新审视人与自然的伦理关系,构建了包含生命价值、生态价值和环境价值的多层次价值体系。这种价值取向的确立突破了传统人类中心主义的局限,为能源环境决策提供了更广阔的伦理视野。

环境伦理的价值体系具有多元性和层次性特征。在价值层次上,包括生命伦理、生态伦理和环境伦理三个层面,分别关注生命个体的内在价值、生态系统的整体价值和环境要素的功能价值。这三个层面的价值诉求既相互独立又相互关联,构成了完整的价值判断体系。在价值属性上,既包含工具价值,也包含内在价值;既有现实价值,也有潜在价值,体现了环境伦理价值取向的复杂性。

环境伦理价值取向的确立面临着理论和实践的双重挑战。理论层面需要处理好人类需求与生态保护的关系,平衡发展权与环境权的冲突;实践层面则需要探索价值理念转化为行为准则的有效路径。这些挑战推动着环境伦理理论的不断完善和创新,为能源环境伦理研究提供了深入的理论思考。

2. 能源开发的伦理约束

能源开发的伦理约束是规范能源活动的道德准则体系。从理论基础看,伦理约束源于对能源开发活动可能带来的环境影响和社会后果的道德反思,体现了人类对能源利用行为的自觉约束和道德自律。这种约束不仅包括对当前能源开发活动的规范,还涉及对未来生态影响的责任承担。

伦理约束体系包含多个维度的道德规范。技术伦理规范关注能源技术发展的道德边界,要求在技术创新中充分考虑生态影响;开发伦理规范强调能源资源利用的道德责任,倡导适度开发和节约利用;环境伦理规范则聚焦于能源活动的生态影响,主张将环境保护作为基本的道德准则。这些规范共同构成了完整的伦理约束体系。

伦理约束的理论建构需要处理好几个关键问题。首先是约束力来源的问题,需要从道德哲学层面论证伦理约束的合理性和必要性;其次是约束标准的确定问题,需要在不同利益相关者之间寻求伦理共识;最后是约束机制的设计问题,需要探索将伦理准则转化为行为规范的有效路径。这些问题的解决对于完善能源开发的伦理约束体系具有重要意义。

3. 代际正义的价值诉求

代际正义是能源环境伦理理论中的核心价值诉求[①]。从理论内涵看,代际正义强调当代人与后代人在能源资源利用和环境质量享有方面的公平性,要求在满足当代需求的同时不损害后代人的发展可能。这种价值诉求体现了跨时间维度的道德责任,是可持续发展理念的伦理基础。代际正义的实践困境体现在化石能源的开发与气候变化问题上。当前经济发展大量依赖煤炭、石油等不可再生资源,获取了显著的经济效益,但同时产生的温室气体排放将导致气候变化,其负面影响将由未来几代人共同承担。《巴黎协定》的核心目标之一就是基于代际公平原则,通过限制全球温升控制潜在风险,为后代预留更多发展空间。这种跨时代的责任分担机制是代际正义理论在国际气候治理中的具体应用。

代际正义的理论框架包含多个层面的内容。资源正义关注能源资源在代际间的合理分配,强调资源利用的可持续性;环境正义强调维护生态环境质量的代际传承,反对将环境负担转嫁给后代;发展正义则关注发展机会的代际平等,主张为后代预留足够的发展空间。这些内容共同构成了完整的代际正义理论体系。

---

① 喻长友. 代际正义与生态文明 [EB/OL]. [2025-01-06]. https://www.cssn.cn/skgz/202302/t20230228_5599615.shtml.

代际正义理论的发展面临着深刻的理论挑战。首先是价值衡量的问题，需要建立科学的方法评估代际间的利益得失；其次是权利界定的问题，需要明确界定当代人与后代人的权利边界；最后是实现路径的问题，需要探索保障代际正义的制度设计。这些挑战推动着理论的深化和创新，为能源环境伦理研究提供了新的思考维度。

随着全球能源转型和气候变化的深入发展，能源环境伦理的基本理论正在经历新的变革。一方面，新的环境挑战要求拓展和更新传统的伦理价值观；另一方面，全球性问题的出现推动着伦理理论向更具包容性和普遍性的方向发展。这些变革对伦理理论的创新提出了新的要求，也为智库研究提供了新的研究视角。

（二）能源伦理的多元视角

能源伦理的多元视角反映了不同价值立场对能源环境关系的伦理认知。从理论发展脉络来看，能源伦理思想经历了从人类中心主义到生态中心主义，再到可持续发展伦理的演进过程。这种多元视角的并存和交融，体现了能源伦理理论的丰富性和包容性，为智库研究提供了多维度的价值参照。

1. 人类中心主义的能源伦理

人类中心主义的能源伦理视角强调能源开发利用对人类福祉的价值。从理论基础看，这一视角植根于传统的人类中心主义哲学，将人类需求作为价值判断的核心标准，强调能源资源对人类发展的工具价值和服务功能。这种伦理立场重视能源开发对人类福利的促进作用，关注能源利用的效率和效益。

人类中心主义能源伦理具有鲜明的理论特征。在价值判断上，以人类利益为根本出发点，将自然环境视为人类发展的资源基础；在伦理准则上，强调通过技术进步和管理创新最大化能源利用效益；在发展理念上，主张通过市场机制和政策调控实现能源资源的优化配置。这些特征形成了完整的理论逻辑体系。

这一视角的理论局限也日益显现。首先是价值认知的片面性，忽视了生态系统的内在价值；其次是时间维度的局限性，对长期生态影响关注不足；最后是空间视野的狭隘性，难以应对全球性环境问题。这些局限性推动着能源伦理理论向更加包容的方向发展。

2. 生态中心主义的能源伦理

生态中心主义的能源伦理视角强调能源活动与生态系统的和谐统一。从理论渊源看，这一视角源于深层生态学思想，主张将生态系统的整体性和平衡性作为价值判断的基本准则。这种伦理立场突破了传统人类中心主义的局限，将能源开发置于更广阔的生态伦理框架下审视。

生态中心主义能源伦理构建了独特的理论体系。在价值取向上，强调生态系统的内在价值，主张人类活动应该尊重和维护生态平衡；在伦理规范上，倡导生态友好的能源开发模式，强调对自然生态的最小干扰；在发展路径上，追求能源系统与生态系统的协同演化，推动清洁能源转型。

这一视角也面临着理论难题。首先是如何平衡生态保护与发展需求的矛盾；其次是如何确定生态系统保护的优先序；最后是如何将生态伦理原则转化为可操作的行为准则。这些难题的解决需要理论的持续创新和实践的深入探索。

3. 可持续发展的能源伦理

可持续发展的能源伦理视角试图实现多重价值诉求的统一。从理论创新看，这一视角整合了人类发展需求与生态环境保护的双重价值取向，强调经济、社会、环境的协调发展，构建了更具包容性的能源伦理理论框架。这种理论创新体现了对前两种伦理视角的扬弃和超越。

可持续发展能源伦理的理论体系具有系统性特征。在价值层面，主张经济效益、社会公平和生态保护的统一，实现多重价值目标的平衡；在准则层面，强调代际公平、区域协调和生态和谐的伦理原则；在实践层面，注重技术创新、制度变革和行为转型的协同推进。

这一视角为能源伦理理论的发展开辟了新路径。首先，它提供了处理多元价值冲突的理论框架；其次，它为能源转型提供了伦理支撑；最后，它为全球能源治理提供了价值共识基础。这些理论创新对推动能源环境关系的和谐发展具有重要意义。

伴随全球能源转型的深入推进，能源伦理的多元视角正在经历深刻变革。一方面，新的环境挑战推动着不同伦理视角的交融和创新；另一方面，全球治理实践要求建立更具包容性的伦理价值体系。在此背景下，多元视角的理论整合和创新发展为智库研究提供了丰富的思想资源。

（三）智库研究的伦理分析框架

智库研究的伦理分析框架是将环境伦理学理论转化为实践工具的方法体系。该框架整合了能源决策的伦理评估和能源分配的公平性分析等多种分析方法，为智库开展能源环境伦理研究提供了系统的方法论支撑。通过这一分析框架，智库能够从伦理价值的视角评判能源决策的道德属性，分析能源分配的公平正义问题，构建多元主体的参与机制。

1. 能源决策的伦理评估

能源决策的伦理评估是判断能源政策道德属性的基础性分析工具。从理论基础看，评估方法需要基于环境伦理学理论，构建包含价值判断、道德推理和伦理论证的完整分析框架。这种评估不仅关注决策的功能性和效率性，更强调其伦理价值和道德意蕴，体现了对能源决策的深层次审视。

伦理评估体系需要处理好几个关键理论问题。首先是评估标准的确立问题，需要在多元价值体系中寻求普适性的伦理准则；其次是评估方法的科学性问题，需要建立规范化的伦理论证程序；最后是评估结果的可靠性问题，需要处理好价值判断的主观性与客观性的关系。这些问题的解决对于提升伦理评估的科学性具有重要意义。

评估方法的创新需要适应能源决策的复杂性特征。一方面，需要发展多维度的评估工具，综合考虑决策的经济效益、社会影响和生态后果；另一方面，需要建立动态的评估机制，关注决策影响的长期性和累积性。同时，评估过程还需要重视不同利益相关者的价值诉求，建立包容性的评估框架。

2. 能源分配的公平性分析

能源分配的公平性分析是探讨能源资源配置正义性的核心方法。从理论视角看，分析框架需要基于分配正义理论，构建包含机会公平、过程公平和结果公平的多维度分析体系。这种分析不仅关注资源分配的效率，更强调分配过程的程序正义和结果公平。

公平性分析体系包含多个层次的理论框架。区域公平分析关注不同地区间能源资源和环境负担的分配问题；代际公平分析探讨当代与后代在能源资源利用方面的权益平衡；群体公平分析则聚焦于不同社会群体在能源获取和环境影响方面的差异。这些分析维度共同构成了完整的公平性分析体系。

分析方法的应用面临着多重理论挑战。首先是如何量化公平性指标，建立科学的评价标准；其次是如何处理多重公平目标之间的冲突，实现不同维度公平性的平衡；最后是如何将公平性分析结果转化为政策建议，推动分配机制的改革。这些挑战推动着分析方法的不断创新和完善。

四、文明维度：生态文明理论探索

在系统维度揭示客观规律、效率维度分析实践路径、价值维度提供伦理指引的基础上，文明维度从生态文明理论的高度对能源环境关系进行整合性思考。该维度通过能源生态文明理论的构建，探索文明实践的路径，建立文明建设的框架，形成了一个统摄前三个维度的理论体系，指明了能源智库推动能源生态文明建设的方向。

(一) 能源生态文明的理论构建

能源生态文明理论是能源环境关系研究的最高理论形态。它立足于生态文明的思想内核，揭示能源开发利用与文明演进的内在联系，阐明生态文明的价值取向，构建了系统化的理论框架。这一理论建构不仅整合了系统科学、生态经济学和环境伦理学的研究成果，更赋予了能源智库研究更为深远的文明意蕴。

1. 能源生态文明的内涵界定

能源生态文明是人类文明发展的高级形态，体现了能源开发利用与生态环境保护的统一。从理论本质看，能源生态文明超越了传统工业文明对能源的单纯工具性认知，将能源活动置于生态文明建设的宏大框架下，构建了能源开发利用的新型文明形态。这种文明形态强调能源系统与生态系统的和谐共生，推动能源发展模式的根本转变。德国自2000年开始系统推进能源转型，不仅制定了明确的可再生能源发展目标，还通过上网电价补贴、能源税收改革等制度创新，推动了能源生产方式的根本转变。到2023年，德国可再生能源发电占比已达56%，显著降低了能源系统的碳足迹。这种转型不仅是技术和经济层面的变革，更体现了一种将生态价值融入能源发展全过程的文明理念。但近来也有研究表明，传统化石能源总量增长趋势并未衰退。

能源生态文明的理论内涵具有多重属性。从价值维度看，它体现了生态价值与发展价值的统一，强调在满足人类发展需求的同时维护生态系统的完整性；从功能维度看，它反映了能源利用与生态保护的协同性，追求能源开发的生态效益最大化；从时间维度看，它蕴含了当代利益与长远利益的平衡，注重能源发展的可持续性。

能源生态文明理论的构建需要处理好几个关键关系。首先是发展与保护的关系，需要在能源开发中实现生态保护；其次是技术与伦理的关系，需要在技术进步中坚守生态伦理；最后是局部与整体的关系，需要在区域发展中维护生态整体性。这些关系的科学把握对于完善能源生态文明理论具有重要意义。

2. 文明演进的能源环境基础

文明演进过程中的能源环境关系构成了能源生态文明理论的历史基础。从演化规律看，人类文明的每一次重大进步都与能源利用方式的革新密切相关，同时也伴随着对生态环境的深刻影响。这种演化过程揭示了能源开发、环境变迁与文明发展之间的内在联系，为理解能源生态文明的必然性提供了历史维度的理论支撑。

文明演进的能源环境基础体现为多重历史进程。从能源革命的视角看，从生物质能源到化石能源，再到清洁能源的演进过程，推动了文明形态的持续升级；从环境影响的视角看，能源开发方式的变迁直接影响着人类与自然的关系模式；从制度变迁的视角看，能源环境治理体系的演进反映了文明进步的制度要求。

文明演进过程中的经验教训为能源生态文明理论提供了重要启示。一方面，传统工业文明中能源开发对生态环境的破坏性影响警示我们必须改变传统发展模式；另一方面，生态文明理念的兴起为能源发展提供了新的文明向度。这些历史经验的理论提炼，丰富了能源生态文明的理论内涵。

3. 生态文明的价值取向

生态文明的价值取向为能源生态文明理论提供了根本指引。从理论基础看，生态文明的价值体系包含了生态优先、绿色发展、和谐共生等核心理念，这些理念构成了能源生态文明的价值基础。通过这些价值理念的引导，能源开发利用活动得以在更高的文明层次上展开。

生态文明的价值体系具有多层次的理论结构。在哲学层面，它体现了人与自然关系的重新定位，强调生态文明的本体论意义；在伦理层面，它确立了生态道德的价值准则，规范人类的能源开发行为；在实践层面，它提供了文明建设的行动指南，指导能源发展方式的转型。

价值取向的确立面临着理论创新的多重任务。首先需要深化对生态文明本质的认识，厘清其与传统文明形态的根本区别；其次要探索价值理念的实现机制，将生态文明理念转化为实践动力；最后要推动价值共识的形成，建立全球能源生态文明建设的价值基础。

随着全球能源转型的深入推进，能源生态文明理论正在经历深刻变革。一方面，新的发展理念推动着理论的创新发展，如共同发展、绿色发展等理念的提出丰富了理论内涵；另一方面，全球性挑战要求理论具有更强的包容性和普适性，推动理论向更高层次发展。这些变革为智库研究提供了新的理论视角，也对理论创新提出了更高要求。

(二) 能源生态文明的实践路径

能源生态文明的实践路径是理论创新与实践探索的统一体。从理论基础看，这些实践路径深刻体现了"绿水青山就是金山银山"的发展理念，坚持人与自然和谐共生的基本方略，通过生产方式转型、消费模式重构和治理体系创新，构建起系统完整的实践框架。这种实践路径的探索为能源生态文明建设提供了具体的行动指南。

1. 能源生产方式的文明转型

能源生产方式的文明转型是能源生态文明建设的基础性工程。从理论要义看，这种转型体现了"山水林田湖草是生命共同体"的系统思维，强调能源开发要尊重自然、顺应自然、保护自然，推动形成人与自然和谐发展的能源生产体系。这种转型不仅是技术层面的革新，更是文明形态的根本转变。当前的生产方式转型不仅是理念层面的变革，也有具体技术路径的创新。以"双碳"目标下的能源转型为例，不仅包括大力发展风电、光伏等可再生能源，还包括煤电机组的超低排放改造、碳捕集与封存技术（CCS）的示范应用，以及氢能、储能等新兴技术的布局。这些技术创新与政策引导相结合，正在重塑中国能源生产的技术体系和产业结构。截至2022年底，中国可再生能源装机已占总装机的47.3%，每年可减少二氧化碳排放约22.6亿吨，展现了生产方式转型的实际成效①。

生产方式转型需要实现多重理论突破。在发展理念上，要树立"绿色发展就是最大的发展机遇"的新认知，将生态优先、绿色发展作为根本遵循；在技术路线上，要坚持"创新是引领发展的第一动力"，推动清洁能源技术创新和传统能源清洁利用；在产业结构上，要践行"生态优先"理念，加快构建清洁低碳、安全高效的现代能源体系。

这种转型过程体现了深刻的文明内涵。从生产力角度看，清洁能源技术的突破推动了生产力的质的提升；从生产关系角度看，绿色发展理念重塑了能源生产中的各种社会关系；从上层建筑角度看，生态文明理念引导着能源生产制度的创新发展。这些变革共同构成了能源生产方式的文明转型进程。

2. 能源消费模式的文明重构

能源消费模式的文明重构是践行生态文明理念的关键环节。从理论内涵看，这种重构体现了"节约资源是保护生态环境的根本之策"的深刻认识，强调通过消费理念更新、消费结构优化和消费行为改变，构建绿色低碳的能源消费模式。这种重构直接关系到生态文明建设的成效。

消费模式重构需要多维度的理论支撑。在价值观层面，要树立"节约能源资源是全社会的共同责任"的理念，培育生态文明的消费文化；在制度层面，要完善"绿色消费激励与约束并重"的政策体系，建立有利于节能低碳的制度环境；在技术层面，要推动"智慧能源"发展，提升能源消费的科技含量和智能水平。

重构过程体现了鲜明的文明特征。从消费理念看，生态文明价值观引导着消费观念的根本转变；从消费方式看，绿色低碳生活正成为新的消费时尚；从消费效果看，节能环保的消费行为产生了积极的生态效益。这种文明重构反映了能源消费领域的深刻变革。

---

① 中华人民共和国国家发展和改革委员会. 2022年我国可再生能源发展情况［EB/OL］.（2023-02-15）［2025-02-01］. https：//www.ndrc.gov.cn/fggz/hjyzy/jnhnx/202302/t20230215_1348799.html.

3. 能源治理体系的文明创新

能源治理体系的文明创新是实现能源生态文明的制度保障。从理论基础看,这种创新体现了"坚持共同但有区别的责任原则"的全球治理理念,强调通过制度创新、机制完善和能力提升,构建现代能源治理体系。这种创新是对传统能源治理模式的文明超越。

治理体系创新需要系统的理论指导。在治理理念上,要坚持"人民对美好生活的向往就是我们的奋斗目标",将生态福祉作为治理的根本目标;在治理机制上,要推进"统筹兼顾、协调发展"的综合治理,建立多元主体协同的治理格局;在治理能力上,要提升"科学治理、精准施策"的水平,实现治理体系和治理能力现代化。

治理创新展现了深刻的文明意蕴。从治理主体看,多元主体的协同参与体现了治理的民主性;从治理手段看,科技创新驱动着治理方式的现代化;从治理效果看,生态效益的持续改善印证了治理的文明进步。这些创新成果标志着能源治理迈向更高的文明形态。

随着生态文明理念的深入践行,能源生态文明的实践路径正在经历深刻变革。一方面,新发展理念引领着实践创新,推动能源发展实现质的飞跃;另一方面,全球性挑战催生着治理创新,要求建立更加完善的实践体系。这些变革为智库研究提供了丰富的实践素材,也对理论创新提出了新的要求。

(三) 智库推动的文明建设框架

智库推动的文明建设框架是将能源生态文明理论转化为实践成果的方法体系。从理论基础看,这一框架立足于生态文明建设的总体要求,通过构建文明进程评估、发展目标设定和实施效果评价等方法工具,为智库参与能源生态文明建设提供了系统的方法论支撑。这种框架设计体现了智库在推动能源生态文明建设中的独特价值。

1. 文明进程评估方法

文明进程评估方法是衡量能源生态文明建设水平的基础性工具[1]。从理论内涵看,评估方法需要立足于"绿色发展指标体系和生态文明评价目标体系"的科学内核,构建包含发展阶段判断、文明程度测度和演进趋势预测的完整评估框架。这种评估不仅关注发展的量化指标,更重视文明建设的质的提升。文明进程评估的具体应用可参考由国家发展改革委、国家统计局、环境保护部、中央组织部制定的《绿色发展指标体系》和《生态文明建设考核目标体系》,通过多维度、全过程的评估体系,以实现对能

---

[1] 冯丹阳,孟晓杰,张惠远. 生态文明建设成效评估研究进展与路径展望 [J]. 环境工程技术学报,2024,14 (6):1916-1930.

源生态文明建设进程的科学测度，为政策制定提供了重要依据。

评估体系的构建需要处理好几个关键理论问题。首先是评估维度的系统性问题，需要从生产方式、生活方式、制度体系等多个层面设计评估指标；其次是评估标准的科学性问题，需要建立能够反映文明程度的定量与定性相结合的评价体系；最后是评估方法的动态性问题，需要构建能够捕捉文明进程动态变化的评估工具①。

评估实践需要关注方法创新和实施效果。一方面，要运用大数据、人工智能等新技术提升评估的科学性和精准性；另一方面，要注重评估结果的实践指导意义，为文明建设提供决策参考。同时，评估过程还需要建立完善的质量控制机制，确保评估结果的可靠性和权威性。

2. 发展目标设定工具

发展目标设定工具是规划能源生态文明建设路径的关键性方法。从理论基础看，目标设定需要遵循"人与自然和谐共生"的基本方略，构建包含近期目标、中期目标和远景目标的多层次目标体系。这种目标设定不仅要体现发展的阶段性特征，更要彰显文明建设的进步性要求。

目标体系的设计需要多维度的理论支撑。在价值维度上，要体现生态文明建设的根本要求，将生态优先、绿色发展作为核心目标；在技术维度上，要考虑能源技术进步的可能性，设定具有前瞻性的发展目标；在实践维度上，要关注目标实现的可行性，确保目标设定的科学性和合理性②。

目标设定过程要特别注意几个关键环节。首先是目标分解的系统性，要将总体目标科学分解为具体的发展指标；其次是目标协调的整体性，要处理好不同层次目标之间的关系；最后是目标调整的动态性，要建立目标的动态更新机制。这些环节的科学把握对于目标体系的有效实施具有重要意义。

3. 实施效果评价体系

实施效果评价体系是检验文明建设成效的系统性工具。从理论要义看，评价体系需要基于"生态文明建设责任制"的基本要求，构建包含过程评价、效果评价和影响评价的完整体系。这种评价不仅关注建设目标的达成度，更重视建设过程的文明性和效果的持久性。

---

① Zhang J, Shen F, Jiao Y, et al. Research on the development and application effect of the environmental protection ability evaluation system of power grid enterprises [Z]. Proceedings of the 2023 3rd International Conference on Big Data, Artificial Intelligence and Risk Management. 2023：517 – 23. 10. 1145/3656766. 3656854.

② Campos – Guzmán V, García – Cáscales M S, Espinosa N, et al. Life Cycle Analysis with Multi – Criteria Decision Making：A review of approaches for the sustainability evaluation of renewable energy technologies [J]. Renewable and Sustainable Energy Reviews, 2019, 104：343 –366.

评价体系需要处理好多重理论关系。在评价标准上，要统筹考虑生态效益、经济效益和社会效益，建立综合评价指标体系；在评价方法上，要将定量评价与定性评价相结合，增强评价结果的科学性；在评价机制上，要建立多元主体参与的评价模式，提高评价的客观性和公信力。

评价体系的应用需要注重创新发展。一方面，要创新评价工具和方法，提升评价的科学性和准确性；另一方面，要完善评价结果的应用机制，强化评价对实践的指导作用。同时，还要建立评价体系的持续改进机制，适应文明建设实践的发展需要。

随着能源生态文明建设的深入推进，智库推动的文明建设框架正在经历深刻变革。一方面，新技术的应用为框架创新提供了有力支撑，推动评估方法和评价工具的升级；另一方面，实践发展对框架体系提出了新要求，催生更加完善的方法体系。这些变革为智库参与能源生态文明建设开辟了新空间，也对方法创新提出了更高要求。同时，全球能源转型的深入推进也为文明建设框架提供了新的研究维度和实践领域。

本章构建了能源环境理论的多维度分析框架，包含系统、效率、价值和文明四个维度。系统维度从可持续发展理论出发，揭示了能源环境系统的概念界定、耦合机理和分析框架，强调系统的复杂性、开放性和动态演化特征；效率维度基于生态经济学，探讨了能源生态效率的理论内涵、优化理论和分析方法，将环境外部性内化到能源效率评价体系中；价值维度通过环境伦理学，分析了能源环境伦理的基本理论、多元视角和伦理分析框架，为能源决策提供了道德评判标准；文明维度整合前三个维度，从生态文明高度构建了能源生态文明理论，探索了实践路径和建设框架，指明了能源智库在推动能源生态文明建设中的理论方向。这四个维度相互支撑、递进深入，构成了一个从认知、效率、价值到文明的完整理论体系，为能源环境关系研究提供了系统化的理论基础。

第五章

智库管理相关理论

国际能源智库作为一种独特的知识型组织形态，其发展离不开系统性的理论体系支撑。本章通过整合国际能源智库概念与前三章能源政治、经济、生态三大理论维度，阐释国际能源智库的"基础理论""知识生产""运营管理"和"治理参与"四大核心要素，旨在为国际能源智库的建设与发展提供一个系统性理论框架体系。这一理论体系不仅关注智库的组织属性与运行规律，也强调其在能源领域的专业性要求，同时兼顾其在全球治理中的政治议程设置功能，以构成多层次、多维度的综合性理论框架。

一、国际能源智库的基础理论体系

构建国际能源智库的基础理论体系是开展智库研究与实践的前提与基础。本节通过整合智库的组织理论与能源领域的多维度理论，系统阐释国际能源智库的综合特征，探索理论创新路径，为后续知识生产、运营管理和治理参与奠定理论基础。

（一）理论基础的多维度整合

国际能源智库的理论基础是一个多维度交织的复杂理论体系，需要将智库组织理论与能源政治、经济、生态三大维度理论进行系统整合。这种整合是在保持各理论独特性的基础上，通过国际能源智库这一载体实现理论间的有机融合与创新发展。

1. 智库组织理论的核心要义

智库组织理论为国际能源智库提供了基础的组织形态与运作机制解释框架。该理论强调智库作为知识型组织的独特属性，突出其集知识生产、政策建议和公共参与等多重功能于一体的复合型组织特征。智库组织理论阐释了智库的制度安排、组织结构、运行机制与发展规律，为理解国际能源智库的组织本质提供了理论基础。智库组织理论尤其关注知识生产的组织机制、政策影响的实现路径以及公共价值的创造模式，这些核心命题构成了理解国际能源智库组织属性的基本理论框架。

智库组织理论还特别强调了智库的战略定位与发展路径。该理论从组织生命周期的角度，分析了智库的成长规律与演进趋势，揭示了智库发展的关键阶段和战略选择。智库组织的战略定位涉及研究领域的专业化、影响力的扩展化、运作模式的多元化等多个维度，这些战略要素的选择与配置直接影响着智库的发展方向和竞争优势。同时，智库组织理论也关注智库的创新发展与转型升级，为智库应对环境变化、提升组织能力提供了理论指导。

2. 能源政治理论的基本范式

能源政治理论为国际能源智库提供了宏观政治视角的理论解释框架。该理论以能源资源的政治属性为基点，分析能源在国际政治中的战略价值、权力关系和治理机制。能源政治理论阐释了能源安全、能源外交、能源治理等核心议题的政治逻辑，揭示了能源领域中国家行为、国际合作与制度变迁的基本规律。这一理论范式特别强调能源议题的地缘政治属性，关注能源与国家安全、国际关系、全球治理之间的互动关系，为国际能源智库的政治维度研究提供了基础理论支撑。

能源政治理论还为理解国际能源智库的政策影响机制提供了重要启示。该理论阐释了智库在能源政治领域的角色定位与功能作用，强调智库作为连接政府决策、市场主体和公众认知的重要桥梁作用。能源政治理论特别关注智库在能源政策制定、国际合作推进、全球治理参与等方面的独特价值，揭示了智库影响力的形成机制和实现路径。通过对能源政治复杂性的深入分析，该理论为智库开展战略研究和政策建议提供了系统的理论指导。

3. 能源经济理论的主要内容

能源经济理论为国际能源智库提供了市场运行与产业发展的分析框架。该理论体系围绕能源市场的供需关系、价格机制、产业结构和技术创新等核心要素展开，阐释了能源经济活动的基本规律与发展趋势。能源经济理论特别关注能源转型、低碳发展、技术变革等重要议题，揭示了能源经济系统的演进规律和创新动力。这一理论维度强调能源发展的经济效率与市场机制，为国际能源智库在经济领域的研究与决策支持提供了理论指导。

能源经济理论分析了能源产业链的构成要素、价值分配和竞争格局，揭示了能源市场的运行特征和发展规律，并特别关注能源产业的升级转型，包括新能源产业的培育、传统能源产业的改造、能源技术创新的推动等关键议题。同时，该理论也阐释了能源产业政策的制定原则和实施机制，为智库开展产业研究和政策建议提供了理论基础。

4. 能源环境理论的关键命题

能源环境相关理论为国际能源智库提供了可持续发展的理论基础。该理论并非单一学科理论，而是构建了一个包含系统、效率、价值和文明四个维度的分析框架，旨在系统性地探讨能源开发利用与环境保护的复杂关系。该理论框架阐释了能源生产消费的环境影响、生态经济效率、伦理约束及可持续路径，强调能源发展必须与环境保护相协调，最终指向生态文明建设和可持续发展目标。这一多维理论视角为国际能源智库在气候变化、环境保护等议题的研究提供了基本理论依据。

从系统维度和效率维度来看，能源环境相关理论深化了对能源开发与环境保护关系的认识。系统维度将能源与环境视为一个复杂的适应系统，揭示了能源活动对环境要素（大气、水、土壤等）的多维度影响，并分析了二者间的耦合机理与反馈循环。效率维度则基于生态经济学，关注能源开发的生态风险与外部成本，强调通过环境成本内部化、生态补偿等机制将生态环境因素纳入能源决策的全过程。

通过整合这两个维度的分析，该理论为智库开展环境影响评估、系统脆弱性评估和生态补偿研究提供了坚实的理论与方法支撑。此外，能源环境相关理论还从价值和文明的更高层面，重点探讨了能源系统的转型问题。价值维度引入环境伦理学，从代际公平和多元伦理视角为能源转型提供道德指引和伦理约束。文明维度则从生态文明建设的战略高度，统摄前三个维度，系统地规划了能源生产方式、消费模式和治理体系的绿色转型路径。该理论框架关注技术、制度、文化等层面的协同创新，并强调能源环境系统的整体性和长期动态演化特征，为智库研究能源转型战略和可持续发展路径提供了全面且深入的理论框架。

（二）系统特征的理论阐释

国际能源智库的理论体系呈现出鲜明的系统特征，这些特征反映了智库理论建构的内在规律和发展要求。系统特征包括复杂性、开放性、协同性和演进性四个维度，它们共同构成了理解和把握国际能源智库理论体系的基本框架。

1. 复杂性：多维度理论交互特征

国际能源智库理论体系的复杂性主要体现在多维度理论之间的深度交互关系上。这种复杂性源于能源问题本身的综合属性，涉及政治、经济、生态等多个维度的理论要素，这些要素之间存在着非线性的互动关系。理论之间的交互作用不仅体现在表层的联系上，更反映在深层的结构性关联中，形成了一个复杂的理论网络系统。

理论体系的复杂性还表现在要素关系的多样性和不确定性上。各个理论维度之间既存在互补关系，又存在一定的张力，这种张力推动着理论的深化和创新。同时，理论要素之间的关系也会随着外部环境的变化而动态调整，这种动态特征进一步增加了理论体系的复杂性。

理论体系的复杂性还体现在知识整合的层次性和递进性上。国际能源智库需要在不同层次上实现理论的有效整合，从基础理论到应用理论，从宏观分析到微观研究，形成一个多层次的理论框架。这种层次性的理论整合要求智库具备系统思维能力，能够在复杂性中把握理论发展的主线和规律。

2. 开放性：内外部系统互动规律

国际能源智库理论体系的开放性反映了理论与外部环境的互动关系。这种开放性首先体现在理论体系对外部知识的吸收能力上，能够持续吸纳和整合来自不同学科、不同领域的理论成果。理论体系通过与外部知识系统的持续互动，不断丰富和更新自身的理论内容，保持理论的活力和创新性。

理论体系的开放性还表现在知识流动和转化的动态过程中。智库理论体系需要建立有效的知识交流机制，促进内部知识与外部知识的双向流动。这种开放的知识交流不仅包括学术交流，还涉及政策实践经验的吸收和转化，形成理论与实践的良性互动。

理论体系的开放性同时也要求建立适应性的理论框架。这种框架既要保持理论的基本稳定性，又要具备足够的弹性来适应外部环境的变化。通过开放性的理论建构，智库能够及时响应能源领域的新问题和新挑战，保持理论的时代性和前瞻性。

3. 协同性：理论要素融合机制

国际能源智库理论体系的协同性体现在各理论要素之间的有机融合。这种协同性不是简单的理论叠加，而是通过系统的理论整合，实现不同理论维度之间的优势互补和功能协同。协同性的核心在于建立理论要素之间的有效联系，形成一个相互支撑、相互促进的理论整体。

理论要素的融合需要遵循特定的机制和规律。这包括理论概念的统一性、分析框架的一致性、研究方法的互补性等多个方面。通过建立协同机制，不同理论维度之间的界限逐渐模糊，形成更加整体化的理论体系。

理论协同还需要关注不同层次之间的纵向整合。从基础理论到应用理论，从理论创新到实践应用，需要建立完整的理论传导机制。这种纵向协同确保了理论体系的整体性和系统性，提升了理论研究的质量和效果。

4. 演进性：理论体系发展趋势

国际能源智库理论体系的演进性反映了理论发展的动态特征。这种演进性首先体现在理论内容的持续更新和完善上，理论体系需要不断吸收新的研究成果，更新理论观点，拓展研究视野。理论演进是一个渐进的过程，需要在保持理论连续性的基础上实现创新发展。

理论体系的演进还表现在研究范式的转换和更新上。随着能源领域问题的变化和认识的深化，理论研究的重点、方法和路径也在不断调整。这种范式演进推动着理论体系向更高层次发展，形成更加成熟和完善的理论框架。

理论演进还需要关注发展趋势的把握和引导。国际能源智库需要前瞻性地判断理论发展方向，把握理论创新的重点领域，主动推动理论体系的升级和完善。这种主动的理论演进有助于提升智库的研究能力和影响力。

（三）理论创新的整合路径

国际能源智库的理论创新需要系统的整合路径作为支撑，这些路径构成了理论创新的基本框架和实现机制。通过跨学科理论整合、多维度协同创新、理论体系重构和方法论支撑，形成了完整的理论创新体系，为国际能源智库的发展提供持续动力。

1. 跨学科理论的系统整合方法

跨学科理论整合是国际能源智库理论创新的基础路径。这种整合需要突破传统学科界限，在更大范围内寻求理论突破，通过不同学科理论的交叉融合，产生新的理论增长点。跨学科整合不是简单的理论拼凑，而是要在深层次上实现理论的有机融合，形成具有新质的理论成果。

从认识论的角度来看，跨学科理论整合需要建立统一的认识框架。这种框架应当能够容纳来自不同学科的理论观点和研究方法，在保持各学科理论特色的同时，实现更高层次的理论统一。通过建立共同的概念体系和分析框架，促进不同学科理论之间的对话和融合。

跨学科理论整合还需要关注方法论的融合创新。不同学科的研究方法各有特色，将这些方法有机结合，可以形成更加完善的研究工具体系。这种方法论的整合不仅能够提升研究的全面性和深入性，还能催生新的研究范式，推动理论创新的深化发展。

2. 多维度理论的协同创新机制

多维度理论的协同创新是实现理论突破的重要路径。这种创新机制强调在政治、经济、生态等多个维度上同步推进理论创新，通过维度之间的互动与共振，产生新的理论洞见。协同创新不是各个维度的独立创新，而是要实现创新要素的有机统一，形成整体性的创新成果。

从系统论的视角来看，多维度协同创新需要构建有效的互动机制。这种机制应当能够促进不同理论维度之间的信息交流和资源共享，形成创新合力。通过建立协同平台和互动渠道，推动各维度理论创新的良性互动，实现创新效应的最大化。

理论的协同创新还需要注重创新环境的营造。这包括建立开放的学术氛围、完善的激励机制和有效的评价体系，为多维度理论创新提供良好的制度保障和文化支持。

通过优化创新环境，激发理论创新的内在动力，提升协同创新的质量和效率。

3. 理论体系的拓展与重构

理论体系的拓展与重构是实现理论创新的深层路径。这种创新要求对既有理论体系进行系统性思考，在保持理论连续性的基础上，实现理论框架的更新和扩展。理论重构不是对原有理论的否定，而是要在更高层次上实现理论的升级和完善。

从结构功能的角度来看，理论体系的重构需要明确重构的目标和方向。这包括理论体系的结构优化、功能提升和适应性增强等多个方面。通过系统的重构设计，使理论体系更好地适应新的研究需求和实践要求，提升理论的解释力和指导力。

理论体系的重构还需要注重创新要素的引入。这些要素可能来自新的研究发现、实践经验或技术进步，需要通过有效的整合机制将其纳入理论体系。通过持续的理论创新和体系完善，推动理论体系向更高水平发展。

4. 创新发展的方法论支撑

创新发展的方法论支撑是保障理论创新的基础路径。这种支撑体现在研究方法的创新、研究工具的改进和研究范式的更新等多个方面。方法论创新不仅是技术层面的进步，更是理论创新的重要推动力，为理论创新提供了必要的工具支持和方法指导。

从方法论的视角来看，创新支撑体系需要构建完整的方法体系。这个体系应当包括定性研究、定量分析、模型构建等多种研究方法，并注重方法之间的有机结合。国际能源署（IEA）通过其旗舰报告《世界能源展望》中的能源模型，将复杂的量化分析转化为具有影响力的政策建议。例如，IEA曾预测，若不改变政策，印度的能源进口费用到2040年将激增至"无法承受的"4600亿美元。这一基于模型的经济风险评估，成功地将能源转型议题从环境维度提升至国家经济与能源安全的战略高度。通过这种方式，IEA不仅提供了数据，更构建了强有力的政策叙事，为印度等国加速发展国内可再生能源、降低对化石燃料进口的依赖提供了关键的决策依据①。

方法论支撑还需要关注新技术的应用与创新。随着大数据、人工智能等新技术的发展，理论研究的方法和工具也在不断更新。通过新技术的合理应用，可以拓展研究视野，提升研究效率，为理论创新提供新的动力和途径。

二、国际能源智库的知识生产理论

国际能源智库作为专业化的知识生产组织，其核心功能在于能源领域知识的创造、

---

① 中国清洁发展机制基金. 国际能源署预测 能源格局真的要变了 [EB/OL]. (2016-11-29) [2025-06-26]. https：//www.cdmfund.org/15167.html.

转化与应用。本节从知识生产的基本范式出发，探讨多维度知识的生产机制，构建完整的知识生产理论体系，为国际能源智库的知识创新提供理论指导。

(一) 知识生产的基本范式

国际能源智库的知识生产具有鲜明的范式特征，这些范式体现了智库知识生产的基本规律和独特属性。通过系统构建知识转化范式、创新动力系统、价值理论体系和知识管理框架，形成了完整的知识生产理论基础。

1. 知识转化的基本范式

国际能源智库的知识转化范式体现了专业知识向政策建议转化的系统过程。这一范式强调将能源领域的科学研究成果、市场实践经验和政策实施反馈转化为有效的决策支持，构建了从知识生产到政策应用的完整转化链条。知识转化不是简单的信息传递，而是涉及知识的重组、提炼和创新，需要建立系统的转化机制和方法体系。

国际能源智库的知识转化过程包含了多层次的认知重构。这种重构首先体现在对能源领域复杂知识的系统化整理，将分散的专业知识转化为系统的分析框架。其次是将专业性极强的能源知识转化为决策者可以理解和运用的政策语言，这需要智库建立专业知识与政策实践之间的有效连接机制。同时，知识转化还涉及跨文化、跨语境的转换，特别是在国际能源合作与治理领域，需要考虑不同国家和地区的政策文化差异。

国际能源智库的知识转化还强调实践导向的创新特征。这种创新首先体现在转化方法的创新上，需要根据能源领域的特点开发专门的知识转化工具和模型。其次是转化路径的创新，需要建立多元化的知识传播渠道和影响机制。此外，知识转化还需要关注时效性要求，在保证专业性的同时，确保知识产品能够及时响应政策需求，这就要求建立快速响应的知识转化机制。

2. 知识创新的动力系统

国际能源智库的知识创新动力来源于多元化的驱动机制。这一系统包括外部环境变化带来的创新压力、内部发展需求产生的创新动力，以及组织使命驱动的创新责任。知识创新动力系统的构建需要综合考虑能源领域的特殊性，将全球能源治理需求、国家能源战略目标和市场发展诉求有机结合，形成持续的创新推动力。

国际能源智库的知识创新具有复杂的动力机制。首先是问题导向的创新动力，源于全球能源转型、气候变化应对、能源安全保障等重大问题的挑战。其次是政策导向的创新动力，来自各国能源政策调整和国际能源治理体系变革的需求。最后是市场导向的创新动力，反映了能源市场结构调整和产业转型升级的要求。这些动力要素相互作用，形成了复杂的创新驱动网络。

知识创新动力系统还需要建立有效的激励机制和保障体系。这包括组织层面的创新激励政策，如建立创新导向的评价体系和激励机制；制度层面的创新保障措施，如完善知识产权保护和成果转化机制；资源层面的创新支持体系，如配置专门的创新资金和人才团队。通过系统化的制度设计和资源配置，确保创新动力的持续性和有效性。

3. 知识价值的理论体系

国际能源智库的知识价值理论阐释了智库知识产品的价值属性和实现机制。这一理论体系涵盖了知识的学术价值、政策价值和社会价值三个维度，强调知识价值实现的系统性和多元性。在能源领域，知识价值的评估需要特别关注其对能源政策制定、市场发展和社会进步的实际贡献。

国际能源智库的知识价值创造是一个系统的过程。这个过程始于基础研究的学术价值创造，通过深入的理论探索和实证分析，产生具有学术创新性的研究成果。然后是政策研究的应用价值创造，将学术成果转化为具有实践指导意义的政策建议。最后是社会影响的公共价值创造，通过知识传播和政策倡导，推动能源领域的可持续发展。每个环节都需要建立相应的价值评估标准和实现机制。

知识价值理论还特别强调智库知识的战略价值。这种价值首先体现在对国家能源战略的支撑作用上，通过前瞻性研究和战略咨询，为国家能源决策提供智力支持。其次是在国际能源治理中的价值体现，通过参与国际对话和政策协调，提升国家在全球能源治理中的话语权和影响力。此外，智库知识对能源产业发展的引导价值也不容忽视，需要通过系统的产业研究和政策建议，推动能源产业的转型升级。

4. 知识管理的系统理论

国际能源智库的知识管理理论构建了完整的知识管理框架和运行机制。这一理论体系涵盖了知识获取、知识整合、知识应用和知识创新的全过程，强调知识管理的系统性和战略性。在能源领域，知识管理的复杂性体现在需要处理多源、多维、动态的知识信息，这就要求建立高效的知识管理系统。

国际能源智库的知识管理具有独特的运行特征。首先是知识获取的系统性，需要建立全球化的知识采集网络，覆盖能源领域的科技前沿、政策动态和市场信息。其次是知识整合的专业性，要求建立专业化的知识处理平台，实现不同类型和层次知识的有效整合。最后是知识应用的时效性，需要构建快速响应的知识服务系统，确保知识产品能够及时满足决策需求。这些特征决定了知识管理系统的设计必须兼顾系统性和灵活性。

知识管理理论还特别强调智库知识资产的战略管理。这包括核心知识资产的识别与保护，如专有的研究方法、分析模型和数据库的管理；知识团队的建设与发展，如高端人才的引进、培养和激励机制的设计；知识网络的构建与维护，如与政府部门、研究机构、企业等利益相关方的合作网络建设。通过系统的知识资产管理，提升智库的核心竞争力。

（二）多维度知识的生产机制

国际能源智库的知识生产需要建立多维度的生产机制，以适应能源领域复杂多变的知识需求。这种生产机制涵盖政治、经济、生态三大维度，每个维度都具有独特的知识生产特征和运行规律，共同构成了完整的知识生产体系。

1. 政治维度的知识转化体系

国际能源智库在政治维度的知识生产主要围绕能源地缘政治、能源安全战略和全球能源治理展开。这一转化体系强调将复杂的能源政治现象转化为系统的政策分析框架，为国家能源战略决策提供理论支撑和政策建议。政治维度的知识转化不仅关注现实政治问题的分析，更注重对未来能源政治格局的战略研判。

从国际政治经济学的视角看，能源政治知识的生产涉及多层次的分析体系。在全球层面，需要研究能源地缘政治格局的演变、国际能源市场的权力结构以及全球能源治理体系的重构。在区域层面，重点关注区域能源合作机制、跨境能源基础设施建设以及区域能源安全网络的构建。在国家层面，则需要分析国家能源战略的制定、能源外交政策的实施以及能源安全保障体系的完善。这种多层次的分析框架要求建立系统的知识生产机制。

政治维度知识生产还特别强调战略研判能力的构建。这种能力首先体现在对全球能源政治形势的分析预判上，需要建立完善的情报收集网络和分析评估体系。其次是对重大能源政治事件的影响评估，要求开发专门的评估工具和分析模型。此外，战略研判还包括对能源政治风险的预警和应对，这需要建立快速反应的研究机制和决策支持系统。通过系统化的战略研究，为国家能源政治决策提供及时、准确的智力支持。美国布鲁金斯学会在2008年总统权力过渡期间，发布了题为《致总统的备忘录》的能源安全报告。[①] 该报告向即将上任的奥巴马政府提出了一系列具体政策建议，包括大力投资和建设全国性的"智能电网"[②]。这项建议被奥巴马政府采纳，并直接体现在2009

---

① Brookings. Memo to the President: Build a Secure Energy Future [EB/OL]. (2008-11-11) [2025-07-02]. Strategic Energy Policy: Challenges for the 21st Century. Council on Foreign Relations. https://www.brookings.edu/articles/memo-to-the-president-build-a-secure-energy-future/.

② Brookings. Commentary President Obama and the Smart Grid [EB/OL]. (2009-10-27) [2025-06-05]. https://www.brookings.edu/articles/president-obama-and-the-smart-grid/.

年的《美国复苏与再投资法案》中,该法案专门为智能电网项目拨款 45 亿美元[①]。此举清晰地展示了智库如何通过战略性的议程设置和及时的政策建言,成功影响国家重大的能源立法和投资决策。

2. 经济维度的知识生成模式

国际能源智库在经济维度的知识生产聚焦于能源市场分析、产业发展研究和技术经济评估。这一生成模式强调将能源经济活动的复杂数据转化为有效的决策信息,为能源产业发展和市场运行提供专业指导。经济维度的知识生产特别注重定量分析和模型构建,以提升研究结论的科学性和可靠性。

从产业经济学的角度看,能源经济知识的生产需要构建完整的分析框架。在市场分析层面,重点研究能源价格形成机制、供需平衡态势和市场结构演变,这需要建立系统的数据采集和分析平台。在产业研究层面,关注能源产业链重构、商业模式创新和竞争格局变化,要求开发专业的产业分析工具。在技术经济层面,则需要评估能源技术进步对产业发展的影响,这包括技术路线选择、投资效益分析和成本收益评估等多个方面。

经济维度的知识生产还特别重视预测研究和政策模拟。这种研究首先体现在能源经济预测模型的开发上,通过构建计量经济模型、系统动力学模型等工具,对能源经济发展趋势进行科学预测。其次是政策效应分析,通过政策模拟和情景分析,评估不同政策选择的经济影响。此外,还包括能源经济风险的评估和预警,需要建立系统的风险评估体系和预警机制。通过科学的预测研究,为能源经济决策提供可靠的依据。

3. 生态维度的知识创新路径

国际能源智库在生态维度的知识生产围绕能源与环境的协调发展、气候变化应对和生态文明建设展开。这一创新路径强调将生态环境约束转化为能源发展的创新动力,为能源系统的绿色转型提供理论指导和实践方案。生态维度的知识生产特别注重跨学科研究和系统思维,以把握能源与生态的复杂关系。

从生态经济学的视角看,能源生态知识的生产需要建立整体性研究框架。在环境影响层面,重点研究能源活动的生态足迹、环境承载力评估和污染防控机制,这需要开发专门的环境评价方法。在气候政策层面,关注低碳转型路径、碳市场建设和应对机制创新,要求建立系统的政策分析工具。在生态文明层面,则需要探索能源发展与

---

① The white house president barack obama. Fact sheet: The Recovery Act Made the Largest Single Investment in Clean Energy in History, Driving the Deployment of Clean Energy, Promoting Energy Efficiency, And Supporting Manufacturing [EB/OL]. (2016-02-25) [2025-07-04]. https://obamawhitehouse.archives.gov/the-press-office/2016/02/25/fact-sheet-recovery-act-made-largest-single-investment-clean-energy.

生态保护的协同路径,这涉及价值理念重构、制度创新和技术突破等多个方面。

生态维度的知识生产还特别强调解决方案的创新。这种创新首先体现在技术路线的选择上,需要系统评估不同清洁能源技术的生态效益和发展潜力。其次是制度创新,通过探索新型环境经济政策工具、市场机制和治理模式,促进能源与生态的协调发展。此外,还包括国际合作机制的创新,需要研究全球生态治理体系的构建和多边合作机制的完善。通过系统的创新研究,推动能源系统的生态转型。

4. 多维度知识信息整合理论

国际能源智库的多维度知识整合是实现知识价值最大化的关键环节。这一理论框架强调将政治、经济、生态三个维度的知识进行系统整合,形成全面的决策支持体系。知识整合不是简单的信息叠加,而是要在更高层次上实现知识的融合创新,产生新的知识价值。

从知识管理的角度看,多维度知识整合需要建立系统的整合机制。这个机制首先要解决知识分类和标准化问题,建立统一的知识分类体系和质量标准。其次是知识关联分析,通过挖掘不同维度知识之间的逻辑关系,构建知识网络。最后是知识综合研判,基于多维度信息进行系统分析和综合评估,形成整体性的研究结论。这种整合机制的建立需要依托现代信息技术和专业分析工具。

知识整合理论还特别强调决策支持功能的实现。这种功能首先体现在政策建议的系统性上,需要基于多维度分析提出全面的政策方案。其次是建议的可操作性,通过多维度信息的整合,提高政策建议的科学性和可行性。此外,还包括政策效果的跟踪评估,需要建立多维度的政策评估体系。通过系统的知识整合,提升智库的决策支持能力。

三、国际能源智库的运营管理理论

国际能源智库作为专业化的知识服务组织,其运营管理具有独特的理论内涵和实践要求。本节从组织运行的基本规律出发,探讨资源配置的理论机制,分析价值创造的基本范式,构建系统的运营管理理论框架,为国际能源智库的科学管理和持续发展提供理论指导。

(一)组织运行的理论基础

国际能源智库的组织运行需要系统的理论支撑,这些理论基础涵盖了组织生命周期、组织行为、组织生态和组织变革等核心内容。通过理论创新与实践结合,形成了具有智库特色的组织运行理论体系，为智库的科学管理提供了基本遵循。

1. 组织生命周期理论的智库解释

国际能源智库的发展遵循特定的生命周期规律，这种规律体现了智库组织从形成、成长到成熟的演进过程。组织生命周期理论不仅解释了智库发展的阶段性特征，更揭示了不同发展阶段的关键任务和战略重点。在能源领域，智库组织的生命周期还受到能源技术进步、市场变革和政策调整等外部因素的深刻影响，呈现出独特的发展轨迹。

国际能源智库的生命周期具有明显的阶段性特征。在初创阶段，智库组织主要致力于专业领域的确立和核心能力的培育，这个时期的关键任务是构建研究团队、确立研究方向和建立基本的运行机制。在成长阶段，智库开始扩大研究领域、拓展影响力，需要加强组织建设、完善管理体系和提升研究质量。在成熟阶段，智库已形成稳定的研究体系和影响力，重点转向持续创新和价值提升，包括开拓新的研究领域、创新服务模式和强化国际合作。

智库组织的生命周期管理还需要特别关注转型发展问题。随着全球能源体系的深刻变革，智库组织面临转型升级的压力，这要求在生命周期理论中加入转型视角。转型过程涉及研究领域的调整，如从传统能源向新能源领域拓展；组织形态的创新，如从单一研究型向综合服务型转变；运行机制的优化，如引入市场化运作模式等。通过科学的生命周期管理，推动智库组织的持续发展和创新突破。

2. 组织行为理论的智库应用

国际能源智库的组织行为具有鲜明的知识密集型特征，这种特征要求在传统组织行为理论基础上进行创新发展。组织行为理论关注智库内部的人员互动、团队协作和组织文化建设，强调通过行为管理提升组织效能。在能源智库领域，组织行为理论特别强调专业人才的激励机制、跨学科团队的协同机制和创新文化的培育机制。

国际能源智库的组织行为呈现出复杂的互动特征。在个体层面，需要关注研究人员的职业发展规划、能力提升路径和激励约束机制，建立适应知识型人才特点的管理体系。在团队层面，强调跨学科团队的组建和管理，包括团队结构优化、沟通协调机制完善和团队文化建设。在组织层面，则需要构建有利于知识创新和共享的组织氛围，培育开放、包容、创新的组织文化。

智库组织的行为管理还特别注重国际化要求。作为国际能源智库，组织行为具有明显的跨文化特征，这体现在人才结构的国际化、研究视野的全球化和合作网络的多元化等方面。跨文化管理成为组织行为的重要内容，需要建立适应国际化要求的管理机制，包括国际人才的引进与培养、跨文化团队的建设与管理、国际合作项目的组织与协调等。通过系统的行为管理，提升智库的国际化运营能力。

3. 组织生态理论的智库阐释

国际能源智库的组织生态系统由内部生态和外部生态两个层面构成，这一理论框架揭示了智库与其生存环境之间的互动关系。组织生态理论强调智库需要主动适应并塑造其生态环境，在全球能源治理体系中找准定位，构建有利于可持续发展的生态系统。智库的生态建设不仅关注组织自身的生存发展，更强调在更大范围内发挥积极影响。

国际能源智库需要构建多层次的合作网络。在微观层面，智库与政府部门、企业、研究机构等利益相关方建立紧密的合作关系，形成良性互动的微观生态系统。在中观层面，智库参与行业组织和专业网络，推动能源领域的知识共享和价值创造。在宏观层面，智库积极融入全球能源治理体系，参与国际规则制定和政策协调，构建开放包容的国际合作生态。

智库组织的生态建设还需要特别关注可持续发展问题。这首先体现在资源获取的可持续性上，需要建立多元化的资金来源和稳定的支持体系。其次是影响力的可持续性，要求智库不断提升研究质量和服务水平，保持持续的创新能力。此外，还包括组织发展的可持续性，需要在保持独立性的同时，与外部环境保持良性互动。通过系统的生态建设，确保智库组织的长期健康发展。

4. 组织变革理论的智库演化

国际能源智库面临全球能源转型和治理变革带来的深刻挑战，这要求智库具备持续的变革能力和创新活力。组织变革理论阐释了智库应对环境变化、推动组织创新的基本规律，强调变革管理的系统性和战略性。在能源智库领域，组织变革不仅涉及管理方式的创新，更关系到发展战略的调整和竞争优势的重构。

国际能源智库的变革过程需要系统规划和科学管理。在变革动因方面，需要准确把握全球能源格局变化、技术创新突破和政策调整等外部压力，同时关注组织发展和能力提升的内在需求。在变革内容方面，包括战略定位的调整、组织结构的优化、运行机制的创新和业务模式的转型等多个层面。在变革路径方面，则需要根据智库特点选择适当的变革模式和实施策略。

智库组织的变革管理还特别强调创新能力的构建。这种能力首先体现在研究创新上，需要持续开拓新的研究领域，开发新的研究方法。其次是管理创新，通过引入新的管理理念和工具，提升组织运行效率。此外，还包括模式创新，探索新型的智库发展模式和服务方式。通过持续的变革创新，推动智库组织的转型升级和可持续发展。

(二) 资源配置的理论机制

国际能源智库的资源配置理论阐释了智库组织如何整合和优化各类资源要素，以实现组织目标的基本规律。这一理论机制涵盖了资源基础、资源依赖、核心能力和动态能力等关键维度，构成了完整的资源管理理论体系，为智库的资源战略提供了理论指导。

1. 资源基础理论的智库特征

国际能源智库的资源基础理论强调组织特有资源的战略价值，这些资源包括专业知识积累、研究网络构建、数据信息系统和品牌声誉等核心要素。资源基础理论不仅关注资源的获取和占有，更强调资源的整合与创新，以及由此形成的组织独特优势。在能源智库领域，资源基础理论特别注重知识资源的战略属性，强调通过资源积累和创新构建持续竞争优势。

从战略管理的视角看，国际能源智库的资源基础构建体现出独特的规律性。在资源类型方面，智库的战略资源主要包括人力资源（高端研究人才和专业支持团队）、知识资源（研究成果和方法体系）、关系资源（政策网络和国际合作渠道）、信息资源（专业数据库和信息系统）等。这些资源的价值取决于其稀缺性、不可模仿性和不可替代性，需要通过系统的资源战略来维持和提升资源价值。

智库组织的资源基础管理还特别强调资源的创新发展。这种创新首先体现在资源获取方式的创新上，如建立多元化的人才引进机制、开发新型的数据采集方法、拓展国际合作渠道等。其次是资源使用效率的提升，通过优化资源配置结构、完善资源共享机制、创新资源运营模式等方式，最大化资源的使用效率。此外，还包括资源价值的创新性开发，如将传统资源与新技术结合、探索资源的多元化应用等，以实现资源价值的持续提升。

2. 资源依赖理论的智库解读

国际能源智库的资源依赖理论揭示了智库组织与外部资源环境的互动关系。这一理论框架分析了智库如何在复杂的资源网络中保持组织自主性，同时实现必要的资源获取和控制。资源依赖理论特别关注智库与政府、企业、学术机构等利益相关方的互动关系，强调在保持独立性的同时建立稳定的资源支持体系。

从组织社会学的角度看，国际能源智库的资源依赖呈现出复杂的网络特征。在纵向维度上，智库需要与政府部门、能源企业、研究机构等建立多层次的合作关系，形成稳定的资源供给渠道。在横向维度上，智库之间既有竞争关系又有合作需求，需要通过战略联盟、资源共享等方式优化资源配置。这种复杂的依赖关系要求智库建立灵活的资源管理策略,在不同情境下调整资源获取和使用方式。

智库组织的资源依赖管理还需要特别注重风险防控。这首先体现在资源来源的多元化战略上,通过拓展资金来源、多样化合作伙伴、建立多重支持渠道等方式,降低对单一资源提供方的依赖度。其次是建立资源缓冲机制,包括设立战略储备、培育替代资源、建立应急预案等,增强组织的抗风险能力。此外,还需要加强资源依赖的战略管理,根据环境变化及时调整资源策略,确保组织的可持续发展。牛津能源研究所(OIES)在严重依赖大型能源公司资助的背景下[1],通过独特的制度设计成功维护了其研究独立性。OIES采取了"信誉借用"策略:首先,作为"牛津大学认可的独立研究中心"[2],它将自身置于世界顶尖学术机构的声誉和治理标准之下;其次,作为在英国注册的慈善机构,其运营受到法律约束,必须服务于公共利益而非资助方利益[3]。这种与大学的学术关联和慈善机构的法律地位相结合的模式,为 OIES 在资助方与研究议程之间建立起坚固的防火墙,确保了其研究的公信力与客观性。

3. 核心能力理论的智库应用

国际能源智库的核心能力理论阐释了智库通过资源整合形成独特竞争优势的机制。这一理论强调智库需要围绕核心业务构建关键能力,这些能力包括专业研究能力、政策影响力、国际合作能力和创新发展能力等。核心能力不是单个资源或技能的简单组合,而是通过系统整合形成的组织级能力,具有难以模仿和替代的特征。

从能力建设的视角看,国际能源智库的核心能力培育是一个系统工程。在能力识别方面,需要准确把握能源领域的发展趋势和政策需求,明确智库的核心能力方向。在能力构建方面,要通过资源整合、流程优化、制度创新等多种途径,形成独特的组织能力。在能力提升方面,则需要建立持续改进机制,通过学习创新不断强化核心能力。这个过程需要长期投入和系统规划,是智库战略管理的重要内容。

智库组织的核心能力发展还特别强调能力的创新突破。这种创新首先体现在研究能力的提升上,如开发新的研究方法、拓展研究领域、提升预测准确性等。其次是影响力的创新突破,通过创新传播方式、拓展影响渠道、提升政策转化效率等方式,增强智库的社会影响力。此外,还包括组织能力的创新发展,如管理模式创新、服务方式创新、合作机制创新等,不断提升智库的综合实力。

---

[1] The Guardian. Oxford University receives £11m from fossil fuel firms, report finds [EB/OL]. (2021 - 04 - 20) [2025 - 06 - 23]. https://www.theguardian.com/environment/2021/apr/20/oxford-university-receives-11m-from-fossil-fuel-firms-report-finds.

[2] Oxford Energy. About our research [EB/OL]. [2025 - 07 - 23]. https://www.energy.ox.ac.uk/research/.

[3] Charity Commission For England And Wales. Activities-how the charity spends its money [EB/OL]. [2025 - 04 - 15]. https://register-of-charities.charitycommission.gov.uk/en/charity-search/-/charity-details/286084.

4. 动态能力理论的智库发展

国际能源智库的动态能力理论探讨了智库在变革环境中持续创新和适应的机制。这一理论框架强调智库需要建立感知市场变化、把握发展机遇、重构资源体系的动态能力。在全球能源变革的背景下,动态能力成为智库应对外部变化、实现可持续发展的关键要素。

从拓展能力的角度看,国际能源智库的动态能力建设呈现出系统性特征。在感知能力方面,需要建立全球化的信息采集网络和分析系统,及时把握能源领域的变革趋势和政策动向。在决策能力方面,要建立快速响应机制,能够准确评估形势变化并作出战略调整。在执行能力方面,则需要优化组织结构、完善运行机制,确保战略决策的有效落实。这种动态能力体系的构建需要持续投入和系统优化。

智库组织的动态能力发展还特别注重创新驱动。这种创新首先体现在组织学习能力上,通过建立有效的知识获取、分享和创新机制,保持组织的持续学习能力。其次是变革管理能力,需要建立灵活的组织结构和管理机制,能够快速响应环境变化。此外,还包括战略创新能力,通过前瞻性研究和战略规划,引领智库的创新发展方向。通过动态能力的培育和提升,实现智库组织的持续创新和长期发展。

(三) 价值创造的理论范式

国际能源智库的价值创造体现了智库组织的核心使命和存在意义,其理论范式揭示了智库如何通过知识生产和政策影响实现价值创造的基本规律。这一理论框架从价值链重构、价值网络创新、价值共创实践和价值评估应用等维度,构建了完整的价值创造理论体系。

1. 价值链理论的智库重构

国际能源智库的价值链重构反映了智库组织的价值创造路径和运行逻辑。这一理论框架突破了传统价值链模型,构建了以知识创新为核心、以政策影响为导向的新型价值链体系。在能源智库领域,价值链重构特别强调知识生产的专业化、服务交付管理的精准化和价值实现的多元化,形成了独特的价值创造模式。

从价值管理的视角看,国际能源智库的价值链构建呈现出系统化特征。在价值链设计方面,需要明确界定每个环节的价值贡献,包括信息收集、研究分析、政策建议、成果传播等核心环节,以及人才培养、平台建设、国际合作等支持环节。在价值链优化方面,重点关注环节间的协同效应,通过优化流程设计、完善支持体系、创新服务方式等手段,提升整体价值创造能力。这种系统化的价值链管理要求智库建立完整的价值管理体系。

智库组织的价值链创新还特别注重数字化转型。这种转型首先体现在研究方法的创新上，如引入大数据分析、人工智能等新技术，提升研究的科学性和效率。其次是服务模式的创新，通过发展线上咨询、远程交流、数字化产品等新型服务形式，拓展价值实现渠道。此外，还包括管理方式的创新，利用数字化手段优化组织运营、提升管理效能，实现价值链的整体升级。

2. 价值网络理论的智库创新

国际能源智库的价值网络理论阐释了智库在复杂的利益相关方网络中创造和分配价值的机制。这一理论框架强调智库需要构建多层次、多维度的价值创造网络，通过网络协同实现价值的放大效应。在全球能源治理体系中，价值网络的构建对于提升智库的影响力和创新能力具有重要意义。

从网络治理的角度看，国际能源智库的价值网络建设体现出战略性特征。在网络结构方面，需要建立多中心、多层级的合作网络，包括政府部门、能源企业、研究机构、国际组织等多类主体。在网络运行方面，强调建立有效的协同机制，通过项目合作、资源共享、信息互通等方式，实现网络价值的最大化。这种网络化的价值创造模式要求智库具备强大的网络治理能力。

智库组织的价值网络发展还特别强调国际化布局。这种布局首先体现在合作伙伴的全球化选择上，通过建立国际研究联盟、参与全球政策网络、开展跨境项目合作等方式，拓展价值创造空间。其次是价值主张的国际化表达，需要在全球视野下思考和传播智库的价值理念。此外，还包括运营模式的国际化创新，探索跨文化合作的有效方式，实现价值网络的全球延伸。

3. 价值共创理论的智库实践

国际能源智库的价值共创理论探讨了智库如何与利益相关方共同参与价值创造的过程。这一理论框架强调价值创造不是智库的单向输出，而是多方主体共同参与的互动过程。在能源智库领域，价值共创特别强调与政策制定者、市场主体、研究伙伴的深度协作，通过共同研究、协同创新、成果共享等方式实现价值的共同创造。

从共创机制的视角看，国际能源智库的价值共创实践呈现出多元化特征。在共创主体方面，需要建立多方参与的协作平台，吸引不同类型的利益相关方加入价值创造过程。在共创模式方面，发展多样化的合作方式，如联合研究、政策对话、成果转化等。在共创机制方面，建立灵活的合作框架和有效的利益分配机制，确保各方积极性的持续发挥。

智库组织的价值共创还特别注重创新生态的构建。这种构建首先体现在平台建设上，通过搭建开放的创新平台，为多方参与创造条件。其次是机制创新，建立促进协同创新的制度安排和激励政策。此外，还包括文化培育，营造开放包容、互信共赢的合作氛围，推动价值共创的持续深化。

4. 价值评估理论的智库应用

国际能源智库的价值评估理论提供了衡量和提升智库价值创造效果的理论框架。这一理论体系涵盖了价值识别、价值度量和价值提升等核心环节，强调建立科学的评估体系和有效的改进机制。在能源智库领域，价值评估特别注重知识产品的学术价值、政策影响力和社会贡献度的综合评估。

从评估体系的角度看，国际能源智库的价值评估呈现出系统化特征。在评估维度方面，需要建立多层次的指标体系，包括研究质量、政策影响、社会效益、国际影响力等核心指标。在评估方法方面，采用定量与定性相结合的评估方法，通过科学的数据采集和分析，实现评估结果的客观性和可信度。在评估应用方面，强调评估结果的反馈机制，将评估结果用于改进管理、优化战略。

智库组织的价值评估还特别强调发展导向。这种导向首先体现在评估标准的动态调整上，需要根据环境变化和发展需求及时更新评估指标。其次是评估方法的创新，通过引入新技术、新工具，提升评估的科学性和效率。此外，还包括评估结果的战略运用，将评估结果转化为发展动力，推动智库的持续进步和创新发展。

四、国际能源智库的治理参与理论

国际能源智库作为全球能源治理体系中的重要参与主体，其治理参与理论揭示了智库在推动全球能源治理中的角色定位和作用机制。本节从多中心、网络化、协同性和整体性等维度，构建系统的治理参与理论框架，为国际能源智库更好地融入全球能源治理提供理论指导。

（一）治理参与的理论机制

国际能源智库的治理参与遵循特定的理论机制，这些机制阐释了智库如何在复杂的治理体系中发挥作用。通过多中心治理中的角色定位、网络治理中的功能界定、协同治理中的互动模式和整体性治理的系统要求等维度，构建完整的治理参与理论框架。

1. 多中心治理中的角色定位

国际能源智库在多中心治理格局中承担着差异化的角色和功能。这种多中心治理特征体现在治理主体的多元化、治理层级的多样化和治理机制的复杂化等方面。其中，依托国际能源署（IEA）、国际可再生能源机构（IRENA）等国际组织的政策联盟型智库，通过其制度化平台优势在协调多边治理中发挥着独特作用。

从治理主体的视角看，国际能源智库的角色定位呈现出层次性特征。在全球层面，智库通过参与国际能源组织的政策研究和决策咨询，影响全球能源治理议程。在区域层面，智库致力于促进区域能源合作，推动区域治理能力的提升。在国家层面，则为本国能源战略的制定和实施提供智力支持。这种多层次的角色定位要求智库具备相应的能力支撑。

智库的角色定位还体现出明显的功能性特征。在政策研究方面，智库通过开展前瞻性、战略性研究，为治理决策提供理论支持和政策建议。在国际合作方面，智库通过搭建对话平台、组织学术交流、推动项目合作等方式，促进多边治理的深化发展。在公共参与方面，智库通过知识传播和政策倡导，推动公众对能源治理的理解和支持。

2. 网络治理中的功能界定

国际能源智库在网络治理中承担着知识生产、政策协调和利益整合等多重功能。这种网络治理特征要求智库建立广泛的合作网络，实现治理资源的有效流动和整合。网络治理的复杂性要求智库具备系统的网络建设和运营能力。

从网络结构的角度看，国际能源智库构建了多层次的治理网络体系。在组织网络方面，智库通过与政府部门、研究机构、企业组织等建立合作关系，形成多元化的治理网络。在知识网络方面，智库通过建立研究平台、组织学术交流、开展联合研究等方式，促进知识的共享和创新。在政策网络方面，智库通过参与政策制定、提供决策咨询、开展政策评估等活动，推动治理政策的优化完善。

智库的网络功能还表现在资源整合和价值创造上。在资源整合方面，智库通过整合各类治理资源，提升治理效能。在价值创造方面，智库通过促进网络协同，实现治理价值的放大效应。在风险防控方面，智库通过建立网络预警机制，增强治理体系的抗风险能力。国际能源署（IEA）的技术合作项目（TCP）是网络治理的典范。它通过一个灵活的"伞状协议"框架，协调24个国家的政府、产业和学术专家网络。成员可根据自身需求选择加入特定的技术"任务"，形成高效的"意愿联盟"[①]。例如，其生物质能 TCP 下的"任务43"汇集了加拿大、美国、澳大利亚和欧洲的专家，共同研究野火防治问题。该合作网络成功整合了各方知识，发布了关于通过可持续生物质供应增强森林防火能力的联合报告，为成员国制定相关政策提供了科学共识

---

① IEA Bioenergy. R&D Networks［EB/OL］.［2025-06-12］. https://www.ieabioenergy.com/about/rd-networks/.

和实践指导①。

3. 协同治理中的互动模式

国际能源智库在协同治理中发展出多样化的互动模式。这种协同治理强调各治理主体之间的有效配合与协作，以实现治理效能的最大化。智库通过建立系统的协同机制，推动多元主体间的有效互动。

从互动机制的视角看，国际能源智库建立了完整的协同治理框架。在决策层面，智库通过组织高层对话、专题研讨、政策磋商等方式，推动各方达成治理共识。在执行层面，智库通过提供技术支持、开展能力建设、组织示范项目等方式，促进治理方案的有效实施。在评估层面，智库通过建立监测评价体系，确保治理目标的实现。

协同治理的深化发展还依赖于创新机制的构建。在合作模式方面，智库探索建立更加灵活和高效的协同机制。在工具创新方面，智库通过开发新型治理工具和平台，提升协同效率。在机制创新方面，智库通过完善利益协调机制，增强各方参与治理的积极性。

4. 整体性治理的系统要求

国际能源智库的整体性治理强调治理活动的系统性和完整性。这种整体性治理要求将能源问题置于更大的发展框架中考量，关注治理活动的综合效应。智库需要建立系统思维，推动治理活动的整体优化。

从系统思维的角度看，国际能源智库需要构建完整的治理体系。在治理范围上，智库不仅关注传统能源治理议题，还将气候变化、环境保护、可持续发展等跨领域问题纳入考虑范围。在治理层次上，智库强调全球、区域、国家等多个层面的协同推进。在治理方式上，智库注重硬法治与软法治、强制性与自愿性措施的有机结合。

整体性治理还要求智库具备系统能力。在战略规划方面，智库需要从全局角度把握能源治理的发展方向。在统筹协调方面，智库通过有效整合各类治理资源，实现治理效能的最大化。在风险防控方面，智库通过建立系统的风险预警和应对机制，确保治理活动的稳定推进。

(二) 多维度治理的参与路径

国际能源智库通过政治、经济、生态三个维度参与全球能源治理，形成了系统的治理参与路径。这种多维度参与不仅体现了能源治理问题的复杂性，也反映了智库参

---

① IEA Bioenergy. Annual Report (2024) [EB/OL]. (2025-06-25) [2025-07-12]. https://www.ieabioenergy.com/wp-content/uploads/2025/06/IEA-Bioenergy-Annual-Report-2024.pdf.

与方式的多样性。通过构建多维度参与体系，智库能够更全面、更深入地融入全球能源治理进程。

1. 政治维度的参与机制

国际能源智库在政治维度的治理参与主要围绕能源政策影响、决策支持和国际合作等核心领域展开。这种参与机制强调智库在全球能源政治格局中的战略定位和影响路径，通过系统化的政策研究和战略咨询，推动全球能源治理的深化发展。

从政策影响的角度看，国际能源智库建立了多层次的政策参与体系。在国际层面，智库通过参与国际能源组织的政策研究、提供战略咨询、组织高层对话等方式，影响全球能源政策的制定。在区域层面，智库致力于推动区域能源合作机制的完善，促进区域能源政策的协调。在国家层面，智库为本国能源外交战略的制定和实施提供智力支持，增强国家在全球能源治理中的话语权。同时，依托国际能源组织的政策联盟型智库在促进多边政策协调方面发挥着独特作用。

智库的决策支持功能体现在多个方面。首先是战略研判，通过系统研究全球能源政治形势，为决策者提供前瞻性的战略建议。其次是政策评估，通过科学评估不同政策方案的影响和效果，为政策选择提供依据。此外，还包括风险预警，通过建立能源政治风险监测和预警机制，增强决策的科学性和前瞻性。

国际合作是智库政治参与的重要途径。在机制建设方面，智库通过推动双边和多边合作机制的建立和完善，为国际能源合作提供制度保障。在项目合作方面，智库通过开展联合研究、组织国际会议、建立合作平台等方式，促进各方交流与合作。在能力建设方面，智库通过提供培训、技术支持和经验分享，推动国际能源治理能力的整体提升。

2. 经济维度的参与模式

国际能源智库在经济维度的治理参与集中于市场咨询、产业研究和技术评估等领域。这种参与模式强调智库在全球能源市场发展和产业变革中的专业支撑作用，通过深入的市场分析和产业研究，为能源经济治理提供决策依据。

从市场咨询的视角看，智库需要构建系统的市场分析框架。在市场监测方面，智库通过建立全球能源市场监测体系，及时跟踪和分析市场变化。在趋势研究方面，智库运用科学的预测方法和模型，对能源市场发展趋势进行前瞻性研判。在政策建议方面，智库基于市场研究成果，为市场治理和政策制定提供专业建议。

产业研究是智库参与经济治理的核心内容。在产业分析方面，智库关注全球能源产业结构调整、商业模式创新和竞争格局演变等重要议题。在转型研究方面，智库重点研究能源产业的低碳转型路径、数字化转型策略和创新发展模式。在政策支持方面，智库为产业政策的制定和实施提供理论依据和实践指导。

技术评估构成了智库经济参与的重要支撑。在技术路线方面，智库通过系统评估不同能源技术的发展潜力和经济可行性，为技术选择提供依据。在创新策略方面，智库研究能源技术创新的驱动机制和发展路径，推动技术创新体系的完善。在应用推广方面，智库关注技术应用的经济性和市场化进程，促进技术成果的有效转化。彭博新能源财经（BNEF）通过其权威的技术经济评估，深刻影响着全球清洁能源的投资决策。其发布的度电成本（LCOE）数据已成为行业基准。一个突出案例是 BNEF 受气候投资基金（CIF）委托，为其在新兴市场的投资策略提供咨询。BNEF 运用其 LCOE 模型进行分析，精确地指出在不同市场和技术阶段，应采用不同的金融支持工具。例如，报告建议对电池储能项目应采取同时降低资本支出、债务成本和股权风险的组合策略。这种量化分析直接指导了像 CIF 这样的多边金融机构如何更有效地配置数十亿美元的资本，以加速能源转型[①]。

3. 生态维度的参与方式

国际能源智库在生态维度的治理参与主要围绕可持续发展研究、环境治理和生态文明建设展开。这种参与方式强调智库在推动能源与生态协调发展中的引导作用，通过系统的政策研究和实践探索，促进全球能源生态治理的深化。

从可持续发展研究的角度看，智库建立了完整的研究体系。在理论创新方面，智库致力于可持续发展理论的创新和完善，为能源生态治理提供理论指导。在路径探索方面，智库研究能源可持续发展的实现路径和政策工具，推动可持续发展战略的落实。在评估体系方面，智库构建科学的可持续发展评估体系，监测和评价发展成效。

环境治理是智库生态参与的重点领域。在机制研究方面，智库关注全球能源环境治理机制的创新和完善，推动多边环境治理的深化发展。在政策协调方面，智库致力于促进能源和环境政策的协同，提升治理效果。在技术支持方面，智库通过研究环境友好型能源技术，为环境治理提供技术支撑。

生态文明建设构成了智库生态参与的战略高度。在理念创新方面，智库推动能源发展理念的生态化转型，培育可持续的能源文化。在制度创新方面，智库研究有利于生态文明建设的制度安排，推动治理体系的完善。在实践创新方面，智库通过总结和推广生态文明建设的成功经验，促进治理实践的创新发展。

---

① BloombergNEF. Accelerating the Energy Transition in Emerging Markets Strategies for unlocking investment［EB/OL］.（2025 - 03 - 13）［2025 - 06 - 01］. https：//www.cif.org/sites/cif_enc/files/resource - collection/material/full - report_accelerating - the - energy - transition - in - emerging - markets.pdf.

4. 多维度参与的协同机制

国际能源智库的多维度治理参与需要有效的协同机制作为支撑。这种协同机制强调政治、经济、生态三个维度的有机统一，通过系统的协调和整合，实现治理参与的最大效能。

从机制设计的视角看，智库构建了系统的协同框架。在组织层面，智库建立跨部门的协调机制，确保不同维度研究的有效衔接。在运行层面，智库通过建立统一的工作平台和标准体系，促进各维度工作的协同推进。在评估层面，智库构建综合评估体系，全面评价多维度参与的效果。

协同机制的创新发展还体现在多个方面。在方法创新上，智库开发适应多维度治理需求的研究方法和工具。在平台创新上，智库搭建促进多维度协同的工作平台和交流机制。在机制创新上，智库探索更加有效的协调方式和运行模式，提升协同效率。

（三）治理效能的提升策略

国际能源智库提升治理效能需要系统的理论支撑和战略布局，在数字化转型、智能化发展背景下，新技术、新模式、新理念的融入为治理效能的提升带来新的机遇和挑战。通过参与能力建设、影响力提升、绩效评估和发展趋势把握，构建系统的效能提升框架。

1. 参与能力的理论基础

国际能源智库的参与能力建设需要坚实的理论基础作为支撑。这种理论基础既要继承传统治理理论的精髓，又要适应新技术革命带来的变革要求。在大数据、人工智能、区块链等新技术快速发展的背景下，智库的参与能力建设面临新的理论创新需求。

从能力建设的视角看，新技术的应用重塑了智库的基础能力结构。在研究能力方面，大数据分析和人工智能技术的应用显著提升了智库的数据处理和分析能力，使智库能够更加精准地把握能源治理的复杂性和趋势性。在决策支持能力方面，智能决策支持系统的引入增强了智库的政策分析和方案优化能力，提高了决策建议的科学性和可靠性。在国际合作能力方面，数字化平台的构建突破了地理限制，拓展了智库的全球合作网络。

智库参与能力的提升还需要注重新型治理模式的应用。在治理主体方面，智库需要适应多元化治理主体的协同要求，建立更加开放和包容的参与机制。在治理工具方面，智库需要探索数字化、智能化治理工具的创新应用，提升治理的精准性和效率性。

在治理机制方面，智库需要构建适应新技术环境的运行机制，确保治理能力的持续提升。

2. 影响力提升的作用机理

国际能源智库的影响力提升需要把握新的传播规律和作用机制。在全媒体时代，智库影响力的构建面临新的机遇和挑战，需要创新影响力提升的路径和方法。影响力提升不仅依赖于传统的专业性和权威性，更需要适应新媒体环境下的传播特征。

从传播机制的角度看，数字化转型重构了智库的影响力体系。在传播渠道方面，智库需要构建全媒体传播矩阵，整合传统媒体和新媒体资源，实现多渠道、立体化传播。在内容生产方面，智库需要适应新媒体传播的特点，创新知识产品的形式和表达方式，提升传播效果。在互动机制方面，智库需要充分利用社交媒体平台，加强与受众的实时互动，增强影响力的渗透性。

智库影响力的提升还需要注重新型传播技术的应用。在可视化方面，智库通过数据可视化、虚拟现实等技术，增强研究成果的直观性和感染力。在智能推送方面，智库利用算法推荐和精准投放技术，提高传播的针对性和有效性。在效果评估方面，智库运用大数据分析技术，实现传播效果的实时监测和优化调整。

3. 治理绩效的评估理论

国际能源智库的治理绩效评估需要创新理论框架和评估方法。在数字化评估工具日益成熟的背景下，智库绩效评估面临方法论的创新要求。新技术的应用不仅提高了评估的精确性和全面性，也带来了评估范式的根本变革。

从评估体系的视角看，智能化技术推动了绩效评估的创新发展。在指标体系方面，智库需要构建包含定量和定性指标的综合评估体系，充分运用大数据技术实现多维度评估。在评估方法方面，智库通过引入机器学习、神经网络等技术，提升评估的科学性和客观性。在数据采集方面，智库利用物联网和传感技术，实现评估数据的实时采集和动态更新。

治理绩效评估还需要关注新型评估模式的应用。在评估主体方面，智库推动多元主体参与的协同评估，增强评估的全面性和可信度。在评估流程方面，智库构建自动化、智能化的评估流程，提高评估效率。在评估应用方面，智库强化评估结果的反馈机制，促进评估成果转化为改进措施。

4. 发展趋势的理论展望

国际能源智库的发展趋势研究需要把握技术革新和理念更新带来的深刻变革。在能源转型和数字化转型双重驱动下，智库发展面临新的机遇和挑战。前瞻性的理论展望不仅需要分析技术进步的影响，更要把握治理模式的创新方向。

从技术创新的角度看，新一代信息技术将深刻改变智库的发展模式。在研究范式方面，人工智能和量子计算等技术的应用将带来研究方法的革新，提升研究的深度和广度。在运营模式方面，数字孪生和智能管理平台的应用将推动智库运营的智能化转型。在服务方式方面，虚拟现实和增强现实技术的应用将创新智库的服务形态。

智库发展趋势还体现在治理理念的创新上。在治理主体方面，智库需要适应去中心化、网络化的治理趋势，探索更加开放和协同的发展模式。在治理机制方面，智库需要构建适应数字时代的治理机制，推动治理方式的智能化升级。在价值创造方面，智库需要探索数据驱动的价值创造模式，拓展治理效能的新维度。

本章构建了国际能源智库管理的系统性理论框架，涵盖四大核心维度：基础理论、知识生产、运营管理和治理参与。基础理论部分通过整合智库组织理论与能源政治、经济、生态理论，阐释了国际能源智库理论体系的复杂性、开放性、协同性和演进性特征，揭示了跨学科整合与多维度创新的理论发展路径。知识生产理论阐明了智库知识的转化范式、创新动力、价值体系和管理框架，并构建了政治、经济、生态三维度的知识生产机制。运营管理理论从组织生命周期、组织行为、组织生态和组织变革视角，分析了智库的资源基础、资源依赖、核心能力和动态能力，探讨了智库价值链重构、价值网络构建、价值共创实践和价值评估的理论范式。治理参与理论则揭示了国际能源智库在多中心治理格局中的角色定位，探索了政治、经济、生态多维度治理参与路径，并在数字化转型背景下提出了提升治理效能的策略。这一理论体系不仅关注智库的组织属性与运行规律，也强调其专业性要求和在全球能源治理中的战略功能，构成了多层次、多维度的综合性智库管理理论框架。

管理篇

第六章

国际能源智库的组织管理机制

在全球能源转型与可持续发展目标的推动下,国际能源智库作为推动政策创新、促进跨国合作以及技术进步的重要力量,逐渐成为全球能源治理的重要参与者。能源领域的复杂性、多样性及全球性,要求智库不仅具备深厚的专业知识和研究能力,还要拥有灵活高效的组织管理机制,以适应复杂的政策需求和国际格局。本章将探讨国际能源智库的组织形态、组织结构及文化建设,分析独立型、附属型和政策联盟型智库的特点,探讨不同组织结构的优点与不足。最后,聚焦智库文化建设,分析国际能源智库的通用文化特点及其独特文化特色。

一、组织形态

国际能源智库在全球能源治理和政策制定中扮演着重要角色,其组织形态因智库性质、使命与合作模式的不同展现出多样化特征。根据智库的治理结构及与利益相关方的关系,国际能源智库的组织形态大致可分为三类:独立型智库、附属型智库(包括政府附属型、高校附属型、企业附属型和行业附属型),以及政策联盟型智库。本部分围绕上述三类智库的管理特点与实践经验,重点探讨其在战略定位、组织架构、运行机制和协同方式等方面的管理模式与典型案例,为能源智库建设提供启示。

(一)独立型智库

独立型智库(Independent Think Tanks)指不附属于特定政府、企业、高校或行业组织,以自主性和独立性为核心特征的研究咨询组织。这类智库具有多元化的资金渠道,拥有较高的议题选择自由度和研究自主权,基于科学研究和数据分析的基础上提供中立的政策建议。在组织管理上,独立型智库通常采用扁平化结构,以增强决策的灵活性;在运营机制上注重透明性,以维护公信力和声誉[1]。独立型智库在组织形态上

---

[1] Barberis C F. The Baku Research Institute (BRI): An Independent Think Tank in Azerbaijan [J]. The Palgrave Handbook of Non-State Actors in East-West Relations, 525.

具有以下典型特点。

1. 高度自主性

高度自主性是独立型智库的核心特征之一，贯穿于议题选择、研究设计和政策建议的全过程，独立型智库摆脱了对单一利益主体的依赖，在选择研究议题、提出政策建议时注重科学性和客观性①。

议题选择自主是实现高度自主性的关键因素，议题选择自主一般通过以下途径：一是由内部专家团队主导议题选择，充分发挥其对政策问题的敏锐洞察力和深厚的专业基础，确保议题的选择符合科学判断和实际需求；二是通过独立研究委员会的决策机制，如未来资源研究所优先关注气候变化、能源安全等全球议题，进一步提升议题选择的科学性和公信力；三是紧跟领域前沿发展，针对能源转型技术路径、国际气候治理等复杂问题，提出具有创新性的解决方案。这些机制有效增强了独立型智库在议题选择中的自主性、科学性和全球适用性，更好地发挥其在政策研究中的价值。

2. 扁平化管理模式

扁平化管理模式是独立型智库的重要特征，主要体现为减少组织层级和优化管理流程。通过精简层级、授权、分权，扁平化管理能够提升决策效率、促进信息流通，同时增强团队自主性。这一管理模式契合知识密集型组织的特点，与独立型智库追求创新性、灵活性和专业性的目标一致②。在独立型智库中，扁平化管理的优势主要表现在以下三个方面。

精简管理层级，增强团队自主性。独立型智库通常采用"扁平+矩阵"式结构，摒弃传统的科层管理模式，让项目团队或研究小组直接向决策层汇报。简化后的层级设计赋予研究人员更大的自主权和灵活性，能够快速组建团队，应对外部需求，提高政策议题的响应速度和研究效率。此外，通过分权赋能，研究团队可以根据自身深厚的专业基础快速推进工作，减少冗长的审批程序，进一步凸显创新驱动的研究特点。

加快信息流通速度，提升管理透明性。扁平化结构优化了智库内部的沟通机制，使信息在不同层级间的流转更加高效，缩短了研究成果从产生到审议的全流程，避免了层级过多导致的信息滞后和决策延误。同时，扁平化管理通常高度重视内部管理的透明化，如定期发布研究进展和资金使用情况，不仅提升了信息流动的透明性，还增强了独立型智库的公信力和社会影响力。

---

① Barros A, Taylor S. Think tanks, business and civil society: The ethics of promoting pro-corporate ideologies [J]. Journal of Business Ethics, 2020, 162 (3): 505 – 517.

② Palepu S, Nitsch A, Narayan M, et al. A flat organizational structure for an inclusive, interdisciplinary, international, and undergraduate-led team [C]//Frontiers in Education. Frontiers Media SA, 2020, 5: 102.

高效适配项目管理需求，优化资源配置。独立型智库通常以"项目制"作为核心运作模式，能够根据项目需求灵活配置团队和资源。扁平化管理结构使得项目负责人可以直接决策，减少繁琐的行政审批流程，从而显著提升项目执行效率。在资源有限的情况下，这种模式能优化资源配置，减少不必要的行政开支，将更多精力和预算投入研究工作中，更好地服务于智库的战略目标。

3. 案例分析

美国未来资源研究所（Resources for the Future，RFF）作为全球能源与环境领域中最具影响力的独立型智库之一，其组织形态在议题选择的自主性、组织结构的扁平化以及资金来源的多样化等方面展现了独特的实践特色，为独立型智库的管理提供了重要参考。

RFF 高度重视研究方向的自主性，其议题设置由内部专家团队和独立学术委员会共同决定，确保研究主题能够紧扣全球能源与环境治理的重大问题，并避免外部利益的干扰。以碳定价机制和清洁能源转型为例，RFF 针对这一领域提出的政策建议不仅具有科学性和中立性，更在国际政策框架中产生了广泛影响。这种议题选择机制强调科学证据的权威性与政策建议的实用性，为独立型智库在复杂议题中赢得了话语权[1]。

在组织管理方面，RFF 采用扁平化的管理模式，显著提高了决策效率与团队灵活性。其研究团队通常以"项目制"形式运作，直接对决策层负责，既减少了中间层级的阻碍，也使研究成果能够快速响应外部需求。例如，在应对气候变化相关政策研究时，RFF 通过灵活调配资源和高效的跨学科协作，确保研究能够及时完成并具有政策适用性。此外，RFF 注重内部信息的透明化管理，定期发布财务报告和研究进展，不仅提高了内部运作的透明度，也进一步巩固了社会对其独立性和公信力的认同。

RFF 通过多元化的资金来源，成功保障了研究工作的独立性与稳定性。其资金来源主要包括基金会资助、政府合同、企业合作以及社会捐赠。其中，基金会资助是 RFF 最为重要的收入来源之一，如美国橡树基金会和林登保护基金会的长期支持，为其基础研究提供了坚实保障。同时，RFF 在与政府和企业合作时，严格保持研究独立性，并通过财务公开和外部审计机制确保资金使用的透明与合法，从而避免可能对学术研究造成的不当干预。

通过自主议题选择、扁平化管理模式以及多元化资金来源的有机结合，RFF 在长期发展中形成了独特的管理实践。这种组织形态的高度灵活性与科学严谨性，不仅保

---

[1] Carbon Pricing [EB/OL]. (2024-10-17) [2024-11-20]. https://www.rff.org/topics/carbon-pricing/.

障了其作为独立型智库的中立地位,也为全球能源与环境政策的研究与制定提供了重要的智力支持。

(二) 附属型智库

附属型智库是指依托于特定机构或组织(如政府、大学、企业或行业协会)建立和运营的智库,其研究议题、资源配置和管理运作与母体机构存在密切联系[①]。这类智库既承担研究职能,又服务于母体组织的政策支持或战略需求,具有显著的服务性和依附性。

政府附属型智库是指由政府设立或资助,并与政府部门紧密关联的智库,主要任务是为政府提供政策研究、决策支持和社会经济分析[②]。此类智库的研究方向通常围绕政府关注的热点问题,如经济政策、公共治理等,重点为政府决策提供理论依据和数据支持。它们的资金来源主要依赖政府财政,且研究内容和方向通常受政府政策需求的引导。

高校附属型智库是指由高校或学术机构设立并隶属于其管理体系的智库,旨在通过学术研究为社会、政府和企业提供政策建议与技术支持[③]。此类智库通常具有较强的学术背景和研究能力,研究内容既包括基础理论问题,也涉及实践应用,强调学术自由和独立性。资金来源包括学校的科研项目资金、政府资助以及合作伙伴的资助。

企业附属型智库是指由企业建立或资助,并服务于企业发展战略与决策的智库,主要任务是为企业提供前瞻性研究、市场分析和技术创新支持[④]。此类智库的研究方向集中在行业趋势、市场需求、技术创新等与企业运营紧密相关的领域,重点提升企业的竞争力和市场响应能力。资金来源主要来自企业本身,且研究内容通常围绕企业的战略发展需求展开。

行业附属型智库是指由行业协会、商会或其他行业组织支持和建立的智库,旨在为特定行业提供研究支持、政策建议和行业发展规划[⑤]。此类智库的研究领域专注于行

---

① Wellstead A M, Howlett M. (Re) Thinking think tanks in the age of policy labs: The rise of knowledge-based policy influence organisations [J]. Australian Journal of Public Administration, 2022, 81 (1): 224-232.

② Bakhtiyorov A. Think tanks and their impact on global political processes [J]. Science and Education, 2021, 2 (7): 257-263.

③ Yichao L I, Qinxin L I, Jing S. Model Construction and Application of Intellectual Capital Acquisition Mechanism of University Affiliated Think Tanks: Based on Innovation Driven Development Theory [J]. Journal of Library and Information Sciences in Agriculture, 2022, 34 (2): 29.

④ Rausch A. Japan's Regional Think Tanks: A Hidden Sector of Significant (Research) Potential [J]. 2020.

⑤ Makiko U. Northeast Asian think tanks: toward building capacity for more democratic societies [M]//Think tanks and civil societies. Routledge, 2017: 221-242.

业发展趋势、政策环境分析、技术创新及行业法规等，目的是推动行业的健康发展和政策优化。资金来源一般由行业内部的企业成员或相关行业组织提供，研究成果通常面向行业内部发布。

附属型智库作为母体组织的"智力延伸"，其组织呈现出以下三大核心特点。

1. 与母体组织关系密切①

附属型智库的发展与母体组织紧密相连，通过战略依托与职能延伸深度融入母体组织的核心运作，成为其决策支持和功能拓展的重要载体。

附属型智库的使命和发展方向高度契合于母体组织的战略目标和政策需求。高校附属型智库的研究议题往往结合高校的学科优势与科研方向，而政府附属型智库则围绕公共政策的关键领域展开研究，如能源安全、社会治理等。行业附属型智库则更注重通过研究成果直接服务于行业决策和规范制定。

职能延伸使附属型智库不仅独立承担研究任务，还作为母体组织的内部智力支持体系，为其战略规划和政策设计提供专业意见。例如，高校附属型智库既能推动学术理论创新，又能协助决策咨询；企业附属型智库则通过市场分析和技术研发，直接支撑母企业的商业战略实施。

这种紧密关系使智库成果既能外部传播，也能为母体组织的内部决策和长远规划提供支撑。这种协同机制强化了智库与母体之间的互动效能，实现双向赋能。

2. 研究议题的方向性

附属型智库的研究议题紧密围绕母体组织的核心需求，体现出较强的方向性和实用性，帮助智库研究内容在战略规划、政策制定和行业发展中发挥作用，与母体组织的目标及需求保持一致②。

附属型智库的研究范围和优先级由母体组织的战略规划和现实需求驱动，其研究议题的选择直接服务于母体组织的核心职能。例如，政府附属型智库主要关注公共政策领域的研究，包括能源安全、气候治理等关键议题，与政府的政策制定紧密结合；行业附属型智库专注于技术创新和产业发展，通过改进行业政策和技术规范，推动产业转型升级。

附属型智库的研究内容聚焦于母体组织的专业领域，具有明显的垂直化特征。例如，高校附属型智库通常结合母校的学科优势，从学术视角深入分析政策问题，以实

---

① Rich A, Mcgann J, Weaver K, et al. Think tanks in policy making-do they matter [J]. Friedrich Ebert Stiftung, 2011.

② Hasmath R. Convergence and divergence in policy topics among think tanks in china [J]. Lobbying the autocrat: The dynamics of policy advocacy in non-democracies, 2023: 87-108.

现理论创新与实践应用的结合；企业附属型智库则着眼于技术研发和市场应用，直接服务于母企业的商业战略需求。

这种明确的议题方向性不仅增强了研究成果的实用价值，还使其能够迅速转化为政策建议或应用方案，从而提升母体组织在决策和执行中的效率与效果。

3. 资源获取的稳定性

附属型智库凭借母体组织的资源支撑，形成了高度稳定的资源获取体系，为其长期深耕专业领域、提升研究深度和效率提供了可靠保障[1]。这种稳定性主要体现于资金、技术与数据的持续供给。

在资金方面，母体组织提供持续的经济支持，使附属型智库避免了外部融资波动的影响。例如，企业附属型智库通常依赖母公司提供研发经费，而政府附属型智库则通过财政预算拨款确保资金来源的稳定性。

在技术与数据方面，附属型智库得以充分利用母体组织的技术平台和数据资源，从而显著提高研究工作的效率与深度。以政府附属型智库为例，其能够通过官方数据获取渠道支撑政策分析的科学性与权威性；而企业附属型智库则利用内部运营数据开展针对性技术研发和市场策略研究。

此外，母体组织为附属型智库提供了长期稳定的支持环境，使其能够专注于特定领域的系统性研究。例如，高校附属型智库依托学术资源，围绕能源政策与技术创新等基础议题展开长期研究，不仅形成了持续积累的学术优势，也强化了智库的专业影响力。

4. 案例分析

美国电力研究所（Electric Power Research Institute，EPRI）是典型的政府附属型智库。以非营利组织形式独立运作的同时，与美国联邦政府及其能源政策框架保持了紧密的关系，EPRI通过战略协作与职能延伸深度融入美国能源政策体系，成为政府能源决策的重要智力支撑[2]。

EPRI的成立背景和发展方向与美国联邦政府的能源政策需求紧密契合。作为电力行业的研究平台，其主要任务是围绕政府的核心议题提供技术解决方案和政策建议，尤其是在清洁能源转型、电网安全与现代化建设方面。通过参与政府研究项目与政策制定，EPRI展现了附属型智库的服务性。

EPRI与美国能源部（DOE）及联邦能源管理委员会（FERC）保持制度化合作。这种紧密关系确保了EPRI的研究内容与政府需求高度一致，直接服务于联邦层面的政

---

[1] Mcgann J G, Whelan L C. Global think tanks: Policy networks and governance [M]. Routledge, 2020.
[2] About EPRI [EB/OL]. [2024-11-22]. https://www.epri.com/about/governance/.

策目标。EPRI 的研究议题方向受到政府能源政策的引导，重点集中在能源安全、清洁技术推广与行业规范完善等领域。这种方向性帮助 EPRI 的研究成果能够快速转化为政府决策工具，强化了智库与政府之间的协作效能。

EPRI 的资源获取主要依赖于政府项目拨款与行业资助的结合。这种双重来源保障了研究资金的充足与稳定性，还为其研究的高效推进提供了必要基础。

在技术与数据资源方面，EPRI 依托政府开放的数据平台开展研究，为其研究内容的权威性和实用性提供了强有力的支撑。这种资源共享机制强化了智库的研究能力，也反映了附属型智库的依赖特征。

EPRI 的治理结构体现了政府附属型智库的典型特征，其董事会和研究委员会成员包括政府部门代表、电力行业高管以及学术专家。这种多方参与模式使 EPRI 的研究方向能够在政府政策与行业需求之间实现协调，确保了研究成果的高度实用性。

EPRI 通过与政府的密切协作，围绕核心政策议题展开方向明确的研究，并凭借稳定的资源获取机制与协同化的治理结构，为政府能源决策提供了高效支持。这一案例展示了政府附属型智库的依附性与服务性，为类似智库的发展提供了可借鉴的模式。

牛津能源研究所（The Oxford Institute for Energy Studies，OIES）作为高校附属型智库，附属于牛津大学，其依托于牛津大学的学术资源和研究环境，通过整合大学学术优势与全球能源议题，形成了理论研究与政策应用的深度结合[①]。

OIES 的核心研究议题集中在能源转型、碳排放管理及清洁能源研究领域，其研究方向既与高校学科优势高度一致，又服务于社会和政策需求。

作为高校附属型智库，OIES 强调学术自由和研究独立性，但其研究内容仍高度契合政策实际需求。例如，其在天然气供应和能源转型方面，OIES 的研究报告被多国政府和国际组织广泛采纳，用于评估能源市场风险与制定应对措施。这体现了高校附属型智库通过理论创新推动政策实践的特性。

牛津能源研究所的资金来源主要包括大学研究基金、政府资助以及能源企业的项目合作，这种多元化的资源获取渠道为其提供了长期稳定的资金支持。

壳牌全球解决方案（Shell Global Solutions）作为企业附属型智库，服务于壳牌集团的技术与战略需求，其核心职能是通过技术研究和行业分析，为壳牌的全球能源战略提供智力支持。其研究议题围绕可再生能源开发、碳捕获与储存（CCS）技术以及能

---

① Energy Transition Research [EB/OL]. (2024 – 11 – 25) [2024 – 11 – 28]. https：//www.oxfordenergy.org/energy – transition – research – initiative/.

源系统优化等,与壳牌的业务目标紧密结合①。

壳牌全球解决方案不仅专注于短期技术突破,更关注能源行业的长期发展趋势。在为母公司制定商业战略提供关键的决策依据的同时,也为行业政策制定提供参考。这种前瞻性研究使其在能源转型领域保持领先。

壳牌全球解决方案的资金与技术资源主要来源于母公司,研究活动直接服务于壳牌的技术研发和市场扩展需求。例如,其在生物燃料技术研发中的投入,为母企业在新能源领域的市场竞争力提供了重要支撑。

Agora Energiewende 是德国能源转型领域的行业附属型智库。由多家能源企业和行业协会共同支持,其核心使命是推动德国能源转型政策的实施与优化,通过整合行业内外资源,该智库的研究成果对德国联邦政府的能源政策形成了重要影响②。

Agora 的研究方向专注于可再生能源比例提升、能源效率改善以及电力市场设计等,与德国能源转型政策的核心目标高度一致。例如,其在电力市场改革和储能技术应用方面的研究,为行业制定技术标准与政策方向提供了数据支持和理论依据。

Agora 的资金来源主要依靠其成员企业和相关行业协会的共同支持,这种行业化导向确保了其研究内容的针对性与实用性。例如,其关于风能和光伏技术成本降低的研究,直接服务于行业技术升级与政策优化需求。

(三) 政策联盟型智库

政策联盟型智库是一种以国际性、协同性为核心的智库形态,通常由政府机构、国际组织、行业协会、非政府组织和学术机构共同参与,旨在推动跨领域、跨国界的合作与政策共识③。这类智库通常在跨国议题中聚焦于政策框架制定、技术方案协同和经验交流,为复杂全球性问题提供解决方案④。政策联盟型智库往往具有以下特点。

1. 网络化结构

网络化结构是政策联盟型智库的核心特征,指智库通过分布式的架构设计,利用全球范围内的区域分支和专题研究小组,建立一个高度协作的跨国研究与政策倡导体系。这种结构突破了传统智库单一中心化管理的局限,强调以平等、互联和多元为原

---

① Who-we-are [EB/OL]. [2024 – 11 – 28]. https: //www.shell.us/about – us/who – we – are.html.
② Agora-energiewende [EB/OL]. (2024 – 09 – 12) [2024 – 11 – 26] https: //www.agora – energiewende.org/about – us/agora – energiewende.
③ Mcgann J G, Whelan L C. Global think tanks: Policy networks and governance [M]. Routledge, 2020.
④ Menegazzi S. Chinese think tanks and public diplomacy in the Xi Jinping era [J]. Global society, 2021, 35 (3): 373 – 394.

则，推动全球知识与政策的共享和互动①。

网络化组织通常采用分布式架构设计，通过在不同地区建立区域性分支机构，深入了解当地的政策背景、社会经济条件和技术发展需求②。这种布局增强了政策建议的区域适应性，并推动了跨地区问题的对接与协调。围绕特定领域或问题，政策联盟型智库还会组建专题研究小组，汇聚多方力量开展深度研究，以确保研究的全面性和系统性。

网络化管理注重协作关系的动态调整③，能够根据研究需求和全球议题的变化，及时整合成员单位和外部资源，形成灵活高效的合作机制。这种能力不仅提升了智库对突发问题的快速响应水平，也确保了对新兴议题的敏捷应对。

为进一步优化协作效率，政策联盟型智库普遍都较早搭建了数字化信息平台，通过集中管理研究成果、政策建议和数据资源，实现成员单位间的实时共享。分布式网络建立了从区域到全球、从决策到执行的双向信息流通机制，既保障了研究成果的实际应用，也为未来研究提供了持续性的实践反馈。

2. 多边协作

多边协作是政策联盟型智库的核心治理方式之一，其目标在于通过广泛吸纳多方力量，搭建跨领域、跨部门的政策对话平台，以应对复杂的全球性议题④。这种协作方式整合了政府、企业、研究机构和公众的智慧与资源，有助于提升研究成果的多样性和实际应用价值。

多边协作通常会搭建和运行政策对话平台。政策对话平台以开放性为基本原则，允许来自不同领域和背景的利益相关方参与讨论⑤。这种开放性不仅扩展了议题讨论的广度，还增强了政策建议的多样性与可行性。平台的运行通常结合正式与非正式机制：正式机制通过会议、论坛或委员会明确政策议题与行动方案，非正式机制则以闭门研讨会和圆桌会议的形式，鼓励参与方自由交流深层次意见，从而为复杂问题提供灵活的解决思路。议题设置遵循实际问题导向，通过动态反馈不断调整研究方向，确保成

---

① Griffin R W, Phillips J M, Gully S M. Organizational behavior: Managing people and organizations [M]. CENGAGE learning, 2020.

② Tan E, Mahula S, Crompvotes J. Blockchain governance in the public sector: A conceptual framework for public management [J]. Government Information Quarterly, 2022, 39 (1): 101625.

③ Brown P, Von D C, Bocken N M P, et al. A process model for collaboration in circular oriented innovation [J]. Journal of Cleaner Production, 2021, 286: 125499.

④ Stone D. Think tanks beyond the nation-state: Policy analysis for global policy and transnational administration [M]//Handbook on Think Tanks in Public Policy. Edward Elgar Publishing, 2021: 119 – 133.

⑤ Robert E, Rajan D, Koch K, et al. Policy dialogue as a collaborative tool for multistakeholder health governance: a scoping study [J]. BMJ Global Health, 2020, 4 (Suppl 7): e002161.

果既具有科学性又能应对实际需求。

多边协作注重多利益相关方的参与机制，决策过程吸纳来自政府、企业、学术界和非政府组织的代表，通过整合多维视角实现政策建议的全面性和科学性[1]。成员通过多层级参与机制，既关注宏观政策需求，也重视微观技术细节，实现从战略规划到具体行动的全面覆盖。专题工作组是多边协作的重要形式，针对特定议题展开深入研究，其组织和运行体现出灵活性、跨学科整合性和结果导向特征，其组建灵活、解散高效，以应对新问题或紧急议题；成员来自不同学科背景，融合多领域知识；研究成果直接服务于政策制定或项目实施，体现实际应用价值。

同时，智库通过发布研究报告、政策建议和举办公众论坛等形式，促进公众参与并吸纳反馈，以提升公众对议题的理解和关注。在政策制定过程中引入公众意见，使研究成果更贴近社会实际需求，并通过协商机制降低潜在社会矛盾，为全球性议题的解决注入更多协作与共识的动力。

3. 案例分析

亚洲清洁能源论坛（Asia Clean Energy Forum，ACEF）采用分布式架构，设置多个区域性分支和专题研究小组，这一布局增强了智库对不同地区的适应性，并推动了跨地区问题的协调与合作，通过在不同地区建立研究小组，ACEF 能够深入了解各地的政策背景、社会经济条件和技术发展需求，使研究成果更具针对性和实践意义。通过这种网络化管理，ACEF 能够迅速响应全球清洁能源政策的动态变化，灵活整合外部资源，确保研究方向的及时调整与创新性协作[2]。

ACEF 的多边协作机制通过开放的政策对话平台汇聚来自政府、企业、学术界和非政府组织的多方力量，推动全球清洁能源议题的深入探讨。平台不仅提供正式的会议和论坛，还通过非正式的闭门研讨会和圆桌会议形式，促进利益相关方之间的深层次交流，从而制定出切实可行的政策框架和技术解决方案。这种多边协作方式有助于提升研究成果的多样性，确保政策建议既具科学性，又能够满足实际需求。

ACEF 通过建设数字化信息平台，集中管理研究成果、政策建议和数据资源，促进全球范围内的知识共享。这一数字平台为成员单位之间的实时信息流通提供了保障，帮助研究成果能够迅速应用到实际政策制定中。同时，平台还提供了持续的实践反馈，有助于进一步优化研究内容和成果。

---

[1] Reinsberg B, Westerwinter O. The global governance of international development: Documenting the rise of multi-stakeholder partnerships and identifying underlying theoretical explanations [J]. The Review of International Organizations, 2021, 16（1）: 59-94.

[2] Asia Clean Energy Forum 2024 [EB/OL]. (2024-06-15) [2024-11-26]. https://www.adb.org/news/events/asia-clean-energy-forum-2024.

二、组织结构

在全球能源政策日益复杂和不确定的背景下，国际能源智库的组织结构在提升其研究效能和创新能力方面发挥着重要作用。面对能源领域日趋复杂的形势变动，智库要能够灵活应对复杂环境，整合跨学科的知识，促进合作与创新。为了应对这些需求，不同的组织结构模式应运而生，本部分将重点分析矩阵型组织结构、职能型组织结构、项目型组织结构和网络型组织结构的特点、优势与局限，并结合具体案例探讨它们在实践中的应用。通过这些分析，本部分旨在揭示各类组织结构如何优化资源配置、提升研究效率和增强创新能力，为其他智库在面对类似挑战时提供借鉴。

（一）矩阵型组织结构

矩阵型组织结构是一种双重管理结构，通常结合了学科或职能分配与项目管理。它将人员按学科或职能划分为不同的部门，同时又按具体项目设立工作小组[1]。这种结构强调跨学科的协作，并通过项目小组整合资源，推动研究工作的实施。员工在矩阵组织中通常要向多个上级汇报，既有学科领域的主管，也有项目经理[2]。

1. 矩阵型组织结构的特征

一是双重领导，员工需同时向项目组负责人和学科主管汇报，确保跨部门协作的高效性。二是资源共享与协作，不同学科和职能的专家可以在项目中进行互动，确保多元化的视角和专业知识整合。三是灵活应变，能根据项目需求灵活配置资源，迅速响应研究需求[3]。

2. 矩阵型组织结构的优点

一是可以促进跨学科合作，由于组织内成员常常来自不同学科，矩阵型结构能够有效促进不同领域的合作与知识共享，增强创新能力[4]。二是灵活性高，可根据项目需求灵活组建团队，确保资源有效利用。三是可以实现高效项目管理，可以迅速对项目

---

[1] Zhou Q, Deng X, Hwang B G, et al. Integrated framework of horizontal and vertical cross-project knowledge transfer mechanism within project-based organizations [J]. Journal of Management in Engineering, 2020, 36 (5): 04020062.

[2] Elezaj E, Morina D, Kuqi D B. How organizational matrix structure can impact in project management success [J]. International Multidisciplinary Scientific GeoConference: SGEM, 2020, 20 (1.1): 131–138.

[3] Shahani J. Limits and Opportunities of a Matrix Organization: A Study of Coordination Mechanisms Within a Multiple Brand Organization [M]. Springer Nature, 2020.

[4] Joseph J, Gaba V. Organizational structure, information processing, and decision-making: A retrospective and road map for research [J]. Academy of Management Annals, 2020, 14 (1): 267–302.

需求做出调整和响应，保证项目目标的实现。

3. 矩阵型组织结构的不足

一是管理复杂，双重领导可能导致指挥链条复杂，容易引发决策冲突或资源分配争议。二是沟通具有挑战，跨学科合作需要高效的沟通机制，否则可能导致信息传递延迟或误解。三是协调成本，多个项目组和学科部门的协调可能产生较高的管理成本[1]。

4. 案例分析

兰德公司是全球知名的政策研究与分析智库，其矩阵型组织结构被认为是适应跨学科研究需求的一种典型模式。兰德公司将其内部的研究工作从学科（专业）和项目两个维度出发，通过这两套维度的交叉管理实现资源的最优配置和研究的最大化产出。

学科系统按专业领域划分，设立多个学科小组，如经济学、政治学、社会学等，这些学科小组在组织内充当知识储备库，负责开展基础理论研究、积累学术成果，并为项目系统中的各类项目提供学术支持和专业建议[2]。这种设置有助于保持兰德公司在各个领域的专业性和研究深度，使其能够长期积累知识、吸引顶尖学者，并形成系统性研究能力。

项目系统按研究任务或项目划分，设立专项研究组。这些项目组围绕特定政策问题或客户需求展开研究，如国防政策、教育改革、医疗系统优化等领域。项目组成员根据研究课题的具体需求，从不同学科小组中选拔专家，组建跨领域的临时团队，完成项目后解散或重新配置。这种机制确保了研究能够迅速适应外部需求，灵活应对复杂的政策问题。

矩阵型结构的核心优势在于跨学科协作。兰德公司的研究人员在学科小组中积累深厚的专业知识，在项目组中则通过与其他领域专家的互动，将不同学科的视角融入政策研究中。例如，一个涉及国防现代化的研究项目可能同时需要经济学家评估预算影响、社会学家分析军队文化适应性，以及技术专家预测未来装备需求。这种协作模式不仅提高了研究成果的科学性和综合性，也为解决复杂问题提供了创新性的解决方案。

兰德公司矩阵型结构的设计平衡了学科深度与项目效率的需求。一方面，通过学科小组的长期运行，保障基础研究和理论积累的持续性；另一方面，通过灵活组建项

---

[1] Hayat K, Hafeez M, Bilal K, et al. Interactive effects of organizational structure and team work quality on project success in project based non profit organizations [J]. iRASD Journal of Management, 2022, 4 (1): 84-103.

[2] About RAND [EB/OL]. [2024-11-24]. https://www.rand.org/about.html.

目团队，满足客户的快速响应需求。同时，双重领导体系（学科主管和项目主管）在管理上提供了多维度的协调机制，避免了权力过于集中可能带来的决策失误。兰德公司矩阵型结构不仅优化了资源配置和知识整合，还显著提升了组织的灵活性和创新能力。这一模式为其他智库提供了宝贵的借鉴，尤其在需要平衡学术深度与实践导向的复杂研究任务中，矩阵型结构展示了卓越的管理优势和适应性。

（二）职能型组织结构

职能型组织结构是按职能将组织划分为若干部门的管理模式。其核心在于明确的职能分工，每个部门围绕某一特定职能领域（如研究、政策分析、数据管理等）独立开展工作[1]。这种结构通常适用于规模较大、任务相对稳定、研究领域广泛的智库。通过清晰的职责划分，职能型结构能够提升专业化水平，确保高效完成长期性和复杂性的研究任务[2]。

1. 职能型组织结构的特征

一是明确分工，组织内的职责和任务以职能为基础进行划分，每个部门围绕特定领域开展工作，避免重复劳动或职能重叠。二是专业化程度高，通过深耕特定领域，职能型结构有助于提升各部门的技术能力和研究水平，形成独特的专业优势。三是稳定性强，适应长期性和稳定性的工作需求，尤其适合周期较长、成果输出较为固定的研究任务。四是层级分明，各职能部门通常有清晰的管理层级和流程，便于上下级之间的工作传递和管理执行[3]。

2. 职能型组织结构的优点

一是提升员工专业性，职能型结构支持各部门专注于自身领域，使人员能够充分发挥专业优势，积累长期经验。例如，数据管理部门可专注于技术研发和数据分析，研究部门则专注于政策评估和理论研究[4]。二是高效资源利用，职能分工的明确性有助于合理配置人力和资源，避免部门之间的职责冲突和重复劳动，从而提高整体工作效率。三是适合长期任务，职能型结构适合承担周期长、需求稳定的研究任务，例如年度经济预测、长期政策咨询等，能够形成连续性的研究成果，为机构奠定扎实的学术基础。四是管理执行力强，明确的分工和职责划定，使管理层能够高效调度各职能部

---

[1] Ilhan A. The conceptual framework of organizational theory analysis: An organizational level assessment [J]. Globus - An International Journal of Management and IT, 2020, 12 (1): 81-87.

[2] Joseph J, Gaba V. Organizational structure, information processing, and decision-making: A retrospective and road map for research [J]. Academy of Management Annals, 2020, 14 (1): 267-302.

[3] Lasserre P, Monteiro F. Global strategic management [M]. Bloomsbury Publishing, 2022.

[4] Tompkins J R. Organization theory and public management [M]. Waveland Press, 2023.

门，形成高效执行的管理体系，从而减少内部协调的复杂性①。

3. 职能型组织结构的不足

一是协作效率较低，职能部门之间可能存在沟通障碍，形成"信息孤岛"缺乏跨部门协作的机制，可能导致资源整合和创新能力的下降②。二是创新性可能受限，职能型结构的设计以稳定性和专业化为导向，可能抑制跨领域思考与创新，难以快速适应新兴议题或复杂的多维度研究需求。三是全局视野相对不足，部门间缺乏对全局目标的理解，可能导致各自为政，容易忽略整体组织的长期战略目标。四是灵活性不足，面对突发性或跨学科的研究需求，职能型结构的调整成本较高，难以灵活应对外部环境的快速变化。

4. 案例分析

三菱综合研究所（Mitsubishi Research Institute，MRI）有着明确的职能划分和完善的组织结构。其通过职能型组织结构将机构划分为若干部门，明确各部门的职责范围，确保研究活动的专业性与系统性③。

研究部专注于基础研究、政策评估和数据分析，聚焦于经济学、能源科学、社会学等领域的理论探索，为其他部门提供前瞻性的学术支持和数据依据。典型成果包括经济增长预测模型、社会福利政策评估报告。政策分析部负责应用型研究，具体包括政策设计、战略咨询和实施方案评估，为政府和企业提供实际决策支持。典型成果包括针对能源转型的政策建议书、企业碳中和战略咨询报告。数据管理部专注于技术支持与数据服务，涵盖数据挖掘、模型开发以及数据可视化，为研究和政策分析提供技术工具和平台保障。典型成果包括能源经济模型开发、基于大数据的城市规划建议。这种划分模式使各部门能专注于自身领域的深耕，同时通过跨部门协作实现整体目标的达成。

MRI通过职能划分明确了各部门的核心任务，每个部门专注于自身职责范围，独立完成相关工作。这种模式确保了机构内工作的条理性和高效性。例如，研究部主导理论研究，政策分析部专注政策落地，数据管理部则提供必要的技术支持。各部门长期专注于其特定领域，形成了深厚的专业积累。例如，数据管理部通过多年的经验积累，开发了多个在国际上具有影响力的能源经济模型，成为能源政策研究的技术支柱。

---

① Wagner III J A. Inter-team coordination in multiteam systems: Mechanisms, transitions, and precipitants [J]. Organizational Psychology Review, 2024, 14 (3): 425-448.

② Griffin R W, Phillips J M, Gully S M. Organizational behavior: Managing people and organizations [M]. CENGAGE learning, 2020.

③ Organization Structure [EB/OL]. (2024-10-01) [2024-11-27]. https://www.mri.co.jp/en/about-us/info/structure/index.html.

职能型结构帮助 MRI 明确任务划分和资源分配，各部门能够在各自领域内专注发挥最大效能。长期深耕特定领域使 MRI 积累了深厚的研究实力，其研究成果多次被政府和企业采纳为核心决策依据，彰显了其智库的权威性。这一案例为其他大型智库提供了具有借鉴价值的组织管理经验。

（三）项目型组织结构

项目型组织结构是一种以项目为核心的组织模式，根据具体的研究课题或任务需求组建临时的跨职能团队，完成任务后再解散或重新分配人员[1]。这种结构的灵活性极高，能够迅速调整资源以满足短期目标或应对突发需求，特别适合于研究任务不确定性高、周期短、变化快的环境。

1. 项目型组织结构的特征

一是以项目为中心，项目型组织结构围绕特定研究任务运行，团队根据项目目标设计，确保研究具有明确的方向性和针对性[2]。二是项目团队成员通常来自不同职能部门或学科领域，通过跨领域合作提供多元化视角和全面支持。三是高灵活性，这种结构能够根据任务需求快速组建和调整团队，适应动态环境，确保机构能够迅速响应研究需求或外部变化。

2. 项目型组织结构的优点

一是灵活性强，项目型组织能够快速调整结构和资源分配以适应外部需求的变化，特别是在紧急任务或新兴问题研究中表现出色[3]。二是跨部门合作，通过整合不同职能部门的资源和人员，项目型组织促进了跨领域的合作，增强了团队的多样性和研究能力。三是针对性强，围绕特定问题组建团队，使得研究活动更具集中性，有助于提升成果的针对性。

3. 项目型组织结构的不足

一是缺乏长期稳定性，项目团队在完成任务后通常解散，这可能导致知识和经验的流失，也难以形成长期的组织记忆和积累[4]。二是资源调配困难，由于项目团队是临时性组织，可能面临人力、资金等资源的不稳定调配，影响项目进度和连续性。三是

---

[1] Hayat K, Hafeez M, Bilal K, et al. Interactive effects of organizational structure and team work quality on project success in project based non profit organizations [J]. iRASD Journal of Management, 2022, 4 (1): 84–103.

[2] Wiewiora A, Chang A, Smidt M. Individual, project and organizational learning flows within a global project-based organization: exploring what, how and who [J]. International Journal of Project Management, 2020, 38 (4): 201–214.

[3] Sun X, Zhu F, Sun M, et al. Facilitating efficiency and flexibility ambidexterity in project-based organizations: An exploratory study of organizational antecedents [J]. Project Management Journal, 2020, 51 (5): 556–572.

[4] Elezaj E, Morina D, Kuqi D B. How organizational matrix structure can impact in project management success [J]. International Multidisciplinary Scientific GeoConference: SGEM, 2020, 20 (1.1): 131–138.

管理复杂性，多个项目同时运行时，资源分配和协调的复杂性可能增加，对项目经理和机构整体的管理能力提出更高要求。

4. 案例分析

日本政策研究所（Japan Policy Research Institute，JPRI）以项目为核心建立组织结构，能高效应对快速变化的政策需求。JPRI 依据研究任务的内容和需求，组建临时项目团队。团队成员由内部研究人员和外部专家共同组成，以保证研究的多样性和权威性。例如，在开展能源安全项目时，团队会邀请能源政策专家、环境学者和经济学家共同参与，确保研究视角的全面性[1]。

项目团队注重学科间的合作，整合社会学、经济学、技术工程等多领域资源。例如，在研究日本老龄化问题时，团队成员来自人口统计学、健康医疗管理及社会政策领域，综合分析社会和经济影响，并提出系统性解决方案。

JPRI 根据项目的复杂性和紧急程度，灵活调配资金、人力与技术支持。例如，对于涉及紧急政策调整的项目，JPRI 优先配置顶尖研究力量和先进的分析工具，以确保决策建议的及时性和精确性。

项目型组织结构赋予 JPRI 极高的灵活性，使其能够迅速组建团队应对紧急研究任务。例如，在某地区发生严重自然灾害后，其在 24 小时内启动专项研究，通过灾害影响评估、应急资源配置建议等研究成果，为政府提供了第一时间的政策支持。

每个项目在启动时明确了目标、研究范围和时间节点。JPRI 通过设定阶段性成果交付要求，确保项目按计划推进。例如，在针对绿色经济转型的政策研究中，团队分阶段完成了对企业减排成本、政府财政支持模式以及长期经济收益的分析报告。

为了避免因项目团队解散而导致的知识流失，JPRI 建立了系统的知识管理体系。每个项目结束后，团队需将研究数据、分析模型和政策建议文档化，并纳入机构的知识库，供未来研究和决策参考。例如，通过积累的能源政策研究数据，JPRI 在后续制定核能利用策略时能够快速调用相关资源并开展进一步研究。

项目型组织结构使 JPRI 能够迅速响应新出现的政策需求，并灵活调整团队配置，提供及时的研究支持。项目团队的多学科背景促进了不同视角的融合，为复杂问题提供了更为全面的解决方案。然而，其局限性也需引起关注，例如团队解散可能导致知识积累不足，高优先级项目间的资源协调难题也可能影响部分项目的执行质量。整体来看，JPRI 的成功经验为智库在采用项目型组织结构时提供了有益的参考，尤其是在提升灵活性与研究效率方面具有显著借鉴意义。

---

[1] History & Mission ［EB/OL］.［2024 – 11 – 26］. https：//jpri.org/about – us/.

（四）网络型组织结构

网络型组织结构是一种高度去中心化的管理模式，依托现代信息技术和全球化合作，通过与其他研究机构、政府、企业、国际组织等建立合作网络，共同推动研究和政策制定[1]。这种结构突破了传统层级型管理方式，强调合作关系的松散性和灵活性，适应复杂、多变的全球议题。

1. 网络型组织结构的特征

一是网络型组织依托全球合作网络，与多国研究机构、专家团队及国际组织协同，聚焦全球性课题，推动政策协同和技术交流。二是利用信息技术实现全球范围内的数据共享和知识流动，提升研究的效率与成果质量。三是一般不设单一权力中心，参与方拥有较高自主性，依靠合作机制完成项目目标[2]。

2. 网络型组织结构的优点

一是具有全球视野，通过广泛合作获取丰富资源和多样化视角，有助于提出具有全球影响力的政策建议。二是灵活与高效，没有严格的层级管理，可以快速响应国际环境变化和政策需求。三是促进跨国合作，增强了不同国家之间的交流与协调，为解决气候变化、能源危机等全球性挑战提供支持[3]。

3. 网络型组织结构的不足

一是协调复杂，由于成员分布广泛且自主性高，跨地域、跨文化的协调难度大，沟通成本较高。二是权责不清，去中心化可能造成责任划分模糊，决策效率和执行力可能受限[4]。

4. 案例分析

国际能源署（International Energy Agency，IEA）作为一个网络型组织，整合成员国、非成员国及多方合作伙伴的资源和力量，在能源领域发挥了重要的协调和引领作用。IEA 的网络型组织结构既满足了其全球化工作需求，也体现了其应对复杂跨国问题的灵活性和高效性。

IEA 由 30 个正式成员国（主要为经合组织国家）、11 个关联国家（包括中国、印

---

[1] Joseph J, Gaba V. Organizational structure, information processing, and decision-making: A retrospective and road map for research [J]. Academy of Management Annals, 2020, 14 (1): 267–302.

[2] Müller R, Alix–Séguin C, Alonderienė R, et al. A (meta) governance framework for multi-level governance of inter-organizational project networks [J]. Production Planning & Control, 2024, 35 (10): 1043–1062.

[3] Fares J, Chung K S K, Abbasi A. Stakeholder theory and management: Understanding longitudinal collaboration networks [J]. Plos One, 2021, 16 (10): e0255658.

[4] Griffin R W, Phillips J M, Gully S M. Organizational behavior: Managing people and organizations [M]. CENGAGE learning, 2020.

度、南非等新兴经济体）以及全球各大能源机构和企业组成合作网络，成员间不仅共享能源数据，还就能源政策和技术研发进行深入协作，形成覆盖广泛的全球能源治理体系①。

IEA通过多种形式的国际合作机制推动全球能源治理，如能源技术合作计划（Technology Collaboration Programme，TCP）覆盖核能、可再生能源、能效等技术领域，参与方包括60多个国家和机构，旨在推动能源技术的研发与应用。共享能源数据，向成员国和合作伙伴提供能源市场数据、政策建议以及技术趋势分析，以促进政策制定和技术创新。定期召开区域与主题会议，如能源部长级会议、专题论坛等，推动清洁能源技术的开发和使用，并促进国际共识的达成。

IEA采取去中心化管理模式。在IEA的项目运作中，各合作方以自身优势为基础，承担特定领域的研究任务。IEA总部负责整体协调与资源调配，确保项目成果统一服务于全球能源治理目标。这种去中心化模式充分调动了各成员的积极性，同时提高了组织的灵活性。

IEA借助现代化的信息技术手段构建全球能源信息共享平台。例如，其全球能源数据库整合了成员国及合作机构的能源生产、消费、市场价格等数据，为政策研究和危机应对提供实时支持。此外，IEA通过发布权威报告，如《世界能源展望》《能源技术展望》，为成员国提供战略指引，这些报告以详尽的数据分析为基础，帮助各国制定符合全球能源转型需求的政策，并推动成员间的政策协调与合作。

国际能源署的网络型组织结构通过整合全球资源和协调跨国合作，应对能源安全、清洁能源转型和气候变化等全球性挑战。尽管这种模式面临管理复杂性和协调成本高的问题，但其去中心化的灵活管理方式和高度依赖信息技术的资源整合机制，极大地提升了跨国合作效率。IEA的经验为网络型组织的构建提供了重要启示，尤其是在解决全球性问题和实现政策协同方面，具有显著的示范意义。

（五）扁平化是国外智库组织结构的发展方向

扁平化的组织结构强调减少管理层次，使得组织结构更加扁平，管理层级较少，决策流程更为简化。这种结构特别适用于创新型、小型或动态需求变化频繁的组织，通过直接的上下级沟通和快速的决策过程，提高组织适应性和执行效率②。

---

① The IEA is an autonomous inter-governmental organisation within the OECD framework, headed by its Executive Director [EB/OL]. (2024-09-23)[2024-11-24]. https://www.iea.org/about/structure.

② Verma P, Sharma R R K, Kumar V, et al. Identifying organizational variables to the implementation of horizontal strategy in conglomerates [J]. Benchmarking: an International Journal, 2022, 29 (5): 1703-1733.

1. 扁平化组织结构的特征

一是层级较少，管理简化。组织中层管理人员的角色被削弱甚至省略，形成高层直接对接员工的扁平管理体系[1]。二是沟通透明，信息传递迅速。上下级之间的沟通更直接，减少了信息传递中的层层过滤问题。三是注重员工自主性和责任感，员工在这种结构中通常拥有更大的决策权和责任感，有助于促进创造力。

2. 扁平化组织结构的优点

一是提高效率，由于减少了管理层次，决策和信息流动速度大幅提升，组织能够快速响应市场和业务变化。二是增强员工参与感，在扁平化结构中，员工能更直接地接触高层管理者，增加了意见表达和参与决策的机会，提高员工的归属感和积极性[2]。三是促进创新，扁平化管理减少了繁琐的审批程序和内部壁垒，使员工能够更快地将创新想法付诸实施。四是降低运营成本，管理层级的减少可以显著节约管理成本，例如中层管理岗位的削减和冗余职能的合并[3]。

3. 扁平化组织结构的不足

一是协调难度增加，随着管理层次的减少，高层管理者需要直接面对更多员工的需求和问题，可能造成资源分配和事务协调上的困难。二是专业管理能力不足，中层管理层的缺失可能导致专业管理功能的削弱，如团队管理、资源规划和员工绩效评估等。三是适用范围有限，扁平化结构较适用于规模较小或创新驱动型组织，而在大型或复杂组织中容易因管理跨度过大而影响整体运行。

4. 案例分析

美国外交政策分析研究所（Foreign Policy Research Institute，FPRI）的组织结构以扁平化为特征，高度重视研究人员的独立性和自主性，减少了传统管理层级，通过灵活高效的决策方式和直接沟通机制，实现了组织的高效运转和研究成果的快速输出[4]。

FPRI 采取了极简化的管理模式，仅设有少量的核心管理层负责战略决策和资源分配，研究人员和行政支持团队之间的层级显著减少，形成了直接汇报的工作机制。这种模式使组织更专注于研究本身，而非复杂的管理流程[5]。

FPRI 的研究人员通常以项目为单位进行协作，无须依赖繁复的审批程序即可自主开展跨部门研究。组织内鼓励多学科视角的融合，以便更快应对复杂的国际事务议题。

---

[1] Bratton J. Work and organizational behaviour [M]. Bloomsbury Publishing, 2020.
[2] Cosenz F, Bivona E. Fostering growth patterns of SMEs through business model innovation. A tailored dynamic business modelling approach [J]. Journal of Business Research, 2021, 130: 658-669.
[3] Venegas C. Flow in the office: implementing and sustaining lean improvements [M]. CRC Press, 2024.
[4][5] Research Programs [EB/OL]. (2024-10-29) [2024-11-27]. https://www.fpri.org/research/.

在FPRI，研究人员能够直接与机构领导者沟通，无须通过中间管理层。这种扁平化的沟通模式不仅提高了信息流动效率，也缩短了研究成果转化为政策建议的时间。

FPRI给予研究人员高度的自主性，鼓励他们根据自身兴趣和专长选择研究方向。例如，FPRI的地缘政治项目便由资深研究人员独立领导，并与外部专家合作完成相关研究工作。

FPRI采用扁平化组织结构，具有高效性、创新性、灵活性等特点。扁平化管理使FPRI能够迅速应对国际事务中的新兴议题，其研究报告和政策建议能够在短时间内送达决策者手中。研究人员的自主性和直接沟通机制大大提升了创新能力，使机构能够在国际事务研究中保持领先地位。通过减少层级和简化流程，FPRI能够快速适应外部环境的变化，满足动态变化的研究需求。FPRI展示了扁平化管理在智库组织中的实践价值，为其他研究型机构提供了参考。

综上所述，国际能源智库的组织结构对于提升其研究能力、创新性及应对复杂挑战的能力具有重要作用。不同的组织模式，各自具备独特的优势与局限，具体的应用效果往往取决于智库的目标定位、资源配置及外部环境的变化。通过对这些组织结构的深入分析，可以看出，灵活多变、跨学科的协作方式是应对能源领域多样化需求的关键。未来，国际能源智库应根据自身的发展需求，不断优化其组织结构，以提高决策支持的质量和速度，推动能源政策研究与创新的持续进步。

三、文化建设

在全球能源治理日益复杂的背景下，文化建设已成为国际能源智库塑造品牌、提升影响力、优化管理体制的重要支撑。管理体制决定智库的组织架构与运作模式，而文化建设则通过价值观引领、行为规范塑造和组织认同感培养，深刻影响智库的治理稳定性、内部协同性与创新能力。国际能源智库的文化建设，尤其是智库共性文化与国际能源智库的特色文化的有机结合，为其在复杂多变的能源领域实践中提供价值引领。智库共性文化涵盖合作、创新、理性、实证和前瞻等核心文化，奠定其全球能源治理研究能力和政策服务功能的基石。而特色文化则源于国际能源智库在全球视野、危机应对、生态发展、技术创新和利益平衡等方面的独特需求，使其在全球能源挑战中展现出专业优势和独特价值。

（一）文化建设支撑智库管理体制

文化建设不仅是国际能源智库塑造自身品牌和提升全球影响力的关键要素，也是其管理体制有效运作的重要支撑。管理体制决定了智库的组织架构、决策机制和运行模式，而文化建设则通过价值观的确立、行为准则的塑造以及组织认同感的培养，深刻影响智库的治理稳定性、协同性和创新能力。

文化建设为智库内部平稳运行提供价值引导。在复杂多变的全球能源治理环境下，智库需要确保内部治理的统一性和规范性。共同的价值观，如实践文化、前瞻性文化等，有助于建立一套稳定的决策原则，使组织成员在面对政策变化和行业挑战时保持方向一致。此外，良好的文化认同还能增强人员的归属感和忠诚度，减少因治理模式调整带来的内部冲突，提升组织运行的连续性。

文化建设有助于促进智库内部的协同发展。国际能源智库通常具备跨学科、跨机构、跨地域的研究特征，而文化建设能够在不同团队、职能部门甚至外部合作伙伴之间建立共享的认知体系，从而增强内部协作与跨机构联动。尤其在矩阵型组织中，团队成员可能来自不同的职能部门或研究领域，共享的组织文化可以降低沟通成本，提高跨部门协作效率。对于网络型智库而言，团队文化与开放合作精神更是其有效运作的前提，能够促进知识流动，强化能源智库之间的信任。

文化建设对于提升智库的创新能力至关重要。在能源政策快速演变的背景下，智库需要持续进行前瞻性研究，以影响政策制定并提供高质量的咨询服务。创新文化的建立能够鼓励研究人员探索新兴议题、采用多元研究方法，并推动跨学科合作。例如，项目型组织往往依赖强烈的创新驱动文化，以确保其研究成果能够快速响应政策需求；职能型组织则需要在专业文化的支撑下，深化各研究领域的核心竞争力。

文化建设与管理体制相互交融、相互促进。管理体制通过制度和结构保障智库的高效运作，而文化建设则通过塑造组织认同、强化协作精神和激发创新动力，为智库的长期发展奠定基础。因此，在优化智库治理时，既要关注组织架构和运行机制的设计，也需注重文化建设的引导作用，确保管理体制能够真正发挥其最大效能。

（二）全球智库的共性文化

智库作为专业研究与决策支持机构，其文化体系承载着推动知识创新与政策优化的核心功能。这些文化为智库在复杂问题研究与政策咨询中提供行为准则和思想导向。

1. 合作文化

合作文化是智库普遍具备的重要文化。合作文化强调通过跨部门、跨机构的协作，整合多元化资源，构建综合性、跨学科的研究能力。智库不仅需要在内部促进团队协作，还需积极搭建外部知识共享与沟通平台，连接政府部门、科研机构、行业组织及国际组织等多方力量①。合作文化能够强化信息流通，消除知识壁垒，从而为政策研究和实践提供更加全面、多维的支持②。合作文化注重信任和共赢，确保智库研究与合作成果的可持续性和广泛适用性。

2. 创新文化

创新文化是智库核心竞争力的重要体现，鼓励研究团队不断突破传统思维模式，提出具有前瞻性和原创性的研究成果③。在快速变化的能源、科技和社会政策领域，智库的创新文化不仅体现在对新技术、新趋势的敏锐捕捉，还体现在对研究方法和分析工具的持续优化。创新文化注重激发研究人员的创造力，培育问题意识和解决能力，从而使智库在复杂和动态的政策环境中始终保持领先地位。

3. 理性文化

理性文化是智库独立性和公信力的保障，其核心在于以事实和数据为依据，通过严谨的研究设计与科学方法论进行分析。智库需坚持实事求是的研究态度，避免受到意识形态、利益诉求或外部干扰的影响，以确保研究结论的客观性和政策建议的科学性④。理性文化还要求研究人员保持批判性思维，通过理论联系实际和逻辑推演，为决策者提供可靠且具有操作性的分析框架和政策方案。

4. 实证文化

实证文化是智库研究的重要基础，强调以数据驱动政策建议，确保研究成果的科学性和可信性⑤。智库通过收集翔实的数据、运用定量分析方法和验证案例，提升研究结论的可靠性和实用性。实证文化还特别注重数据的透明性和可重复性，通过精确的事实描述和严谨的推理逻辑，为政策制定和社会实践提供坚实支撑。这种文化的确立，使智库能够在复杂决策环境中脱颖而出，增强其政策建议的实效性与权威性。

5. 前瞻文化

前瞻文化是智库保持其长期具有价值的重要因素，其关键在于超越当前问题的局限，洞察未来趋势，提出具有战略眼光的政策建议⑥。智库需要在研究中关注技术创

---

① 王栋. 我国社会智库治策路径：深化改革与转轨突破 [J]. 湖南社会科学，2018 (6)：76 – 82.
② 卢柯全，李刚，葛子豪. 政治不确定性背景下智库共同体的实践探索——基于OTT智库会议主题的分析 [J]. 智库理论与实践，2023，8 (6)：66 – 74 + 91.
③ 李刚，陈霏，苏丹淳，等. 智库建设范式的转型：从专家驱动到数据驱动 [J]. 图书与情报，2023 (5)：1 – 12.
④ 拜争刚，黄泳淇，李刚. 循证决策理念对我国新型智库建设的借鉴作用 [J]. 智库理论与实践，2020，5 (2)：1 – 10.
⑤ 王传奇，李刚. "后智库时代"的智库影响力——评《智库、外交政策和地缘政治：实现影响力的路径》 [J]. 智库理论与实践，2019，4 (4)：80 – 83，96.
⑥ 李刚. 论新型智库及其核心能力建设 [J]. 决策与信息，2023 (5)：38 – 43.

新、经济变化和社会发展趋势，尤其是在不确定性和风险较高的领域，通过系统性预测为政府、企业和社会提供决策参考。前瞻文化还强调以灵活性应对未来挑战，推动政策制定者提前布局，从而在全球竞争和政策环境中保持主动权。

通过以上五大文化特质的塑造，智库不仅能够构建坚实的研究与服务能力，还能通过长期积累，形成独特的机构竞争力，为社会发展和政策优化提供长期智力支持。

（三）国际能源智库的特色文化

国际能源智库作为服务全球能源治理的重要机构，其文化特质需深刻契合能源领域的独特需求和全球化背景。这种特色文化不仅凸显其专业性和差异化定位，更彰显其在全球能源转型中的战略意义和引领作用。

1. 全球视野文化

能源问题具有全球性与系统性特征，跨越国家和地区，涉及经济发展、国际政治、环境保护等多方面议题。因此，国际能源智库必须具备强烈的全球文化，以全球视野审视能源问题，超越地域限制，关注全球能源市场动态、政策实践和多方利益诉求[①]。全球文化要求智库在研究过程中协调不同国家和地区的能源政策差异，促成利益平衡，推动建立多边合作机制和全球能源治理新秩序。通过构建全球化的研究网络和合作平台，国际能源智库能够促进国际社会在能源安全、资源分配和气候治理方面的协同发展。

2. 快速应变文化

能源领域充满高度的不确定性，经常面临突发性危机，如能源价格剧烈波动、供应链中断、区域冲突引发的能源安全问题以及极端气候事件等。在这一背景下，国际能源智库需形成以快速响应和问题解决为导向的危机文化。敏捷文化不仅要求智库具备灵敏的危机感知能力，还要求其能够迅速整合资源，开展动态研判，并在紧急情况下向决策者提供精准的政策建议和应对方案[②]。此外，这种文化还需贯穿于智库的日常运作之中，通过建立危机预警体系和情景模拟机制，为各类潜在危机提供提前防范与应对策略。

3. 绿色生态文化

应对气候变化、推动绿色低碳发展已成为全球能源治理的重要目标。国际能源智库承担着引领全球能源生态转型的历史使命，必须以生态文化为核心价值观。生态文

[①] 丁怡, 魏弋, 陈洁, 等. 美国智库报告的多维特征、多重价值与合理利用 [J]. 图书与情报, 2022 (4): 66 - 74.

[②] 刘乐明. 主流媒体向智媒体转型的升维路径探究 [J]. 青年记者, 2023 (9): 67 - 69.

化要求智库在研究中融入可持续发展理念，关注能源利用与环境保护的深度融合，倡导低碳化、清洁化和高效化的能源政策。生态文化的构建不仅体现在对新能源技术和低碳经济的研究中，还需要关注能源生产与消费模式的转变，推动形成绿色经济新格局。国际能源智库通过生态文化的践行，为实现全球生态文明建设贡献智力支持。

4. 技术创新文化

能源领域的技术进步是推动产业转型与可持续发展的重要动力。国际能源智库需以技术创新文化为驱动，密切关注能源科技前沿动态，如新能源开发、储能技术、数字化转型及智能电网等领域的突破性进展。这种文化不仅要求智库对技术发展保持敏锐洞察，还需结合经济社会影响进行综合评估，为技术政策的制定和实施提供科学依据[①]。在政策与技术深度融合的过程中，智库能够助力能源转型，实现技术驱动型发展。

5. 协调共赢文化

能源领域存在多重目标与利益的复杂交织，包括能源供需平衡、安全保障、经济效益与环境可持续性之间的协调。国际能源智库需形成以利益调和和综合考量为特点的平衡文化。这种文化强调以客观、公正的视角对不同利益主体的诉求进行权衡，通过政策建议推动发展与环保、短期利益与长期战略之间的动态平衡。尤其在能源转型过程中，智库通过推动多方共赢的平衡方案，助力实现长远的能源发展战略。

共性文化是国际能源智库的基础，为其提供普遍适用的行为准则和研究范式[②]；而国际能源智库的特色文化则凸显了其在能源领域中的专业化特色与独特定位，二者相辅相成，共同塑造了国际能源智库在全球能源治理中的核心竞争力。共性文化为智库的规范化运作和学术创新提供了坚实支撑，而特色文化则使其能够精准聚焦能源领域的独特议题，为应对全球能源挑战和推动能源转型提供深远而系统的文化支持与战略指引。这种多元融合的文化体系，奠定了国际能源智库在全球治理格局中领导地位。

国际能源智库作为全球能源治理的重要参与者，其组织形态的多样化反映了智库功能、使命与依托环境的差异性。本章从三个层面展开分析：在组织形态方面，独立型智库强调自主性与灵活性，附属型智库依托母体资源实现高效协同，政策联盟型智库则通过多方网络构建多元合作模式；在组织结构上，国际能源智库根据自身特点和需求，采用矩阵型、职能型、

---

① 黄珂敏，曲建升. 国外知名能源智库运行机制研究［J］. 智库理论与实践，2022，7（6）：117-128.
② 王晨. 科技创新智库的文化建设路径探索［J］. 文化产业，2021（36）：130-132.

项目型、网络型等多种结构模式,不同结构模式各有优劣,适用于不同类型的智库和研究任务,总体来看,扁平化是国际能源智库的发展方向;文化建设方面,共性文化为智库的规范化运作提供了基础,而特色文化则彰显了其在能源领域的专业化与独特定位。通过优化组织结构和文化建设,国际能源智库能够更好地应对复杂挑战,推动能源政策研究与创新,为全球能源转型和治理提供智力支持。

第七章

国际能源智库的人力资源管理机制

国际能源智库是能源电力政策研究和战略研判的重要力量，其人力资源管理水平对于整体效能具有重要意义。智库需要灵活高效系统的人力资源管理机制，以实现组织内外相关人力资源的有效利用，满足智库研究需求，促进机构目标的实现与成员发展的最大化。本章将探讨国际能源智库的人才选拔招募、团队建设管理、人才培养发展、绩效考核管理，涵盖人才"选育用留"环节，展现国际能源智库所具备的人力资源管理特点。

一、人才选拔招募

人才选拔招募机制影响智库的长期竞争力，与一般智库相比，国际能源智库因其研究领域的高度专业化与战略定位，对研究人员的专业素养、国际视野及跨学科协同能力提出了更为严苛的要求。为此，国际能源智库普遍采用兼具多样性与竞争性的人才选拔机制，具体包括严格的人才选拔标准、多元的人才招募渠道、完善的人才招募流程等。

（一）人才选拔标准

高标准的人才选拔帮助国际能源智库筛选出符合发展要求的高素质人才，聘用的研究人员具备扎实的专业知识、科学的研究方法和深度分析能力，能够进行高水平的政策研究和数据分析，确保智库输出的研究结果具有较高的学术和实际应用价值，从而提升智库在行业中的地位和可信度。总体来看，国际能源智库的人才选拔标准包括学历与专业背景、工作经历与实践经验、研究能力与技术能力等。

1. 学历与专业背景

国际能源智库选拔招募人才，学历和专业背景是重要的参考标准。由于知识快速更新迭代，国际能源智库需要研究人员掌握高效的研究学习方法，不断了解最新能源领域前沿知识，大多要求研究人员具备高学历以及扎实的相关专业理论知识，同时，优先考虑能源经济学、产业经济学等跨学科、融合学科专业。例如，美国兰德公司拥有1925名员工，包括 1140 名研究人员，其中约 53% 的人拥有一个或多个博士学位，另有 39% 的人拥有一个或多个硕士学位（见图 7-1）。美国未来资源研究所共有 152 名研究人员，其中约一半拥有博士学位，且招聘研究人员要求具有博士学位，在低碳技术、碳排放核算、工业环境等方面具有专业知识。中国石油集团经济技术研究院（以下简称"中石油经研院"）为有意向回国开展博士后研究的海外博士提供进站条件。国网能源院近 300 名在编员工中，博士硕士占比达 97%，在应届毕业生招聘中对跨学科视野要求较高。

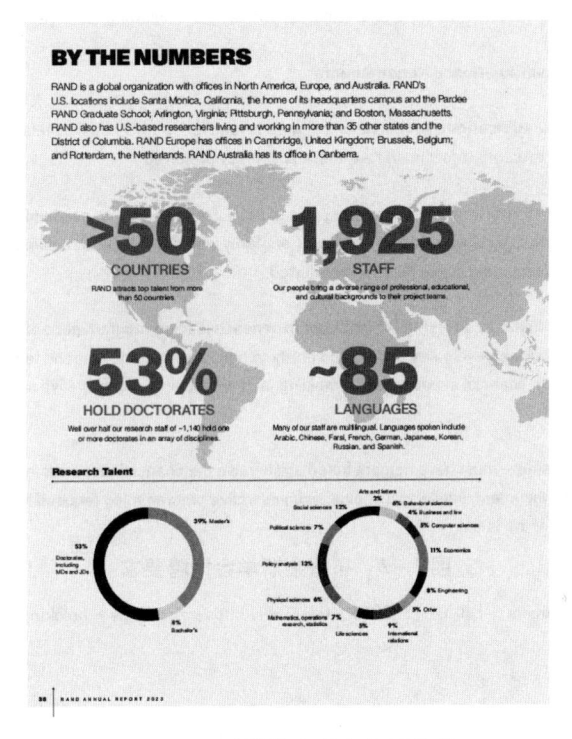

图 7-1　兰德公司研究人员组成

资料来源：RAND. 2023 RAND Annual Report［EB/OL］.（2024-04-10）［2025-04-09］. https：//www. rand. org/pubs/corporate_pubs/CPA1065-4. html.

2. 工作经历与实践经验

工作经历与实践经验为人才选拔招聘的重要标准。能源领域涉及生产、运输、消费等环节，也涉及政界、产业界等多领域，环节多、范围广，国际能源智库人才需要研究能力与实践经验的结合，研究人员若拥有在政府、产业等领域的实践经验，可提高其提出的能源政策建议的可行性，也有利于与政界、产业界展开良好的合作，将智库研究的成果向社会推广，并促进智库的发展。例如，美国布鲁金斯学会要求研究员具有 5～10 年的工作经验和政府工作经历（见图 7-2）。韩国能源经济研究所广泛聘用大学知名专家、企业界精英和政府卸任官员。布鲁金斯学会的300多名专家中一半以上具有政府工作背景，其中多位专家担任过驻外大使。中石油经研院要求科研领军人才是世界著名国家实验室、国家科研机构、高水平研究型大学、科技领军企业中的高层次复合型人才。国网能源院优先录用具有与报名应聘专业相关工作实习经历的人才。

Qualifications

Ready to make an impact? In this role, you will support Brookings values of collegiality, respect, inclusion, diversity and community, and bring the following qualifications

Education/Experience Requirements

Degree Qualifications – A bachelor's degree is required; a PhD in a field related to scholars' area of subject matter expertise is strongly preferred.

Research Experience – At least ten years of professional, policy, or academic work experience in a relevant field is required. Familiarity with AI systems is required, and history of informing policy decisions preferred.

Programmatic Leadership – Significant experience leading programmatic efforts that successfully achieve policy impact and ability to build and manage a strong team, developing financial support and fundraising, and overseeing administrative staff is preferred.

Fundraising – must have demonstrated ability raise the financial resources needed to invest in the talent, intellectual capital, and innovative programming required for success of the Initiative.

图7-2　布鲁金斯学会招聘要求

资料来源：Brookings. Careers［EB/OL］.［2025-04-09］. https://careers-brookings.icims.com/jobs/search?ss=1&hashed=-435682078.

3. 研究能力与技术能力

国际能源智库选拔招募人才着重考察研究能力和技术能力。产出能够影响政策制定和公共讨论的研究报告是国际能源智库的重要工作之一，需要通过开展宏观经济、能源行业研究，分析研判能源发展形势，而现阶段智库研究工作已无法脱离大数据，数据不仅是生产要素，其本身也是研究对象。为此，国际能源智库需要研究人员具备较强的研究能力，能够处理复杂大数据和开展政策量化分析，并拥有一定的政策分析工具开发能力。例如，美国未来资源研究所部分岗位要求应聘者牵头发表过相关领域高水平论文或撰写过高质量决策咨询报告。布鲁金斯学会要求研究人员具有较强的计算机技能，有处理大型数据集、模型和使用计量经济学分析软件的能力。中石油经研院能源战略研究岗位要求对国内外宏观经济或能源产业、市场、政策具有独到见解，并形成研究方法体系，牵头发表过相关领域高水平论文或撰写过高质量决策咨询报告，能够牵头组织重大课题研究工作。

(二) 人才招募渠道

多元的人才招募渠道有助于智库吸引不同背景的研究人才,确保招募到的人才更符合智库实际需求。国际能源智库看重人才的多样性,在人才招募中除常见的校园招聘等方式之外,对退休官员、青年人才分别通过"旋转门"机制与实习生制度予以吸收,通过人才引进计划招募高层次人才。

1. "旋转门"机制

"旋转门"机制指一些智库研究人员可以在政府与智库之间双向流动,有利于政策咨询和政策制定的有效衔接,促进知识和政策之间相互转化,是美国智库的显著特色[①]。不少官员通过"旋转门"机制加入国际能源智库,为智库发展注入强劲动力,推动智库多元化人才队伍建设,一些智库人员也通过"旋转门"机制加入政府甚至跻身决策层。例如,美国战略与国际问题研究中心主动邀请已退休的官员到智库参与能源政策的研究。贝克公共政策研究所前任所长爱德华·杰瑞简(Edward P. Djerejian)曾担任美国助理国务卿和驻叙利亚、以色列大使,拥有 30 多年的政府工作经验,现任所长大卫·萨特菲尔德(David M. Satterfield)也具备 40 多年的外交和领导经验,曾任美国助理国务卿、美国国家安全委员会主任和美国驻外大使等要职[②]。奥巴马当选总统后,布鲁金斯学会 30 多名研究人员及其他智库人员加入政府,成为政策顾问或担任要职,由幕后走向台前。

2. 实习生制度

实习生制度为智库提供长期稳定的人才渠道,保持研究团队活力。许多国际能源智库通过实习生制度招聘优秀高校青年,建立实习生培养机制,通过举办各类政策讲座、专业技能培训等,为实习生综合素质的提高奠定基础,在经过实习考核评估后,给予实习生进入该智库从事正式研究工作的机会。例如,兰德公司设立了专门的管理部门从事实习生招募和管理工作,每年都会选择一些优秀的博士到该公司实习,实习表现优异的人将成为兰德公司未来的研究人员。

3. 人才引进

人才引进计划通常指在薪酬福利、团队支持、平台支持方面专门设计,旨在吸引、培养高素质研究人员的项目。许多国际能源智库通过设立人才引进计划、给予多方面

---

① 阚四进. 美国智库独特的"旋转门"机制 [J]. 秘书工作, 2022 (6): 74-75.
② 倪好,余好,刘存钰. 世界一流高校智库的建设经验及其启示——以美国莱斯大学贝克公共政策研究所为例 [J]. 北京教育(高教), 2024 (4): 15-22.

的保障，吸引具备丰富知识、创新思维、全球视野的专家，提升研究能力和国际竞争力。例如，中石油经研院面向全球引进高层次人才，按"科研领军人才""青年拔尖人才"层次开展，要求应聘人员在知名企业、科研机构或高等院校任高层级职务3年及以上，取得国内外同行公认的学术成就，具有较高的行业知名度、影响力和优秀创新成果。南网能源院设立战略级高层次人才、领军级高层次人才和青年高潜人才三个项目引进高层次人才，要求应聘人员专业水平得到国家机关、权威学术组织、业界同行高度认可，能对所在专业领域做出创造性贡献。

（三）人才招募流程

完善的人才招募流程有助于智库招募具有国际视野的多样化人才，提升智库研究水平和在全球能源领域知名度，通常包括需求分析、信息发布、资格审查、面试评估、背景调查等环节。其中国际能源智库在需求分析、信息发布和面试评估环节中，相较于其他智库具有国际化和能源领域的特点。在资格审查和背景调查环节与其他智库类似，均通过调查应聘人员学历、工作经历与社会关系评估其是否真正具有足够专业水准和道德标准。

1. 信息发布

国际能源智库在人才招募信息发布上更加注重全球化多渠道传播，通过国际招聘网站、智库官网、社交媒体等不同平台面向全球发布招募信息，精准定位和吸引目标人才群体。例如，兰德公司、世界资源研究所等国际能源智库均通过 LinkedIn、Indeed 和 Glassdoor 等国际知名招聘网站和平台发布职位需求，求职者可以通过这些网站和平台搜索相关职位，并提交求职申请。战略与国际研究中心、韩国能源经济研究所等国际能源智库在智库官网的人力资源相关板块长期发布职位空缺信息及相应人才条件要求。

2. 面试评估

国际能源智库在面试评估中特别重视考察人才的能源领域研究能力和实践经验，通过专业测试和情景模拟等方式进行考察，确保智库人才具备较高的岗位契合度和工作适应能力。例如，兰德公司面试会考察面试者的研究经验，流程中有时包括项目情境分析，要求围绕一个公共政策问题进行研究。布鲁盖尔研究所在面试中会进行政策研究情景模拟，要求面试者针对某个能源经济方面问题阐述研究思路，考察面试者对能源市场、经济关系等的理解。

二、团队建设管理

由于国际能源智库研究通常涉及能源、经济、社会、环境等多个学科，需要团队成员拥有不同的学术背景，同一个研究工作由多名研究人员共同完成，从而确保能够从多角度分析提升研究质量，同时提高运行效率，保持队伍稳定发展。国际能源智库的团队建设和管理注重跨学科、跨领域合作，强调整体目标和个人发展相结合，具有多样性和灵活性的特点。总体来看，国际能源智库通过适当的团队组织结构设计、高效的团队沟通协作机制、丰富的激励机制和人才流动机制进行有效团队建设管理。

（一）团队的人员配置

在智库团队建设管理中，人员配置对团队高效运作、项目顺利完成和人才合理发展至关重要。

国际能源智库人员根据驻会情况可分为驻会人员和非驻会人员。合适的非驻会人员数量，以及合理配置的领导人员、研究人员、研究支持人员等不同类型驻会人员，有助于每个成员发挥特长，提升团队整体效率，有效培养后备人才。

1. 非驻会人员

非驻会人员通常是世界各地、各领域的杰出专家，其聘任与任期一般由研究项目的体量及时长来灵活决定。合适数量的非驻会人员使国际能源智库能够灵活地从外部聘请高水平专家，保证新观点新方法不断产生，提高智库的思想创造活力和品牌影响力，同时也能够优化配置有限的科研资源，防止智库人力不足。许多国际能源智库均招聘足够的非驻会人员。例如，贝克公共政策研究所驻会人员与非驻会人员比例约为 1.8∶1，布鲁盖尔研究所非驻会人员在研究团队中占比达 33%，布鲁金斯学会非驻会人员有 222 人，战略与国际研究中心非驻会人员有 196 人、在研究团队中占比超过一半[1]。

2. 驻会人员

驻会人员主要包括领导人员、研究人员、研究支持人员等。

智库团队中领导人员主要指研究部门负责人，负责智库研究部门日常运行，一定程度上缩短智库高层与基层员工之间的距离，保证信息的及时传递，通常会减少行政干预，使智库研究人员将主要精力用于研究，无须应对繁杂的行政工作。

研究人员负责研究工作的具体实施，作为项目核心力量进行政策分析和报告撰写，接收领导人员下达的计划、任务等信息，协调研究支持人员的工作，确保研究任务顺利推进，具体可分为研究员和高级研究员。其中高级研究员一般具有深厚的学术背景和丰富的实践经验，在相关领域已取得显著成绩，拥有前瞻性思维和视野，能够参与

---

[1] 张琳. 美国一流智库人才建设机制观察及其启示——以 13 家智库为例[J]. 智库理论与实践，2023，8（3）：136-144.

公共政策对话，影响未来政策的走向。

研究支持人员主要负责为研究人员提供科研支持，在研究人员指导下开展文献搜集、数据整理、初步分析等任务，一般是刚毕业入职不久的智库研究人员。

国际能源智库大多采用领导人才招募和后备力量培养相结合的做法，始终保持一定数量的研究支持人员作为后备力量协助研究人员工作。例如，布鲁盖尔研究所尽管常驻研究人员只有十几位，但仍配备多位全职研究助理协助研究人员工作，从而打造出一支"小而精"的研究团队。兰德公司曾提出"两个研究员不如一个研究员加一个秘书工作效率高"的理念，认为研究人员是思想产品的核心竞争力，为其配备合理的研究支持人员是提高其工作效率和成果质量的关键，其研究员与研究支持人员的比例约为1.2∶1。

（二）团队的沟通协作机制

在智库团队建设管理中，良好的沟通协作机制可以促进信息共享、提高团队凝聚力和执行力。国际能源智库通过内部团队的紧密合作和跨团队的广泛交流，整合多方资源和专长，提升研究质量和政策建议影响力。

1. 团队内合作

国际能源智库团队一般通过线上、线下两种方式适应不同研究任务需求，通过线上沟通进行文档编辑、文件数据共享等协作；通过线下沟通进行深入讨论和集体交流，同时便于增强团队成员信任和团队稳定。例如，美国能源与环境政策研究中心定期召开关于当前政策热点的小组讨论、网络研讨会等公共活动，旨在提高基础研究质量和原创性，并与观众进行积极、批判性的讨论。世界资源研究所通过内部数字平台和开发的资源监测、气候观察等平台进行数据共享。

2. 跨团队交流

国际能源智库在研究中广泛采用跨团队交流方式，包括跨学科合作、产学研合作和国际合作等，通过跨学科合作加强方法融合和视角交叉，通过产学研合作促进学术研究与实际应用紧密结合，通过国际合作提升研究高度和智库国际声誉。

跨学科合作方面，兰德公司实行二元矩阵式组织管理，研究人员根据教育和学科背景分属不同的学部，项目负责人根据课题的性质和需要，去不同的学部招聘调配研究人员，组成课题研究小组集中工作[①]。通过这种矩阵式管理，各学部研究人员与各研究部门以研究项目为纽带柔性结合，既在内部形成了流动竞争的人力资源市场，又能

---

① 夏婷. 兰德公司运行机制研究及对我国科技智库建设的启示 [J]. 今日科苑, 2021 (2): 16-23.

充分发挥研究人员的跨学科合作优势。英国国际战略研究所注重跨学科交叉研究与专业化分工,从自身优势出发,选择经济与能源安全、地缘经济与战略等细分领域开展交叉学科研究。

产学研合作方面,国网能源院与施耐德电气合作研究,共同编写了《挑战与信心,一往无前——能源趋势研判》,提出对未来能源发展趋势的十大研判。美国未来能源研究所与加州大学伯克利分校等多所学校合作开发了温室气体影响度评估模型。中石油经研院与南方电网、两所中国石油大学等多家科研和企业单位签约达成战略合作。

国际合作方面,未来资源研究所与欧洲经济与环境研究所在多个项目开展合作,建立多个气候模型(见图7-3),在欧洲气候行动计划的研究中共同分析了欧盟减排策略并对欧盟各国政策协调提出建议。国网能源院与美国国家可再生能源实验室开展定期学术交流,参加国际能源署的 Wind Task25 工作组并定期参加学术研讨会,参与 APEC 能源合作组织低碳示范城镇等相关业务组研究工作。中核战略规划研究总院在已与国际原子能机构、国际热核聚变实验堆组织等国际组织的合作基础上,与联合国教科文组织、联合国能源与可再生能源组织、经济合作与发展组织等重要国际组织建立沟通机制。

图 7-3　未来能源研究所温室气体影响度评估模型

资料来源:Resources for the Future. RFF – Berkeley Greenhouse Gas Impact Value Estimator(GIVE)model[EB/OL].[2025-04-09]. https：//www.rff.org/topics/data-and-decision-tools/give/.

(三) 团队的激励机制

有效的激励是激发人才活力、吸引和留住优秀人才的重要手段。国际能源智库都采取了物质激励、晋升激励、荣誉激励等多种方式来激发智库人员积极性、创造性。

1. 物质激励

国际能源智库对人才的物质激励主要是提供可观的基本工资、绩效奖金等薪资待遇和住房、休假、补贴等福利，旨在直接满足人才的经济需求和提升他们的生活品质。例如，兰德公司为研究人员提供了比同等资历的大学教授高出1/3的薪酬，同时提供了包括福利假期、健康保险、退休基金等极具吸引力的一揽子福利[①]。布鲁金斯学会基于研究成果为研究人员提供10万美元至14万美元不等的年薪，以及5周的带薪休假福利和专门的家属护理账户。南网能源院在国家及地方政府人才资助的基础上，给予高层次人才50万~150万元生活补助，并优先推荐申报广东省、广州市、南沙区高端领军人才安家费等奖励，最高达500万元。

2. 晋升激励

国际能源智库对人才的晋升激励主要是设定职位级别，为人才提供清晰的职业发展路径、公平的竞争平台以及相应的职位提升机会。例如，兰德公司研究员的晋升伴随着薪酬的增加，且可获得更多的学术资源和职业发展机会，包括参与国际会议、与高层决策者直接对话等机会。南网能源院健全组织岗位体系，坚持业绩导向，将技术专家体系与研究咨询序列岗位体系相融合，明确各级各类岗位评价标准，建立差异化分配机制，员工通过竞争性选拔赢得职业发展新平台。

3. 荣誉激励

国际能源智库对人才的荣誉激励主要是帮助研究人员推介研究成果和给予荣誉表彰，提高社会知名度与社会地位，增强其成就感、归属感。例如，兰德公司通过为研究人员提供著作出版、出席国会听证会等多种渠道帮助研究人员传播研究成果，提升知名度。日本能源经济研究所为表现优异的研究人员提供机会，参与并在国际能源论坛、研讨会和政策会议上发表研究成果。国际可再生能源署通过"创新周"和其他相关活动表彰和促进可再生能源领域的创新，为研究人员提供国际会议和政府论坛等场合，展示其在风能、太阳能等领域的前沿研究。

(四) 团队的人才流动机制

智库的人才流动机制促进了不同学科、背景及经验的研究人员之间的交流，进而

---

① 王辉，彭倩. 美国智库人才创新机制及其启示 [J]. 决策探索（上），2018 (1)：69–70.

推动知识的融合与创新。人才流动不仅有助于抵消智库认知偏差对研究客观性的影响，还通过拓展人际关系网络，成为扩大智库影响力的重要途径。国际能源智库通过"旋转门"机制、"派出研究员"机制和"人员随项目流动"机制等人才流动机制保持创新活力。

1."旋转门"机制

"旋转门"机制一方面引进退休官员到能源智库任职，另一方面将优秀人才推荐到政府相关部门任职，是美国智库舆论影响力渗透政策制定环节的重要原因。政府与智库之间所构建的人际关系网络，使得智库虽然身处政府体系之外，却能与政府内部保持紧密的联系，从而实现了智库与智库服务对象双方人才的成长与互动。例如，未来资源研究所的专家被要求在联邦政府任职，包括作为白宫经济顾问委员会的高级职员、总统的特别助理以及联邦机构的首席经济学家等。贝克公共政策研究所注重建立科学的人才管理机制，让人才流动"活"起来，研究人员可以在政府部门、非营利组织、行业协会等机构任职，获得实践经验，通过智库学者和政府官员身份的转换，促进智库和政府的双向人才流动。

2."派出研究员"机制

一些国际能源智库在组织上采取"派出研究员"制度[①]，即政府、大学、企业、研究所向智库派出研究人员，工作 2~3 年，工资由原单位发，工作期满后必须返回原单位。例如，综合研究开发机构共有 33 名研究人员，其中包括多名来自东京大学、大阪大学的教授。日本能源经济研究所研究人员中包括来自国立政策研究所、东京大学、名古屋学院大学的多名成员，三菱综合研究所的研究团队以研究项目为导向组建，研究团队中一般既有智库内的专家也有来自外部单位的相关研究领域的资深研究人员。

3."人员随项目流动"机制

一些国际能源智库人员随项目流动，形成具有高度灵活性的人才流动机制，特别是新加坡人口相对较少，其能源智库普遍采取了"人员随项目流动"机制，人员流动较大。例如，新加坡国际事务研究所通过不同项目调动各领域专业人才，研究人员经常参与针对特定能源事务的短期政策研究，根据这些项目的时间周期调整工作重点。

三、人才培养发展

国际能源智库对人才的综合素质要求较高，培育学术研究和政策研究的双技能人

---

① 刘少东. 智库建设的日本经验 [J]. 人民论坛，2013 (35)：18-23.

才是国际能源智库提升竞争力的核心,特别是对于很多青年研究人员,从研究型人才向智库型人才转变需要一个过程,需要有专门的智库人才培养机制。总体来看,国际能源智库大多极为重视中青年人才的培养和培育,从培养目标与规划、培养方式与途径、晋升通道设计等方面为智库人才的可持续发展提供支持。

(一) 人才培养的目标与规划

国际能源智库结合智库发展的规划设定前瞻性人才培养目标,并通过系统化的培训和职业发展计划等,提升智库人才的专业能力、创新思维和国际视野。

1. 培养目标

培养下一代专家和未来领导者是很多国际能源智库人才培养的主要目的,希望智库人才具备丰富经历、多学科背景、较好国际视野、善于交往和外宣以及可靠的政治觉悟等方面的素质。例如,贝克政策研究所聚焦能源和中东研究,致力于"培养能源领域下一代领导人",尼古拉环境政策研究所人才培养目标是"培养下一代环境领袖",哥伦比亚大学东亚研究所培养新一代亚洲专家,兰德公司成立的帕迪兰德研究生院目标是培养世界一流政策分析人才。

2. 培养规划

为了实现人才培养目标,国际能源智库通常会制定详尽的人才培养规划,通过系统性的安排确保人才在各个发展阶段都能稳步向最终目标前进,主要为明确培养对象及培养周期的人才培养项目。例如,贝克公共政策研究所制订莱斯大学生实习计划、莱索托可持续发展评估项目等,针对本科生进行3~12个月培养。兰德公司制订亚太研究员计划,针对硕士学位及以上的中高级研究人员进行1年期的培养,培养人员需完成相应课程。布鲁金斯学会制订鲁宾斯坦奖学金计划,针对较高学术能力和职业素养的中青年学者进行2年期的培养安排。

(二) 人才培养的方式与途径

国际能源智库在人才培养方面采取了一系列创新且多元化的方式与途径,主要通过设立学院和实施人才项目等内部培养,定期选派人才到政府、企业、大学等机构的外部实习和定期选派研究人员到国内外的其他智库进行交流的访问学习等人才培养的方式与途径帮助智库人才更好地理解能源领域复杂问题,提升政策分析能力。

1. 内部培养

在国际能源智库中,内部培养培训是最常见最普遍采用的一类提升智库人才专业素养的方式,为有志于成为智囊团成员的员工提供更多成长机会和发展空间,主要包括设立学院和实施人才项目等途径。例如，兰德公司成立的帕迪兰德研究生院（见图7-4），主要培养政策分析和政策研究方面的人才，该研究院可以直接颁发相关领域博士学位，为兰德公司提供了大量青年储备人才。布鲁金斯学会全年举办讲习班和设置培训课程，涵盖项目管理、领导力发展、人员管理技能等主题内容，此外员工每年都可参加职业指导计划，与处于职业生涯中期或晚期的员工配对，探索职业道路。战略与国际研究中心通过 Abshire – Inamori 领导力学院帮助员工掌握技能和强化专业优势，每年约有100名初级和中级员工参加该学院的项目，包括技能建设讲习班和文化建设活动等，其中"加速器系列"培训侧重培养领导力、管理、数据分析和沟通四方面的能力。

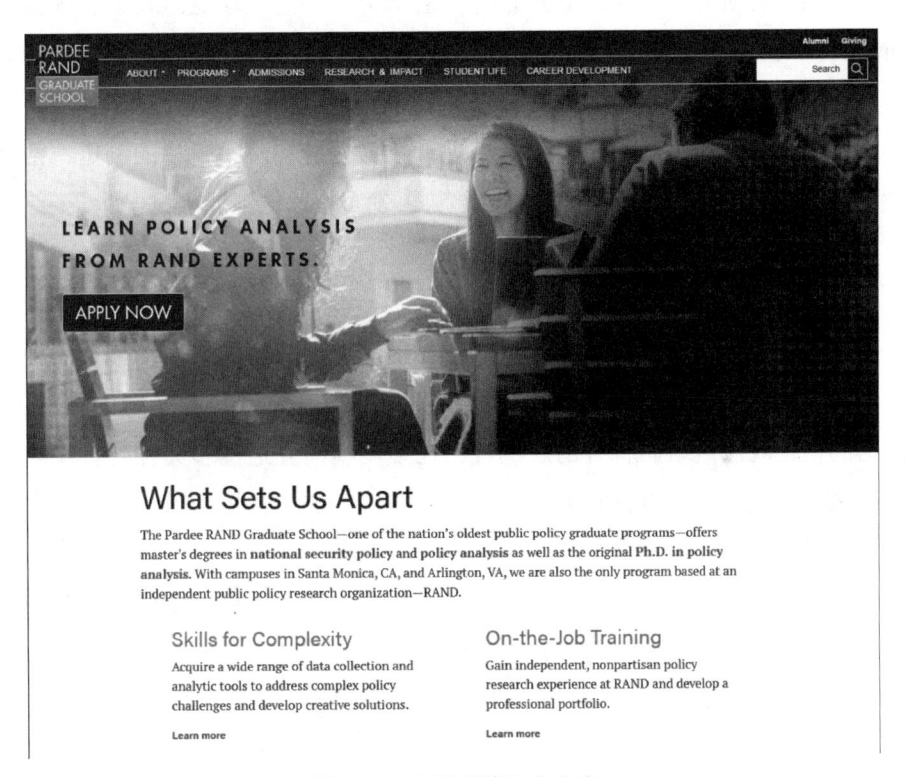

图7-4 帕迪兰德研究生院

资料来源：RAND School of Public Policy. Learn policy analysis from RAND exports [EB/OL]. [2025-04-09]. https：//www.rand.edu/.

2. 外部实习

一些国际能源智库会定期选派人才到政府、企业、大学等机构进行实习进修，通过参与实习单位的具体项目和工作，使智库人才在不同的工作环境中接触行业前沿，拓宽视野和思维方式，提升其研究的实践性和针对性。例如，中石油经研院安排研究人员进入炼油厂进行为期半个月的实习工作，了解工艺基础、装置流程、设备知识、安全管理等基本知识，并深入生产运行车间进行轮训实习，增强新入职员工对油气全产业链的认知。牛津能源研究所与牛津大学、剑桥大学等多所大学建立了紧密联系，研究人员可以前往这些学术机构进行长期或短期的进修，参与能源经济学等领域的深入研究。

3. 访问学习

一些国际能源智库会为研究人员提供多样化的访问学习机会，定期选派研究人员到国内外的其他智库进行交流，加深对国内外智库的最新研究成果和前沿动态的了解，接触新的研究方法和思维模式。例如，兰德公司和伦敦国际战略研究所定期互派访问学者。国际能源署研究人员被派遣到布鲁金斯学会，参与全球能源政策和气候变化的联合研究，推动关于能源安全和可再生能源技术的政策讨论。国际能源署与世界资源研究所在能源政策、气候变化、可持续发展等领域有着共同的研究目标，因此在多个项目中展开了紧密合作，通过专家互派，进行数据分析和政策建议的制定，帮助评估全球能源需求、可再生能源发展和碳排放趋势，发布全球能源展望报告。

（三）人才发展的晋升通道设计

职务升迁是智库人才成长的基本通道，在国际能源智库的人才培养发展中，注重纵向晋升与横向互通相结合，为智库人才提供广阔的发展空间和多元化的成长路径。晋升通道的构建既注重纵向晋升的层次性，也强调横向互通的多元性，智库人才可以随着发展方向的变化而调整晋升通道。

1. 纵向晋升

纵向晋升注重人才的专业能力，随着职位晋升智库人才从支持研究任务到主导研究项目。在国际能源智库中纵向晋升按不同阶段大致可分为研究助理人员、初级研究人员、中级研究人员、高级研究人员和研究主管。例如，英国的国际战略研究所采取线性职业发展路径，智库人才晋升通道为研究助理—副研究员—研究员—高级研究员—研究主管，每个职位都有明确的职责和要求，如副研究员需要硕士或博士学位，具备独立研究和撰写政策分析文章能力，高级研究员需要博士学位或长期工作经验，具有突出研究成果。

2. 横向互通

横向互通是确保智库高效运营的关键之一，推行技术、管理等岗位的多向选择和跨部门平移调动。一些国际能源智库员工通过多通道横向互通在不同岗位上获得不同的工作经验，从而选择适合自己的发展路径。例如，国网能源院制定了"职务＋职员职级+岗位"职业发展"三通道",创新完善智库人员晋升晋级机制。IHS 剑桥能源研究协会建立成熟的双序列人才成长机制,由员工根据兴趣自主选择行政通道或专业技术通道,并可以在两个通道间实现角色转变。其智库高层有两类,一类如高级副总裁既要负责管理百人级研究和分析部门,也要从事研究业务;另一类如首席能源战略官只从事具体业务研究,不需要管理部门和团队。

四、绩效考核管理

智库人才绩效考核管理是一个科学评价和准确判断智库人才决策咨询价值及发展潜力的过程,全面评估员工在决策咨询工作中的贡献度、研究成果的质量、项目执行的效率以及团队合作的能力等多个方面表现,管理层可以以此准确把握每位员工的工作进展和成就,确保对员工实际表现的评价既公正又客观。

(一)绩效管理的原则与目的

1. 绩效管理原则

智库绩效管理是一项涉及人员、项目、指标、规则、方法、流程、结果评估与反馈等诸多因素的复杂系统性工程,为提高管理质量,达到预期的效果,国际能源智库秉承公正、公开的原则,强调重业绩、强激励、硬约束,构成了绩效管理体系的牢固基石。

智库绩效管理秉承公正性原则,要求在智库内部对全员进行考核时,确保一视同仁,不受性别、性格、能力、年龄及亲疏关系等因素影响,客观公正评价每位被考核者。国际能源智库绩效管理的公正性具体体现在综合考虑"共性+特性"指标,共性部分主要包括基本职责、团队协作、工作态度及职业道德等普遍适用维度,特性部分则侧重于各岗位的专业特性和职责差异,如研究人员侧重于研究成果的数量、成果影响力以及项目执行的质量与效率等客观数据,从而全面且准确地反映员工的工作成效。此外,对于不同岗位层级的员工,依据员工各自岗位职责的特定要求差异化设计绩效考核指标,确保了评估的针对性和合理性。

智库绩效管理秉承公开性原则,要求具有透明度,考评标准、考评程序、考评责任都应当有明确的规定,并对全体员工公开。国际能源智库绩效管理的公开性具体体现在制定清晰明确的绩效考核标准和流程,并提前向员工公示;在评估过程中,保持沟通的开放性和透明度,鼓励员工提出疑问和意见;向员工公开考核的结果,并接受相应的反馈,以便纠正考评中可能出现的偏见和误差,以保证考评的公平与合理。

2. 绩效管理目的

人才的选拔、配备、使用、考核、培训的科学性与合理性，决定了智库的成就和竞争力。智库绩效管理紧紧围绕激发和善用智力资源的目标，以人为本，完善管理，提高效率，激励人才充分发挥创造力，力争在出思想、出成果、出人才方面取得更大成绩。

国际能源智库人才绩效管理的重要目的在于通过绩效管理确保智库能够维持高效运营并持续产出高质量的研究成果。一方面，通过科学的绩效考核机制，精准衡量并明确每个部门及个体在国际能源研究与实践中的具体贡献，进一步优化资源配置，确保每位员工的专业技能与国际视野得到最大化利用，激发每位员工的潜能，从而全面提升其在全球能源议题上的研究实力与影响力。另一方面，绩效考核机制还为国际能源智库的研究人员提供了清晰且具体的职业发展目标。通过将绩效考核结果与选人用人机制、薪酬与奖金分配以及职业晋升路径挂钩，为研究人员树立了明确的职业导向，激发了他们持续进步的内在动力，促使研究人员更加专注于提升自身的研究能力与水平，通过持续的自我评估与外部反馈，不断改进研究方法，深化研究内容，进而提升研究成果的学术价值与实践影响力，为智库的长远发展奠定坚实的人才基础。

（二）绩效考核的指标与标准

绩效考核也多被叫作员工考核、绩效评价、人事考评等，是一种有效的、系统的管理方法，采用科学的考核方式，对员工履行工作职责和任务的程度进行考查和评定，从而确定其工作绩效。绩效考核在智库人力资源管理中占据核心地位，有助于推动内部管理机制的高效运转，是实现智库经营管理目标不可或缺的管理手段，其结果直接关系到奖惩、培训、晋升、解雇等决策，并与薪酬管理、智库文化建设及员工职业生涯紧密相连。

绩效考核内容多种多样，一般而言，智库人才的绩效考核内容主要涵盖德、能、勤、绩四个方面。"德"主要评估员工的思想素质、责任心、遵纪守法情况，是员工行为的重要导向，是一个人不可或缺的基本的素质。国际能源智库在绩效考核中把德置于重要位置，确保员工具备高度的职业道德和社会责任感。"能"是对员工工作能力的评估，包括专业技术能力与综合能力，涉及办事效率、创新能力、协作能力及业务处理水平等。能力是员工绩效的基石，由多项具体技能综合而成，国际能源智库在绩效考核中着重评估员工研究解决能源问题的核心能力。"勤"主要考察员工的出勤率、工作积极性及努力程度，反映了员工的工作态度和对能源事业的热情，能更直观地反映员工的思想动态。国际能源智库在绩效考核中观察员工面对能源领域研究任务和挑战时的应对态度。"绩"是对员工工作结果的综合评估，主要衡量工作量、工作质量、最终成果等,是员工绩效考核的核心①。

1. 绩效考核指标

有效的绩效考核指标能够正确反映员工的贡献和公司的战略目标。国际能源智库绩效考核指标的制定侧重于智库成果和活动。

智库绩效考核的难点在于如何客观、真实、准确地评估员工的工作成绩,有些工作可以用量化指标衡量,比如发表的文章和报告数量、内参批示量、出版图书数量等,但还有很多工作无法进行数量统计,比如工作能力、工作态度、品德等,只有将依据经验判断、综合比较的定性考评方法和依据客观数据的定量考评方法相结合,实现有效的互补,才能对员工的绩效做出全面、真实的评判。

通常国际能源智库围绕德、勤、能、绩几个维度,具体设置考核项目以及所需的分析评定方法,如对工作成绩、技能水平、业务能力、外语水平等所做的分级定量评定,对团队精神、协调与沟通能力、责任感与执行力、品德言行、品牌贡献度等指标的印象分级评定,结合累积计分法,得出相应结果分值。定量指标以数据表示考核结果的评价指标,其优势在于不受个人经验和主观判断的影响,因此具备较高的客观性和可靠性,建立在数据准确、可量化的基础上,缺乏灵活性。定性指标将人的主观评价结果作为考核指标,完全依赖评价者的知识和经验,容易受主观因素影响。

2. 绩效考核标准

绩效考核标准是根据既定原则与方法,对指标完成情况进行评估的准则。绩效指标为被考核者指明了工作方向,而标准则明确了达到何种程度方可获得相应的评价。这样的设置有助于更加精准地管理和培训员工,进而推动智库战略目标的顺利实现。绩效考核的标准包括绝对标准、相对标准和客观标准三种。

绝对标准是指通过研究员工工作行为,建立员工的行为标准,然后将是否达到该项标准列入考核范围内。绝对标准的考核重点是以固定标准衡量员工而不是与其他员工的表现作比较。相对标准是指将员工间的绩效表现相互比较,也就是以相互比较来评定个人工作的好坏将被考核者按某种向度作顺序排名或将被考核者归入先前决定的等级内再加以排名。客观标准是指考核者在判断员工所具有的特质以及其执行工作的绩效时对每项特质或绩效表现在评定量表上每一点的相对基准上予以定位以帮助考核者作评价。

国际能源智库通过定性与定量结合的考核方式,能够全面评估智库人才在研究质量、政策影响、团队协作等多方面的表现。在智库人才评价机制方面,根据智库自身

---

① 刘祺. Y公司员工绩效考核指标体系优化研究 [D]. 保定:河北大学,2024.

特点和发展目标，各个国际能源智库都有一套较为科学的工作绩效考核方式，指标和标准各有特色。例如，兰德公司实行年度考核制度，新入职人员一年两次，资深研究人员两年一次，主要从完成报告的数量和质量方面根据"兰德高质量研究标准"或"兰德特殊研究标准"对成果质量和价值进行考核，设置相关性、严谨性、透明度、创新性等维度指标，考核结果是薪酬水平制定和晋升与否的依据。查塔姆学会每年对人员进行两次考核，对其项目能力、沟通能力和创新能力等进行全方面考察评估，根据考核结果进行工资和级别调整。布鲁金斯学会实行一年一聘的短期聘用制，每年研究人员都要提交自己的年度工作成果，根据出版书籍、发表文章、会议演讲等结果决定研究人员的晋升、续聘或解聘。

（三）绩效考核方法

绩效考核需要选择正确的方法，方法是否合理、是否科学都会影响其实施效果。目前智库采用的绩效考核方法主要为关键绩效指标法（Key Performance Indicators，KPI）和目标与关键成果法（Objectives and Key Results，OKR）。

1. KPI

KPI 最初由麦肯锡公司提出，后经各国学者于 20 世纪 80 年代逐渐完善，并应用于各个行业，从而演变为重要的绩效管理方法。KPI 考核工作的主要方向放在关键的结果、关键的过程和关键的成员身上，围绕关键绩效指标展开，确保员工在工作中既有明确的重点，又有清晰的方向，有效促进绩效考核对组织目标的积极推动。

国际能源智库 KPI 指标包括决策影响力、社会影响力、国际影响力、学术影响力等，将智库成果、媒体关注度、公众知名度等智库影响力要素具体化为一系列关键量化指标，如内参的上报数量以及最高层批示率，参与高级别决策咨询会议的次数和贡献度，具有全球影响力的大型国际会议的举办次数，重要媒体传播等。对于这些关键指标的考核是智库绩效考核的重中之重，是发现并善用智库杰出人才的重要手段，也对智库战略总目标的顺利完成起到决定性推动作用。

2. OKR

OKR 由英特尔公司发明，是一种基于目标管理的结构化目标设定系统，将组织目标分解为系统的、可衡量的、具体性的、有时限性的关键性结果。OKR 以目标和结果为导向实现有效的绩效管理，对激发员工，特别是知识型员工的内在动力具备有力的推动作用，帮助员工和企业共同实现价值创造最大化的双赢局面[①]。

---

① 王小月. 基于 KPI 和 OKR 结合视角的 GB 人寿总部员工绩效考核方法优化研究 [D]. 重庆：重庆理工大学，2024.

OKR 倡导的自下而上、公开透明、积极反馈都为自我实现意愿强烈的智库人才提供了成长的土壤和施展的空间，强调内外部的协同和协调，确保智库可以灵活应对多变复杂环境。愿意主动参与的员工会对 OKR 寄予更多期望，投入自己的热情和精力，从而对 OKR 的实施产生积极的影响。

国际能源智库在选择绩效考核方法时综合考虑考核要求、方法特点及适用领域等因素，并适时调整以适应发展需求。例如，斯坦福研究所将研究业务按功能的区别分为 5 个考核项目，每个项目按其难易程度和复杂程度，又分为 6 个等级。主管人对专业研究人员进行评价和考核，并按成绩决定其报酬、奖励以及是否晋升、淘汰、是否继续聘用和得到研究经费。如果某些专业研究人员争取不到研究项目或是不能被吸收参加研究项目，就随时可能被解雇。

（四）绩效反馈与改进机制

在智库绩效管理中，绩效反馈是绩效考核的最后一步，主要是管理人员和员工回顾并探讨绩效考评，及时将绩效结果反馈给员工。绩效反馈在智库人力资源管理中十分重要，主要体现在两个方面。一是促进员工学习。绩效反馈使员工发现了自身的不足，并加强学习，根据绩效反馈的结果调整自己的工作态度，不断反思，从而提高自身的技能，促进智库发展。二是优化人力资源配置。管理者可以根据员工的反馈结果了解员工的能力和特长，合理地分配资源和任务，提升员工的工作效率，使员工在自己擅长的岗位上充分发挥自己的能力，提高智库整体绩效。

360 度考核法常被用于智库绩效反馈与改进中。360 度考核法的显著特点是其评价维度的多元化，被考核者会接受来自上级、同级、下级和服务客户四个不同维度的评价，从而实现对被考核者全面而多角度的绩效考核过程，使得在多维度的考核下更加立体。对于国际能源智库，360 度考核法使智库员工获得来自多层面的人员对自己的素质能力、工作风格及工作绩效的评估意见，员工所得到的反馈也会对他在整个职业规划及个人发展中带来积极的作用。

国际能源智库通过及时的绩效反馈和制定实施改进方案，帮助员工了解自己的工作表现情况以及可以改进的方向，推动员工和组织绩效的持续提升。例如，IHS 剑桥能源研究协会员工每年在年中和年末分别进行 360 度绩效反馈，通过内部研究人员和外部合作伙伴等多个不同角度收集反馈信息，全面了解员工的工作表现，进而不断改进和优化。欧洲智库国际战略研究所注重双向沟通，制定包括知识和技术能力、业务技能等维度的能力框架，通过在线绩效管理系统给员工提供年中绩效反馈，进行目标讨论和调整，更易于在考核者与被考核者之间达成共识。德国国际与安全事务研究所每年初进行绩效反馈，部门负责人会约谈每一位部门研究人员，总结前一年工作，并讨论新一年计划，同时给出考核意见。

> 国际能源智库人力资源管理机制是关乎智库研究能力及生存发展的决定性因素。本章从人才选拔招募、团队建设管理、人才培养发展和绩效考核管理四个方面展开分析国际能源智库的人力资源管理机制。在人才选拔招募方面，国际能源智库通过严格的人才选拔标准、多元的人才招募渠道、完善的人才招募流程保证智库人才满足专业能力和国际视野等方面要求。在团队建设管理方面，国际能源智库注重扁平化组织和跨学科、跨领域合作，强调整体目标和个人发展相结合，通过适当的团队组织结构设计、高效的团队沟通协作机制、丰富的激励机制和人才流动机制保证团队多样性和灵活性。在人才培养发展方面，国际能源智库通过系统化的职业发展计划、多样化的培养方式和纵向横向结合的人才成长通道加强人才在经历、视野、外宣、政治觉悟等方面的素质，避免出现"有库无智"的情况。在绩效考核管理方面，国际能源智库通过科学的、针对性的绩效计划、绩效实施、绩效考核和绩效反馈全面评估员工在智库工作中多个方面表现，确保对员工实际表现的评价公正客观，推动内部管理机制的高效运转。

第八章

国际能源智库的科研管理机制

在全球能源格局不断变化和能源政策日益复杂的背景下,国际能源智库扮演着至关重要的角色,为政府、企业和社会各界提供科学决策的依据。为了确保科研工作的高效开展和研究成果的有效应用,国际能源智库通常会建立一套系统化、科学化的科研课题组织实施体系。这一体系涵盖了从课题计划制订到成果发布的全过程,旨在提升资源配置效率、促进研究质量提升及加速创新成果的转化。本章将详细阐述国际能源智库在科研课题组织实施过程中的关键步骤和方法,包括课题选题与立项、研究团队组建、研究方法与工具选择、数据收集与分析、成果转化机制等关键环节,为相关机构和研究人员提供参考和借鉴。

一、科研课题的选题机制

(一)选题的来源与储备机制

国际能源智库科研课题的选题通常受能源领域发展需求的驱动,会根据社会经济的进步不断调整其研究策略与方向,致力于发掘新领域、新课题,且一般集中于前瞻性的主题,主要覆盖气候变化、能源经济、政策监管、可再生能源、新能源技术、碳排放以及环境保护等领域。总体而言,能源智库选题来源可以分为政府委托、自主策划、外部课题三类,多元化的选题来源能够保证智库研究的广度、深度,同时能源智库一般有成熟的课题储备机制。

政府委托课题往往涉及国家能源安全、能源政策制定、国际能源形势等重大战略课题,国家能源主管部门或科技发展机构经常会根据国家战略需求,向智库提出研究需求,不同类型的能源智库均与政府机构有着密切的合作关系。一是隶属于政府能源部门或国家能源研究机构等的政党附属型智库,是由政府组建的能源智库机构,本身就服务于政府工作,承担政府委托的能源研究项目,例如韩国能源经济研究院(KEEI),它致力于制定国家能源和自然资源政策,主要开展政策研究、国际企业发展研究和数据统计分析①。二是隶属于高校、企业或独立型的非官方能源智库，通过承接中央与地方政府的委托，与政府部门合作，支撑政府能源政策优化等工作，例如美国麻省理工学院能源与环境政策研究中心（CEEPR）一直保有麻省理工学院与政府的合作传统，自1977年以来致力于能源和环境政策研究，集中于能源供应、能源需求以及环境研究三大方面，为政府的决策提供改进优化建议②；独立型能源智库如印度能源与资源研究所（TERI）在过去二十年中支撑印度政府气候变化建模、预测和政策研究工作，推动绿色印度中长期规划，并且代表印度参与全球气候变化问题的国际国内组织与活动③。

自主策划课题由智库根据自身的研究优势和对能源趋势的把握，自主设立研究课题，这些课题往往体现了该智库的独立性和前瞻性、研究的针对性与实用性，能够有效增强在优势专业领域的话语权。美国兰德公司研究人员自选的课题大多是目前所面临的新兴课题或对未来有一定指导意义的预测性研究，尤其注重现实的战略决策性问题。斯坦福研究所（SRI）是一家非营利性且独立核算的咨询研究机构，其研究计划的制订源于研究人员通过广泛的社会调查，在发现和确定研究主题后拟定出来的，研究计划非常具有现实性，往往聚焦于当前能源领域急需解决的关键问题④。

外部课题是能源智库与高校、研究机构、非政府组织以及私营企业等合作，接受咨询委托或共同确定研究的课题。例如，2018年浙江大学在杭州首次创办学术型医学中心时，委托兰德公司对现有学术型医学中心的组织形式进行调查和评估，并向浙江大学推荐合适的学术型医学中心业务组织模式，此外兰德公司还为企业提供分析和发展策略，为企业解决创新与扩张过程中的风险与收支平衡问题、运行机制优化问题、雇员效率最优化问题等。一流能源智库在与企业等资本集团合作的同时，能够积累本国或国际企业资本运作情况，补充智库经济、能源情报知识储备，起到资源整合的作用，还能促进跨学科研究，能够有效提升智库课题研究、决策咨询的准确性和全局性。

科研课题储备对于能源智库的高效运作至关重要。一个健全的研究体系应当兼顾任务导向研究与前瞻引领研究，确保既能及时响应当前需求，又能为未来的发展奠定坚实基础。在外部导向研究方面，智库机构需要密切关注国际、国内的重大议题和形

---

① 宋海云，冯昕欣，薛松，等．国际领先能源智库建设发展经验及启示［J］．智库理论与实践，2023，8（5）：167-173．
② 孟磊．美国智库对气候政策的影响研究［D］．长沙：国防科技大学，2020．
③ 王立，袁芳，封颖．高水平智库：印度能源与资源研究所［J］．中国科技资源导刊，2016，48（5）：5．
④ 边晓利，李婧，梁婧．国外智库研究的品质策略［J］．竞争情报，2012，8（1）：8．

势变化，编制具有前瞻性和战略性的项目选题方案。通过加强预判性研究，智库可以更好地为决策者提供有价值的建议和支持。例如，中石油经研院每年初都会组织一次智库课题选题研讨会，邀请公司内外不同领域的专家就重点科研课题进行广泛讨论。这些讨论聚焦于国家战略需求、能源安全等关键问题，从战略性、前瞻性和储备性出发确定年度课题，确保做足课题储备工作。在内部自主研究方面，智库机构深植于自身的研究根基，积极拓展新领域的探索，构建具有前瞻性的研究课题库。这不仅增强了智库应对未来挑战的能力，而且通过系统性的课题储备，为长远发展提供了坚实的知识支撑。在这方面，南网能源研究院建立了自立研究经费投入机制，专门面向储备性自主研究课题提供经费支持，鼓励研究人员开展前瞻性和基础性的研究工作。这种机制不仅激发了科研人员的积极性和创造力，也为智库积累了丰富的研究成果和技术储备。

（二）选题的评估标准

评估标准是确保研究课题符合科学性、前瞻性、实用性和创新性要求的基础，它不仅直接影响研究成果的实际影响力度，而且关系到智库的整体声誉和影响力。评估标准需要同时体现科研课题的内在要求以及社会发展的实际需求，并且不同类型课题在评估时还具有各自的特点和侧重点，这种多元化、综合性的评估标准体系有助于确保科研课题的质量和效果，推动全球能源政策制定和行业转型。

从评估指标类型看，国际能源智库选题的评估标准通常考虑相关性、话题性、前瞻性、可行性、创新性和影响力等指标。相关性要求智库机构的选题要与能源领域的热点问题和关键挑战相契合，对社会公众、政策制定或能源行业发展有显著影响，以关系全球经济发展、影响国际关系的重要能源资源——石油为例，国际能源署（IEA）每月、每年都会发布石油市场报告，持续跟踪全球石油产量、需求、价格等的变化，并且对未来市场进行预测（见图 8-1）。

话题性要求能源智库高度关注热点问题，借势、讨巧选题，借助具有重要影响力的热点话题或关键事件建立名声，例如能源与环境政策研究中心（CEEPR）结合气候变化问题，开展"罗斯福课题"，努力为规划低碳经济发展道路提供分析基础，以此促进高质量的就业增长，并利用能源技术促进区域经济发展；面对新冠疫情冲击，该智库积极为社区制订行动计划，以有效应对大型流行病带来的经济动荡下可能会产生的社会动荡，并与宾夕法尼亚州西南部、墨西哥湾沿岸和新墨西哥州开展合作，制订了针对这些地区的有效过渡计划，这些国际领先能源智库正是利用此类公众关心的热点、难点问题，积极开展相关研究，提升了智库的关注度和好评度。

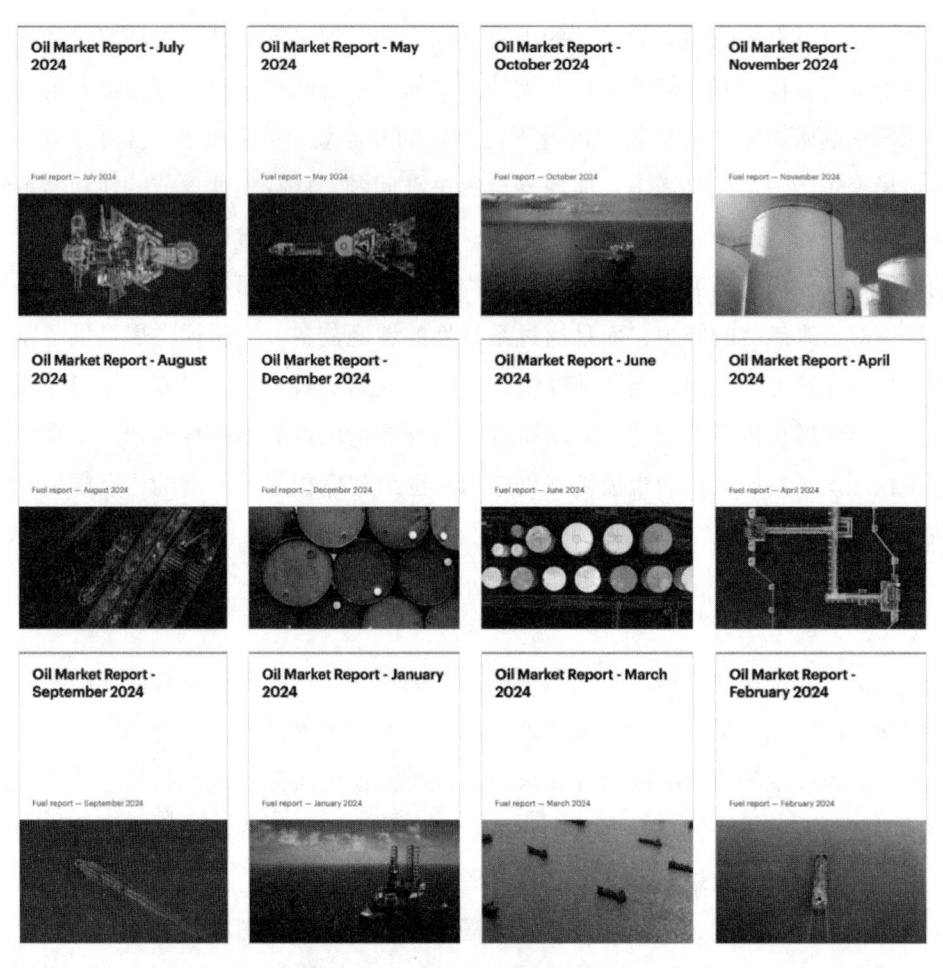

图 8-1　IEA 石油市场系列报告

资料来源：IEA. Reports［EB/OL］.［2025-02-20］. https：//www.iea.org/analysis? type = report&q = oil% 20market.

  前瞻性要求选题应具有长远的视角，能够预见或引领能源领域的发展趋势，为政策制定和行业发展提供及时的智力支持，例如兰德公司十分重视预测性、长远性研究，在提出当前政策建议时，也力求考虑到如何使现行措施可以"经济地和方便地适应未来可能出现的新环境"；尽管预测类课题带有一定的风险，但预测准确为咨询机构所带来的声望要远远大于预测失败所造成的损害，一般仅进行为期五年左右的展望，长远与超前研究也使兰德自然成为该领域权威的先行者①。

  可行性强调智库机构的选题能够提供具有实践操作性的方案，为能源领域所面临

---

① 杨天怡，王庆国，徐卫卫. 全球智库发展现状分析及启示建议［J］. 军民两用技术与产品，2024（2）：51-58.

的问题提供有效的应对策略,例如野村综合研究所(NRI)认为咨询服务应该"轻知识,重行动",通过"指南服务"和"解决方案"两种功能的协同作用来"创造附加价值,扩大企业价值",这也是该所评估研究课题的基本思想,"指南服务"包括预测、分析和提出政策建议等,"解决方案"即针对"指南服务"提出的解决方法,通过业务改革、系统的设计、构建与运营将其付诸实现;从发现问题到真正解决问题,野村所注重的工作流程是:不拘泥于知识与数据,基于实际行动获得一手信息,之后经过反复共享思考,智慧碰撞,构建精确度较高的设想,并不断验证和改进,与客户共同寻求客户能够执行的最佳解决方法[①]。

创新性鼓励智库机构进行原创性和多学科交叉的研究,以促进新技术、新知识的产生和学术领域的发展[②],例如英国石油公司(BP)与微软、阿伯丁、亚马逊、澳洲航空等建立战略合作伙伴关系,通过数字创新开发下一代技术驱动的清洁能源生态系统[③]。

影响力要求智库成果能够对本国甚至全球的能源政策制定与能源治理等产生深远影响,有效发挥作用,实现能源智库的价值,布鲁金斯学会(Brookings Institution)将"高质量、独立性和影响力"作为智库目标准则,众多知名智库将定量化工具的研究与开发作为智库的必备方法之一,提供大量开源的政策分析数据库与能源工具,例如兰德公司的多学科在线数据库为研究者进行政策制定提供了大量事实、信息和数据支撑;大部分智库成果均可开放获取,提供了开放的信息资源创造平台,极大限度地提高了科学研究的透明度、可持续性与协作性,为发现和传播真理、推动开放合作创新、辅助政策制定提供有效保障。

从科研课题类型看,国际能源智库不同类型的科研课题选题标准会有所侧重。基础研究课题主要聚焦于能源科学的基本原理和新理论的探索,产出成果主要包括学术论文、专著等理论性成果,这些成果能够为能源领域的学术发展提供重要的支撑,为后续的应用研究和技术开发提供坚实的理论基础和指导。在评估标准上,基础研究课题更注重原创性和科学价值,强调对现有知识体系的补充和完善。同时,由于基础研究的不确定性较大,评估过程中也会考虑课题的可行性和潜在应用前景。应用研究课题更加注重将基础研究成果转化为实际应用技术和产品,产出成果主要包括新技术、新工艺、新产品等,这些成果可以直接应用于生产实践,推动相关产业的发展,加速

---

① 李莎莎. 智库在日本能源外交中的作用分析 [D]. 重庆:重庆大学, 2019.
② 朱海波,朱聪,聂凤英. 国际知名智库的组织体系、运行机制及对中国农业智库建设的启示 [J]. 世界农业, 2017 (12):8.
③ 黄珂敏,曲建升. 国外知名能源智库运行机制研究 [J]. 智库理论与实践, 2022, 7 (6):117 – 128.

科技成果的转化和应用，促进经济社会的发展。这类课题通常与产业界紧密合作，旨在解决实际生产中的技术难题或提升产品性能。在评估标准上，除了科学性和创新性外，尤其关注技术的可行性和对市场的影响力。政策研究课题关注能源政策、法规、标准的制定与实施，产出成果主要包括政策报告、法规草案等，这些成果为能源政策的制定和调整提供重要的参考依据，能够促进能源政策的科学化、民主化和法治化，推动能源行业的健康发展。这类课题通常由政府部门或智库机构主导，旨在为能源政策的制定提供科学依据和决策支持。在评估标准上，除了政策建议的可行性外，还特别关注前瞻性、对未来发展趋势精准预测，以及对社会的影响力和公众接受度。调查研究课题是能源智库科研体系中不可或缺的一环，它以考察调研和分析研究为基础，关注能源市场的动态变化和未来趋势的预测，深入探究能源领域的实际问题、市场需求及用户行为。该课题的特点在于其实践性强、针对性明确，能够直接反映能源市场的现实状况，为政策制定和企业决策提供有力支持。在评估标准上，调查研究课题需重点考察调查内容的话题性和关注热度，分析研究的前瞻性、对发展趋势预测结果的准确性。此外，还需关注研究内容对社会公众的影响力。

（三）选题的决策机制

一个科学合理、系统严密的评估体系能够引导研究人员聚焦于具有显著价值和潜力的领域，有效避免资源浪费，提升研究效率。为了将这一标准落到实处，需要一个逻辑清晰、高效透明、能够充分论证每一个研究选题的决策机制。国际能源智库的选题机制大体经过前期调研—初步筛选—深度评估—资金筹措—决策与立项—跟踪与调整六个环节，有助于保证其选题决策的专业性、时效性和实践价值，使智库能够合理分配资源。

一是前期调研。这一阶段主要由发起选题的研究人员收集相关信息和数据，为后续评估提供基础，例如美国国家研究理事会（NRC）接受美国国家科学基金会关于开展海洋科学调查研究的委托时，首先通过研究报告、论文等文献进行前期调研，研究人员会查阅大量的学术文献、技术报告以及政策文件，以全面了解当前海洋科学研究的现状、主要问题和前沿动态，这些文献不仅包括已经发表的研究成果，还涉及正在进行的研究项目和未来可能的研究方向，通过这种方式，NRC能够识别出研究领域中的空白点和亟待解决的关键问题，从而确保所选课题具有高度的科学价值和现实意义[①]；SRI在确认选题前同样进行广泛的社会调查，通过多层次、多角度的信息

---

① 孟鸿飞，万劲波，白光祖，等. 美国国家研究理事会的咨询选题与组织机制［J］. 科技导报，2024，42（3）：27-35.

收集方式，更加准确地把握社会需求和技术发展趋势，从而确保选题的科学性和现实意义。

二是初步筛选。在该阶段由研究人员根据既定的评估标准，结合前期调研得到的材料，对提交的研究课题进行初步审查，筛选出符合基本条件的课题，例如兰德公司曾公开发布《高质量研究和分析标准》手册，并在1999年、2003年、2009年对手册进行了修订与更新，兰德公司的研究人员和专家在评估研究课题以及制订研究计划时都必须严格执行这一质量标准[1]。在初步筛选过程中，研究人员往往重点关注以下几个方面：首先，他们会检查课题是否具有明确的研究目标和问题陈述，确保研究方向清晰且具有实际意义；其次，他们会评估课题的理论框架和方法论是否科学合理，能否有效回答研究问题；再次，他们会考察课题的创新性和前瞻性，判断其是否能为现有知识体系带来新的贡献；最后，他们还会考虑课题的可行性和可操作性，包括所需资源、时间安排和技术要求等。通过这些严格的筛选标准，才能够确保只有那些最具潜力和价值的研究课题才能进入下一阶段的深度评估。

三是深度评估。许多国际智库建立了针对研究战略、研究选题、研究方法的专家咨询机制，邀请内部专家或相关领域的学者，对初筛后的课题进行深度评估，重点考量课题的创新性、前瞻性和可行性。较具规模的国际能源智库都会设立顾问委员会或学术委员会等团队，在研究选题设立、研究开展及成果评价等方面发挥内部咨询功能。例如美国国家研究理事会通过座谈会、相关报告和个体访谈等形式进行意见收集，按照主题的变革性、社会影响力和成熟度等进行综合排序进行二次遴选；伦敦国际战略研究所（IISS）设立相对稳定的领导班子和常任研究人员，负责对研究题材的选择等工作；中石油国家高端智库会邀请政府部门、其他智库机构的领导或专家召开高层次专题研讨会参与选题讨论，进一步扩大了选题策划的参与范围，以充分吸纳多方意见，提升规划的科学性。

四是资金筹措。评估选题所需经费的合理性，并探索资金来源，确保研究能够顺利进行，以兰德公司关于海湾地区提高自然灾害防御能力的研究为例，2012年飓风"桑迪"对美国海湾地区造成极大影响，兰德公司研究人员认为需要对海湾地区进行深入的研究，增强其对自然灾害的防御能力，提高附近居民的生活福祉，并且将这项研究的想法发布在其官网上，该研究想法得到洛克菲勒基金会的关注，认为这项研究对于海湾地区及其周边地区的发展非常重要，于是向兰德公司提供了一笔赠款，支持兰德研究人员深入开展此项研究。不同类型的智库资金来源各异，兰德公司曾在年报中

---

[1] 高程，王玲. 兰德公司运作模式对我国科技型智库发展的启示[J]. 全球科技经济瞭望，2021，36（9）：52-58.

指出，其经费来源包括美国军方及联邦政府、大学、私人机构、基金等，其中军方与政府合约经费的总占比超过80%；布鲁金斯学会也指出其资金来源包括客户合约经费、出版物发行所得、捐赠等。

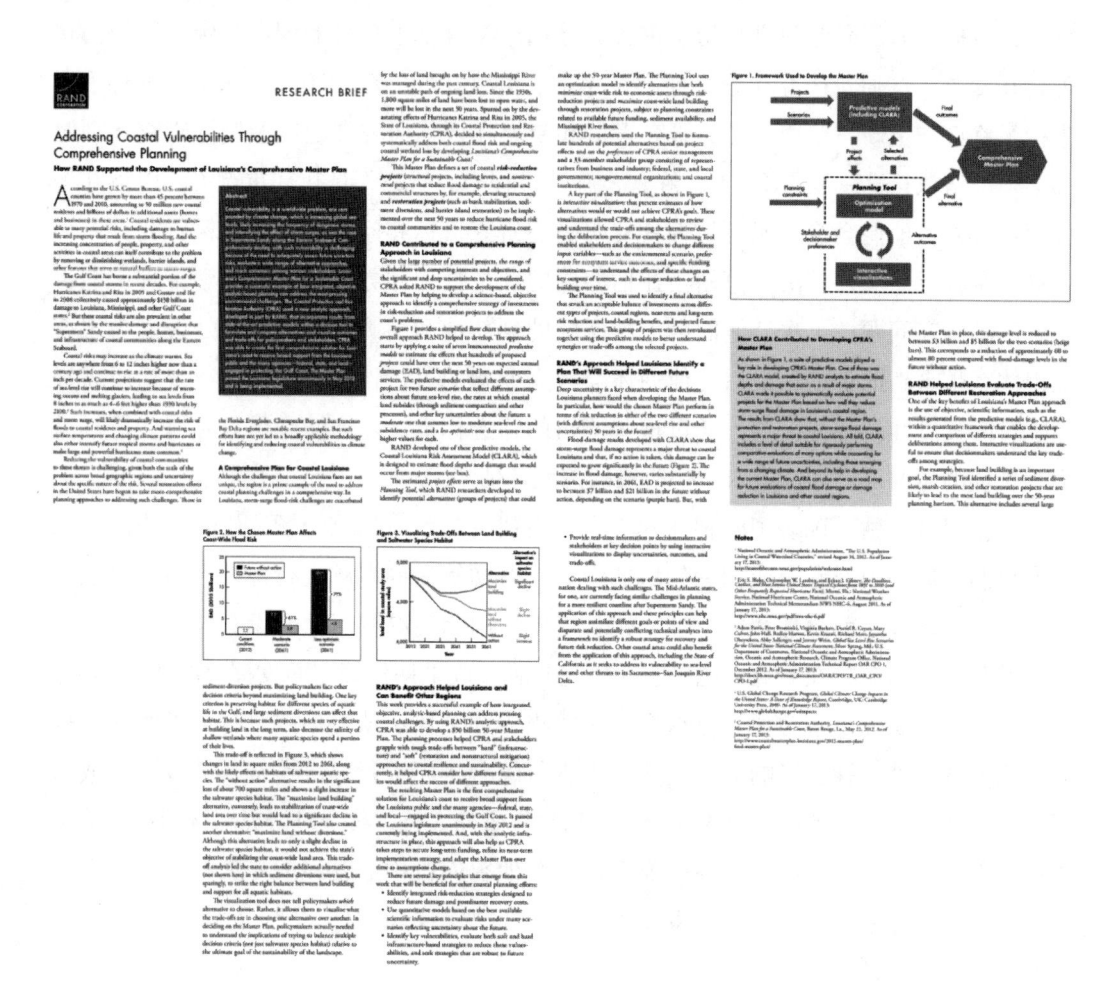

图8-2　兰德公司《运用综合规划法解决沿海洪涝风险》报告

资料来源：RAND. Addressing Coastal Vulnerabilities Through Comprehensive Planning ［EB/OL］. （2014-03-18）［2025-03-01］. https：//www.rand.org/pubs/research_briefs/RB9696-1.html.

五是决策与立项。国际能源智库会综合前期的所有评估结果，进行最终的课题审批和资金分配，决定是否启动课题。这一步骤至关重要，因为它标志着研究课题从规划阶段正式进入实施阶段。一旦课题被批准立项，智库将与课题负责人签订研究合同或资助协议，明确双方的权利和义务，包括研究目标、预期成果、时间表、预算分配以及成果分享等关键条款。此外，为了增加透明度和社会责任感，一些智库还会在其官方网站上公布立项信息，让公众了解其资金使用情况、研究方向和研究团队等信息。

总之，决策与立项是连接理论研究与实际应用的关键桥梁。通过严谨的审查流程和透明的操作方式，国际能源智库能够确保每一个获批的课题都能为解决全球能源问题贡献有价值的知识和解决方案。

六是跟踪与调整。课题实施过程中，定期对研究进展进行评估，必要时进行调整研究选题及内容。例如兰德公司会按计划在每个研究阶段定期向客户汇报研究进度及成果，同时根据客户的反馈不断修改和完善研究课题。具体来说，跟踪与调整机制包括以下几个关键步骤：首先，研究人员需要制订详细的研究计划和时间表，明确每个阶段的目标和任务。其次，在每个研究阶段结束时，组织内部评审会议，邀请相关领域的专家和项目团队成员共同参与。在这些会议上，研究人员需要详细汇报当前的进展情况、遇到的问题以及下一步的工作计划。专家们则会从不同角度提出意见和建议，帮助识别潜在的风险和改进空间。此外，研究人员还需要与客户保持密切沟通，及时了解他们的需求变化和技术发展趋势，以便适时调整研究方向和方法。最后，根据评审结果和客户反馈，研究人员可以对研究计划进行必要的修改和完善，确保项目能够顺利进行并取得预期成果。

二、科研课题的组织实施

本部分将阐述国际能源智库科研课题组织实施的主要内容，包括计划制订、过程管理、支撑保障等，为科研课题的高效开展提供指导。

（一）科研课题的计划制订

科研课题计划制订在确保研究系统性和科学性方面起着至关重要的作用，它不仅帮助明确研究方向，还能有效分配资源和管理时间，从而提升研究效率和质量。对于国际能源智库而言，在复杂多变的能源政策和发展环境下，制订详细的科研课题计划尤为重要。

首先，需确定课题目标和预期产出成果。能源智库需要综合考虑当前能源市场的动态、技术进步以及政策变化，确定研究课题目标，通过与委托方或资助机构、行业合作伙伴沟通，确保这些目标满足委托要求，既具有现实意义又具备可操作性。预期的产出成果一般包括发表在高影响力期刊上的学术论文、详细的政策建议报告以及面向公众的科普文章等。学术论文应具有较高的学术水平和创新性，能够在国际学术界引起广泛关注；政策建议报告则应针对具体问题提出切实可行的解决方案，为政府决策提供有力支持；而科普文章则应以通俗易懂的方式向公众普及能源知识，提高社会对能源问题的关注度。此外，还可以考虑制作多媒体内容，如视频、图表等，以更直观的方式展示研究成果和观点。为了确保研究成果的质量和影响力，计划中需设定具体的成果指标。例如，对于学术论文，可以设定影响因子作为评价标准；对于政策建议报告，可以关注其被政府部门采纳的情况以及在实际政策制定中的应用程度；对于科普文章，则可以通过阅读量、转发量等指标来衡量其传播效果。这些具体的成果指标有助于后续评估研究的影响和效果，从而不断优化研究策略和方法，提高研究的整体水平。

其次，需规划合理的课题开展时间表。将研究过程分为若干阶段，每个阶段设定明确的目标和任务，在时间表中设置关键节点，确保项目按计划推进。基础研究课题往往需要长期投入，重点在于理论的探索和知识的积累，时间表一般划分为文献回顾、实验设计、数据收集与分析等阶段；应用研究课题则更注重实用性和技术转化，通常时间框架较短，应紧密围绕产品开发周期来安排，包括需求分析、方案设计、原型制作及测试反馈等环节；政策研究课题的时间表规划需考虑政策周期和政治日程，此类课题的时间线应当与政府议程相协调，提前完成背景调研，并在政策实施初期就开始跟踪效果；调查研究课题通常是为了快速获取特定信息而设计的，适用于市场趋势分析或公众意见收集等情况，这种情况下紧凑的工作流程是必要的，以确保数据的时效性和相关性。此外，还需为每个步骤设定明确的时间节点和责任人，有助于提高团队协作效率。通过详细的时间表规划，可以有效地管理研究进度，确保各阶段任务按时完成。这不仅有助于提高研究的整体效率，还能及时发现并解决可能出现的问题，避免项目延误。同时，明确的时间节点和责任人分配能够增强团队成员的责任意识，促进团队内部的沟通与协作，从而提高课题完成的执行力和成功率。

最后，需制订详细的研究方案。根据研究目标制订详细的研究步骤。基础研究课题的研究方案应侧重于建立坚实的理论基础和技术路线图，研究方法的选择应侧重于实验设计和数据分析，确保能够系统地验证假设和理论模型，还应详细规划数据收集和分析流程，以确保实验结果的准确性和可靠性，通过严谨的实验设计和科学的数据分析，有效提升研究的学术价值和创新性；应用研究课题则更加强调实用性和技术转化能力，研究方案应侧重于技术开发和原型验证，并详细描述技术实现路径和市场应用场景，还应考虑与产业界的合作，通过技术转让或联合开发等方式，加速技术的商业化进程，通过产学研结合不仅有助于研究成果的实际应用，还能推动相关产业的发展和创新；政策研究课题的方案应注重对政策背景的深入分析，包括历史政策的演变、当前政策的实施效果以及未来可能的政策走向，通过官网查找、专家访谈等方法，收集相关政策信息和数据，还可以与行业协会、非政府组织等利益相关者进行交流，了解他们对政策的看法和建议，多维度的信息收集方式有助于全面理解政策的影响和潜在问题，从而提出更具针对性的建议；调查研究课题聚焦于能源企业及行业的深入调研，研究方案应包括对能源行业相关从业人员的访谈，以及对能源市场的观察和分析，还应考虑与政府、企业建立合作关系，获取内部数据和信息，一手资料不仅能提供真实可靠的数据支持，还能帮助研究人员更好地理解行业现状和发展趋势[①]。通过科学合理的研究设计和方法选择，可以有效提升研究的质量和影响力，同时，不同类型课题的研究方案各有侧重，但都应以解决实际问题为导向，注重理论与实践相结合，确保研究成果既有学术价值又有实际应用意义。

不同智库在实际操作中对计划的制定会有所侧重。兰德公司注重与委托方的交流沟通，会根据客户需求确定研究课题，并与客户商定研究方法、研究周期、研究预算等细节，根据商讨结果制订详细的研究计划，并按计划在每个研究阶段定期向客户汇报研究进度及成果。这种高度定制化的服务模式确保了研究工作的针对性和实用性。根据商讨结果制订详细的研究计划，并按计划在每个研究阶段定期向客户汇报研究进度及成果。这种透明的沟通机制不仅有助于及时调整研究方向和方法，还能增强客户的信任感和满意度。胡佛研究所注重对关键节点和阶段性成果的设定，会根据课题内容和目标，制订阶段性研究计划，相关研究计划主要体现在对重大事件的设计方面，并根据相关计划要求，对研究进度实施科学化管理。这种严格的课题管理方式有助于提高研究的效率和质量，确保按时完成各项任务[②]。无论是兰德公司还是胡佛研究所，它们在实际操作中都强调了计划的重要性。通过科学合理的研究设计和方法选择，可以有效提升研究的质量和影响力。

（二）科研课题的过程管理

系统的过程管理对于科研课题高效有序开展具有至关重要的作用，不仅有助于优化资源配置，提升研究效率，还能促进科研成果的质量提升和创新加速。各国际能源智库均建立了适用于自身发展的科研课题过程管理体系，不同智库体系的建设各有特色，大多聚焦"三个主要阶段"进行部署，三个主要阶段包括信息收集阶段、研究分析阶段和质量评估阶段。

[①] 张春花，孙玉玲. 斯德哥尔摩环境研究所组织管理模式及研究发展机制分析[J]. 智库理论与实践，2021，6（2）：91-100.

[②] 姚建丽. 美国高校智库运行机制研究[D]. 金华：浙江师范大学，2016.

1. 信息收集阶段

信息收集阶段要确保数据和信息的准确性，对数据进行整合和评估。智库研究信息收集主要包括两种信息类型：一类是分散的各类文献情报资料，这类资源需要智库的情报收集部门进行采集、筛选、处理后，才能服务于决策咨询；另一类是智库的学者在其学术研究以及智库工作经历中形成的专家知识，是智库的特有知识资源①。

在文献情报收集方面，纵观国际领先能源智库，它们均具有良好的数据积累，并且开发相关的数据库或信息检索系统，能够全方位、高效率地获取课题研究所需信息。兰德公司在其机构内特别成立了调查研究组和数据统计组，其中，调查研究组主要负责收集调查数据、声音、事件等各种类型信息源，将调查结果储存在数据库中，供各研究部门引用；数据统计组的职责是从事数据统计分析与方法的研究，免费为公司的各种研究提供适量的咨询服务，该小组研究人员在许多不同的数据统计领域内都是知识丰富的专家，他们利用先进的统计软件和模型进行数据分析，确保研究结果的准确性和可靠性。日本能源经济研究所（IEEJ）专门构建能源数据与建模中心（目前包含计量经济学与统计学分析组、能源与经济分析组），负责能源数据基础开发和能源模型构建及计量分析。通过整合多种数据源，如政府统计数据、行业报告和企业调研数据，该中心能够提供全面而深入的能源市场分析。此外，它还开发了一系列复杂的计量经济模型，用于预测未来能源需求变化及其对经济的影响②。这些模型不仅帮助政策制定者做出更加科学合理的决策，也为学术界提供了宝贵的参考资源。KEEI 定期发布月度、年度能源数据，并区分为免费和收费两个版本，外部用户可付费订阅相关收费数据。这种灵活的数据提供方式既满足了公众对于基本信息的需求，也保证了专业机构和个人可以获得更详尽的数据支持。KEEI 还经常举办研讨会和技术交流活动，促进国内外同行之间的沟通合作，共同推动能源领域的研究进步。未来资源研究所（RFF）的学者创建了 11 类数据工具，允许用户以各种新颖方式探索其研究数据（见图 8-3）。例如，全球能源展望工具针对全球能源发展情况的预测进行权威的比较分析；氢能源开发工具对美国各项氢能源项目进行数据追踪，并用绘图工具进行可视化分析；此外还提供绘制美国各地区能源发展情况地图的工具。通过这种方式，RFF 不仅提高了自身工作效率，也为其他研究人员提供了强大的技术支持平台。

---

① 张心源，赵蓉英，邱均平. 面向决策的美国一流智库智慧产品生产流程研究［J］. 重庆大学学报（社会科学版），2016，22（2）：132-138.
② 柳玲. 日本现代智库发展研究（1945—2020）［D］. 北京：北京外国语大学，2022.

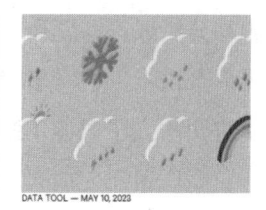

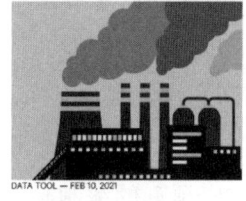

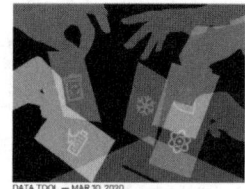

图 8-3　未来资源研究所数据工具

资料来源：Resources for the future. Data and Decision Tools ［2025-03-01］. https：//www.rff.org/topics/data-and-decision-tools/.

在专家知识积累方面，美国能源智库对专家团队的建设十分成熟，许多智库不仅拥有一支由专职专家组成的稳定研究队伍，还根据具体课题的需求灵活聘请来自各个领域的顶尖专家作为顾问。专家团队既包括专职专家又包括针对课题聘请的专家顾问等，这些专家既有来自知名大学、研究机构的学者，又有换届选举产生的暂离政府职位的政府官员，共同组成跨学科的、学术特征与政策特征并存的专家团队，前者可以为研究带来最新的理论支持与方法论指导，后者则能结合实际操作经验提出更具可行性的建议。这种多元化的构成方式确保了团队能够覆盖广泛的学科领域，并且能够在处理复杂问题时提供多角度的视野。这些专家团队提供的专家知识构成了智库富有竞争力的强大资源。兰德公司曾表示他们最具价值的资源就是其研究人员，布鲁金斯学会和胡佛研究所也在其官网上对其专家团队进行了详细的介绍，这样的透明度有助于建立公众信任，并吸引潜在的合作伙伴或资助者。这些专家对于情报信息的判断、认识和分析成为课题研究开展的重要资料。智库内部经常会举办专题讨论、研讨会等交流平台供专家、学者交流学术观点、分享经验。这不仅有利于团队个人成长，也为整个机构注入了源源不断的活力。更重要的是，通过这种方式积累起来的知识库成为支撑起高质量研究成果不可或缺的重要基石之一。

2. 研究分析阶段

在研究分析阶段，要选用最优的研究方法，研究方法要考虑系统性、关注全局，调查、解释和深化对复杂问题的理解；要搭建精准的分析模型，支撑开展量化研究。

在研究方法选择方面，为了使研究分析做到科学化，兰德公司提出了"理性管理"的思想，建立了一整套被称为"兰德式理性程序"的理性化、程序化思考方法模式，即4W思考模式：发生什么事（What's going on）、这事为什么发生（Why did this happen）、应采取哪一条行动路线（Which course of action should）、前途如何（What lies ahead）。由此而将理性活动即研究分析活动划分为状况评估、问题分析、决策分析和预测分析这四个既相互区别又相互联系的方面或环节，并为之发展出一系列可操作的结构化、程序化的研究分析工具和方法。如"启发式规划""线性和非线性规划""动态规划""德尔斐法""成本效用分析""系统分析"等。他们研制的"计划、程序和预算编制系统（PPBS）"已被联邦政府广泛用于军事预算和联邦政府预算的编制。原兰德总裁莱斯认为"兰德工作之所以如此重要，一个重要的方面是它为政策研究提供了分析工具""从长远的观点看，关于方法的创造性研究才是兰德最经久不衰的成就"。此外，兰德公司还专门设立了6个"方法中心"，每个中心均有责任设计创新性的新方法，致力于突破学科边界限制，发展并扩大兰德现有分析工具并宣传兰德方法论，这些方法中心为兰德开展课题研究提供了可视化、网络分析、博弈论、因果推理、可扩展计算等方法和工具[1]。

在模型工具研发方面，各能源智库积极开发相关模型工具为课题研究提供技术支持。RFF基于专业的建模知识，开发了众多分析模型及工具，如碳减排社会性成本计算工具、碳价格计算工具等，协助环境专家设计和评估各地区、州、地方和国家的相关政策。开发的主要模型有13项，其中Goulder-Hafstead能源环境经济的CGE模型有助于美国联邦政府预测碳排放定价政策对未来的影响，此外还有覆盖碳排放定价对就业、社会福利影响的模型，随机碳排放预测模型，政策投资对美国工程、电力、经济部门的影响预测模型，燃油经济性标准等政策对汽车市场的影响模型等（见图8-4）。这些模型工具的开发不仅为环境经济学的研究提供了强有力的支持，也成为RFF在该

---

[1] 安淑新. 国外智库管理运行机制及对我国的启示［J］. 当代经济管理，2011，33（5）：5.

领域的重要贡献。通过这些先进的分析工具，研究人员和决策者可以更全面地理解复杂问题，并制定出更有效的政策和战略。

图 8-4　未来资源研究所分析模型及工具

资料来源：Resources for the future. Data and Decision Tools ［2025-03-01］. https：//www.rff.org/topics/data-and-decision-tools/.

3. 质量评估阶段

国际知名能源智库通常建立了严格的成果质量评估机制，并贯穿至研究工作的资料准备、研究分析、智库产品等全环节，具体包括制定质量评估标准、组织质量评估活动、开发质量管理系统，形成了各具特色的管理实践。

在制定质量评估标准方面，各能源智库的研究成果标准，包括短时段性评价与中长期评价结合、内部评价与外部评价结合、定量评价与定性评价结合等多种方式。兰德公司制定了《高质量研究和分析标准》，目前该标准已经过三次修订，涵盖了情报资料收集、分析方法、报告规范性等方面，涉及研究方法恰当性、研究假设可靠性、研究成果客观独立性、建议启示合乎逻辑性等评估标准①。美国国家研究理事会对其研究报告设立了严格的质量评审标准，并且针对每种成果类型都制定了具体、细致、可操作性强的质量评审指南，有助于报告评审专家掌握和操作，保障其研究成果的高质量水平②。通过建立完善的质量评估体系，各能源智库能够更好地保证研究成果的质量和实用性，从而为政策制定者提供更有价值的决策支持。

在组织质量评估活动方面，兰德公司设有"研究质量保证部"专门负责研究成果的质量控制，并且对其研究项目定期采用同行评审的方式进行审查，力求做到研究结果的客观性、独立性、公正性、创新性和持久性。这种双重保障机制确保了研究成果的高质量，同时也增强了研究的公信力。胡佛研究所在课题正式进入研究阶段后，以课题检测和内部评估为基础，针对课题开展跟踪性评估，确保在规定时间内完成全部任务。其中课题检测工作主要以圆桌会议的形式，相关研究人员会根据监控过程中发现的问题进行全面探讨；内部评估主要是由课题负责人针对课题内容及战略计划实施状况进行全面评估。胡佛研究所还成立了胡佛捐赠务虚会，对相关研究成果开展定期外部评估活动，课题组需要将研究成果提交给务虚会成员进行审核，审核结果会直接影响下一个相关课题能否成功立项。这一机制不仅提高了研究的透明度，也为研究者提供了宝贵的反馈意见，有助于进一步提升研究质量和影响力。通过这些严格的质量评估措施，胡佛研究所确保了其研究成果的高标准和高信誉度。

此外，部分能源智库还开发独立质量管理系统进行课题质量评估，野村综合研究所拥有独立的质量管理系统（NRI–QMS）和标准（可交付成果的指南），对课题进行监测、评价、评审，在计划执行阶段、跟踪监督阶段和课题评估阶段进行全流程的质量控制。这意味着在整个课题研究周期内，无论是前期准备、中期实施还是后期总结，都要始终保持高标准的要求。各业务本部在对课题实施过程进行质量管理的同时，还设置了质量综合管理部门。

除了对三个关键阶段进行管理，许多智库还对科研课题的研究细节进行严格把控，形成科研管理的全套指南。中国科学院科技战略咨询研究院总结出"制定方案—决策

---

① 张志强. 国际智库发展趋势特点与我国新型智库建设[J]. 智库理论与实践, 2016（1）.
② 张志强. 一流智库战略研究成果的质量管理机制[J]. 中国科学院院刊, 2016（8）.

沟通—跟踪反馈—验收评价—呈批报送"的全过程智库课题管理体系。对课题组织形式、研究队伍、过程标准、关键节点、经费设置提出要求，并特别提出了符合智库课题研究规律、保证研究成果质量的具体标准，如：严格遵守课题进度的时间节点，研究过程中与交办部门沟通对接，严格遵守各评审环节的专家组成等。中国社科院针对调研课题的开展，先后制定并逐步完善了相关制度，覆盖内容从总体制度安排，到课题管理、经费使用、项目招投标、成果标准化、调研开展，以及外部关系的约束性制度培育等，建立了较完善的制度管理体系。通过精细化管理和制度建设，有效提升智库工作的整体质量和影响力[①]。

（三）科研项目的支撑保障

科研项目的支撑保障对于科研工作的顺利进行至关重要，能够确保科研活动所需的资金、数据和人力资源，提高研究效率和成果质量，促进科研创新，加速成果转化，增强科研竞争力。

1. 组织保障

通过科学的组织模式和灵活的组织结构，国际能源智库能够更好地汇聚人才、整合资源，高效开展能源领域相关研究，保证研究的深度和广度。

一是研究人员专业背景多元化。为完成科研课题的跨学科交叉研究，国际能源智库在研究队伍专业背景上均采取多元化的策略。兰德公司研究人员的专业背景多种多样，包括经济学、政治与国际关系学、商学、法学、工程学、统计学、社会科学、政策分析、计算机科学等。在兰德公司，工程技术人员、物理学家、数学家、系统分析专家、计算机专家等自然科学专家，与计划统计专家、经济学家、社会学家、心理学家、法律专家、文学家等人文社会科学专家集体研究，学科跨度大，学科间配合默契，激发了各种不同学术观点的碰撞[②]。布鲁金斯学会研究人员均有较深厚的学术背景，大多数人甚至有政府背景[③]。英国智库强调人才的交叉性教育背景。亚当·斯密研究所和科普顿中心认为来自相似教育背景的人往往想法雷同、难有差异较大的想法，因此他们常不拘一格录用人才，并培养、帮助其成长。改革研究所认为不同的经历和阅历对做好研究工作很有帮助，其招聘的部分研究人员有律师、记者、政府官员等经历。

二是配备行政人员充分支持研究。美国、英国、德国等国外高端智库通常将人员分为行政和研究两大类进行分别管理和职能分工，行政部门负责机构运营管理，研究

---

① 周笑梅. 新型智库发展优化研究 [D]. 长春：吉林大学，2021.
② 赖先进. 国际智库发展模式 [M]. 北京：中共中央党校出版社，2017.
③ 张大卫，等. 国际著名智库机制比较研究 [M]. 北京：中国经济出版社，2017.

部门负责研究工作，二者分工明确①。行政人员配置完全围绕研究人员的需要，为科研部门提供必要的支持和服务，科研人员没有繁杂的行政工作和填报各种报表的干扰，可以更专注地为客户和资助者提供高质量的研究产品。兰德公司非常重视研究人员与行政人员的合理配置，认为"两个研究员不如一个研究员加半个秘书的效率高"，一般1~4名研究人员配备1名秘书，1名高级管理人员则配备2~3名秘书协助工作。胡佛研究所的主体人员基本上可以分为三类：（1）以知名学者为主体的常驻研究人员；（2）多类型的访问研究人员；（3）以项目管理、技术支持、媒体联系、图书档案管理专业人士为主体的辅助人员，这三类人员的比例基本上为1∶1∶1②。

三是采取个人和团队结合的形式开展研究。胡佛研究所近年来主要鼓励研究人员以工作小组的形式进行研究。工作小组是针对特定的研究和传播目标，研究所内常驻研究人员和外部聘用的专家结合起来，形成专门研究某一问题（或项目）的学术团队，一般由1名胡佛研究所的高级学者领导。胡佛研究所的工作小组多为常设性项目小组，通常以5年为一个研究周期进行成效评估。个人独立研究和工作小组研究也是布鲁金斯学会课题人员组织的基本形式。布鲁金斯学会的研究员都进行独立研究，可以根据自己的兴趣和专长选择研究课题，其对时间的支配也有很大的灵活性。

2. 资金保障

多元化的筹资模式和精细化的资金管控为国际能源智库从事咨询研究提供了稳定的经费支持，使研究人员能够专注于高质量的研究，保障智库研究的客观性和独立性。

一是拓宽多元化资金来源。国际能源智库一般具有多渠道资金来源，既有市场化收入，也有来自政府或体制内机构的经费支持。美国智库设立专业财务部门开展经费筹集，形成了社会捐赠、政府资助、市场化运作收益、国外捐助、个人捐助、政府和社会资本合作模式以及委托研究项目经费等多元化的筹资渠道。英国智库资金来源渠道多元，研究资金来源主要有政府资助、欧盟资助、企业和个人捐赠、信贷支持、研究委托等五大渠道，此外还可通过出版专著、有偿培训、咨询服务等方式获取资金。大部分德国智库依赖政府拨款，约50%的智库完全依靠公共资金，由联邦政府和州政府共同承担，另外约25%的智库完全依靠私人资金③。日本官方和半官方智库经费绝大部分来源于政府，民间智库则主要以社会赞助、会员会费收入为主要收益来源。

二是以研究性支出为主，管理及一般性支出为辅。研究性支出包括工资及福利支

---

① 国外高端智库的人才、经费与组织保障机制建设经验［EB/OL］.（2022-11-29）［2025-04-09］.中国发展出版社网站，https：//www.develpress.com/? p=2774.

② 陈英霞，刘昊.美国一流高校智库人员配置与管理模式研究——以斯坦福大学胡佛研究所为例［J］.比较教育研究，2014，36（2）：66-71.

③ 刘潇潇.德国智库的运营机制及启示［J］.中国社会科学评价，2017（2）：111-124，128.

出、差旅费、会议费、编辑及出版费等；管理及一般性支出则用于购买其他专业机构的产品和服务，如网络和通讯服务、信息服务等。布鲁金斯学会、美国战略与国际问题研究中心等美国主流智库的财务报表显示，科研课题的研究性支出在总经费支出中占比均过半。2022年，美国战略与国际问题研究中心的研究性支出占比66%，管理及一般性支出占比28%[①]；2023年上半年，布鲁金斯学会的研究性支出占比72%，管理及一般性支出占比25%[②]。

三是实行精细化的预算管理，保障较高的研究人员经费。通过精细化预算管理，能够精确预测和规划资源需求，确保科研资金得到高效利用。在课题经费方面，美国知名智库都坚持在研究项目支出中，研究人员经费占一半以上，按照预算制直接拨付研究人员。兰德公司科研项目经费预算先由课题负责人核算所需要聘用的研究人员按天数计算的工资、人员旅差费、计算机费用和其他必要开支，报请项目主任审定。按这些项目计算出的项目成本加67%的额外开销费，再加7%的杂费，即构成向委托人提出的费用，一般为课题直接开支费的174%。一般来说，兰德公司给研究人员的工资较高，较同等资历的大学教授要高出1/3。

3. 数据与模型保障

国际能源智库的数据库与模型工具能够确保其在进行能源、环境、产业政策研究时能够提供基于事实和数据的客观分析，提升研究的科学性和准确性，为智库的可持续发展提供坚实基础。

一是开发自有数据库或信息检索系统。国际领先的能源智库通过加强数据统计与积累，开发相关的数据库或信息检索系统，提升对相关问题的量化分析能力，提高研究效率。如日本能源经济研究所在1984年专门构建能源数据与建模中心，负责能源数据基础开发、能源模型构建及计量分析，会员可以下载日本和世界的年度、季度和月度能源数据[③]。韩国能源经济研究院定期发布月度、年度能源数据，外部用户可付费订阅相关收费数据（见图8-5）。兰德公司于1972年专门成立调查研究组确保调查数据质量，拥有多手段专业化调查中心，主要开展国际数据收集等工作，目前已开发和积累大量特色数据库，包括统计数据库、调查数据库、案例库等。很多数据库还能开放使用，可开放使用的数据库大多为统计、调查类数据库，如RAND State Statistics、RAND Texas Statistics、RAND California Statistics等（见图8-6）。

[①] 美国战略与国际问题研究中心2022年财报［EB/OL］. 美国战略与国际问题研究中心，https：//www.csis.org/about/financial-information.

[②] 布鲁金斯学会2023年上半年财报［EB/OL］. 布鲁金斯学会网站，2023-11-28.

[③] 宋海云，冯昕欣，薛松，等. 国际领先能源智库建设发展经验及启示［J］. 智库理论与实践，2023，8(5)：167-173.

No.	Subject	Date	Author
647	Monthly Energy Statistics, November 2024	2024.11.19	KEEI
646	Korea Energy Economic Review (Volumn 23, Number 2)	2024.10.16	KEEI, KREA
645	Monthly Energy Statistics, October 2024	2024.10.16	KEEI
644	Monthly Energy Statistics, September 2024	2024.09.12	KEEI
643	Monthly Energy Statistics, August 2024	2024.08.23	KEEI
642	Monthly Energy Statistics, July 2024	2024.07.19	KEEI
641	Monthly Energy Statistics, June 2024	2024.06.14	KEEI
640	Monthly Energy Statistics, May 2024	2024.05.23	KEEI
639	Korea Energy Trends - April 2024	2024.05.08	KEEI
638	Korea Energy Economic Review (Volumn 23, Number 1)	2024.04.24	KEEI, KREA

图 8－5　韩国能源经济研究院能源数据库

资料来源：Korea Energy Statistical Information System. Monthly Energy Statistics [EB/OL]. [2025－04－09]. https：//www.kesis.net/sub/sub_0003_eng.jsp.

图 8－6　兰德公司数据库

资料来源：STATE STATISTICS. Data you can trust [EB/OL]. [2025－04－09]. https：//statestatistics.org/.

二是研发模型工具支撑开展量化研究。美国未来资源研究所基于专业的建模知识，开发了众多分析模型及工具，协助环境专家设计和评估各地区、州、地方和国家的相关政策。其中，Goulder－Hafstead 能源环境经济 CGE 模型有助于联邦政府预测碳排放定价政策对未来的影响，此外还有碳排放定价对就业、社会福利影响的预测模型，随机碳排放预测模型，政策投资对美国工程、电力、经济部门影响的预测模型，燃油经济性标准等政策对汽车市场的影响模型等。兰德公司首创了组合分析工具、探索性建模、离散选择模型等模型工具。

三、科研成果的转化应用

国际能源智库的科研成果转化应用是科研项目全过程的"最后一公里"，促进科研成果从理论走向实践，对于实现科研项目的最终目标、推动经济社会发展具有至关重要的作用。

（一）科研成果的发布与推广

国际能源智库往往会在讲座、论坛等各类渠道广泛发布政策报告、学术专著和文章等研究成果，同时注重公共媒体的运营，不断扩大影响力，使科研成果更好地被公众、社会、政府采纳。

一是发布政策报告、学术专著等研究成果。政策报告、学术专著和期刊是科研人员分享研究成果、进行学术交流的重要平台，也是评价科研人员成就的重要指标。布鲁金斯学会在主流学术期刊《外交事务》上刊登多篇具有全球性影响的文章，提升了其在国际舞台上的曝光度。2023年，布鲁盖尔研究所共出版2部专著、10份欧洲议会参考报告、22份政策简报、36篇分析文章等，大力提升智库成果的影响力和传阅度。德国马普学会每年在国内外著名期刊、教科书、著作等出版物上发表1.5万余篇文章，并规定其科研人员必须将研究成果向公众开放，塑造有影响力的智库品牌[1]。英国查塔姆研究所认为，一流的报告、论文、书籍和其他研究产品是政府领导者和决策者、私有部门和公民组织的重要资源，因此其每年通过出版图书、专题小册子，发表研究论文、政策简报和国际研究刊物为会员和政策决策部门服务。

二是积极举办讲座、论坛等交流活动。国际能源智库通过举办论坛和讲座可以吸引更多关注，以提高其在学术界和政策制定者中的知名度。美国信息技术与创新基金会不定期举办各种类型的名家讲座，主讲人一般为其高层管理人员及各行各业的领袖政要，并同步开设网络直播和讨论，最大化提高决策者和公众的参与度与积极性。布鲁盖尔研究院积极结合经济发展中的热点问题，每年举办80余次研讨会、演讲等活动，主讲人主要来自学术界或研究机构，参与者则来自社会各界。查塔姆研究所以邀

---

[1] 初景利. 国外科技创新智库运行机制分析［J］. 情报学进展，2022.

请国内外政要和不同领域专家到其研究所作报告为特色，经常举办重要人物演讲会，并不定期开设专题讲座、报告会、培训班向政府和大众传播智库观点。

三是接受主流媒体采访和发表评论。智库科研人员在主流媒体频繁亮相并发表高质量评论，有利于塑造智库的专业形象，增强智库品牌在国际上的知名度和认可度。美国未来资源研究所的科研人员经常在《纽约时报》《金融时报》等官方媒体发表能源观点，使其理念得以在全社会甚至全球推广。布鲁盖尔研究所的科研人员就能源危机、贸易、中欧关系、人工智能等话题与欧盟和美国媒体进行广泛交流，2023年共计媒体报道19036次。英国查塔姆研究所专门设立外联部门，建立"媒体每日报送"制度，将政策见解第一时间发给媒体，切实提高信息的时效性和相关性。

四是重视应用新媒体等新兴技术。建立完善的智库网站与社交媒体传播体系，有助于提高信息传播的效率和范围。美、英两国的知名能源智库官网整合智库专家对各类环境问题的采访与评论，开放播客电台、短视频等新兴栏目，就水资源、清洁能源、能源供需、低碳等领域展开讨论，并重视Facebook、Twitter等大众社交媒体的建设以壮大自身的媒介阵地，拥有较高的社会与国际影响力①。布鲁盖尔研究所依托博客创办"经济之声"栏目，就经济政策进行专题辩论，2023年共计发布53期，全网累计播放量181910次，促进知识的交流与共享②。兰德公司约95%的研究工作均可在网站上免费浏览和下载，在其中文官网发布与中国和东亚相关的研究报告，试图影响中国的公众和决策者（见图8-7）。日本经济产业研究官网可切换日、中、英三种语言，登载其研究成果、政策讨论会议资料、数据库等供研究使用（见图8-8）。

图8-7　兰德公司中文官网研究报告

资料来源：RAND. 兰德公司在亚太地区［EB/OL］.［2025-04-09］. https：//www.rand.org/zh-hans.html.

---

① 黄珂敏. 国外知名能源智库运行机制研究［J］. 智库理论与实践，2022（6）.
② 布鲁盖尔研究所2023年年报［EB/OL］. 布鲁盖尔研究院网站，2024-05-08，https：//www.bruegel.org/about/annual-reports.

第八章　国际能源智库的科研管理机制

图 8-8　日本经济产业研究所中文官网

资料来源：独立行政法人经济产业研究所. 焦点话题 [EB/OL]. [2025-04-09]. www.rieti.go.jp.

（二）科研成果的转化渠道

一是国际能源智库自行出资实施转化。自行出资实施转化是指国际能源智库运用自身资源对科技成果开展研发、产品化、商品化、产业化等转化活动。在这种转化方式下，科研成果持有人与科研成果转化人重合，不发生知识产权转移，科研成果所有人取得全部的转化收益，承担全部的转化风险，且能够享受成果后续迭代优化的收益。该方式可以消除科研成果转化的中间环节，很大程度上降低了科技成果转化的交易成本。中国科学院是我国高端智库建设试点单位之一，在 2017 年设立科技成果转移转化基金，旨在促进重大科研成果落地转化。基金首期规模为 30 亿~50 亿元，在直接投资具有突出市场潜力的重点科技成果产业化项目的同时，围绕战略性新兴产业、结合区域产业布局，设立 20~30 只子基金，形成 200 亿元左右的基金总规模，重点投资中国科学院科研成果转化项目①。

二是国际能源智库转移科研成果所有权或使用权，由受让方进行转化。国际能源智库可通过将其科研成果申请的知识产权的所有权或使用权转移给受让方，包括专利权、软件著作权等，由受让方进行转化。最常见的形式是国际能源智库出让科研成果，

---

① 中科院设立专项基金促进科技成果转移转化 [EB/OL]. 中华人民共和国中央人民政府网站，2017-09-20, https://www.gov.cn/xinwen/2017-09/20/content_5226396.htm.

企业受让科研成果,通过签署转让协议来实施转移。在转移所有权的情况下,科研成果所有权发生变化,收益与风险全部转移到成果受让方,即转让方收取的转让费,不与科研成果转化的效果直接关联,也不承担转化的风险。在转移使用权的情况下,仅对科研成果使用权交易,科研成果的所有权不变,被许可人更重视成果转化的实际效果,在实践中,被许可人支付给受让方的许可使用费一般与成果实施效果相关联。牛津能源研究所依托牛津大学的创新转化部门——牛津大学创新公司(OUI),将其科研成果进行转化,主要是通过将科研成果的使用权转让给学校内外的企业,这种转化方式风险较低。此外,发明人在获得许可收益的同时仍保留对知识产权的所用权,OUI也不需要直接进行投资而一次性获得专利转让费用,缺点在于转让的收益较少,同时在寻找合适的专利受让者方面难度也比较大[①]。

三是国际能源智库与第三方合作共同实施转化。一般情况下,国际能源智库可将其科研成果作为合作资源,与第三方订立合作转化协议,发挥各自的优势,共同转化科技成果,并就收益共享、风险共担的办法达成共识。对于技术或市场不太成熟的科研成果,合作实施转化的双方若能实现优势互补,可快速推进项目研发、试验、生产及市场推广。德国亥姆霍兹联合会调动科研人员与产业伙伴紧密合作开展科技成果转移转化合作,主要通过技术授权、创办初创企业等方式实现专利技术的商业价值转化,并通过战略联盟、资助基金、交流活动等方式建立合作模式,为必要环节提供研究所需的基础设施等支持。统计数据表明,德国亥姆霍兹联合会每年开展约2000个科技成果转移转化项目,合作收益超过1.5亿欧元[②]。

(三) 科研成果转化的支撑保障

各国政府均十分重视智库科研成果的转化,通过立法、设立专业机构等方式推动科研成果尽快转化为生产力,增强智库研究的实际应用价值。

一是政府立法引导转化。美国政府制定了一系列促进科研成果转化的法案,从1980年颁布的《拜杜法案》《史蒂文森——怀德勒法案》,到2013年颁布的《创新法案》等,为美国智库的技术转移和科研成果转化奠定了完善的法律保护体系。我国政府则是在1993年、1996年先后出台了《中华人民共和国科学技术进步法》与《中华人民共和国促进科技成果转化法》,形成中国从事产学研合作与技术转让的基本法规,

---

① 科技成果转化"牛津模式"! 一文了解牛津大学科技成果转移转化模式与路径 [EB/OL]. 搜狐网, 2025 – 01 – 02, https://www.sohu.com/a/844354904_121123735.

② 2020全球百佳技术转移案例5—德国亥姆霍兹联合会 [EB/OL]. 中国国际科技交流中心网站, 2020 – 11 – 27, https://www.ciste.org.cn/gjjsmy/gjjsjylm/art/2023/art_e42223df36d74391a08550d1c7763dc9.html.

最新一次修订时间分别为 2021 年、2015 年，进一步完备了科研成果转让体系。德国政府 1990 年开始连续构建科技发展战略并辅以配套政策；2006 年，德国政府推出第一个国家层面的《高技术战略》法案；2023 年，德国政府出台《未来研究与创新战略》法案，作为德国联邦政府最新的科技创新顶层战略规划。《未来研究与创新战略》中为德国的研究和创新设立了三个目标：争取技术领先地位，提高技术竞争力；推进研究转化，实现基础理论研究与实际应用相结合；对技术更加开放，吸收优秀创意（见图 8-9）。

	《拜杜法案》	《史蒂文森——怀德勒法案》	《创新法案》
美国			

	《中华人民共和国科学技术进步法》	《中华人民共和国促进科技成果转化法》
中国		

| 《高技术战略》 | 《未来研究与创新战略》 |

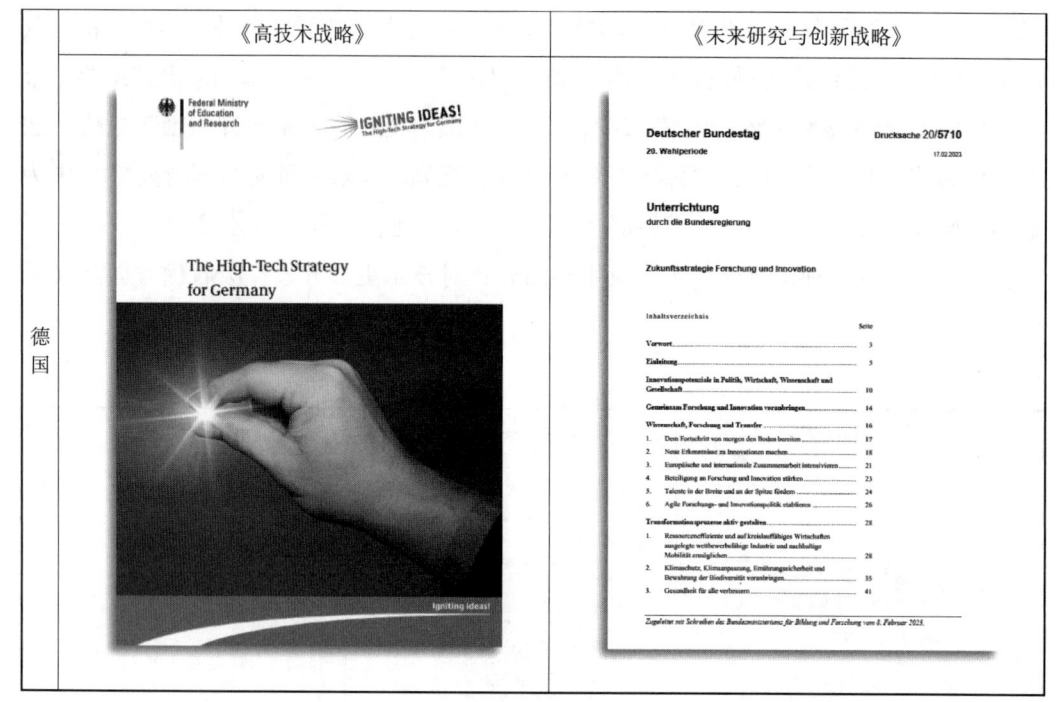

图 8-9　美国、中国、德国与科研成果转化有关的政策法规

资料来源：Office of NIH History and Stetten Museum. Public LAW 96 – 517 – DEC. 12, 1980 94 STAT. 3015 [EB/OL]. [2025 – 04 – 09] https://history.nih.gov/download/attachments/1016866/PL96 – 517.pdf; GovInfo. Stevenson – Wydler Technology Innovation Act [EB/OL]. [2025 – 04 – 09] https://www.govinfo.gov/content/pkg/COMPS – 9476/pdf/COMPS – 9476.pdf; Document Repository. Rules Committee Print 113 – 28 [EB/OL]. [2025 – 04 – 09]. https://docs.house.gov/billsthisweek/20131202/CPRT – 113 – HPRT – RU00 – HR3309.pdf; 人民日报图文数据库．中华人民共和国科学技术进步法 [EB/OL]. (2021 – 12 – 27) [2025 – 04 – 09]. https://data.people.com.cn/rmrb/20211227/14; 中华人民共和国科学技术部．中华人民共和国促进科技成果转化法（2015 年修订）[EB/OL]. (2015 – 08 – 31) [2025 – 04 – 09]. https://www.most.gov.cn/xxgk/xinxifenlei/fdzdgknr/fgzc/flfg/201512/t20151204_122621.html; Federal Ministry of Education and Research. The High – Tech Strategy for Germany [EB/OL]. [2025 – 04 – 09]. https://www.fona.de/medien/pdf/die_hightech_strategie_fuer_deutschland.pdf; Bundesregierung. Zukunftsstrategie Forschung und Innovation [EB/OL]. (2023 – 02 – 17) [2025 – 04 – 09]. https://dserver.bundestag.de/btd/20/057/2005710.pdf.

二是设立专业机构促进转化。美国政府设立了多家官方转化机构促进科学与技术研发，如美国国家标准化技术研究院主要以指导、培训、记录、合作等形式促进科研成果通过企业或其他组织形式实现商业化。美国高校通常会建立由法律、商业和专门人才组成的中介机构进行科研成果转化，如哥伦比亚大学的"创新企业"，哈佛大学的"技术与商标许可办公室"等，这些中介机构在推动科研成果转化方面发挥了积极的作用。德国政府联合银行资本、风投基金，在企业设立转化机构免费为科研成果转化提供咨询服务，机构建设费用由政府、国家银行和企业按一定比例分担。我国的国家技术转移中心在推动科技成果转化为实际生产力方面扮演着重要角色，截至 2023 年底，我国高校院所与企业共建研发机构、转移机构和转化服务平台数量达到 19574 家。其中，清华大学国家技术转移中心作为首批国家级技术转移机构之一，致力于促进高校科研成果的市场化与产业化,推动产学研用深度融合;北京科技大学设计研究院有限公司则专注于将科研成果应用于工业设计和工程技术领域;中国科学院北京国家技术转移中心作为国家级的技术转移平台,以促进科技成果转移转化和创新创业为目标,服务国家创新驱动发展战略。

    构建高效、科学的科研管理机制,是国际能源智库高质量发展的关键所在。本章从科研课题的选题机制、组织实施和转化应用三方面入手,分析研究国际能源智库先进的科研管理经验。在选题策源方面,国际能源智库除承接政府委托、自主策划、外部课题以外,一般会建立成熟的课题储备机制,并通过前期调研、初步筛选、深度评估等环节保证选题的专业性和实践价值;在组织实施方面,从计划制订、过程管理、支撑保障等方面介绍国际能源智库的特色做法,为高效开展科研课题研究提供指导;在转化应用方面,国际能源智库致力于通过各种渠道推广和转化科研成果,并通过立法、设立专业机构等举措支撑保障科研成果从理论走向实践。

业 务 篇

第九章

国际能源智库传播

在当今全球化与信息化深度融合的背景下，国际能源智库的研究成果已不仅仅局限于国内传播，其影响力的扩展在很大程度上依赖于国际传播的深度和广度。作为国际能源政策讨论的重要参与者，能源智库需要构建一套科学、系统的传播保障机制，从而应对复杂多变的传播环境。传播资源的整合与调配、传播效果的评估与反馈以及传播风险的防控与处置，是提升国际传播效果的核心环节。本章将围绕这些关键点展开讨论，为能源智库的国际传播提供理论支持与实践参考。

一、国际化传播体系建设

（一）建立国际化新媒体传播矩阵

构建全面的国际化传播矩阵对于国际能源智库至关重要，国际能源智库的研究成果不仅局限于本国的影响力，还必须有效地传播到全球范围内，增强智库在国际能源政策讨论中的话语权，提升国际认可度。

1. 以官方网站为宣传主阵地

官方网站是智库对外展示其研究成果和品牌形象的重要门户，同时也是国际受众获取智库信息的第一平台。设计良好、功能齐全的官方网站可以提升智库的国际影响力，并使研究成果更广泛地传播。具体来说，官方网站的设计和功能应当结合以下几个关键点。

网站的设计应当简洁而直观，使不同受众可以快速找到所需的信息。官方网站包括清晰的导航栏、直观的分类结构（如研究领域、报告、活动等），以及便捷的搜索功能。此外，网站应具有响应式设计，具有适配全球移动互联网用户使用需求的能力。

内容更新频率是衡量智库官方网站活跃度的重要指标。及时更新研究报告、政策建议、新闻动态以及即将举办的学术活动，保持网站的活力和吸引力。通过频繁的内容更新，智库可以向全球受众展示其最新的研究成果，持续引导全球能源政策讨论。

例如，牛津能源研究所（Oxford Institute for Energy Studies，OIES）的官方网站提供按研究主题、成果类型和年份筛选查询研究成果的入口实现，并且定期通过邮件方式向订阅者发送新出版物、评论、文章发表等相关通知。

多语言支持是智库国际化传播的关键因素。为了让全球不同国家和地区的受众方便地访问和理解智库的研究成果，官方网站应提供多语言版本，尤其是主要的国际语言，如英语、法语、西班牙语、阿拉伯语等，扩大智库的影响范围，让更多的受众深入了解智库的观点和研究成果。

此外，智库还可以通过官方网站提供多样化的内容形式，包括博客、电子期刊、视频等，增强网站的互动性。通过定期发布专家撰写的博客文章，就当前能源热点问题发表观点，引发受众讨论。视频和电子期刊则更直观地传达复杂的能源政策和技术问题，吸引不同层次的受众。

2. 以社交媒体账号为触手扩大传播范围

在现代数字传播环境中，社交媒体已成为智库传播研究成果、影响全球受众的重要渠道。社交媒体平台如 Facebook 等，为智库提供了互动性强、传播速度快的全球化平台。通过社交媒体智库可以及时发布研究报告和政策建议，与全球受众进行实时互动，获取反馈，增强传播效果。

快速反应能力是社交媒体的显著优势。相比传统媒体或官方网站，社交媒体能够在短时间内发布信息并迅速扩散到全球受众。这种即时传播的特点对于能源智库来说尤为重要，特别是在应对突发能源事件或政策变化时，社交媒体平台可以帮助智库第一时间发声，引导舆论。

此外，社交媒体平台具有广泛的传播范围。通过智能推荐和受众分析，社交媒体可以根据用户的兴趣和行为，将智库成果精准推送给全球的政策制定者、学者、行业专家以及普通公众。通过与受众的互动，智库还可以获取反馈信息，了解受众对其研究成果的看法，进而优化内容和传播策略。例如，牛津能源研究所（OIES）积极利用社交媒体平台与全球能源领域的专家、学者和公众互动。OIES通过这些平台分享最新的研究成果、活动预告和行业动态，促进信息交流和讨论。

3. 以多种形式载体传播思想

在当今信息爆炸的时代，新媒体内容生产成为智库提高传播效果的重要手段。相比于传统的文字报告和学术文章，视频、播客等新媒体形式更加直观、生动地展示复杂的能源问题，使受众更容易理解并接受智库的研究成果。

视频是传播复杂信息的一种有效方式。通过短视频或纪录片，智库将长篇的研究报告浓缩为几分钟的视觉内容，吸引那些没有时间或精力阅读长篇文章的受众。

播客也是近年来备受欢迎的传播形式之一。通过音频节目，智库可以邀请能源领域的专家、学者讨论当前的政策热点或研究趋势，提供深入的政策解读和专家意见。由于播客不受时间和空间的限制，听众可以随时随地收听，极大地方便了信息的传播。非洲能源政策中心（ACEP）利用官方网站发布最新的研究报告、政策文件、新闻稿以及博客文章，提供了一个集中的信息源；在社交媒体平台上如 Twitter、Facebook 和 LinkedIn 上分享最新动态，并与公众进行互动；通过 YouTube 等视频平台制作专题分享以及宣传智库所举办的项目和活动，来直观传达信息。利用智媒融合，ACEP 有效地传递了自己的研究成果，扩大了自身的影响力，也促进了社会各界对其工作的支持与认可。

（二）构建国际学术交流网络与国外智库的合作机制

在全球化与信息化的推动下，国际能源智库的研究成果已经不再局限于本国影响力，而是需要通过有效的国际传播机制来扩展其全球影响力和话语权。在这一过程中，构建国际学术交流网络，特别是与国外顶尖智库和研究机构建立合作伙伴关系尤为重要。国际能源智库通过合作网络共享资源、协同研究，在全球学术界和政策讨论中占据更为重要的位置。

1. 与国际顶尖智库、研究机构建立合作伙伴关系

国际能源智库要想在全球事务中获得更大的话语权，必须与国际顶尖智库和研究机构建立稳固的合作伙伴关系。这种合作有助于共享数据资源、联合开展研究项目，通过共同举办活动、出版报告等方式，提升智库的国际知名度和影响力。为了实现这一目标，智库需要制定清晰的战略规划。

智库应当通过系统化的战略规划，明确合作目标和方向。与国外顶尖智库的合作不应仅仅停留在表面，而是需要在研究领域、政策影响力、学术资源等方面进行深入的战略合作。例如，英国的牛津能源研究所（OIES）与多个国际知名智库和研究机构保持长期合作，通过联合研究、共同出版报告等方式，成功将其研究成果传播至全球。

在制定合作战略时，智库可以选择与全球范围内具有强大影响力的能源智库、大学研究机构以及政策制定者建立合作关系。智库可以选择与国际能源署（IEA）等建立战略合作关系。这些机构在全球能源政策讨论中扮演着关键角色，拥有丰富的学术资源和政策数据，为合作提供重要支持。

定期联合举办国际研讨会是合作的重要形式。智库可以与合作伙伴共同举办全球性能源论坛或学术研讨会，邀请全球的政策制定者、学者、企业代表共同参与讨论。

国际研讨会能够推动智库的研究成果进入国际政策讨论的核心圈，通过讨论和互动，进一步优化研究成果。

智库还可以通过协同出版研究报告的方式，与国际合作伙伴共享数据和研究成果。通过共同撰写和发布具有全球影响力的能源研究报告，智库可以将自己的研究成果推广到全球市场，并通过合作提升其国际知名度。

国际能源智库应当在合作伙伴关系中充分进行数据资源共享。全球能源市场变化迅速，智库需要通过实时获取和分析数据来预测趋势、提供政策建议。通过与国外顶尖研究机构共享能源市场数据、技术发展数据等，智库可以提升其数据分析的精准度，从而提高其政策建议的科学性和权威性。

2. 参加国际学术会议提升智库共同体参与度

参与国际学术会议是智库提升其国际知名度、传播研究成果的重要途径。通过积极参加国际学术会议，智库研究人员可以与全球同行进行面对面的交流，分享智库的研究成果和政策建议，从而提升其在国际学术界的声誉与影响力。

国际学术会议为智库提供了一个展示其研究成果和政策建议的平台。在这些会议上，智库的研究人员可以通过发言、展示论文、参与讨论等形式，将智库的研究成果推广到国际学术界和政策制定者面前，为未来的合作奠定基础。日本能源经济研究所（IEEJ）定期举办国际研讨会和论坛，邀请世界各地的能源政策专家、学者和行业领袖共同探讨能源领域的热点问题和未来趋势。同时IEEJ设立的下属机构亚太能源研究中心（APERC）也会定期举办研讨会、论坛和国际会议，促进亚太经合组织（APEC）成员之间的能源合作以及能源政策的交流与合作。

在国际学术会议中，报告发言和论文展示是思想交流的重要渠道。通过发言和展示论文，智库可以将其研究成果传播到更广泛的受众群体。研究人员通过会议发言，向全球政策制定者和学术界介绍智库的最新研究成果，与参会者的互动，进一步提升其研究成果的影响力。例如，在每年一度的联合国气候变化大会（COP）上，波茨坦气候影响研究所（PIK）、战略与国际研究中心（CSIS）等全球智库和研究机构都会通过发言、展示论文等方式，向世界各国的政策制定者介绍其关于气候政策和能源转型的最新研究成果。

3. 出版国际期刊和研究报告提升学界业界享誉度

出版国际期刊和发布全球化的能源研究报告是智库扩大其国际影响力的重要手段。智库在权威国际学术期刊上发表文章，将其研究成果推广到全球学术界和政策制定者面前，提升其在国际能源政策讨论中的话语权。

在国际权威期刊发表理论文章，扩大研究成果的传播范围。出版国际期刊和发布研究报告有利于智库提升其国际影响力，增强其在全球能源政策讨论中的话语权。通过选择适当的国际出版平台，智库将其研究成果推广到全球学术界和政策制定者面前，从而提升其在国际能源事务中的地位。

发布全球化的能源研究报告，将研究成果推向全球。智库定期发布关于全球能源市场、技术发展、政策趋势的年度报告，为政策制定者提供科学依据，通过数据分析和趋势预测，影响全球能源政策的制定。撰写全球化能源研究报告的关键在于内容的深度和数据的可靠性，为政策制定者提供详细的政策建议和趋势预测必须基于智库对全球能源市场的深入研究。全球能源研究报告通常涵盖能源供应、需求、技术发展、政策变化等多方面内容，为全球政策制定者在制定能源政策时提供更为科学和准确的决策支撑。

除了定期发布的年度报告，智库还可以根据全球能源市场的变化，发布专题研究报告。专题研究报告通常聚焦于特定的能源问题或区域问题，为全球政策讨论提供深入的分析和建议。泰国能源环境资源开发中心（CEERD）出版物形式丰富多样，信息服务全面及时。为促进知识的传播与应用，CEERD 发布多种形式的研究成果，包括研究报告、学术论文、培训材料和方法手册等。其研究报告基于对具体研究项目或咨询任务的深度分析，涵盖能源环境经济、规划、模型等多个方面。这些报告通常包含了详尽的数据分析、案例研究以及对未来趋势的预测，为政府决策者、企业管理人员和学术界人士提供重要的参考资料。为了提高区域内相关从业人员的专业技能，CEERD 编制了一系列培训手册、指南和教程，覆盖了从基础理论到实际操作的各个方面。在信息服务方面，CEERD 坚持出版《亚洲能源新闻》（AEN），这是专注于报道亚洲能源和能源相关经济和环境问题的月度新闻评论。AEN 从各种媒体、新闻和出版物以及当地信息来源中提取内容形成摘要，提供有关亚洲能源行业所有活动和趋势的最新信息。其信息内容全面及时，且具有可靠与实用的特点。

（三）培养国际化传播人才

在全球化背景下，智库的影响力不仅取决于其研究成果的质量，更在于其国际传播能力。在全球化的能源政策讨论和国际事务中，智库的研究人员需要具备强大的外语能力、跨文化沟通技巧以及对国际规则和议题的敏感度，才能支撑其研究成果在全球范围内有效传播，并影响国际决策。

1. 提升智库研究人员的外语能力与跨文化沟通能力

外语能力和跨文化沟通技巧是智库研究人员在全球范围内传播研究成果的关键技能。智库可以举行系统的外语培训和跨文化沟通技巧培训，帮助其研究人员在不同语言和文化背景下高效地传递信息，提升智库在国际政策讨论中的话语权。

外语能力是智库研究人员在国际平台上传播研究成果、与全球受众沟通的基础能力。符号理论指出，不同语言和文化背景下，信息传递的符号系统是不同的。[①] 因此，掌握多种语言是理解国际交流的基础，也是信息准确传递的关键。对于全球能源智库而言，英语无疑是最重要的国际交流语言，因为英语在全球学术界和国际政策讨论中占据主导地位。然而，随着全球化的加深，其他主要国际语言（如法语、德语、阿拉伯语、俄语等）也逐渐成为国际交流中的重要语言。因此，智库需要通过专门的培训项目提升员工的外语能力，确保他们能在不同语言环境下高效沟通。

此外，跨文化沟通技巧的培养同样重要。不同文化背景下，沟通方式、价值观和行为习惯都有所不同，为国际传播带来了挑战。文化接近性原则（Cultural Proximity）是跨文化传播中一项重要原则，是指受众基于对本地文化、语言、风俗等的熟悉，较倾向于接受与该文化、语言、风俗接近的节目，需要看到国际受众的复杂性和多元化存在，在传播中要区分不同文化背景、价值观念和行为方式的传播对象，进行有贴近性与针对性的传播，即注重差异化的传播。[②] 因此，智库研究人员不仅需要具备外语能力，还必须了解不同文化的沟通习惯，避免因文化差异而导致误解或信息传递的失败。在跨文化沟通培训方面，智库可以通过举办跨文化工作坊、邀请全球不同文化背景的专家进行讲座等方式，提升员工的跨文化沟通能力。

智库还可以通过实践性的沟通培训，提升员工在国际场合中的沟通技巧。例如，通过模拟国际会议、跨国合作项目等方式，让研究人员在实际情境中锻炼他们的跨文化沟通能力。这种基于实践的培训可以帮助研究人员在面对复杂的国际沟通场合时，更加自信和有效地表达观点。

2. 培养对国际规则的认知和对重要议题的敏感度

除了语言能力和人才引进，智库研究人员对国际规则和能源政策议题的了解也是其参与国际事务和影响全球决策的关键。全球能源治理和政策讨论涉及复杂的国际规则和协议。智库研究人员只有对这些规则和议题有深入了解，才能有效地参与国际政策讨论，并提供有影响力的政策建议。

非国家行为体在国际事务中的影响力取决于它们对国际规则的遵循和运用能力。

---

① 周启超. 文本结构·符号模拟·文化互译——尤里·洛特曼的核心命题三则 [J]. 浙江社会科学，2022 (10)：123 – 130, 159.

② 林昱君，赵颖. 关系与互动何以可能：跨文化传播基本命题的生态学诠释 [J]. 东岳论丛，2024，45 (6)：63 – 72.

智库作为重要的政策咨询机构，必须对国际规则和能源政策议题保持高度的敏感度，才能在国际能源治理中发挥其应有的作用。

提升研究人员对国际规则和议题的敏感度，智库需要通过一系列的培训项目和研讨会，帮助员工深入了解全球能源政策框架和国际协议。智库可以定期举办关于《巴黎协定》、国际能源市场规则等议题的内部培训，研究人员对全球能源治理的最新动态和规则有清晰的理解。除了对国际协议和政策的理解，智库研究人员还应提升对新兴技术和能源市场动态的敏感度。例如，全球范围内的可再生能源转型、碳减排目标以及电动汽车技术的快速发展，都为智库的政策建议带来了新的挑战和机遇。智库研究人员需要具备高度的洞察力，及时捕捉这些变化，并在研究报告和政策建议中反映出这些新兴议题的影响和发展趋势。

智库研究人员对国际议题的敏感度提升必须基于对全球能源政策背后的政治经济学的了解。能源政策的制定往往受到多种因素的影响，包括国家利益、国际市场动态以及全球政治力量的博弈。智库研究人员应对这些动态有清晰的理解，具备运用这些知识为政策制定者提供可行性建议的能力。牛津能源研究所（OIES）在其政策建议中，精准把握全球能源市场的复杂变化，并为多个国家的政府提供了极具价值的能源政策建议。2023年8月，英国牛津能源研究所（OIES）发布了《中国及其能源地缘政治评估》报告，基于多方观点分析了中国的能源地缘政治。

智库可以通过积极参与国际政策讨论和多边谈判，提升其研究人员对国际规则的理解和实际运用能力。这种参与有助于增强研究人员对国际政策制定过程的熟悉程度，还为智库在国际事务中赢得更多的话语权。国际规则通常涉及复杂的法律、技术和政治框架，智库研究人员通过实际参与这些讨论和谈判，可以更深入地掌握规则的核心逻辑和应用场景，从而在政策建议中更具权威性和科学性。此外，通过与其他国际智库和研究机构的合作，智库进一步提升其对全球议题的敏感度。国际合作为智库提供了更多的信息渠道和政策讨论机会，使其能够及时捕捉国际规则和议题变化的动态，可以扩展智库的国际视野，在政策建议中更好地反映全球共识和区域需求。与国际机构的协作也为智库建立起多层次的交流网络，使其研究成果更加直接地影响国际政策的讨论与制定。

3. 引进高层次国际化传播行业人才

在培养国际化传播能力的过程中，除了提升现有员工的外语能力和跨文化沟通技巧，引进高水平的国际化人才也是增强智库国际传播能力的重要途径。引进海外的高水平研究人员和传播专家，可以完善智库的人才结构，丰富国际传播经验，从而提升其在国际传播中的影响力。

全球人才引进被认为是组织提升其全球竞争力的重要手段。① 对于能源智库来说，国际化人才的引进可以提升其在国际传播和政策方面的影响力。国际化人才在学术研究上具有深厚的积累，同时具备丰富的跨文化沟通经验，推动智库将其研究成果有效传播到全球不同文化背景的受众中。

智库引进国际化人才的渠道包括设立国际研究员计划，吸引全球顶尖学者和政策专家参与智库的研究和传播工作。此外，智库还可以通过国际合作项目的形式，引进海外的传播专家，帮助其提升国际传播的效果。传播专家通常具备丰富的国际媒体经验，能够帮助智库制定针对全球受众的传播策略。国际化人才的引进将带来新的研究视角，为智库提供更为广泛的国际合作机会。国际化人才往往拥有广泛的国际学术和政策网络，有助于建立智库与全球智库和研究机构的合作关系。

二、国际化传播的策略方法

（一）内容本土化策略

内容本土化策略是国际化传播中的关键，这要求传播者充分了解目标国家或地区的文化背景、价值观以及社会需求，将原本具有普适性的传播内容进行适当调整，使其更加贴近当地实际，更易于被理解和接受。内容本土化不局限于语言上的翻译或转化，而是包括信息筛选、文化适配和传播形式调整在内的综合过程。能源领域因其涉及的技术复杂性和政策背景多样化，更需要高度精确的内容本土化设计。

1. 目标文化背景与价值观的分析

在国际传播中，目标文化背景和价值观决定了信息是否能够被受众接受。文化差异不仅体现在语言上，更涉及价值体系、社会结构和政策优先事项。能源智库传播的复杂性和专业性使传播内容更容易受到文化背景的影响，尤其需要考虑这些差异。例如，在中国特高压技术的推广过程中，文化差异带来的传播需求显得尤为突出。在以集体主义为主的亚洲和非洲国家，新型电力技术的传播重点放在展示其对社会整体效益的贡献，通过改善国家电力基础设施、促进区域能源合作、支持经济发展等方面体现技术的价值。在这些地区，政策制定者和公众更关注技术如何为整个社会创造利益，因此传播内容需要强调技术的社会意义。相反，在个人主义文化占主导的欧美国家，传播内容需要更多突出技术对个体生活的直接影响。通过展现新型电力技术如何支持

---

① 袁然，魏浩. 国际人才引进与中国企业技术突破：兼论加快建设世界重要人才中心的建议[J]. 中国软科学，2024（4）：79-90.

风能和太阳能等清洁能源的利用,从而降低个人用电成本、提高能源使用的便利性,有效吸引政策制定者和消费者的关注。这种根据文化背景调整传播内容的策略,极大提高了技术推广的接受度和传播效果。

政策环境同样是文化背景的一部分,其核心是目标国家的能源战略和优先事项。政策需求是传播内容设计的关键。欧洲国家的能源政策高度关注碳减排目标和可再生能源的整合,在这些地区,传播内容需要集中于技术如何帮助实现环境目标。而在非洲等发展中地区,政策的主要目标是扩大电网覆盖率和降低输电损耗。因此,在非洲推广特高压技术时,传播内容特别强调其经济性和在电力覆盖薄弱地区的应用潜力。这种精准对接政策需求的传播策略,显著提高了信息的说服力和传播效果。

2. 受众特点与需求的识别

受众是传播内容的最终接收者,受众的特点和需求直接决定了传播内容的形式和深度。传播内容必须围绕目标受众的兴趣点进行设计,才能实现精准传播。[1] 针对不同受众的媒介使用习惯和知识水平进行差异化传播已经成为国外智库扩展影响力的常用策略。[2] 能源智库的传播对象包括政策制定者、学术界、企业决策者和普通公众,每一类群体的需求均有显著差异。

政策制定者的关注点通常集中在技术或政策的宏观效益上,包括对国家经济的推动作用、对能源安全的提升以及对国际协议的支持。因此,针对政策制定者的传播内容需要包含详尽的数据分析、政策建议和案例支持。学术界更关注技术的创新性和研究的理论价值,传播内容需要体现研究成果的科学性和严谨性。针对学术界的传播形式通常包括论文发表、学术会议演讲以及数据公开。这种内容形式满足了学术界对方法论和前沿研究的需求。企业决策者的需求则更加市场导向。他们希望了解技术的商业价值和市场前景,因此传播内容需要展示技术在实际应用中的经济效益和商业模式。公众的需求则更偏向于内容的简单易懂和与生活的关联性。对于公众的传播内容,重点在于如何将复杂的技术和政策转化为直观、生动的信息。

3. 本土化内容的设计与实施

本土化传播既涉及语言的调整,也包括传播内容的设计、表现形式的创新以及传播渠道的选择。不同媒介在不同文化背景中的接受程度各不相同,传播形式和渠道的选择需要高度契合目标地区的媒介使用习惯和信息接收偏好。

语言适配是本土化传播的基础。受众对信息的接受程度与其语言熟悉度密切相关,

---

[1] 林小勇. 市场营销理论的广播电视受众策略 [J]. 中国广播电视学刊, 2007 (10): 29-30, 26.
[2] 时盛杰, 杨欣雨, 韩自昂. 战略情报视域下美国智库气候治理话语权建构——以涉华气候议题研究为例 [J/OL]. 情报杂志, https://link.cnki.net/urlid/61.1167.g3.20240614.1527.006.

国际能源智库的报告应使用多语种版本，通过覆盖英语、法语、西班牙语等主要国际语言，在全球范围内广泛传播，极大增强传播内容的可达性和国际影响力。在不同地区进行推广研究成果时，通过为当地受众提供多语言版本的技术手册和宣传材料，成功消除了语言障碍，并增强了受众的文化认同感。这种做法不仅有助于技术传播，还展现了传播团队对目标文化的尊重，进一步提高了技术推广的接受度。

多样化传播形式提升分众传播效果。传统文本式传播往往难以吸引公众的持续关注，而视觉化和互动化的传播方式则显著提升了信息的吸引力。例如，通过使用数据可视化工具动态展示新型技术的输电效率和碳排放量变化，政策制定者和企业能够快速掌握关键信息。短视频和动画的应用则向公众直观地展示技术如何改善日常生活，例如展示偏远地区如何通过电力接入实现教育和医疗条件的改善。多种形式的结合使信息传播更为立体和多元化，触及更广泛的目标群体。

本土化传播的实施还需要依托地方合作伙伴的资源和影响力。建立与当地媒体和智库的合作网络，本地合作伙伴熟悉当地的文化和政策环境，为传播团队提供建议和支持。此外，通过共同组织研讨会和技术展示活动，增强了传播内容的可信度，也进一步拉近与政策制定者及公众之间的距离，提升传播的效率和效果。

（二）形式多样化方法

国际能源智库通过灵活运用各种传播形式，扩大研究成果的覆盖面，增强其在国际舞台上的影响力。通过参与国际学术会议、组织专题研讨会、高层对话，以及结合多种传播工具，智库能够实现与不同受众的深度沟通，确保复杂的能源技术和政策内容被广泛接受和理解。

1. 国际会议的参与与发言

国际会议是能源智库展示研究成果、强化国际话语权的重要平台。国际会议汇聚全球政策制定者、学者和行业专家，为智库提供了高效的传播和交流渠道。

智库在选择国际会议时，应优先关注与自身研究主题相关的领域，如气候变化、能源转型和可再生能源发展。主题聚焦能够帮助智库吸引特定领域的核心受众，确保传播内容引起广泛关注。在这些会议中，智库是信息的传播者，也是知识共享和问题解决的重要参与者。

在国际会议上的发言需要兼具逻辑性和吸引力。能源智库可以通过清晰的结构、翔实的数据和多媒体工具的辅助，使其研究成果更加易于理解和记忆。除了主题发言，智库还可以通过主持专题分论坛或参与小组讨论进一步增强影响力。在分论坛中，智库可以通过设置议题和邀请专家，主导讨论方向，凸显在某一领域的研究优势，加深与国际同行的联系，为后续的学术合作和政策互动打下了坚实基础。

2. 专题研讨会与高层对话的组织

专题研讨会是智库与国际同行深入交流的重要方式。与国际会议相比，研讨会的主题更加聚焦，讨论也更加深入。能源智库可以围绕全球能源政策的热点问题，如碳市场机制、区域能源互联或能源基础设施建设，邀请来自不同国家的专家学者和政策制定者共同参与。通过设置精准的议题，为研究成果找到最佳的应用场景。

研讨会的组织需要注重形式的多样性和互动性。智库可以设计案例分析、小组讨论和专家答疑等环节，为参与者提供充分的交流空间。智库可以通过展示具体的案例，结合数据分析，阐明研究成果的实际应用价值。案例驱动的讨论形式可以使参与者更直观地理解复杂的技术内容，让研究成果更具实际参考意义。泰国能源环境资源开发中心（CEERD）利用其在能源环境领域的经验，作为组织者或支持管理者，在能源环境领域举办研讨会。CEERD 提供与世界能源理事会、世界银行等多个组织合作举办各种能源环境主题的研讨会，在国际合作项目的框架内开展能源环境经济学、规划、建模、政策、市场和技术方面的讨论，加强在能源环境规划和政策制定方面的能力。

高层对话则是指与全球政策制定者、行业领袖的直接交流。在这种闭门会议中，智库是问题的提出者，也需要成为解决方案的提供者。剑桥大学能源政策研究小组（EPRG）为了促进知识和专业技能的无缝交流，建立了能源政策论坛（EPF），将能源公司、金融机构、监管机构和政策制定者聚集在一起。EPF 参与者可以获得世界一流的研究成果，并与该论坛广泛的行业和政府网络中的研究人员和同行建立密切关系，通过促进对监管和政治现实和风险的更深入理解来增强战略思维，预测英国、欧洲和全球的政策变化。通过 EPF，EPRG 营造了一个弥合学术界、工业界和更广泛的利益相关者之间分歧的协作环境，使研究成果转化为更具实践性的政策解决方案。

3. 多形式传播的结合应用

在信息化时代，单一传播形式已经难以满足多元受众的需求。多形式传播通过将不同的传播工具结合使用，增加传播的吸引力，覆盖更多的受众群体。能源智库需要整合多种形式，将复杂的技术和政策内容转化为易于理解且具有吸引力的信息。

数据可视化是多形式传播的重要工具。通过图表、地图和数据模型，智库可以将复杂的研究结果转化为直观的视觉信息，使政策制定者和公众清晰地了解研究成果，有效提高受众对研究成果的关注度。动态媒体的应用为传播内容注入了更多活力。短视频、动画和虚拟现实技术将技术和政策的复杂概念具象化，吸引更多的公众关注，有利于公众理解复杂的技术内容，增强信息的传播效果。剑桥大学能源政策研究组（EPRG）的成果包括文章、视频、演示文稿等形式，这些研究成果均在其官网上展示，更加直观地阐述了能源市场的运行机制、能源政策的制定与实施、可再生能源的发展等多个方面，为电力能源行业的公共和私营部门、学术界和政策制定者的决策提供依据。兰德公司在其官方网站上开放了播客电台栏目，通过每周采访专家关于气候变化、能源生态系统等领域的观点，以播客形式对能源发展态势与政策战略进行社会推广[①]。

（三）渠道差异化方法

在全球传播中，传播渠道的选择和整合对传播效果也会产生影响。针对目标地区的媒介特点，优化传播策略，通过新媒体与传统媒体的协同运用，以及建立本地化传播网络，能源智库可以显著提高信息触达的广度和精准性。

1. 针对目标地区选择适当的传播渠道

传播渠道的选择需要充分考虑目标地区的媒体环境、技术基础和文化习惯。不同国家和地区的主流传播渠道存在显著差异，智库需要通过研究受众的媒介使用习惯，优化传播策略，使信息高效传递至目标受众。

在发展中国家，互联网覆盖率较低，传统媒体如广播和电视依然是传播的主要渠道。这类渠道的优势在于其受众覆盖面广，尤其在农村和偏远地区更具影响力。因此，能源智库在这些地区推广研究成果时，可以利用广播和电视台进行内容播报，将技术和政策的核心信息以简洁明了的方式呈现出来。同时，在这些媒介中植入实地采访和技术应用案例，增强传播的现实感和可信度。

在互联网普及率较高的国家和地区，数字媒体逐渐成为信息传播的核心载体。能源智库需要通过深入分析目标地区的网络使用习惯，选择合适的数字平台。例如，在北美洲和欧洲地区，政策制定者和公众普遍依赖社交媒体获取信息。智库可以在这些平台上发布简明的数据图表和互动内容，吸引不同群体的关注。这种传播方式的优势在于其实时性和高度互动性，可以通过受众反馈即时调整传播策略，进一步提高传播效率。

2. 新媒体与传统媒体的整合运用

新媒体与传统媒体各具优势，整合两者能够显著增强传播效果。新媒体的特点是传播速度快、覆盖范围广、互动性强，而传统媒体则具有内容权威、报道深度高的特

---

① 黄珂敏，曲建升. 国外知名能源智库运行机制研究[J]. 智库理论与实践，2022，7（6）：117-128.

点。在能源智库的国际传播中，利用两种媒介的协同作用可以实现传播内容的多维覆盖。

新媒体在实时传播和互动中的优势极为明显。随着新媒体技术的不断发展，Facebook、X（Twitter）、Youtube等新媒体已然成为智库信息传播的新途径，推动着政策的舆论引导与社会影响力的提高。① 社交媒体平台为智库提供了直接与全球受众对话的机会，例如，通过X（Twitter）发布研究摘要和政策建议，可以快速覆盖数百万的政策制定者和学术界代表。通过LinkedIn，智库可以针对行业专业人士发布详细的技术报告和深度分析。这种精准传播模式显著提升了内容的到达率和受众的参与度。

传统媒体则更适合用于权威解读和深度报道。在重大国际会议期间，能源智库可以通过与知名报刊和电视台合作，发布专题报道和专家访谈，增强研究成果的可信度。这种方式能够吸引主流政策制定者的注意，还可以为研究成果提供更加正式的传播环境。

"跨平台内容优化策略"即整合新媒体与传统媒体，在传统媒体报道的基础上，智库可以将内容浓缩为短视频，并通过新媒体传播，扩大受众覆盖面。同时，社交媒体上的反馈数据也可以反过来为传统媒体的内容优化提供方向，这种双向互动能显著提高传播内容的针对性和受众满意度。

3. 建立本地化传播网络

本地化传播网络是智库实现精准传播的重要工具。通过与目标地区的本地媒体、智库和政府机构合作，能源智库可以借助本地资源和影响力，更高效地将研究成果传递给关键受众。

与本地媒体的合作是构建本地化传播网络的重要环节。本地媒体熟悉目标地区的文化和受众需求，能够帮助智库调整传播内容的表达方式，使其更贴近当地实际。智库可以通过与当地电台和社区媒体合作，将技术的核心信息翻译成受众熟悉的语言，同时融入当地的文化元素，从而增强受众对内容的认同感。

与本地智库的合作则可以加强能源智库的学术和政策影响力。本地智库不仅拥有丰富的本地化研究资源，还在政策制定过程中具有重要的咨询作用。通过联合发布研究报告或共同举办区域性研讨会，能源智库可以借助本地智库的渠道，将研究成果精准传递给政策制定者和企业决策者。

政府机构是本地化传播网络中的另一重要合作对象。通过与目标地区能源部门的合作，能源智库可以将研究成果直接融入地方政策的制定和实施。例如，在东南亚推

---

① 黄珂敏，曲建升. 国外知名能源智库运行机制研究［J］. 智库理论与实践，2022，7（6）：117-128.

广可再生能源政策时,中国的能源智库通过与多个国家能源部的合作,提出了切实可行的技术解决方案,并协助其在地方政策中落地。这种合作模式不仅提高了研究成果的实用性,还显著增强了智库在该地区的政策话语权。

本地化传播网络的核心在于长期性和信任的建立。能源智库需要通过持续的合作和高质量的内容输出,与本地媒体和机构建立深厚的合作关系。这种关系能够提高研究成果的传播效率,还能为智库在目标地区赢得良好的声誉和品牌认知度。

三、国际化传播的保障措施

本部分将介绍国际能源智库研究成果国际传播的保障措施,包括传播资源的整合与调配、传播效果的评估与反馈、传播风险的防控与处置,为国际传播工作的顺利开展提供制度保障。

(一)传播资源的整合与调配

传播资源的整合与调配是国际传播顺利开展的基础保障。能源智库通过建立跨部门协调机制、优化传播资金使用以及统一管理传播渠道和技术平台,高效利用资源,最大限度地发挥传播工作的实际效益。

1. 跨部门资源协调机制的建立

国际传播涉及复杂的工作流程和多部门协同。能源智库需要通过明确的组织架构和高效的协调机制,使资源在不同部门之间顺畅流动,避免信息孤岛现象。

组织架构的优化与协调机制的构建是推动跨部门协作的基础。智库需要通过明确的分工与职责划分,让每个团队在传播任务中承担具体的角色。例如,研究团队负责研究内容的提供和数据支持,传播团队则负责信息的包装和传播形式的优化,而法律团队则对传播内容的合规性进行审核。这种明确的职责划分减少了部门之间的职能重叠,提高了工作效率。

资源的统筹与整合是跨部门协作的核心。智库需要通过资源共享平台,将研究数据、传播材料和外部资源整合到统一的管理系统中,为各部门提供便捷的访问权限。在这种模式下,部门之间可以实时共享信息并调整工作内容,从而提高传播的协调性和一致性。同时,资源整合还可以减少重复工作,节省传播项目中的人力和物力成本。

责任分工与绩效管理的结合是协作机制高效运行的保障。明确的责任分工能够避免职责不清导致的工作效率低下,而科学的绩效管理则为团队成员提供明确的目标激励。智库可以为各部门制定清晰的绩效指标，例如传播内容的完成质量、传播材料的受众反馈以及传播项目的时间节点完成情况等。

2. 传播资金的优化使用

资金是国际传播工作的生命线。能源智库需要通过精细化的预算管理和灵活的资金分配策略，高效匹配传播目标与资金使用。同时，通过外部资金支持和合作伙伴的引入，智库可以进一步提升其国际传播能力。

优化传播资金的第一步是制定清晰的预算规划。在智库每年的传播预算中，应有专门的比例用于多语言内容制作和数字化传播工具开发。这些资金通过合理分配直接支持研究成果的全球化传播，使其报告同时触达多语言受众。

资金使用的透明度也是智库需要重点关注的问题。智库通过建立严格的财务审计机制，可以避免资金滥用，提升外部合作伙伴对其管理能力的信任，是智库吸引长期资金支持的重要前提。

3. 传播渠道与技术平台的统一管理

随着现代传播环境的日益复杂，能源智库在国际传播中面临着多样化的传播渠道和受众需求。为了应对这一挑战，整合新媒体、传统媒体和本地化传播网络，构建统一的传播技术平台，是实现高效传播的关键路径。

传播渠道的统一管理需要充分考虑不同类型媒体的特点。新媒体以传播速度快、覆盖范围广和互动性强见长，适合及时传递研究成果和政策建议。传统媒体因其权威性和专业性，是进行深度报道和政策解读的重要渠道。而本地化传播网络则更精准地满足目标地区受众的需求，增强传播内容的区域适应性。通过将这些媒体渠道集中整合到统一的平台中，传播工作可以更有序、更高效地进行，避免了资源分散和信息割裂的问题。

统一技术平台的建设是渠道整合的手段，更是传播优化的重要工具。通过技术平台，能源智库可以实时监控传播效果，了解受众的行为特点和反馈信息，以数据为依据调整传播策略。基于数据分析的传播优化模式，使传播工作更加精准，能够针对不同受众设计个性化内容，提升传播效果的针对性和有效性。同时，技术平台还能帮助智库合理分配资源，确保传播活动的重点突出。

用户体验是传播技术平台建设的核心要素之一。清晰的界面、简洁的导航系统和内容分类设计，可以帮助受众快速找到所需信息。对于国际传播而言，多语言支持和文化适配功能尤为重要，能够有效提升不同地区受众的内容接受度。优化用户体验，既能提升了传播内容的吸引力，也能在传播活动中建立受众的长期信任。

在传播技术平台的日常管理中，还需要注重资源整合效率的提升。开放的数据共享机制可以让传播团队实现高效协作,避免重复劳动,同时提升传播资源的利用率。这种协作模式既有助于传播工作的精简化和高效化,也能增强智库在复杂传播环境中的适应能力。

(二) 传播效果的评估与反馈

传播效果的评估与反馈是能源智库优化传播策略、提高传播效率的核心环节。这一过程通过量化传播目标、收集受众反馈、动态调整策略,实现研究成果在国际社会中最大化的传播价值。

1. 传播目标的量化与指标制定

有效的传播工作需要以明确的目标为起点。对于能源智库而言,传播目标应当具有具体性和可量化性,同时需要与传播内容的特点和渠道的特性相适应。科学的目标量化为传播效果的评估提供依据,也为资源分配和策略调整指明方向。

在传播目标的设定中,需要根据受众的多样化需求构建系统化的量化指标体系。传播效果的量化可以围绕政策制定者、公众和学术界这三类核心受众展开。例如,在面向政策制定者的传播中,可以将政策引用率、研讨会参与程度作为主要衡量指标;针对公众,内容普及率和信息转化率是核心评估点;在学术界,则可以通过研究报告的引用频次和相关学术会议的讨论度来进行评价。

传播指标的制定需要结合传播场景的具体要求。在国际学术会议中,参会者的构成、讨论的深度和学术界的反馈是评价传播效果的重点,而在社交媒体平台,受众的互动行为(如点赞、评论和分享)以及内容传播路径则更为重要。同时,通过对传播活动的转化率进行量化分析,例如追踪受众在阅读内容后是否进一步访问智库官网并下载完整报告,可以更清晰地衡量传播的实际影响。

构建传播目标时,目标的多维性和可操作性是关键。多维目标充分反映传播活动的复杂性和多样化需求,而可操作性则确保这些目标可以在实践中落地实施。科学的目标量化让传播工作具有更强的可控性和方向性,为后续的策略调整和资源分配提供了有力支撑。通过系统化管理,能源智库可以更精准地服务于国际传播需求,为其研究成果的广泛传播和深远影响奠定基础。

2. 受众反馈的收集与分析

受众反馈是传播效果评估的重要依据,也是传播策略优化的基础。能源智库需要通过多样化的渠道和技术手段全面收集反馈数据,并对其进行深入分析。反馈数据的准确性和深入性直接决定了传播工作的改进方向和传播内容的调整策略。

受众反馈的收集应覆盖不同传播渠道和目标群体。智库可以通过设置社交媒体问答环节、开展在线问卷调查，以及在传播活动中直接与受众互动等方式，获取第一手的反馈信息。通过这些渠道，智库能够了解到目标群体对研究内容的关注重点和疑问，从而为后续传播工作提供具体指导。

在数据分析方面，智库需要借助大数据技术和分析工具对反馈信息进行整理和挖掘。通过对社交媒体数据的深度分析，智库可以发现受众对传播内容的兴趣点、关注趋势和行为路径。传播内容可以针对不同受众的需求进行优化，使政策制定者获得具体的经济数据，而公众则能通过生动的案例了解到技术对日常生活的积极作用。

数据分析还可以帮助智库识别传播中的薄弱环节。通过追踪传播内容在不同平台的表现，智库可以发现哪些内容或形式更能吸引目标受众，以及哪些渠道的效果未达到预期。通过建立反馈数据的定期监测机制，智库可以持续追踪传播内容的表现和受众反应。这不仅有助于发现长期趋势，也能在传播初期及时发现问题并迅速调整策略。

3. 传播策略的动态调整

传播策略的动态调整是传播工作始终保持活力并符合传播环境变化的重要手段。智库需要在传播活动中，根据传播效果评估的结果和受众反馈，优化传播内容的设计与表达形式。这种动态调整是解决短期问题的必要措施，也是保障传播活动长期成效的关键因素。

传播策略的调整需要以传播效果评估为基础。通过数据分析，智库能够发现传播内容与形式中存在的不足之处。例如，传播内容可能在某些平台的表现较弱，或者未能吸引特定受众群体的关注。此时，传播策略的调整应针对这些薄弱环节进行强化，从而提升传播的整体效果。动态调整的关键在于保持灵活性和响应能力，根据实时反馈调整内容优先级和传播重点，使传播工作更加高效。

动态调整的另一个重要方面是传播形式的创新。传统的传播形式可能无法满足多样化受众的需求，因此智库需要不断引入新形式，以增强传播的吸引力和覆盖面。视觉化表达、多媒体内容和互动性设计是当前传播形式中有效的手段。通过这些形式，复杂的政策内容可以更加生动地传递给受众，受众也通过互动过程加深对内容的理解和认同。

此外，动态调整的过程还需要建立系统化的总结与改进机制。传播活动结束后，通过定期的总结和复盘，可以发现需要改进的部分。这种复盘机制不仅是发现问题的手段，更是提升传播专业化水平的重要途径。通过总结规律和经验，智库形成针对不同受众群体的标准化传播方案，从而提高传播工作的精准性和适应性。

传播策略的动态调整还需注重长远规划与持续改进。传播工作的环境和受众需求是不断变化的,单次调整只能解决暂时的问题,而动态调整则需要贯穿传播活动的始终。智库可以通过设立定期检查节点,将动态调整作为传播工作的一部分融入整体战略。这种规划方式确保传播活动在不同阶段都能保持高效,同时通过连续性的调整积累长期优势。

(三) 传播风险的防控与处置

在国际传播中,风险防控和应急处置是保障传播工作顺利开展的重要环节。能源智库需要从传播内容的合法性与合规性、舆情监测与预警,以及突发事件的应急处理机制入手,构建全面的风险管理体系,最大程度减少传播过程中可能带来的负面影响。

1. 传播内容的合法性与合规性审查

传播内容的合法性与合规性是国际传播的重要基础,也是智库在国际传播中必须严格遵循的基本原则。在国际环境中,不同地区的法律法规、文化习惯和政策导向差异较大,智库在传播过程中必须把关传播内容的准确性、合法性和合规性,以避免引发不必要的争议或法律风险。

建立内部审查机制是确保传播内容符合相关要求的重要保障。智库需要组建专业的内容审查团队,针对传播材料进行多层次、全方位的合规性审查,涵盖法律法规、文化适配和政策边界等多个方面。这一过程不仅是对传播内容本身的把关,也是对智库在国际传播中专业性的体现。特别是在涉及敏感议题的情况下,审查机制需要更加严谨,传播内容不应触及目标地区的政策敏感点或文化禁忌。

传播内容的本土化适配是保障合规性的重要手段。智库需要根据目标地区的具体需求,对传播材料进行适当调整,使其更符合当地政策规范和文化背景。在本土化过程中,语言表达应准确,注意内容呈现的文化适配性,避免因表达方式不当而引发误解或抵触情绪。本土化的传播材料在提升传播效果的同时,增强内容在目标地区的认可度和接受度。

传播内容的合法性和合规性是对智库传播工作的基本要求,也是保障智库声誉和国际合作关系的重要环节。科学的审查机制和精准的本土化调整,有效降低了传播中的法律和文化风险,提升研究成果的传播效果,为其在国际社会中的影响力提供有力支持。

2. 传播舆情的监测与预警

舆情监测是国际传播风险防控的关键环节。在传播活动中,舆情监测能够帮助能源智库实时了解传播内容在公众中的反响,尤其是在社交媒体和传统媒体中可能出现的负面舆论。通过全面而精准的监测,智库及时发现潜在的危机,提前采取措施,避免负面影响的扩大。

舆情监测工具的使用是提升监测效率的重要手段。通过借助先进的舆情分析技术，智库可以对媒体报道和社交平台上的讨论进行全面追踪和数据挖掘。这种技术帮助智库迅速识别传播中的敏感点和潜在的负面舆论，并根据实时数据动态调整传播策略。实时的舆情追踪能够发现公众对传播内容的关注焦点，为智库提供关于传播方向的反馈数据，从而增强传播活动的针对性。

在开展舆情监测的过程中，智库还需建立系统的预警机制。通过对舆情的定期分析和趋势研判，智库可以预测传播中的潜在风险。例如，针对可能产生分歧的议题或容易引发争议的内容，预警机制能够帮助智库提前采取措施，加强传播材料的解释性内容或调整传播方式，降低负面舆论的发生概率。

组建危机应对团队是舆情监测与预警工作的必要保障。应对团队需要具备快速响应能力和丰富的传播经验，在舆情风险出现时迅速采取行动，包括发布官方澄清声明、优化传播材料和与媒体合作解决误解等。通过专业的舆情管理，智库可以将负面影响控制在最小范围内，同时加强传播内容的权威性和公信力。

3. 突发事件的应急处理机制

突发事件的应急处理能力直接关系到能源智库在危机中的表现以及其在公众和国际社会中的声誉。应对不当的突发事件可能导致信任危机甚至长远影响，因此建立一套完善的应急处理机制对于保障传播工作的顺利进行至关重要。应急机制要求清晰高效的流程设计，通过全面的培训与演练强化团队的执行能力和协作水平。

清晰的应急处理流程是应对突发事件的基础。智库需要设计从舆情监测到问题解决的完整流程，在危机发生时每个环节都有明确的责任分工和快速响应的措施。流程应包括舆情的初步评估、危机等级划分、解决方案制定与执行，以及事后的反馈总结等步骤。这种全链条的设计能够在危机事件中快速锁定问题根源，避免信息延误或应对混乱，同时为后续改进提供依据。

在应急处理中，信息透明和快速响应十分关键。智库需要在第一时间通过官方渠道对外发声，明确事件情况并传递解决方案，避免因信息真空导致舆论发酵。发布的信息需要内容准确、语气稳健，并消除受众的疑虑与担忧。及时且可信的信息传递在一定程度上缓解危机对智库声誉的负面影响。

定期的应急演练是提高团队应急处理能力的有效方式。智库可以通过模拟舆情危机的方式，测试应急机制的可操作性和团队的反应速度。情景模拟演练将暴露现有机制中的薄弱环节，帮助团队熟悉应急流程，提高协作效率。通过模拟演练积累经验，智库在真实危机中更加从容应对，减少不必要的失误和混乱。

此外，智库需要为团队提供系统化的培训，使所有成员了解应急处理的基本原则和具体操作。培训内容可以包括危机沟通技巧、突发事件中媒体关系的管理，以及在多文化背景下的沟通策略等。通过持续的培训与能力提升，智库团队才能在不同类型的突发事件中展现专业性与可靠性，赢得受众和合作方的信任。

国际传播是一项长期性、系统性的工作，需要从资源整合、效果评估和风险防控等多个方面进行全面规划与执行。通过建立科学的传播机制，能源智库能够有效应对国际传播中的各种挑战，提升研究成果的全球影响力与政策话语权。在未来，随着传播技术的不断革新和国际形势的持续演变，能源智库还需不断优化传播策略，开拓更多元的传播渠道，为全球能源治理提供更加有力的支持和智慧贡献。

第十章

国际能源智库的研究发展

能源问题的复杂性与多样性日益增加，推动了能源智库在研究方法与技术工具上的不断创新。作为全球能源治理的重要参与者，能源智库不仅担负着为政策制定、市场分析和技术创新提供科学支持的使命，还在多学科融合与研究范式演进中发挥着关键作用。本章从科学研究范式与能源研究入手，探讨能源智库的角色、使命及其研究方法的变迁，包括从经验科学到以人工智能驱动的"AI4S"范式的转型，以及复杂系统理论在能源研究中的应用。

在研究方法上，能源智库综合运用定量分析、定性分析、情景模拟与系统建模及风险评估，涵盖数据挖掘、计量经济学、案例研究和系统动力学等手段，为能源政策与决策提供科学依据。同时，技术工具的广泛应用，如大数据治理、人工智能、计算建模和自然语言处理，为能源研究注入新的活力。技术创新不仅提高了数据分析和预测的精准性，还为能源系统的优化和政策研究提供了全新视角。

最后，本章展望了能源智库咨询服务的发展方向，分析了战略规划、政策建议和技术路线等咨询业务类型及其流程，提出在全球化与数字化背景下，能源智库如何通过合作与创新应对挑战，为全球能源治理贡献更多智慧。

一、科学研究范式与能源研究

能源问题是全球关注的核心议题之一，其复杂性与多样性使得科学研究范式在能源领域的应用和演进尤为重要。作为全球能源治理的重要参与者，能源智库承担着独特的角色与使命，不仅在政策制定、技术创新和战略规划中发挥关键作用，还通过多学科融合，为应对全球能源挑战提供科学支持。

随着科学研究的不断发展，从传统的经验科学到以人工智能为驱动的"AI4S"（AI for Science）范式，能源智库的研究模式也在持续演进。智库在这一过程中实现了复杂系统理论与能源研究的深度交融，通过数据驱动的洞察力，揭示能源系统运行的规律和潜在的解决方案。本章将探讨能源智库的角色定位、研究目标及多学科特性，梳理科学研究范式与能源智库研究的演化脉络，着重分析复杂系统理论在能源领域的应用，为未来的能源治理和研究提供新的视角与启示。

（一）能源智库的角色与使命

1. 智库在全球能源治理中的地位

智库在全球能源治理中扮演了"思想库"和"政策建议者"的重要角色，是连接政府、市场、学术界与公众的桥梁。在能源治理涉及的复杂领域，如能源安全、碳中和、市场稳定和技术转型中，智库以其专业性和前瞻性，为政策制定、国际合作和技术创新提供了科学依据和战略建议。全球能源问题的多边性和紧迫性、世界各国对气候变化与能源转型的关注，使得能源智库成为国际能源治理体系中不可或缺的一部分。

能源智库在政策研究与咨询、国际合作推动、技术创新与推广、数据分析与趋势预测等方面都发挥着重要作用。智库通过深入研究能源政策和市场动态，向政府提供政策建议，帮助制定具有可操作性的能源战略。在全球能源治理中，智库通过发布研究报告和组织高层会议，搭建合作平台，推动各国政府、企业和国际组织之间的协作。能源智库的研究成果不仅为政府制定政策提供了科学依据，还推动了全球能源系统向低碳化和可持续方向的转型。未来，随着全球能源转型和气候目标的深入推进，能源智库将在能源治理体系中发挥更加重要的作用。

2. 能源智库研究的主要目标与功能

能源智库作为连接政府、企业、学术界和社会公众的桥梁，其主要目标在于推动能源领域的政策制定、技术创新和可持续发展。通过专业研究、战略建议和国际合作等方式，能源智库在能源安全、市场稳定、气候治理和技术推广等方面发挥了重要作用。

能源智库在推动能源转型与可持续发展这一目标上旨在通过研究能源生产、传输和消费的效率与环境影响，为低碳化、可持续的能源体系建设提供科学依据和政策建议。能源智库通过分析能源供应链和地缘政治风险，帮助各国制定能源安全战略，保障能源供给的可靠性和稳定性。优化能源市场运行也是能源智库研究的重要目标之一，通过探索能源市场的供需平衡、价格动态和竞争机制，为市场优化提供支持，促进公平、高效的能源交易体系。在支持能源技术创新方面，能源智库以推动清洁能源技术研发和推广，研究储能、氢能、智能电网等新兴技术的可行性与经济性为重要目标。同时能源智库还重点关注国际能源合作这一战略需求，通过搭建国际合作平台，推动全球能源治理，促进跨国能源基础设施建设与技术共享。

能源智库的主要功能包括政策研究与建议、能源数据与趋势分析、技术评估与推广、国际合作与多边协作、风险监测与应对、公众教育与舆论引导等方面。能源智库深入分析能源政策的长期影响,为政府和国际组织提供科学、可操作的政策建议,如碳中和路径、能源补贴改革等。能源智库也注重收集和处理能源相关数据,进行供需预测、价格波动分析和风险评估,为决策者提供精准的趋势洞察,如国际能源署(IEA)每年出版的《世界能源展望》①是全球能源趋势的权威参考。能源智库也重在评估新兴能源技术的成本、效益和应用场景,为技术推广和投融资提供指导,如研究储能技术在电力系统中的潜力。作为国际能源合作的桥梁,能源智库通过举办论坛、发布研究报告和提供对话平台,促进多边能源治理和合作。能源智库也通过地缘政治、气候变化和市场波动等方面的分析,帮助决策者应对能源领域的突发风险,如研究石油价格波动对国家经济的冲击及其应对策略也是能源智库的重要议题之一。

3. 能源智库成为多学科融合的强大载体

能源智库研究的多学科融合特性体现在其需要综合运用多领域的知识和方法,解决复杂的现实问题,其研究议题往往涉及社会、经济、技术、环境等多方面,这要求研究者突破单一学科的局限,整合跨学科的理论框架、研究方法和工具,为决策提供全面且深入的支持。能源智库作为连接政策、技术与市场的桥梁,其研究在推动学科交叉融合方面发挥着重要作用,其研究成果还需同时满足技术严谨性、政策可操作性与公众可理解性,倒逼跨学科协作的推进。以研究问题为导向,能源智库的团队组建日益体现出多元的学科分布,进而在理论和技术应用上融合了多学科的特色,为学科间的知识流动提供了载体。

理论的多学科融合载体。智库研究通常以多学科理论为支撑,将社会科学、自然科学、工程技术等领域的知识结合起来,形成系统性的分析框架。在能源智库中,研究能源转型需要整合经济学、环境科学、社会学、政治学等学科中的理论。经济学研究分析能源价格、供需动态、市场机制,基于环境科学视角评估能源政策对碳排放和生态系统的影响,通过社会学研究探究公众对能源政策的接受度和社会行为模式,政治学思维也是探讨能源治理中的国际合作与政策博弈必不可少的。

研究方法的多学科融合载体。智库研究的方法学融合是其多学科特性的核心表现,通过整合定量与定性、理论与实践的多种研究方法,形成对复杂问题的全景分析。例如,数据驱动分析法结合统计学、大数据技术和人工智能进行能源需求预测或市场价格波动分析②;案例研究法借助历史学和社会学的方法剖析典型政策实践中的

---

① Gould T,王晓波. 加快中国和世界实现碳中和的步伐——《2021年世界能源展望》洞见[J]. 中国投资(中英文),2022(Z1):62-65.

② 刘定,赵德福,白木仁,等. 可再生能源发电对实时电价的影响分析——德国电力现货市场的数据实证[J]. 电力系统自动化,2020,44(4):126-133.

经验①；系统建模法利用工程学和物理学的方法构建能源系统的动态模拟模型②；政策分析法整合公共管理学和经济学的方法评估政策影响，设计优化方案；这种多方法的整合提升了智库研究的科学性与实用性。

研究团队的多学科融合载体。目前国际上较多成熟的能源智库已经形成"T型人才"主导的多学科融合团队结构，即以能源技术专家为纵向核心，以政策分析师、数据科学专家、社会创新专家拉宽团队横向广度，以具备多领域对话能力的项目经理为跨界交流的纽带。例如，欧盟联合研究中心（JRC）能源团队包含保障技术安全的核物理学家、主导能源系统建模的算法工程师、制定跨境电力交易规则的欧盟法律专家。在能源智库的多元化团队的推动下，融合多学科的动态知识整合工具应运而生，如美国国家可再生能源实验室（NREL）开发的"能源—经济—气候"（ReEDS – REGEN）耦合模型以及国际可再生能源署（IRENA）整合地理数据、投资流向与社会需求热力图推出的"全球能源转型地图集"。同时多学科融合的成员特色也方便能源智库形成敏捷的小组制度，按照课题内容快速组建合适的团队，更精准地攻克问题。能源智库为不同学科的研究人员提供了一个集中交流与合作的平台，不同学科的研究人员通过合作研究和交流互动，实现了知识的传播与共享，有助于打破学科壁垒，促进跨学科知识体系的形成。

（二）从经验科学到AI4S：能源智库研究范式的演进

1. 科学研究范式与能源智库研究的交融演进

第一科学研究范式：经验主义科学（Empirical Science），是指以观察、实验和经验积累为基础的科学研究方法，其核心特点是通过直接感知和记录自然现象来总结规律，而不依赖复杂的理论推导或系统性建模。这种范式重视实地试验与数据收集，通过归纳推理获得知识，是科学探索的早期形式。

经验主义科学起源于文艺复兴时期，并在16世纪至18世纪得以发展壮大。当时，随着宗教束缚的减弱和人类对自然界认知需求的增长，科学研究逐渐摆脱了以哲学推论为主的传统，转而注重对自然现象的观察与验证。经验主义科学的应用为能源科学的初步发展奠定了重要基础，其积累的观测数据和经验规律为后续科学范式，如理论驱动科学、计算科学的发展提供了宝贵资源。工业革命的到来进一步深化了这一范式

---

① 雷威，盛化才，王宏伟，等. 基于泛在电力物联网综合能源案例分析［J］. 上海节能，2020（2）：165 – 168.

② 田建伟，胡兆光，吴俊勇，等. 基于多智能体建模的经济－电力动态模拟系统［J］. 中国电机工程学报，2010，30（7）：85 – 91.

在实际应用中的重要性，特别是在能源领域，人类对煤炭、石油等新兴能源的需求促使研究者利用经验性方法探索能源的获取和使用方式。

经验主义科学广泛应用于自然科学和工程技术的多个领域，其中能源研究是一个典型的应用场景。经验主义主要应用方式包括观察与记录、试探性实验、归纳与总结等。观察与记录指通过直接观察自然现象并详细记录，为后续总结规律提供基础，是早期能源研究的主要方法，体现了对直接经验的高度依赖。在工业革命初期，能源的有效利用成为工业发展的重要驱动力。由于缺乏系统理论，人们依赖经验观察和直接试验来研究能源资源的分布、特性及其利用方式。例如，在煤炭领域，研究者通过反复实验记录不同煤种的热值和燃烧特性，为工业蒸汽机的效率优化提供了依据[1]；在水力和风力利用方面，设计和改进水车与风车的过程中，经验总结和实地试验是主要手段[2]；在石油领域，试探性实验是验证能源开发和使用的最佳方式，石油开采主要依靠试探性钻井和现场经验总结，逐步建立起早期的石油工业[3]。

经验主义科学在能源研究中的应用，为工业革命期间能源技术的进步奠定了基础，推动了煤炭、风能、水能和早期石油等资源的高效利用。然而，其局限性也十分明显：研究成果依赖直接经验，缺乏理论支持，难以适应复杂的多变量系统。这一局限性随着第二科学范式——理论驱动科学的发展逐渐被克服，但经验主义科学的方法论和思维方式仍然对现代能源研究产生了深远影响，为系统科学和建模技术的发展提供了早期实践经验和基础数据。

第二代科学研究范式：理论驱动科学（Theoretical Science），是以数学建模和定量推导为核心，通过理论假设和逻辑推理揭示自然现象背后的普适规律。这一范式强调从已知定律出发，通过数学工具建立模型解释和预测现象，是现代科学研究的奠基石。

随着蒸汽机的普及和工业规模的扩大，人们急需以科学规律为基础优化能源利用，推动能源系统的理论化和系统化研究，提出了热力学定律、电磁学等经典理论，微积分的普及也推动了能源系统中连续性问题，如流体动力学和传热的研究。理论驱动科学在能源研究中的应用主要体现在通过数学建模和理论分析，量化能源生产、转换和传输中的关键变量，以及提供预测性工具，用于评估能源政策、技术优化和系统设计。动态系统建模是能源研究中复杂系统分析的核心工具，利用差分方程和动态稳定性

---

[1] 张箭. 论蒸汽机在工业革命中的地位——兼与水力机比较[J]. 上海交通大学学报（哲学社会科学版），2008，16（3）：8.

[2] 谌东荌. 论科技，政策，交义科学的社会功能及其相互影响——兼论"科技转移机制"[J]. 江西财经学院学报，1986（4）：41-45.

[3] 塔巴克. 煤炭和石油：廉价能源与环境的博弈[M]. 张军，侯俊琳，张凡，译. 北京：商务印书馆，2011.

理论，研究者对电力系统的波动性和稳定性进行了分析。例如，利用拉普拉斯变换（Laplace Transform）解决电力传输中的动态问题，优化了电网设计，减少了电压波动对系统稳定性的影响[①]。这种方法被广泛用于现代电力调度和输电网络优化。理论驱动科学也通过经济学模型应用于能源市场的供需平衡分析和资源管理。霍特林（Hotelling）的《可耗竭资源经济学》提出了资源最优开发路径，揭示了能源价格和资源枯竭之间的关系[②]。该理论成为分析石油和天然气开发的重要工具，广泛用于资源国家的政策制定。

理论驱动科学通过构建严密的数学模型和理论框架，将能源研究从经验观察提升为系统性分析，为能源技术和政策的发展提供了坚实的科学基础，也为能源领域从单一观察向复杂系统的理解和优化转型提供了核心支持。其应用领域涵盖热力学、电磁学、资源经济学和动态建模，推动了蒸汽机、电网、电力设备设计等能源技术的突破。虽然其局限在于部分模型对实际场景的适应性较弱，但这一范式奠定了能源科学系统化、理论化的基础，并直接影响了现代能源技术与政策研究，推动了能源智库的萌芽。

第三科学研究范式：计算驱动科学（Computational Science）是以高性能计算和数值模拟为核心的方法论，强调通过计算机技术解决复杂系统问题。与第一代经验主义和第二代理论驱动科学相比，计算驱动科学适用于分析无法通过理论推导或实验直接解决的复杂、多变量系统。这一范式兴起于20世纪中后期，得益于计算机计算能力的快速提升和数据处理技术的发展，为能源研究的进一步深化提供了技术基础。在社会发展与科学范式演进的驱动下，专业的能源研究智库也在这一时期产生。全球最早的能源智库较难绝对认定，但一般认为可以追溯到20世纪70年代的一些机构。当时，受1973年第一次石油危机的影响，西方国家开始高度重视能源问题。美国在这一时期成立了一些与能源研究相关的机构，比如1974年成立的美国能源部下属的能源信息署（Energy Information Administration，EIA），它主要负责收集、分析和发布能源信息与数据，为政府和社会提供能源决策支持，常被视为早期能源智库的典型代表。

能源系统是高度复杂的动态网络，涉及供需平衡、资源分配、技术优化和政策评估等环节，传统方法难以全面解析其多维交互特性。计算驱动科学的核心在于通过数值建模和大规模计算来模拟和预测系统行为，在能源研究领域表现尤为突出。它突破了理论推导和实验验证的局限，为能源研究带来了强大的预测和优化能力，广泛应用于能源系统建模、资源配置、气候变化评估以及能源政策模拟等领域。

---

① 贾永禄，赵必荣. 拉普拉斯变换及数值反演在试井分析中的应用 [J]. 天然气工业，1992，12（1）：60 - 64，11.

② 车卉淳. 资源耗竭原因的经济学分析 [J]. 现代经济探讨，2002（1）：28 - 31，34.

计算驱动科学在能源智库的研究中主要体现在复杂系统建模与仿真数据密集型分析及情景分析与政策模拟上，通过高性能计算和数值模拟，分析复杂能源系统中多变量的相互作用。例如，电力系统的动态建模需要考虑需求波动、发电设备运行特性和电网稳定性，传统理论方法难以处理其复杂非线性行为[1]。典型方法包括能源系统优化模型（Energy System Optimization Models，ESOMs）、动态系统仿真和非线性规划等[2]。能源系统优化模型（ESOMs）是计算驱动科学的核心工具之一，用于研究能源系统的供需平衡、资源分配和政策影响。这些模型结合经济学、工程学和环境科学理论，量化能源技术组合的成本与效益。天津理工大学的研究团队提出一种计及多重需求响应的综合能源系统（Integrated Energy System，IES）多时间尺度低碳调度策略，计及多重IDR的多时间尺度调度策略能有效缓解源、荷误差带来的功率波动并降低系统碳排放量，实现IES低碳、经济和稳定运行[3]。美国国家可再生能源实验室（NREL）通过区域能源部署系统（ReEDS）模型进行模拟实验，评估在特定场景下储能部署的关键驱动因素[4]。蒙特卡罗模拟与不确定性分析也是能源分析领域的重要方法之一，是一种广泛应用于能源经济学和风险管理的数值计算方法，通过生成大量随机样本，评估不确定性对能源市场的影响。计算驱动科学还通过智能电网技术实现能源系统的实时优化。世界著名的IBM、Google、Intel、Siemens、Duke等公司也提出了自己的智能电网技术解决方案，具有代表性的是IBM与ABB、GE、SBC等设备制造商联合提出了智能电网解决方案[5][6]。IBM的智能电网解决方案涵盖了完整、规范的数据采集，基于IP协议的实时数据传输，应用服务无缝集成，完整、结构化的数据分析，有针对性的信息展现等5个层次[7]。第三科学研究范式在能源研究中的应用改变了传统能源研究的格局。通过高性能计算和数值模拟，研究者能够系统性地分析复杂能源系统的行为，解决理论方法无法应对的问题。从能源系统优化模型到气候与能源的集成建模，再到智能电网的实时优化，计算驱动科学在政策设计、技术评估和风险管理中提供了不可替代的支

---

[1] 苏建设, 乔颖, 陈陈. 含SVC的组合电力系统动态建模及稳定性分析方法[J]. 电力系统自动化, 2003, 27（3）：13-16.

[2] Ruiz D, Ruiz C. Use of online energy system optimization models [M/OL]//KINI G. Energy management systems. London：InTech, 2011 [2025-02-18]. https：//www.intechopen.com/chapters/17053.

[3] 吴艳娟, 张亦炫, 王云亮. 计及多重需求响应的综合能源系统多时间尺度低碳运行[J]. 电力工程技术, 2024, 43（2）：21-32.

[4] 人民资讯. 储能系统有望成为未来电网宝贵资源[EB/OL]. (2021-6-21) [2025-1-5]. https：//baijiahao.baidu.com/s?id=1703139416567794208&wfr=spider&for=pc.

[5] Harvard Business Review Group. Smarter power for a smarter planet [J]. Harvard Business Review, 2009, 87 (4).

[6] Center T E P I. San Diego Smart Grid Study Final Report [J]. 2006.

[7] 张文亮, 刘壮志, 王明俊, 等. 智能电网的研究进展及发展趋势[J]. 电网技术, 2009 (13)：11.

持。这一范式显著提升了能源研究的精确性、预测性和适应性，为应对气候变化、能源转型和能源安全挑战提供了科学基础。

第四代科学研究范式：数据驱动科学（Data-Driven Science）是基于大数据技术的研究方法，其核心在于通过从海量数据中挖掘模式和规律，以解释现象或指导决策。这一范式兴起于21世纪初，得益于物联网、云计算和高性能计算的发展。随着全球经济发展和能源需求增长，能源领域问题更加复杂多样，能源智库的研究范围不断拓展，不仅关注能源安全，还涉及能源与环境、能源与经济的关系等方面。数据驱动科学范式的产生，推进了能源智库的发展与拓展，在能源研究中广泛应用于能源需求预测、可再生能源优化、能源市场分析等领域。

随着全球向低碳和分布式能源转型，传统的研究方法难以处理复杂、多变量、多维度的能源系统。数据驱动科学能够将能源消费、可再生能源发电、天气数据等多源数据整合分析，为能源规划和政策设计提供支持。现代能源系统，如智能电网、分布式能源系统的复杂性大幅增加，伴随着大量实时数据的生成。智能电表、传感器、遥感技术和物联网设备使得海量能源数据可以被实时采集并存储，为基于数据的科学研究提供了可能。国际能源署（IEA）等组织强调数据驱动决策的重要性，通过推动各国能源数据公开与共享，建立全球能源数据标准化体系，加速了这一范式在能源领域的应用[1]。

数据驱动科学在能源研究中主要体现在能源需求预测与管理、可再生能源优化与预测、智能电网与储能系统、能源市场分析与价格预测等方面。在这一科学研究范式的驱动下，能源智库的主要研究方法构成主要为大数据分析与挖掘、地理空间分析与遥感技术、实时数据处理与物联网、数据可视化与交互分析等。

能源需求预测是能源智库研究的重点之一，数据驱动科学通过挖掘用电数据、人口统计数据、天气数据等，显著提高了预测的精度和时效性。美国能源情报署（EIA）建立了能源综合预测模型体系（Word Energy Projection System，WEPS）开始对全球能源进行分析和预测，1986年起每年出版《国际能源展望》发布当年预测结果[2]。这些预测模型能够实时跟踪能源消费的变化，为电网调度和发电规划提供支持。中国国家电网基于大数据分析实现了电力负荷预测的分钟级优化，将历史负荷曲线、天气条件与社会活动模式整合，显著提升了电网运行效率。

---

[1] 外交部.《联合国气候变化框架公约》进程.[EB/OL].(2024-10-25)[2025-21-25]. https://www.mfa.gov.cn/web/wjb_673085/zzjg_673183/gjs_673893/gjzz_673897/lhg_684120/zywj_684132/201410/t20141016_7949732.shtml.

[2] 于汶加，王安建，王高尚. 解析全球能源需求预测结果及相关模型体系［J］. 资源与产业，2009，11(3)：12-16.

可再生能源，如风能、太阳能具有显著的间歇性和波动性，传统研究方法难以充分捕捉其动态特性。数据驱动科学通过结合地理信息、气象数据和发电设备数据，实现了可再生能源发电效率和利用率的优化。美国国家电网借助"随机森林"模型的算法将历史数据和大约 80 多个包括温度和太阳辐射等变量输入系统，通过数百种不同的数学路径来训练自己，结合输入变量进而输出新的太阳能发电量预测值，通过这种方式可以将太阳能发电量预测准确性提高 33%[①]。

第五代科学研究范式：AI for Science 是指将人工智能（Artificial Intelligence）深度融入科学研究过程，从数据分析工具发展为科学发现的核心驱动力。AI for Science 的核心内涵在于利用机器学习、深度学习、生成式 AI 和强化学习等技术，自动从海量数据中提取规律，生成科学假设，设计实验方案，并预测复杂系统的行为。这一范式不仅能加速科学研究，还能够帮助解决传统研究方法无法有效应对的复杂问题。AI 技术的出现深刻重塑了能源智库的研究范式、方法论和成果形态。

近年来，计算能力的飞速提升、深度学习算法的突破以及大规模科学数据的可获得性，为 AI 在科学领域的应用奠定了基础。AI 在能源领域已得到广泛应用，AI 技术的产生和发展使能源智库研究效率从"人工推演"到"智能加速"，在数据采集与清洗上 AI 能自动处理卫星影像、物联网传感器、社交媒体文本等海量异构数据，在知识提取过程中 NLP 技术能快速解析百万级政策文献与技术报告，在流程优化上机器学习能替代重复性建模工作以提高效率和准确性。生成式 AI 快速构建数百种能源转型路径帮助能源智库进行情景推演，通过异常检测算法识别供应链脆弱性以实现风险预警，通过数字孪生技术模拟政策干预的连锁反应达到实施政策沙盘的效果，能源智库在决策支持功能发挥上从"静态报告"逐步演进为"动态决策"。

深度强化学习（Deep Reinforcement Learning，DRL）广泛用于电力系统的动态优化，时序预测模型用于需求预测和可再生能源发电预测。美国国家可再生能源实验室（NREL）使用 AI 优化光伏与风能的实时调度，将可再生能源接入比例提高了 30%[②]。AI 在能源市场分析中表现卓越，通过从海量市场数据中挖掘模式，提升了价格预测和风险管理能力，自然语言处理（NLP）能通过分析政策文本和市场新闻对能源价格的影响，预测市场价格的变化趋势。国际能源署（IEA）开发了一套基于深度学习的 NLP 工具，能够自动解析和分类能源相关的政策文件、行业报告和新闻报道，提取其中的关键词，如"减排目标""供应链中断""天然气制裁"等，并通过情感分析量化政策文本的市场情绪影响，这套系统还结合了能源价格的时间序列数据，通过回归分析，

---

①② 国际太阳能光伏网. 独家翻译 | 美国国家电网借助 AI 技术将太阳能发电量预测精度提升 33%. [EB/OL]. (2019－07－26) [2025－01－05]. https：// solar. in－en. com/html/solar－2344627. shtml.

建立了政策情绪指数与能源价格波动之间的相关性模型。

AI for Science 作为第五代科学研究范式，是人工智能与科学研究深度融合的体现，其在能源、新材料、气候变化和系统优化等领域的广泛应用，正推动科学发现的效率和精度实现指数级提升。随着技术进步和应用扩展，这一范式将成为解决 21 世纪全球复杂科学挑战的重要工具，为构建可持续的能源发展格局提供技术支撑。尽管 AI 带来革新，能源智库在 AI 应用中也面临新挑战，如训练数据缺失导致模型歧视的数据偏见放大、神经网络可解释性不足影响政策可信度的黑箱决策风险以及 AI 算法可能加剧"技术霸权"的伦理困境等。

2. 能源研究中的复杂系统理论

复杂系统理论（Complex Systems Theory）是研究由众多相互作用单元组成的系统行为及其规律的一种科学理论，强调非线性、涌现性和适应性等特征。在能源研究领域，复杂系统理论为理解和管理能源生产、转换、传输和消费过程中多维变量的相互作用提供了强大的分析框架。由于能源系统本身的跨学科特性和高度复杂性，复杂系统理论被广泛应用于能源规划、政策设计、市场预测以及技术优化等方面。

能源系统中的各组成部分之间通常存在非线性关系。例如，电力负荷与价格之间的动态关联，或者可再生能源发电的波动对电网稳定性的影响。非线性特性使得传统的线性建模方法在应对复杂能源系统时表现出明显的局限性，而复杂系统理论能够捕捉这些复杂动态行为。复杂系统的涌现性指系统整体行为无法简单地由各组成部分的性质线性推导得出。在能源市场中，由个体市场参与者的独立决策可能导致整体价格波动或供应链的不稳定，这种行为无法通过单一变量或独立分析得出。能源系统的动态适应性表现为对外部环境变化的灵活调整。如电网需要适应可再生能源占比增加所带来的间歇性和不确定性，或者能源政策对市场行为的反馈作用。复杂系统理论强调从微观到宏观的多层次协同。微观上材料科学的突破影响电池性能，宏观上决定储能系统的经济可行性；区域能源系统与全球市场的联动也体现了多尺度特性。

复杂系统理论为能源系统的建模和仿真提供了科学工具，尤其在处理动态、多变量和多层次的能源系统问题时表现出色。系统动力学（System Dynamics）用于模拟能源供需之间的动态关系，分析政策干预对能源市场的长期影响。例如，模拟碳定价对能源结构转型的影响。多代理模型（Agent-Based Models，ABMs）能模拟能源市场中各类参与者，如政府、企业、消费者的决策行为和互动，尤其是用于研究分布式能源系统中不同用户对电价政策的响应。

随着风能、太阳能等间歇性能源的渗透率不断提高，复杂系统理论被用于分析电网在面对这些波动性能源时的适应性和鲁棒性。非线性动力学分析能通过研究电网频率和电压波动的非线性行为，设计稳定机制和调度策略。通过涌现行为研究则能分析区域性新能源集中接入可能引发的电网波动，为优化电网配置提供建议。

气候变化与能源系统高度相关，复杂系统理论在这一领域的应用主要体现在评估政策和技术路径对全球能源系统的影响。集成评估模型（IAMs）可以模拟减排政策对能源技术选择和经济发展的长期影响。例如，IPCC 使用的 MESSAGE 模型结合复杂系统理论进行碳中和路径分析。耦合模型能将气候模型和能源系统模型耦合，分析极端气候事件对能源供应和需求的潜在影响。

全球化背景下能源市场受多种因素影响，包括地缘政治、政策变化和技术进步，具有高度的不确定性和复杂性。网络分析法能将能源市场视为复杂网络，分析能源资源、生产和消费之间的传递关系。典型应用包括天然气管网和石油供应链的优化。系统风险评估法则可以使用复杂系统理论评估能源市场波动的传递效应和系统性风险，例如地缘冲突对全球石油价格的影响。

复杂系统建模需要大量数据支持，同时对计算资源的需求极高。如何在模型复杂性与计算效率之间取得平衡，是未来研究的重点。能源复杂系统研究需要整合物理学、经济学、环境科学和社会学等多学科知识，推动跨领域协作，多学科融合是未来发展的重要趋势。同时在 AI 时代，复杂系统在能源领域的发展需进一步强化与人工智能技术的结合，提升复杂系统建模的自动化和预测能力。

复杂系统理论以其多变量、动态、非线性和跨尺度的研究特点，为能源系统的建模和优化提供了全新视角。从可再生能源接入、电网稳定性，到碳中和路径和能源市场风险管理，复杂系统理论在能源研究中的应用日益广泛。尽管面临数据和计算挑战，其与人工智能等前沿技术的结合将进一步拓展其在能源研究中的潜力，为全球能源转型和可持续发展目标提供强有力的科学支撑。

数据、理论与技术在能源研究中的交汇体现了现代能源科学的多维性和系统性。能源研究通过数据采集揭示能源系统的现状，通过理论模型剖析问题本质，通过技术手段实现创新应用，这种交汇推动了能源领域从基础研究到实际应用的全面发展。从可再生能源优化到碳中和路径设计，这种融合的研究模式为能源系统的高效、低碳、智能化发展提供了有力支持，也为全球能源治理和可持续发展目标的实现提供了重要保障。

二、能源智库研究的核心方法

能源智库研究的核心方法是推动能源政策、市场分析和技术创新的重要基础。本章围绕定量分析、定性分析、情景模拟与系统建模以及风险评估与不确定性分析四大方向，详细阐述其关键技术和应用场景。定量分析通过数据挖掘、统计模型和时间序列预测，为能源问题提供科学的量化支撑；定性分析则结合案例研究、政策分析与专家咨询，剖析复杂背景下的能源治理路径。同时，情景模拟与系统建模技术，如系统动力学和集成评估模型（IAMs），帮助研究者探索未来发展情景和复杂系统演化规律。风险评估与不确定性分析通过蒙特卡罗模拟等工具，为能源系统中的潜在风险管理提供科学依据。本章还将为后续能源研究技术工具的讨论奠定理论基础。

（一）定量分析方法

定量分析法（Quantitative Analysis）作为一种以数据和数学模型为基础的研究方法，其在能源领域的应用可以追溯到19世纪末和20世纪初。工业革命推动了能源需求的增长，同时也暴露了能源供需关系的复杂性与波动性。为了更科学地管理能源资源、优化能源效率，研究者逐渐从经验主义方法转向以数学、统计学和计量经济学为基础的定量分析方法。

早期，能源领域的定量分析主要用于研究单一能源资源，如煤炭或石油的开采量、消费量及其与经济增长之间的关系。随着能源领域的快速发展和需求复杂性的增加，定量分析方法逐渐从单一变量研究扩展到多维系统建模。特别是在20世纪后半叶，全球能源危机和环境问题的突出，推动了定量分析在能源智库研究中的广泛应用。

1. 数据挖掘与统计分析

数据挖掘（Data Mining）是从大量数据中提取有用信息和隐含模式的技术过程，涉及数据预处理、模式识别、关联规则挖掘、分类、聚类和预测等方法。它结合统计学、机器学习和数据库技术，用于揭示数据之间的复杂关系。统计分析（Statistical Analysis）是利用统计学原理对数据进行收集、整理、分析和解释的过程，常用于检验假设、描述数据特征或预测未来趋势。统计分析是数据挖掘的核心工具之一，通过定量方法为决策提供支持。

数据挖掘与统计分析在能源研究中的运用主要体现在能源需求预测、可再生能源发电优化、能源市场与价格分析、碳排放监测与评估等领域。能源需求预测是能源规划的重要环节，数据挖掘与统计分析通过历史能源消费数据、人口统计数据、天气数据等，建立预测模型，精准估计未来能源需求。如数据挖掘技术帮助分析风速、太阳辐射等实时气象数据，优化风能和太阳能的发电效率。智能电网利用统计分析模型预测不同时间段的电力负荷需求，结合聚类分析识别用电模式，为电力调度提供优化方案。欧洲风能协会利用聚类算法分析风电场历史数据，评估最佳选址条件；美国国家可再生能源实验室（NREL）结合统计回归分析优化了太阳能发电预测效能。能源市场价格受供需关系、政策变化、国际局势等多因素影响，数据挖掘与统计分析通过关联规则挖掘和时间序列模型，揭示价格变化的主要驱动因素。国际能源署（IEA）利用数据挖掘技术分析能源交易数据，通过分类模型预测油气市场价格波动，为投资决策提供参考。在能源研究中，统计遥感数据和碳排放统计数据，结合数据挖掘技术可以帮助构建区域碳排放分布模型，为政策制定提供依据。例如，欧洲空间局（European Space Agency，ESA）利用统计分析和模式识别评估全球工业区的碳排放变化，为国际减排协定提供科学支持。

数据挖掘与统计分析通过对能源相关数据的深入挖掘和分析，在需求预测、资源优化、市场分析和碳排放监测等方面发挥了关键作用。这些技术帮助能源研究者从数据中发现潜在规律，提高了能源系统的效率与可持续性，为能源政策与技术创新提供了重要支撑。

2. 计量经济学与能源市场模型

计量经济学（Econometrics）是通过数学和统计学工具分析经济现象的学科，在能源市场研究中起到了关键作用。能源市场模型依赖计量经济学来量化供需关系、价格波动和政策影响，从而为市场优化和政策制定提供科学依据。能源市场的复杂性（如受地缘政治、气候变化和技术进步的多重影响）需要通过计量经济学模型，将能源消费、价格、供需等关键变量与经济、社会和环境因素关联起来。计量经济学不仅能揭示这些变量之间的因果关系，还能通过预测模型为市场决策提供指导。常用的工具包括时间序列分析、面板数据模型和结构化模型。

通过计量经济学建模，研究者可以构建能源市场的动态行为模型，例如预测油价走势、评估碳税对能源消费的影响或优化可再生能源的市场竞争力。这种方法既适用于短期分析，如能源价格预测，也支持长期政策模拟，如低碳经济转型对能源市场的深远影响，在能源智库的研究中广泛应用。

国际能源署（IEA）使用计量经济学的时间序列模型研究国际油价的波动规律。通过分析原油供给、需求、地缘政治事件和市场投机活动之间的动态关系，该模型成功预测了油价在2020年新冠疫情初期因需求锐减而大幅下跌的趋势。此外，IEA利用这一模型评估了OPEC+减产协议对油价的长期稳定作用，为能源政策调整提供了科学依据。世界资源研究所（WRI）通过计量经济学构建了一个面板数据模型，分析多个国家实施碳税后的能源消费变化。结果表明，碳税政策对化石能源消费具有显著抑制作用，同时促进了可再生能源投资的增长。研究还发现，碳税对能源密集型行业的影响程度与税率设计及收入再分配政策密切相关。这一分析为政府制定公平高效的碳税政策提供了理论支持,也验证了计量经济学在政策效果评估中的重要性。通过这些案例可以看出,计量经济学为能源市场模型提供了坚实的理论与工具支持,其在市场波动预测、政策影响评估和能源结构优化等领域具有不可替代的作用。这种方法的灵活性和科学性,使其成为能源智库研究中的核心工具之一。

3. 时间序列与预测分析

时间序列分析是通过研究时间维度上数据的变化模式,揭示变量间的动态关系并进行趋势预测的统计方法。在能源研究中,时间序列分析被广泛用于预测能源需求、价格波动和市场动态,为能源政策制定和资源优化配置提供科学依据。由于能源系统受多种因素,如经济增长、季节变化、技术进步影响,时间序列分析能够捕捉其中的短期波动和长期趋势,常用方法包括自回归积分滑动平均模型(ARIMA)、向量自回归模型(VAR)以及机器学习中的时间序列预测算法(如LSTM)。

这种方法具有较高的实用价值,不仅适用于电力负荷预测和能源消费预测,还可用于能源市场价格的动态建模。例如,在电力调度中,时间序列分析能够实时预测负荷需求,优化电网运行;在能源价格预测中,通过分析历史数据,可以量化供需变化、政策影响和外部冲击对能源价格的动态影响。

(二)定性分析方法

1. 案例研究法

案例研究法是智库研究中常用的一种定性分析方法,通过深入分析特定案例揭示问题本质,总结经验和教训,从而为决策提供参考。这种方法以细致的实地研究、背景分析和数据收集为基础,强调对复杂问题的多维度理解,适用于探索新领域、评估政策效果或指导实际操作。案例研究法在智库研究中的应用具有实践导向、多层次分析、可推广性等特点。

在能源智库的研究中,案例研究法被广泛应用于能源转型政策评估、技术创新分析和国际能源合作机制研究。能源智库通常选取典型国家或地区的政策实践作为案例。例如,中国能源研究会分析德国"能源转型"(Energiewende)政策,通过梳理其可再生能源发展、市场机制改革和电网改造经验,提出适合中国能源转型的政策建议[①]。针对清洁能源技术的推广,智库研究通过案例揭示技术应用的关键成功因素。例如,世界资源研究所(WRI)研究印度农村光伏系统推广的案例,探讨了补贴政策、用户参与和技术适应性对项目成功的影响。能源智库还利用案例研究法分析跨国能源合

---

① 北极星电力网. 国家发改委能源所、国家可再生能源中心等机构联合发布《能源转型趋势 – 中国、欧洲、美国》. [EB/OL]. (2018 – 12 – 28) [2025 – 01 – 05]. https://huanbao.bjx.com.cn/news/20181228/952817 – 1.shtml.

作机制，如"一带一路"框架下的能源基础设施建设项目，总结国际协作中的资金模式、风险管控和技术共享经验。通过这些具体应用，案例研究法为能源智库提供了深度剖析和经验提炼的有效工具，其研究成果能够为复杂能源问题提供科学的参考和指导。

2. 政策分析与多准则决策方法（MCDA）

政策分析与多准则决策方法（MCDA）是智库研究中用来处理复杂决策问题的重要工具，尤其在涉及多维度权衡和优先级排序的政策评估中发挥了关键作用。政策分析通过系统性地评估政策选项的可行性和潜在影响，为决策者提供科学依据，而 MCDA 通过综合考虑多个评价标准，如经济性、环境效益、社会影响等帮助选择最优方案。

MCDA 的核心特点包括：

多维度综合性：考虑经济、技术、社会、环境等多个指标，避免单一维度决策的偏差。

权重设定与排序：结合专家意见或统计分析，设定各指标权重，对政策选项进行排序。

透明与参与：通过公开的决策框架，促进利益相关方的参与和理解。

在智库研究中，MCDA 被广泛用于评估政策选项、设计政策路径以及优化资源分配。例如，在制定可再生能源推广政策时，MCDA 可以综合考虑成本效益、减排效果、技术成熟度和社会接受度等因素，选择最佳实施方案。

3. 专家咨询与德尔菲法

专家咨询是智库研究中用以汇集专业知识和经验的一种方法，通过邀请领域专家参与，解决复杂问题或提供决策支持。德尔菲法（Delphi Method）则是专家咨询的一种系统化形式，强调匿名性、多轮反馈和共识达成，用于预测未来趋势、优选方案和评估政策影响。德尔菲法的核心优势在于整合多方意见，避免个人偏见，并在多轮讨论中通过定量与定性结合获得较为稳健的结论。

在智库研究中，专家咨询与德尔菲法被广泛用于政策评估、技术前景预测和战略规划。通过专家意见的汇集，研究者可以在信息不完全或不确定的情况下，对复杂系统进行理性分析。专家咨询与德尔菲法可以预测未来能源技术的发展潜力，评估不同政策情景的有效性，或探讨国际合作的可能性。能源智库常利用德尔菲法评估能源政策的潜在影响。专家咨询和德尔菲法能够在能源智库研究中发挥集思广益和凝聚共识的作用，尤其在处理高复杂性、高不确定性的问题时，为政策设计和技术选择提供科学支持。

(三) 情景模拟与系统建模

1. 情景分析的设计与应用

情景分析（Scenario Analysis）是智库研究中常用的战略规划工具，通过构建不同假设条件下的未来场景，探索多种可能性及其潜在影响，为复杂决策提供支持。这种方法强调对不确定性因素的系统性分析，能够帮助决策者预判不同路径的后果，制定灵活的应对策略。情景分析的核心在于设计合理的情景框架，包括确定关键变量、设定假设条件、建模预测以及综合评估。

情景分析在智库研究中的应用主要体现在政策评估、风险管理和战略规划领域。例如，通过设计碳排放政策的多种实施路径，情景分析可以评估政策对经济增长、能源结构和社会影响的不同结果。同时，该方法也被用于应对极端事件和长期趋势。情景分析通过对未来的多维探索，帮助决策者在不确定性中寻找最优方案。

能源智库通过情景分析评估实现碳中和目标的不同路径。例如，国际能源署（IEA）在《2050年净零排放路线图》中设计了多种情景，包括"现有政策情景""可持续发展情景"和"净零排放情景"。这些情景结合经济、技术和政策变量，评估了各路径对能源系统、经济成本和碳排放的潜在影响，为各国碳中和规划提供了科学依据。情景分析还被用于能源市场的风险管理。中国能源研究会通过设计石油价格波动的多种情景（如需求快速增长、供应链中断、国际制裁等），分析其对中国能源进口安全和经济运行的影响，并提出储备油扩容、进口渠道多元化等应对策略。

情景分析在能源智库研究中展现出强大的适应性和实用性。它能够系统性地揭示政策和技术选择的长期影响，帮助决策者在不确定性中优化能源转型路径和风险管理策略，为全球能源治理提供科学支撑。

2. 系统动力学建模（System Dynamics）

系统动力学建模（System Dynamics，SD）是智库研究中用来分析复杂系统动态行为的一种建模方法，通过构建因果关系和反馈回路，模拟系统随时间演化的过程。这种方法特别适用于研究多变量、多层次的复杂问题，例如经济、社会、能源和环境系统的交互作用。系统动力学建模的核心优势在于能够通过反馈环路（如正反馈和负反馈）揭示系统中的非线性动态特性，帮助决策者理解政策干预的长期效果和潜在风险。

在智库研究中，SD被广泛应用于政策评估、战略规划和长期趋势预测。例如，通过构建经济增长、能源消耗和碳排放的动态关系模型，SD可以帮助分析不同政策情景下的减排效果和经济影响。此外，SD建模还能够模拟系统中滞后效应、结构性矛盾以及累积效应，为解决复杂问题提供量化依据和预测工具。

中国能源研究会通过系统动力学建模模拟中国能源转型的路径，分析煤炭逐步退出与可再生能源发展之间的动态平衡。模型中引入了技术进步、能源成本下降和政策干预等变量，揭示了加速可再生能源发展的关键点及其对能源安全的长期影响。这一研究成果为中国"十四五"能源规划提供了理论支持。

系统动力学建模在能源智库研究中表现出强大的系统性和预测性，能够为复杂能源系统的分析、政策设计和战略优化提供科学支撑，是应对能源转型与气候变化等全球性挑战的重要工具。

3. 集成评估模型（IAMs）在能源研究中的应用

集成评估模型（Integrated Assessment Models，IAMs）是一种将多个学科，如经济学、能源科学、气候科学和社会科学的理论和数据集成到统一框架中的建模方法，用于分析复杂的能源与气候问题。IAMs 以其系统性和综合性著称，能够同时考虑能源供需、经济发展、碳排放和气候变化等多种因素，为政策制定者提供科学依据。通过模拟不同情景下的系统动态变化，IAMs 可用于评估政策的长期影响、技术路径的经济性以及实现碳中和目标的可能性。

IAMs 的应用涵盖了能源转型路径设计、碳定价机制评估以及气候政策的国际比较。例如，典型的 IAMs 能够将能源消费模式、技术发展趋势和减排政策与全球气候变化模型相耦合，分析政策干预的多重效果。IAMs 的核心优势在于其综合性，可以量化能源系统与经济、环境之间的相互作用，为多维决策提供支持。国际能源署（IEA）利用 MESSAGE 模型分析全球能源系统转型路径[1]，这一成果为各国制定碳中和战略提供了关键参考。

IAMs 在能源智库研究中发挥了重要作用，其系统化、量化和综合性的特点能够帮助决策者设计有效的能源和气候政策，为实现全球可持续发展目标提供科学支撑。

（四）风险评估与不确定性分析

1. 蒙特卡罗模拟与应用

蒙特卡罗模拟（Monte Carlo Simulation）是一种通过随机抽样和统计分析的方法，用于解决包含不确定性和复杂性的问题。在能源研究中，蒙特卡罗模拟常用于评估系统的风险、预测未来趋势和分析不同变量对能源系统的影响。通过生成大量随机样本并进行反复计算，蒙特卡罗模拟能够模拟不同情境下系统的可能结果，揭示潜在的风

---

[1] Higgins J. Net zero by 2050？[J]. H&V News，2021（Jun.）.

险和不确定性。这种方法在能源市场、能源需求预测、资源评估、项目投资和风险管理等方面具有广泛应用,特别适合于处理复杂的多变量系统。

在能源智库的研究中,蒙特卡罗模拟被广泛应用于能源价格波动、项目投资评估和政策效果分析。它帮助决策者了解不同政策、技术选择或市场变化对能源系统的长期影响,并量化风险,制定应对措施。蒙特卡罗模拟的优势在于其能够处理多重不确定性,提供概率分布和敏感性分析,从而为决策提供更加全面和科学的依据。

2. 能源系统的不确定性管理

能源系统的不确定性管理是指识别、评估并应对能源系统中存在的各种不确定性因素,如政策变化、技术进步、市场波动、气候变化等所带来的风险。在能源研究中,不确定性管理的核心目标是通过科学的分析方法,帮助决策者制定灵活且具有适应性的战略,以应对可能的变化和风险。能源系统本身具有高度复杂性,且受到内外部多种不确定因素的影响,例如石油价格的波动、可再生能源发电的间歇性和不可预测性以及气候变化政策的不确定性。因此,不确定性管理方法,如情景分析、蒙特卡罗模拟和系统动力学建模,广泛应用于能源研究,帮助识别关键不确定性并制定应对措施。

在能源智库的研究中,不确定性管理通过提供多种情景模拟、风险评估和敏感性分析,为政策设计、技术选择和投资决策提供科学支持。例如,能源智库可以通过情景分析模拟不同政策路径对能源系统的影响,并评估这些路径下的潜在风险,从而帮助政府和企业在面临不确定性的情况下做出最优决策。

在评估能源政策时,能源智库通常通过情景分析来管理政策变化带来的不确定性。能源研究中通常使用情景分析研究不同碳排放政策对全球能源市场的影响,可以模拟多种政策情景,如碳税、碳排放交易制度、绿色能源补贴等下能源价格、技术发展和市场结构的变化。这些分析为各国制定灵活的应对政策提供了科学依据,并帮助政府评估政策实施可能带来的潜在风险。能源智库在研究可再生能源,如风能和太阳能接入电网的过程中,利用不确定性管理方法评估其间歇性和不确定性对电网稳定性和能源供应安全的影响。例如,中国能源研究会通过模拟不同的气候变化情景、风速和太阳辐射数据,运用系统动力学和蒙特卡罗模拟,研究了可再生能源比例提升对电网的影响。通过这些模拟,智库提出了加强电网灵活性和储能系统建设的政策建议,为能源系统的可靠性和可持续性提供了科学支持。

能源智库在不确定性管理中扮演着至关重要的角色,帮助政府、企业和社会各方制定应对不确定性的策略,从而推动能源系统的稳定发展和可持续转型。

3. 风险评估的理论与实践

风险评估是一种系统化的方法,用于识别、评估和管理可能影响目标实现的风险。

在能源研究中，风险评估帮助识别能源系统中的潜在风险，评估这些风险的可能性及其对系统稳定性、经济性和可持续性的影响。能源系统面临多重风险，包括市场价格波动、政策变动、环境灾害、技术失败以及地缘政治冲突等。通过风险评估，决策者可以理解这些不确定因素对能源供应、需求以及相关经济领域的潜在影响，从而制定应对策略。

在能源智库的研究中，风险评估的理论与实践被广泛应用于能源市场分析、能源项目投资、可再生能源整合、电力系统稳定性等多个领域。通过量化风险，能源智库不仅能够提供前瞻性的风险预警，还能为政策制定者提供有效的决策支持。常见的风险评估方法包括定量模型，如蒙特卡罗模拟、风险矩阵分析和定性分析，如专家咨询和德尔菲法。这些方法帮助能源智库识别并量化能源领域的关键风险因素，从而为风险管理提供科学依据。

能源市场受到政策变化、市场波动和国际局势的影响，能源智库通常使用定量模型评估这些风险。研究人员通过蒙特卡罗模拟分析全球能源价格波动的风险，评估不同情境下油气价格的波动对全球能源市场的影响。这些分析帮助政府和企业预见可能的市场风险，为能源供应链的安全性和经济稳定性提供保障。随着可再生能源接入比例的增加，电力系统的稳定性面临新的挑战，尤其是电网的频率波动和供需失衡。能源智库通过系统动力学建模和风险评估方法，分析不同电力调度和储能技术对电网稳定性的影响。能源智库不仅为能源系统风险评估提供了科学依据，也为应对全球能源挑战，如能源安全、气候变化和市场不稳定提供了有效的政策工具。风险评估的理论与实践帮助决策者更加准确地把握能源系统的脆弱性和风险点，推动能源政策和技术的优化与创新。

三、能源智库研究的技术工具

能源智库的研究离不开先进技术工具的支撑，这些工具在数据处理、智能分析与仿真建模中发挥着不可或缺的作用。本章从四个方面系统探讨能源智库研究中的技术工具：大数据技术与能源数据治理、人工智能与机器学习、计算建模与仿真技术，以及自然语言处理（NLP）。首先，大数据技术助力能源领域实现多源数据的清理、整合与可视化，优化数据治理策略。其次，人工智能与机器学习为能源需求预测、调度优化和市场分析提供了智能化解决方案。计算建模与仿真技术，如能源系统优化模型（ESOMs）和高性能并行模拟，则为复杂能源系统的运行和优化提供了科学依据。此外，自然语言处理技术通过政策文本分析和情感挖掘，为能源政策和市场趋势的研究提供了新的视角。本章将深入探讨这些工具的理论基础与实践应用,为能源智库的技术创新提供方向指引。

(一) 大数据技术与能源数据治理

1. 能源领域的大数据特点与治理策略

能源领域的大数据是指通过智能电表、传感器、气象数据、市场交易等多渠道生成的大量实时数据。这些数据涵盖了能源生产、传输、消费、市场行为及环境变化等各个方面。能源大数据的特点主要表现在海量性、多样性、时效性和复杂性。首先,能源数据的量非常庞大,尤其是在全球范围内,涉及多个维度的实时数据采集;其次,数据类型繁多,包括结构化数据,如电力负荷、气温和非结构化数据,如市场新闻、政策文本;再次,由于能源系统的动态性,这些数据往往具有高时效性,实时性要求非常高;最后,由于能源系统本身的复杂性,各种因素如市场变化、政策调整、技术进步都可能影响数据模式和趋势。

面对这些特点,能源领域的数据治理策略尤为重要。首先,数据标准化是确保数据可以有效整合和共享的基础。不同来源的能源数据往往格式和标准不一,因此,需要统一的数据规范,以便进行高效的数据融合与分析。其次,数据安全与隐私保护是能源大数据治理的核心,尤其是涉及智能电表和用户数据时,必须确保数据的保密性和合法性,防止数据被滥用或泄露。再者,数据质量管理在大数据分析中至关重要,确保采集数据的准确性和完整性是提高分析结果可靠性的前提。同时,随着人工智能与大数据技术的发展,数据分析与模型构建可以帮助从海量数据中挖掘出有价值的模式和趋势,为能源管理、决策制定提供支持。

在能源智库的研究中,这些治理策略体现得尤为重要。通过建立健全的数据治理框架,能源智库能够有效利用大数据进行预测分析、政策评估和市场建模。目前我国在光伏发电和风电的生产供应方面已经具备了较高的数字化程度,产业中应用广泛的核心成果主要包括:"光伏组件 EL 工业视觉智能监测系统""全场景 AI 技术赋能风电场"和"可视化三维数字风电场"等,这些项目基于大数据技术、信息化技术、测控技术以及各类人工智能算法,实现了对光伏组件和风机控制的自动化、设备状态感知及判断智能化、运维决策智慧化,从而大大提升了光伏发电和风电产业的运行效率[①]。此外,能源数据的开放和共享推动了跨国能源合作和技术创新,提升了全球能源治理的效率和透明度。

---

① 赵烁. 我国可再生能源产业数字化转型研究[J]. 中国能源,2023,45 (4):36-43.

2. 数据清理、整合与多源数据融合

在能源智库的研究中，数据清理、数据整合与多源数据融合是确保分析准确性和可靠性的关键步骤。能源领域的数据来自多种来源，如智能电网、传感器、市场交易数据、气象数据和政策文档等，这些数据往往在格式、精度、更新频率等方面存在差异。为了有效利用这些数据进行分析和建模，必须首先对数据进行清理、整合与融合，以保证数据质量并为后续的分析提供坚实的基础。

数据清理是确保数据准确性和一致性的首要步骤。能源数据往往存在缺失值、异常值或错误数据，这些问题如果不加处理，会影响分析结果的准确性。在清理过程中，能源智库通常使用统计方法填补缺失值，剔除或修正异常数据，确保数据集的完整性。例如，在电力负荷预测中，智能电表数据可能因设备故障产生缺失或误差，通过数据清理方法，智库能对缺失数据进行合理补充，从而提高预测模型的稳定性和精度。

数据整合主要是指将来自不同来源、格式各异的数据转化为一致的格式，并进行结构化处理。能源领域涉及大量结构化与非结构化数据，如何将这些不同形式的数据结合起来进行分析是一个关键问题。能源智库常通过构建统一的数据库或数据仓库，将不同来源的数据如能源消费、市场价格、气象条件、政策法规等进行整合，形成一个可供分析的大数据平台。

多源数据融合是在数据整合的基础上，进一步结合不同领域和维度的数据，提取更多有价值的信息。在能源智库的研究中，多源数据融合能够通过结合社会、经济、环境、技术等多方面的数据，提供更全面的决策支持。例如，国际能源署（IEA）在分析全球能源需求时，将全球经济增长、能源消耗、气候变化、技术进步等多源数据进行融合，使用系统动力学模型预测未来能源供需变化趋势，为全球能源政策制定提供科学依据。

通过这些数据清理、整合与融合的技术手段，能源智库能够提高数据的利用效率，增强模型预测的准确性，并为能源政策、市场发展、技术创新等领域提供有力的数据支持。

3. 数据可视化与信息呈现

能源研究通常涉及复杂的系统和大量的多维数据，如何有效地将这些数据转化为易于理解的信息，是智库研究成功的关键。通过图表、地图、交互式仪表盘等可视化手段，智库能够将复杂的数据分析结果清晰、直观地呈现给决策者和公众，从而支持政策制定、市场预测和技术评估等活动。

数据可视化在能源智库研究中的应用，首先体现在为不同受众群体提供不同层次的信息。例如，对于政策制定者，智库通过直观的图表展示能源转型的成本、效益和潜在风险；而对于普通公众，简洁的图形或互动仪表盘则可以帮助他们更好地理解能源消耗、碳排放等复杂问题。通过图表、趋势图、热力图等形式，数据可视化能够将大量的信息浓缩并高效传达，使得决策者能够迅速抓住关键问题，减少认知负担。

在能源政策评估中，数据可视化是评估不同政策选项效果的重要工具。以国际能源署（IEA）为例，IEA发布的《世界能源展望》报告中，利用动态可视化图表展示全球能源供需变化、碳排放趋势、可再生能源的推广路径等信息①。这些图表帮助政策制定者和行业专家直观地了解全球能源转型的动态进展，为长期战略规划提供依据。

能源市场预测与风险分析同样依赖数据可视化来呈现市场趋势和潜在风险②。世界资源研究所（WRI）在分析可再生能源发展潜力时，使用交互式地图展示不同地区的风能和太阳能资源分布，以及技术成本随时间变化的趋势。通过这些可视化手段，决策者可以清楚地识别出最佳投资地区和技术路线，优化资源配置。

能源项目投资分析也广泛采用数据可视化工具，特别是当涉及多个变量的评估时。能源智库通过设计交互式仪表盘，展示不同能源技术在不同政策情境下的投资回报、成本效益等关键信息，帮助投资者和政府机构做出更为科学的决策。

总的来说，数据可视化与信息呈现是能源智库研究中的重要应用，能够将复杂的能源数据和研究结果转化为清晰、易于理解的信息，从而提高研究成果的透明度、影响力和实际应用价值。这些可视化工具不仅提升了决策者的认知效率，还促进了跨学科、跨领域的沟通与合作。

（二）人工智能与机器学习在能源研究中的应用

1. 机器学习算法概述

机器学习算法是人工智能领域中的一种方法，通过从数据中自动学习规律并进行预测或决策，而无须明确编程指令。机器学习包括监督学习、无监督学习和强化学习等类型。监督学习通过已标注的数据训练模型，并用于分类或回归任务；无监督学习则在没有标签的数据中挖掘出潜在结构，常用于聚类和降维；强化学习通过与环境的交互不断优化决策策略，适用于需要长期优化的任务。

在能源智库的研究中，机器学习算法被广泛应用于数据分析、预测建模和系统优化。通过利用大量历史数据，机器学习能够有效识别能源系统中复杂的非线性关系，进行更为精准的能源需求预测、价格预测、可再生能源发电量预测等。

---

① 安琪．后疫情时期全球能源发展趋势展望——国际能源署《世界能源展望2020》评述及对我国启示［J］．中国经贸导刊，2020（21）：4．

② 魏一鸣，范英，韩智勇，等．中国能源报告（2006）：战略与政策研究［M］．北京：科学出版社，2006．

能源市场价格常常受到供需波动、政策变化和国际形势的影响，机器学习可以通过对历史价格数据和外部因素（如天气、经济指标等）的学习，建立复杂的预测模型。通过使用支持向量机（SVM）、随机森林（Random Forest）或神经网络等算法，能源智库能够预测能源价格的波动趋势。可再生能源，如风能和太阳能的发电量受天气条件影响较大，机器学习算法可以结合气象数据进行发电预测。通过训练回归模型、长短期记忆网络（LSTM）等方法，能源智库能够精确预测可再生能源的发电能力，从而优化电网调度和能源供应。例如，美国国家可再生能源实验室（NREL）采用机器学习预测风电和太阳能发电量，为电网的稳定运行提供支持。

2. 深度学习与能源需求预测

深度学习是一种机器学习的分支，利用多层神经网络模型模拟人脑的学习过程，能够处理和分析大量复杂的非线性数据[1]。在能源需求预测中，深度学习能够识别数据中的复杂模式和长期趋势，克服传统统计方法在处理大规模、复杂数据时的局限性。深度学习模型，尤其是长短期记忆（LSTM）网络和卷积神经网络（CNN），在时间序列数据预测中表现出了优异的能力，能够准确捕捉能源消费的季节性波动、突发事件影响及其与其他因素，如天气、经济活动、节假日等的关系。

在能源需求预测中，深度学习模型能够通过大量历史数据的训练，自动提取特征并进行精准的预测。这些预测不仅限于短期的电力负荷预测，还可以涵盖长期能源消费趋势、需求变化的非线性关系、突发事件的影响。深度学习为能源智库提供了一种更为高效、精准的分析工具，帮助决策者做出更加科学的政策调整与资源配置。

深度学习还被用于预测长期的能源需求趋势，特别是在能源转型过程中，如何预见可再生能源的推广、能源效率提升等因素对需求结构的影响。中国能源研究会通过深度学习模型，结合宏观经济数据、人口增长、城市化水平等因素，分析未来几十年中国能源需求的变化趋势，为能源政策的制定提供科学依据。能源智库还利用深度学习优化能源消费结构和负荷管理。例如，通过预测不同时间段的电力需求，深度学习可以为家庭、工业等部门的负荷调度提供精确的建议，避免高峰时段的电力过载并优化能源分配。

深度学习在能源需求预测中的应用提升了预测的准确性和时效性，帮助能源智库实现了更精细化的能源管理和策略制定。通过深度学习模型，能源智库能够处理复杂的多维数据，从而为能源系统的优化和转型提供科学依据。

3. 强化学习在能源调度与优化中的应用

强化学习（Reinforcement Learning，RL）是一种基于智能体与环境的交互，通过奖

---

[1] 余凯，贾磊，陈雨强，等. 深度学习的昨天、今天和明天[J]. 计算机研究与发展，2013，50（9）：6.

惩机制自主学习最优决策的机器学习方法[1]。在能源调度与优化中，强化学习能够帮助智能系统在动态环境中学习如何做出决策，以最大化长期收益或优化特定目标。特别是在能源系统中，强化学习能够应对电力负荷波动、可再生能源的间歇性、市场价格波动等复杂、不确定的因素。通过与电网的实时交互，强化学习算法可以优化电网调度、能源资源分配、储能系统管理等任务，以实现最优的能源使用效率和成本控制。

强化学习通过不断地探索和反馈，能够学习到最合适的策略，适应各种不同的电力需求变化、环境条件和技术限制。在能源领域，强化学习广泛应用于电力系统优化、电网调度、需求响应管理以及分布式能源系统的协调。强化学习算法的优势在于其能够处理动态环境中的决策问题，在保证电力系统稳定性的同时，优化能源使用并提高经济效益。

（三）计算建模与仿真技术

1. 能源系统优化模型（ESOMs）

能源系统优化模型（Energy System Optimization Models，ESOMs）是一种用于模拟和优化能源系统行为的数学模型，通常通过数学编程、线性或非线性规划方法，旨在最小化能源生产、转化、分配、消费等过程中的成本或排放，优化能源系统的运行效率[2]。ESOMs能够处理复杂的多层次、多时间尺度问题，结合供需平衡、技术发展、资源利用效率和政策法规等多种因素，为能源规划与政策制定提供科学依据。

ESOMs的核心优势在于其综合性，能够在一个统一的框架内分析不同能源技术的成本效益、环境影响以及相互作用。通过对能源生产、传输、消费等过程进行优化，ESOMs能够帮助识别能源系统中存在的瓶颈和改进空间，为决策者提供量化的优化建议。在能源转型、碳减排、可再生能源整合等领域，ESOMs被广泛应用于能源政策设计、技术选择、投资决策和系统规划等方面。能源智库也使用ESOMs进行能源项目的投资决策与资源配置优化。例如，针对大规模可再生能源项目，智库通过ESOMs分析不同区域的风能、太阳能资源和技术成本，提出最优的资源分配方案和投资建议。通过这种方法，能源智库能够帮助投资者和政府制定高效的资源配置策略，优化资金投入，提升项目收益。

能源系统优化模型在能源智库研究中发挥了关键作用，帮助决策者在复杂的能源系统中进行优化决策，推动能源效率提升、可再生能源整合以及碳减排目标的实现。

---

[1] Sutton R, Barto A. Reinforcement Learning: An Introduction [M]. MIT Press, 1998.

[2] Kong X Q, Wang R Z, Huang X H. Energy optimization model for a CCHP system with available gas turbines [J]. Applied Thermal Engineering, 2005, 25 (2-3): 377-391.

通过科学的模型分析，ESOMs 为能源转型、政策设计和投资决策提供了重要的量化支持。

2. 动态仿真与复杂系统建模

动态仿真与复杂系统建模是一种通过数学和计算机模型模拟系统动态行为的技术，广泛应用于研究复杂系统的行为和预测系统演变。动态仿真基于系统动力学（System Dynamics）和其他建模方法，通过建立变量之间的因果关系和反馈回路，模拟系统在不同条件下的演化过程。复杂系统建模则侧重于通过建模多变量、多层次之间的相互作用，揭示系统中各要素之间的非线性关系、涌现现象和不确定性。在能源研究中，动态仿真与复杂系统建模能够全面捕捉能源系统的复杂性，帮助理解能源生产、传输、消费等环节的相互依赖性，并为政策设计和技术创新提供科学依据。

动态仿真和复杂系统建模的核心优势在于其能处理复杂、动态和不确定的环境，模拟长期演变趋势，并帮助决策者分析不同政策和技术选择的长期效果。通过多种情景模拟，能源智库能够预测未来能源系统的演变，并提供应对不同未来情境的政策和技术建议。

随着可再生能源比例的不断提高，电力系统的调度面临新的挑战。能源智库通过动态仿真模型，模拟风能、太阳能等可再生能源的接入对电网调度的影响。例如，国家发展和改革委员会能源研究所（ERI）自 2011 年以来一直致力于开发中和建模工具，分析中国能源系统中可再生能源的开发和整合。其在 Balmorel 模型基础上开发出了电力和区域供热优化（EDO）模型。该模型可以在火电厂和省间电力交换进行限制的情况下，展示当前中国电力系统每小时的调度情况；该模型还可以展现基于成本最小化边际价格优化的省级、区域或国家电力市场的调度[①]。

动态仿真与复杂系统建模在能源智库的研究中为决策者提供了有效的工具，帮助预测和优化能源系统的运行，提升了能源政策设计的科学性和准确性。这些方法在推动全球能源转型、应对气候变化及优化能源管理方面发挥着重要作用。

3. 高性能计算与并行模拟

高性能计算（High Performance Computing，HPC）是通过强大的计算资源来处理和分析复杂问题，尤其是在计算密集型任务中，能够显著提高运算速度和处理能力。并行模拟是利用多处理器系统同时运行多个计算任务，以提高模拟速度和效率。这一技术能够在短时间内处理大量数据并进行复杂模型的仿真，广泛应用于天气预报、物理建模、能源系统分析等领域。在能源研究中，HPC 和并行模拟能够有效地应对大规模、

---

① 欧盟和中国的建模报告 [EB/OL]. [2022-05-22]. http://www.ececp.eu/zh/energy-modelling-cn/.

多维度的计算任务，优化能源系统的调度与运行，提供高效的决策支持。

HPC 和并行模拟在能源智库研究中的应用尤为重要，尤其是在模拟能源系统运行、评估能源政策效果和分析复杂的能源市场时。这些技术能够快速计算大规模的能源模型，提供更加精确的预测和分析结果，帮助决策者在面对复杂、动态的能源问题时作出更科学的判断。

（四）自然语言处理（NLP）与能源政策研究

1. NLP 技术的基础与应用场景

自然语言处理（Natural Language Processing，NLP）是人工智能领域的一项技术，旨在使计算机能够理解、处理和生成自然语言。NLP 技术包括语法分析、情感分析、文本分类、信息提取和机器翻译等多个子领域，主要应用于从大量文本数据中提取有价值的信息。在能源研究领域，NLP 技术的应用广泛，尤其是在处理政策文件、市场报告、学术文章、新闻数据等非结构化数据时，能够高效地将文本信息转化为结构化数据，帮助研究人员更好地理解能源系统和市场动态。

NLP 技术的核心优势在于其能够处理和分析海量文本数据，提取出有用的模式和趋势，支持能源政策评估、市场预测、技术发展和环境监测等任务。随着大数据技术和深度学习的发展，NLP 的能力和应用场景不断扩展，成为能源智库研究中的重要工具。通过对能源政策、市场动向和社会舆论的自动分析，NLP 不仅提高了数据处理效率，还为决策者提供了科学的参考依据。

能源政策文件通常具有复杂的术语和丰富的背景信息，NLP 技术可以帮助研究人员从中提取关键信息，如政策目标、实施措施、潜在影响等。通过文本分类和情感分析，NLP 可以量化政策的方向和力度，为政策效果评估提供支持。能源市场数据大量以新闻报道、行业分析报告和市场评论的形式存在，NLP 可以自动从这些文本数据中提取市场情绪、趋势变化及潜在风险，为能源价格波动的预测提供支持。NLP 可以帮助能源智库分析大量的学术论文、技术报告和专利文献，提取出最新的技术创新、研究进展和技术瓶颈。

NLP 技术在能源研究中不仅提高了数据处理的效率，还增强了研究的深度和广度。通过对海量文本数据的自动化处理，NLP 为能源智库提供了丰富的分析工具，支持政策分析、市场预测、技术评估等关键任务，帮助决策者做出更加科学和精确的判断。

2. 政策文本分析与情感分析

政策文本分析和情感分析是自然语言处理（NLP）技术中的重要分支，广泛应用于能源研究中，帮助从大量的政策文件、市场报告、媒体新闻等文本数据中提取关键信息并进行情感和情绪的量化分析。这些技术能够支持能源智库对能源政策、市场动态和社会反应的深入研究，帮助决策者制定更科学的政策和优化能源战略。

政策文本分析在能源研究中的应用，主要集中在对能源政策文件的自动化处理和分析。通过对政策文本的结构化处理，能源智库可以快速识别出政策的核心内容、目标、实施方案及潜在影响。例如，NLP 技术可以从能源相关的立法、法规、政策白皮书中提取出政策的具体措施和目标，帮助研究者跟踪政策演变和趋势。

情感分析是指从文本中提取出作者或发言人的情感倾向，通常分为正面、负面或中性[1]。在能源领域，情感分析广泛应用于对能源市场新闻、公众意见和政策反馈的分析，尤其在评估政策效果、市场动荡和社会舆论时，具有重要意义。通过对新闻报道、社交媒体和评论的情感分析，能源智库能够捕捉市场和公众的情绪波动，为政策制定和市场预测提供参考。情感分析不仅能够量化公众对能源政策的态度，还能揭示政策实施过程中可能出现的社会反应。

政策文本分析和情感分析在能源研究中的应用，通过自动化处理和情感量化，为能源智库提供了强有力的分析工具，不仅提高了对政策、市场和社会反应的理解，还为科学决策提供了数据支持和情感洞察。

3. NLP 在市场新闻与能源价格预测中的应用

NLP（自然语言处理）技术在能源价格预测中的应用，尤其是在市场新闻分析方面，已经成为一种重要工具。能源市场价格通常受到政策变化、市场供需、国际政治等多种因素的影响，而这些信息往往通过新闻报道、行业报告和社交媒体等文本形式传播。NLP 技术能够高效地从大量非结构化文本数据中提取有价值的信息，进行情感分析和主题识别，为能源价格预测提供前瞻性分析。

市场新闻分析在能源价格预测中的核心作用是通过情感分析和趋势识别，帮助判断市场情绪并量化其对价格波动的影响。NLP 技术能够自动化地处理海量的新闻报道、社交媒体内容和市场评论，识别出其中与能源市场相关的关键信息，并分析其对市场的潜在影响。具体应用包括通过情感分析识别新闻报道的情绪，如石油价格暴跌的报道或对某些能源政策的负面反应，这些信息都可能直接影响市场情绪，从而影响能源价格。

通过对大量市场新闻的持续监测，NLP 可以建立预测模型，识别出新闻事件对能源价格波动的长期和短期影响。例如，若分析到某一国家的石油储备政策变动或全球能源需求预测的调整，NLP 可以帮助预测这些信息对未来能源价格的影响，提前为市

---

[1] 杨立公，朱俭，汤世平. 文本情感分析综述 [J]. 计算机应用，2013，33（6）：1574 - 1607.

场参与者提供警示。

NLP 技术还可以帮助分析全球各国能源政策的变化及其对能源市场的影响。通过对政府政策文件、新闻报道和行业评论的实时分析，NLP 能够提供对能源市场的快速响应，识别政策变化对市场价格的潜在影响。例如，政策支持清洁能源的新闻报道可能会导致市场对可再生能源投资的信心提升，从而推动相应价格变化。

NLP 不仅提高了能源价格预测的准确性，还加快了市场情报的处理速度，为投资者、政策制定者和能源企业提供了及时的数据支持，帮助他们在快速变化的能源市场中做出更加科学和精准的决策。

本章围绕国际能源智库的研究发展，从研究范式、核心方法与技术工具三方面展开探讨，呈现出能源智库在能源研究领域的关键作用与多元创新。在研究范式上，能源智库历经从经验科学到"AI for Science"的演进。各阶段范式为能源研究提供不同视角与方法，推动能源科学发展，如经验科学积累数据，"AI for Science"提升研究效率与精度。复杂系统理论融入能源研究，帮助理解能源系统非线性、涌现性和适应性等特征，为能源规划、政策设计等提供分析框架，借助系统动力学、多代理模型等工具，助力应对能源领域复杂问题。研究方法上，能源智库综合运用多种方法。定量分析借助数据挖掘、计量经济学等手段，为能源问题提供量化支撑；定性分析通过案例研究、政策分析等剖析能源治理路径；情景模拟与系统建模探索未来发展情景；风险评估与不确定性分析借助蒙特卡罗模拟等工具管理能源系统风险，这些方法相互补充，为能源决策提供科学依据。技术工具方面，大数据技术实现能源数据治理与可视化；人工智能与机器学习在能源需求预测、调度优化等方面成果显著；计算建模与仿真技术助力能源系统优化与政策评估；自然语言处理在能源政策研究、市场价格预测中发挥重要作用，提升能源智库研究的深度与广度。

展望未来，能源智库需持续创新研究方法与技术应用，加强多学科融合，更好地应对全球能源挑战，为全球能源治理与可持续发展贡献更多智慧与力量。

第十一章

国际能源智库的专业咨询实务

国际能源智库的专业咨询实务是一项核心业务功能,构成了智库价值创造的关键环节。在全球能源治理体系日益复杂、能源转型进程不断深化的背景下,专业咨询实务通过系统化的业务流程和规范化的服务模式,实现研究成果向决策支持的有效转化,形成了具有鲜明特色的智库咨询体系。这一体系涵盖了基本属性、主要类型、实施流程和创新发展等关键要素,共同构成了完整的咨询实务运行框架。

一、智库咨询业务的基本属性

国际能源智库咨询业务是一种专业化的知识服务,具有区别于一般研究活动的本质特征与独特价值定位。在全球能源格局经历深刻变革的时代背景下,国际能源智库咨询业务的基本属性主要表现在基于研究的价值转化、以客户需求为导向、方案导向的闭环服务以及时效性的过程管理四个方面,形成了完整的智库咨询业务属性体系。同时,这一属性体系也深刻反映了国际能源智库在应对全球能源转型挑战中的专业化服务特征。

(一)基于研究的价值转化

国际能源智库咨询业务的核心在于将能源领域的前沿研究成果转化为实践价值,这一过程直接体现了智库作为知识服务机构的使命和功能定位,凸显知识应用的目的性和实践导向。这种转化过程涉及能源治理理论与实践的辩证统一,需要将抽象的理论认知转换为应对全球能源挑战的具体解决方案,实现从能源系统认知到治理方案设计的深层次转化。

1. 深度结合理论研究与实践需求

国际能源智库在开展咨询业务时,需要将能源治理理论转化为实践中可操作的治理方案。能源领域的理论研究往往涉及复杂的学术议题,包括能源政策、市场经济、技术创新和环境影响等多方面内容。然而,这些理论只有结合具体场景与实践需求,才能真正发挥作用。在价值转化过程中，智库需要深入理解客户的具体需求，分析全球能源格局的最新变化，并充分考虑技术进步、政策调整和市场动态等多重因素。这种理论与实践的深度结合不仅有助于解决当前能源问题，也为未来可能的挑战提供了战略应对方案。

2. 全面化、专业化的知识管理体系

为了确保研究成果的转化质量，在价值转化过程中，国际能源智库必须建立起系统的知识积累机制，构筑知识管理体系，将方案实施过程中的经验教训转化为智库的知识资产。知识管理体系包括对能源政策研究、技术创新分析、市场趋势判断等研究成果的提炼、重组和创新应用。构建国际能源智库的知识管理体系，需要对能源治理理论有深刻把握，更需要准确理解全球能源市场动态和区域能源政策环境，从而确保转化结果的科学性和适用性。特别是在全球能源转型加速的背景下，价值转化过程还需要充分考虑技术进步、政策变革和市场演化的复杂互动关系。

3. 多学科交叉融合的创新实践

能源问题往往是多学科交叉的复杂议题，单一领域的研究很难覆盖全貌。因此，能源领域的价值转化还体现在跨学科知识的综合运用上，涉及能源技术的经济效益评估、政策变化的环境影响分析、地缘政治的风险预测等内容，需要有机整合多维度的研究成果。这种整合不是简单的知识叠加，而是基于系统思维的创造性融合，通过多维度分析框架的构建，全面把握能源问题根源所在，提出系统解决方案。与此同时，国际能源智库需要特别注重地缘政治因素对能源治理的影响，确保转化成果的国际适用性。

（二）以客户需求为导向

国际能源智库咨询业务的价值必须立足于客户在全球能源治理中的实际需求才能得到真正实现，这种需求导向性构成了咨询服务的基本出发点。在能源领域，需求导向不仅体现在对客户明确表达需求的回应，更体现在对全球能源变革趋势的前瞻性把握和创造性解读，以及对客户在能源转型过程中潜在挑战的预判。

1. 深度理解与精准匹配客户需求

需求导向要求国际能源智库保持学术独立性，强化对于全球能源治理需求的敏锐感知能力和深度理解能力。培养能力需要建立在对国际能源市场发展规律、能源技术创新趋势和全球气候治理政策的系统把握基础之上。国际能源智库在考虑客户需求时，要建立起多层次的需求分析框架，科学设计客户在能源转型过程中的战略定位、政策选择和实施路径。对于客户需求的分析，从时间上可以分为短期目标、中长期目标和长周期战略目标等，从显示度上可以分为显性目标、隐性目标等。短期目标通常涉及政策执行、市场进入或技术应用等具体问题，而长期战略则关乎能源转型、低碳发展与可持续性议程的整体方向。此外，客户的隐性需求往往不会明确表达，需通过深度调研和专业分析加以识别，例如对未来市场风险的规避需求、对区域间能源合作潜力的挖掘等。

2. 差异化需求和跨文化适配能力

在复杂的国际能源治理环境中，国际能源智库还需要具备跨文化理解能力和国际视野，能够准确把握不同地区、不同类型客户在能源转型过程中的差异化需求。具体而言，这种差异不仅体现于客户所在国家或地区的发展阶段、能源资源禀赋和技术水平，还反映在政策环境、经济结构以及文化背景的多样性。比如，来自发达国家的客户可能更加注重能源技术创新的市场应用，而来自发展中国家的客户则更倾向于寻求技术引进与经济适用性的平衡。因此，国际能源智库应因地制宜，设计出更加灵活、精准的咨询服务方案，从而提升建议的实用性和可落地性。

3. 能源转型背景下的复杂需求整合

全球能源转型加速，政策议题与客户需求变得更加复杂和多样化。例如，传统化石能源的逐步替代与优化、可再生能源技术应用、能源效率提升和碳中和路径规划等。国际能源智库在提供咨询服务时，需要帮助客户权衡短期经济效益与长期可持续发展之间的矛盾，在确保发展目标达成，同时又避免对环境和社会产生负面影响。因此，在咨询过程中应关注整合技术、政策和市场等多个维度，提供具有综合性和协调性的解决方案。

（三）方案导向的闭环服务

国际能源智库咨询业务的方案导向性强调从能源问题识别到方案实施全过程负责，力求使研究成果与实践需求无缝衔接。闭环服务模式注重咨询方案具备系统性、可操作性和可持续性，确保能源治理方案能够有效落地并产生持续影响。

1. 结合理论分析与实操方案

方案导向的闭环服务首先体现在对能源治理问题的系统性理论分析与科学方案设计上。在方案设计过程中，国际能源智库需要综合考虑技术可行性、经济合理性和政治可接受性等多重因素，对每一阶段的目标和实施路径进行深入的系统论证。在设计一项能源转型战略时，不仅要评估相关技术的适用性和成本效益，还需考虑政策环境、市场动态以及社会公众的接受程度，才能够为客户提供全面、精准的指导，最大程度地提升实施效率和成功率。

2. 具备全流程咨询服务与配套保障措施

国际能源智库从问题识别、方案设计到落地执行提供一体化支持，确保方案的完整性和协调度。在制定完主要方案之后,还需提供配套措施的详细设计,如政策引导、技术培训、资金筹措和执行监控等。

3. 平衡与协调多利益相关方诉求

在能源治理领域,任何方案的实施都面临着多方利益诉求的博弈。国际能源智库在设计方案时,应全面考量政府、企业、公众以及国际社会等各方的诉求与关切,力求通过有效协调和综合平衡,寻求各方利益的最大公约数。国际能源智库通过建立多方参与的沟通与协商机制,能够提升方案的可接受性与实施的可持续性。

4. 建立动态评估与适应性调整机制

在复杂多变的国际能源治理环境中,智库提供咨询方案的灵活性是闭环服务的另一个重要特征。国际能源智库需要为客户提供方案执行过程中的实时监测与评估服务,及时发现实施中的问题,并根据外部环境变化及时进行策略调整。比如,随着国际能源市场价格波动或技术进步的出现,国际能源智库可以根据最新形势优化和调整既定方案,确保始终符合实际需求和发展方向。通过动态的调整机制,国际能源智库能够有效应对复杂性和不确定性,提高方案的韧性和灵活性。

(四) 具有时效性的过程管理

智库咨询类课题的时效性就是在既有的约束环境下,尽可能创造条件,短时间内产生最优的解决问题方案,以便应用于决策。[1] 国际能源智库咨询业务的时效性管理反映了能源领域知识服务的时间价值属性,强调在动态变化的国际能源环境中迅速响应客户需求。这种时效性不仅体现在严格把控交付时间节点的把控,更体现为对全球能源市场变化的快速响应和前瞻性判断。

1. 快速洞察国际能源市场变化

国际能源市场高度复杂性且变化频繁,对智库咨询服务提出了极高要求。快速洞察力是时效性管理的核心能力之一,体现了智库知识服务的时间敏感性和价值创造能力。国际能源智库需要依托先进的多维度数据分析体系和智能化信息处理工具,迅速捕捉、准确解读能源市场的关键变化信号。当全球能源政策发生调整或技术实现突破时,国际能源智库必须及时组织分析,迅速识别潜在机遇和挑战,为客户提供具有现实指导意义的即时建议。此外,国际能源智库还需高度关注能源市场的周期性规律和突发性事件,结合历史数据和趋势分析工具进行动态预测。快速洞察能力不仅体现了智库的专业深度,也直接影响了市场竞争力和行业影响力。

---

[1] 潘教峰. 智库双螺旋法应用 2 [M]. 北京: 中国言实出版社, 2022: 39 - 40.

2. 构建高效的项目管理体系

时效性管理离不开科学化和系统化的项目管理体系。国际能源智库根据咨询项目的特性，制定明确的时间规划和科学的资源调配方案，将时间管理、质量管理与风险管理有机结合，形成系统化的过程管理机制。在具体实践中，国际能源智库往往通过构建精细化的项目管理流程，实现从需求分析、方案设计到结果交付全过程的高效协同。同时，确保在突发事件和重大变化面前能够快速组织专业力量，提供高质量的咨询服务。国际能源智库还会着重整合内部资源和技术手段，构建数字化平台，支持实时协作和数据共享，大幅缩短沟通和决策时间，从而提高项目执行效率，确保咨询服务的及时性和前瞻性。

3. 动态平衡研究的实效性与专业化

时效性管理的另一大挑战在于平衡快速交付与专业化标准之间的关系。在注重效率的同时，国际能源智库需要确保咨询服务的科学性、精准性和可行性，这就要求建立起动态评估和反馈机制，在项目执行过程中开展阶段性审查，严格质量把控，确保成果始终符合高标准。在设计政策建议时，国际能源智库分阶段提交关键成果，结合客户反馈进行实时调整，确保交付成果的时效性。

二、智库咨询业务的主要类型

国际能源智库咨询业务的类型多样，反映了其在全球能源治理体系中的专业化服务模式和多元价值创造路径。在能源转型加速推进、地缘政治格局深刻调整的背景下，智库咨询业务主要包括研究成果转化型、问题诊断型、方案设计型和过程管理型等主要类型，构建起多层次的咨询服务体系，反映了国际能源智库应对全球治理挑战的实践创新。

（一）研究成果转化型咨询服务

1. 系统化知识管理

研究成果转化型咨询服务是国际能源智库将能源领域前沿研究成果转化为实践解决方案的系统过程，体现了智库的知识创造价值。这种转化建立在对全球能源系统演化规律、能源技术创新趋势和能源政策实践的深入研究基础之上，国际能源智库通过创新性的方法工具应用，实现理论与实践的有效衔接。

国际能源智库对能源技术进步、市场结构变革、政策制度创新等领域的研究成果进行系统化整理和分类管理，不断累积研究基础。这一过程不仅包括对已有研究成果的归纳提炼，更需要通过整合跨学科、跨领域知识，形成解决复杂能源问题的研究基础。在全球能源转型背景下，国际能源智库还应特别关注新能源技术发展、能源市场重构和气候政策协同等前沿议题。

2. 开发创新方法工具

方法工具创新是实现研究成果转化的关键支撑，国际能源智库不断完善能源系统分析方法，创新政策评估工具和预测模型。这种创新既包括定量分析工具的开发和应用，如能源系统优化模型、能源经济影响评估模型等，也包括定性分析方法的创新，如能源政策实施效果评估框架、能源治理机制设计方法等。在方法创新过程中注重不同区域能源发展特征的差异性，确保分析工具的适用性。

3. 提炼全球实践经验

基于全球能源治理实践的深入研究，国际能源智库建立起系统的案例分析框架，总结提炼有普遍指导意义的经验规律。在这个过程当中，关注不同国家和地区在能源转型过程中的创新实践，识别成功经验背后的关键要素和作用机制，形成可推广的知识资产。与此同时，国际能源智库还通过分析失败案例，探讨背后的深层次原因，吸取经验从而为客户提供更具针对性、前瞻性和可操作性的咨询方案。

研究成果转化型咨询服务的本质在于实现理论与实践的双向促进。通过理论指导实践、实践反哺理论，提升研究成果的实际应用价值，不断完善能源治理理论框架，为全球能源治理提供更加科学的知识支撑。

例如，气候与环境研究所（Institute of Climate and Environment, ICE）是由索马里SIMAD大学创立的政策研究机构，致力于应对索马里及周边地区的气候、环境和发展挑战。ICE提供基于证据的见解，通过研究与分析工作、政策倡导、能力建设来促进、推出可持续解决方案。ICE与政府、私营部门、社区和民间组织开展合作，频繁推出政策简报、理论文章、研究报告等研究成果，并对每一份成果均进行类别归类和标签标记[1]，具有深厚的研究积累。在未来两年内（2023~2025年），该智库计划吸引更广泛的合作伙伴，共同创造知识，支持当地民众并改进决策过程。[2] 例如，美国麻省理工学院能源与环境政策研究中心（Center for Energy and Environment Policy Research, CEEPR）开展了"罗斯福计划"（The Roosevelt Project），该项目分三个阶段推进、产出多份成果，对低碳经济转型领域知识的多维度进行系统化整理与深度研究。该项目的背景源于美国经济向深度脱碳转型将对社会经济群体、地区和经济部门产生不均衡

---

[1] Institute of Climate and Environment. Publications [EB/OL]. [2025-04-25]. https://ice.simad.edu.so/publications/.

[2] Institute of Climate and Environment. About Us [EB/OL]. [2025-04-25]. https://ice.simad.edu.so/about/.

的影响，而工人群体可能受到转型的不利影响，这必须成为脱碳相关政策变化和制度发展讨论的内容。该项目旨在制定政策重点和行动计划，规划低碳经济的道路，从而促进高质量的就业增长，最大限度减少工人和社群的失业，并利用能源技术的优势促进区域经济发展[1]。"罗斯福计划"第一阶段的工作已经完成了9份相关领域独立工作论文的起草，包括《能源转型的社会影响》《建设美国深度脱碳所需的能源基础设施》《气候政策的分布式影响：一种机器学习方法》等，进行了深度研究，提供了可行的建议和方案。2022年，"罗斯福计划"完成了第二阶段的工作，制定了包括宾夕法尼亚州、工业中心地带、墨西哥湾沿岸地区和新墨西哥州的四项区域行动计划，产出包括《墨西哥湾沿岸如何引领能源转型》《宾夕法尼亚州西南部的低碳能源转型》等多份案例研究报告，提炼全球多地区的实践经验，为其他地区提供了可参考的做法[2]。目前，项目团队正过渡到第三个阶段，该阶段将着眼于能源转型所需的产业政策，将特别关注脱碳钢铁、电网以及采矿和金属领域的三个案例研究。

例如，印度知名能源智库 WELL 实验室（Water, Environment, Land and Livelihoods Labs，WELL Labs）研发了一款免费的开源数据分析工具 Jaltol，可以访问各种政府报告中以无法访问格式锁定的数据，集中各种数据集（包括二手来源数据和遥感数据），目前应用广泛。如，政府机构可以使用 Jaltol 整理不同数据集数据来制定河流流域计划，有效解决了数据碎片化导致效率低下的问题；慈善机构可以借用 Jaltol 确定缺水地区从而研判投资优先级；民间社会团体和地方机构往往缺乏收集、分析和解释可用数据的技能，可以利用 Jaltol 来制定科学准确的预算，更为公平、可持续地分配水资源[3]。此外，WELL Labs 还开发了 Paired Watershed Studies、Staff Gauge 等研究方法，将方法工具集成知识库（WELL Labs' knowledge repository）[4]，用于更科学地开展咨询服务。

（二）问题诊断型咨询服务

问题诊断型咨询服务着眼于全球能源治理中复杂问题的系统分析和准确定位，是国际能源智库发挥专业优势的重要领域。在能源系统复杂性不断提升的背景下，这类

---

[1] Center for Energy and Environment Policy Research. The Roosevelt Project [EB/OL]. [2025-01-06]. The Roosevelt Project.
[2] Center for Energy and Environment Policy Research. The Roosevelt Project：Publications [EB/OL]. [2025-01-06]. https：//ceepr.mit.edu/roosevelt-project/publications/.
[3] Water, Environment, Land and Livelihoods Labs. Jaltol [EB/OL]. [2025-04-30]. https：//welllabs.org/jaltol/.
[4] Water, Environment, Land and Livelihoods Labs. Research [EB/OL]. [2025-04-30]. https：//welllabs.org/publications/.

咨询服务要求建立起多维度的诊断框架，运用系统化的分析方法，基于系统思维深入把握能源问题的本质。

1. 系统分析诊断

系统分析诊断是问题诊断的基础方法。国际能源智库运用能源技术、经济、环境等多学科知识，实现对能源问题的全面认知。在开展系统分析诊断过程中，国际能源智库需建立起完整的分析框架，将复杂的能源问题分解为技术可行性、经济合理性、环境可持续性和社会可接受性等基本维度，并揭示各维度之间的关联关系和互动机制。在能源转型背景下，还需要充分考虑技术进步、市场变革和政策调整的协同效应。

2. 要素关系梳理

要素关系梳理是政策问题诊断的核心环节。国际能源智库通过科学的分析方法，厘清能源问题中各要素之间的逻辑关系和作用机制。国际能源智库不仅需要对能源供需关系、价格形成机制、政策影响路径等基本要素关系进行系统梳理，更要关注新技术应用、新商业模式创新对传统能源系统的冲击影响。当前，综合能源服务平台商业模式尚处于探索的初级阶段，主要还是立足于业务场景开展专业服务或将平台作为产品销售。在未来发展过程中，随着互联网模式的加速渗透，电子商务广告竞价、应用分成、金融服务、专业服务、功能订阅等互联网平台典型商业模式将必定占有一席之地。[①] 通过建立系统的要素关系图谱，为问题解决方案的设计提供科学依据。随着新商业模式（如能源共享）和新技术（如氢能、储能技术）的引入，传统能源系统的边界正在被重新定义，将这些新变量纳入分析，有助于国际能源智库全面识别问题中潜在的转型机遇与风险。

3. 核心问题界定

核心问题界定是诊断服务的关键成果，需要基于系统分析和要素梳理，准确识别能源问题的本质特征和根源。在界定问题时，国际能源智库要建立起科学的问题分级体系，划分为层次化问题（如表象问题、中间问题和根本问题等），明确问题之间的因果关系和影响路径。特别是在国际能源治理领域，界定核心问题还需要充分考虑地缘政治因素的影响，准确把握问题的国际属性和区域特征。

目前，国外代表性的能源智库机构在开展咨询时在问题分析、精准诊断、系统开展咨询工作等方面具有比较先进的做法。

例如，英国著名能源智库机构 Ember 对电力生产、需求、可再生能源发展以及碳排放等情况进行深入分析和跟踪，已连续五年发布年度《全球电力评论》。《全球电力

---

① 吴潇雨，代红才，刘林，等. 综合能源服务平台化发展解析 [J]. 能源，2021（3）：45 – 49.

评论2024》分析了来自215个国家的电力数据，13个地理和经济分组的数据（如非洲、亚洲、欧盟等），首次全面概述了2023年全球发电量的变化，介绍了有关变化背后的趋势，预测了未来对能源和电力行业排放量可能产生的影响。①

例如，印度各地的水资源压力正在迅速加剧，气候变化也使得干旱和洪涝灾害愈发频繁且严重。为解决这些问题，印度政府、企业社会责任部门以及国际机构正在水土保持和气候适应方面投入大量资金。为确保投资能取得最佳效益，印度能源智库机构WELL Labs开展了相关技术咨询项目，构建了监控、评估和学习（Monitoring, Evaluation, and Learning, MEL）工具箱，形成了系统科学的工作流程，深入分析了当前印度水务部门面临的挑战，评估了三种社区地下水管理方法的影响，探索制定简单、准确和易衡量的水安全状况指标。此外，WELL Labs还着重开展了综合水文气候建模的科学现状、农村供水和卫生报告等研究，确定研究重点，指出当前印度农村水、环境卫生和个人卫生方面的挑战与机遇。②

（三）方案设计型咨询服务

方案设计型咨询服务强调系统性构建起能源治理解决方案并进行科学性论证，是国际能源智库咨询价值实现的核心环节。在全球能源治理复杂性不断提升的背景下，这类服务需要将理论洞察和实践经验转化为可操作的实施方案，确保解决方案的可行性和有效性。

1. 多维度可行性论证

可行性论证是咨询方案设计的首要环节，需要从技术、经济、环境、社会等多个维度进行系统论证。在技术可行性方面，国际能源智库充分考虑能源技术的成熟度和适用性。尤其是在新能源技术迅速迭代的背景下，重点评估新技术的规模化应用潜力以及与现有能源系统的兼容性。此外，国际能源智库应重点关注技术部署可能带来的潜在风险，如技术瓶颈、数据依赖性和知识产权问题。在经济可行性方面，国际能源智库需要评估方案的成本效益、投资回报率及对能源市场的影响。需要通过详细的经济模型测算政策成本与收益，判断方案的经济竞争力和长期收益。同时，在涉及能源价格、市场波动等因素时，评估对于消费者与能源企业的影响，以确保经济可持续性。在环境可行性方面，分析方案的环境影响及其可持续性，包括碳排放、资源消耗以及

---

① Ember. Global Electricity Review 2024 [EB/OL]. [2025-01-07]. https：//ember-energy.org/latest-insights/global-electricity-review-2024/.

② Water, Environment, Land and Livelihoods Labs. Technical Consulting [EB/OL]. [2025-04-30]. https：//welllabs.org/technical-consulting/.

生态破坏的可能性。在社会可行性方面，综合考量方案的公平性和可接受性，在能源转型可能涉及广泛社会变革的情境下，特别关注低收入群体、边缘化群体等易受影响者的利益，同时评估政策对就业、能源获取公平性及社会稳定的潜在影响，在进行可行性论证时还会充分考虑不同国家和地区的发展条件差异。

2. 设计实施路径

实施路径设计是咨询方案建构的关键环节，需要基于系统思维绘制清晰的实施蓝图则需要明确关键环节和重要节点，例如从政策出台到技术推广的时间表，从资源配置到目标达成的阶段性目标等，不仅为方案的整体推进提供了时间轴和行动框架，还为后续的评估和调整提供了依据。随后，设计具体的实施步骤和配套措施，确保方案可以有效落地。在路径设计中，特别注重协调平衡好各利益相关方的诉求，针对方案涉及的资源要素（如资金、技术、人员）进行优化配置，确保资源的合理利用和高效流动。同时，通过建立跨部门、跨地区的协同机制，促进政府、企业、社会组织等多方主体的协调与合作，形成合力。通过制度安排和政策工具的创新应用，实现多方利益的有效平衡。与此同时，国际能源智库咨询方案设计需能够在实施过程中根据实际情况作出灵活反应，包括对市场变化、政策调整、新技术应用的快速响应，确保方案迅速适应外部环境变化，始终符合实际需求。

3. 配套措施保障

配套措施完善是确保方案有效实施的重要保障，需要从组织、制度、政策等多个层面建立支持体系，包括组织保障、制度安排、政策支持等内容。在组织保障措施的设计方面，明确各参与主体的职责分工和协作机制，例如，针对复杂的能源治理方案，可建立跨部门的联合工作组或跨国协调委员会，确保方案的统筹推进。在制度保障方面，建立有效的激励约束机制，确保各方按计划履行义务。在政策支持方面，设计配套的政策工具组合，具体而言，可包括税收减免、融资支持、技术研发补贴等多种形式的政策手段，营造良好的政策环境。在国际能源合作领域，配套措施的设计还需要特别关注跨境协调机制的建立和运行。

例如，德国伍珀塔尔气候、环境与能源研究所（Wuppertal Institute for Climate, Environment and Energy，以下简称"德国伍珀塔尔研究所"）将自身定位为政府、企业与社会的中间人，旨在通过能源转型为不同类型的客户带来实际效益。政策咨询覆盖面广，具有目标指向性。德国伍珀塔尔研究所提供面向各级政府的政策咨询，其客户不仅包括能源转型迫在眉睫的发展中国家和新兴经济体，也包括具有能源转型发展潜力的小城市。德国伍珀塔尔研究所通过具体案例具体分析，总结归纳得出政策建议，并将策略方案落到实处。重视企业技术创新，开拓能源转型的新市场。不同的企业在能源可持续转型方面遇到的问题各不相同，企业的能源可持续转型以能源技术革新为基础，更加注重技术服务、资源共享和循环利用，并且能开拓具有巨大经济前景的新市场。聚焦社会热点问题，提供社会转型策略。德国伍珀塔尔研究所关注社会问题，积极主动发声，引导社会舆论，提供的社会可持续转型方案备受群众信赖，出版成果也引发民众的热烈讨论。

例如，印度领先的气候与能源智库科学、技术和政策研究中心（Center for Study of Science, Technology and Policy, CSTEP）深耕气候、环境和可持续发展领域，通过技术选择和深入分析，根据全球科学研究和本国背景确定印度气候危机的解决方案。在电力基础设施方面，该智库完成的《卡纳塔克邦雨养农业面临的气候变化风险：增强韧性》报告提出了增强发展韧性的建议方案，如开发气候灾害与风险地图，评估气候风险对热能、太阳能和风能基础设施的影响；优先考虑适应未来气候条件的设计和项目；为定期审查、维护和升级基础设施提供资金保障；起草维护与升级基础设施的相关法规，制定基础设施提供标准；创建研发和创新的技术联盟，促成更好的设计、开发弹性技术改进标准和部署新技术；建立气候风险数据生成和传播网络。①

（四）过程管理型咨询服务

过程管理型咨询服务关注能源治理方案实施的全过程控制和动态优化，体现了国际能源智库咨询服务的持续性特征。在全球能源市场快速变化的背景下，这类服务要求建立完善的过程管理体系，通过科学的管理方法确保有效达成咨询目标。

1. 进度节点控制

进度节点控制是过程管理的基础要求和首要任务，直接关系到项目实施的节奏和效率，因此，国际能源智库在开展过程管理型咨询服务时通常会建立一套科学化、精细化的项目管理体系和监控机制。主要包括科学设定关键节点，确保节点设置与项目目标相匹配；合理制订进度计划，综合考虑资源约束（如资金、技术、人力）和外部环境影响（如政策变化、市场波动）；有效实施执行监控，通过定期评估和动态调整确保项目顺利按期完成。在国际能源项目中，进度控制需要特别考虑跨境合作的复杂性，预留充分的协调时间。

2. 质量标准把控

质量标准把控是过程管理的核心任务。系统的质量管理体系主要包括制定质量标准、全程实施质量控制、持续推进质量改进。在标准制定方面，即根据项目需求和国

---

① Kritika Adesh Gadpayle, Vidya S, Pratima Bisen, et al. Climate change risks to rainfed agriculture in Karnataka: implications for building resilience [EB/OL]. (2021-02-18) [2025-01-02]. https：//cstep.in/publications-details.php? id=1487.

际能源行业规范，制定系统化、可操作的质量标准。在质量控制方面，通过内外部专家评审、阶段性质量审查、独立第三方评估等多层次的审核机制确保每一阶段成果符合预期。在质量改进方面，通过经验总结和方法创新不断提升服务水平。需要特别注意的是，在跨国项目和跨境服务中，质量标准需要兼顾各国的能源法规和技术规范差异。

3. 风险预警与防范

风险预警防范是国际能源智库开展咨询服务过程管理的重要内容。完善的风险管理机制主要包括风险识别系统的建立，即国际能源智库在咨询项目初期，通过调研、数据分析、专家咨询等方式，及时、全面地识别出潜在风险因素。有效运行预警机制，即通过科学的监测指标和智能化分析工具，实现风险早期预警；提前准备应对措施，即针对不同类型的风险，制定有针对性的应急预案，建立快速响应机制确保风险可控。在国际能源治理领域，还需要特别关注地缘政治风险和市场波动风险的影响。

4. 持续优化与动态管理

过程管理型咨询服务的一个重要特征是具有动态性和持续优化能力。过程管理型咨询服务具备动态优化机制，即国际能源智库针对实施过程中暴露的问题，快速调整进度计划，优化资源配置，确保项目在复杂多变的环境中始终沿着正确方向推进。此外，在项目结束后，应系统总结经验教训，形成标准化的操作手册或案例库，为后续项目实施提供参考。

例如，兰德公司（RAND Corporation）通常会与美国联邦政府建立合同关系。兰德公司与这些客户每年更新合同或者3到5年更新一次，合同金额高达数千万美元。这些部门包括国防部、统计局、国家医学研究院、国家科学基金、人力资源部、卫生部等。双方通过见面会谈、邮件互通等形式进行讨论交流，最后形成《项目说明书》文件，文件详细地规定了项目的时间表、问题、方法、预算、进度、数据等。这些内容都在合同所规定的范围要求内形成。兰德公司会严格按照时间表规定的时间跟客户报告研究成果一直到完成项目。除政府部门的合同外，兰德公司还有许多自主选择的项目。对自主选择的项目，兰德公司承担其开题、推销、动员潜在客户购买研究成果。通常兰德公司会提供这些客户最为科学、客观、公正、全面的信息咨询建议，多达5个以上决策选择，并对每一种选择做出详细的解释分析，以及在各种关系中可能产生的利弊。[1]

三、智库咨询业务的实施流程

国际能源智库的咨询业务实施流程体现了专业化服务的系统性和规范性要求，构

---

[1] 乐烁. 兰德公司发展经验与对我国智库建设的启示 [D]. 武汉：湖北大学，2013.

成了咨询价值实现的关键环节。科学的实施流程设计不仅能够确保咨询服务的质量和效率，也为智库知识服务的持续创新提供了制度保障。这一流程体系涵盖需求分析与项目定位、方案设计与资源配置、过程管理与质量控制、成果提交与效果评估等关键环节，形成了完整的业务实施框架。

（一）需求分析与项目定位

需求分析与项目定位是国际能源智库咨询业务的起点和基础，要求建立系统的分析框架和科学的定位方法。需求分析与项目定位是国际能源智库咨询业务的起点，也是决定咨询项目成败的基础环节。高质量的需求分析要求国际能源智库立足于深厚的理论积累和实践经验，精准识别出客户需求及其潜在问题，并置于全球能源转型和治理趋势的宏大背景下进行深入考量。

1. 精准识别客户需求与挑战

在接受委托之后，国际能源智库需要分析决策者或课题委托方的真实意图，从诉求出发，基于最紧迫的现实任务来思考项目要实现的目标和最终需求。[①] 在这个过程当中，国际能源智库需要建立系统的分析框架，从技术创新、市场变革、政策演进等多个维度，全面评估客户在能源转型过程中面临的挑战和机遇，为项目评估提供科学依据。在技术维度，帮助客户分析在新能源技术、能源储存技术、智能电网等方面的技术需求和能力差距，评估技术升级的可行性；在市场维度，评估市场结构和价格变化对客户业务模式的影响，帮助客户在新兴市场中抓住机遇，同时规避可能的竞争风险；在政策维度，分析全球和区域性能源政策的变化趋势，评估客户业务发展可能受到的影响。

2. 结合自身优势明确方向

项目定位是需求分析的延续和深化，其核心任务是将客户需求与智库的专业优势有机结合，明确项目的目标定位和价值边界。要充分利用国际能源智库在能源领域长期积累的专业知识和研究成果，确保服务内容具有专业性和可靠性。鉴于能源治理的复杂性，在明确项目定位时，要兼顾客户需求与全球能源治理框架的协调性，既要满足客户的特定目标，也要具备一定的灵活性，预留适度空间，以适应全球市场和政策环境的动态变化。同时，关注跨境差异，涉及国际项目时，项目定位需充分考虑不同地区的经济发展阶段、能源资源禀赋、政策法规差异等特性。

3. 关注未来趋势与潜在风险

在全球能源转型加速的背景下，项目定位不能局限于解决现有问题，更应该具备

[①] 潘教峰. 智库双螺旋法应用2 [M]. 北京：中国言实出版社，2022：41.

前瞻性和战略眼光,通过深入研究行业趋势,帮助客户在新兴领域占得先机,如可再生能源发展、能源行业数字化与智能化、全球碳市场和绿色金融发展等,同时要尽可能规避如政策风险、市场风险、技术风险等潜在风险。

例如,日本电力中央研究所能源创新中心(Central Research Institute of Electric Power Industry Energy Innovation Center,ENIC)成立于2016年,隶属于日本电力中央研究所(Central Research Institute of Electric Power Industry,CRIEPI),ENIC将自身定位为CRIEPI及整个电力行业的电力智库,致力于推动电力行业转型。ENIC主要有三个核心业务:一是优化以电力为核心的能源转换、分配、使用和评估技术,助力电力企业的业务扩展;二是加强与消费者的沟通交流,优化电力供需管理以满足社会需求;三是研发物联网相关技术,提供更好的服务方案,助力于降低设备管理成本。ENIC智库全方位通力协作,精准把握市场需求。ENIC着力于与其母公司实现上下联动,充分利用母公司现有的各领域专家团队、数据资源与专有技术提供新型服务,开发电力监测系统;ENIC与供应商、服务商积极合作,针对电力行业相关问题提供切实可行的解决方案;ENIC不断加强与消费者的沟通交流,提高电力供需管理水平,优化电力供应方案。

(二)方案设计与资源配置

方案设计与资源配置是实现咨询目标的核心环节,是将理论与实践相结合的重要步骤。国际能源智库通过科学的设计方法和有效的资源管理将复杂问题分解为步骤清晰的解决路径,确保方案的落地,取得显著的实施效果。

1. 形成综合性解决方案

国际能源智库提供咨询服务时的重要环节是将专业知识转化为可操作的解决方案,并通过科学合理的资源配置确保方案的有效实施。在方案设计过程中,国际能源智库需要充分运用系统思维,将能源技术路线选择、市场机制创新、政策工具设计等多个层面结合起来统筹考虑,形成综合解决方案。特别要注重方案的适应性设计,确保在复杂多变的国际能源环境中保持有效性。在技术路线方面,结合客户实际情况(如所在地的资源禀赋与技术水平),评估能源技术的可行性和适配性,选择最优的能源开发与利用方案,制定技术升级与迭代路径;在市场机制方面,考虑市场化手段对能源转型的驱动作用,国际能源智库通过构建灵活的市场机制设计,协助客户优化能源资源配置,提升市场竞争力;在政策法律方面,需充分考虑现有政策支持,可以通过政策模拟与效益评估,为客户争取政策红利、最大程度规避政策风险。此外,因地制宜制定方案,针对不同地区的能源资源禀赋、技术水平、市场成熟度等差异,提出具有地方适配性的具体实施路径。

2. 科学配置资源

基于项目特征和方案需求，实现智库内外部资源的优化组合，包括内部资源整合、外部资源链接、弹性调配机制三个方面。针对智库的内部资源，根据项目需求，组建跨学科、跨领域的专业团队，确保团队结构与项目需求相匹配，明确团队成员的职责分工与协作机制；在外部资源方面，与国际能源组织、国际能源研究机构、企业联盟等外部组织合作，建立密切联系，获取全球前沿的行业动态与经验，借助国际合作网络拓展服务能力。针对区域性项目，国际能源智库则应注重与当地政府、企业、学术机构的合作，充分利用本土化资源。在资源配置过程中，特别要注重建立弹性调配机制，设定应急预案，针对可能的突发状况（如技术障碍、政策调整、市场波动等），快速应对新需求和新挑战。

例如，英国能源研究中心（UK Energy Research Centre，UKERC）是英国最大的能源研究机构之一，致力于推动低碳经济转型，开展关于能源政策、气候变化以及能源技术的研究。UKERC 的研究涉及可再生能源、能源储存、电网智能化、能源效率等多个方面，通过联合 13 所顶尖大学、研究机构以及政府部门，汇集社会科学、工程学、环境科学和经济学领域的专业知识[①]，组织跨学科、跨领域的团队进行能源研究，有效突破了传统单一学科的研究边界，从而确保智库提供决策咨询建议的技术可行性、政策适配性及社会可接受度，显著提升了咨询成果在复杂能源治理场景中的实践价值。

（三）过程管理与质量控制

过程管理与质量控制是确保咨询服务有效性的关键保障，要求国际能源智库建立起系统化的管理机制和标准化的控制流程，确保项目在各阶段有序平稳推进，高质量产出咨询成果。

1. 里程碑设置与任务分解

在具体实施中，围绕项目目标建立清晰的里程碑节点。在项目启动阶段，国际能源智库需要首先根据客户需求将整体目标分解为具体任务，明确各阶段的工作重点和预期成果，合理分配阶段性任务、安排时间，确保各项工作之间的逻辑衔接顺畅、进度协调到位；其次是设定明确的里程碑节点，如完成需求调研、提交方案初稿、实施试点项目等，每个里程碑节点需配套清晰的评估标准，确保各阶段任务保质保量完成。

---

① UK Energy Research Centre. Research Activities [EB/OL]. [2025-01-30]. https：//ukerc.ac.uk/research/.

在项目进程中，需要定期开展阶段性评估，保持动态跟踪。通过召开项目评估会议、汇总工作进度报告等方式，实时掌握项目实施情况，及时发现进度偏差与问题，进行动态调整。

此外，国际能源智库特别需要注重风险管理，建立风险监控与预警机制，设定关键风险指标，实时跟踪项目风险动态，设置应对预案，有效防范和化解项目实施过程中的各类风险。

2. 全流程质量控制

质量控制贯穿于国际能源智库咨询服务的全过程，通过多层次的质量标准体系和审核机制，确保咨询服务的专业水准。首先是咨询服务过程的质量控制。国际能源智库应建立起规范化的工作流程，明确每一环节的操作标准和输出要求，确保各项工作严格按照既定规范执行。针对不同类型的咨询项目，制定细化的操作指南，通过实施监督与指导，确保智库团队在执行过程中能够及时纠偏。其次是成果产出全流程的质量把控。成果的形成过程中应设立多轮内外部专家审核程序，确保咨询建议的科学性、合理性、可行性，从理论依据、数据支持、逻辑推导等多个维度对成果进行评估。最后是建立持续优化与改进机制，在咨询项目完成后，国际能源智库应及时内部复盘与总结经验，提炼实施过程中的成功经验与问题教训，结合项目实施中的实践经验，不断优化咨询方法与工具，不断提升服务质量。

例如，印度 CSTEP 智库的咨询服务成果主要有研究报告、评论、图书著作、工作简报、期刊或会议文章等，为了确保 CSTEP 的每一项研究输出都是高质量的，该智库内部从四个方面来考量研究成果的质量——研究质量、写作质量、演示以及与利益相关方的连接，同时，CSTEP 还聘请外部专家对研究输出进行审查，通过这些机制和流程来提高研究和产出质量。[1]

例如，兰德公司一直对研究的高质量和客观性有着极致的追求。1997 年兰德公司首次制定、推出了《高质量研究和分析标准》（Standards for High – Quality and Objective Research and Analysis），于 1999 年、2003 年和 2009 年对标准先后进行了三次修订和更新，在 2022 年开展了最新的修订更新。标准的部分内容如下：（1）参与（Engagement）。与研究的利益相关者进行互动，以更好地理解问题及其背景，并制定稳健的研究设计。收集和整合各种相关、多样化的观点，以支持研究的严谨性，防止在设计、开展和传播研究时产生无意的偏见。（2）包容性（Inclusion）。在研究过程中获取并考虑各种重要的观点，客观、公平地进行平衡。提高对复杂问题的科学和政策观点的全

---

[1] 张聪慧. 变局之解全球科技智库思想观察［M］. 上海：上海交通大学出版社，2023：168 – 169.

面认识，确保这些多样化的观点在研究过程中得到公平对待、准确呈现。（3）相关性（Relevance）。专注于研究和分析的有用性和重要性及其潜在影响，要求研究团队明确研究的范围和目的。可能需要研究团队根据新信息或变化的情况调整研究计划的某些要素，如研究问题、数据来源和方法。（4）严谨性（Rigor）。使用合理的逻辑和最合适的理论、方法和数据来源进行客观分析。要求兰德公司的研究人员保持对理论、方法和数据来源的最新发展的跟进。（5）透明度（Transparency）。以易于理解和使用的方式解释研究、分析、发现和建议。专注于对研究过程（设计、开发、执行和支持）和研究结果（发现和建议）进行充分、有效和适当的记录和沟通。要求研究团队尽可能清晰地记录和报告其目的、范围、支持来源、假设、活动、数据、方法、结果、局限性、发现和政策建议，以满足管理、评估、使用、复制和可能受研究影响者的需求。（6）合法性（Legitimacy）。以道德、公平、独立和客观的方式开展研究，避免利益冲突，保持独立性和客观性。[1]

例如，中国石油集团经济技术研究院（以下简称"中石油经研院"）不仅对智库研究成果有着严格的质量检验，更是将这种严格标准贯穿至研究工作的各个环节，从资料准备、研究分析到最终形成政策研究产品均有相应的质量要求。在调研报告写作前，由调研组共同提出观点，定出结构，形成提纲。初稿形成后，组织调研组全体成员对初稿进行讨论，对问题进行进一步研究，提出意见建议，提高执笔者对调研问题的认识。在成果审核阶段，中石油经研院建立了五级审查制度，形成"项目长—所领导—分管院领导—院长/执行董事/党委书记—首席专家"的递进式成果把关体系，项目长作为一级负责人，进行文字、数据、政治等方面进行初步质量把关，所领导在项目长之后进行审查，侧重于学术方面的把关，分管院领导在所领导审查后，参与相关内容的审核工作，随后院长/执行董事/党委书记对提交的内容进一步把关审核，最后，首席专家作为智库五级审查中的重要一环参与质量把控工作（呈阅件一般不报给首席专家，因首席专家主要服务国家层面）。若遇到临时安排的重要且时间特别紧的任务，基本省去外部专家审查环节，但往外报送内容时项目长、所长、分管院领导和院长仍要进行审核。

为进一步强化研究成果的质量管理，中石油经研院还建立了多层次评价体系，覆盖研究成果水平及政策贡献、研究团队建设、开放交流能力和项目运行效率等多个维度。作为对"五级审查制度"的补充，评价流程分为课题中期评估、成果评审以及成果转化追踪三大阶段，确保研究质量贯穿全过程。在成果评审环节，通过"学术委员

---

[1] Land Corporation. Standards for High – Quality and Objective Research and Analysis [EB/OL]. [2025 – 01 – 06]. https：//www.rand.org/about/standards.html.

会+外部专家"双层评估机制，从政策支持力度、学术创新性和行业应用价值等角度进行综合考量；在成果转化追踪阶段，重点关注研究成果的政策采纳率和行业实际应用效果，使得成果能更有效地服务于国家决策与行业实践。①

（四）成果提交与效果评估

成果提交与效果评估是咨询服务的终端环节，能够检验咨询服务质量与价值、推动智库持续健康发展。国际能源智库需要通过科学的呈现方式和评估方法，实现咨询价值的有效传递和持续改进。成果提交环节是咨询项目的直接输出与精华提炼，应确保咨询建议以科学化、系统化、专业化的方式呈现，同时应具有实践导向，为客户的后续决策与执行提供切实支持。

1. 成果组织与表达

首先，构建起整体的成果逻辑框架。最终的咨询成果应以严谨的逻辑框架为基础来呈现，通常应包括背景与问题定义、核心分析过程、实施路径与配套措施、主要结论与建议等内容，确保客户对成果的整体逻辑能够一目了然。其次，保证成果的丰富度、科学性与严谨性。主要指咨询建议需以充分的理论、案例和数据为支撑，通过详实的论证过程增强建议的可信度，确保咨询建议能够得到客户的准确理解和采纳。再次，重视成果的专业化表达。在提交成果时，要注意与客户类型、层级相适配，例如，提交给管理层的决策报告应简明扼要、突出核心要点，而给予技术人员、研究人员等的指南手册则需详细列明关键步骤与技术参数。另外，可通过研究报告、演示文稿、数据可视化工具等多样形式来呈现最终成果，增强成果的简明性与吸引力。最后，注重成果的实践导向，尽量提供具体的实施建议和配套措施，为客户的决策执行提供实际支撑。

2. 全周期效果评估

效果评估则需要建立科学的评估体系，从短期、中期和长期三个维度对咨询服务的效果进行系统评估。短期评估主要考察咨询建议的采纳情况与产生的初始影响。在项目完成后，短时间内跟踪客户对咨询建议的采纳情况，统计被采纳、部分调整或未被采纳的建议比例，分析未采纳的原因（如可行性不足、外部环境变化等），同时评估客户在采纳建议后的初步实施效果，如政策建议是否推动了关键决策，技术方案是否完成了初步试点等。中期评估主要考察咨询建议的实施成效与价值创造情况。在建议实施后的中期，重点评估客户在业务层面的具体成效，可以通过量化指标（如盈利增

---

① 案例资料系基于对中国石油集团经济技术研究院相关人员的访谈整理所得。

长率、市场占有率、能源利用效率等），系统评估咨询服务为客户创造的直接价值，进一步验证建议的实用性与有效性。长期评估则主要考察咨询建议的战略意义与影响。从长期维度评估客户在核心关键目标上的达成情况，关注咨询建议在更广泛范围内的影响力。

3. 建立完善的评估反馈与提升机制

建立完善的评估反馈机制，及时发现问题并进行改进，推动咨询服务质量的持续提升，对于国际能源智库积累国际能源治理经验、完善咨询服务体系具有重要意义。首先，构建评估反馈体系。一方面，通过客户访谈或问卷调查，定期收集客户对咨询服务的满意度评价，分析客户对成果提交和实施路径的具体意见与建议。另一方面，强化开展评估反馈的数据驱动手段，例如通过追踪建议实施后的关键指标变化（如能源利用效率、成本下降幅度等），为后续改进优化提供科学依据。其次，总结经验，进一步优化研究方法。在每个咨询项目结束后，组织研究团队进行复盘，提炼成功经验与不足之处，形成可复用的知识与操作方法。同时，也要结合评估结果与行业趋势，不断更新咨询工具与方法，例如采用最新的能源治理模型、市场预测算法等，增强咨询服务的科学性与前瞻性。最后，强化与客户的长期合作关系。针对客户在具体实践过程中遇到的新问题，积极提供后续服务，例如方案调整建议、技术升级指导等，强化客户黏性与长期合作关系。在客户允许的前提下，将成功项目案例通过智库报告、媒体宣传等形式大力推广，进一步增强智库的行业影响力与客户信任度。

例如，兰德公司的每一份报告、文章、数据库和简报，在公开发表前都经过审慎的同行评审，还会定期安排外部和内部人士对其研究产品进行整体评审。兰德公司每年有近2000个研究项目，完成近千份研究报告和论文，为了使每份研究成果都能代表兰德公司的最高研究水平，该智库建立了严格的研究成果内部评审机制（也称"同行评审制"）。一是对研究项目进行独立评审。评审组成员一般由两名未参与该研究项目的公司内部专家和一名外部专家组成，课题负责人需向评审组提交项目成果材料，完成答辩并获得评审组一致通过后才算通过评审。每个研究项目都要经历期中和期末两次评审，通过评审的研究报告经分管该项目组的副总裁审定之后才能正式发表。二是对专业文章和论文进行同行评议。专业文章和论文主要用于正式对外发表和交流，代表了兰德公司的最高学术水平，评审也更为严格。文章发表前需要经过3～9位国内外权威研究专家的同行评议，根据同行评议意见修改完善后，还需经过评审委员会投票通过才能正式发表。因故未通过评审的论文，即使委托单位同意，也不能以兰德公司的名义发表。三是对研究项目组进行周期性综合审查。为了考察研究成果的实际价值和社会效应，兰德公司每隔4～5年会对某个研究项目组进行综合审查，审查结果将作为研究人员考核、晋升和淘汰的重要参考。①

例如，美国能源信息署（U. S. Energy Information Administration，EIA）定期发布《年度能源展望》（Annual Energy Outlook）、《国际能源展望》（International Energy Outlook）、《短期能源展望》（Short-Term Energy Outlook）等一系列预测报告，向美国政府、能源企业、金融机构等用户提供能源市场的最新预测信息和分析解读。这些报告在能源市场中具有广泛的影响力，为能源投资决策、能源政策制定、能源企业战略规划等提供了重要依据。通过与实际市场数据的对比和用户反馈，不断改进和完善预测方法和模型，提高预测精度和服务质量，进一步巩固在能源市场预测领域的权威地位。

四、智库咨询业务的创新发展

国际能源智库咨询业务的创新发展是应对全球能源治理复杂性的必然要求，体现了智库服务模式的变革趋势。在能源转型深入推进、数字技术快速发展的背景下，智库咨询业务的创新主要体现在研究与咨询的深度融合、数字技术赋能的服务模式、国际合作的咨询网络以及可持续的价值创造体系等方面。这些创新方向不仅反映了国际能源智库的发展思考，也预示了未来智库咨询业务的演进路径。

（一）研究与咨询的深度融合

智库与商业咨询公司是有所区别的，商业咨询公司只专注于商业策略研究，而智库的策略相当宏观，体现的是大时代背景下全行业的嬗变与利益格局的重新划分。② 因此，研究与咨询的深度融合是国际能源智库提升服务价值的关键创新方向，体现了知识创造与实践应用的统一。国际能源智库应尝试打破传统的研究和咨询业务壁垒，建立新型的业务组织模式和价值创造机制。在能源系统深度变革的背景下，研究与咨询的融合创新特别强调对前沿性、综合性重大问题的战略研究，通过高水平的理论创新支撑高质量的咨询服务。

这种融合创新体现在三个层面：一是研究议题的设定更加注重实践需求，将全球能源治理的现实挑战转化为研究主题；二是研究方法的创新更加强调应用导向，开发具有实践指导意义的分析工具和评估模型；三是研究成果的形成更加突出价值转化，

---

① 赵简. 兰德公司综合型智库建设模式研究 [C]//AEIC Academic Exchange Information Center（China）. Proceedings of 4th International Conference on Modern Management, Education Technology and Social Science（MMETSS 2019）（Advances in Social Science, Education and Humanities Research, VOL. 351）. 国网能源研究院有限公司；2019：5.
② 刘西忠. 新型智库质量提升与国家治理现代化 [M]. 南京：江苏人民出版社，2021：61.

注重将理论洞察转化为可操作的政策建议和实施方案。通过建立研究咨询一体化的运行机制，实现两类业务的优势互补和价值提升。

例如，电力规划总院工作手册是规程、规定、导则和其他专业要点在工作中的具体体现，有助于专业技术人员深研业务、规范工作、快速成才，是保证产品和服务质量的重要工具。结合公司成立70周年系列活动，全面总结具有公司特色的工作实践经验，系统搭建公司研究咨询和工程咨询两类优势业务知识体系，创新编制能源、电力、发电、电网四套业务工作手册，做好业务知识和工作方法的总结、共享与传承①。

（二）数字技术赋能的服务模式

数字技术赋能是国际能源智库革新服务模式的重要方向，也是对于技术创新的积极响应。在大数据、人工智能等新技术快速发展的背景下，数字赋能不仅改变了传统的研究方法和服务方式，也创造了新的价值实现路径。国际能源智库应借助数字技术与工具，深度理解与应用能源大数据，提升分析能力和服务效率。

数字技术的赋能主要表现在三个方面：一是建立基于大数据的能源分析平台，通过数据挖掘和模式识别提升决策支持能力；二是发展智能化的咨询服务工具，利用人工智能技术提供更精准、及时的政策建议；三是构建数字化的服务交付体系，通过在线平台和移动终端实现服务的便捷传递。特别是在全球能源市场波动加剧的背景下，数字技术的应用为快速响应和精准服务提供了有力支撑。

例如，电力规划总院为提高规划研究这一核心业务的智能化水平，开展电力系统规划的理论方法的研究与软件工具的开发，主动适应日益复杂的新型电力系统建设，提升核心业务质量引领力。开展能源消费预测、能源领域碳排放测算等算法研究，开发综合能源规划、电力需求预测、电力系统生产模拟、新型电力系统规划经济分析等软件工具，并基于多种类型的实际工程开展了测试工作，多项工具获得软件著作权。建成电网工程专家辅助决策平台，实现了输变电工程设计评审的标准化、流程规范化及专业化管理，提高了工程评审和工作计划的信息化水平，提升了咨询专家决策的准确性与高效性。②

例如，国网能源研究院建立了全球能源研究统一平台和能源电力规划实验室，是数字技术赋能咨询战略的重要实践成果。全球能源研究统一平台是以大型数据库、专业模型工具和智能分析应用软件系统为主体，综合应用先进技术，具有自主知识产权、国际一流水准的能源研究和决策支撑平台，主要用于分析解决中国和全球经济、能源、

---

①② 熊晓光，李凤亮. 新时期咨询企业的全面质量管理与实践 [J]. 电力勘测设计，2023 (6)：5-8.

电力、环境、企业（5E）可持续发展重大问题，包括数据信息平台、分析研究平台、展示交流平台，能够对复杂的能源问题进行多维度深度分析，提供精准的趋势预测和决策建议；能源电力规划实验室采用多区域电源发展优化模型软件 GESP（Generative of Electric System Planning），涵盖大型能源基地开发及外送、清洁能源大规模开发和高效利用、综合能源运输体系构建、坚强智能电网建设等专项研究分析，以及能源电力发展战略及政策评估等，为输煤输电比较、清洁能源发展规划研究提供支撑，助力于推动全球能源互联网建设。①

例如，印度气候与能源智库 CSTEP 通过使用"印度可持续替代未来"（SAFARI）的交互式模拟工具，构建了政策评估的有效试验台，为关键的综合政策选择提供参考②，帮助创建印度长期低碳发展情景；通过基于网络的开放获取工具——太阳能光伏技术经济模型，对印度各地基于光伏和电池的微型电网系统进行可行性分析和评估③等。

（三）国际合作的咨询网络

构建国际合作网络是国际能源智库拓展服务能力的战略选择，反映了全球能源治理的协同需求，促进了跨境、跨文化的知识共享与经验交流。在能源问题日益全球化的背景下，建立广泛的国际合作关系有助于提升智库的专业能力，也为应对复杂的能源挑战提供了组织保障。

合作网络建设主要涉及三个维度：一是建立多层次的伙伴关系，包括与国际组织、政府机构、研究机构和企业的战略合作；二是构建知识共享平台，促进研究成果和实践经验的国际交流；三是发展联合咨询机制，通过跨机构合作提供综合解决方案。在全球能源转型加速推进的背景下，国际网络化合作对于应对共同挑战、促进区域协调具有重要意义。

例如，天津大学亚太经合组织可持续能源中心自成立以来，中国在可持续能源、可持续城市领域拉近了与 APEC 区域其他经济体的关系，通过政策对话、经验分享、学术研讨、技术交流等多元化方式，不仅学习到了 APEC 区域内的先进技术，加快了中国可持续能源、可持续城市发展进程，同时也有机会向 APEC 区域推广中国先进的可持续

---

① 国网能源研究院有限公司. 实验室［EB/OL］.［2025 – 01 – 30］. http：//www.sgeri.sgcc.com.cn/html/sgeri/gb/sys/qqnyyjtypt/20220606/6347912022206071720000001.shtml.

② Shweta Srinivasan, Kaveri Ashok, Poornima Kumar, et al. Energy and emissions implications for a desired quality of life in India via SAFARI［EB/OL］.［2025 – 01 – 02］. https：//cstep.in/publications details.php? id = 1707.

③ Harshid Sridhar. CSTEP's solar technoeconomic model for photovoltaics（CSTEM PV）：solar and financial models［EB/OL］.［2025 – 01 – 02］. https：//cstep.in/publications – details.php? id = 876.

能源技术、优秀的可持续城市实践,传播中国的可持续发展理念。在外交部、国家能源局和天津大学的大力支持下,天津大学亚太经合组织可持续能源中心对 APEC 领导人在可持续能源方向制定的目标做出了积极响应,充分发挥示范表率作用,全力协助中国能源领域进一步扩大了在 APEC 区域乃至世界的影响力,完成了大国对世界的环境承诺[1]。

天津大学亚太经合组织可持续能源中心"支持 APEC 区域海上风电部署和并网"项目在立项和实施过程中得到 APEC 能源工作组(EWG)、韩国、新加坡、泰国、印度尼西亚等 APEC 经济体支持;研究成果得到 APEC 秘书处和 APEC 高度认可并被采纳;2023 年 10 月上线 APEC 官网正式发布,已成为相关人员了解和推动 APEC 地区海上风电项目开发的重要参考文献,截至目前已被累计下载 445 次;研究成果受到 APEC EWG 的高度认可,该项目作为 EWG 近期的研究亮点,在 APEC 官网上进行了特别报道;研究成果有效促进了 APEC 经济体间海上风电领域的国际交流与合作。基于项目组织召开国际研讨会 1 次,美、澳、日、韩等 11 个 APEC 经济体的 120 余位专家参会[2]。

电力规划设计总院作为"一带一路"能源合作伙伴的主要支持单位,参与了伙伴关系章程研究、重要成果文件等相关工作件起草[3];深化中欧在能源技术创新领域的合作,电力规划设计总院积极承担中欧能源技术创新合作办公室工作,全面调研中方能源技术创新合作需求、与国内外政府主管部门及能源企业开展对接、开展欧洲重点国家能源创新技术研究等[4];在国家能源局牵头成立的 APEC 能源合作伙伴网络中成为新能源和可再生能源专家组国内对口单位,负责提出参加 APEC 能源工作组相关会议、对项目建议书进行技术评议等工作[5]。

(四)可持续的价值创造体系

智库咨询课题并不止步于一份研究报告或决策建议,智库生命力的核心在于满足不同政策课题的各自需求。[6] 可持续的价值创造体系是国际能源智库实现长期发展的保

---

[1] 天津大学亚太经合组织可持续能源中心. 中心介绍 APSEC 成立 [EB/OL]. [2025 – 01 – 06]. https://apsec.tju.edu.cn/index.php/home/about/index/id/6.html.
[2] 内容来源于 2024CTTI 智库研究优秀成果内容。
[3] 电力规划设计总院. "一带一路"能源合作伙伴关系支持单位 [EB/OL]. [2025 – 01 – 06]. http://www.eppei.ceec.net.cn/art/2021/9/22/art_52839_2510717.html.
[4] 电力规划设计总院. 中欧能源技术创新合作办公室 [EB/OL]. [2025 – 01 – 06]. http://www.eppei.ceec.net.cn/art/2021/9/22/art_52839_2510716.html.
[5] 电力规划设计总院. 中国参与 APEC 能源合作伙伴网络新能源和可再生能源专家组国内对口单位 [EB/OL]. [2025 – 01 – 06]. http://www.eppei.ceec.net.cn/art/2021/9/22/art_52839_2510712.html.
[6] 潘教峰. 智库双螺旋法应用 2 [M]. 北京:中国言实出版社,2022:42.

障，体现了国际能源智库的社会责任和发展愿景。建立可持续的价值创造机制不仅关系到智库自身的发展活力，也对智库在能源转型中的引领作用产生影响。

构建价值创造体系的构建主要围绕三个方向：一是创新商业模式，探索具有可持续性的收入来源和价值分配机制；二是完善评价体系，建立科学的价值评估方法和指标体系；三是强化能力建设，通过持续的人才培养和制度创新提升组织活力。特别是在全球能源市场正在深度调整进程中，可持续的价值创造体系为智库的稳定发展提供了重要支撑。

例如，电力规划设计总院延长"实践型"智库价值创造链条。电力规划设计总院结合自身定位，积极拓展实践型智库建设新道路。一是提升智库研究的竞争力。电力规划设计总院依托"三交九直""三地一区""东数西算"等一系列咨询研究，积极开展数能融合、交能融合等"能源+"项目策划和落地实施，充分发挥"一带一路"能源合作伙伴关系秘书处等国际平台作用，推动和策划技术引进合作示范项目。二是发挥智库研究对业务转型的支撑作用。在策划产业项目落地过程中，电力规划设计总院立足前端规划，始终秉持规划引领带动工程建设的产业化思路，统筹考虑电力系统、地方主管部门和投资业主的需求和期望，提出了多方认可的规划研究成果。成功孵化落地三峡乌兰察布新一代电网友好绿色电站示范项目，顺利完成国家能源示范工程验收。成立中能智新和能建时代研究院，承接先进绿色友好新能源发电及智能调控技术、新型储能关键技术等技术研发、成果转化及推广应用，打通前后端业务链[1]。

在当前全球能源格局快速变化的背景之下，国际能源智库的专业咨询业务有着广阔的发展空间，发挥着至关重要的战略作用。基于系统化业务流程和规范化服务模式，国际能源智库将能源领域研究成果转化为实际可行的政策建议和实施方案，为客户提供科学决策支持。未来，国际能源智库需持续创新与优化服务模式，紧密结合理论研究与现实需求，利用数智赋能智库研究与咨询流程，构建广泛的国际合作网络，促进区域间协调与合作，建立长效价值创造体系，推动全球能源转型和可持续发展目标的实现。

---

[1] 杜忠明. 建设高质量"四型"智库 [J]. 中国电力企业管理，2023（12）：10–11.

第十二章

国际能源智库的数智化建设与转型

数据驱动型智库的落地聚焦业务流程，以观念文化、政策体系、人才团队、技术工具为促成因素，贯穿于智库研究、业务、管理三大业务环节，形成纵横交错式的实施路径，数据赋能过程的同时，沉淀好过程数据，两者相辅相成，由专家驱动走向专家与数据双轮驱动是能源智库高质量发展的一条必经之路。

一、数智化建设与转型思路

（一）数智化时代背景

1. 数智化建设的相关政策

围绕数智化发展目标，随着全球数字化浪潮的推进，我国在总体目标设定方面做出了一系列战略部署。2021年12月12日，国务院发布《关于印发"十四五"数字经济发展规划的通知》（以下简称《规划》），提出"十四五"时期，我国数字经济转向深化应用、规范发展、普惠共享的新阶段[1]。《规划》旨在推动我国数字经济健康发展。2021年12月24日，《"十四五"推进国家政务信息化规划》根据《中华人民共和国国民经济和社会发展第十四个五年规划和2035年远景目标纲要》等文件精神制定[2]，其重要性在于作为"十四五"期间统筹推进国家政务信息化工作，指导各地方有序开展政务信息化建设的重要依据。2023年2月27日，中共中央、国务院印发《数字中国建设整体布局规划》，提出到2025年，数字中国建设取得重要进展，数字基础设施高效联通，数据资源规模和质量加快提升，数据要素价值有效释放，数字经济发展质量效

---

[1] 国务院关于印发"十四五"数字经济发展规划的通知 [EB/OL]. [2021-12-12]. https://www.gov.cn/zhengce/zhengceku/2022-01/12/content_5667817.htm.

[2] 国家发展改革委关于印发《"十四五"推进国家政务信息化规划》的通知 [EB/OL]. [2021-12-24]. https://www.gov.cn/zhengce/zhengceku/2022-01/06/content_5666746.htm? eqid=a4a1d6db0004e20b00000000464 5c5cd3.

益大幅增强，政务数字化智能化水平明显提升。到2035年，数字化发展水平进入世界前列，数字中国建设取得重大成就。①

在重点领域推动数智化建设方面，我国亦出台了多项具有针对性的政策举措。在能源领域，能源产业与数字技术的融合发展具有极为重要的战略意义，其已成为新时代推动我国能源产业迈向基础高级化、产业链现代化的核心引擎。2023年3月28日，国家能源局印发《关于加快推进能源数字化智能化发展的若干意见》，强调推动数字技术与实体经济深度融合，赋能传统产业数字化智能化转型升级，是把握新一轮科技革命和产业变革新机遇的战略选择②。在城市数字化转型方面，2024年5月14日，国家发展改革委、国家数据局、财政部以及自然资源部联合发布了《关于深化智慧城市发展 推进城市全域数字化转型的指导意见》，提出推进城市数字化转型、智慧化发展，是面向未来构筑城市竞争新优势的关键之举，也是推动城市治理体系和治理能力现代化的必然要求。以数据融通、开发利用贯穿城市全域数字化转型建设始终，更好地服务城市高质量发展、高效能治理、高品质生活。③数字人才作为数智化建设的核心驱动力之一，在相关政策中也得到了高度重视。2024年4月22日《加快数字人才培育支撑数字经济发展行动方案（2024—2026年）》提出，为贯彻落实党中央、国务院关于发展数字经济的决策部署，发挥数字人才支撑数字经济的基础性作用，加快推动形成新质生产力，为高质量发展赋能蓄力。④政策文件中与智库数智化发展相关的指示主要体现在国务院国资委2023年5月印发的《关于中央企业新型智库建设的意见》，文件针对央企新型智库提出，建设信息化平台，构建完善支撑科学决策的结构化数字化全球化的行业产业数据库、知识库、政策库等，实现数智化成果展示，提高决策效率。

2. 信息化、数字化、智能化、数智化的内涵与四者关系

"信息化"概念产生于日本。1963年，日本学者梅棹忠夫（Tadao Umesao）在《信息产业论》一书中描绘了"信息革命"和"信息化社会"的前景⑤。我国在20世纪八九十年代接触信息化概念时，工业化发展尚处于初级阶段，因此将信息化认知聚

---

① 新华社. 中共中央 国务院印发《数字中国建设整体布局规划》[EB/OL]. [2023-02-27]. https://www.gov.cn/zhengce/2023-02/27/content_5743484.htm.
② 国家能源局关于加快推进能源数字化智能化发展的若干意见 [EB/OL]. [2023-03-28]. https://www.gov.cn/zhengce/zhengceku/2023-04/02/content_5749758.htm.
③ 国家发展改革委 国家数据局 财政部 自然资源部关于深化智慧城市发展 推进城市全域数字化转型的指导意见 [EB/OL]. [2024-05-14]. https://www.gov.cn/zhengce/zhengceku/202405/content_6952353.htm.
④ 人力资源社会保障部 中共中央组织部 中央网信办 国家发展改革委 教育部 科技部 工业和信息化部 财政部 国家数据局关于印发《加快数字人才培育支撑数字经济发展行动方案（2024—2026年）》的通知 [EB/OL]. [2024-04-02]. https://www.gov.cn/zhengce/zhengceku/202404/content_6945920.htm.
⑤ 谢阳群. 信息化的兴起与内涵 [J]. 图书情报工作, 1996 (2): 36-40.

焦于与工业化相互融合促进的关系协调上①。1997 年，在首届全国信息化工作会议中，信息化被定义为："信息化是指培育、发展以智能化工具为代表的新的生产力并使之造福于社会的历史过程。"② 2006 年 5 月，中共中央办公厅、国务院办公厅印发的《2006—2020 年国家信息化发展战略》提出信息化是充分利用信息技术，开发利用信息资源，促进信息交流和知识共享，提高经济增长质量，推动经济社会发展转型的历史进程③。

高德纳公司（Gartner）将数字化（Digitalization）定义为利用数字技术改变商业模式并提供新的收入和创造价值的机会；它是向数字化业务转变的过程④。国内学者认为数字化是指将信息载体（文字、图片、图像、信号等）以数字编码形式（通常是二进制）进行储存、传输、加工、处理和应用的技术途径。数字化更强调对数据的收集、聚合、分析与应用，强化数据的生产要素与生产力功能⑤。

中国学者认为智能化（Intelligentization）建立在信息化和数字化基础之上，利用更加先进的数字技术和信息技术通过网络连接和自动化控制⑥；它是通过智能机模拟专家系统或人类智慧进行感知、思维和行为的过程，是模拟专家系统或人类主体开展的实践活动⑦。实现智能化追求的主要途径是发展人工智能技术⑧。智能化的目标是通过信息技术、人工智能等手段，提升各个行业或社会管理的效率、质量和智能化水平。国外学者认为智能化是起源于中国的术语，指使用具有决策能力的人工智能⑨。智能化可以看作是中国独有的概念，在军事领域，它是指将人工智能的机器速度和处理能力应用于军事规划、作战指挥和决策支持⑩。

数智化是在数字化基础上，引入自主学习、决策优化、预测分析等智能化高级技

---

① 李广乾，陶涛. 信息化与数字化的关系及其演进规律 [J]. 人民论坛，2024 (5)：99 – 101.
② 数字化转型百问｜Q2：信息化是什么？与数字化转型的关系是什么？[EB/OL]. [2021 – 09 – 06]. https：//gzw. fujian. gov. cn/zwgk/gzdt/gzjg/jjyx/202109/t20210906_5682161. htm.
③ 中共中央办公厅国务院办公厅关于印发《2006—2020 年国家信息化发展战略》的通知 [EB/OL]. [2006 – 03 – 19]. https：//www. gov. cn/gongbao/content/2006/content_315999. htm.
④ Gartner 词汇表. 数字化 [EB/OL]. (2025 – 01 – 01). https：//www. gartner. com/en/information – technology/glossary/digitalization？utm_source = chatgpt. com.
⑤ 徐宗本. "数字化，网络化，智能化"新一代信息技术的聚焦点 [J]. 科学中国人，2019，00 (7)：36 – 37.
⑥ 陈岩，侯宇琦，马欣，等. 智能化转型赋能企业高质量发展的路径和机制研究——基于发展新质生产力的视角 [J/OL]. 科研管理，1 – 22 [2025 – 01 – 04]. http：//kns. cnki. net/kcms/detail/11. 1567. G3. 20241209. 1729. 020. html.
⑦ 刘少杰. 从实践出发认识网络化、数字化和智能化 [J]. 社会科学研究，2022 (2)：66 – 71.
⑧ 徐宗本. 数字化网络化智能化把握新一代信息技术的聚焦点 [J]. 网信军民融合，2019 (3)：25 – 27.
⑨ Tantawi K H，Fidan I，Musa Y，et al. Smart Manufacturing：Post – Pandemic and Future Trends [M] //Applied AI and Multimedia Technologies for Smart Manufacturing and CPS Applications. IGI Global，2023：278 – 300.
⑩ 布鲁斯·斯特林. 加快军事智能化发展 [EB/OL]. [2020 – 01 – 18]. https：//www. wired. com/beyond – the – beyond/2020/01/accelerate – development – military – intelligentization – /.

术，利用大数据、人工智能、物联网等前沿技术，对数据进行深度挖掘、分析与应用，以实现决策优化和业务提升的融合体，它强调数据应用的智能化水平及创造的社会价值[①]，是新型工业化的鲜明特征和形成新质生产力的重要途径，通过数据驱动和智能分析推动组织或系统智能化水平跃升，实现智能决策和业务优化。数智化也是在网络化与数字化基础上推动数智技术创新发展及人机深度对话[②]与深度学习，实现数字智能化应用的新兴概念与技术形态。"数智化"强调了数据应用的智能化水平及其创造的社会价值，是技术在更高维度的创新。

信息化、数字化和智能化呈现出递进关系，数智化则是三者的融合与升华。信息化构建了信息系统与网络基础设施，为数字化数据处理与智能化应用提供基础支撑；数字化是在信息化基础上发展的重要阶段，主要聚焦于数据的处理、存储和应用；智能化则是信息化和数字化的高级阶段，依托人工智能等技术，通过模拟人类智慧实现更精准的决策和操作。数智化是数字化、信息化与智能化的深度融合与协同发展，是更高层次的数字化转型阶段，它将数字化的数据处理能力和智能化的决策能力相结合，在融合潜优势的基础上，引入深度学习、自主决策等机制，实现了数据驱动的业务创新和价值创造。信息化、数字化和智能化三者的差异在于，信息化侧重于信息的流通、共享及信息系统的建设与应用，旨在提升信息管理和利用的效率；数字化的核心在于对资源的全面整合，特别是数据资源的数字化存储、传输和分析，以提高决策效率；智能化则强调通过先进技术赋能，实现自我学习和智能决策，使得操作更加高效、精准，推动整个系统向智能化、自动化方向发展。

（二）数智化转型关键因素

1. 技术支撑因素

一是数据资源。以数据为基础性资源和关键生产要素的社会各领域数智化转型逐渐成为一种创新性的资源配置和集成方式[③]。数据作为新型生产要素，在智库中的有效整合与管理能够实现数据价值的最大化挖掘。构建完善的数据资源体系，对海量、多源、异构的数据进行有效整合与管理是智库数智化转型的基础。

二是先进信息技术。云计算、大数据、人工智能等新一代数字技术的兴起使得数

[①] 于文轩，吴泳钊. 以"数智化"推进超大特大城市敏捷治理［N］. 中国青年报，2023 – 12 – 05（10）.
[②] 孙绍勇，李诗. 培育和发展新质生产力的数智化逻辑旨要及驱动路向［J］. 政治经济学评论，2024，15（6）：101 – 114.
[③] 张群，刘康. 高校图书馆数智化转型背景下的数据要素：现状、问题及驱动路径［J］. 图书馆理论与实践，2024（4）：33 – 42.

据的获取、存储和处理效率按照指数形式来提升①。这类新兴技术在智库研究、管理与服务中的深度融合是关键。利用人工智能技术实现数据挖掘与分析，助力精准研究；通过大数据技术整合各类信息资源，为智库决策提供全面数据支持；借助云计算提供强大的计算能力，提升数据处理效率；运用区块链技术保障数据安全与可信。这些技术的综合运用，有助于智库打破数据壁垒，提高研究的科学性和前瞻性，增强决策咨询的精准性和有效性。

三是数智化平台。数智化平台通过优化配置资源、提高效率，推动传统产业的数智化转型，也率先布局新兴产业和未来产业，在复合创新机制中孕育新质生产力②。打造集研究、交流、传播等多功能于一体的数智化平台，为智库活动提供高效运行环境。

2. 人才因素

一是专业型人才。能源智库的数智化转型离不开多领域专业人才的支撑。一方面，需要具备深厚能源专业知识背景的人才，他们精通能源经济、能源与动力工程、能源政策等能源核心领域知识，能够深入理解能源行业的运行规律、技术发展趋势与政策导向，为智库的研究方向确定与课题设计提供专业引领。另一方面，信息技术（Information Technology，IT）人才至关重要，他们熟练掌握数据管理技术、云计算架构、人工智能算法开发等前沿 IT 技能，能够将先进的信息技术手段与能源研究深度融合，构建并维护智库的数智化研究平台与工具，保障数智化转型过程中的技术实现与创新应用。

二是复合型人才。科技创新的复合型结构是推动新质生产力发展的重要驱动力，对应着所需要的新质技术技能人才也应当是具备复合型能力结构的人才③。培养既具备深厚专业知识，又掌握数智化技术的复合型人才是智库数智化转型的核心需求。这类人才能够将专业领域的深入理解与先进技术手段相结合，运用数智化技术进行数据处理、模型构建和知识创新，为智库研究提供新的视角和方法，提升智库研究的深度和广度。

3. 智库文化因素

一是创新文化。倡导创新的文化氛围，培养员工的数字化思维，提高其适应新技术和新工作方式的能力④。数智化转型过程中，创新是推动智库发展的关键动力。创新

---

① 李刚，陈霏，苏丹淳，等．智库建设范式的转型：从专家驱动到数据驱动［J］．图书与情报，2023（5）：1－12.

② 覃岚．从生产工具到新质生产力引擎：数智化平台的挑战与重塑［J］．编辑之友，2024（12）：12－20.

③ 王羽菲，和震．新质生产力视域下职业教育数智化转型：价值定位、逻辑向度与行动路径［J］．电化教育研究，2024，45（11）：45－52.

④ 韩曙明．以数智赋能推进中国式出版现代化［N］．中国新闻出版广电报，2023－07－21.

文化能够促使智库人员积极探索新的研究方法、应用新的技术工具,勇于尝试新的业务模式,为智库发展注入新的活力。

二是数智驱动文化。智库人员需要意识到由于数据成为知识价值链中的参与要素,数字产品、数字服务、数字文化均成为知识价值链中的重要商品[①]。培养数据驱动决策的文化,提高智库人员对数据价值的认识和运用数据的能力,从而以数据为基础进行研究和决策,注重数据的收集、分析和解读。

三是开放协同文化。在数智化时代,能源问题的复杂性与全球性要求智库内部各团队之间以及与外部国际组织、能源企业、科研院校等建立广泛而紧密的合作关系。通过合作协同文化的培育,促进资源共享、优势互补,共同攻克国际能源领域的重大难题,提升国际能源智库在全球能源治理与能源战略研究中的影响力与话语权。

(三) 智库数智化战略规划与实施原则

1. 明确数智化战略规划

一是确立发展目标。数智化转型的目标需具体清晰,既可以包括提升数据驱动决策能力、优化研究效率,也可以涵盖增强政策影响力等内容。这些目标应紧密围绕智库的核心职能,同时兼顾短期业务需求和长期战略定位。目标明确性直接关系到后续工作的方向性和资源配置的合理性,为智库的数智化转型奠定基础。

二是识别重点领域。不同智库的功能定位与资源条件不同,其数智化的重点领域也各具差异。需明确哪些领域最能受益于数字技术的赋能,如数据分析、预测建模或知识共享。优先聚焦于具有较强需求的关键环节,尤其是在能源行业等技术敏感领域,确保资源投放精准高效,从而最大化数智化效能。

三是改造业务流程。通过深入剖析现有研究流程和业务模式,识别效率瓶颈或技术空白点,例如数据处理周期过长或缺乏高效的政策模拟工具。引入技术手段,如流程自动化、智能系统部署等,不仅能优化流程链条,减少冗余步骤,还能显著提升整体研究能力,为智库提供更强的决策支持。

四是释放数据资产价值。数据是智库的重要战略资源,其作用不仅在于支持研究决策,还能成为智库提升影响力的核心来源。需构建系统化的数据采集、清洗、存储和管理机制,确保数据的完整性和易用性。同时,探索跨领域的数据整合与深度挖掘方式,为数智化转型提供坚实的数据基础和创新动力。

---

① 李佳轩,储节旺. 数智化知识价值链的概念缘起、理论模型与内外动因 [J]. 情报理论与实践,2024,47 (9):70-80,146.

2. 数智化实施原则

能源智库在实施数智化战略时，应遵循以下四大原则：实用性、科学开放性、数据安全与隐私保护、持续创新与迭代。

实用性原则。数智化建设应以解决实际问题为核心，而非片面追求技术的前沿性或复杂性。所选用的工具、平台和方法需适配所在行业需求特征并结合自身实际[①]，根据智库现有资源条件和业务需求选择，确保具有较低的学习门槛和快速部署能力，以便充分释放其实际应用价值。

科学开放原则。数智化能力主要得益于数据要素与技术手段的交融[②]，技术方案的选择和实施需以科学方法为基础，确保应用过程的严谨性和结果的可靠性。同时，采用开放的技术标准和工具，鼓励数据共享与协作研究，促进智库间、跨领域的合作，采用多中心治理方式，为解决复杂能源治理问题提供综合性方案。

数据安全与隐私保护原则。数据安全是数智化实施的基石。智库需严格执行数据加密、访问权限控制等安全措施，防止敏感信息泄露。同时，遵守相关隐私保护法规，在数据采集和分析过程中尽可能减少对个人隐私和商业秘密的侵害，确保技术应用的合规性与社会认可度。

持续创新与迭代原则。数智化建设需要具备动态适应能力，既要适应技术的快速更新，也要满足业务需求的变化。通过建立定期评估机制和创新试验平台，保持对新技术的敏锐捕捉，不断调整、优化现有系统，逐步实现从工具层面的优化到能力层面的全面提升。

二、能源知识的信息资源库

本部分将探讨能源知识信息资源库建设的主要内容，包括信息资源的分类、收集、组织、管理与维护，为智库能源研究提供知识支撑。

（一）能源知识信息资源的分类

信息资源分类是为了将具有一定特征的信息资源按照其自身属性或特征进行分类从而达到便捷地定位所需信息资源的目的而展开的活动[③]。信息资源作为人类开发与组

[①] 李少帅. 新一代人工智能赋能企业数智化转型升级：驱动模式及路径分析 [J/OL]. 当代经济管理, 1-8 [2025-01-04]. http://kns.cnki.net/kcms/detail/13.1356.F.20241108.0935.002.html.
[②] 马琳. "双碳"产业的数智化转型：机制、挑战与应对——以数智化三要素为视角 [J]. 生态经济, 2024, 40 (12): 45-54.
[③] 刘春年, 张曼. 信息分类与编目研究的量化可视分析 [J]. 情报杂志, 2014, 33 (5): 165-169, 118.

织的信息的集合，可以按照多种方式来分类，如按信息资源的加工程度、信息的载体、信息的用途分类①。能源智库所需的能源知识信息资源可以结合智库研究特性，可以按照资源的内容主题、资源载体、来源渠道、信息用途等进行分类。

1. 按内容主题分类

根据信息资源的内容主题，能源知识信息资源可以分为能源资源及技术、能源政策与法规、能源市场与经济、能源安全与战略、能源研究成果等。

能源资源及技术包括不同能源资源的分布，以及能源生产、转换、储存、传输与利用的相关技术，如风能、太阳能、核能、天然气等类型的信息资源包括技术研究、开发与应用报告。

能源政策与法规涵盖各国及国际的能源政策、法律法规和标准，包括能源行业监管框架、可再生能源补贴政策、碳排放法规等，如中国的光伏发电补贴政策、碳达峰碳中和政策，欧盟的可再生能源指令（RED II）、碳排放交易体系（EU – ETS）等。

能源市场与经济涉及能源市场的供求状况、价格波动、能源交易、经济性分析等内容，包括全球和地区能源价格数据、市场竞争分析报告、能源投资趋势报告等。

能源安全与战略主要围绕国家或地区能源的安全性、能源供应链稳定性及相关的战略决策，包括能源储备规划、能源外交、能源地缘政治分析等，如美国的战略石油储备（Strategic Petroleum Reserve，SPR）、俄罗斯与欧洲的天然气管道项目"北溪二号"（Nord Stream 2）等。

能源研究成果指中国知网、Web of Science 等数据库的能源领域高质量文献，包括能源理论研究、政策报告及相关专利。

2. 按资源载体分类

根据信息资源的载体形式，能源知识信息资源可以分为文本、数据、图像、音视频等形式。

文本形式包括能源领域的学术著作、研究报告、技术手册、政策文件、新闻报道等，如能源技术原理剖析、能源政策解读、行业发展综述等。

数据形式包括能源统计数据、实验数据等，如全球及各国的能源生产、消费、进出口数据等，在能源技术研发过程中产生的各种实验测试数据，用于定量分析与决策支持。

图像形式包括各类直观展示能源情况的图像信息，如能源资源分布图、能源设施原理图、能源供需关系图等。

---

① 单志广. 信息资源分类：方法与实践［M］. 北京：科学出版社，2013：16.

音视频形式包括各类以多媒体形式展示的各类信息，包括能源讲座视频、纪录片、能源科普宣传片等。

3. 按来源渠道分类

根据信息资源的来源，能源知识信息资源可以分为政府部门信息、行业机构信息、研究机构信息、国际组织信息等。

政府部门信息包括由政府或相关机构发布的官方能源信息，如国家能源局公开的年度报告、规划计划、规范性文件、能源标准等政府信息，中华人民共和国生态环境部官方文件库收录的各类中共中央、国务院相关文件及其解读。

能源行业机构信息包括企业和行业协会发布的信息资源，如企业生产经营数据、技术研发成果以及市场战略信息、市场分析报告等。

研究机构信息来源于国内外高校、科研院所、智库等，如清华大学低碳能源实验室、世界资源研究所（WRI）、牛津能源研究所（OIES）等发布的研究报告、论文专著、能源统计数据以及合作项目资料等信息。

国际组织信息来源于《联合国气候变化框架公约》秘书处（UNFCCC）、世界银行等国际组织，这些信息涉及全球能源与气候变化、能源投资与发展等方面，如国际能源署（IEA）发布的《2024年世界能源展望》（World Energy Outlook 2024），《联合国气候变化框架公约》秘书处发布的综合报告等。

4. 按信息用途分类

根据信息资源的用途，能源知识信息资源可以分为科研与教育、政策制定与咨询、产业发展与规划。

科研与教育类信息为科研人员和学生提供基础理论、研究方法与学习资料，包括支持能源技术研发的实验数据集、用于教学的能源经济学案例分析等，如美国国家可再生能源实验室（NREL）发布的太阳能反射镜材料数据库（SMMD）、约翰·特维尔（John Twidell）编著的《可再生能源》（Renewable Energy Resources）。

政策制定与咨询类信息为政策制定者、政府部门、行业专家等提供能源政策、法规、市场、技术等方面的信息，以支持政策的制定、调整与评估，如麦肯锡发布的《全球能源展望》（Global Energy Perspective）、欧盟的《可再生能源指令》（Renewable Energy Directive）等。

产业发展与规划类信息为能源企业、行业协会等提供产业发展趋势、市场机会与风险、技术发展动向等信息，如高盛（Goldman Sachs）围绕气候转型与能源趋势发布的播客、报告等。

(二) 能源知识信息资源的特点

能源知识信息资源除了有信息资源共享性、时效性、生产与使用的不可分性、不同一性等共性特征之外①，还具有多学科交叉性、动态更新性、数据驱动性、政策导向性、全球性与地域性并存性、技术密集性等特点。

1. 多学科交叉性

能源知识信息资源具有多学科交叉性，涉及物理学、化学、历史学、地理学、社会学、经济学等多个学科领域②。能源问题的解决需要综合运用自然科学、工程技术、社会科学和环境科学等多学科知识。因此，能源信息资源通常包含技术原理、经济分析、政策解读和环境影响评估等内容。例如，能源生产涉及物理学、化学、工程学，而能源政策和市场则需要经济学、政治学和环境科学的支持。这种多学科交叉性反映在信息资源的结构上，能源信息应形成集理论、技术、经济与社会影响为一体的综合性知识库，满足多领域用户的需求。

2. 动态更新性

能源知识信息资源的动态更新性指其内容需要不断更新以反映能源领域的最新进展，这种特性源于能源领域的快速发展和变化，信息化需求的增长推动信息化的规模扩大和渗透加深③。例如，光伏电池效率每年的变动、国际能源政策的实施进展等都需要定期跟踪。这种动态更新性要求能源知识信息资源保持时效性，以反映最新的技术、政策和市场动态。

3. 数据驱动性

能源知识信息资源的数据驱动性是指其内容以数据为核心，能源研究高度依赖数据，数据支撑能源结构的变革④，包括能源生产、消费、价格、储量等统计数据，以及实验数据、模拟数据等。例如，能源市场分析需要全球能源价格数据，能源技术研发需要实验数据支持。数据驱动性使得能源知识信息资源成为定量分析和决策支持的重要基础。

4. 政策导向性

能源知识信息资源具有强烈的政策导向性，其内容与政策的制定、执行和评估密切相关。一方面，政策制定需要大量能源信息资源支持，如碳排放统计、能源技术成

---

① 马费成，等. 信息资源管理 [M]. 武汉：武汉大学出版社，2001：17-20.
② 瓦茨拉夫·斯米尔. 能量与文明 [M]. 吴玲玲，等译. 北京：九州出版社，2021：7-9.
③ 普华有策 ph. 趋势前瞻：信息化促进能源大数据生态建立 [EB/OL]. [2024-12-18]. https://baijiahao.baidu.com/s?id=1818744002955091826&wfr=spider&for=pc.
④ 杨梓，王继业. 数据驱动支撑绿色能源发展 [N]. 中国能源报，2024-09-02 (002).

本分析等；另一方面，政策变化也直接影响信息资源的构建方向。例如，可再生能源政策推动了风能、太阳能等领域的研究数据积累，而碳中和目标则促进了碳捕集技术信息的快速更新。

5. 全球性与地域性并存性

能源知识信息资源的全球性与地域性并存特点是指其内容既反映全球能源趋势，又关注地区差异。能源问题具有全球性，表现在气候变化、能源安全等方面；但能源资源的分布、技术应用和政策实施又具有显著的地域性。这种全球性与地域性并存的特点使得能源知识信息资源必须兼顾全球趋势和地区差异，同时推动跨层级、跨地域、跨系统、跨部门、跨业务的能源数据融合①。

6. 技术密集性

能源知识信息资源高度技术密集，其内容涉及能源生产、储存、转换、传输与利用的技术细节。同时，随着人工智能、大模型等新技术在各行业普及应用，数据要素对产业链、价值链的叠加倍增作用也进一步被放大②。技术密集性使得能源信息资源在呈现形式上以技术文档、专利数据库、实验报告等为主。这种技术属性也决定了能源信息资源在使用时具有较高的专业门槛，许多技术资源需要结合专业背景进行分析。

（三）能源知识信息资源库的建设路径

1. 需求分析与规划

第一，明确服务对象及其需求。服务对象包括能源企业、科研机构、政府部门等③，数据需求涵盖数据类型、数据精度、更新频率等，其中类型包括政策法规、专利文献、标准、统计数据、研究报告、期刊论文、学位论文、著作、年鉴等。

第二，确定资源库应具备的基本功能。基于问卷调查、访谈等调研方式收集的用户需求，设计资源库的核心功能架构。基本功能一般包括支持多维度、多层次检索方式的信息检索功能，集成多种数据分析算法和工具的数据分析功能，构建用户交流生态的用户互动功能等。

2. 资源收集与整合

第一，多渠道采集能源数据。筛选并确定能源知识信息的核心来源，包括政府能源管理部门发布的能源规划、普查数据、监管政策等具有权威性与宏观指导性的官方

---

① 周开乐，虎蓉. 强化能源数据融合，实现多能协同增效［N］. 中国能源报，2024-07-29（006）.
② 构建新型能源体系的六大特征与五重逻辑［EB/OL］.［2024-12-27］. https://m.cnfin.com/wx/share?url=%2F%2Fm.cnfin.com%2Fcmjj-lb%2F%2Fzixun%2F20241227%2F4165140_1.html.
③ 司莉，郭财强，李娟."一带一路"沿线国家经济管理数据库资源建设策略［J］. 图书情报工作，2021，65（3）：13-19.

数据,展现全球能源科研前沿智慧与创新成果的学术论文,聚焦能源市场动态、企业竞争格局与技术发展趋势的行业报告等。同时,积极与能源领域权威机构、顶尖研究机构及领军企业构建紧密合作网络,购买或共建数据库。如由中国工程科技知识中心开发的能源综合数据库包括了煤炭、石油、天然气、核能、太阳能、水能、生物质能等基础数据库,以及能源专利库、能源领域成果库、能源专家库等能源资料数据库;世界能源数据库(WED)包括世界能源组织、英国 BP、世界海关组织有关世界主要能源生产国和能源消费国的能源生产、消费、库存、价格能源国际贸易数据①;国际能源署(IEA)统计数据集的构建基于全球多个国家和地区的能源数据收集与分析,该数据集涵盖了从能源生产到消费的各个环节,涉及的能源种类包括石油、天然气、煤炭、电力和可再生能源等。

第二,使用多方式采集结合的方式。包括利用爬虫技术从网站、数据库等自动收集信息,针对特定信息源采用人工筛选、整理和录入的采集方式;鼓励智库人员上传研究成果等资料,丰富资源库内容。此外,制定数据采集的法律合规策略,确保数据来源的合法性。

第三,整合异构数据。对于收集的数据,需要进行数据清洗与标准化数据预处理,去除无效、重复、错误数据,统一格式,添加元数据。利用自然语言处理和语义分析技术,确定字段名、数据类型、数据描述、关键字、所需字段的定义以及相关实体关系②,建立数据关联。在数据组织和分类阶段参考信息资源常用的分类法,如等级列举式、分面组配式、列举—组配式等方式③,对能源信息资源进行细化分类,如以分面组配式分类,信息资源可以根据能源类型、研究领域、应用场景、时间等维度划分。

3. 技术选型与平台构建

第一,数据存储选型。对于结构化数据,选用关系型数据库(如 MySQL、Oracle)来存储,这些数据库以其强大的事务处理能力和数据完整性约束,确保数据的准确性和一致性。对于非结构化和半结构化数据,选用更具灵活性和可扩展性的 NoSQL 数据库(如 MongoDB、Elasticsearch),此类数据库能够高效地存储和检索复杂数据,如文本、图像、音视频等。对于大数据场景,采用分布式数据库技术,以支持海量数据的存储和处理。

第二,分析工具部署。平台可以内置人工智能工具,通过智能知识挖掘,利用数

---

① 连丽艳,郑悦. 国内外能源文献资源数据库简析 [J]. 节能,2017,036 (4):4-5.
② Zhu W, Bi J, Wang X, et al. The Evaluation System Design of GIS – Based Oil and Gas Resources Carbon Emission Database Management [C]//IOP Conference Series:Earth and Environmental Science. IOP Publishing,2014,17 (1):012032.
③ 单志广. 信息资源分类:方法与实践 [M]. 北京:科学出版社,2013:13.

据自下而上地从数据中挖掘并抽取知识,辅助智库研究人员研究[1]。此外,协同部署数据分析工具,此类工具涵盖以下三类:数据挖掘工具,可用于挖掘能源数据中的隐藏模式与潜在关联;统计分析工具,可进行能源数据的定量分析与趋势预测;机器学习算法工具,集成分类、聚类、回归等模型助力能源数据的智能分类、预测与决策支持。

第三,系统架构设计。依据能源知识信息的类型多样性、数据内在逻辑关系复杂性以及资源库功能需求多元性,打造分层式、模块化的数据库结构。分层式体现在基础数据层存储能源资源原始数据、用户基础信息及元数据信息,为上层数据处理与应用提供基础数据支撑;数据处理层存储经过初步整理、统计汇总及清洗转换过程中的中间数据,如能源数据的月度统计结果、数据清洗过程中的异常数据记录等;应用数据层存储面向用户的最终分析结果数据、数据可视化资源以及个性化推荐数据。模块化体现在根据能源知识信息主题领域划分多个数据模块,如能源政策法规模块、能源市场数据模块、能源技术创新模块及能源企业数据模块等,各模块内部进一步细化数据实体与关系,确保数据库结构能够高效支持能源知识信息的存储、查询、分析与管理。

第四,索引策略与分区设计。针对能源知识信息数据量大、被访问频次高的特点,合理设计数据库索引策略。对关键词、数据来源、能源类型、时间等常用查询字段建立高效索引结构,如 B 树索引、哈希索引等,显著提高数据查询速度。例如,针对能源政策法规数据的关键词索引可快速定位相关政策文件。根据数据分布特征与使用频率,采用数据分区技术。如按照时间范围、能源类型、地域属性,对能源的市场数据、资源数据、企业数据、研究数据等进行分区存储,提高数据检索效率,方便智库研究人员深入剖析区域性能源问题。

4. 数据安全与隐私保护

第一,采用数据加密技术。利用 AES 对称加密算法、RSA 非对称加密算法等高强度加密算法[2]对敏感数据进行加密存储,在数据写入数据库时转化为密文,查询时在内存中解密,同时,安全套接层(Secure Sockets Layer,SSL)及其继任者传输层安全(Transport Layer Security,TLS)协议被广泛用于保证网络上客户端与服务器之间的安全通信[3],可以用来加密协议保障数据传输安全,防止数据泄露。

---

[1] 申红梅,方义松,漆晨曦,等. 央企智库数智化能力建设探索[J]. 智库理论与实践,2024,9(2):114-121.

[2] 肖振久,胡驰,姜正涛,等. AES 与 RSA 算法优化及其混合加密体制[J]. 计算机应用研究,2014,31(4):1189-1194,1198.

[3] 董海韬,田静,杨军,等. 适用于网络内容审计的 SSL/TLS 保密数据高效明文采集方法[J]. 计算机应用,2015,35(10):2891-2895.

第二，制定数据备份策略。采用全量备份与增量备份相结合方式定期备份能源知识信息数据。全量备份定期对整个数据库进行完整备份，确保数据完整性；增量备份每日对新增或修改数据进行备份，减少备份数据量与时间。选择安全可靠的备份存储介质，并将备份数据存储于异地数据中心，防止本地数据中心因灾难导致数据丢失。同时，建立详细数据恢复计划与流程，在数据丢失或损坏时能依据备份数据迅速准确恢复，保障业务连续性。

第三，采用身份认证技术。利用用户名、密码、数字证书、生物识别等方式严格验证用户身份，确保只有合法授权用户可访问资源库，有效防范非法用户入侵与数据泄露。同时，利用区块链的防篡改和可追溯特性，确保数据安全与可信，如数据库与用户身份信息双重鉴权的技术方案和数据库可溯源管理模式，能够有效防止能源电力数据的泄露和篡改[1]。

第四，制定透明的隐私政策。明确告知用户能源知识信息资源库在数据收集、使用、存储及共享过程中的隐私保护措施与规则，增强用户对资源库的信任度，促进能源知识信息资源库健康可持续发展。

5. 用户服务设计

第一，规划应用场景。根据能源智库工作特性，资源库应重点支撑以下三类典型应用场景。针对能源政策分析与决策支持需求，资源库提供国家层面的法律法规、行业标准、规划计划等能源政策动态，对政策背景、影响分析、实施建议等重要政策的深度解读。利用历史数据和模型预测，评估能源政策实施后的经济、社会、环境效果；为政策制定者提供反馈意见，优化政策方案。针对能源市场研究与战略规划需求，资源库收集和分析能源市场的供需数据、价格走势、竞争格局等，提供未来市场的发展趋势和潜在机会的预测；基于市场研究，为企业或政府机构制定能源战略规划，包括能源结构优化、技术创新路径、市场拓展策略等。针对能源项目管理与运营优化需求，资源库提供能源项目可行性研究、项目策划、实施方案设计等服务；通过监控项目进度、质量和成本，确保项目顺利实施。同时，分析能源设施的运营数据，提出优化建议，提高能效和降低成本。

第二，数据利用服务。资源库应构建便捷高效的数据使用功能包括报表自动生成功能、随机查询功能、专题分析功能、自由分析功能等[2]，如支持关键词精准定位、基

---

[1] 杨琳，龚钢军，林红，等. 基于区块链技术的能源电力特色数据库管理[J]. 华电技术，2020，42（8）：6.

[2] 陈琦，孟连生. 数值型数据库建设研究——以冶金行业数值型数据库建设为例[J]. 情报杂志，2016，35（1）：6.

于能源领域专业分类的深度筛选检索,以及多条件逻辑组合的高级搜索功能,并采用基于感知哈希算法①的兼顾检索工具的安全性。此外,运用折线图、柱状图等图表展示能源数据趋势与对比,运用地理信息地图呈现能源资源分布、能源项目布局等,将复杂的能源数据和信息以直观、清晰的视觉形式呈现,助力智库研究人员快速洞察数据规律、发现潜在关联。

第三,个性化推荐。基于对能源资源库用户的行为,如检索历史、浏览内容、停留时间等,以及专业兴趣领域的深度分析,构建智能化推荐模型。为智库人员推荐相关国际新能源政策动态、国内政策解读报告及前沿研究论文等,提高信息获取效率与针对性。

第四,建设数据库社区。建立多渠道用户反馈体系,涵盖在线问卷、社区论坛反馈专区、客服专线等。积极收集能源智库用户在使用资源库过程中的意见、建议及需求痛点,持续提升用户体验与服务价值。邀请能源领域资深行业专家、知名学者深度参与资源库建设与维护。一方面,专家贡献独家研究成果、实践经验及行业洞察,丰富资源库内容深度与权威性;另一方面,通过专家在线答疑、专题研讨、学术讲座等社区互动形式,促进智库研究人员与专家间的知识交流与思想碰撞,共同推动能源知识体系的创新发展与深度应用。通过特色数据库的建设,可以促进学术交流与合作,推动能源领域的发展和进步②。

6. 运营与推广

第一,实施品牌化推广策略。通过官网定期发布高质量的能源领域研究成果、政策解读和行业动态,吸引专业人士和公众的关注;建立在线社区,促进用户之间的交流与合作,实现内容运营、社区运营双轮驱动,增强资源库的活跃度和粘性。利用网站、社交媒体、学术会议等各种渠道推广和宣传资源库,提高资源库的知名度和影响力。打造资源库旗舰产品,并通过国际会议和高端论坛扩大影响力。

第二,制定研究人员培训方案。针对能源智库用户,特别是研究人员,设计涵盖资源库功能操作指南、能源领域专业知识解读和信息利用案例分享的培训课程。培训内容应包括检索技巧、数据下载与分析方法、能源数据指标含义、政策法规要点解析等。同时与高校合作,基于能源知识信息资源库开设能源数据分析等相关课程,培养学生和研究人员的使用能力,增强资源库的用户黏性。

第三,探索可持续发展模式。探索"基础服务免费+高级功能订阅"等多种运营

---

① 萧展辉,张世良,宋云奎. 基于感知哈希算法的能源数据安全快速检索[J/OL]. 自动化技术与应用,1-5[2025-01-05]. http://kns.cnki.net/kcms/detail/23.1474.TP.20241028.1330.048.html.
② 安春娟. 特色数据库建设:以技术为基的数据变革[J]. 文化产业,2024(33):73-75.

模式，满足不同用户需求的同时，实现资源库与可持续发展资金的良性循环。

（四）能源知识信息资源库的管理

1. 数据质量管理

第一，制定数据采集标准与规范。例如根据数据的类型、动静态情况等明确规定数据格式、内容规范等详细要求；在数据收集和验证过程中，针对遇到的问题及时采取纠正措施，如数据匹配问题、非自动化数据验证困难等，采取相应的针对性措施，以保证数据质量①。

第二，建立数据更新机制。制定动态且适应性强的数据更新规划，紧密追踪能源领域最新政策、前沿技术及新鲜数据情况，通过智能监测系统与人工筛选相结合的方式，及时将有价值信息整合入资源库，确保数据的时效性与前沿性，满足能源智库对信息及时性的要求，为其发挥政策研究、战略分析作用提供最新数据支持。

第三，实行用户贡献激励机制。设立富有吸引力且针对性强的激励机制，鼓励能源智库研究人员积极参与资源库内容建设，通过分享前沿研究成果、实践案例及独到见解，丰富资源库内容的多样性与深度。

2. 系统性能管理

部署专业性能监控工具，全时监测资源库运行状态，包括数据读取与写入速度、系统响应延迟、资源占用率等关键指标，精准捕捉性能瓶颈。依据性能监控反馈，定期优化数据库索引结构，根据数据增长趋势与用户并发访问需求，适时扩充服务器资源，及时升级软件系统，引入新的算法与技术框架，提升系统整体性能与稳定性，保障能源智库研究工作不受技术阻碍，流畅进行数据挖掘与分析。

3. 用户权限管理

建立多层次访问控制体系，角色权限细分为管理员、智库研究人员、外部合作人员等，分别赋予其相应的资源库操作权限。

对于管理员角色，赋予其全面的资源库管控权限，包括但不限于数据的严格审核与精细录入，确保数据来源可靠、内容准确；系统核心参数的灵活配置与深度维护，保障系统运行环境稳定高效；用户账号的全生命周期管理以及权限的精准分配与动态调整，维护整个资源库的信息安全与合规使用秩序。

对于智库研究人员，赋予能源知识探索与研究的操作权限，可在授权范围内进行多维度的数据检索，无论是基于能源政策关键词、技术分类还是数据时间区间的查询，

---

① Alkhalidi A, Khawaja M K, Abdelkareem M A, et al. Guidelines for establishing water energy balance database-implementation barriers and recommendations [J]. Energy Nexus, 2023, 11: 100214.

以及一系列基础的统计分析工具操作权限，助力其从海量能源数据中提炼有价值的研究结论。但严禁其对数据与系统关键设置进行随意变更，防止数据混乱与系统故障风险。

外部合作人员依据其合作项目的具体范围与保密要求，被赋予特定且受限的资源库访问权限，如仅可查看与合作项目直接相关的能源市场动态数据或已公开的政策研究报告，杜绝数据泄露风险，保障资源库在多元合作场景下的信息安全与合法合规运营。

权限动态调整机制深度融合能源智库的研究工作流程与项目管理流程。通过对用户行为数据的深度分析，如研究人员近期频繁查询的能源技术领域、参与的政策研究项目主题等信息，结合项目进展阶段的项目启动筹备期、执行攻坚期、成果总结期等关键节点，适时且精准地对用户权限进行适应性调整。

三、能源研究工具库的建设与应用

本部分将介绍能源研究常用工具的分类与特点，探讨能源研究工具库的功能设计与构建，并阐述能源研究工具的实际应用场景，为能源智库研究运营提供技术支撑。

（一）能源研究常用工具的分类与特点

1. 数据收集工具

数据收集工具是能源智库获取高质量数据的重要手段。这些工具用于实时采集、整理和预处理能源相关数据，确保数据的准确性和时效性。

物联网设备与传感器：如阿杜伊诺（Arduino）、树莓派（Raspberry Pi，RPi）等开源硬件平台，用于连接温度、压力、流量等传感器，实时采集能源数据。其特点在于自动化程度高、实时性强，支持远程监控。

数据爬取与接口：Python 的 Requests 库、BeautifulSoup 库、Selenium 库和 Scrapy 库用于从网页爬取能源相关数据；应用程序接口（Application Programming Interface，API）允许不同的程序或服务之间进行交互，且无须了解或处理底层源代码如国际能源署（IEA）、美国能源信息署（EIA）和英国石油公司（BP）提供的能源数据 API，为能源研究提供权威的全球能源数据支持。其特点在于灵活性高，支持大规模的能源数据采集。

2. 数据库与数据处理工具

数据库与数据处理工具是能源智库工作的基础。这类工具用于收集、存储、管理和处理能源相关数据，为决策提供可靠的数据支持。它们可以管理结构化、半结构化及非结构化数据,并通过可视化技术呈现复杂信息。

数据库与数据平台:如法国能源统计所(Enerdata)全球能源数据库、国际能源署(IEA)数据库、中国能源统计年鉴等,提供详尽的能源数据,支持能源政策与市场分析。其特点在于提供多层次的数据支持,通常提供可扩展的数据接口,并支持跨平台访问。

数据存储工具:结构化查询语言(Structured Query Language,SQL)数据库用于存储结构化能源数据;如时间序列数据库 InfluxDB 用于存储实时负荷数据;如亚马逊网络服务物联网核心(Amazon Web Services IoT Core,AWS IoT Core)、Azure 物联网中心(Microsoft Azure IoT Hub)的云平台支持大规模分布式能源数据处理。其特点在于适应不同类型的数据存储需求,保障数据的快速访问与长期存储。

大数据处理工具:计算引擎 Apache Spark 和分布式系统基础架构 Hadoop 用于处理大规模数据集,适合能源市场、交易、系统性能等大数据分析需求。其特点在于支持分布式存储与计算,提高大数据处理效率。

3. 地理信息系统与可视化工具

地理信息系统(Geographic Information System,GIS)和可视化工具通过地理空间分析展示能源项目布局、资源分布和动态变化,这类工具为能源设施选址、资源评估和区域规划提供支持。

GIS 工具:常见的 GIS 软件如 ArcGIS 和 QGIS 展示能源资源分布及其动态变化。其特点在于强调地理空间数据的可视化与互动性,支持多维度数据的叠加分析。

可视化工具:如 Power BI、Tableau 用于能源数据的可视化,帮助研究人员展示能源价格波动、产量占比等趋势。其特点在于通过交互式图表展示数据,便于决策者快速理解复杂数据背后的趋势与关系。

4. 预测与模拟工具

预测、模拟与政策评估工具通过复杂的算法、情景分析和数据建模,提供能源需求、供应、价格和技术发展趋势的预测,同时量化政策效果,帮助能源智库制定科学合理的能源政策和战略。这些工具广泛应用于能源系统建模、政策模拟,为决策者提供多维度的分析支持。

能源系统建模工具:如清洁能源管理软件 RETScreen、开源能源建模系统 OSeMOSYS 等,用于微电网优化、可行性评估和能源系统的建模;MATLAB 的可视化仿真工具 Simulink 用于构建复杂的能源系统模型,模拟各种运行场景和优化方案。其特点在于具备灵活的建模功能,能够评估不同能源方案的经济与环境可行性。

预测模型工具:如泰国能源环境资源开发中心(CEERD)的发展中国家部门能源

需求分析和长期预测模型（MEDEE-S、MEDEE-S/ENV、LEAP等）；澳大利亚联邦科学与工业研究组织（CSIRO）的澳大利亚能源系统模型（AusTIMES）和全球能源系统优化模型（GENeSYS-MOD）通过优化模型支持能源政策分析。阿卜杜拉国王石油研发中心（KAPSARC）的沙特阿拉伯能源政策模拟器为政府提供政策优化建议。其特点在于支持长期能源需求与供应预测，模拟政策或技术变化对能源系统的影响。

5. 研究影响评估工具

研究影响评估工具专注于分析能源活动对环境、经济和市场的影响，广泛应用于项目环评、政策评估、碳排放核算以及市场动态分析。这些工具通过量化能源活动的环境影响、经济效应和市场变化，帮助能源智库应对复杂的环境挑战。

生命周期评估（LCA）工具：如常见的生命周期评估软件工具GaBi和SimaPro分析产品全生命周期的环境影响。其特点结合生态系统与社会经济数据，适用于新能源技术等环境决策分析。

经济影响评估工具：如匈牙利能源政策研究中心（REKK）的欧洲电力市场模型（EPMM）评估电力市场监管政策对电力市场和相关经济的影响；未来资源研究所（RFF）的系列经济模型为决策者提供模拟气候政策提案的影响，评估不同政策对经济的影响包括工程、经济和环境电力模拟工具（E4ST）、碳和土地利用模型（CALM）等。其特点在于结合经济模型，评估政策对宏观经济的影响。

气候变化评估工具：如麻省理工学院综合全球系统模型（MIT Integrated Global System Model, IGSM）和动态综合气候经济模型（Dynamic Integrated Climate-Economy Model, DICE）评估气候变化对经济的长期影响。其特点在于可以用于分析能源活动的碳排放、资源消耗等环境指标。

市场分析工具：如彭博（Bloomberg）和路孚特（Refinitiv）监测能源市场价格及投资动态；能源市场分析工具PLEXOS和太阳能资源前期工具Solargis用于模拟电力市场价格和可再生能源潜力。其特点在于提供实时市场动态与价格分析。

6. 人工智能工具

人工智能（AI）工具结合大数据技术，在能源研究中有着非常广泛的作用，除了辅助上述数据分析与处理工具、预测与模拟工具、政策模拟工具等之外，还能够优化决策过程、实施管理和能源政策执行，发现新的知识与规律，提高研究的自动化程度与效率[1]，等等。

---

[1] Kong S, Zhu K, Wen C, et al. What can AI reciprocally contribute to energy: concept, method, and technology [J/OL]. Science China Chemistry, 1-8 [2025-01-08]. http://kns.cnki.net/kcms/detail/11.5839.06.20250105.1926.024.html.

机器学习工具：如 TensorFlow、PyTorch 用于时间序列预测、负荷预测、可再生能源发电模式预测等；XGBoost 等适合用于处理大规模数据，并常用于电力负荷预测、风电发电量预测等；LightGBM 等高效的机器学习框架，用于能源系统中的大规模数据分析与优化，如能源需求预测、能源价格波动预测等。特点在于支持大规模数据的预测、分析和优化任务。

自然语言处理工具：如 spaCy 和自然语言工具包（Natural Language Toolkit, NLTK）能够提取和处理大量的文献、报告、政策文档中的关键信息，BERT（Bidirectional Encoder Representations from Transformers）模型对能源领域的文献进行自动化分析和分类，识别能源研究中的新趋势、技术进展和市场动态。此外还有 ChatGPT、DeepSeek 和豆包等聊天机器人工具，通过问答形式帮助实现智能搜索与信息提取、报告自动生成、政策分析、文献管理与分析等任务。特点在于能够从大量资料中提取有价值的信息。

知识图谱工具：如 Neo4j 用于构建能源领域的知识图谱，能够将能源政策、技术、市场、企业等信息进行关联，帮助分析能源政策、技术创新与市场变化的关系；资源描述框架（Resource Description Framework, RDF）用于构建语义网和知识图谱，帮助能源智库构建能源行业的知识网络，促进信息互联互通。特点在于帮助能源领域的政策、技术和市场动态之间建立联系，促进跨领域信息的整合和共享。

7. 文献管理与研究工具

文献管理与研究工具在能源研究中扮演着重要角色，帮助研究人员高效管理文献资源，促进团队合作，并提升研究工作的组织性和共享性。

文献管理工具：如 EndNote、Mendeley 和 Zotero 帮助研究人员管理文献，便捷地进行文献引用和协作。其特点在于强大的文献组织能力，支持多用户协作。

研究协作工具：如 Notion 与 Obsidian 支持知识管理和团队协作，提高文献、研究成果的整理与共享效率。其特点在于提升研究工作的组织性和共享性。

文献搜索引擎：如谷歌学术（Google Scholar）、Web of Science 和 Scopus 等平台为能源研究人员提供丰富的学术文献资源。其特点在于便捷获取最新研究成果，支持研究创新。

（二）能源研究工具的实践应用

本节聚焦上述工具在能源智库研究中的广泛应用，展示其如何实现数据收集、分析、战略规划和结果生成等。

1. 资料收集与整理

数据收集工具用于收集各种能源相关的数据和信息，如能源消耗、生产、价格等，为后续的研究和分析提供基础资料，通常通过物联网设备与传感器、数据爬取与接口等方式收集。通过数据平台提供的 API 服务或自行设计和开发[①]，研究人员能够利用 API 方便地获取全球范围内的能源数据，例如全球能源监测（Global Energy Monitor, GEM）提供了全球范围内关于能源基础设施的数据，涵盖煤炭、天然气、石油和可再生能源等领域的能源项目[②]；国家可再生能源实验室（NREL）开发、美国能源部（DOE）支持的开放能源信息平台（Open Energy Information, OpenEI）提供了一系列能源数据集、模型和工具，其内容包括但不限于能源市场数据、技术参数、能源使用情况、国家和地区能源政策等[③]。

数据库，如 MySQL、PostgreSQL 等通过设计合理的表结构与字段，将从各种来源收集到的能源数据进行存储和组织。利用多表连接和数据导入导出功能，可以实现不同能源数据之间的整合查询、分析与共享调用。智库研究人员可以通过 SQL 查询语言，可以灵活地对能源数据进行查询和分析，执行各种复杂操作，并通过创建索引提高查询效率，这些工具确保数据的结构化、可访问性和高效存储，便于后续的数据分析和处理[④]。

2. 数据分析与呈现

数据分析前的预处理阶段，数据处理工具帮助清理原始数据，进行缺失值填补、去重、转换格式等操作，确保数据适合进一步分析和建模，例如，Python 生态的 Numpy 库、Pandas 库[⑤]，高性能通用分布式计算平台 Apache Spark[⑥] 等。此外，将 AI 与数据库结合，可以在数据入库前实现条件筛选与自动标注，减少不必要的数据处理，从而提高整个数据处理流程的效率。

可视化工具用于对能源数据进行可视化展示，帮助研究人员更直观地理解能源数据情况。Power BI 和 Tableau 是常用的能源数据可视化工具，可将能源价格波动、产量占比等趋势以图形展示。两者能够连接数据库、电子表格、云存储数据等多种数据源，并通过简便的拖拽操作将数据转化为直观的可视化元素，如柱状图、折线图、饼图、地图，以创建易于理解的能源数据报告。它们还支持灵活的格式设置与布局调整，满

[①] 翁丹玉, 翟军, 袁长峰, 等. 开放数据平台的接口服务研究及应用探讨［J］. 数据分析与知识发现, 2017, 1 (8): 92-99.

[②] 全球能源监测［EB/OL］. (2025-01-07). https://globalenergymonitor.org/.

[③] 开放能源信息平台［EB/OL］. (2025-01-07). https://openei.org/services/.

[④] 钮泽平, 李国良. 数据库内 AI 模型优化［J］. 软件学报, 2021, 32 (3): 622-635.

[⑤] 孙振林, 柳飞, 陶水忠, 等. 基于 Python 的房屋安全健康监测数据处理与预测分析［J］. 科学技术与工程, 2024, 24 (6): 2469-2479.

[⑥] 徐宁, 王艳芹, 董祯, 等. 基于 Apache Spark 的配电网大数据预处理技术研究［J］. 华北电力大学学报（自然科学版）, 2021, 48 (2): 40-46, 54.

足不同展示需求,并具备数据交互功能,如筛选、排序和钻取,便于用户深入分析数据。Neo4j 则通过提取来自文献数据库、新闻报道和行业报告等多种数据源的能源领域实体与关系信息,构建知识图谱。Neo4j 支持对知识图谱进行查询、分析与推理,揭示隐藏的关系与规律,为能源领域的复杂问题分析提供深度支持。

GIS 工具不仅用于空间数据分析,还可以为战略规划提供视觉支持,此类工具将复杂的数据呈现为易于理解的地图或图表,帮助研究人员理解能源资源的空间分布特征。例如免费开源软件 QGIS[①] 包括 QGIS、GDAL、GRASS GIS 和 SAGA GIS 四个工具箱,共计 900 多个地理处理工具,帮助智库研究人员使用直观的布局设计工具来制作高质量、大幅面的地图,并以此为依据创建地图集和报告;对于能源智库研究人员来说,通过叠加数据集,例如将能源消费模式与人口或经济数据相结合,QGIS 能够可视化能源政策对不同地区的影响来促进政策分析,从而实现基于证据的决策制定。此外,还有能源智库研发的工具,例如 KAPSARC 的沙特阿拉伯可再生能源追踪器用于展示太阳能和风能项目分布,海牙战略研究中心(HCSS)的关键原材料仪表板用于监控关键矿产资源分布。

3. 系统建模与仿真

预测与模拟模型工具用于构建和模拟能源系统的运行和发展,预测未来的能源需求、供应和价格等,帮助研究人员分析不同情景下的能源系统表现。例如,PowerSAS.m 是一个基于半解析解(Semi-Analytical Solution)技术的开源电力系统仿真工具箱,能够高效地进行电力系统的稳态和动态仿真。该工具支持事件驱动仿真,允许用户自定义事件序列,如线路投切和发电机启停,从而更准确地模拟实际电力系统的运行情况和突发事件的影响。此外,PowerSAS.m 提供多种内置分析功能,如潮流分析、N-1 事故分析和暂态稳定性分析等功能,帮助研究人员评估电力系统的稳定性和可靠性,为电力系统的规划和运行提供有力的技术支持[②]。再如 MATLAB EnergyPLAN 工具箱,允许用户在 MATLAB 环境中轻松管理文件,并进行大量 EnergyPLAN 模拟的分析。通过提供一系列函数,用户可以修改输入文件中的变量,并从 MATLAB 中直接访问 EnergyPLAN 的输出结果。该工具适用于开展参数灵敏度分析、多目标优化及长期能源系统情景评估,从而为制定科学合理的能源政策和规划方案提供有力支持[③]。

市场与经济分析工具用于分析能源市场的供需关系、价格波动和经济影响,建立

---

① QGIS [EB/OL]. (2024-12-09). https://www.qgis.org.
② Liu J, Yao R, Qiu F, et al. PowerSAS.m—An Open-Source Power System Simulation Toolbox Based on Semi-Analytical Solution Technologies [J]. IEEE Open Access Journal of Power and Energy, 2023, 10: 222-232.
③ Cabrera P, Lund H, Thellufsen J Z, et al. The MATLAB Toolbox for EnergyPLAN: A tool to extend energy planning studies [J]. Science of Computer Programming, 2020, 191: 102405.

经济模型来研究能源政策和市场变化对经济的影响。例如，E3-CGE模型[①]是一个涵盖国际贸易的美国经济多期、全领域一般均衡模型。生产分为多个行业，特别强调与能源相关的行业，例如原油开采、天然气开采、煤炭开采、电力（以四个行业为代表）、石油精炼和天然气分销。与能源相关的排放预测经过校准，以匹配EIA在"年度能源展望"中按燃料和部门进行的预测。在《应对气候挑战：美国的政策选择》（*Confronting the Climate Challenge: US Policy Options*）中，该模型评估了碳税、限额与交易计划、联邦清洁能源标准以及联邦汽油税增加的影响。

政策模拟与评估工具用于模拟和评估不同能源政策的效果，分析政策对能源系统、经济、环境等方面的影响，为政策制定提供科学依据。例如，沙特阿拉伯能源政策模拟器（Energy Policy Simulator, EPS）[②]采用系统动力学方法，通过集成能源、经济和环境领域的多个参数，提供了一个多维度的政策评估平台，有助于政策制定者和其他用户发现实现低碳未来需要哪些能源政策，以及如何优化政策设计。

4. 研究与成果生成

文献管理工具中，EndNote能够自动导入Web of Science、PubMed等数据库中的文献信息，自动生成符合期刊格式的引用和参考文献列表，提升文献引用的准确性与效率。Mendeley支持个人文献库创建和云端存储，允许在PDF文献上进行高亮标注和注释，并提供文献分类和分组功能，方便管理与检索，同时具备一定的团队协作功能。Zotero可从网页浏览器一键捕获文献信息，支持分类、标签管理及团队共享功能，促进文献资源的协同管理。

研究协作工具提供灵活的知识管理功能。Notion支持多种笔记类型的创建与组织，并通过标签和链接建立知识网络；Obsidian强调基于本地文件的知识管理，支持双向链接和Markdown格式，方便高效的知识挖掘与管理。

人工智能工具如Claude、ChatGPT、Gemini、DeepSeek、豆包、kimi等能够帮助研究人员进行能源相关文本分析与知识提取，自动化生成报告框架、自动撰写数据分析报告或结果的初步解释、生成图表或展示分析模型等，提高效率。

（三）能源研究工具库的构建

1. 建设规划

第一，分析工具库构建的需求。工具库的建设应基于对能源智库研究方向、需求

---

① Goulder-Hafstead能源-环境-经济（E3）CGE模型［EB/OL］.（2025-01-03）. https://www.rff.org/topics/data-and-decision-tools/goulder-hafstead-energy-environment-economy-e3-cge-model/.

② Energy Policy Simulator［EB/OL］.（2024-12-13）. https://energypolicy.solutions/zh.

和目标的深入分析，明确能源研究涉及的领域，了解智库研究人员的具体需求。如数据获取、清洗、存储与访问数据需求；预测模型、模拟分析、政策评估和环境影响评估等分析需求；各类数据和分析结果的呈现、展示和互动等可视化需求；多学科、多领域的协同研究需求等。

第二，梳理研究工具类型。根据研究环节与研究人员的需求，列出所需的工具类型并进行分类。包括但不限于数据收集工具、数据库与数据处理工具、预测与模拟模型、影响评估工具、地理信息系统（GIS）与可视化工具、人工智能工具、文献管理与研究工具等。

第三，组建工作小组。为了保障能源研究工具库的成功构建，可以根据研究需求以及智库规模，成立专门的工作小组或建设数据实验室，该部门负责工具的选型、开发、集成与维护。

2. 工具遴选与集成

第一，选择研究工具，构建功能齐全、结构清晰的"工具箱"。在工具遴选过程中，应遵循以下几个原则。一是适应性和扩展性，工具应该能够适应不断变化的研究需求，并能够在未来进行升级或扩展。二是技术兼容性，不同工具之间需要兼容，以保证数据在不同工具之间的流通与共享。三是成熟度，选择那些在能源研究领域已被广泛应用且具备强大社区支持和文档支持的工具，以降低学习和使用成本。四是用户友好性，工具库应便于用户操作，简化研究流程，提高工作效率。

第二，选择合适的集成平台。工具集成的目标是将各类研究工具有机结合，形成一个统一的、便于使用的研究平台。常见的集成平台包括数据科学平台、云平台、大数据平台、数据管理平台。

第三，开发或购买工具。根据工具库的需求和现有工具的不足，可以选择开发或购买工具。对于一些特定的、市场上难以找到合适工具的研究需求，可以组织专业团队进行工具的开发，以满足特定的研究目标。同时，也可以通过购买市场上成熟的工具来快速补充工具库，例如斯德哥尔摩环境研究所研发的 LEAP（Long Range Energy Alternatives Planning System）模型、泰国能源环境资源开发中心的能源环境数据库管理软件（DBA-VOID）等。

3. 工具库平台建设

第一，设计操作界面。设计直观、易用的操作界面，使研究人员能够方便地访问和使用工具库中的各种工具。界面应提供清晰的导航功能，帮助智库人员快速找到所需工具；同时，界面设计应考虑用户的操作习惯和使用场景，提供合理的布局和交互方式，提高用户体验。

第二，制定指南与开展培训。制定详细的工具使用指南，包括工具的功能介绍、操作步骤、注意事项等内容，帮助研究人员快速掌握工具的使用方法。培训方案依工具特性而异，基础工具开展集中培训结合案例实操，专业工具则组织小班进阶教学并辅以理论阐释与项目实践。通过培训反馈与效果评估机制，收集意见优化计划、检验掌握程度并提供个性化辅导，持续提升成员工具运用水平与效率，全力释放工具库在能源研究中的效能。

第三，进行管理与维护。技术支持团队凭借对工具的精通、能源知识储备及沟通专长，为智库研究人员提供即时支撑服务，如排查建模工具使用中的各类错误。

第四，保护隐私安全。在工具库的建设和使用过程中，注重数据的隐私保护和安全防护。制定严格的数据管理制度，对敏感数据进行加密存储和访问控制；同时，加强网络安全防护措施，防止数据泄露和非法访问，确保工具库的安全性和可靠性。

4. 持续优化升级

第一，定期对工具进行更新和优化，添加新的分析方法和功能模块。设立专门的工具监测团队，密切关注各类能源研究工具的新版本发布、功能改进和技术突破。定期评估工具在国际能源研究应用中的性能表现，如数据处理速度、模型准确性等，当评估结果表明现有工具无法满足新的研究需求或有更优的替代工具时，及时制订更新升级计划。在更新升级过程中，充分考虑与现有工具库系统的兼容性，做好数据备份和迁移工作，确保工具更新升级过程的平稳过渡，升级后进行全面的测试验证，包括功能测试、性能测试、数据兼容性测试、安全性测试等，保证升级后的工具能够稳定可靠运行，并及时组织研究人员培训，使其熟悉新工具的使用方法和新特性。

第二，定期对工具库进行评估，收集用户反馈和使用数据，分析工具库的使用效果和存在的问题。根据评估结果，对工具库进行优化和改进，提高工具库的性能和用户体验。

第三，引入新技术工具。密切关注能源研究领域的最新技术和工具的发展，及时引入新技术工具，丰富工具库的功能和能力。例如，随着人工智能技术的快速发展，可以引入相关的工具和应用，提高能源研究的智能化和精准化水平。

本章综合探讨了国际能源智库的数智化建设与转型路径。在数智化建设与转型思路方面，阐述了数智化时代背景下的相关政策，剖析了信息化、数字化、智能化与数智化的内涵与联系，明确了技术支撑、人才储备和智库文化等关键因素对转型的影响，并提出了明确的智库数智化战略规划与

实施原则。

能源知识信息资源库部分，本章详细介绍了资源的多维度分类方法，包括内容主题、资源载体、来源渠道和信息用途等，同时深入分析了其多学科交叉、动态更新、数据驱动、政策导向、全球性与地域性并存以及技术密集等特点。进一步阐述了资源库建设路径，涵盖需求分析与规划、资源收集与整合、技术选型与平台构建、数据安全与隐私保护、用户服务设计以及运营与推广等方面，并对数据质量管理、系统性能管理和用户权限管理等资源库管理关键环节进行了说明。

在能源研究工具库的建设与应用方面，本章对能源研究常用工具进行了分类与特点分析，涉及数据收集、数据库与数据处理、地理信息系统与可视化、预测与模拟、研究影响评估、人工智能以及文献管理与研究等工具。同时，介绍了这些工具在资料收集与整理、数据分析与呈现、系统建模与仿真、研究与成果生成等实践应用环节中的作用，并从建设规划、工具遴选与集成、工具库平台建设和持续优化升级等环节说明能源研究工具库的构建路径。

总体而言，本章为国际能源智库的数智化转型提供了理论支撑和实践路径，构建了一个以数字技术为依托的能源知识与研究工具体系，为推动能源智库的数智化发展提供了系统的理论框架和实践指导。

借鉴篇

第十三章

国际能源组织智库

全球能源格局正经历深刻的变革，能源安全、气候变化和可持续发展成为国际社会共同关注的核心议题。在这一背景下，各类国际能源组织及智库在全球能源治理、政策研究与技术创新中扮演着越来越重要的角色。本章将深入探讨几大国际能源组织智库的作用与贡献，重点分析国际能源署、国际可再生能源署、联合国气候变化框架公约秘书处等主要机构的组织架构、职能以及对全球能源转型的推动作用。此外，还将介绍世界能源理事会、石油输出国组织、全球能源互联网发展合作组织等重要国际组织在全球能源合作中的作用。通过这些机构的分析，本章旨在全面呈现国际能源智库在全球能源合作与气候治理中的关键地位，以及它们如何通过跨国合作、技术创新和政策倡导，推动全球能源结构的转型与可持续发展。

一、国际能源署

国际能源署（International Energy Agency，IEA）自成立以来，始终致力于推动全球能源安全体系建设、可持续发展与清洁能源转型。作为一个独立的政府间组织，IEA通过全球范围内的合作与技术创新，在能源政策的制定、能源安全的保障以及气候变化应对方面发挥着重要作用。本部分将详细介绍IEA的机构概况、组织框架及其主要活动，并探讨其在全球能源治理中的成效与特色。

（一）机构概况

IEA成立于1974年11月，总部设于法国巴黎，是一个独立的政府间组织，旨在推动全球能源安全体系建设、经济发展和环境可持续性。其成立之初正值第一次石油危机，全球能源供应受到严重冲击，面临严重的经济危机。为了应对此危机，经济合作与发展组织（Organisation for Economic Co-operation and Development，OECD）成员国于1974年11月通过了建立国际能源机构的决定。同年11月18日，16个创始成员国举行了首次工作会议，并签署了《国际能源机构协议》，标志着国际能源署的正式成立①。

作为政府间国际组织，IEA 致力于解决全球能源领域所面临的问题，为全球能源的可持续发展做出积极贡献，尤其是能源供应与转型、管理需求与排放等方面，具体的研究内容包括全球能源安全、清洁能源转型、能源利用效率、气候变化、国际能源合作以及能源统计和预测等②。通过制定和推广有效的能源政策，帮助各国维护能源安全、应对能源供应危机，推动经济的稳定增长，并减少能源使用对环境的负面影响。

（二）组织架构

IEA 的组织架构设计直接反映出其高效应对全球能源问题的能力。理事会提供战略指引，秘书处承担实际操作与跨部门协调的职责。这一系统性分工既确保了其决策效率，也增强了其面对能源危机时的应急能力③。

理事会（Governing Board）是 IEA 的最高决策机构，由成员国的能源部长或高级官员组成，通常每年举行多次会议。理事会的主要职责包括确定 IEA 的战略方向、政策框架和年度工作计划，并监督 IEA 的日常运营。理事会还参与讨论全球能源市场的重大问题，如油价波动、气候变化、能源供应安全等，并对关键决策进行投票表决。

IEA 的秘书处是该组织的执行机构，负责具体实施理事会的决策和管理各类日常事务。秘书处设在法国巴黎，由执行主任领导。现任执行主任是法提赫·比罗尔（Fatih Birol），他自 2015 年起担任这一职务。执行主任是 IEA 的最高行政负责人，负责管理秘书处的各个部门，并代表 IEA 与各国政府、国际组织和媒体进行沟通。秘书处主要由以下几个部门组成：

能源市场与安全部，负责分析全球能源市场的供需动态，关注石油、天然气和电力市场的变化趋势，并评估能源供应的安全性。该部门还与成员国合作，制定石油、天然气等能源的应急石油储备和释放机制，以应对全球能源供应危机。

可持续发展与技术部，致力于研究可再生能源、能效提升、低碳技术和能源创新。该部门的研究涵盖太阳能、风能、生物质能、氢能等多种清洁能源技术，同时关注如何通过技术手段减少温室气体排放。

能源效率与环境部，专注于研究提高能源使用效率和减少能源消耗的政策与技术。该部门的工作涵盖建筑、交通、工业等多个领域，通过政策建议和最佳实践案例推广

---

① International Energy Agency. History [EB/OL]. [2024-12-06]. https://www.iea.org/about/history.
② International Energy Agency.《世界能源展望（2024）》[R/OL]. [2024-12-06]. https://www.iea.org/reports/world-energy-outlook-2024.
③ International Energy Agency. Structure [EB/OL]. [2024-12-06]. https://www.iea.org/about/structure.

能源效率提升的措施。

经济与统计部，负责收集和分析全球能源数据，并为 IEA 的各类报告提供统计支持。该部门定期发布《世界能源展望》（见图 13-1）和《全球能源投资报告》，为全球能源政策制定者提供详尽的数据分析。

图 13-1 《世界能源展望（2024）》

资料来源：International Energy Agency. World Energy Outlook 2024 [EB/OL]. [2024-12-02]. https://www.iea.org/reports/world-energy-outlook-2024.

此外，IEA 还设有若干专门委员会和工作组，涵盖广泛的能源议题，如油气供应、核能、可再生能源、电力市场等。这些委员会和工作组汇聚了来自成员国和合作伙伴国家的专家，定期讨论各自领域内的最新进展、挑战和解决方案，并为 IEA 提供政策建议和技术支持。

（三）主要活动与成效

IEA 如今在全球能源治理中已取得了广泛而深远的影响，在推动能源安全、应对气候变化和促进经济可持续发展方面的成效尤为突出。这些成效的取得源于 IEA 立足全球视野、结合实际需求所开展的多维度实践。其主要活动与成效具体体现在以下几点。

1. 广泛地开展国际合作

IEA 通过多层次的国际合作①，致力于维护全球能源安全、促进经济发展和应对气候变化。IEA 保持与其成员国密切合作，同时积极扩展与非成员国、新兴经济体及国际组织的伙伴关系，以应对全球能源市场和气候问题的挑战。特别是与中国、印度、巴西等新兴经济体的合作，为全球能源市场的稳定和绿色转型注入了活力②。IEA 与中国签署了多项协议，涵盖能源安全、可再生能源和碳减排等关键领域；在印度，IEA 通过"IEA-印度合作伙伴计划"推动清洁能源技术和能源效率提升；在巴西和南非等国，IEA 也积极推动水力发电和其他可再生能源的应用。此外，IEA 还在 2015 年发起了"能源合作计划"（Association Program），为非成员国提供正式的合作框架，帮助其获取 IEA 的技术和政策支持，以推动本国的能源转型。

IEA 也与多个国际组织建立了广泛的合作网络，包括联合国、国际可再生能源署（IRENA）和世界银行等，通过政策协调和资源整合，推动全球可持续发展。IEA 与联合国合作参与气候变化大会（COP）和可持续发展目标（SDGs）项目，为各国提供政策建议和技术支持；与 IRENA 共同促进全球可再生能源的发展；与世界银行协作帮助发展中国家建设能源基础设施、普及电力。除了政府和国际组织，IEA 还与私营部门合作，推动清洁能源技术的研发和商业化。IEA 的能源技术合作平台（Technology Collaboration Program，TCP）汇聚各国政府、研究机构和企业，致力于氢能、智能电网、碳捕集等创新技术的联合研发。

2. 以技术合作应对能源气候双重挑战

IEA 通过多层次的技术合作机制加速着全球能源技术的创新与应用，其核心是"能源技术合作平台"（TCP），该平台汇集了来自各国的研究机构、政府和企业，共同开展技术研发与最佳实践的分享。从参与主体看，各国政府、研究机构和企业在其中扮演不同角色，形成紧密协作的体系。各国政府基于宏观层面，通过制定优惠政策、设立专项基金等方式，为技术研发与应用营造良好的政策环境与资金支持，引导技术发展方向；研究机构凭借专业的科研能力与人才资源，聚焦于氢能、太阳能、风能、储能、智能电网和碳捕集与封存（CCS）等关键领域的前沿技术研究，探索技术突破的可能性；企业则凭借市场敏锐度与商业运营能力，将研究成果进行转化，投入资金开展应用开发，并推向市场实现商业化。

在领域推进方面，TCP 针对不同能源领域的特点，开展技术研发与最佳实践的分

---

① International Energy Agency. International Collaborations [EB/OL]. [2024-12-06]. https://www.iea.org/about/international-collaborations.

② International Energy Agency. China [EB/OL]. [2024-12-06]. https://www.iea.org/countries/china.

享。例如在太阳能领域，研究机构专注于提高太阳能电池转换效率的技术研发，企业则依据市场需求，进行太阳能发电设备的规模化生产与推广应用，政府通过补贴、税收优惠等政策鼓励太阳能在建筑、工业等领域的广泛应用。这种从政策引导、技术研发到市场推广的全流程协作，构成了 IEA 技术合作多层次机制的丰富内涵，有力推动了清洁能源技术的普及与低碳转型。TCP 涵盖氢能、太阳能、风能、储能、智能电网和碳捕集与封存（Carbon Capture and Storage，CCS）等多个关键领域①，推动了清洁能源技术的普及与低碳转型。IEA 还在能效提升方面积极与制造业、建筑业和交通运输业等高能耗行业合作，通过推广高效节能技术，减少能源消耗和碳排放。

此外，为了适应数字时代的能源需求，IEA 推动了能源系统的数字化与智能化，支持物联网、区块链、人工智能等新兴技术在能源管理和分配中的应用，与私营部门建立了全球创新网络，鼓励企业参与清洁能源技术的研发和市场推广，吸引更多资本流向可再生能源领域。通过政策支持和能力建设，IEA 帮助各国政府尤其是发展中国家制定和落实能源政策，为其提供技术咨询和培训，以加速能源转型步伐。IEA 的技术合作网络不仅在全球能源治理中发挥了领导作用，还为实现低碳和可持续发展目标提供了强有力的支持。

3. 深入分析能源市场与能源政策，提供重要参考

IEA 在全球能源政策与市场分析中发挥着至关重要的作用，其核心任务之一便是通过深度的市场分析和政策研究，帮助各国应对能源安全、气候变化和可持续发展等挑战。IEA 会定期发布系列权威报告，如《世界能源展望》（*World Energy Outlook*，WEO）、《全球能源投资报告》（*World Energy Investment Report*）等，覆盖了能源供需、市场结构、投资趋势和政策走向，为政府、私营部门和投资者提供了详尽的市场动态和政策参考。

IEA 所发布的《世界能源展望》通过不同情景预测未来能源需求、供应和碳排放变化，例如现有政策情景、声明政策情景和净零排放情景②。这些情景帮助政策制定者理解不同政策选择下的全球能源系统发展路径，支持各国在能源转型和经济发展中取得平衡。《全球能源投资报告》则聚焦全球能源领域的资金流向和投资需求，分析各类能源技术的成本变化和投资优先级。报告指出清洁能源和能效技术的投资需求不断增加，为实现气候目标，各国不仅需要对风能、太阳能等清洁能源投资，还需加大智能

---

① International Energy Agency. Technology Collaboration［EB/OL］.［2024 - 12 - 06］. https：//www.iea.org/about/technology - collaboration.

② International Energy Agency. World Energy Outlook 2024［EB/OL］.［2024 - 12 - 06］. https：//www.iea.org/reports/world - energy - outlook - 2024.

电网和碳捕集与封存等技术的投入。

在突发能源事件中，IEA 会提供应急政策建议，帮助各国应对危机、确保能源供应。例如，在疫情防控期间，IEA 评估了疫情对全球能源需求的冲击，为各国恢复经济和保障能源安全提供了政策建议。IEA 还通过政策咨询和技术支持，协助成员国和发展中地区提升能源政策的制定和实施能力，如在智能电网和可再生能源推广方面提供技术指导。这些支持措施能够帮助各国在推动能源转型的同时保障供应安全和系统稳定。

4. 以能效提升推动全球能源转型

IEA 将能效提升作为全球能源转型和碳减排的关键手段，通过在工业、建筑、交通等领域的政策和技术支持，帮助各国减少能源消耗和温室气体排放，推动可持续发展。

在建筑领域，IEA 积极推动节能技术的应用。建筑的采暖、制冷和照明是全球能源消耗的主要来源之一。IEA 鼓励成员国对既有建筑进行节能改造，如升级隔热材料、采用高效供暖系统，并倡导新建筑采用绿色标准，减少未来能源需求。这些举措为各国建筑领域的节能减排提供了切实支持。

在工业领域，IEA 为高能耗行业提供能效技术支持，如钢铁、水泥等重工业通过推广高效电机、废热回收和能量集成等技术，帮助工业企业优化能源利用，减少碳排放，提升生产效率。同时，IEA 倡导工业流程的创新，如采用低碳替代燃料，助力工业部门实现可持续发展。

在交通领域，IEA 支持低排放交通工具的发展，尤其是电动汽车的推广。通过发布《全球电动汽车展望》，IEA 为各国制定支持电动汽车普及的政策提供建议，包括补贴措施和充电基础设施建设。此外，IEA 推动燃油效率法规的实施，鼓励交通部门提升燃油经济性，进一步减少排放。

（四）机构特点

随着全球能源治理的持续推进，IEA 在应对能源挑战的过程中，逐步形成了一套行之有效的机制与模式。这些独具特色的运作方式体现了其在能源安全与转型中的前瞻性和专业性，也为全球能源治理提供了重要的经验借鉴。以下将围绕 IEA 的核心特点展开具体分析。

1. 多边合作机制

上面提到了 IEA 建立了广泛的国际合作。IEA 的合作不仅局限于其内部成员，还包括与非成员国及国际组织的广泛互动，例如与中国、印度和巴西等重要能源消费国的合作。IEA 以这种广泛的合作来推动全球能源政策的统一，减少各国之间的能源政策分歧，并促使不同国家之间互相理解与支持。此外，多边合作机制使得 IEA 可以通过汇集全球资源，推动应对气候变化、能源转型等国际议题，同时也使得 IEA 形成了丰富的政策和技术资源库。

同时，IEA 的多边合作机制也能帮助各国在能源安全领域进行资源共享和政策协调。IEA 不仅提供数据支持和政策建议，还在突发能源危机时发挥协调作用。例如，在全球石油市场波动的背景下，IEA 成员国能够通过多边合作机制共同应对，避免单一国家的政策影响全球市场稳定。

2. 数据和分析驱动的决策支持

IEA 以高质量的数据分析作为政策建议的基础，为成员国和全球能源市场提供科学可靠的决策支持[1]。IEA 定期发布的报告，如《世界能源展望》《全球能效报告》，不仅为全球能源趋势提供了深入的分析，也为各国政策制定者、企业和投资者提供了前瞻性的市场洞察。这些报告涵盖能源需求、供给、碳排放等多个方面，通过情景分析和数据预测，为各国政府理解市场风险和发展机遇提供了科学依据。

数据驱动的决策支持还体现在 IEA 的研究方法和统计体系上。IEA 收集涵盖油气、电力、可再生能源等多个领域的详细数据，通过系统性分析，为成员国和非成员国提供及时的市场信息。例如，IEA 的数据不仅反映出当前的市场现状，还通过情景建模对未来能源需求进行预测，帮助各国了解未来趋势并制定长期战略。这种科学的数据支持使 IEA 的决策建议具有较强的参考价值和权威性，使各国在制定政策时可以基于事实和科学依据进行决策。

此外，IEA 的分析能力提升了其全球影响力，使其能够在全球能源市场的波动和危机中提供及时、客观的建议。例如，在能源价格波动或地缘冲突影响能源供应时，IEA 的市场分析能够帮助各国理解危机的根本原因和可能的应对措施。

3. 应急响应机制

IEA 的应急响应机制是其保障全球能源安全的重要特色。这一机制源于 IEA 在 1974 年石油危机后的成立初衷，目的是确保在能源供应受威胁时，成员国能够迅速响应、平稳渡过危机。IEA 要求成员国保持至少 90 天的石油储备，以备突发供应中断时采取集体行动[2]，保障市场供应和价格稳定。在危机发生时，IEA 可以迅速协调成员国释放石油储备，以应对市场的恐慌情绪和价格波动。

---

① International Energy Agency. Data and Statistics [EB/OL]. [2024-12-06]. https：//www.iea.org/data-and-statistics.

② International Energy Agency. Oil Security and Emergency Response [EB/OL]. [2024-12-06]. https：//www.iea.org/about/oil-security-and-emergency-response.

IEA 的应急响应机制还包括其他形式的支持。例如，IEA 还在天然气和电力供应紧张时提供应急分析和建议。IEA 的分析团队能够在短时间内评估危机对能源市场的潜在影响，并向成员国提供政策应对建议。这种应急响应机制使 IEA 不仅能够在危机发生时提供短期支持，也能够在危机过后通过经验总结和数据分析，为各国提供更加有效的长期能源保障策略。

此外，IEA 在全球重大地缘政治事件和冲突中发挥的作用进一步证明了其应急响应机制的重要性。例如，在俄乌冲突期间，IEA 协调推进能源多元化。这一机制使得 IEA 在国际能源治理中成为协调和管理危机的重要力量。

二、国际可再生能源署

国际可再生能源署（International Renewable Energy Agency，IRENA）自成立以来，积极推动全球可再生能源的使用与开发，致力于实现全球能源转型和应对气候变化。作为一个政府间国际组织，IRENA 不仅在全球范围内促进可再生能源技术的创新和应用，还通过广泛的政策支持与国际合作，为成员国提供量身定制的解决方案。本部分将深入探讨 IRENA 的组织框架、主要活动与成效，并分析其在全球能源治理中的独特优势。

（一）机构概况

IRENA 于 2009 年 1 月 26 日正式成立，并于同年 4 月 21 日签署成立协议，总部设于阿布扎比，是一个政府间国际组织，致力于促进全球可再生能源的开发和使用。其成立之时正值全球对能源转型、气候变化应对及可持续发展需求日益增加。随着全球能源消耗量的持续增长，传统能源的环境影响日益显现，尤其是温室气体排放对气候变化的影响加剧。与此同时，全球范围内对清洁、可再生能源的需求不断上升，推动了国际社会在促进可再生能源发展方面的合作和政策协调。[1]

IRENA 在全球能源治理体系中占据着重要地位，尤其在推动可再生能源发展和应对气候变化方面发挥着领导作用。其研究对象主要包括可再生能源技术、能源转型路径以及能源市场与政策。研究内容主要包括对全球和地区可再生能源资源进行科学评估，为各国政策制定提供依据；跟踪可再生能源技术的进展，支持创新和技术的商业化应用；分析全球范围内各国在可再生能源领域的政策，提供政策建议和最佳实践等。

---

[1] International Renewable Energy Agency. Creation of IRENA [EB/OL]. [2024-12-06]. https：//www.irena.org/About/History/Creation-of-IRENA.

IRENA通过提供政策、技术和金融支持，帮助各国转向可再生能源（见图13-2）。

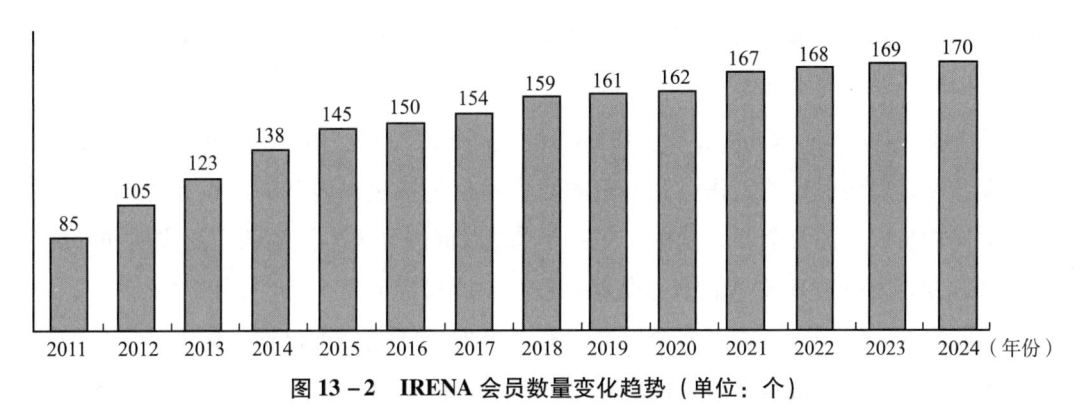

图13-2 IRENA会员数量变化趋势（单位：个）

数据（2011—2024年）：85、105、123、138、145、150、154、159、161、162、167、168、169、170

资料来源：International Renewable Energy Agency. IRENA Membership［EB/OL］.［2024-12-02］. https：//www.irena.org/About/Membership.

（二）组织框架

作为一个全球性机构，IRENA的组织架构确保了全球政策、技术和信息的有效协调与共享。IRENA的组织架构包括大会、理事会、秘书处、总干事以及各种技术合作与区域办公室，这些部分共同致力于推动全球能源的可持续转型。

大会（The Assembly）是IRENA的最高决策机构，由全体成员国代表组成，确保全球多方利益得到广泛体现。大会每年召开一次，确定机构的战略方向和年度工作计划，并通过对预算的审议和批准，监督IRENA的资源分配和使用。大会还选举理事会成员，负责评估秘书处的年度工作报告和机构的发展进度，并为未来的发展制定长期目标。通过广泛的成员参与，大会成为IRENA内部决策过程中的关键环节[①]。

理事会（The Council）是中层管理机构，由21个由成员国选出的成员组成，每两年更换一次。理事会每年召开两次会议，作为大会与秘书处之间的桥梁，理事会负责监督和审查IRENA的工作进度，评估各项计划的执行效果，提出改进建议，并向大会提交报告和提案。理事会的设立旨在提高机构的运营效率和管理灵活性，确保IRENA能及时应对全球可再生能源发展的新挑战和变化[②]。

秘书处（The Secretariat）是IRENA的行政和执行机构，由总干事领导，负责日常事务和具体工作的协调与管理。秘书处的核心任务是执行大会和理事会的决策，并确

---

① International Renewable Energy Agency. Assembly［EB/OL］.［2024-12-06］. https：//www.irena.org/About/Institutional-Structure/Assembly.

② International Renewable Energy Agency. Council［EB/OL］.［2024-12-06］. https：//www.irena.org/About/Institutional-Structure/Council.

保各成员国在技术、政策和能力建设等方面得到支持。秘书处由多个技术和政策部门组成，这些部门涵盖了从技术创新、市场和政策分析，到数据统计、信息管理和能力建设的广泛领域。秘书处不仅致力于提供全球可再生能源发展的前沿技术与信息，还通过区域办公室加强全球各地区的合作[①]。

总干事（Director – General）是 IRENA 的最高行政官员，由大会选举产生，任期四年，领导和管理秘书处的工作。总干事的职责不仅包括机构内部的组织和协调，还涉及推动机构与成员国及全球利益相关方的合作，以促进可再生能源的广泛应用和发展。总干事的领导力对于 IRENA 的长远战略和持续发展起着至关重要的作用。

除此之外，IRENA 在全球多个地区设有办事处或区域分支机构，负责区域性的项目实施、政策协调及技术支持，促进地区内国家之间的合作，以便更好地响应各地区的需求并推动当地的能源转型。

（三）主要活动与成效

IRENA 自成立以来，积极应对能源转型与可持续发展需求，为实现全球清洁能源目标提供了关键支持。通过对能源发展方向的持续引导，IRENA 在全球范围内强化了清洁能源技术与政策的应用实践，其主要活动与成效具体体现在以下几点。

1. 政策支持

IRENA 的核心职能之一便是提供政策支持和建议，旨在帮助各国制定和执行有效的可再生能源政策，以推动全球能源转型，通过分析各国能源现状、资源潜力和经济背景，为成员国提供量身定制的政策建议。例如，针对太阳能资源丰富的国家，IRENA 可能会推荐加强光伏电站建设；而对于风能资源潜力大的地区，建议则可能侧重于风力发电技术的推广和基础设施建设。此外，IRENA 的政策支持不仅局限于建议阶段，还包括政策实施过程中的支持和监测，以及技术和财务支持，帮助落实政策。通过跟踪和评估各国政策的实际效果，IRENA 能够及时向政府提出调整意见，确保政策目标能够实现。

政策支持还包括推动绿色金融政策和激励机制的设计，促进私人部门和国际资本流入可再生能源领域。IRENA 为各国提供有关融资工具、市场机制、政策激励等方面的建议，帮助他们建立良好的投资环境，吸引私人资本参与可再生能源项目。这不仅促进了能源领域的转型，也为各国经济提供了绿色增长动力。

此外，为了帮助成员国制定更为精细化的能源政策，IRENA 会定期发布《全球可

---

① International Renewable Energy Agency. Secretariat [EB/OL]. [2024 – 12 – 06]. https：//www.irena.org/About/Institutional – Structure/Secretariat.

再生能源政策蓝图》以及其他专题报告①，这些报告汇集了世界各国在推进可再生能源发展中的成功案例和面临的共同问题，旨在为政策制定者提供借鉴，推动政策的国际化、标准化与合作化。

2. 再生能源成本

IRENA 的另一重要成效体现在降低可再生能源技术的成本上，这对可再生能源的普及具有重大意义。通过持续的数据分析、技术交流和推动政策的落地，IRENA 极大地推动了风能和太阳能等主要可再生能源技术的成本大幅降低，使这些技术在经济上变得越来越具有竞争力。

IRENA 的研究和报告，如《可再生能源发电成本报告》，详细追踪了风能、太阳能、生物能和水能的成本变化情况，明确展示了近年来这些技术在成本上的显著下降。报告数据显示，太阳能光伏的发电成本在过去十年中下降了80%以上，风能的成本也显著降低②。这些数据对于投资者和政策制定者而言极为重要，因为它们表明可再生能源在很多情况下已经成为最具成本效益的发电选择。这不仅使可再生能源在市场中得以快速扩展，同时也促使各国政府将更多的政策和资金转向清洁能源。

IRENA 还通过与私营企业、金融机构和开发银行的合作，推动融资机制的创新和改进，从而降低可再生能源项目的融资成本。例如，IRENA 与阿布扎比基金会合作，为发展中国家的可再生能源项目提供低息贷款，从而降低了这些项目的融资难度和成本。此外，IRENA 还通过提供融资指导工具和培训，帮助成员国了解如何设计更具吸引力的投资环境，吸引私人投资者的加入。可再生能源的成本降低，使得世界各地，无论是发达国家还是发展中国家，都能够大规模推广风能、太阳能等清洁能源技术，这推动了能源结构的转型，也有助于减少贫困地区的能源短缺问题，实现能源的普及和可持续发展目标。

3. 创新驱动清洁能源革命

IRENA 通过推动技术与创新，加快全球可再生能源的应用，这点对其整体使命具有至关重要的代表性。作为一个国际组织，IRENA 通过设立技术创新中心，发布《创新前景》系列报告，帮助成员国识别和利用创新技术，例如浮动风电场、氢能、智能电网和储能技术等，从而推动全球能源系统的变革③。技术创新不仅降低了可再生能源

---

① International Renewable Energy Agency. World Energy Transitions Outlook 2024 [EB/OL]. [2024 – 12 – 06]. https：//www.irena.org/Publications/2024/Nov/World – Energy – Transitions – Outlook – 2024.

② International Renewable Energy Agency. Renewable Power Generation Costs in 2023 [EB/OL]. [2024 – 12 – 06]. https：//www.irena.org/Publications/2024/Sep/Renewable – Power – Generation – Costs – in – 2023.

③ International Renewable Energy Agency. Innovation Outlook：Renewable Ammonia [EB/OL]. [2024 – 12 – 06]. https：//www.irena.org/Publications/2022/May/Innovation – Outlook – Renewable – Ammonia.

的应用成本，也解决了清洁能源间歇性问题，使可再生能源更加普及，特别是在偏远或能源获取困难的地区。

技术与创新活动之所以具有代表性，是因为它体现了 IRENA 以技术手段推动能源转型的核心理念。通过技术进步，IRENA 能够帮助成员国突破传统能源结构的瓶颈，快速实现能源多样化和清洁化。这种创新驱动的战略使得可再生能源技术更容易被各国采用，也进一步提高了它们的经济竞争力，使可再生能源从昂贵的选择逐渐变为许多国家的主流能源解决方案。推动新技术的发展和应用，也让 IRENA 成为全球能源创新领域的引领者。

4. 克服融资瓶颈，推动可再生能源投资增长

为可再生能源项目提供融资支持和促进投资是 IRENA 的另一项具有代表性的工作，因为融资是推动可再生能源发展的重要关键因素。尤其是在发展中国家，资金缺乏往往是制约清洁能源发展的最大障碍之一。IRENA 通过与阿布扎比发展基金合作，推出"IRENA-ADFD 可再生能源项目资助计划"，为多个发展中国家的可再生能源项目提供低息贷款，帮助降低可再生能源项目的融资成本，使得这些项目可以顺利实施。此外，IRENA 通过组织"可再生能源投资会议"等对话平台，积极鼓励私营资本流向可再生能源领域，这对吸引大量私人投资并加速全球可再生能源项目的落地起到了重要作用。

通过为可再生能源项目提供融资工具和平台，IRENA 不仅直接促进了这些项目的实施，也有效降低了开发风险，增强了各国政府和私人投资者的信心。此外，IRENA 通过分享市场数据、技术趋势和成功案例，降低了市场的风险认知，使得更多资金愿意进入可再生能源领域。

（四）机构特点

随着全球能源治理的不断推进，IRENA 在实践中逐步形成了自己的运作模式与优势，这些特点使其能够有效协调成员国需求，推动能源技术与政策的落地实践，其特点具体体现在以下几点。

1. 广泛的国际成员基础

IRENA 的国际化成员基础是它能在全球可再生能源发展中取得成功的重要原因之一。IRENA 拥有超过 170 个成员国，几乎涵盖了全球所有主要的能源生产国和消费国。这样广泛的国际化成员构成不仅使得 IRENA 在全球范围内具有巨大的影响力，同时也为其推动可再生能源的普及和应用提供了多样的观点与资源。通过涵盖发达国家和发展中国家，以及最不发达国家，IRENA 得以从多样化的国家背景中汲取经验，并提供

符合不同国家经济、地理和技术条件的能源解决方案①。

这种广泛的国际化成员基础使得 IRENA 能够有效协调来自全球不同地区的政策需求，推动全球性能源转型的实现。通过举办年度大会和区域论坛等多种形式的会议，IRENA 促进了成员国之间的对话与合作，使得全球各地能够共享政策制定和技术实施方面的最佳实践。例如，发展中国家在可再生能源政策上能够从发达国家的先进经验中受益，而发达国家也可以学习如何在低资源背景下推动清洁能源的创新。通过这样的相互借鉴与合作，IRENA 得以在全球范围内形成一个合作共赢的能源转型模式。

2. 中心与本地化运营

为了应对全球不同区域的多样化挑战，IRENA 建立了一系列区域中心，例如在非洲、中东、亚洲和拉丁美洲设立的区域办公室。这些区域中心使 IRENA 能够因地制宜地考察各地区的能源需求与现状，提供量身定制的政策建议和技术支持。

区域中心的作用不仅体现在政策建议的提供上，还在于它们对当地能源市场的深入了解。这种本地化运营的模式使 IRENA 能够帮助成员国在面对不同自然资源禀赋和发展状况时，采用最合适的可再生能源技术。例如，非洲地区的区域中心协助多个国家实施小型太阳能微电网项目，解决了偏远地区的能源匮乏问题。而在中东地区，区域中心则帮助各国评估风能和太阳能的大规模发电潜力，并推动相关基础设施的建设。

此外，这些区域中心还扮演了推动南南合作的角色，即促进发展中国家之间的政策和技术交流，使它们能够相互学习并减少能源转型中的失败风险。通过在区域内推动跨国项目和合作，IRENA 帮助各国更好地利用共享资源，比如跨境电网建设，以实现区域一体化能源市场。这种区域化、本地化的运营模式显著提高了 IRENA 推动能源转型的灵活性和效率。

3. 知识共享推动能源转型

IRENA 注重通过知识共享和数字化平台的建设，来提升成员国在可再生能源领域的知识水平和实践能力。这种知识共享与数字化平台的建立，使 IRENA 成为全球可再生能源数据和信息的重要来源之一，能够为各国政策制定者、企业家、研究人员提供最新的市场数据、政策指导和技术分析。通过这些平台，IRENA 能够推动全球范围内的知识交流，提升各国应对能源转型的能力。

IRENA 的"可再生能源知识共享门户"（IRENA Knowledge Hub）是其最具代表性

---

① International Renewable Energy Agency. Collaborative Frameworks [EB/OL]. [2024-12-06]. https://www.irena.org/How-we-work/Collaborative-frameworks.

的数字化平台之一。这个平台提供了包括政策报告、技术指南、市场分析在内的丰富资源,用户可以轻松访问最新的可再生能源发展信息①。这些资源帮助成员国的决策者和项目开发者在规划和实施可再生能源项目时,能做出基于数据的科学决策。此外,IRENA还推出了"全球可再生能源地图"(Global Atlas for Renewable Energy),该工具提供了关于风能、太阳能等资源的详细地理信息,帮助各国识别和评估其国内的可再生能源潜力。

通过知识共享平台,IRENA不仅实现了国家之间信息的公开透明,还促进了不同国家、地区和机构之间的技术合作。例如,发展中国家可以通过这些平台获取发达国家的技术经验,并在本国的项目中加以应用。这种数字化的知识管理和共享模式极大地提高了数据和技术的可获取性,确保所有成员国,无论其技术基础如何,都能从IRENA提供的全球资源中受益。这种知识共享和数字化平台的建设对于推动全球能源转型具有重要意义,尤其是在提升政策透明度和促进全球合作方面发挥了关键作用。

三、联合国气候变化框架公约秘书处

联合国气候变化框架公约(United Nations Framework Convention on Climate Change, UNFCCC)秘书处(以下简称"秘书处")自成立以来,在全球气候变化治理中发挥了至关重要的作用。秘书处不仅支持国际气候谈判的顺利进行,还积极推动气候行动的落实,通过协调资金流动、技术转移及区域性合作,促进各国在应对气候变化中的共同行动。本部门将探讨秘书处的组织框架、主要工作与成效,以及其在全球气候治理中的关键特点。

(一) 机构概况

秘书处是联合国专门负责支持全球应对气候变化的机构,成立于1992年,最初设在日内瓦,1996年迁至德国波恩,旨在促进国际合作,协调应对气候变化的全球努力。秘书处的成立背景与《联合国气候变化框架公约》在1992年举行的联合国地球峰会上签署有关。该公约的签署标志着全球各国在应对气候变化方面达成了初步共识,并为后续的国际气候谈判奠定了法律和政治框架。秘书处作为公约的执行机构,负责协调各国政府和相关利益方在气候变化领域的合作与行动。秘书处自成立以来,逐渐从最

---

① International Renewable Energy Agency. IRENA Leads the Way as Global Knowledge Hub on Renewable Energy [EB/OL]. [2024 - 12 - 06]. https://www.irena.org/News/pressreleases/2015/Jan/IRENA - Leads - the - Way - as - Global - Knowledge - Hub - on - Renewable - Energy.

初的促进政府间气候变化谈判，发展为一个支持多层次全球气候行动的核心机构。秘书处不仅负责推动《联合国气候变化框架公约》《京都议定书》和《巴黎协定》的实施，还承担着协调全球气候变化治理的重要任务①。

秘书处的主要研究对象是气候变化及其相关影响，包括温室气体排放、气候变化对自然环境和社会经济系统的影响等。其研究内容涵盖气候变化的科学基础、政策制定与实施、适应和减缓措施以及资金和技术支持等多个领域。通过定期发布全球气候报告和评估研究成果，秘书处为各国政府提供科学依据和政策建议，促进全球范围内的气候变化减缓和适应行动。此外，秘书处还负责组织和支持《公约》缔约方会议（COP）及相关会议，为各国政府提供交流和协商的平台。其工作重点之一是推动全球气候融资，特别是向发展中国家提供资金支持，帮助其应对气候变化的挑战。秘书处的职责包括监测和评估各国气候行动的进展，协调国际合作项目，推动技术和能力建设等。

近年来，秘书处还积极支持马拉喀什全球气候行动伙伴关系，推动各类行动者（如地区、城市、企业、投资者及民间社会）在气候行动中发挥积极作用②。此外，秘书处在区域气候周等活动中推动《巴黎协定》的区域实施，并助力气候行动伙伴关系的建立。这些行动标志着秘书处在全球气候治理中的协调和推动作用，体现了气候行动的多样性和跨界合作。

（二）组织框架

秘书处由多个职能部门构成，每个部门负责不同领域的工作（见图13-3）。执行办公室由执行秘书领导，作为秘书处的最高决策和执行机构，负责整体战略规划、日常管理和跨部门协调。执行秘书是秘书处的核心领导，直接向缔约方会议报告工作，并确保秘书处任务的有效执行③。

气候变化谈判支持部门是秘书处的一个重要组成部分，负责组织和支持《气候变化缔约方会议》（COP）等重要国际会议。此外，谈判支持部门为各国代表提供谈判支持，帮助协调全球气候变化谈判的进程。该部门确保会议的顺利进行，并为各国提供必要的技术和信息支持。

---

① United Nations Framework Convention on Climate Change. About the Secretariat [EB/OL]. [2024-12-06]. https://unfccc.int/about-us/about-the-secretariat.

② United Nations Framework Convention on Climate Change. 马拉克申全球气候行动互联关系 [EB/OL]. [2024-12-06]. https：//unfccc.int/zh/qihouxingdong/malakashenquanqiuqihouxingdonghuobanguanxi.

③ United Nations Framework Convention on Climate Change. Secretariat Structure [EB/OL]. [2024-12-06]. https：//unfccc.int/about-us/what-is-the-unfccc-secretariat/secretariat-structure.

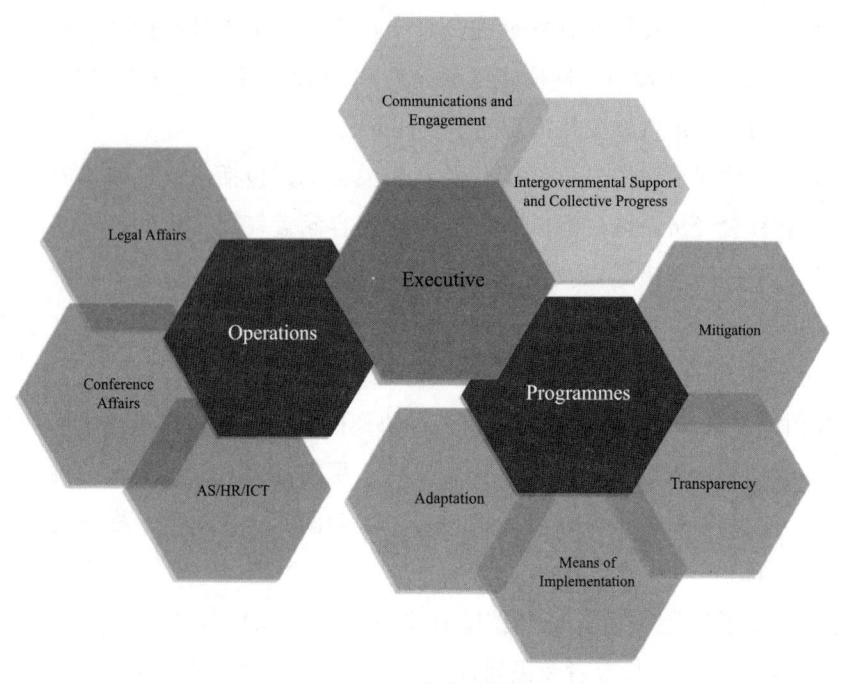

图 13-3　秘书处结构

资料来源：United Nations Framework Convention on Climate Change. Secretariat Structure [EB/OL]. [2024-12-02]. https：//unfccc. int/about-us/what-is-the-unfccc-secretariat/secretariat-structure.

科学与技术支持部门专注于为缔约方提供气候变化的科学分析和技术支持。该部门的任务包括提供适应和减缓气候变化的技术解决方案，组织相关的专家会议，并支持技术转移和创新。通过这一部门，秘书处帮助各国在应对气候变化时能够采用先进的技术和科学方法。

气候变化融资和机制部门负责气候变化资金的管理和协调，特别是在《巴黎协定》框架下，支持发展中国家的气候行动。该部门确保气候资金的流动与有效使用，推动全球气候行动的资金支持。信息与传播部门则负责气候变化相关的公众信息管理，包括数据收集、分析和传播，确保全球公众和利益相关者及时了解气候变化的相关进展①。

（三）主要工作与成效

秘书处在协调国际合作、推动气候行动以及落实全球气候协议方面发挥了关键作用。其主要工作不仅覆盖多边谈判的组织与支持，还涵盖了气候资金、技术转移以及

---

① United Nations Framework Convention on Climate Change. Divisions and Senior Staff [EB/OL]. [2024-12-06]. https：//unfccc. int/about-us/about-the-secretariat/divisions-and-senior-staff.

能力建设等多个领域。以下将详细探讨秘书处的主要活动及其在应对气候变化中的具体成效。

1. 全球气候协定的执行与监测

秘书处在《巴黎协定》《京都议定书》及《联合国气候变化框架公约》的执行过程中，发挥了关键作用。秘书处通过维护《巴黎协定》下的国家自主贡献（NDC）登记簿[①]，确保各国气候承诺的透明度、可追踪性及科学性。NDC 登记簿是各国提交减排目标及具体行动计划的核心平台，它为评估全球气候变化目标的实现提供了重要依据。秘书处还负责协助缔约方提交、分析和审查气候变化相关报告，包括温室气体排放清单、国家减缓行动和适应战略。这些监测与审查工作有助于提升全球气候承诺的执行力，并为缔约方之间的信息共享提供基础。

在此过程中，秘书处不仅关注缔约方承诺的落实，还强调机制的公平性与科学性。例如，针对《京都议定书》的实施，秘书处协助运行清洁发展机制（Clean Development Mechanism，CDM），通过市场机制推动全球温室气体减排。通过这种方式，发展中国家不仅获得了必要的资金支持，还推动了低碳技术的应用与发展。秘书处还在监督《巴黎协定》实施细则的执行中，积极协调全球各方达成共识，确保协定的长效执行。

秘书处的这一职能为全球气候治理的执行和监测提供了保障，并有效促进了各国气候承诺的履行。它不仅推动了减排目标的实现，也为全球碳中和愿景奠定了制度性基础。

2. 支持国际气候谈判

秘书处每年组织两到四次国际气候谈判会议，为缔约方及其他利益相关方提供一个协商与对话的平台，其中最重要的会议是《联合国气候变化框架公约》缔约方会议（COP）。作为联合国系统内规模最大的年度会议，COP 每年吸引约 2.5 万名代表参会，涵盖各国政府、国际组织、非政府组织及私营部门。秘书处负责会议的组织协调、技术支持以及谈判过程的管理[②]。

缔约方会议不仅是讨论全球气候议程的主要场所，也是推动重大协议达成的重要舞台。秘书处通过细致的准备工作，例如编制技术报告、协调工作组讨论以及提供法律支持，为谈判的顺利进行提供保障。此外，秘书处还积极推动区域性和专题性会议

[①] 《巴黎协定》（https：//unfccc.int/process-and-meetings/the-paris-agreement/the-paris-agreement）中，第四条涉及国家自主贡献（NDCs）规定，第十三条涉及透明度框架规定，二者共同构成 NDC 登记簿功能基础框架，用于相关记录、跟踪与评估。

[②] United Nations Framework Convention on Climate Change. Conference of the Parties (COP) [EB/OL]. [2024-12-06]. https：//unfccc.int/process/bodies/supreme-bodies/conference-of-the-parties-cop.

的召开，包括附属机构年度会议、区域气候周及各种专题研讨会。这些会议为全球和地区气候行动提供了宝贵的政策讨论和技术交流机会。

通过组织与支持国际气候谈判，秘书处不仅促进了《京都议定书》和《巴黎协定》等关键文件的签署，还为全球气候治理搭建了高效、透明和多边的对话机制。这种多边机制有助于凝聚各方共识，推动全球应对气候变化的努力向前迈进。

3. 提升公众气候意识

秘书处高度重视气候变化相关信息的传播与公众意识的提升。通过官方网站、社交媒体及其他传播平台，秘书处将气候变化的最新进展、谈判成果及行动计划传递给全球公众。目前，秘书处官方网站每年吸引超过100万人访问，其社交媒体账号（包括Twitter、Facebook、Instagram和LinkedIn）累计粉丝数已超过180万，覆盖范围遍及全球。

在传播过程中，秘书处不仅关注官方信息的发布，还致力于打造互动性强、形式多样的传播内容，以增强公众的参与感与认同感。例如，在每年召开的缔约方会议期间，秘书处会实时更新会议进展，并通过多种语言的报道让不同文化背景的公众能够获取信息。此外，秘书处还通过举办全球性和区域性的公众活动，提高社会对气候变化问题的认识，并激励更多个人和组织参与气候行动。

秘书处的传播工作在全球气候治理中发挥着重要的支持作用。通过信息透明化和公众参与，其不仅增强了社会对气候变化的关注度，还为实现全球气候目标凝聚了更多的社会力量。这种自下而上的推动力是应对气候危机不可或缺的一部分。

4. 气候资金流动与技术转移

秘书处在推动气候资金流动与技术转移方面发挥了重要作用，尤其是为发展中国家提供资金支持和技术援助，帮助其应对气候变化的挑战。在资金方面，秘书处通过协调绿色气候基金（Green Climate Fund）、全球环境基金（Green Environment Fund）等国际资金机制，确保资金能够有效流向需要支持的国家和地区。这些资金被用于减缓温室气体排放、加强气候适应能力，以及推动可持续发展目标的实现[1]。

技术转移是秘书处支持发展中国家应对气候变化的重要手段之一。秘书处通过技术机制（Technology Mechanism）推动发达国家与发展中国家之间的技术合作，帮助后者引入低碳和气候适应技术。这种合作不仅涵盖能源、交通和农业等关键领域，还包括提升技术能力建设和创新潜力，确保技术能够被有效应用于本地化的气候行动中。

秘书处还组织国际技术交流与展示活动，搭建全球技术合作平台，以促进技术的

---

[1] United Nations Framework Convention on Climate Change. 基金和资金实体［EB/OL］.［2024-12-06］. https：//unfccc.int/zh/jinchenghehuiyi/jigou/jijinhezijinshiti.

跨国传播与共享。例如，在缔约方会议（COP）期间，秘书处会设立技术展览和专题讨论环节，展示最新的气候技术解决方案，并推动各国在技术层面的深入合作。

（四）机构特点

在全球气候治理体系中，秘书处通过多年的运行实践，构建了针对复杂国际议题的协调机制和支持框架。这些特点源于秘书处对多边合作机制的深度理解以及在气候谈判、资金协调和技术转移等方面的创新尝试。秘书处的特点具体体现在以下几点。

1. 数字化建设

秘书处在其内部管理与运营中高度重视数字化工具的应用，以提升工作效率并确保各部门之间的顺畅沟通与协作。这种对技术的灵活运用不仅体现了秘书处对全球气候变化治理复杂性的深刻理解，也增强了其内部运作的适应性和精准性。

在内部运营中，秘书处利用先进的信息通信技术（ICT）工具优化日常工作流程[1]。例如，会议事务部门通过数字化的会议管理系统高效安排缔约方会议（COP）及其他相关活动。该系统涵盖了参会人员注册、议程管理、文件分发等多个环节，从而显著提升了会务工作的效率和准确性。运营部门还采用电子化管理系统对财务、人力资源和行政事务进行实时监控与分析，确保秘书处各部门的协调运转。

此外，秘书处内部的沟通与协作依赖于高效的数字化平台支持。通过使用专门的项目管理和协同办公工具，各部门能够实现跨领域的实时数据共享和信息同步。例如，在处理气候适应、减缓和透明度等跨学科议题时，数字化工具使项目团队能够快速整合多方数据并提供即时反馈。这种高效的协作模式不仅减少了部门间的沟通成本，还增强了秘书处对突发性议题的应对能力。

秘书处还注重通过数字化手段提升知识管理能力。例如，针对气候变化相关的政策和科学研究，秘书处建立了内部知识库系统，方便员工随时查阅最新的科学报告、政策文件和国际谈判成果。这种知识管理体系为秘书处员工提供了强大的信息支持，使其能够更加精准地参与政策制定和技术指导。

2. 区域性支持与协作平台建设

秘书处在全球气候治理中，不仅发挥着协调多边谈判的核心作用，还注重通过区域性支持与协作平台的建设，连接全球目标与地方行动。这种区域化的工作方法，为秘书处在多样化的气候变化问题上提供了灵活应对的能力，也为各地区的具体需求制定了更加针对性的解决方案。

---

[1] United Nations. [Title of the Document] [EB/OL]. [2024-12-06]. https://documents.un.org/doc/undoc/gen/n22/719/58/pdf/n2271958.pdf.

秘书处通过组织和支持区域气候周（Regional Climate Weeks）等活动，推动各地区在气候变化应对上的交流与合作①。区域气候周为地方政府、区域组织、私营企业以及民间社会搭建了一个开放的平台，讨论如何将全球气候协定的目标转化为具体的地方行动。这些活动通过专题讨论、案例展示和能力建设培训等形式，为发展中国家和弱势地区提供了宝贵的经验交流机会。例如，针对小岛屿发展中国家（SIDS），区域气候周聚焦于如何应对海平面上升等具体问题，而对于非洲地区，则更多关注可持续农业和气候适应技术。

此外，秘书处还在区域性协作中起到了技术支持的关键作用。例如，通过与发展中国家技术需求评估（Technology Needs Assessment for Developing Countries，TNA）合作，秘书处帮助各国确定适合本地情况的低碳技术和适应技术方案，并协助它们制订实施计划。

在气候融资方面，秘书处通过与绿色气候基金（GCF）和全球环境基金（GEF）的协调，为欠发达地区提供专门的资金支持。这些资金在区域层面的使用被进一步优化，以支持基础设施建设、绿色能源项目和气候适应计划，从而在区域层面上实现气候行动与经济发展的双赢。

秘书处还积极推动区域性合作伙伴关系的建立，将地方行动纳入全球气候治理体系。例如，在马拉喀什全球气候行动伙伴关系（Global Climate Action Partnership）框架下，秘书处协调地方政府和非国家行为主体（如企业、投资者和社区组织）共同参与气候行动，弥合了国家政策和地方执行之间的差距。

通过区域性支持与协作平台的建设，无论是资金、技术还是伙伴关系，秘书处都为各地区提供了有力的支持。这种从全球到地方的协作模式，不仅提升了气候治理的效率和公平性，也为各地区应对气候变化提供了切实可行的解决方案。

3. 多样化与包容性的人才战略

秘书处的建设理念注重多样化与包容性，这不仅体现在其人才招聘政策上，也贯穿于其运营和组织文化中。秘书处吸引了来自世界各地的专业人士，涵盖政策研究、气候科学、法律、技术和传播等多个领域。多样化的团队背景和专业知识使秘书处能够从多角度分析复杂的气候变化议题，并在谈判和协作中展现出强大的国际适应能力。

此外，秘书处非常注重培养下一代气候治理人才。通过实习项目和青年计划，秘书处为全球年轻人提供了直接参与国际气候事务的机会。例如，在缔约方会议期间，秘书处会组织青年代表团参与谈判旁听或专题讨论。这些项目既增强了年轻人的国际

---

① United Nations Framework Convention on Climate Change. Regional Climate Weeks［EB/OL］.［2024-12-06］. https：//unfccc.int/climate-action/regional-climate-weeks.

经验，又为秘书处未来的人才储备奠定了基础。

在内部管理中，秘书处还通过定期培训和知识更新，提升员工的专业能力，以适应不断变化的气候变化议题。这种多样化的人才战略为秘书处在处理复杂国际议题时提供了丰富的资源，同时也展现了其在全球气候治理中的包容性与开放性。

四、其他

在全球能源系统的转型与可持续发展过程中，多个国际能源组织和智库发挥了重要作用。这些组织通过提供研究支持、推动技术创新、制定政策建议和促进国际合作，为应对全球能源挑战、实现低碳经济和保障能源安全做出了积极贡献。本章将介绍几个具有全球影响力的国际能源组织，包括世界能源理事会、石油输出国组织以及全球能源互联网发展合作组织。每个组织都有其独特的职能和使命，通过不同的建设和运营特点，推动全球能源领域的改革与发展，助力全球能源转型。在以下部分中，我们将深入探讨这些组织的核心职能、研究内容以及其在全球能源治理中的重要作用。

（一）世界能源理事会

世界能源理事会（World Energy Council，WEC）成立于1923年，是一个全球性的非政府、非营利组织，致力于推动全球能源领域的可持续发展。总部位于伦敦，WEC目前拥有超过90个成员国，涵盖了世界各地的政府、能源公司、学术机构、研究机构以及国际组织[1]。WEC的主要研究对象包括全球能源系统、能源政策与法规、能源技术创新、能源安全、气候变化与碳排放、能源贫困等，其研究内容主要涵盖全球能源市场动态、能源转型与低碳发展、能源政策与监管框架、能源技术的商业化应用、气候变化应对措施、能源融资与投资以及解决能源贫困等方面。WEC的核心职能是为各国政府、能源企业和国际组织提供一个多方参与的对话平台，如举办世界能源大会[2]，促进能源问题的国际合作。其主要活动包括定期发布全球能源政策、市场和技术发展的报告，开展能源研究与评估，组织全球能源大会及各类专题研讨会，推动国际合作项目，并为各国提供能源发展的战略性建议。

跨领域的技术合作与创新。WEC注重能源领域内的技术创新与跨行业的合作，推

---

[1] World Energy Council. About Us ［EB/OL］.［2024 – 12 – 06］. https：//www.worldenergy.org/about – us.
[2] World Energy Council. World Energy Congress ［EB/OL］.［2024 – 12 – 06］. https：//www.worldenergy.org/experiences – events/world – energy – congress.

动多元化的技术方案以应对全球能源转型的挑战。其通过与科研机构、企业和政府的紧密合作，促进新技术的研发和现有技术的优化应用。尤其在可再生能源、智能电网、电力存储及碳捕捉等领域，WEC扮演着重要的技术交流和桥梁作用，帮助成员国分享最新的技术发展和最佳实践。它通过技术合作平台，鼓励各国在能源技术创新上开展联合研发，提升全球能源技术的自主创新能力，并推动这些技术的商业化应用。WEC还通过标准化和技术指导，支持各国在能源技术的部署和推广中减少风险、降低成本。技术创新的推动使得各国能够更有效地应对能源供需不平衡、气候变化压力等全球性挑战，助力全球能源系统实现更加高效、绿色、低碳的转型目标。

广泛的会员网络与全球合作。WEC拥有广泛的国际会员基础，包括政府机构、能源公司、行业协会以及学术研究机构。这一多元化的成员组成确保了WEC在全球能源治理中的广泛影响力。成员国在WEC的框架下分享各自的能源政策、市场经验和技术方案，进行深入的对话与协作，形成全球统一的能源视野。通过定期的论坛和专题研讨，WEC提供了一个跨国界的合作平台，使得全球能源政策和战略在会员间得到有效的传播和落实。此外，WEC积极推动发展中国家与发达国家之间的合作，帮助后者获得先进技术和资金支持，缩小能源领域的全球差距。会员网络的建设促进了能源领域的知识交流和技术合作，使得WEC能够在全球范围内推动能源改革，促进可持续能源的普及和应用①。

具备全球视野与完备的政策引导。WEC致力于在全球范围内引领能源政策的协调与整合，推动全球能源治理的系统性发展。其通过定期举办全球能源大会和区域性论坛，打造了一个多方参与的平台，汇聚各国政府、能源企业及学术界，推动全球能源治理合作。WEC关注的不仅是能源供应与需求的变化，还包括气候变化的应对、能源效率的提升和清洁能源的普及。通过整合各国资源与智慧，WEC帮助制定协调一致的国际能源政策，确保全球能源市场的稳定与可持续发展。与此同时，WEC推动全球能源格局的演变，促进国际合作，减少能源领域的争议，支持跨国投资与技术转移。它倡导政策的长远性，鼓励各国在合作中达成共识，建立统一的能源政策框架，推动能源结构的优化，助力全球能源转型和低碳发展，最终实现全球能源的可持续发展目标。

（二）石油输出国组织

石油输出国组织（Organization of the Petroleum Exporting Countries，OPEC）是一个

---

① World Energy Council. Members［EB/OL］.［2024-12-06］. https：//www.worldenergy.org/world-energy-community/members.

由全球主要石油生产国组成的政府间国际组织，成立于 1960 年，总部设在奥地利维也纳。OPEC 的成立旨在通过协调成员国的石油生产政策，确保全球石油市场的稳定，维护成员国的利益①。最初，OPEC 的成员包括伊朗、伊拉克、科威特、沙特阿拉伯和委内瑞拉等国，现有成员已扩展至 13 个国家，涵盖了全球石油产量的约 1/3。OPEC 的研究对象主要包括全球能源市场、石油行业；其研究内容主要包括全球石油供应与需求、石油市场的价格波动、石油产量与生产能力、各成员国的石油政策等。通过定期召开的会议，深入分析和评估全球石油市场的供需变化、价格波动以及其他宏观经济因素的影响，OPEC 会制定和调整石油生产政策，以确保成员国的石油生产和出口在全球市场中的竞争力，合理调控石油供应量，稳定国际油价，并确保各成员国的经济利益得到最大化保障。

严格的产量管理和市场平衡机制。OPEC 的核心任务之一是通过严格的产量管理和市场平衡机制来调节全球石油供应。为了确保石油市场的稳定性，OPEC 会根据全球经济形势、需求预测和油价波动定期调整成员国的生产配额。在石油价格面临剧烈波动或市场供需失衡时，OPEC 通过调节成员国的产量来避免市场过度波动。例如，OPEC 在油价下跌时通过减产协议推动油价回升，在油价暴涨时通过增产协议平抑油价。这一产量管理机制帮助 OPEC 在国际石油市场中充当了调节器的角色，避免了生产过剩或短缺所带来的负面影响。OPEC 成员国根据市场的不同需求和全球经济的变化，灵活调整产量，实现全球石油市场的平衡。通过这些措施，OPEC 能够有效地稳定国际油价，确保石油市场的健康运作，提升全球能源安全。每年，OPEC 会召开定期会议，根据全球经济数据、需求预测及地缘政治变化等因素对产量政策进行调整。在突发市场变化的情况下，OPEC 能够迅速响应，确保全球石油供应的平稳和价格的合理波动。此外，OPEC 还加强与非成员国的合作，通过与其他重要产油国家协调生产政策，最大程度地减少市场的不确定性②。

受到地缘政治因素的影响。由于 OPEC 成员国中有多个石油生产大国，且分布在全球不同地区，OPEC 的政策和生产决策不可避免地与国际政治局势相互交织。例如，海湾地区的政治稳定性和中东地区的冲突往往直接影响到 OPEC 的产量调节和石油价格政策。因此，OPEC 不仅需要协调成员国的经济利益，还必须在一定程度上平衡地区政治因素，以确保石油供应的稳定性和全球市场的应对能力。每当全球油价波动或出现供

---

① Organization of the Petroleum Exporting Countries. About OPEC [EB/OL]. [2024 - 12 - 06]. https://www.opec.org/opec_web/en/about_us/24.htm.
② Organization of the Petroleum Exporting Countries. OPEC Publications [EB/OL]. [2024 - 12 - 06]. https://www.opec.org/opec_web/en/publications/337.htm.

应危机时，OPEC 往往需要迅速进行调整，平衡政治因素与市场需求之间的矛盾，确保全球市场的稳定运行。OPEC 成员国的地理分布和政治背景使得其决策过程更加复杂和多变，尤其在涉及产油大国的国际冲突时，OPEC 的立场和举措可能对全球油价产生重大影响。例如，俄乌冲突等地缘政治事件常常引发 OPEC 成员国之间的磋商与协调，以确保供应链的稳定。此外，OPEC 还通过与全球主要经济体和新兴市场国家的对话，尽力减少政治因素对石油市场的干扰，确保全球能源供应的平稳发展。

完备的多边协调机制。OPEC 通过定期的会议和技术协调，与成员国之间进行紧密的政策沟通与合作，确保石油生产、定价和出口政策的协调一致。这一机制不仅帮助 OPEC 成员国应对国际市场的突发变动，还通过统一的政策立场，有效平衡了全球石油供应与需求之间的关系，降低了市场价格波动的风险。在全球石油价格波动频繁的背景下，OPEC 通过调整产量配额来调控市场供给，以避免价格暴涨暴跌。例如，当全球经济增长放缓导致石油需求下降时，OPEC 会决定减产，以避免价格过低影响成员国的经济利益；而在需求增长或石油市场紧张时，OPEC 也可能通过增产措施来确保市场供应的稳定。

（三）全球能源互联网发展合作组织

全球能源互联网发展合作组织（Global Energy Interconnection Development and Cooperation Organization，GEIDCO）成立于 2016 年，总部位于中国北京，是一个国际性、非政府间的能源合作组织。GEIDCO 的研究对象主要集中在能源互联网的建设与发展、清洁能源的利用以及能源与气候变化的关系等方面，其研究内容主要包括能源互联网建设、清洁能源发展与应用、政策与标准化建设等。GEIDCO 旨在推动全球能源互联网的建设，以应对全球能源供需、气候变化和环境污染等一系列全球性挑战。该组织的目标是通过建设全球能源互联网，促进清洁能源的大规模利用，推动全球能源资源的高效共享和互联互通，实现可持续发展和低碳经济的全球转型。GEIDCO 的愿景是建立一个覆盖全球的智能电网系统，通过将世界各地区的电网系统互联互通，打破传统的能源资源和市场分隔，使各地可以高效地交换清洁能源，特别是可再生能源，从而实现全球能源资源的优化配置①。全球能源互联网不仅涉及传统的电力能源传输和分配，还包括跨区域的可再生能源开发和清洁能源技术的推广。GEIDCO 积极倡导和推动这一全球性合作项目，旨在为全球能源系统的可持续发展提供全方位的技术支持、政策框架和跨国合作平台。

---

① Global Energy Interconnection Development and Cooperation Organization. About GEIDCO [EB/OL]. [2024 - 12 - 06]. https：//en. geidco. org. cn/aboutgei/.

全球能源互联网建设的全局视野与战略规划。作为一个全球性的能源合作组织，GEIDCO 不仅仅专注于单一地区或国家的能源问题，而是着眼于全球范围内的能源资源的优化配置与共享。其核心目标是推动建立一个跨越国界、实现全球能源互联互通的智能电网系统，这一系统将涵盖全球范围内的能源资源，特别是可再生能源的高效利用与传输。为了实现这一目标，GEIDCO 制定了全面的战略蓝图，包括规划全球能源互联网的技术架构、国际合作机制、投资融资模式等多方面内容。该组织通过引导和推动跨国能源合作项目，为全球清洁能源的可持续利用提供了重要平台。此外，GEIDCO 还积极倡导与联合国、世界银行等国际组织的合作，在全球范围内推广能源互联网建设，以便为全球能源转型提供长远的技术路线图和政策建议。

推动绿色融资与可持续投资的策略。建设全球能源互联网不仅需要技术创新与国际合作，更需要强有力的资金支持。GEIDCO 通过建立绿色融资平台和推动可持续投资，为全球能源转型提供了坚实的资金保障。通过与多家国际金融机构合作，GEIDCO 促进了绿色债券、绿色基金等金融工具的使用，帮助成员国和企业为清洁能源项目融资。此外，GEIDCO 还推动跨国企业和私人资本参与全球能源互联网建设，尤其是在发展中国家，帮助解决能源项目融资难题。为了吸引更多的投资，GEIDCO 还制定了相关的投资政策和标准，降低投资风险，确保资金的高效使用。这些金融创新和投资机制的推动，不仅支持了全球能源互联网的建设，也为全球能源转型注入了更多可持续的资本力量。GEIDCO 通过加强绿色融资，促进了全球能源转型与可持续发展的进程，为全球能源互联网的建设提供了长期稳定的资金来源。

推动全球能源互联网的标准化与互联互通。随着全球能源需求的不断增长和能源供应的多样化，如何有效整合不同国家和地区的能源资源，成为全球能源系统发展的关键问题。GEIDCO 通过制定统一的技术和运营标准，为全球能源网络的协同运行奠定了基础。标准化不仅仅是技术层面的要求，更是确保全球电力网络互联互通的必要条件。GEIDCO 推动跨国电力网络的协调发展，促进了可再生能源与传统能源的深度融合，从而实现能源的高效利用和低碳转型。通过推动统一的市场规则和操作规范，GEIDCO 优化了全球能源资源的配置，减少了能源生产和消费的不均衡现象。在实际操作中，GEIDCO 的标准化努力增强了全球能源系统的稳定性、可靠性和灵活性，提升了各国在能源转型和应对气候变化中的能力。GEIDCO 不仅推动了能源领域的技术进步，还为全球能源合作提供了强有力的技术和政策支持，促进了各国能源市场的深度融合，从而推动全球能源互联网的可持续发展。本章探讨了国际能源组织智库在全球能源治理中的关键作用，分析了国际能源署、国际可再生能源署、联合国气候变化框架公约秘书处等机构的职能与活动，展示了它们如何通过全球合作、技术创新、政策倡导及资金支持，推动能源转型和可持续发展。此外，世界能源理事会、石油输出国组织和全球能源互联网发展合作组织也在推动绿色融资、技术创新和全球能源合作中发挥重要作用。通过跨国合作，这些机构为全球能源转型和气候变化应对提供了重要支持。

  在全球能源格局变革，能源安全、气候变化和可持续发展成为焦点的当下，国际能源组织智库至关重要。国际能源署凭借多元国际合作、技术创新、深度市场分析以及能效提升策略，在能源安全与可持续发展方面成果斐然，其多边合作、数据驱动决策及应急响应机制为行业树立标杆；国际可再生能源署则聚焦可再生能源，通过政策扶持、成本控制、技术创新和融资推动，有力促进其广泛应用，广泛成员基础、本地化运营和知识共享是其独特优势；联合国气候变化框架公约秘书处，在全球气候协定执行监督、谈判组织、公众意识提升以及资金技术转移等方面成效显著，数字化建设、区域协作平台搭建和人才战略为全球气候治理注入活力。

  世界能源理事会借助技术合作、广泛成员网络和全球视野的政策引导，推动能源可持续发展。石油输出国组织通过产量调控稳定全球石油市场，多边协调机制平衡各方利益。全球能源互联网发展合作组织致力于能源互联网建设，在战略规划、绿色融资和标准化方面成果突出，推动全球能源优化配置。

  这些国际能源组织智库从不同维度发力，共同推动全球能源向绿色低碳转型，为应对气候变化和实现可持续发展提供关键支撑。

第十四章

欧洲能源智库

作为全球相对发达的地区,欧洲的综合实力和国际影响力不可小觑。欧洲能源智库也在全球能源领域扮演着重要的角色,致力于研究能源政策、能源技术创新、能源安全、环境可持续发展等方面的议题。随着全球能源形势的变化,欧洲能源智库在推动能源转型、促进政策制定、促进跨国合作方面发挥着关键作用,提供重要的智力支持。本章将探讨欧洲能源智库的发展特征、研究重点及代表性机构,以展现其在全球能源治理体系中的显著地位与影响力。

一、欧洲能源智库的总体发展特征

得益于雄厚的经济实力和政治影响力,尽管总体面积不如其他一些大陆,拥有世界上最多发达国家的欧洲,其能源智库的总体实力位居世界前列。通过分析以英国、德国、法国、意大利等国为代表的79家欧洲能源智库,发现欧洲能源智库注重在能源转型与脱碳目标、绿色能源技术的推动与创新、欧洲能源市场一体化、碳定价机制与排放交易系统、能源安全与供应多样化等领域的研究。这些研究领域不仅符合欧洲自身的能源政策和气候目标,也为全球能源转型提供了宝贵的经验和创新思路。

本研究基于OTT(On Think Tank)全球智库数据库展开,对欧洲能源智库进行筛选与分析。同时,研究团队通过检索互联网公开信息、学术论文等开源渠道,对智库的具体信息进行了补充和验证,确保数据的准确性和完整性,由此得出欧洲的能源智库总体发展特征。

(一)欧洲能源智库多采用跨学科的研究方法

采用跨学科的方法是欧洲能源智库的一个显著特征,具体体现在能源技术与经济分析的融合、政策与社会影响的综合分析、能源安全与地缘政治的多维分析、技术创新与政策框架的互动研究等方面。就智库具体实践方面,如德国的Agora Energiewende

深入研究了可再生能源在德国能源转型中的经济影响,并结合经济模型预测政策变化对市场和就业的长期影响;英国 Chatham House 的能源项目不仅涵盖能源市场与技术的研究,还深刻分析能源政策对社会结构、地缘政治和全球治理的影响,尤其在能源转型过程中如何平衡不同社会群体的利益等。欧洲能源智库的跨学科研究方式不仅体现在能源领域的技术创新,还涵盖了经济、环境、社会等多个层面的相互交织,使能源智库能够从多角度、多层次地分析能源问题,形成了更全面、深刻的政策建议。

(二) 欧洲能源智库的重点研究领域受地域影响

受各区域不同的政治、经济、能源结构及区域性差异影响,欧洲能源智库的研究领域分布呈现出了明显的地域特色,不同地区的能源智库往往有着不同的研究重点和发展方向。在作为欧洲决策中心的英国、法国、德国的能源智库侧重在能源政策与市场研究,并且数量多、影响力大;北欧国家的能源智库在能源研究方面以可持续发展、绿色能源以及气候变化应对为主要议题;中东欧地区的能源智库则表现出更重视能源安全研究,特别是与俄罗斯能源供应关系的依赖性问题;南欧国家由于气候条件适宜,太阳能和风能等可再生能源的发展较为迅速,相关的能源智库多集中在这些技术领域的研究。整个欧洲的能源智库体系展现了多样化的研究方向和合作模式,反映出欧洲能源问题的复杂性及其全球影响力。

(三) 欧洲能源智库强调独立性和中立性

出于对能源领域研究中的公信力和影响力的重视,欧洲能源智库普遍高度强调独立性和中立性。欧洲的能源智库通常依赖多元化的资金来源,包括政府资助、私人基金、国际组织支持以及学术机构的资助,并设有严格的机制来避免资金来源对研究结果的影响。资金的独立性确保智库能够进行客观、中立的研究,而不受政治、经济或商业利益的干扰。能源智库坚持中立性以确保其研究成果能在不同的政治背景和利益集团之间得到广泛认可。中立性不仅体现在政策建议上,也体现在研究方法和分析框架的选择上,避免倾向性结论的产生。这种独立和中立的特点使得欧洲能源智库的研究和政策建议不受外部干扰,保持客观性、公正性和透明性。

二、典型能源智库案例分析

在筛选后的欧洲能源智库名单中根据地域划分选择更具有代表性、特色的智库进行详细的案例分析，以此形成对欧洲能源智库更深入的认识。

（一）东欧

1. 以数据驱动与建模开发为优势的能源智库——匈牙利能源政策研究中心

匈牙利能源政策研究中心（Regional Centre for Energy Policy Research，REKK）成立于2006年，旨在为中东欧地区以及全球能源政策提供独立、深入的研究与分析。REKK专注于能源市场、能源安全、能源转型、可再生能源政策及气候变化等多个领域的研究，目标在于通过深入的研究和创新解决方案，为政策制定者、企业和公众提供科学依据和技术支持，以促进建设更加清洁、高效和可持续的能源系统。中心与政府、企业及学术界进行合作，提供数据支持、政策分析、咨询建议等服务，并参与制定相关能源政策和战略。

研究团队覆盖多个领域，设立独立部门专注研究。REKK的研究团队由一群多学科背景的专家组成，涵盖了能源、环境、经济学、政治学等领域。团队成员不仅包括经验丰富的学者，还包括从事政策分析与咨询的实务专家。团队成员的背景多样，能够从跨学科的角度审视能源问题，确保研究成果既具理论深度又具实践可操作性。同时，REKK设有独立部门对某个领域进行更为深入的研究。如研究中心设有水资源经济学部门，主要负责对匈牙利和中东欧地区的水资源利用和水损害预防活动进行经济分析[①]。该部门的研究不仅局限于匈牙利国内，也涵盖了中东欧地区、欧盟及全球的水资源经济学问题。其研究内容包括水资源定价、政策评估、跨境水资源管理、气候变化对水资源的影响等，旨在为决策者提供科学的政策建议，推动水资源的可持续利用。在水资源管理和水资源经济学方面设立了专门的研究部门，体现了REKK对跨领域综合研究的重视，尤其是水资源与能源之间的紧密关系。水资源在能源生产、消费和可持续发展中占有重要地位，REKK的水资源经济学部门为此提供了多方面的理论和实践支持。

注重数据与建模能力，产出数据工具与模型。作为一个专业的能源政策研究智库，加强数据驱动与技术创新已成为匈牙利能源政策研究中心的特色。REKK在能源数据收集、分析与建模方面具有较强的能力，尤其在能源市场预测、政策模拟、能源供需分析等方面积累了丰富的经验。在此基础上，REKK开发了多个用于能源政策模拟和市场分析的工具，广泛应用于政府、企业及国际组织，帮助决策者更准确地评估能源政策的效果和实施难度。例如在电力市场方面，REKK主要通过构建精确的

---

① Regional Centre for Energy Policy Research. Water economics unit [EB/OL]. [2024-12-08]. https：//rekk.hu/about-us/water-economics-unit.

市场模拟工具，为政策制定者和行业决策者提供了基于数据的决策支持①。其电力市场模型能够模拟不同政策情境下的市场反应，例如电力价格、供需平衡、可再生能源的市场份额等，帮助预测政策变化的效果以及市场中的潜在风险。基于数据和模型的分析提供了清晰的决策依据，减少了政策决策中的不确定性和主观性，对政策进行了优化。

提供定制化服务与专业的课程培训。REKK 的定制化服务主要面向政府机构、国际组织、能源公司、企业、研究机构以及其他公共或私营部门。其服务内容灵活且高度专业化，涵盖的主要领域有能源政策分析与评估、水资源经济学与管理咨询、能源转型与可再生能源战略、能源市场建模与模拟等。REKK 的定制化服务是基于对客户具体需求的深刻理解而设计，为客户提供量身定制的研究项目或咨询服务，还会在项目的整个生命周期中提供持续的支持，确保方案的有效实施，并根据实际情况的变化调整策略。REKK 还为政府、企业及其他组织提供一系列定制化的课程培训，旨在丰富参与者在能源政策、能源市场分析、可再生能源技术等领域的知识，并提升其实践能力。其培训课程具有较高的专业性和实用性，涵盖了从基础到高级的多层次内容。REKK 的课程培训既有理论的深度，也注重实践的应用。通过案例分析、模拟实验和实际数据分析，REKK 确保培训内容具有较高的实用性，能够帮助参与者快速应用到实际工作中。这些定制化服务与课程培训是 REKK 智库战略的一部分，通过与利益相关者的深入合作，REKK 能够根据不同需求提供量身定制的解决方案，并促进知识的传播和技能的提升。

2. 将国际会议作为重要平台的能源智库——能源与安全研究中心 Center for Energy and Security Studies（CENESS）

能源与安全研究中心（Center for Energy and Security Studies，CENESS）是一家总部位于俄罗斯的智库，专注于能源领域与国际安全的交叉研究。该机构成立于2009年，旨在为俄罗斯及全球能源和安全问题提供政策建议，推动关于能源政策、安全、气候变化和可持续发展的深入研究与对话。CENESS 的研究内容涵盖了全球能源格局、能源资源政治、能源安全、核能技术、气候变化的应对措施以及国际关系等多个领域。CENESS 致力于通过科学的研究方法和多学科的视角，分析当前和未来能源安全面临的挑战，并为政府、国际组织和企业提供政策建议。该机构的目标是推动能源安全领域的全球对话，尤其是在能源依赖性较高的国家和地区，强调能源政策的可持续性和跨国合作的重要性。

---

① Regional Centre for Energy Policy Research. MODELING/ POWER MARKET MODELING [EB/OL]. [2024 - 12 - 8]. https：//rekk.hu/modeling/power - market - modeling.

重视机构的运营与建设。对于中心的运营与建设，CENESS 在实践中形成了适合于自身发展的模式。首先是多领域综合研究。CENESS 的研究不仅限于能源技术本身，还结合了国际关系、环境政策、经济学等多个学科的理论与方法，采用跨学科的视角来分析问题。这使得 CENESS 的研究成果既具有学术价值，又具有较强的实践指导意义。其研究团队由一批具备深厚学术背景和实务经验的专家组成，包括能源政策分析师、安全研究学者、地缘政治学家、环境科学家和技术专家等。其次，政策导向与实践应用。CENESS 的研究成果主要是面向政策制定者和行业领袖，研究成果通过学术出版、政策报告、国际会议等形式进行传播。智库的运营模式注重将学术研究与政府决策、行业需求对接，形成务实的政策建议和解决方案。再者是参与国际议题与对话。CENESS 在国际能源论坛、气候变化会议等重要国际场合中积极参与，定期发布与全球能源安全相关的分析报告，为全球政策制定提供决策参考。

定期举办重要国际会议。莫斯科防扩散会议（Moscow Non-Proliferation Conference，MNC）是由 CENESS 主办的重要国际会议，旨在促进国际社会在核扩散问题上的对话与合作[①]。自 2011 年首次举办以来，MNC 会议已成为全球范围内最具影响力的非扩散领域的论坛之一，吸引了来自各国的政策制定者、学者、国际组织代表、专家以及业界领袖参加。基于严峻的全球核扩散问题、部分地区的核武器扩散风险的增加问题的背景，MNC 每年的议题通常围绕全球核扩散、核技术合作、裁军进程等关键问题展开，参与者包括各国政府代表、国际组织（如国际原子能机构 IAEA、联合国、国际红十字会等）、学术界的专家学者以及来自核工业界的企业代表。会议通常包括多个平行的研讨会和专题论坛，以促进多层次的讨论和对话（见图 14-1）。MNC 会议的举办，带来了重要的成果与影响：通过汇聚全球专家和决策者的智慧，形成了多个有影响力的政策倡议，帮助推动全球核安全与核不扩散的进程；加强了各国间的核安全合作，推动了多边合作机制的建设；将俄罗斯在核不扩散和核安全领域的声音推向全球，增进了其他国家对俄罗斯政策的理解与信任，并为国际社会提供了透明的平台，进行开放与深入的讨论；为国际核治理框架的发展提供了新思路，尤其是在新的核挑战（如核恐怖主义）的背景下，会议的多边合作倡议得到了国际社会的积极响应。莫斯科防扩散会议已经成为 CENESS 在推动全球核安全、核不扩散与裁军进程方面的重要平台，值得其他机构在推动国际合作及提升全球治理方面参考借鉴。

---

① Center for Energy and Security Studies. About CENESS［EB/OL］.［2024-12-08］. https：//ceness-russia.org/eng/AboutCENESS/.

The Moscow Nonproliferation Conference 2022
Nonproliferation | Disarmament | Nuclear Energy

图 14-1　2022 年 MNC 会议标志

资料来源：Center for Energy and Security Studies. About the Conference [EB/OL]. [2025-04-09]. https：//ceness-russia. org/eng/conf2024/about/.

（二）南欧

1. 通过课程培训成为知识传播的平台——佛罗伦萨能源监管学院

佛罗伦萨能源监管学院（Florence School of Regulation，FSR）是一个致力于能源、环境、气候、交通等领域政策与监管研究的智库。FSR 成立于 2004 年，隶属于意大利佛罗伦萨大学（University of Florence），旨在促进欧盟及其他地区在能源、气候变化及相关领域的公共政策和监管体系的研究与交流。学院的主要目标是通过高质量的跨学科研究，为决策者提供理论支持，推动全球能源转型，并加强全球能源系统的监管框架。

提供多元化的学术活动与培训。一方面，FSR 定期举办各种形式的专题研讨会、圆桌讨论和论坛，邀请政府官员、学术界人士、行业领袖等参与，共同讨论能源与气候领域的前沿问题。如 FSR 每年一度的气候年度会议，会议聚焦于欧盟、国家和地方层面的一些主要气候政策，包括主题演讲、政策会议、平行会议等议程。该会议科学委员会包括意大利博科尼大学、意大利博洛尼亚大学、意大利瑞士大学和苏黎世联邦理工学院等机构，并且获得了欧洲经济与政治研究与资源中心（EAERE）的支持。另一方面，面向欧盟成员国及其他地区的政策制定者、政府官员、监管机构工作人员、行业领袖、企业代表、学术界人士及学生，FSR 提供高质量的培训活动①。其中包括针对客户需求的定制化培训计划、在线培训课程等，主题涵盖能源政策与监管、气候变化与环境政策、电力与天然气市场以及能源安全与供应保障等。FSR 的培训活动采用多样化的教学方法，强调理论与实践的结合，以确保学员能够在现实环境中应用所学知识。FSR 的培训项目已经帮助超过 500 名来自世界各地的政策制定者、监管者、企

① Florence School of Regulation. Training Courses [EB/OL]. [2024-12-08]. https：//fsr. eui. eu/training/.

业高管及学术界人士提升了其在能源与气候政策领域的专业知识和实操能力。通过培训，FSR不仅在学术界和政策界建立了广泛的影响力，还成为全球能源领域的重要知识传播平台。

同时，FSR设立了年度奖学金，并为所有FSR培训课程提供免费席位。这体现了FSR对多元化和公平的重视，有助于在快速变化的能源领域产生创新的想法和解决方案，以解决复杂问题。佛罗伦萨能源监管学院的培训活动通过提供多元化的课程、灵活的学习形式以及全球顶级专家的参与，帮助全球各地的学员提升在能源政策、气候变化、能源市场监管等领域的能力。FSR通过其专业的课程设计、跨学科的教学方法和强大的国际合作网络，成为全球能源与环境政策领域的重要培训基地。

2. 拥有图书馆与学术期刊的研究基金会——埃尼·恩里科·马泰伊基金会

埃尼·恩里科·马泰伊基金会（Fondazione Eni Enrico Mattei，FEEM），成立于2006年，总部位于意大利米兰，是一个独立的非营利性研究机构。基金会聚焦于自然资源、石油和天然气、社会的可持续发展、气候变化经济学与政策、能源市场与技术等领域的研究，致力于推动全球能源、可持续发展以及社会经济发展的研究与对话。基金会以意大利著名能源公司埃尼（ENI）的创始人恩里科·马泰伊（Enrico Mattei）命名，旨在延续马泰伊对能源创新与国际合作的不懈精神，促进全球能源领域的深入研究和发展。"我们开展独立的高质量研究，解决世界上最严峻的挑战，以促进利益相关者对全球问题的广泛理解，并促进政策参与"①，基金会以此作为自身使命。其目标是为全球能源政策提供前瞻性研究、为决策者提供解决方案，同时推动公共、私营部门和学术界的合作。

设立基金会图书馆，出版基金会学术期刊。基金会致力于推动学术交流与思想碰撞，其中图书馆的建设与 *Equilibri* 杂志的出版在基金会的运营和文化传播中扮演着关键角色，体现了其学术深度和与全球能源政策、可持续发展议题的紧密联系。基金会图书馆为研究人员、学者、政策制定者以及公众提供一个知识交流和资源获取的平台②。图书馆的建设和运营注重收集与能源、环境、可持续发展及相关领域的研究文献、报告和其他学术资源。2020年，基金会推动了图书馆的虚拟化建设，借助适用于测量环境的数字扫描仪，创建了图书馆空间的数字孪生。在云端发布的数字孪生回报可以在线发布，也可用于对作品状态进行编目。虚拟访问使基金会图书馆在数字渠道上具有更高的可见性，使访问可以远程进行，让每个人都能因更具吸引力的产品进行访问。*Equilibri* 是基金会出版的学术期刊，旨在提供一个跨学科的平台，深入探讨全球能源、

---

① Fondazione Eni Enrico Mattei. Mission［EB/OL］.［2024-12-08］. https：//www.feem.it/en/about-us/mission/.
② Fondazione Eni Enrico Mattei. Library［EB/OL］.［2024-12-08］. https：//www.feem.it/en/about-us/library/.

环境、气候变化、可持续发展等领域的关键问题①。杂志以高质量的研究成果和政策分析为基础，具有一定的影响力，获得较好的学术认可，推动国际对话与合作，促进学术界、政府和产业界之间的交流。通过图书馆和 *Equilibri* 杂志，基金会不仅加强了其在全球能源与可持续发展研究领域的学术地位，也为政策制定者、学者和业界提供了重要的知识资源和讨论平台。基金会的图书馆汇集了丰富的能源研究资料，而 *Equilibri* 杂志则通过跨学科的视角和政策导向的内容，推动了全球关于能源转型和可持续发展的对话与合作（见图 14-2）。两者的建设为基金会的学术影响力和全球能源治理提供了强有力的支持。

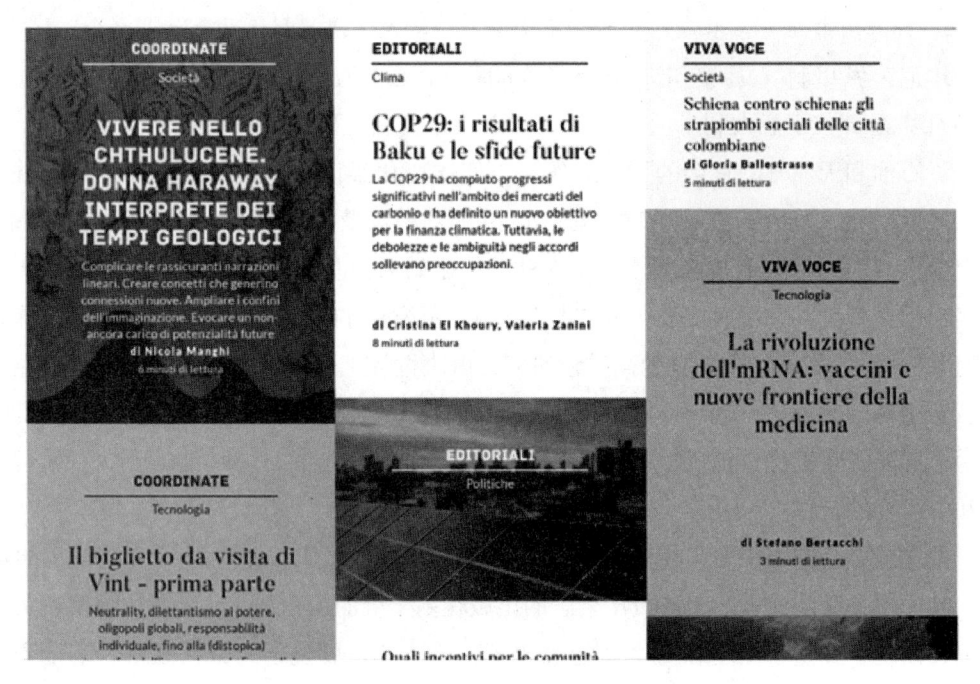

图 14-2 *Equilibri* 杂志中部分文章

资料来源：Fondazione Eni Enrico Mattei. EQUILIBRIMAGAZINE [EB/OL]. [2024-12-08]. https：//equilibrimagazine. it/.

（三）西欧

1. 多方位、多层次建设的国际领先能源智库——牛津能源研究所

牛津能源研究所（Oxford Institute for Energy Studies，OIES）是一家国际顶级能源智库，于 1982 年成立，在宾夕法尼亚大学发布的《2020 年全球智库指数》报告中位列

---

① Fondazione Eni Enrico Mattei. EQUILIBRIMAGAZINE [EB/OL]. [2024-12-08]. https：//equilibrimagazine. it/.

"能源与资源政策智库"全球榜单第1。OIES 的研究对象包括石油、天然气、煤炭、核能经济、太阳能和可再生能源等，研究内容包括石油生产国和消费国关系、发展中国家的能源经济与政治关系等，通过对具有学术和国际意义的问题进行严格和独立的研究，提出针对能源转型、脱碳路径以及使国际能源市场更加连贯平衡等问题的高质量见解，为包括消费者、生产商、政府、行业、学术界、媒体和政策制定者在内的不同受众提供服务。

团队角色定位清晰，形成科学简洁的组织架构。由于 OIES 除了对当前广泛的能源问题进行前沿研究外，还致力于通过消费者与生产者、政府与行业、学术界与决策者之间的对话来探索这些问题的发展方向，所以 OIES 需要通过构建具有多元性的研究团队，来增加自身研究视角的多样性。OIES 组织架构由理事会和研究团队构成，理事会成员包括来自各高校的学者、企业管理人员和政府部门人员等，研究团队则设有董事、研究员、访问研究员、博士后和硕士研究员、OIES-阿美研究员、研究助理、杰出研究员和行政管理人员等角色。在人员构成上，OIES 还尤为注重保证成员所属国籍、学术专业背景的多样性。此外，OIES 还通过设置博士和硕士研究奖学金[①]、OIES-沙特阿美奖学金[②]等奖项来吸纳特聘人员，保持研究团队成员的流通性和"新鲜性"。

建有专业图书馆，重视成果管理。OIES 的成果产出形式主要包括调查报告、凝结高度分析的洞察文章、评论、演讲和刊物等。基于自身研究成果，OIES 建设了一个开放图书馆，旨在为其研究人员和学生提供支持。OIES 专业图书馆专注于国际能源经济和政治领域，两层楼的图书馆内包含约两万件馆藏，馆藏内容包括书籍、时事通讯、期刊、统计丛书、年度报告、地图以及大量已发表和未发表的论文等，其中部分研究论文也已收录在牛津大学的数字研究档案 ORA 中，OIES 研究员可以通过图书馆访问大量电子资源，并提供馆际互借和文献采购服务。OIES 的研究员和牛津大学研究生均可以在该图书馆借书，其他访客也可以通过预约后到该图书馆阅读资料，有效提高了研究成果的利用率。

多渠道宣传研究成果，不断丰富信息共享方式。OIES 不仅关注其研究成果的线上宣传，线下宣传方式也别具一格。线上宣传主要是通过在 OIES 官网上提供按研究主题、成果类型和年份筛选查询研究成果的入口实现，并且定期通过邮件方式向订阅者发送新出版物、评论、文章发表等相关通知。此外，OIES 还高度注重利用社交媒体和

---

① Oxford Institute for Energy Studies. Doctoral and Masters Research Fellowships [EB/OL]. [2024-12-08]. https：//www.oxfordenergy.org/about/doctoral-and-masters-research-fellowships/.
② Oxford Institute for Energy Studies. The OIES-Aramco Fellowship [EB/OL]. [2024-12-08]. https：//www.oxfordenergy.org/about/the-oies-aramco-fellowship/.

播客产品等方式进行成果宣传，尤其是在播客出版物方面，提供多种播客平台的收听渠道，保持高频率更新，并在各播客节目中链接相关研究成果文件予以宣传①。线下宣传主要是以图书馆、书店和活动为载体，图书馆和书店提供了工作论文、能源评论文章、演示文稿以及商业出版的书籍、专著和刊物等形式的研究成果的获取途径，对于不方便到场借阅的利用者，还允许在线上购入对应研究产品。OIES 还通过举办线下的能源转型活动，聚集潜在政策服务对象和能源行业相关人员，共同就能源学术和工业领域的经济、社会和技术问题分享其团队的创造性见解和工作进展，在信息共享的同时获取建设性反馈信息，实现双向信息共享。

2. 以培养专业人才为重任的能源智库——剑桥能源政策研究组

剑桥能源政策研究组（Energy Policy Research Group，EPRG）是剑桥大学 Judge 商学院下属的一个能源与环境经济学政策研究中心，成立于 2005 年，致力于推进能源和环境经济学和政策，其研究对象包括电力和天然气市场、气候变化政策经济学、能源政治经济学与气候变化政策等。研究内容包括低碳技术的研究、开发和部署，在能源和气候政策的背景下分析能源安全、地缘政治和国际关系之间的相互作用等。通过对能源和环境政策的前沿问题进行深入研究，为政策制定者和利益相关者提供驾驭能源转型复杂性和实现可持续未来所需的知识。

培养专业人才，组建多学科研究团队。依托于顶尖大学剑桥大学，EPRG 可以接触到各类学科的精英人才，而 EPRG 凭借其卓越的学术声誉和丰富的研究资源也吸引了众多顶尖学者和研究人员，通过提供具有吸引力的薪酬和广阔的职业发展空间，确保这些精英人才能够长期留在组织内，同时鼓励不同背景、不同学科的研究人员相互学习、交流和合作。此外，EPRG 重视研究人员的职业发展和培训，通过提供丰富的培训资源和职业发展机会，帮助研究人员不断提升自己的学术水平和专业技能。其开设的"高管教育"项目为个人提供 ESG、金融、科技等领域的学习机会②，同时与国内外知名高校和研究机构建立了广泛的合作关系，为研究人员提供了参加学术会议、访学交流和进修学习的机会，例如与 CEEPR 的合作项目，二者共同举办了旗舰年度国际研究会议。

创办全球论坛，积极开展对话。EPRG 积极寻求与外界的交流合作，创办了著名的能源政策论坛（EPF）③，涵盖了经济学、政治学、工程学、法学等多个学科领域，同

---

① Oxford Institute for Energy Studies. Podcasts Publications [EB/OL]. [2024-12-08]. https：//www.oxfordenergy.org/publication-topic/podcasts/.

② Energy Policy Research Group. Executive Education [EB/OL]. [2024-12-08]. https：//www.jbs.cam.ac.uk/executive-education/.

③ Energy Policy Research Group. Stakeholder engagement：Energy Policy Forum [EB/OL]. [2024-12-08]. https：//www.jbs.cam.ac.uk/centres/energy-policy-research-group/energy-policy-forum/.

时汇集了能源公司、金融机构、监管机构和政策制定者，为不同利益相关者提供了一个共同讨论和交流的场所。EPF 提供了一个信息交流的平台，使得最新的研究成果、行业动态和政策变化能够迅速传达。在 EPF 举办的讨论会上，公众能够参与到能源政策的讨论中，增加了政策制定过程的透明度。除此之外，EPRG 还开展了每两周一次的能源与环境（E&E）研讨会、互动小组讨论等活动。EPRG 所创办的论坛、研讨会不仅促进了学术界的交流和合作，还提高了 EPRG 在国际能源政策研究领域的影响力和地位。

产出高质高量的研究成果。EPRG 的研究成果主要包括论文、期刊文章、报告等主流形式。自创办以来，EPRG 已经发布两千余篇论文，收录于 EPRG 的网上资料库中，外界可以直接通过官网访问到这些资料。除此之外，EPRG 的成果还有视频、演示文稿等形式，更加直观。这些独立研究成果涵盖了能源市场的运行机制、能源政策的制定与实施、可再生能源的发展等多个方面，为电力能源行业的公共和私营部门、学术界和政策制定者的决策提供依据。

3. 以系统的成果管理和传播机制为特色的知名能源智库——欧洲政策研究中心

欧洲政策研究中心（Centre for European Policy Studies，CEPS）于 1983 年在布鲁塞尔成立，专注于欧洲事务的研究与分析，是欧洲顶级智库之一。CEPS 通过提供高质量的研究、政策建议和公共讨论平台，在欧盟及其成员国的政策制定过程中发挥着重要作用。它涵盖了广泛的主题领域，包括金融、移民、庇护、边境问题、经济和货币事务、就业、社会事务和包容性，以及外交和安全政策、能源和气候变化、人工智能、数字化和创新、人权和司法、税收和贸易等。研究内容主要包括新政治周期中的能源和碳、如何制定更好的欧盟法律、未来五年金融部门需要优先考虑的事项、弥合地区分歧、制止政治极端主义的途径、2024 年的选举结果对欧盟的影响等。凭借非常强大的内部研究能力和遍布全球的合作伙伴机构网络，CEPS 充分展示了其预测趋势和在政策问题成为一般讨论主题之前对其进行分析的能力。

研究团队高度专业化和多元化。CEPS 拥有超过 60 名成员，来自 20 多个国家，分别对经济政策、全球治理与数字经济、司法与内政事务、工作和技能、机构研究、外交政策、金融市场和机构、能源、资源和气候变化、数据科学等领域具有深刻见解。这种团队架构促进了多学科融合与国际合作，增强了研究的综合性和创新性；同时，团队成员的专业深度和国际视野确保了对复杂政策议题的深入理解和全球视角下的分析能力。此外，灵活的研究小组设置使得 CEPS 能够快速响应新出现的研究需求或政策变化，并通过广泛的网络效应加强与外部利益相关者的沟通与合作，从而支持更加全面有效的政策建议制定过程。

全面而系统的成果管理和传播机制。CEPS的成果管理与传播包括出版高质量的研究成果、发布专家评论、举办多样化的活动、建立广泛的合作伙伴关系、进行有效的媒体传播以及推广会员服务等多种方式。将研究成果以报告、政策简报、书籍等形式发布（见图14-3），覆盖广泛的欧盟政策领域。定期发布专家评论文章，提供及时且简洁的当前事件分析及对欧洲关键发展的意见。举办各种类型的活动，包括研讨会、圆桌会议、公开讲座和大型会议，这不仅提供了学术交流的机会，还帮助CEPS的研究成果得到更广泛的传播和应用。积极与其他机构合作进行合作对话，参与更大规模的研究项目，从而扩大其影响力并提高研究成果的质量。在媒体与传播方面，CEPS通过多种渠道传播其研究成果，包括网站、社交媒体、新闻稿和视频等，例如，CEPS在其YouTube频道上发布了多个视频，涵盖了从公共卫生到金融政策等多个话题，增强了其研究的可视性和可访问性①。此外，CEPS拥有约170名来自不同行业和协会的会员，这些会员不仅为CEPS提供资金支持，还作为重要的反馈来源，测试政策建议的可行性。通过会员服务，CEPS能够更好地了解利益相关者的需求，并将其研究成果应用于实际政策制定过程中。

图14-3 CEPS的部分出版物

资料来源：Centre for European Policy Studies. CEPS Publications ［EB/OL］.［2024-12-08］. https：//www.ceps.eu/ceps-publications/.

---

① Centre for European Policy Studies. CEPS Videos on YouTube ［EB/OL］.［2024-12-08］. https：//www.ceps.eu/.

CEPS 的资金来源广泛，包括会员费、研究项目资金、基金会拨款和会议费用等。这种多元化的资金结构显著增强了其研究的独立性。首先，多样的资金来源减少了对单一资助方的依赖，使得研究人员在选择研究课题时拥有更大的自由度，降低了外部利益相关者对研究方向和结果的影响，确保了研究的客观性和独立性。其次，广泛的资助基础还为 CEPS 提供了稳定的资金支持，使其能够开展长期和复杂的研究项目，并灵活应对突发的研究需求，从而持续产出高质量、独立且具有影响力的研究成果。

4. 积极参与建设国际合作平台的独立智库——海牙战略研究中心

海牙战略研究中心（Hague Centre for Strategic Studies，HCSS）是一家位于荷兰海牙的独立智库，成立于 2007 年，致力于全球战略、国际安全、能源与环境等多个领域的研究。HCSS 作为一个跨学科的研究机构，聚焦于应对全球复杂和多变的安全挑战，其研究成果广泛影响着政策制定者、政府机构、企业及国际组织。其工作不仅服务于荷兰政府，也面向全球合作伙伴，特别是在能源转型、国际安全、气候变化与环境政策等方面具有深远影响。HCSS 在能源领域较为突出，强调能源安全、可持续能源、气候政策及能源转型的跨领域研究，特别是如何在能源系统的转型过程中平衡经济发展、环境保护与社会需求。中心的研究从长远的全球视角出发，注重实际政策的落地，并与技术发展及全球治理相结合，持续推动能源政策的创新发展。

积极参与建设国际合作平台。海牙战略研究中心（HCSS）在全球能源与安全问题上具有广泛的影响力，尤其在气候变化与安全、能源安全及国际合作领域。其参与建设的一些关键国际合作平台，包括国际气候与安全军事委员会（IMCCS）以及水、和平与安全（WPS），展现了 HCSS 对全球环境治理及安全政策的深刻理解和积极贡献。国际气候与安全军事委员会（International Military Council on Climate and Security，IMCCS）是由 HCSS 与多个军事、气候与安全领域的合作伙伴共同倡导和推动的一个跨国平台①。该委员会成立于 2019 年，旨在提升关于气候变化对国际安全和军事行动的影响的认识，推动气候变化与安全议题在军事和国际安全领域的深度讨论和合作。HCSS 在 IMCCS 的建设中发挥了关键作用，尤其是在建立气候变化与国际安全之间的联系方面。HCSS 在研究中提供了大量的理论框架、政策建议以及具体的军事领域应对策略，特别是如何应对气候变化带来的不稳定性（如气候难民、极端气候事件等）对国家安全的影响。水、和平与安全（WPS）是另一个由 HCSS 参与建设的重要平台②，旨

---

① Hague Centre for Strategic Studies. International Military Council on Climate and Security（IMCCS）[EB/OL]. [2024-12-08]. https：//hcss.nl/imccs/.

② Hague Centre for Strategic Studies. Water, Peace & Security（WPS）[EB/OL]. [2024-12-08]. https：//hcss.nl/wps/.

在解决水资源短缺与冲突之间的关联,特别是在缺水地区。水资源的稀缺性和争夺已经成为许多地区冲突的根源之一,尤其是在干旱和半干旱地区,如中东、非洲之角和南亚等。WPS 倡导通过政策对话和跨领域合作,减少水资源冲突,推动水资源治理与和平建设。HCSS 作为 WPS 项目的核心成员之一,推动了跨学科的研究,并帮助构建了水资源治理与和平保障之间的联系。该项目不仅关注如何通过技术解决水资源问题,还特别强调水资源分配的不平等和争夺可能引发的社会动荡和冲突。

建立专属数据实验室。HCSS 建立了自己的 HCSS 数据仓库与数据实验室,以经验数据促进和支持中心的研究。HCSS 不仅利用数据分析,还利用建模进行研究和产品。由于战略决策本身面临巨大风险,不确定性使得长期决策变得困难,HCSS 在数据实验室中模拟复杂现象,量化和比较决策的影响,以深入了解此类风险。HCSS 利用数据和深入的学科知识,可以帮助增强决策能力并更好地传达故事,从而接触到目标受众。数据实验室基于六大支柱支持 HCSS 的研究①,包括政策干预、策略、因果关系、关联、仪板表和监控以及自然语言处理(见图 14-4)。其中政策干预意味着通过优化策略和因果关系模拟最佳政策干预;策略代表通过利用专家调查进行比较和分析,将数据输入博弈论模型,以模拟代理之间的战略互动并设计干预效果;而因果关系探索"事物为何如此",以便人们能够做出正确的选择,并根据这些知识采取行动;关联则表示采用指数、机器学习和集成模型等技术来深入了解预测和预报;仪表板和监控指在数据可视化工具中,设计和构建的交互式仪表板和监控器自然语言处理是人工智能的一个分支,它使用计算技术来学习、理解和生成基于人类语言的内容。

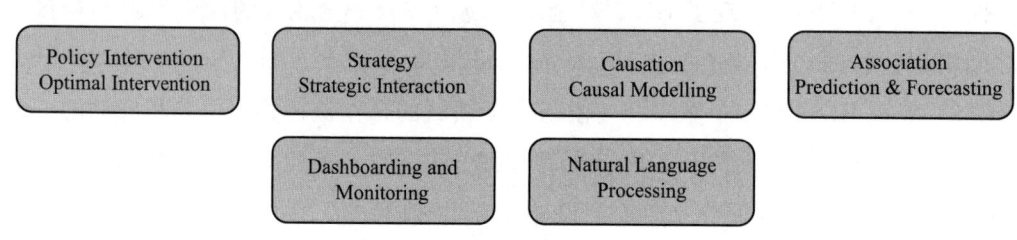

Policy Intervention Optimal Intervention	Strategy Strategic Interaction	Causation Causal Modelling	Association Prediction & Forecasting
	Dashboarding and Monitoring	Natural Language Processing	

图 14-4 数据实验室六大支柱

资料来源:Hague Centre for Strategic Studies. Water, The HCSS Datalab [EB/OL]. [2024-12-08]. https://hcss.nl/hcss-datalab/.

以 HCSS 关键原材料仪表板为例②。由于关键原材料(CRM)应用于全球经济和社

---

① Hague Centre for Strategic Studies. The HCSS Datalab [EB/OL]. [2024-12-08]. https://hcss.nl/hcss-datalab/.
② Hague Centre for Strategic Studies. HCSS Critical Raw Materials Dashboard [EB/OL]. [2024-12-08]. https://hcss.nl/crm-critical-raw-materials-dashboard/.

会的重要领域，包括清洁能源、数字技术、医疗保健、国防和太空。HCSS 仪表板提供了有关各种原材料的资源地理分布、储量、开采和加工能力的信息。仪表板专注于全球关键原材料的供应、需求、市场变化和潜在风险，尤其是涉及能源转型和高科技产业所需的关键矿产资源（如稀土金属、锂、钴、镍等）。它为政策制定者、企业、学术界和国际组织提供实时数据和分析支持，帮助他们了解全球关键原材料市场的动态及其对全球能源和安全形势的影响，体现了 HCSS 数据实验室的重要价值。

（四）北欧

1. 由来自多个行业的专家组成的跨学科智库——能源、气候和海洋研究中心

能源、气候和海洋研究中心（Research Centre for Energy, Climate and Marine, MaREI）是位于爱尔兰的一个多学科、前沿性研究机构，专注于能源、气候变化和海洋科学的创新研究。MaREI 由爱尔兰科克大学（University College Cork, UCC）领导，汇聚了众多学术、科研和行业合作伙伴，致力于推动全球能源转型、应对气候变化和海洋可持续发展等领域的研究。MaREI 不仅面向爱尔兰国内的能源、气候和海洋问题，也在欧洲乃至全球范围内发挥重要作用。通过跨学科的整合研究，MaREI 将能源技术、气候政策、海洋生态和社会经济学相结合，推动可持续发展和绿色转型。其核心目标是推动创新技术的研发，提供科学依据，支持政策制定，促进产业化应用，并最终实现低碳经济和气候适应目标。

具备完善的组织架构与雄厚的研究实力。MaREI 的委员会架构设计旨在确保高效的研究和管理，并促进多方利益相关者的协调合作。不仅关注科研战略，还涉及项目管理、政策指导、行业合作以及国际合作等多个维度。其委员会结构一般包括以下几个关键组成部分：治理委员会、科学顾问委员会、中心执行管理委员会、EPE 咨询委员会（EPE，即 Energy, Policy and Environment）和行业咨询委员会[1]。其中治理委员会是 MaREI 的最高决策机构，负责监督和指导中心的整体战略、目标设定以及运营管理；科学顾问委员会由国际知名的学者、科研人员和领域专家组成，提供 MaREI 科研方向的战略性指导；中心执行管理委员会负责 MaREI 日常运营和管理，确保科研和项目顺利进行；EPE 咨询委员会由来自能源政策、环境保护、可持续发展等领域的专家组成，主要提供关于能源、气候政策以及环境保护方面的咨询和建议；行业咨询委员会由能源、气候、海洋技术等领域的企业高层、行业领袖及技术专家组成，负责为 MaREI 的科研方向和项目提供行业层面的视角和建议。MaREI 的委员会架构非常注重

---

[1] Research Centre for Energy, Climate and Marine. Committees [EB/OL]. [2024-12-08]. https://www.marei.ie/about-us/committees/.

各方利益的平衡和协同,每个委员会都有其独特的职能,确保 MaREI 的科研成果不仅能够达到较高的学术水平,而且能够对政策制定、产业发展和全球能源转型产生实质性的影响。通过这种多元化的治理结构,MaREI 能够实现更高效的资源利用、更具前瞻性的政策制定,以及更为广泛的行业合作,推动能源、气候和海洋领域的可持续发展。

MaREI 另外一个优势在于其 220 多名研究人员的多学科专业知识和协作。这些研究人员来自 13 个合作机构、75 个行业,共同组成 MaREI 大家庭,为解决问题提供了潜力,远远超出了单一学科团队的能力(见图 14-5)。为了最大限度地发挥研究影响力,不同行业、不同机构之间的合作伙伴关系促进了专业知识和观点的双向流动,将研究想法转化为经济机会,支持公司战略来获得与低碳未来相关的机会。研究中心将研究成果转化为政策见解,并为过去几年在全国范围内制定的许多能源、气候和海洋政策决策提供了支持,此外还为欧盟政策提供了信息。MaREI 与许多其他利益相关者合作,领导公民科学和行动研究计划,与社区和公民共同制定气候行动、能源转型和蓝色经济解决方案。

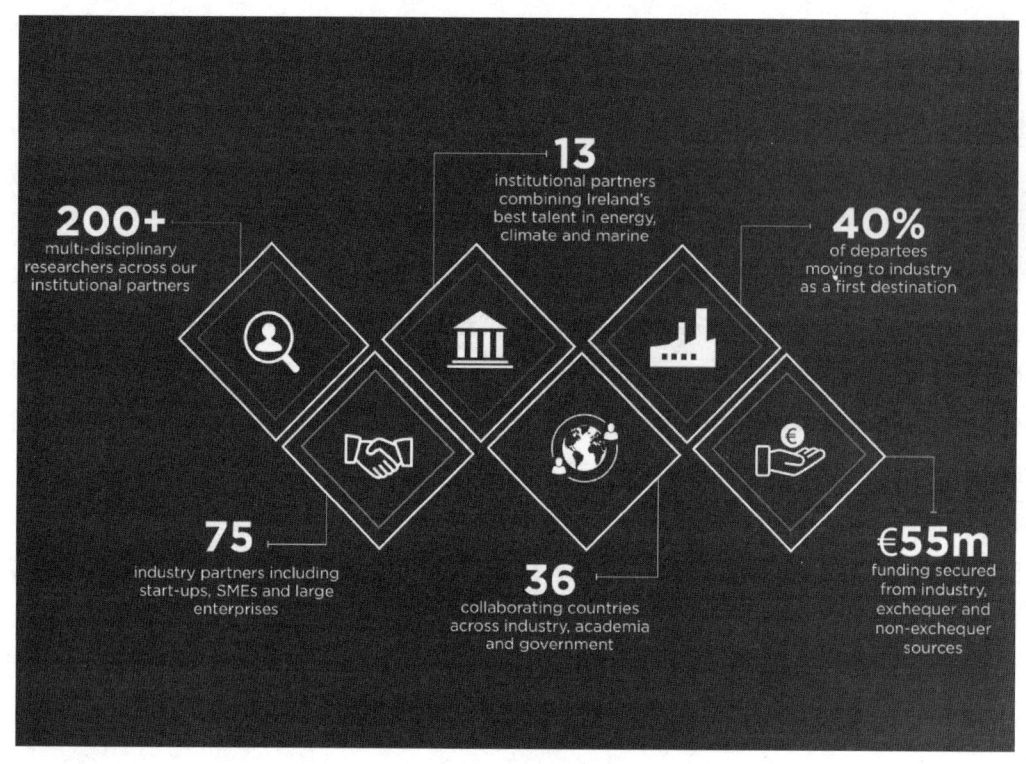

图 14-5　MaREI 研究团队介绍

资料来源:Research Centre for Energy, Climate and Marine. About Us [EB/OL]. [2024-12-08]. https://www.marei.ie/about-us/.

MaREI 在国际上也拥有很强的影响力。团队包括能源、气候和海洋研究等多个领域的全球研究领导者，与全球 36 多个国家开展合作。为了支持世界级的研究人员，研究中心投资了世界级的研究基础设施，并利用这些基础设施领导许多欧盟合作研究项目和全球技术合作计划。同时，作为一个领先的能源、气候与海洋研究中心，MaREI 致力于为未来的科研人才提供高质量的研究生、博士培养机会。通过其研究生、博士培养计划，MaREI 不仅推动前沿科研的发展，也为学生提供了跨学科的研究平台，培养能应对全球能源转型、气候变化和海洋可持续发展挑战的专家。

2. 北欧国家之间合作的桥梁——北欧能源研究

北欧能源研究（Nordic Energy Research，NER）是一个位于北欧的跨国能源研究机构，致力于促进北欧国家（包括丹麦、芬兰、冰岛、挪威和瑞典）之间在能源领域的合作与创新。它由北欧理事会（Nordic Council）和北欧理事会经济委员会（Nordic Council of Ministers）共同支持，目的是通过推动可持续、智能的能源政策来应对全球气候变化和能源转型的挑战。北欧能源研究的工作不仅专注于能源技术创新，还涉及能源政策、市场、社会影响及其与环境和气候变化的关联。作为一个多学科的研究平台，研究所联合各国政府、学术界、企业和其他智库，以应对北欧地区及全球能源转型中的复杂问题，助力实现"北欧愿景 2030"，即"北欧地区将成为世界上最具可持续性和一体化的地区"[①]。到 2030 年，北欧能源研究将重点关注三个战略领域：提高可持续性和能源安全性，增强北欧能源堡垒和能力建设以及加强国际能源合作。

拥有特殊的治理结构，不断推动跨国合作。北欧能源研究治理结构与北欧五国的国内政治体系以及北欧政府间体系紧密相连。其董事会和其他委员会以及项目指导小组不仅由国家资助机构的代表组成，还由国家能源当局、各部委和北欧部长理事会秘书处的代表组成。同时，北欧能源研究不仅是一个跨学科的机构，更是一个跨国的合作平台。NER 是北欧能源政策合作的重要推动者之一。其独特之处在于它连接了北欧五国，推动各国在能源政策、技术创新、市场设计等方面的深度合作。这种区域性的合作模式使得北欧能源研究能够形成独具特色的研究视角，尤其在应对气候变化和能源转型方面，北欧国家的共享经验和协作具有重要的价值。

举办形式多样的研究活动。NER 研究活动围绕推动北欧能源转型和全球可持续发展目标展开，其研究方式与工作模式具备独特性和高效性。该机构的研究活动涵盖了多层面的议题，包括能源政策、技术创新、能源市场、气候变化应对等多个方向。而其形式包括跨国合作与联合研究项目、政策分析与决策支持、定期报告与出版物和互

---

① Nordic Energy Research. Strategy [EB/OL]. [2024-12-08]. https：//www.nordicenergy.org/about-us/strategy/.

动研讨与国际会议等。例如，在2024年，北欧能源研究举行了《北欧氢谷——跨区域价值链地图》（Nordic Hydrogen Valleys – A Cross – Regional Value Chain Map）的研究报告数字发布会①。数字发布会不仅展示了报告的核心内容，还设有多个互动环节，与会嘉宾可以在直播过程中提出问题、分享观点和参与讨论。这场发布会不仅是对报告研究成果的推介，也成为氢能领域跨国合作的重要平台。通过这次发布会，北欧能源研究成功地聚集了政策、技术、行业和学术界的专业人士，共同探讨和推进氢能产业的发展，是北欧能源研究积极举办研究活动的见证之一。北欧能源研究的研究活动构建了一个多层次、跨学科、跨国合作的研究体系，涵盖从技术创新到政策制定、从市场设计到环境影响的各个方面。其研究不仅服务于北欧地区的能源转型，还对全球能源转型与气候变化治理提供了宝贵的经验和研究成果。NER通过高效的团队组织、精确的研究方向、跨国的合作平台，持续推动北欧地区乃至全球能源领域的创新与发展。

（五）中欧

1. 以社会责任为使命的高校能源智库——能源政策与经济中心

能源政策与经济中心（Centre for Energy Policy and Economics，CEPE）是一个在能源政策与经济领域具有显著影响力的智库，成立于1999年，隶属于苏黎世联邦理工学院（ETH）。其研究对象主要包括能源经济学、气候政策、能源技术以及环境等，研究内容主要包括利用一定预测模型如一般均衡模型和微观计量模型，对能源市场的未来发展趋势进行预测、分析能源生产和消费对环境和气候的影响等，通过经济学和政策分析工具来研究与能源相关的问题，并为政策制定者和企业提供科学依据和建议。

注重社会责任，推动可持续发展。由于能源政策会对社会产生较大的影响，CEPE积极倡导能源政策的公平性和包容性。在制定政策建议时，会充分考虑不同社会群体的利益和需求，确保政策能够惠及更广泛的人群，通过推动政策的包容性，让更多人能够享受到能源发展的红利。例如CEPE开展的为了农村地区不同收入水平的家庭都能享受到能源服务的农村能源项目，以及针对老年人、残疾人等弱势群体的能源援助计划。此外，为了推动可持续发展，CEPE深入研究绿色、低碳能源技术的可行性和经济性，同时积极推广这些技术。例如CEPE通过太阳能光伏项目，为当地社区提供了清洁、可再生的能源。通过推广这一项目，CEPE不仅减少了碳排放，还促进了当地经济的绿色转型。

---

① Nordic Energy Research. Report launch：Nordic Hydrogen Valleys – Value Chain Mapping Across the Region ［EB/OL］. ［2024 – 12 – 08］. https：//www.nordicenergy.org/event/report – launch – nordic – hydrogen – valleys – value – chain – mapping – across – the – region/.

科学的管理体系与评估机制。CEPE采用灵活的项目管理模式，根据研究方向和合作需求组建项目小组。每个项目小组通常由不同学科的专家共同组成，确保能够从多角度分析复杂的能源政策问题。内部设有清晰的部门划分，包括研究部、项目管理部、财务部、人力资源部等，每个部门都有明确的职责和权限。为了促进部门间的协作，CEPE建立了跨部门协作机制，定期召开部门间协调会议，确保信息流通和资源共享，共同解决研究中遇到的问题。而多部门的协调、监管可以保障完善的财务管理制度、研究管理制度以及人员管理制度。此外，CEPE制定了详细的研究成果评估标准，包括创新性、实用性、影响力三大方面，以及研究人员绩效评估指标，包括工作表现、研究成果、团队协作等方面，保障了研究的效率。为了及时跟进研究工作的进展和存在的问题，CEPE也会定期召开内部会议。

研究成果形式多样，领域内影响力大。从2022年开始，CEPE开始撰写政策简报，提供了清晰简洁的信息摘要。基于CEPE成员撰写的科学论文帮助读者更好地了解政府政策并做出更明智的决策，同时可以提高读者寻找信息的效率。除此之外，CEPE有专著、论文、书刊、报告等研究成果形式。为了促进领域内的交流，CEPE开办了系列形式多样的研讨会，如CER-ETH和CEPE联合午餐研讨会、网络研讨会等。CEPE的许多研究项目有重要的政策影响，为瑞士联邦政府、国际能源署（IEA）、联合国等机构提供决策支持。

2. 注重团队搭建的能源智库——波茨坦气候影响研究所

波茨坦气候影响研究所（Potsdam Institute for Climate Impact Research，PIK）成立于1992年，位于德国波茨坦，正处于推进全球可持续发展以及安全和公正的气候未来的综合研究前沿，是莱布尼茨协会成员之一。

研究内容广泛，肩负双重使命。PIK的研究主题涉及多个领域，包括：天气、极端事件和大气，复杂网络、机器学习与决策理论，气候政策、经济与能源，土地利用、食物、水和生态系统以及行星边界、临界点元素与全球公地等。围绕这些主题，PIK的研究内容丰富多样，不仅限于气候变化的影响评估，还包括适应策略的开发、缓解措施的研究以及政策建议的提供。PIK的研究涵盖了自然科学与社会科学，从风险识别到解决方案提出，其工作重点在于地球系统科学和人类活动对环境的影响，致力于为实现一个安全且公正的气候未来贡献力量。"推进跨学科气候影响研究的科学前沿，以实现全球可持续发展，并为安全和公正的气候未来提供知识和解决方案"，PIK将此作为双重使命。

拥有雄厚的团队力量，不断吸引新兴人才。PIK拥有约400名国际员工，由一支跨学科的领导团队指导。经济学家Ottmar Edenhofer和地球科学家Johan Rockstrom共同担任波茨坦气候影响研究所的科学主任，代表了该研究所的跨学科和以解决方案为导向的方法。团队成员背景多样，包括自然科学家、经济学家、社会学家等。这种多元化和高度专业化的组合，使得团队在面对各项挑战时能够展现出卓越的解决问题能力和创造力，成为推动项目成功的关键。同时，PIK 为所有研究部门的前员工和客座研究人员维护着一个联系人数据库①。这有助于该研究所与校友保持联系，并提供有关他们的职业和成功的见解。此外，为了在全球变化、气候影响和可持续发展领域开展前沿研究，PIK 重视对年轻科学家人才的吸引，提供各种职业机会，以及 IT 部门或行政部门的学徒和公共关系办公室的实习。因此，初级研究人员（博士生和博士后）构成了 PIK 的主要科学家群体。他们在研究中发挥着重要作用，是研究所中不可或缺的组成部分。

设有完备的基础设施。PIK 设有专门的 IT 服务部门，该部门负责规划、运营和发展研究所的信息技术基础设施，有助于研究团队为科学和管理提供数字服务②。作为 IT 基础设施的核心超级计算机，它与分层大容量存储紧密结合，为科学计算和数据管理提供重要的资源。在该科学工具的支持下，PIK 研究团队能够开发高度复杂的自然和社会系统数学模型，并将这些模型用于计算密集型数值实验。同时，PIK 设有的先进的数字协作平台，如私有云、聊天平台、门户网站等，为研究所与全球进行合作交流提供了方便快捷的渠道。

3. 以完善的成果管理机制推动成果有效产出的能源智库——伍珀塔尔研究所

伍珀塔尔研究所（The Wuppertal Institute，WI）成立于 20 世纪 90 年代，是德国领先的可持续发展与能源转型领域的研究机构之一，位于德国伍珀塔尔市。伍珀塔尔研究所专注于推进全球范围内的环境保护、能源转型、气候变化、循环经济、绿色技术创新、资源效率和可持续发展的议题，以推动全球能源与资源管理的可持续转型为宗旨，致力于通过跨学科的研究和创新解决方案，为全球应对气候变化、资源枯竭以及社会经济不平衡等问题提供理论支持和实践方案。

采用相对扁平的组织结构，注重跨学科的合作与交流。WI 的组织结构相对扁平，注重灵活性与高效合作（见图 14-6）。WI 的研究工作按照四个部门划分，每个部门下设多个研究单位。这些部门包括能源、交通与气候政策，未来能源和工业系统，可持续生产和消费，循环经济。每个部门与单位专注于特定领域的研究与实践应用。这些

---

① Potsdam Institute for Climate Impact Research. Alumni ［EB/OL］. ［2024 - 12 - 08］. https：//www. pik - potsdam. de/en/people/alumni.

② Potsdam Institute for Climate Impact Research. IT - Services ［EB/OL］. ［2024 - 12 - 08］. https：//www. pik - potsdam. de/en/institute/about/it - services.

研究单位不仅在德国国内开展项目，还在全球范围内进行合作，确保研究成果的国际化和全球适用性。同时，研究所的研究团队汇聚不同领域的专家，以跨学科合作与交流的形式共同解决可持续发展领域的复杂问题。跨学科的研究已然成为研究所的特色与优势。这种跨学科的整合模式融合了能源、环境、社会等多个领域的知识，在应对全球性问题（如气候变化、能源转型等）时，相较于单一学科的研究更能提供更全面的解决方案。基于长期的跨学科研究与实践，WI 逐步提出了"未来知识"（Zukunftswissen）的概念①。基于社会转型进程需要依赖三种不同但相互关联的知识形式的理念，"未来知识"包括系统知识、目标知识以及转型知识。系统知识意为对当前系统状态的理解以及这些系统的运作方式，目标知识涉及社会希望实现的未来状态或目标，而转型知识聚焦于如何在当前状态与期望的未来状态之间实现过渡。根据伍珀塔尔研究所，系统知识、目标知识和转型知识的相互作用对成功实现社会转型至关重要。通过整合这三种形式的知识，未来知识不是静态的，而是在持续的研究、合作和实践中不断发展。"未来知识"在伍珀塔尔研究所的框架下，旨在通过创新的方法论和工具，指导社会向可持续的未来发展。它通过将科学、社会和产业联系起来，推动一个全面的、系统的解决方案来应对转型和可持续性方面的复杂挑战。

图 14 - 6　WI 的组织架构

资料来源：The Wuppertal Institute. Organisation [EB/OL]. [2024 - 12 - 08]. https://wupperinst.org/en/the - institute/organisation.

---

① The Wuppertal Institute. Integrative [EB/OL]. [2024 - 12 - 08]. https://wupperinst.org/en/the - institute.

重视成果的实用性，具有较强的国际化视野。除了基础理论研究之外，伍珀塔尔研究所非常重视研究成果的政策应用性。在研究过程中，WI 与政府部门、企业和国际组织合作，确保研究成果能直接影响政策制定和产业发展。研究所积极参与国际会议、论坛，加强国际合作与交流，致力于在全球气候变化和能源转型的框架下提供创新的解决方案。例如，WI 在 *How can the Global Stocktake be leveraged for enhanced climate action*？报告中通过科学严谨的研究方法、具体可行的操作建议以及广泛的参与和透明度，不仅为全球气候治理提供了重要的智力支持，也为各国制定和实施有效的气候政策提供了宝贵的指导①。这份报告是由伍珀塔尔研究所及其他合作伙伴共同编写的，旨在评估全球在实现《巴黎协定》目标方面取得的进展，充分展示了伍珀塔尔研究所在政策导向与实用性以及国际合作方面的卓越能力。

拥有丰富的研究成果，建立完善的成果管理机制。自 1991 年以来，通过长期的研究，伍珀塔尔研究所在多个领域取得了显著的成绩，尤其在能源转型、循环经济与资源效率、气候政策与社会转型和技术创新与绿色产业等方面具有很大的影响力。例如，WI 在德国及欧洲的能源转型过程中扮演了重要角色。其提出的"能源革命"理论为德国能源政策的制定提供了重要依据。WI 通过研究可再生能源的技术可行性、经济性和社会影响，帮助政府制定了减少温室气体排放的战略，并推动了德国能源体系向低碳转型。研究成果的有效产出与累积得益于研究所的完善的成果管理机制。其管理机制包括多维度的成果评估与管理体系、跨学科团队合作与成果整合、外部合作与成果传播、成果应用与政策影响的反馈机制以及知识管理平台与共享机制等方面。以系统化、规范化、跨学科合作和外部协作为特点，WI 的成果管理机制推动了研究成果的成功产出，确保了 WI 的研究成果不仅在学术领域具有重要价值，同时在政策制定、技术创新和全球合作中也能发挥积极作用。

本章首先通过对欧洲能源智库的筛选与分析得到欧洲能源智库的总体发展特征。然后在欧洲能源智库名单中挑选相对具有代表性的能源智库作为案例具体分析，并将这些能源智库按照地域分为东欧、南欧、西欧、北欧和中欧。通过具体的能源智库案例分析，我们能够悉知欧洲的能源智库的研究重点、特色之处以及优势所在，并以此作为可借鉴的经验用于其他能源智库建设与发展。

---

① Lukas Hermwille, Carsten Elsner, Wolfgang Obergassel. How can the Global Stocktake be leveraged for enhanced climate action？[J]. Climate change, 2024, 2023（48）：1 – 29.

第十五章

美洲能源智库

在全球经济深度交融与能源格局加速重塑的时代背景下，美洲智库凭借其深厚底蕴与多元活力，在全球治理舞台上发挥着关键且独特的作用。作为全球重要的经济与能源板块，美洲汇聚了丰富的能源资源与创新要素，其智库发展既扎根本土特色，又积极拥抱国际合作，深度融入全球治理框架。近年来，面对气候变化挑战加剧与能源转型诉求攀升，美洲智库依托自身科研实力与跨学科优势，在能源技术创新、政策协同优化、国际合作深化等核心维度发力，成为驱动区域乃至全球可持续发展的重要引擎。它们不仅为本土国家能源战略谋篇布局，也为全球能源市场稳定、生态环境保护及多边合作机制完善贡献卓越智慧，在全球能源治理体系中持续书写着影响力非凡的篇章。以下将深入探究美洲智库在多领域的作为、核心机构实践案例及所塑造的全球治理新格局，彰显其不可替代的价值与深远意义。

一、美洲能源智库概述

本研究基于 OTT（On Think Tank）全球智库数据库展开，首先在研究领域中选取与能源相关的智库进行初步筛选，随后剔除部分与能源研究关联度较低的机构，最终将符合条件的智库按照综合型和专业型进行分类。同时，研究团队通过检索互联网公开信息、学术论文等开源渠道，对智库的具体信息进行了补充和验证，确保数据的准确性和完整性。美洲能源智库基本情况如下。

（一）地域分布不均衡

1. 北美洲与南美洲之间的分布不均衡

（1）数量分布不均衡。

总体来讲，北美洲的能源智库数量明显多于南美洲。这种差距可归因于多个因素。其中，历史发展因素起到了一定作用。北美洲在早期工业化进程中，经济发展较快，对能源的需求和研究也较早起步，从而为能源智库的发展提供了更长久的孕育期。此外，科研实力和教育资源的差异也是一个关键因素。美国和加拿大作为北美洲的主要国家，拥有世界顶级的高校和科研机构，吸引了大量优秀的研究人才和资金投入，为能源智库的繁荣提供了坚实的智力基础和物质支持。

（2）类型与规模不同。

在智库类型方面，北美洲的能源智库涵盖了更广泛的类型和领域。除了一般的专业型和综合型智库外，还拥有一些高端的战略研究型智库，它们专注于宏观能源政策、国际能源关系等重大议题，为政府的能源决策和国际能源合作提供战略指导。而南美洲的智库类型则相对较为单一，以解决国内能源问题的专业型和综合型智库为主，在战略研究和国际影响力方面相对较弱。

从规模上看，北美洲的能源智库在人员数量、研究设施、资金规模等方面普遍较大。例如，一些大型综合型智库拥有数百名甚至上千名的研究人员，能够开展大规模、多领域的研究项目。而南美洲的智库规模相对较小，研究资源相对有限，这在一定程度上限制了其研究的深度和广度。

2. 北美洲各国之间的分布不均衡

（1）美国在北美洲占据绝对优势。

美国在北美洲的能源智库领域占据着绝对的主导地位。美国不仅能源智库数量众多，而且涵盖了几乎所有类型和领域。美国是世界上最大的经济体和能源消费国之一，能源政策的制定和实施对全球能源市场具有重要影响。因此，美国政府、企业和社会各界对能源研究的投入巨大，催生了大量高质量的能源智库。

美国的能源智库在能源技术创新、能源政策研究、国际能源合作等方面具有深厚的研究实力和广泛的影响力。例如，未来资源研究所（Resources for the Future）、世界资源研究所（World Resources Institute，WRI）、布鲁金斯学会（Brookings Institution）等知名智库，在全球能源领域都享有很高的声誉。

（2）其他北美洲国家的相对弱势。

相比美国，加拿大虽然也拥有一定数量和质量的能源智库，但其规模和影响力相对较小。加拿大是一个能源资源丰富的国家，在能源领域也有一定的研究实力，但由于其人口较少、经济规模相对较小等因素，其能源智库的发展受到一定程度的限制。

此外，墨西哥以及北美洲的一些其他国家，其能源智库数量有限，研究水平和影响力也相对较低。这些国家在能源研究方面的资源投入相对不足，面临着人才短缺、资金匮乏等问题，导致其在能源智库发展方面相对滞后。

3. 南美洲各国之间的分布不均衡

（1）巴西在南美洲占据主导地位。

在南美洲，巴西的能源智库数量相对较多，规模和影响力也较大。这主要得益于巴西在南美洲的经济和政治地位，以及其丰富的能源资源。巴西是南美洲最大的国家，经济发展水平相对较高，对能源的需求和重视程度也较高。同时，巴西拥有丰富的水能、生物能源等资源，为能源领域的研究提供了丰富的实践素材和研究课题。

巴西的一些能源智库在可再生能源研究方面取得了显著成果，为巴西乃至整个南美洲的能源转型作出了重要贡献。例如，E＋能源转型研究所（E＋energy transition），在工业脱碳、生物经济、生物燃料和电力能源等领域深入研究，并在国际舞台上积极作为，为全球能源治理贡献智慧与方案。

（2）其他南美洲国家的不均衡分布。

除巴西外，南美洲其他国家的能源智库数量相对较少，分布也较为分散。一些国家如阿根廷、智利等，虽然也拥有一定数量的智库，但与巴西相比仍存在较大差距。这与这些国家的经济规模、能源资源禀赋以及对能源研究的投入程度有关。此外，部分南美洲国家的经济发展相对滞后，对能源研究的投入有限，导致其智库发展相对缓慢。

（二）结合区域资源优势，促进能源协同发展研究

1. 能源禀赋差异推动智库研究方向多元化

美洲大陆地域广袤，能源资源丰富多样且分布不均，从北部的加拿大到南部的巴西，不同国家和地区具有各自独特的能源资源特点。美国依托其多元化的能源结构，拥有煤炭、石油、天然气、核能及多种可再生能源，其能源智库以此为基础，致力于探索传统能源与新能源的协同发展模式，例如研究如何在保障能源供应稳定的前提下，提高可再生能源在能源消费中的占比，优化能源结构，实现能源的可持续利用。加拿大凭借丰富的水能和石油资源，其能源智库聚焦于水能开发的可持续性研究，包括如何在满足能源需求的同时，保护生态环境，减少对河流生态系统的影响，以及石油资源的高效开采与综合利用，提高石油生产的效率和安全性，降低对环境的破坏。巴西因其独特的地理条件，在水能和生物能源方面具有显著优势。该国能源智库着重研究生物能源的创新发展路径，如提高生物燃料的生产效率、降低生产成本、拓展生物能源的应用领域等；同时关注水能开发的综合效益，确保水电项目的建设和运营不仅满足能源需求，还能兼顾生态保护、促进地方经济发展等多方面目标。

2. 着力应对区域挑战，加强能源结构优化研究

针对美洲地区能源领域面临的一些共性挑战，如能源供应的稳定性、能源转型的

压力以及环境保护的要求等,美洲能源智库积极开展相关研究,为能源结构优化提供解决方案。例如,随着全球对气候变化问题的日益关注,减少碳排放成为能源发展的重要目标。美洲各国的能源智库纷纷研究如何在能源生产、传输和消费的各个环节降低碳排放,推动能源从传统化石能源向低碳、清洁能源转型。

在能源供应稳定性方面,美洲能源智库考虑到能源资源分布的不均衡以及能源市场的波动性,研究跨区域能源合作与调配机制。通过建立有效的能源市场机制和基础设施互联互通,实现能源资源的优化配置,提高美洲地区整体的能源供应安全。

3. 促进区域合作,实现能源资源优势互补

除了关注国内能源问题,美洲能源智库还积极推动区域间的能源合作与交流,以实现能源资源的优势互补。美国、加拿大和墨西哥作为北美地区的主要经济体,其能源智库在促进区域能源一体化方面发挥着重要作用。例如,研究如何加强三国在石油、天然气等传统能源领域的贸易合作,以及在可再生能源技术研发、推广等方面的合作与共享,共同提升北美地区的能源竞争力。

在南美洲,巴西与其他国家的能源智库也积极开展合作,共同探索水资源丰富地区的水能开发合作模式,以及生物能源产业在区域内的协同发展路径,促进南美洲地区能源的可持续发展和区域经济的共同繁荣。

通过结合区域能源资源优势,美洲能源智库在促进能源协同发展、应对能源挑战以及推动区域合作等方面开展了全面而深入的研究,为美洲地区能源产业的发展和能源政策的制定提供了坚实的理论支持和实践指导。这种紧密贴合区域能源特点的研究导向,有助于实现美洲地区能源的可持续发展和经济的绿色增长。

(三) 深度参与决策,引领美洲能源政策方向

1. 政策制定的积极参与者

美洲能源智库在地区能源政策的制定过程中扮演着不可或缺的角色。它们凭借专业的研究团队、广泛的信息资源以及深入的行业洞察力,积极投入能源政策的研究与制定工作中。美国的能源智库尤为突出,它们针对能源市场改革、能源安全保障、环境保护等核心议题展开全方位、多角度的深入研究。通过严谨的数据分析、模型构建以及案例研究,这些智库能够为政府提供具有前瞻性和可操作性的政策建议。例如,在能源市场改革方面,智库会研究市场自由化、价格机制调整等措施对能源供应稳定性和经济发展的影响,并向政府部门提交详细的报告。在能源安全领域,智库会关注地缘政治因素对能源供应管道和运输线路的影响,提出相应的战略规划和应对措施。此外,在环境保护方面,智库会评估能源生产和消费过程中的碳排放、生态破坏等问

题，倡导可持续发展的能源政策。

2. 影响决策的多渠道方式

为了有效影响政策制定者的决策思路，美洲能源智库采取了多种方式。举办高端研讨会是其中一种重要途径。这些研讨会汇聚了政府官员、企业高管、学者专家以及社会各界代表，共同探讨能源领域的热点问题和政策走向。智库在研讨会上发布最新的研究成果，引导与会者进行深入的讨论和思想碰撞，从而为政策制定提供参考依据。例如，卡内基国际和平基金会定期举办关于全球能源治理的研讨会，邀请各国政府代表和能源专家共同参与，为国际能源合作搭建了交流平台。此外，发布研究报告也是智库影响政策的重要手段。智库通过撰写高质量的研究报告，向社会公开其研究发现和政策建议，引起公众关注和讨论，进而对政策制定者形成舆论压力，推动政策的调整和完善。

3. 全球视野下的国际合作推动

一些在美洲具有广泛影响力的国际知名智库，如麻省理工学院能源与环境政策研究中心，不仅关注本国和本地区的能源政策，还将目光投向了全球能源治理和国际能源合作。这些智库充分认识到能源问题的全球性和相互关联性，致力于为各国之间的能源对话与合作搭建平台，提供智力支持。在全球能源治理方面，它们研究国际能源机构的作用和改革方向，提出加强全球能源安全、促进可持续能源发展的政策建议。在国际能源合作领域，这些智库积极促成跨国能源项目的合作与交流，推动区域能源一体化进程。它们协调各国在能源政策、技术标准等方面的差异，促进能源资源的优化配置和共享，为美洲地区乃至全球能源政策的协调与发展做出了积极贡献。

美洲能源智库通过深度参与能源政策制定过程，利用多种方式影响政策决策，以及推动全球能源治理和国际合作，在美洲能源领域发挥着引领和推动作用，为实现地区能源的可持续发展和全球能源的稳定供应贡献了智慧和力量。这种积极的角色定位和广泛的影响力，彰显了美洲能源智库在能源研究与政策领域的重要地位和价值。

二、典型能源智库案例分析

（一）未来资源研究所

未来资源研究所（Resources for the Future，RFF），是一个位于美国华盛顿特区的独立非营利智库，成立于1952年，专注于能源、环境和自然资源政策的研究，致力于通过独立、实证的研究，为政策制定者提供高质量的分析，推动制定有效的公共政策，以应对当今全球面临的环境和资源挑战，在全球能源与环境政策领域有着广泛的影响力。

其研究对象包括电力、交通运输、工业燃料、气候风险应对等，研究内容包括环境与能源政策、自然资源管理以及能源市场与转型等，通过公正的经济研究和政策参与，改善环境、能源和自然资源的决策过程，从而带来健康环境和繁荣经济的解决方案。

以多元包容的研究生态，助力形成高质量、综合性研究成果。RFF 的研究团队由来自不同学科背景的专家组成，包括经济学家、环境科学家、政策分析师、能源技术专家等，可以在研究中融合不同学科的知识和方法，为其综合性研究打下了坚实的基础。除此之外，RFF 会定期组织跨学科的研究项目，鼓励不同学科的研究人员共同参与，如环境经济学的研究项目就融合了经济学、环境科学和政策分析等跨领域的知识，通过提供资源和支持，如研究资金、实验室设备等，推动研究进展。RFF 也与欧洲经济与环境研究所（European Institute on Economics and the Environment）等机构建立了合作关系，共同解决环境和能源问题，提高研究的有效性①。

透明的信息披露，吸引大众投资。RFF 致力于保证财务报告的透明度和问责制，在官网中详细披露了每一年的财务报表，2023 年财务报告显示，个人的捐款占据其资金来源的 14%（见图 15 - 1），这不仅得益于 RFF 本身在能源领域的卓越贡献，还得益于其透明的信息披露（见图 15 - 2），除了上述财务方面的信息之外，还包括详细记录 RFF 年度成就的年度报告、媒体资源、历史、领导团队等信息。RFF 鼓励大众、企业的捐款，其将捐款入口直接放置了官网，便捷的方式也间接鼓励了社会各方的投资。同时，广泛的资金来源也使得 RFF 在研究和分析过程中保持高度的独立性，不受政府、企业和其他外部力量的影响，其研究结论凭借其学术公正性和数据支持，广泛被各方接受。

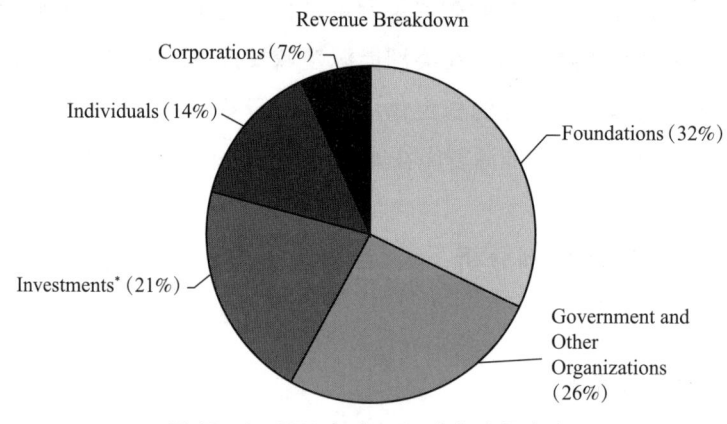

图 15 - 1 2023 年度 RFF 收入来源占比

资料来源：Resources for the Future. Financial Reporting [EB/OL]. [2024 - 11 - 15]. https://www.rff.org/about/financial - reporting/.

---

① Resources for the Future. Partnerships [EB/OL]. [2024 - 11 - 15]. https://www.rff.org/partnerships/.

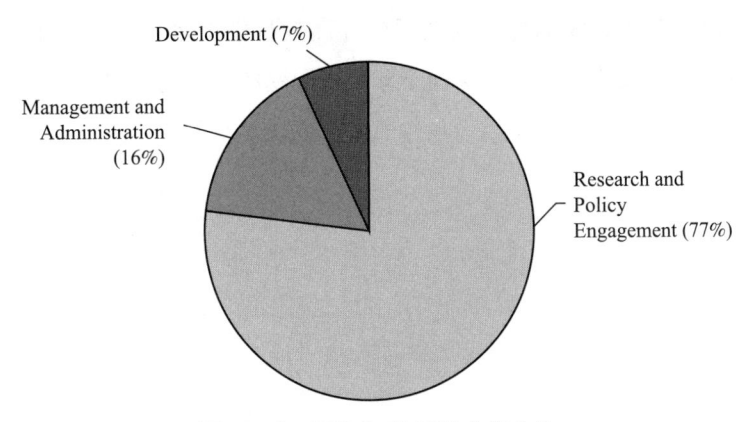

Expenses Breakdown

- Development (7%)
- Management and Administration (16%)
- Research and Policy Engagement (77%)

图 15 – 2 2023 年度 RFF 支出占比

资料来源：Resources for the Future. Financial Reporting [EB/OL]. [2024 – 11 – 15]. https：//www.rff.org/about/financial - reporting/.

重视数据资源的挖掘与运用，将数据作为核心要素构建决策工具。RFF 通过大力开发与应用各类先进的数据工具及决策支持系统，助力政策制定者、学者与企业在应对环境、能源和资源等复杂挑战时，达成更为科学且高效的决策。在数据驱动决策工具方面，RFF 所运用的并非传统单一统计分析工具，而是综合多元数据来源，借助复杂模型与算法构建极具实际应用价值的决策支持系统，助力政策制定者精准把握环境、能源和资源管理中的不确定性与复杂性，并提供可操作分析框架，实时模拟政策变动对不同经济体、社会群体及环境的影响，如开发多个计算模型模拟政策在气候变化、能源市场、自然资源利用等领域的效应并提供实证支撑[1]。在数据收集与整合上，RFF 强调数据的多样性与系统性，依托政府统计数据、学术实地数据、企业运营数据以及国际组织环境监测数据等多源数据，整合后形成全面视角，保障研究结果与政策建议的可靠科学，如研究能源政策时整合多类能源相关数据并结合市场历史与未来趋势助力政策抉择。同时，RFF 注重强化决策的可视化与互动性，借助图表、仪表盘、模拟器等可视化工具使政策分析结果直观易懂，便于政策制定者快速应对复杂情境，其在线工具可以让用户自主选择政策方案与情境参数并实时观测影响，优化决策流程。此外，RFF 高度重视数据的透明性与开放性，搭建开放数据集与工具平台供公众、学术界及政策制定者使用，推动各方合作，提升研究公信力与影响力，鼓励跨领域合作创新，促进社会共识与政策改进（见图 15 – 3）。总之，RFF 以数据为核心驱动环境、能

---

① Resources for the Future. Data and Decision Tools [EB/OL]. [2024 – 11 – 15]. https：//www.rff.org/topics/data - and - decision - tools/.

源和资源管理政策的科学决策，凭借强大的数据整合分析、先进决策模型、可视化互动平台，助力政策制定者深刻理解复杂问题并高效科学决策，其数据驱动决策模式有力提升政策科学性与透明度，积极推动全球环境问题的应对与解决。

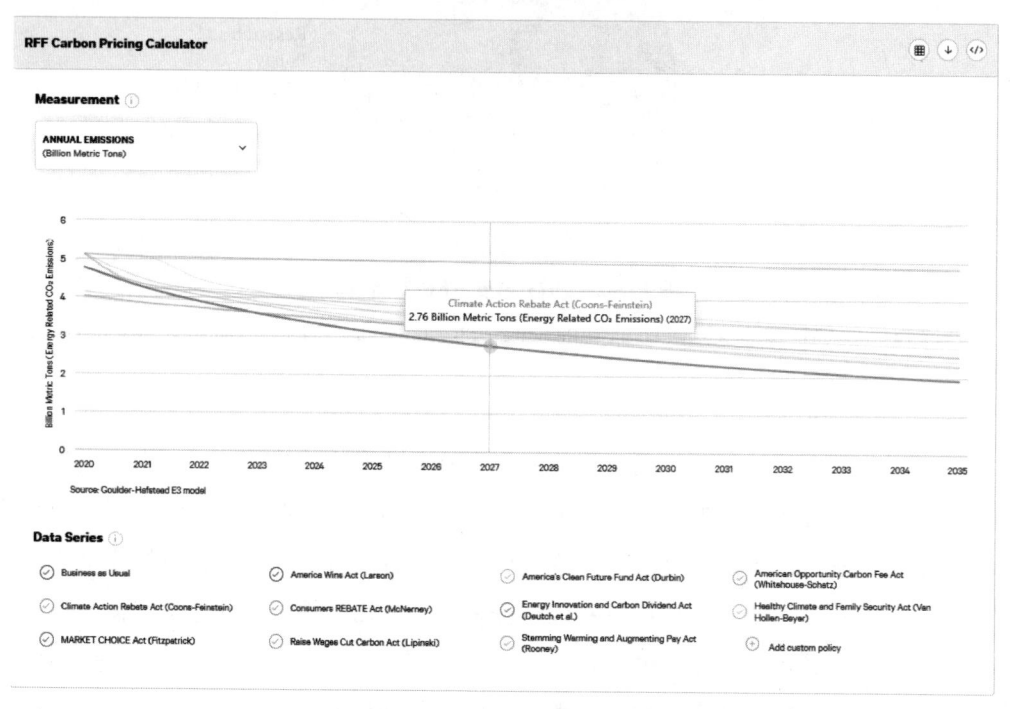

图 15-3　RFF 的碳定价计算器

资料来源：Resources for the Future. Carbon Pricing Calculator ［EB/OL］.［2025-04-09］. https：//www.rff.org/publications/data-tools/carbon-pricing-calculator/.

　　智库产品形式多元，且注重传播透明度与公开性。RFF 的产品形式包括书籍、论文、数据、期刊、杂志等，供其他研究人员、机构参考，其代表性杂志 Resources 自 1959 年出版以来，截至 2024 年 11 月已出版 216 期（见图 15-4）。除此之外，RFF 还采用了博客、能源电台等作为载体传播研究成果，通过博客传播可以让公众更好地接触到研究内容，而电台采用了采访中一问一答的方式，更具灵活性，通过将采访内容用文字记录下来，能够挖掘出机构中的隐性知识并使其得以被更好地利用。此外，RFF 的传播策略非常注重透明度和公开性，它力求将复杂的政策问题以清晰易懂的方式呈现给公众，尤其是在面对能源、气候变化等重大议题时，能够迅速有效地影响政策走向。通过其高质量的研究成果，RFF 在美国乃至国际上都积累了大量的知名度和影响力，成为推动环境与能源领域政策创新的重要智库之一。

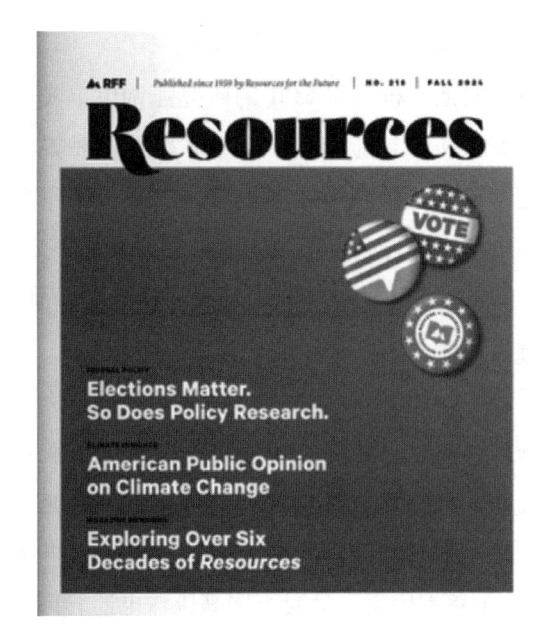

图 15-4　第 216 期 *Resources* 封面

资料来源：Resources for the Future. Issue 216：What Changes and What Remains the Same［EB/OL］.［2024-11-15］. https：//www. resources. org/print-issues/issue-216-what-changes-and-what-remains-the-same/.

（二）能源与环境政策研究中心

麻省理工学院能源与环境政策研究中心（Center for Energy and Environmental Policy Research，CEEPR）建立于 20 世纪 70 年代中期，作为能源领域的专业智库，依托麻省理工学院的学术资源与科研实力，致力于从多维度对能源与环境政策展开深度剖析与创新探索，为全球能源转型及环境可持续发展提供关键智力支撑。其研究对象包括自然大气、自然保护、气候变化、水资源等，研究内容包括行为经济学与能源需求之间的关系、能源市场的供需动态等。CEEPR 开展严谨且客观的研究工作，旨在优化政府与私营部门的决策质量，并通过与遍布全球的各行业合作伙伴建立紧密协作，确保研究成果的实用性和相关性。

CEEPR 研究范畴广泛且深入，全面覆盖能源与环境领域核心议题。在能源供应端，从传统煤炭、石油、天然气资源特性及市场格局，到可再生能源开发利用、电力市场机制、电网基础设施优化及核能安全高效利用等方面精准发力；能源需求侧聚焦能效提升策略、需求响应模式优化、家庭与工业节能增效路径及交通运输能源转型路径探索；环境维度深入剖析气候变化根源、影响及全球应对策略，钻研空气、水、自然生态保护机制，攻坚废物处理无害化与资源化、环境修复技术创新，同时审慎评估能源产业全生命周期对健康的潜在影响，以跨学科融合视角与创新研究范式，为全球能源环境可持续发展筑牢科学根基、提供决策指引。

研究方法严谨，注重实证分析。CEEPR 的研究强调以事实和数据为基础，通过收集和分析大量来源于政府报告、行业统计、市场调研等可靠渠道的信息，基于一定的数据分析和统计方法进行研究，最终能在环境领域、政策制定方面提供专业、科学的建议和预测。除了来源于政府报告、行业统计的二手信息，CEEPR 还会采用案例研究、实地调研、问卷调查等实证研究方法，以获取第一手资料并更加深入地了解实际情况。其严谨的研究态度使得其在诸多项目中提供了有价值的参考。

理论与实践深度融合。CEEPR 深度嵌入市场现实难题，例如在电动汽车推广面临困境时，紧扣能源市场核心矛盾，通过深入调研精准定位续航焦虑、充电不便、购置成本高等关键阻碍，进而针对性地设计包含补贴政策评估、充电设施布局优化、电池技术研发激励的系统性研究方案，为突破 EV 市场推广瓶颈提供精准的理论指引与实践策略[1]；同时紧密追踪政策落地困境，针对美国高压输电监管问题，详析联邦与州监管权限的复杂交织，指出其给输电投资定价、回收及规划流程带来混乱。如权限重叠空白导致成本分摊与收益回收无序，不同主体规划差异引发协同难题与资源错配。CEEPR 深度剖析这些困境，为政策校准提供依据，保障政策有效落地并提升能源治理效能[2]。

聚焦能源转型中的社会经济维度与弱势群体权益保障。目前，CEEPR 正深度参与到罗斯福项目中（见图 15-5），该项目旨在为低碳经济转型提供分析依据，促进高质量就业增长，降低工人与社区受冲击程度，发挥能源技术优势推动区域发展，平衡转型利弊，实现经济、环境与社会协同共进[3]。CEEPR 多位研究人员都参与到该项目中，他们凭借自身在能源经济、政策分析、环境科学等多领域的专业知识与研究经验，深入项目的各个环节，在区域调研阶段，研究人员细致地收集不同地区的产业结构、就业状况、能源消费模式等数据，运用先进的数据分析模型，精准地剖析出各地在能源转型过程中可能面临的独特挑战与潜在机遇。例如，在工业核心区，着重研究传统高能耗产业的转型路径，评估如何通过技术升级与政策引导，在减少碳排放的同时，保障工人的岗位稳定性，并促进相关产业链的绿色延伸；在墨西哥地区，则聚焦于墨西

---

[1] Harvard Salata Institute for Climate and Sustainability. Driving Toward Seamless Public EV Charging [EB/OL]. [2024-11-15]. https://salatainstitute.harvard.edu/projects/ev/.

[2] CEEPR. Regulation of Access, Pricing, and Planning of High Voltage Transmission in the U.S. [EB/OL]. [2024-11-15]. https://ceepr.mit.edu/workingpaper/regulation-of-access-pricing-and-planning-of-high-voltage-transmission-in-the-u-s/.

[3] CEEPR. The Roosevelt Project: About The Project [EB/OL]. [2024-11-15]. https://ceepr.mit.edu/roosevelt-project/about-the-project/.

哥能源发展现状，剖析经济、排放及政策格局，挖掘电力、交通及非能源领域转型契机，关注就业、政策与决策优化，提出综合建议，涵盖能源策略、经济创新、政策强化及公平保障，以推动公平、可持续的低碳转型①。

图15-5 罗斯福项目第二阶段案例研究报告

资料来源：MIT Center for Energy and Environmental Policy Research. The Roosevelt Project Accelerating an Equitable Clean Energy Transition in New Mexico［EB/OL］.（2022-05-12）［2025-04-09］. https：//ceepr. mit. edu/wp-content/uploads/2022/12/2022-The-Roosevelt-Project-New-Mexico-Case-Study. pdf.

教育赋能，助力能源研究与气候行动。CEEPR依循跨学科理念精心打造课程体系，"Baby Boom and Avoiding Doom"回溯历史、剖析环境正义，"Endangered Languages"勾连文化语言与环境多样性，使气候知识与多学科深度交融，学生借此全方位提升气候素养，构建坚实理论框架，为能源转型与气候行动筑牢根基。实践课程助力学生技能提升，从"Demystifying the Greenhouse Effect & Albedo"的温室模型搭建、数据分析绘图，到"Cost of Battery Storage Over Time"的电池储能成本数据洞察，培育实践与分

---

① CEEPR. The Roosevelt Project：Accelerating an Equitable Clean Energy Transition in New Mexico［EB/OL］.［2024-11-15］. https：//ceepr. mit. edu/wp-content/uploads/2022/12/2022-The-Roosevelt-Project-New-Mexico-Case-Study. pdf.

析能力，为能源气候领域输送专业生力军。此外，还有免费在线课程及案例访谈机制为教育者赋能，塑造协同创新教育生态，为能源气候事业注入强大的可持续发展动力①。

（三）世界资源研究所

世界资源研究所（World Resources Institute，WRI）于1982年在华盛顿特区创立，随着时间的推移，WRI发展成为一个专注于将研究转化为成果的国际智库组织。目前WRI在全球拥有近1900名员工，在巴西、中国、哥伦比亚、印度、印度尼西亚、墨西哥和美国设有国家办事处，并在非洲和欧洲设有区域办事处。WRI的研究领域涵盖了城市、气候、能源、食物、森林、淡水、海洋等多个方面，在全球范围内和重点国家开展工作，旨在应对全球环境和发展挑战，他们在2023年的研究成果主要包括研究、技术和政策相结合，保护马达加斯加的森林、印度尼西亚的土著和社区团体获得对森林的合法权利、印度尼西亚企业加速工业脱碳、成立新的自然犯罪联盟以打击针对人类和地球的犯罪等②。

搭建数据平台，为智库研究注入动力。WRI开发了多个用户友好的数据平台，如Global Forest Watch、Aqueduct Water Risk Atlas、Climate Watch和Resource Watch，提供实时数据和可视化工具，帮助政府、企业和公众监测和管理环境问题③；从多个来源收集数据，并通过严格的验证过程确保数据的质量和可靠性；遵循开放数据原则，尽可能地公开其数据集，使用户能够自由访问和使用这些数据，例如其通过WRI的开放数据门户访问他们所有数据集，甚至在开放数据门户上未找到的数据可通过 data@ wri. org 索取，这些数据集包括 Dataset of Electric School Bus Adoption in the United States、City-scale climate hazards at 1.5℃，2.0℃，and 3.0℃ of global warming、Global Power Plant Database，等等④；同时，WRI还定期更新数据，并根据用户反馈不断改进平台功能，以更好地满足用户需求。这些数据被广泛用于支持政策制定、研究分析和公众参与，推动环境可持续性和社会公正，还促进了全球环境和发展领域的实际解决方案实施。

财务透明和问责制机制显著提升了其研究工作的可信度和影响力。WRI官网每年会发布详细的年度报告，其中包含了详细的财务状况，涵盖资金来源、营业收入以及资金用途（见图15-6）；定期发布审计报告，确保了财务信息的真实性和合规性，并

---

① CEEPR. Climate Action Through Education［EB/OL］.［2024-11-15］. https://cate. mit. edu/.
② World Resources Institute. Top Outcomes［EB/OL］.［2024-11-15］. https：//www. wri. org/top-outcomes.
③ World Resources Institute. Data［EB/OL］.［2024-11-17］. https：//www. wri. org/data.
④ World Resources Institute. Data Explorer-Beta［EB/OL］.［2024-11-17］. https://datasets. wri. org/.

帮助识别机构可能面临的财务风险，从而采取预防措施以减轻潜在的负面影响；此外，WRI还设立了独立的外部审查机制，定期发布外部审查报告及管理层的回应。这些举措优化了资金使用的效率和效果，提高了智库的透明度和问责性，增强了捐赠者和公众对机构的信任，同时也保障了智库研究的独立性和客观性，使其在全球环境和发展领域发挥重要作用。

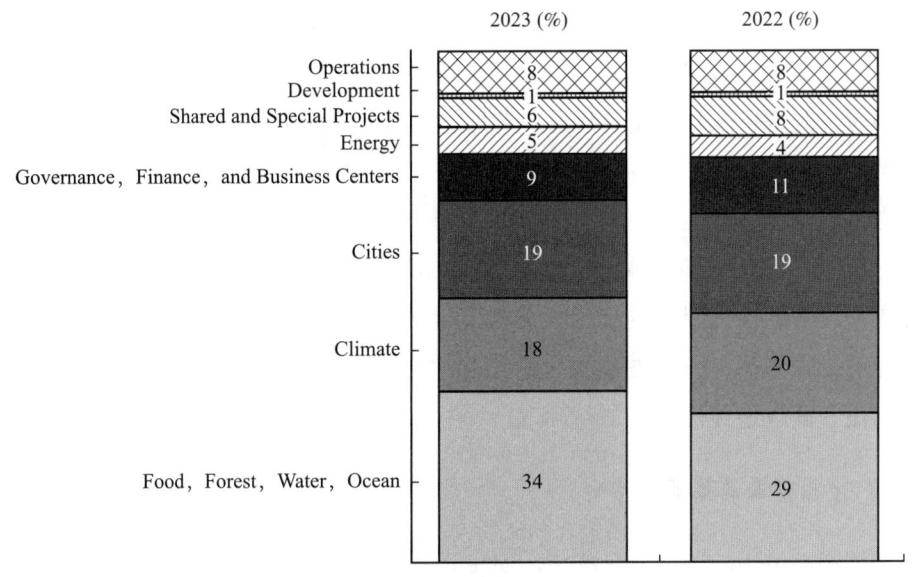

类别	2023 (%)	2022 (%)
Operations	8	8
Development	1	1
Shared and Special Projects	6	8
Energy	5	4
Governance, Finance, and Business Centers	9	11
Cities	19	19
Climate	18	20
Food, Forest, Water, Ocean	34	29

图 15-6　2023 年度 WRI 运营资金用途

资料来源：World Resources Institute. People, Nature and Climate Annual Report 2023 [EB/OL]. [2025-04-09]. https://www.wri.org/annual-report/2023.

WRI 拥有完善的内部和外部流程，确保其项目和研究能够产生实际影响。设立明确的短期目标以及三到五年的战略目标，引领组织的项目和研究推进；定期审查机构的年度目标和进展，通过一致和严格的诊断、评估、建议方法和供员工发表评论的开放论坛来实现这一目标；建立系统的审查程序，出版物需要经过内部和外部同行和用户评审，并有成立专门的研究、数据和影响团队管理这个独立的审查过程，从研究的各个维度严格把关，力保成果严谨可靠、科学权威；WRI 还有专业的工作人员将研究与具体的利益相关者联系，确保其成果能产生切实有效的影响；同时，WRI 董事会也积极参与到其战略方向和项目规划中，以其多元背景与丰富经验为机构发展拓宽视野、增添创新活力。此外，WRI 还建立了一套全面的反馈机制，用以评估和跟踪研究的成效，精准评定成果的关键性与成效归属，一方面回溯过往以总结经验，另一方面前瞻未来为策略优化、资源调配提供科学依据，持续增强 WRI 在可持续发展领域的引领作用与卓越贡献①。

多元化的成果传播方式。WRI通过严谨的同行评审后，以报告、论文、书籍等知识产品发布研究成果，其中《世界资源报告》作为旗舰系列极具权威性，自1986年开始定期发布，对从人类健康和环境到可持续粮食未来等问题进行深入分析②。在媒体传播方面，积极与各类媒体紧密合作，及时发表对资源、能源领域时事的见解以及发布自己的最新研究成果，借助媒体的广泛影响力拓宽传播边界。此外，WRI还频繁举办简报会、研讨会、会议等活动，像与EnAccess联合主办的2025年能源获取开源研讨会（OSEAS），召集全球政策制定者、企业家、行业领导者、技术创新者以及开源社区成员，共同探讨关键挑战、挖掘新机遇，在助力实现普遍能源获取方面协同发力③，通过诸如此类的活动有效促进各界人士围绕可持续发展展开深度交流与合作。同时，通过定期发送月度电子邮件通讯，向订阅者推送最新研究动态、项目进展及活动信息。不仅如此，WRI还利用Facebook、Twitter、LinkedIn、YouTube等社交媒体平台广泛传播其研究成果，借助社交网络的裂变式传播特性，将可持续发展理念、研究成果等推送给更广泛的受众群体，引发更多的讨论与关注，多管齐下确保其研究成果在全球范围内得以广泛、高效地传播。

（四）全球能源政策研究中心

全球能源政策中心（Center on Global Energy Policy，CGEP）隶属于哥伦比亚大学萨克勒地球研究所（SIPA），成立于2012年，是全球能源思想领导力的重要枢纽与政策机构，旨在通过提供独立、高质量的研究与分析，促进对全球能源政策的理解和讨论。其核心使命聚焦于应对全球能源与气候方面的重大挑战，通过多维度的研究、积极的对话交流以及全面的教育活动，全力推动全球能源体系朝着脱碳转型的方向稳步迈进。中心汇聚了来自政府、学术界、工业界以及非政府组织等不同领域的能源专业人才，他们凭借丰富的经验和多元的视角，深入探究能源领域的各类复杂问题，剖析全球能源格局的现状与未来趋势，为能源政策的制定、能源技术的创新发展以及能源市场的有序运行等多方面提供全面且具有前瞻性的研究成果与分析见解，在全球能源战略布局与可持续发展进程中发挥着不可或缺的引领与支撑作用。

团队成员背景多元，队伍力量强大。CGEP拥有一个由资深研究员、兼职学者、博

---

① https：//www.wri.org/our-approach/managing-for-results.
② World Resources Institute. People, Nature and Climate [EB/OL]. [2024-11-17]. https：//www.wri.org/annual-report/2023.
③ World Resources Institute. Managing for Results [EB/OL]. [2024-11-17]. https：//www.wri.org/our-approach/managing-for-results.

士后研究员和学生助理组成的多元化团队。成员具有不同的学科背景,包括经济学、国际关系、法律、工程学等。这种多元化的背景使得团队能够从多角度、多层次分析和解决复杂的能源政策问题。除了学术上有深厚的造诣,众多成员还具有丰富的实际政策制定和执行经验。成员高水平的专业资质使 CGEP 的研究更加贴近实际,更具操作性和实用性。此外,CGEP 还设有一支专业的支持团队,包括行政管理人员、编辑人员和传播专家。这些支持团队成员在项目管理、数据分析、报告撰写和成果传播等方面发挥着重要作用,确保研究工作的顺利进行和研究成果的有效传播。CGEP 的团队架构具有高度的专业化、多元化和灵活性的特点,不断壮大的队伍力量能够有效地整合中心各方面的资源和优势,开展高质量的能源政策研究。

研究领域广泛,但主要是三个相互重叠的研究领域,分别是能源地缘政治、能源转型与气候变化以及能源与发展的关系。能源地缘政治关注能源在全球政治格局中的影响,涵盖经济制裁、关键矿产、气候与安全、能源市场、能源安全、贸易与工业政策等领域;能源转型与气候变化侧重于从高碳能源向低碳或零碳能源转变以及通过能源转型应对气候变化,主要聚焦于核能、可再生能源、石油、天然气、碳管理、去碳化政策、公正转型、电力、重工业、氢能等领域;能源对经济发展、公平与繁荣的作用则涵盖保障经济发展、确保能源获取公平性和促进社会繁荣等方面。

广泛的资金来源及严格的审核机制,保证研究的独立客观。CGEP 的资金来源渠道广泛,包含基金会、企业与个人捐赠等。在资助流程方面,CGEP 始终遵循规范透明的原则,每一笔捐赠都要接受严格的审批管控,从对捐赠者背景的详细调查,到对资金用途及潜在附加条件的深入剖析,任何可能存在的利益关联都会被仔细甄别。此外,资助者会被完全隔离在中心出版物的创作、编辑与核准流程之外,研究团队依据专业知识和深入的调查研究独立开展创作工作,编辑过程严格遵循学术规范,核准环节则依靠专业的评审体系,从而保证整个研究成果的产生过程不受外部利益的干扰,为全球能源研究领域的公正性和权威性树立起坚实可靠的保障。

系统性的成果管理,CGEP 严格依循研究主题、能源类型、地区差异等关键标准,对丰富多元的成果进行精细化梳理。在研究主题维度,紧扣能源转型、地缘政治、能源安全等核心要点,将报告、论文、数据分类归集,如在能源转型范畴,汇聚太阳能、风能等可再生能源发展报告及电力系统变革论文。依照能源类型,将煤炭、石油、天然气等传统能源与氢能、核能等新能源成果各归其类,便于对比剖析不同能源特性、供需态势及政策影响。此外,CGEP 还从地区视角,将亚洲、欧洲、北美等地区能源政策报告、资源分布数据有序整合,助力洞察区域能源格局特色及发展趋向。借精准分类,CGEP 构建起架构严整、逻辑畅达的知识库,有力推动内部深度探究与外部高效检索应用。

多渠道并行推广，提升成果影响力。除在网站发布成果之外，CGEP 构建起全方位的成果推广体系，以实现研究成果价值的最大化。在学术会议交流中，中心专家们通过主题报告、专题研讨及论文宣讲等形式，与全球学术精英深入交流互动，充分汲取前沿理念，有力地促进了成果在学术领域的传播与应用，进一步拓展了成果的学术辐射力。在媒体传播层面，CGEP 与能源行业权威媒体及综合媒体开展深度合作，借助新闻报道、专家访谈、专题评论等丰富多样的形式，广泛传播成果核心要点，有力提升了社会各界对能源研究成果的关注度。此外，CGEP 还利用博客以及播客来传播其成果，博客以深度解析能源热点，如探讨新兴技术与政策影响，凭专业洞见吸引读者，播客则通过对话全球能源领袖，聚焦创新前沿与战略布局，以声音传递智慧，二者各展其长，共促成果在多元受众中广泛传播与影响力提升（见图 15 - 7）。

图 15 - 7 CGEP 的系列播客栏目

资料来源：Center on Global Energy Policy at Columbia University SIPA. Podcasts ［EB/OL］. ［2024 - 11 - 17］. https：//www. energypolicy. columbia. edu/podcasts/.

（五）布鲁金斯学会

布鲁金斯学会（Brookings Institution），是一家位于华盛顿特区的非营利公共政策组织，它被认为是美国最古老和最有影响力的智库之一，致力于通过深入的研究、新颖的政策建议以及与世界各地决策者的广泛互动来促进公共福利，改善地方、国家和全球层面的政策和治理。布鲁金斯学会的前身机构政治研究所于1916年成立,但作为现代意义上的智库,布鲁金斯学会是在1927年由政府研究所、经济研究所和罗伯特·布鲁金斯研究院三个机构合并而成的[①]。与之前所介绍的智库不同,虽然布鲁金斯学会在能源领域具有全球领先的影响力,但它并不属于专业的能源智库,而是一家综合型智库,其研究范围非常广泛,主要涵盖经济研究、外交政策、全球经济与发展、治理研究、都市政策、气候与能源等领域。在能源方面,布鲁金斯学会关注能源市场与治理、能源安全、可持续发展、气候变化等议题,并且通过跨学科的视角来对能源领域进行全方位的探索,通过深入研究能源与气候领域的重要议题,提供关于能源转型、减少碳排放路径,以及如何应对气候变化等问题的政策建议。

团队角色定位清晰,部门分工明确。董事会负责监督学会的整体战略方向和财务健康状况,董事会成员通常由来自不同背景的杰出人士组成,包括商业领袖、学术专家和前政府官员,他们为学会带来了广泛的视角和丰富的经验。总裁是布鲁金斯学会的首席执行官,负责日常运营,并且是学会对外的主要代表。总裁不仅制定并执行学会的战略规划,还与董事会紧密合作,确保学会的各项活动与既定目标保持一致。布鲁金斯学会设立了多个研究中心,包括治理研究、全球经济与发展、外交政策、经济研究、都市政策。治理研究侧重于美国国内的政治制度、民主治理、司法改革、科技创新等方面;全球经济与发展关注全球经济发展、国际贸易、金融体系、减贫等问题;外交政策专注于国际关系、国家安全、地区研究等领域,下设多个子项目,如中东政策中心、东亚政策研究中心等;经济研究专注于宏观经济政策、财政政策、劳动力市场等;都市政策专注于城市和地区的发展、住房、交通、教育等问题。通过将研究工作分为不同的中心,可以确保在该领域内有深厚的专业知识和丰富的经验积累,从而产生更高质量、更具深度的研究成果,虽然每个中心专注于某一领域,但它们之间的界限并不是完全封闭的,相反,这些中心经常进行跨学科的合作,共同解决复杂的政策问题。

资金支持体系坚实有力,助力布鲁金斯学会在全球公共政策舞台深耕致远。布鲁金斯学会具备强大的资金支持体系,其资金来源广泛多元,包括个人、基金会、企业及政府等众多主体,为学会提供了坚实的财务支撑。在2023财年,学会运营成效卓越,收入实现显著增长,投资回报用于运营的部分、捐赠收入以及合同与拨款收入均呈良好上升态势,构建起稳固且多元的收入架构,运营支出规划严谨合理,程序服务、管理及行政、筹款等各项支出占比科学,资源精准投入核心研究领域及前沿探索方向,保障研究工作高效精准推进(见图15-8)。资产与负债状况稳定健康,资产规模可观

---

① Brookings Institution. Our History [EB/OL]. [2024-11-19]. https://www.brookings.edu/about-us/our-history/.

且负债结构合理，为长期持续研究营造坚实稳定环境。这一财政体系也深度影响着学会研究工作。在研究独立性方面，多元资金来源有效规避单一捐赠者可能带来的不当干预，确保研究人员在课题选择、研究方法设计、成果推导等环节遵循学术规范与公共利益导向，保证研究成果的客观性与可靠性，精准服务政策制定需求；于研究深度和广度而言，充足资金全方位拓展研究范畴与深度；同时，有力促进跨学科研究创新，吸引不同学科专业人才汇聚，在应对诸如气候变化与可持续发展等综合性议题时，融合多学科智慧，创新研究范式与成果，提升对复杂社会问题的解读与解决能力，强化学会在全球公共政策研究领域的引领地位与影响力，高效推动公共政策优化与社会良性发展进程。

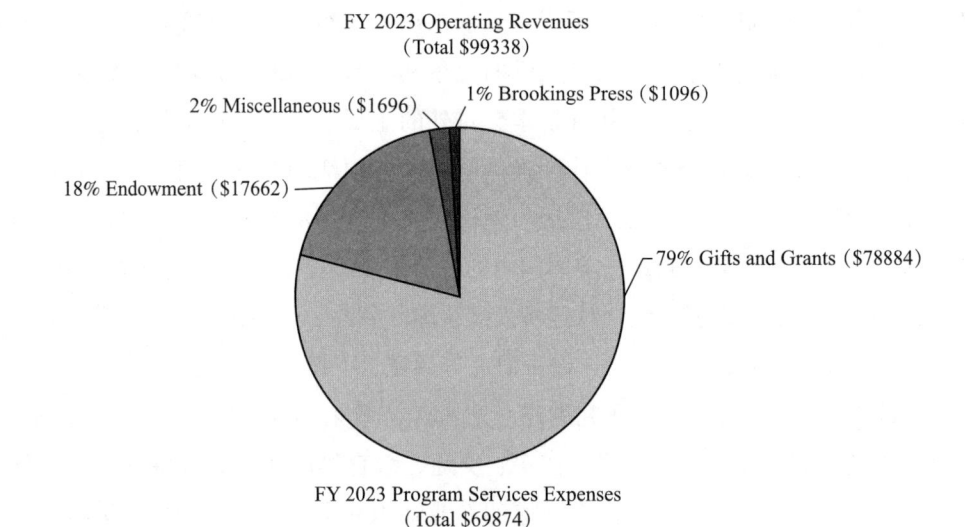

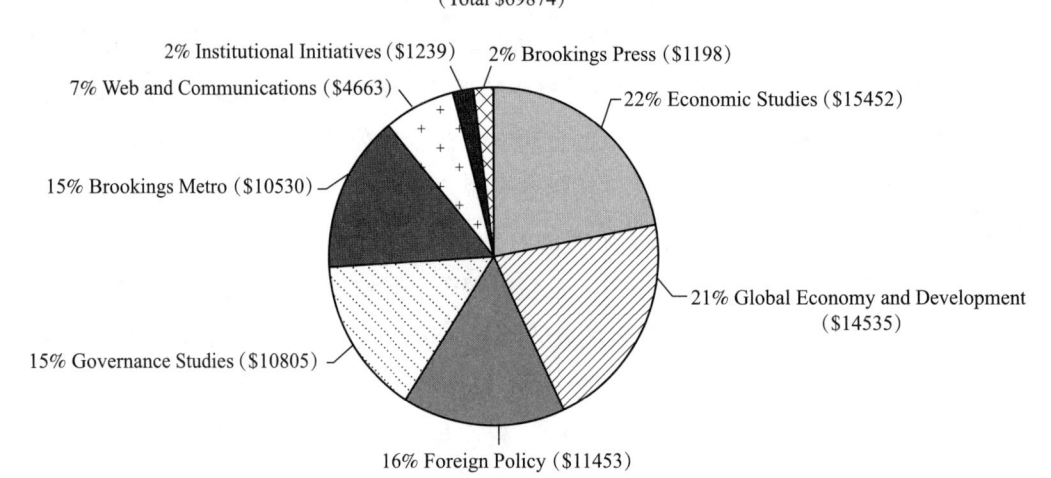

FY 2023 Operating Revenues (Total $99338)
- 1% Brookings Press ($1096)
- 2% Miscellaneous ($1696)
- 18% Endowment ($17662)
- 79% Gifts and Grants ($78884)

FY 2023 Program Services Expenses (Total $69874)
- 2% Institutional Initiatives ($1239)
- 2% Brookings Press ($1198)
- 7% Web and Communications ($4663)
- 22% Economic Studies ($15452)
- 15% Brookings Metro ($10530)
- 21% Global Economy and Development ($14535)
- 15% Governance Studies ($10805)
- 16% Foreign Policy ($11453)

图 15-8　布鲁金斯学会 2023 财年收入与支出环形图

资料来源：Brookings Institution. Brookings FY23 Annual Report［EB/OL］.［2024-11-19］. https：//www.brookings.edu/wp-content/uploads/2023/11/Brookings_FY23_Annual_Report.pdf.

布鲁金斯学会通过多元化的传播渠道广泛分享研究成果，促进知识的交流，提高政策建议的影响力。出版各种时事通讯，让读者了解最新的研究、评论和活动，如旗舰时事通讯 Brookings Brief，对当今的热门问题进行研究和分析；Election'24，对 2024 年美国大选的关键问题进行及时研究和评论；Brookings Events，主要分享布鲁金斯学会即将在华盛顿特区主办的活动摘要等。积极举办各类活动，如研讨会、公开讲座和网络研讨会，邀请来自世界各地的专家学者、政策制定者及公众参与讨论，共同探讨全球面临的关键问题及其解决之道。与各类媒体深度合作，布鲁金斯学会学者们经常出现在电视、广播、报纸及网络媒体上，发表专业见解并参与公共议题的讨论，这不仅提高了研究工作的可见度，也增强了公众对复杂政策问题的理解。提供内容丰富的在线数据库，其中包括大量研究报告、数据集、视频记录及其他多媒体资料，所有这些资源均免费向公众开放，任何人都能轻松获取最新的研究成果和分析。通过这一系列的成果传播举措，布鲁金斯学会不仅加强了自身作为领先智库的地位，也为推动公共政策的发展和社会进步做出了重要贡献。

（六）彭比纳研究所

彭比纳研究所（Pembina Institute）是一个位于加拿大的非营利性智库，致力于通过政策研究、咨询和技术支持来减少加拿大能源生产对环境的影响，并推动可持续能源解决方案的实施与应用。彭比纳研究所名称源于彭比纳河，以此命名旨在铭记最初在阿尔伯塔省德雷顿谷的能源行动，同时，彭比纳河的水最终流入北冰洋，这一现象表明地方上的行动能够产生长远且广泛的影响，以此命名意在体现其从地方出发，逐步拓展影响力，致力于推动能源与环境相关工作并期望产生深远效果的愿景①。自 1984 年成立以来，彭比纳研究所一直专注于开发和推广清洁、公平且低碳的能源未来，旨在帮助加拿大实现其环境和社会目标。其核心议题涵盖清洁能源转型、可再生能源发展、交通电气化、碳移除、建筑节能、公平过渡等，重点研究领域是能源政策，是加拿大最值得信赖的信息、研究和分析来源之一。

研究领域广泛且深入，涵盖从清洁能源转型到具体行业减排策略的各个方面。在清洁能源转型方面，彭比纳研究所分析并提出支持可再生能源发展、电网现代化及分布式能源系统的政策框架，同时设计创新性的市场工具如碳定价，以促进低碳技术和实践的应用；针对可再生能源的发展，彭比纳研究所紧密关注全球能源发展态势，对风能、太阳能、水力发电等技术进行详细的技术经济评估，并通过具体的示范项目来

---

① Pembina Institute. Our Story [EB/OL]. [2024-11-19]. https：//www.pembina.org/about/our-story.

验证新技术的可行性和经济效益；在交通电气化领域，彭比纳研究所研究电动汽车充电基础设施建设、电池技术创新及政策激励措施，加速交通工具电动化进程，并探讨公共交通系统与私人出行方式之间的整合，提高整体运输效率和环境友好性；在碳移除领域，由于市场仍处于起步阶段，彭比纳研究所对最初的购买行为进行观察研究，如与 MaRS 合作，从五家加拿大供应商处预购二氧化碳去除信用额度的案例研究①，分享了新兴最佳实践的经验教训，为新行业的发展提供了独特视角；彭比纳研究所还特别关注建筑节能与城市韧性，推广高效节能建筑设计理念，减少建筑物运行期间的能量消耗，并结合物联网、大数据等信息技术手段，打造智能、可持续发展的城市环境；此外，彭比纳研究所致力于确保加拿大向低碳经济的过渡是公正和平等的，不仅减少温室气体排放，还为工人、社区和整个社会创造积极的变化，在此过程中，研究所帮助受影响的工人获得新技能，以便他们能够顺利过渡到新兴的绿色产业，并且特别关注女性和性别多元群体在能源转型中的角色，解决历史上存在的系统性排斥问题，并为她们提供参与和支持的机会。通过紧密结合实际需求的研究，彭比纳研究所不仅提供切实可行的建议和支持，更积极推动加拿大乃至全球范围内更清洁、更公平的能源未来。

积极开展多维度的跨领域合作，展现出高度的专业性与协同性。在与工业界的合作方面，研究所与多所大型能源企业紧密协作，共同致力于优化油砂开采工艺流程，降低能源消耗与废弃物排放，通过特定公司的油砂开采和原位运营环境绩效报告卡②，率先为油砂制定 ESG 指标，助力企业履行社会责任，并且借助企业丰富的资源，拓展自身研究范围并验证研究成果，有效提升了自身技术实力以及在行业内的话语权，携手推动整个行业的绿色转型进程；在与政府的合作层面，彭比纳研究所在政策制定前期，凭借其长期积累的能源数据和前沿研究成果，为各级政府部门在能源规划、法规起草等方面提供详尽且专业的咨询建议，如在阿尔伯塔省碳捕集与封存项目开发的监管框架的制定，彭比纳研究所起到了关键性的作用③；对于社区合作，彭比纳研究所深入基层，积极开展能源知识普及工作，提高社区居民的环保意识，并助力居民参与到具体的节能实践活动中，同时通过举办专项研讨会，如偏远社区可再生能源会议，召集广泛的原住民领袖、政府、行业、公用事业等，就加拿大偏远原住民社区的可再生

---

① Pembina Institute. MaRS Discovery District Carbon Dioxide Removal Pre-purchase [EB/OL]. [2024-11-19]. https：//www.pembina.org/pub/mars-discovery-district-carbon-dioxide-removal-pre-purchase.
② Pembina Institute. Under-Mining the Environment：The Oilsands Report Card [EB/OL]. [2024-11-19]. https：//www.pembina.org/pub/under-mining-environment.
③ Pembina Institute. Successes of the Pembina Institute [EB/OL]. [2024-11-19]. https：//www.pembina.org/about/successes.

能源开发和清洁能源机会进行对话①，推动实现能源正义，这不仅扩大了自身在社区层面的影响力与实践样本数量，也塑造了良好的社会形象。

智媒深度融合，全方位释放强大舆论引导效能。彭比纳研究所专家们常常在诸如 CTV 新闻、CBC 加拿大广播电台等众多主流媒体上亮相，针对油砂开发、气候变化、能源政策等热点话题，发表专业且深入的见解，将复杂的能源与环境问题剖析透彻并传达给广大公众。同时，通过博客、Facebook、Twitter 等网络平台，及时发布有关环境、能源、政策和行业问题的专家分析及意见观点，积极利用社交媒体进一步扩大影响力，从而有效凝聚各界力量，塑造有利于能源可持续发展与环境保护的舆论环境，为推动加拿大在相关领域的进步奠定了坚实的民意和舆论基础。

（七）墨西哥国立自治大学可再生能源研究所

墨西哥国立自治大学能源研究所（Institute of Renewable Energies – National Autonomous University of Mexico，IER – UNAM）是墨西哥顶尖的能源研究机构，依托墨西哥国立自治大学雄厚的学术资源与科研实力，在能源领域发挥关键智囊作用。墨西哥国立自治大学能源研究所起源于太阳能实验室（Laboratorio de Energía Solar，LES），专注于太阳能研究，随着时间推移，其研究领域扩展，发展成为能源研究中心（Centro de Investigación en Energía，CIE），如今，作为可再生能源研究所，IER 不仅探索新的能源研究主题，还推动跨学科合作，注重创新，并在学术工作中融入性别视角，致力于可再生能源领域的研究与教育，旨在通过严谨科学研究、专业人才培养及积极国际合作，为墨西哥及全球能源可持续发展提供坚实理论支撑与实践指引，提升墨西哥在国际能源舞台的影响力与话语权，引领能源研究前沿趋势，推动能源技术创新与政策优化。

墨西哥国立自治大学能源研究所在可再生能源领域的研究全面且深入，涵盖多个关键方向，呈现出高度精细化的特征。在太阳能方面，借助辐射产电供热，深度钻研光伏、光热及聚光技术，通过优化材料与系统提升能源转化效率，积极拓展光热工业供热系统开发、太阳能燃料生产等应用场景，并开发了太阳能技术的教学原型，应用于教学实践中②，致力于实现太阳能利用最大化。在风能方向，为对低功率和高功率应用中的风资源展开评估，专门开发了相关方法，不仅实施了风分析气象模型，还开展了技术经济可行性研究，并在研究过程中，对墨西哥湾海上风资源的潜在利用区域加

---

① Pembina Institute. 2025 Renewables in Remote Communities Conference ［EB/OL］.［2024 – 11 – 19］. https：//www. pembina. org/event/rirc2025.

② Instituto de Energías Renovables，UNAM. Solar ［EB/OL］.［2024 – 11 – 22］. https：//www. ier. unam. mx/Solar. html.

以分析，同时，在将风能整合进电网方面，积极涉足建模研究、实时仿真以及规模验证等工作。在地热能板块，为地热勘探开发了新的地球化学方法，进行了地热储层建模，并进行了地热技术的分析和生命周期[①]。在生物能源研究领域，聚焦生物燃料生产，重点研究热化学技术在生物燃料生产领域的应用，为生物能源的高效开发与利用提供有力支撑与科学依据。此外，墨西哥国立自治大学能源研究所在能源效率与可持续维度、能源与水食物关联、能源系统集成以及能源存储及趋势探究等方面均有系统性的深入研究与创新实践，全方位推动可再生能源领域的发展与变革。

具备强大的资源实力与卓越的研究布局能力。墨西哥国立自治大学能源研究所共建设有33个实验室，按照研究领域划分，太阳能研究领域的实验室17个，风能研究领域的实验室2个，地热能领域的实验室3个，生物能源领域的实验室2个，能源、水和食物领域的实验室1个，能源效率和可持续性领域的实验室3个，能源储存和新趋势领域的实验室3个（其中有一个也是能源效率和可持续性领域的实验室）；按照研究类型划分，这些实验室被分为全国性实验室、研究型实验室、测试型实验室以及教学型实验室，其中全国性实验室2个，研究型实验室23个（其中有一个也是测试型实验室），测试型实验室5个，教学型实验室5个（其中有一个也是测试型实验室）。这充分彰显出IER强大的资源实力与卓越的研究布局能力。完备的基础设施、众多专业实验室体现其雄厚资源支撑，确保研究硬件无虞、吸引顶尖人才、激发创新活力；多领域实验室布局展现全面且精准的研究规划，契合能源发展趋势，实现从传统能源优化到新能源开拓及多领域交叉融合研究覆盖；多类型实验室设置兼顾基础理论突破、应用技术研发、成果测试验证与人才教育传承，形成完整科研闭环与高效协同创新生态。这种资源与布局协同提升其在能源研究界的影响力、推动能源科技发展、引领行业创新变革，为能源转型提供深度知识技术储备及全方位解决方案作贡献。

多学科融合，前沿创新驱动。在多学科融合方面，墨西哥国立自治大学能源研究所整合了物理、数学、化学、生物、经济以及工程等诸多领域的知识与方法，打破学科壁垒，形成强大合力。通过多学科的协同合作，能够从多角度深入探究能源问题，为研究带来丰富多元的思路与创新源泉，有力地促进了跨学科研究成果的涌现与应用。以前沿创新驱动为指引，研究所始终将目光锁定在能源领域的前沿知识挖掘上，在材料设计、能源与传输等关键环节持续发力，突破传统思维与技术局限，全力投入能源生产、转化及使用的新技术研发进程中，推动可再生能源技术蓬勃发展。

---

① Instituto de Energías Renovables, UNAM. Geotermia [EB/OL]. [2024-11-22]. https://www.ier.unam.mx/Geotermia.html.

(八) E+能源转型研究所

E+能源转型研究所（E+energy transition）成立于2018年，是巴西一家独立智库，致力于推动能源转型与国家社会经济协同发展。自成立以来，E+能源转型研究所一直秉持能源转型应具社会公正性、经济高效性及遵循气候科学依据的理念，聚焦基于科学证据的辩论，携手多学科团队与伙伴，在工业脱碳、生物经济、生物燃料和电力能源等领域积极作为。其战略目标明确：强化自身以深度参与构建公正能源转型政策；借绿色新工业化之力，用能源转型催化国家社会经济发展；将生物经济打造成国家经济去化石发展的关键支柱；提升巴西电力部门运营及扩张的效率与可持续性[1]。

研究领域呈现多维度、深层次且紧密关联现实能源转型需求的特征。在工业脱碳板块，深度聚焦钢铁等关键行业，如在 *Green Iron and Steel Diplomacy：Brazil's Leadership in a Decarbonisation Agenda for Industry at the G20*[2] 及 *Brazil's contribution to decarbonizing the international steel industry*[3] 等成果中，剖析巴西钢铁产业在国际脱碳格局下的定位与责任，探索技术革新路径，从优化工艺流程、提升能源效率到引入突破性低碳技术，为钢铁行业碳排放削减提供策略，并拓展至工业全领域，研究产业集群式脱碳模式，推动产业链上下游协同减排，重塑工业绿色竞争力，引领巴西工业在全球脱碳进程中发挥关键作用。在电力能源变革方面，E+能源转型研究所聚焦于可再生能源发电技术创新，致力于提升光电与风电效能；积极推进电力市场与政策研究，为市场改革创新与政策优化引导提供助力；同时还兼顾电力系统规划与可靠性提升，以及数字化技术在电力各个环节的深度应用，以此全方位推动电力领域朝着高效、智能、可持续的方向实现转型。

积极的国际参与性与明确的战略导向性。E+能源转型研究所自2020年起深度参与COP系列会议，从西班牙的COP25至阿塞拜疆的COP29，始终活跃其中，充分彰显其积极融入全球气候治理格局的强烈意愿与国际视野高度。例如，在COP28上，E+多次为基于低碳生产链的巴西新工业化辩护，以利用该国的清洁能源潜力为产品增加

---

[1] E+Institute. Quem Somos [EB/OL]. [2024-11-22]. https://emaisenergia.org/quem-somos/.

[2] E+Institute. Green Iron and Steel Diplomacy：Brazil's Leadership in a Decarbonisation Agenda for Industry at the G20 [EB/OL]. [2024-11-22]. https://emaisenergia.org/publicacao/green-iron-and-steel-diplomacy-brazils-leadership-in-a-decarbonisation-agenda-for-industry-at-the-g20/.

[3] E+Institute. Green Iron and Steel Diplomacy：Brazil's Leadership in a Decarbonisation Agenda for Industry at the G20 [EB/OL]. [2024-11-22]. https://emaisenergia.org/publicacao/green-iron-and-steel-diplomacy-brazils-leadership-in-a-decarbonisation-agenda-for-industry-at-the-g20/. E+Institute. Brazil's Contribution to Decarbonizing the International Steel Industry [EB/OL]. [2024-11-22]. https://emaisenergia.org/publicacao/brazils-contribution-to-decarbonizing-the-international-steel-industry/.

价值，更具战略性地参与国际市场①。这种方法为吸引新投资铺平了道路，将巴西定位为可持续再工业化的重要推动者。通过与活动相关的传播行动，这些议程的推广也在巴西引起了反响。凭借此国际参与契机，研究所坚定围绕核心战略目标发力，在 COP 框架下竭力推动巴西借绿色新工业化浪潮，凭借自身清洁能源优势重塑产业格局，实现经济与环境双赢；同时积极倡导构建公正能源转型政策框架，为全球能源治理贡献智慧与方案，助力各国协同迈向可持续未来；还大力推动生物经济蓬勃发展，提升其在全球经济版图中的战略地位，引领能源领域深刻变革，切实以行动将国际参与深度转化为推动全球能源转型战略落地的强大动力。

成果产出丰富且多元。在研究报告领域，深度挖掘钢铁行业脱碳技术路径，剖析巴西钢铁产业在全球格局中的地位与绿色发展契机，同时探寻巴西硅产业在低碳产业链上的巨大潜能、市场竞争优势及长远发展方向，为产业战略抉择筑牢根基；在技术研究与公共咨询板块，全面解读沼气能源经济价值、技术瓶颈、政策困境及在气候战略中关键意义，剖析农业能源转型下化肥核心议题，精准把控多领域政策走向，于氢能源计划、可持续税收框架、光伏资源评估等多层面献务实良策；在学术研讨层面，在权威学术著作及专业期刊发表创见，深度解构巴西能源转型内在动力、公共服务协同逻辑及多领域融合发展策略，全方位提升机构学术声誉与行业权威性，为能源转型进程注入深厚知识动力，精准引领技术革新与政策优化路径。

构建战略合作伙伴关系，深度融入地方发展与行业协作。在米纳斯吉拉斯州，E+能源转型研究所深度参与低碳氢能计划制订，凭借专业洞察剖析州内产业结构与能源禀赋，精准锚定钢铁、采矿等关键产业脱碳转型路径，凭借深入的研究，为计划注入科学性与可行性，激发高附加值绿色产业蓬勃活力，重塑区域产业竞争力格局。在与行业协会的合作中，E+能源转型研究所与巴西沼气协会携手共进，在生物能源领域开展技术和经济可行性研究，并深入探讨低碳氢的概念，以及巴西和国际社会为这一能源资源所采用的命名规则，以提升公众对生物气体优势的认识，特别是其在降低甲烷排放和构建可持续能源体系中的关键作用，同时合作推动相关政策制定，鼓励这种可再生能源的利用，并支持创新技术的发展与应用。

（九）巴西光电研究所-巴西电力行业观察站

巴西光电研究所-巴西电力行业观察站（Instituto Acende Brasil o Observatório do Sector Elétrico Brasileiro）是一家聚焦巴西电力行业的专业智库，以提升巴西电力行业

---

① E+Institute. COP29［EB/OL］.［2024-11-22］. https：//emaisenergia.org/cop29/.

透明度与可持续性为使命，秉持严谨客观态度，凭借精准数据与事实基石，运用长期视角深度剖析行业，精准洞察塑造行业格局的经济、政治、制度关键要素与动态压力，为社会呈现有深度、前瞻性行业洞察，助力构建可持续电力生态，在巴西能源领域发挥关键影响力。

研究领域高度精细化，研究范畴精准锚定巴西电力行业的各个关键环节与核心议题，涵盖电力监管机构效能评估、电力部门治理结构审视、电价税负剖析、电力市场机制探究、电力行业社会环境责任履行、能源供需平衡机制、电力投资回报分析、电价形成机制等与电力相关的方方面面。研究所精准聚焦于电力部门监管效能评估，细致考量监管机构的履职状况与自主权限的适配程度，密切监测对市场竞争、服务质量、技术创新等多方面的影响；严谨审视治理结构，严格核查电力部门治理架构遵循良治准则的水平，确保权力与职责界限明晰；深入剖析税负电价，详细比较分析电价税负在行业内外以及国际间的合理性，并追踪税费资金流向的透明度；全面探究市场机制，精准评估能源拍卖规则在促进公平竞争、优化电价以及供需匹配方面的效能；系统考量社会环境因素，全面评估电力行业在社区福祉增进与生态环境保护等社会责任履行方面的绩效；敏锐洞察供需平衡态势，精确刻画能源供需结构的动态变化以及供应短缺的风险概率，同时监测政府信息披露质量；科学分析投资回报状况，合理评估电力行业巨额年度投资回报的合理性与可持续性；深度解构电价形成机制，详细探究其底层逻辑以及调整原则对多项目标的协同程度[①]。

研究所提供多维度且极具价值的核心服务板块，主要包括搭建体系化专业课程、深度研究分析电力相关领域、研发电力创新项目、开展可持续能源认证评估。其专业课程体系完备而系统，深度贴合巴西电力行业的核心学科需求，依据行业实践的动态变化和技术发展的前沿趋势不断更新优化，为行业人才技能进阶、知识拓展及创新思维培育提供坚实支撑，注入专业知识动能，培育行业复合型精英。深度研究分析板块则将深厚的行业知识储备与先进的分析技术有机融合，在情景规划决策领域为企业战略布局提供前瞻性指引，于行业全景剖析中深挖内在逻辑与发展趋向，借由法规电价监测保障市场规范有序、价格合理公正，全方位地为行业科学决策与稳健发展保驾护航。研发创新项目紧密围绕巴西国家电力能源局的学术指引展开，在监管电价优化、社会环境协同、税负成本管控以及能源创新开发等关键学术路径上精耕细作，既注重创新技术的应用实践，又积极探索全新的商业模式，成为激发行业创新活力、提升能源利用效率与可持续发展效能的强劲引擎。可持续能源认证评估服务独具特色，"可持

---

① Acende Brasil. Quem Somos［EB/OL］.［2024-11-23］. https：//acendebrasil.com.br/quem-somos/.

续能源认证"（Selo Energia Sustentável）是为电力企业精心定制的三级性能评估体系（见图15-9），能够精准量化发电、输电、配电项目的社会环境绩效，有效激励企业对标先进、持续改进，促使行业可持续实践深度融入核心业务，显著提升行业整体的可持续发展水平，增强对社会环境福祉的贡献力度。

图 15-9 可持续能源认证图标

资料来源：Acende Brasil. Selo Energia Sustentável [EB/OL]. [2024-11-23]. https://acendebrasil.com.br/servico/selo-energia-sustentavel/.

打造品牌学术会议，建设巴西电力行业变革的关键助推器与交流主阵地。自2011年起，巴西光电研究所每两年定期举办"巴西能源前沿"会议[①]。自举办伊始，始终紧

---

① Acende Brasil. Brazil Energy Frontiers 4 [EB/OL]. [2024-11-23]. https://acendebrasil.com.br/brazil-energy-frontiers-4/.

扣行业动态脉搏，精准聚焦能源转型关键节点，初期着眼于能源供应的全球与本地状况、公私部门角色、能源与生态人群关系及电价监管等基础层面，随后逐渐向能源转型聚焦，涉及税负、社区参与、供应规划拍卖、政策、市场架构、电价机制等多方面转型要素探讨，近年来则着重于能源转型与配电可持续性，从反思电力市场模式到剖析行业变革影响，再到深入探索转型策略与配电难题，主题从宽泛基础逐步走向深度核心。同时，会议的议程安排科学合理且紧凑有序。从对相关背景的详细阐述开始，逐步推进到专家的主旨演讲，进而展开热烈的辩论环节，最后设置问答环节以促进深度交流。众多来自不同领域的嘉宾参与其中，包括在能源市场研究领域颇有建树的学者、电力企业的核心管理者、政府相关部门的官员以及专业的能源顾问等。他们各自凭借丰富的经验与专业的知识，从不同视角展开深入探讨与交流，为巴西电力行业的发展提供了众多新颖的思路与宝贵的建议。通过持续地举办这样的会议，不仅拓宽了行业内人士的视野与思路，还促进了各方之间的合作与交流，逐渐形成了推动行业发展的强大合力，有力地推动巴西电力行业朝着更加高效、可持续的方向大步迈进，在全球能源格局中不断彰显巴西电力行业的特色与实力，为行业的长远发展奠定了坚实基础。

尽管美洲能源智库取得了显著的发展成就，但仍然面临一些挑战。首先，地域分布的不平衡可能导致部分地区在能源研究和决策中的话语权不足，影响能源资源的合理配置和区域能源合作。其次，能源市场的不确定性和政策的变化，使得智库需要具备更强的政策适应能力和市场前瞻性，以提供切实可行的政策建议。此外，部分智库在资金来源上可能相对单一，限制了研究的广度和深度。

未来，美洲能源智库有望在以下几个方面取得进一步的发展。一是加强区域内的合作与交流，促进不同地区之间的资源共享和优势互补，推动美洲地区能源研究的整体水平提升。二是随着技术创新的不断推进，智库将更加注重跨学科研究，整合能源、环境、经济、社会等多领域的知识和方法，为能源转型提供全面的解决方案。三是积极拓展国际合作，加强与其他地区智库的交流与协作，共同应对全球性的能源挑战，提升能源智库在国际舞台上的影响力。

第十六章

亚洲能源智库

亚洲能源智库的分布在一定程度上与能源资源的地理分布相关，并且研究内容具有鲜明的地区、国家特色，例如，中国作为世界上最大的能源消费国之一，拥有众多能源智库以支持其能源政策的制定和实施、为能源高效利用提出建议。亚洲的能源智库研究领域非常多样化，不仅涵盖石油、天然气等化石能源、能源环境政策等传统领域，还包括可再生能源、新能源技术等新兴领域。多样化的研究领域反映了亚洲国家在能源转型和可持续发展方面的需求，以及面向整个亚洲乃至全球发声作出的尝试与努力。本章统计了 111 家亚洲能源智库（其中东亚 46 家、南亚 15 家、东南亚 14 家、西亚 34 家、中亚 2 家），分析亚洲能源智库的总体特征，后按照东亚、南亚、东南亚、西亚、中亚的地理划分，分别剖析亚洲各个地区能源智库的发展现状、研究重点及代表性机构，以展现其在能源领域发挥的作用，以及在全球能源治理体系中的价值。

一、亚洲能源智库概述

（一）亚洲能源智库的总体发展特征

本研究基于 OTT（On Think Tank）全球智库数据库、《全球智库报告 2020》展开，旨在分析亚洲能源智库的总体发展情况。首先在研究领域中选取与能源相关的智库进行初步筛选，之后剔除了部分与能源研究关联度较低的机构，最终将符合条件的智库按照综合型和专业型进行分类，由此分析亚洲能源智库总体发展的基本情况。

在地理分布上，亚洲能源智库的集中程度与地区经济社会发展水平、能源资源分布以及能源需求状况密切相关。由于资源的存储和利用的分布并不均衡，亚洲能源智库主要集中在东亚等国家和地区，东亚地区国家发展较为快速，能源消费量不断增加，是能源消费和进口大国，因此对各类能源战略的制定和实施需求迫切，以保证能源供给，能源智库的分布最为广泛和密集；而在亚洲其他地区，能源智库在经济社会发展水平较高或能源资源丰富的国家也同样有显著分布,例如南亚的印度,作为新兴经济体,能源需求同样旺盛,其拥有庞大的人口基数和快速发展的工业体系,对能源的需求持续增长,因此国内能源智库的数量较多;拥有储量巨大的石油和天然气的沙特阿拉伯和印度尼西亚,是全球能源市场的重要供应国,这些国家拥有较多能源智库,它们关注国内能源政策的制定和实施,并积极参与国际能源市场的竞争与合作。

从智库的类型来看,亚洲地区的能源智库可分为综合型和专业型。既有像北京大学能源研究院、新加坡地球观测站(Earth Observatory of Singapore)等综合型智库,具备跨学科的研究能力,对能源问题进行全方位、跨学科的研究;也有像沙特能源经济协会(Saudi Association for Energy Economics)、福岛可再生能源研究所(Fukushima Renewable Energy Institute)等专业型智库,专注于能源领域某一特定方面或行业的深入研究。此外,亚洲能源智库在机构类型上还呈现出一些其他的特征。一些智库由政府主导,依托于高校或科研机构,拥有稳定的资金来源、坚实的学科背景和强大的研究实力;另一些智库则由民间资本投资,独立于政府之外,具有更高的灵活性和创新性。这些不同类型的智库在资金来源、运营机制、研究成果等方面存在差异,但都在亚洲能源研究和政策制定中发挥着重要作用。

在研究主题上,总体来看亚洲能源智库的研究方向聚焦于传统能源的利用和能源技术创新与可持续发展。在亚洲的大部分国家,由于历史发展和基础设施建设等因素,交通运输、工业、制造业等领域依然高度依赖传统能源,石油、天然气、煤炭等传统能源品种仍然是这些国家的主要能源消费来源,针对传统能源的合理利用与开发政策成为亚洲能源智库的重要研究重点之一。与此同时,随着全球能源转型的加速推进,亚洲的能源格局也在不断变化。各国在保障能源供应安全、实现可持续发展的过程中,面临着能源消费带来的气候和环境问题。因此,亚洲各国的能源智库不仅关注传统能源的利用,还积极探索能源转型的有效途径,深入研究可再生能源和清洁能源的开发利用。此外,亚洲能源智库还致力于在国际舞台上加强能源领域的合作。通过参与国际能源组织、参加国际会议和研讨会等方式,这些智库与其他国家的能源研究机构共同分享高效利用能源和应对气候变化的策略,努力提升亚洲能源智库的国际影响力,推动全球能源治理体系的完善和发展。

综上所述,亚洲能源智库在地理分布、类型和研究主题等方面都呈现出多样化、全面性的特征。这些智库在推动亚洲地区能源研究、促进政策制定以及加强国际能源合作等领域发挥着重要作用。未来,随着亚洲地区经济社会的发展和能源需求的增长,亚洲的能源智库将会在能源技术创新、促进能源转型以及构建全球能源网络等方面发挥更加重要的作用。

(二) 亚洲大洲之内能源智库的不同地理分布

亚洲地区的能源智库主要集中分布在东亚，尤其是中国、日本和韩国，这些地区在能源研究方面具有较高的活跃度和影响力。东亚地处亚欧通道和"丝绸之路经济带"起点，北靠俄罗斯远东能源资源基地，西临中亚能源资源基地，南接南亚和东南亚负荷中心，是全球重要的经济中心，能源电力需求大，各国资源条件各具特点，互补性强，合作空间大，长期以来所积累的气候环境、能源安全等方面问题突出[①]。东亚地区中，中国是煤炭存储及消费大国，煤炭主要用于发电和钢铁等工业生产，中国在加大煤炭清洁开采力度的同时，也在加快国内油气资源勘探开发，推进非常规能源的开发利用；日本、韩国等国家石油和天然气几乎全部依赖进口，利用先进的技术和管理手段，能源资源在工业和交通运输中的利用效率相对较高；同时东亚国家在开发可再生能源、清洁能源上投入巨大，探索实现能源的清洁、可持续利用。东亚能源供应安全依赖国家科学的政策和不断优化的能源战略，同时凭借其独特的地缘政治优势、相对发达的经济体系以及活跃的能源市场需求，涌现出大量能源智库机构，它们在推动东亚地区乃至亚洲能源领域的发展进程中提供了全方位、多层次的智力支撑。

虽然西亚和中亚地区能源智库数量相对较少，但它们在推动地区能源合作和可持续发展方面也发挥着重要作用。亚洲的油气资源储量最为丰富的地区是西亚和中亚部分地区和国家，同时西亚也是世界上能源资源的产量最大和出口量最多的地区，但是能源分布不平均。在那些经济社会发展水平较高的国家，如沙特阿拉伯、阿拉伯联合酋长国等，石油资源丰富且经济较为发达，其能源智库凭借雄厚的资金支持、先进的技术条件以及对能源战略发展的高度重视，在能源研究和政策咨询方面取得了显著成就。在另一些能源资源丰富的国家，如以色列、卡塔尔、哈萨克斯坦等国，大量的能源储备促使了相关能源智库的建立和发展，但由于基础设施相对落后、能源市场机制不完善、历史遗留等问题，部分国家能源供应短缺，能源领域的研究也与地缘政治、地区安全、外交政策等内容密不可分，因此需要智库发挥"智囊团"的作用，致力于探索如何高效开发、合理利用以及可持续管理本国的能源资源，服务国家能源政策的制定和实施，并且为与其他国家的合作搭建桥梁，解决能源缺口，实现能源战略目标[②]。

---

① 东亚能源互联网研究与展望 [EB/OL]. [2024-10-23]. https：//www.geidco.org.cn/publications/plan/2020/3106.shtml.

② 总台记者看世界｜"家里有矿"的中亚积极开发可再生能源，中国力量如何"点亮"中亚？[EB/OL]. [2024-12-05]. https：//www.toutiao.com/article/7202593882352124450/? upstream_biz=doubao&source=m_redirect.

南亚地区石油和天然气资源相对匮乏。印度是南亚煤炭、石油和天然气储量相对较多的国家，煤炭对于印度庞大的电力供应、工业生产需求起到关键支撑作用。南亚地区能源利用率较低，且供不应求，各国同样依赖进口满足本国的生产生活需求。同时，南亚地区得益于纬度及气候优势，太阳能资源丰富，大部分地区日照充足，有很好的太阳能开发条件，部分沿海地区和高原地区还具备一定的风能资源开发潜力。因此在南亚，如印度、巴基斯坦、孟加拉国等发展较快、能源需求量较大的国家，计划减少对煤炭的依赖，大力发展太阳能和风能等可再生能源，努力提高可再生能源在能源结构中的份额，其能源智库数量较多，致力于解决能源利用、再利用及可持续发展问题，并且积极探索其他类型清洁能源的开发利用。

东南亚地区石油和天然气资源较为丰富，印度尼西亚、马来西亚等国是该地区油气资源储量相对较多的国家，是东南亚主要的石油和天然气生产国，此外，印度尼西亚、越南等地煤炭也较为丰富，泰国、菲律宾等地区日照充足，具有开发可再生能源、清洁能源的潜质。在消费方面，随着经济社会的发展，东南亚国家对石油和天然气的需求也在不断增加，除了用于发电外，还广泛应用于交通运输、化工等行业。基于能源存储利用的情况和经济社会发展水平，东南亚的能源智库集中分布在印度、印度尼西亚以及泰国等国家，从能源战略规划到能源市场动态分析，从能源政策制定到能源技术创新研究，均被纳入其研究范畴，能够为政府、企业和社会各界提供综合性的能源解决方案和战略建议。同时，由于东南亚传统的能源储量较之于亚洲其他地区更紧俏，可再生能源的技术创新、应用推广以及可持续发展也成为东南亚能源智库的研究重点，像新加坡等地理位置特殊而能源资源匮乏的国家，更加重视本国能源安全问题，拥有深入剖析能源资源在国际政治格局中的战略地位以及能源安全与地缘政治风险之间的关系的智库。

亚洲不同地区的能源智库展现出了令人瞩目的全面性和多样性，研究领域涵盖众多领域和丰富主题，在解决共通的能源领域和生态环境问题的同时，体现出鲜明的地区特色，共同构成了能源研究领域的多元生态，亚洲能源智库也成为世界能源智库网络的重要组成部分，为本国乃至亚洲和世界的能源事业发展进步提供了全面、多维的智力支持。

二、典型案例

案例分析基于亚洲能源智库的总体发展情况，选取其中较为典型的亚洲能源智库进行进一步详细的剖析。同时，研究团队通过检索互联网公开信息、学术论文等开源渠道，对智库的具体信息进行了补充和验证，确保数据的准确性和完整性。亚洲各地区典型能源智库基本情况如下。

（一）东亚

东亚地区拥有巨大的能源市场，制定了一系列能源战略和能源政策，东亚能源智库机构分布密集，服务于国家政府的政策制定，也为推动亚洲和全球能源领域的发展提供智力支持。下面将以日本能源经济研究所和清华大学能源环境经济研究所为例介绍其特征。

1. 能源问题研究领域的顶尖智囊团——日本能源经济研究所

日本能源经济研究所（Institute of Energy Economics，IEEJ）成立于1966年6月，同年9月被日本国际贸易产业省认证为法人基金会，主要的资金来源于日本政府资助。其成立初衷是从国民经济整体角度针对能源领域开展专门的研究活动，通过客观分析能源问题并提出制定政策所需的基础数据、信息和报告，为日本能源行业及日本经济发展作出贡献。IEEJ 的目标是致力于从全球角度考虑日本和亚洲的能源经济问题并提出政策建议方案，进行独立、客观和开创性的能源和环境问题分析，成为日本和亚洲能源相关问题研究领域一流的智囊机构，寻找一条碳中和的实现途径，以应对时代挑战。截至目前，IEEJ 已成为一个经费来源于100多家公司的非营利组织，向日本及国际社会提供了诸多与能源和环境相关的数据、信息和政策建议，内容涉及中东、亚太地区的地缘政治局势的研究等[①]。

结构清晰的组织结构。日本能源经济研究所设置主席以及高级常务董事，领导研究所的主要部门，同时部门被清晰地分为八大单元，每个单元下又包含具体的小组或团队（见图16-1），包括管理单元（Administration Unit）、研究战略单元（Research Strategy Unit）、能源安全单元（Energy Security Unit）、电力行业单元（Electric Power Industry Unit）、清洁能源单元（Clean Energy Unit）、能源数据与建模中心（Energy Data and Modelling Center，EDMC）、气候变化与能源效率单元（Climate Change and Energy Efficiency Unit）和能源效率组（Energy Efficiency Group）。同时 IEEJ 的高级常务董事还领导着机构下的附属中心（Affiliated Center）——石油信息中心（The Oil Information Center，JIME Center），一个专注于石油领域数据、信息收集和分析的附属机构。

---

① The Institute of Energy Economics, Japan. Publication (orders from overseas) [EB/OL]. [2024-10-23]. https://eneken.ieej.or.jp/en/publication/index.html.

Organization Chart of The Institute of Energy Economics, Japan (IEEJ)

Main Body — as of July 1, 2023

- Chairman & CEO
- Senior Managing Director & COO
  - Main Body
    - Administration Unit
      - General Affairs Group
      - Accounting Group
      - Business Support Group
      - Information System Group
    - Research Strategy Unit
      - Research Strategy Group
      - Management Planning and Public Relations Group
      - International Cooperation Group
    - Energy Security Unit
      - Global Energy Group 1
      - Global Energy Group 2
      - Coal Group
      - Gas Group
      - Oil Group
    - Electric Power Industry Unit
      - Electric Group
      - Nuclear Energy Group
    - Clean Energy Unit
      - Renewable Energy Group
      - New Energy System Group
      - International Partnership Group
    - Energy Data and Modelling Center (EDMC)
      - Econometric & Statistical Analysis Group
      - Energy & Economic Analysis Group
    - Climate Change and Energy Efficiency Unit
      - Climate Change Group
      - Energy Efficiency Group
    - JIME Center
  - Affiliated Center
    - The Oil Information Center

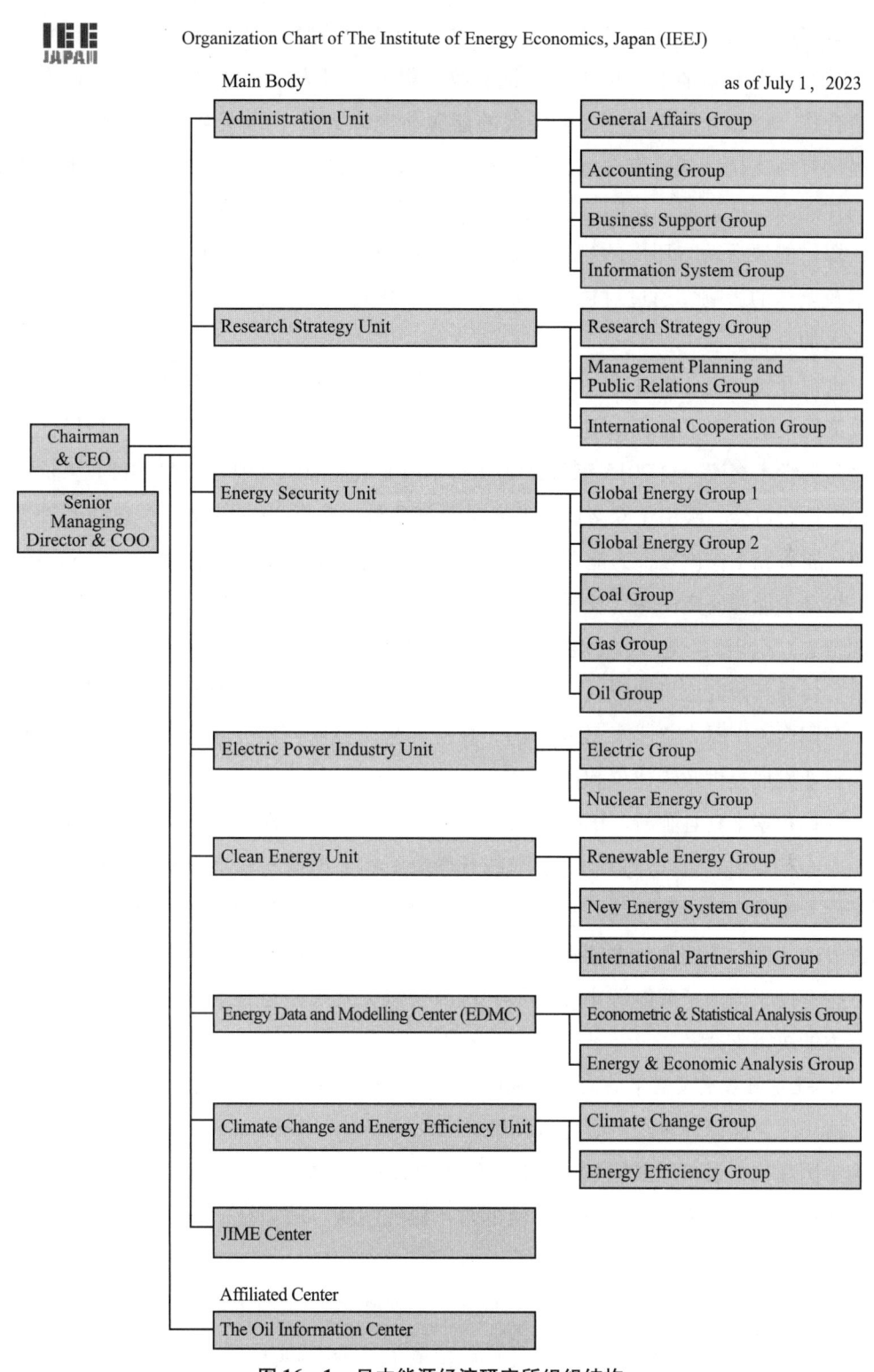

图 16-1 日本能源经济研究所组织结构

资料来源：Organization [EB/OL]. [2024-10-23]. https：//eneken.ieej.or.jp/en/about/organization.html.

研究领域兼备专业与特色。IEEJ 整体组织架构清晰、层次分明，主要研究员有六十余名，涉及新能源、电力、石油、政治等多学科人才，通过各个单元和小组的紧密合作，能够开展全方位、多层次的能源研究，为日本乃至全球的能源政策和发展提供有力支持。其研究领域广泛，包括能源、经济和环境问题以及中东地缘政治等。在能源经济方面，IEEJ 深入研究能源市场动态、能源政策影响等；在环境问题上，探讨能源活动与环境的相互关系；在地缘政治领域，关注中东地区能源局势对日本及全球的影响。通过对这些领域的研究，IEEJ 为日本能源决策提供全面的信息和深入的分析。

重视开展交流合作活动。IEEJ 凭借专家及机构合作网络，在面向亚洲乃至全球进行政策倡议上发挥了显著作用，通过举办多种形式的研究论坛和研讨会，积极促进学者之间的学术交流。自 2015 年起，IEEJ 每年与亚太能源研究中心（APERC）共同举办国际能源研讨会，吸引了众多国内外专家学者参与。截至 2021 年 7 月，已成功开展超过 400 届研究工作论坛，为能源领域的研究人员提供了交流和分享最新研究成果的平台，推动了能源研究的深入发展。同时，IEEJ 出版了《IEEJ 能源杂志（特刊）》《IEEJ 能源杂志》《能源经济学》《能源数据与建模中心能源趋势》等刊物[①]，向全球范围内的读者传播其研究成果和观点，在能源领域的学术交流和知识传播方面发挥了重要作用。在国内，IEEJ 与企业、政府部门、高校等密切合作，积极开展联合研究，为日本能源行业发展提供政策建议和技术支持。

数据积累丰富且独特。IEEJ 在数据统计与积累方面表现出色，构建了能源数据与建模中心，该中心包含计量经济学与统计学分析组、能源与经济分析组，负责能源数据基础开发和能源模型构建及计量分析。其数据服务虽不免费，但它向会员提供日本和世界的年度、季度和月度能源数据，为能源研究和决策提供了丰富的数据资源。这些数据有助于深入了解能源市场趋势、能源供需关系等，为日本能源政策制定者提供了有力的决策支持[②]。

2. 服务国家重大需求的能源环境经济研究重镇——清华大学能源环境经济研究所

清华大学能源环境经济研究所（Institute of Energy, Environment and Economy，3E）作为中国高校中最早开展能源与应对气候变化研究的团队[③]，依托清华大学核能与新能源技术研究院，致力于成为世界一流的学术研究团队、政策智库及精英摇篮，在能源

---

① The Institute of Energy Economics, Japan. Publication (orders from overseas) [EB/OL]. [2024 - 12 - 06]. https：//eneken. ieej. or. jp/en/publication/index. html.

② 黄珂敏，曲建升. 国外知名能源智库运行机制研究 [J]. 智库理论与实践，2022，7（6）：117 - 128. DOI：10. 19318/j. cnki. issn. 2096 - 1634. 2022. 06. 11.

③ 机构概况 [EB/OL]. [2024 - 10 - 26]. https：//www. 3e. tsinghua. edu. cn/cn/category/intro - orgs.

和应对气候变化领域发挥着重要影响力。清华大学能源环境经济研究所的发展模式为能源领域的研究机构提供了有益借鉴。其聚焦国家重大需求开展研究、积极承担社会责任、深度参与国际合作、构建协同创新体系以及注重人才培养等方面的经验，有助于其他机构提升自身科研水平和社会影响力，推动能源环境经济领域的可持续发展。

在多领域开展前沿研究，提供综合解决方案。清华大学能源环境经济研究所成立后，承担了超200项国家级、省部级与国际合作项目，如"八五"科技攻关、"973计划"等，科研经费超2.5亿元①，聚焦能源与气候模型、新能源与可再生能源、能源环境经济模型、能效与节能、能源战略与规划、交通能源、低碳发展理论与机制、国际应对气候变化机制、建筑用能等多个研究领域，为科学制定能源与应对气候变化战略和政策提供量化分析工具，助力政府和企业决策。例如，在能源与气候模型领域，开发不同层级和类别的模型，模拟经济、能源和气候系统间关系，评估能源技术路线和气候变化应对战略；在新能源与可再生能源领域，开展多方面研究，为可再生能源政策制定和企业投资提供技术支撑。同时，清华大学能源环境经济研究所承担了众多中外机构委托的科研项目，涉及碳市场、碳达峰碳中和、全球气候治理等多个领域，为国家"双碳"战略、"十四五"及"十五五"碳强度目标、全国碳市场扩围等工作提供有力支撑，多项研究成果被国家部委采用，咨询报告获国家及北京市领导人批示，如开展碳排放总量控制制度下的全国碳市场配额分配机制研究，牵头全国碳市场扩大行业覆盖范围方案制定等②。

深度参与国际合作，提升全球影响力。清华大学能源环境经济研究所在Science、Nature系列顶级期刊发表过众多学术论文，牵头开展了与国内外机构联合合作的研究项目，例如由中国国家科学技术委员会和美国能源部共同支持的"中国气候变化国别研究"项目研究等；同美国哈佛大学、斯坦福大学、加州大学伯克利分校、国际应用系统分析研究所（IIASA）、德国波茨坦气候研究所（PIK）、伦敦大学学院（UCL）等国际知名大学和研究机构开展了合作研究③；积极参与国际组织活动，研究所多次参与联合国气候变化大会（COP），承办多场主题边会，展示研究成果，与国际机构签署合作谅解备忘录，不断拓展国际合作空间，提升在全球能源环境经济领域的影响力。

---

①③ 清华大学能源环境经济研究所40周年纪念册［R/OL］.（2024－06－14）[2024－10－26]. https：//www. 3e. tsinghua. edu. cn/cn/category/intro－annual－report/articles.

② 清华大学能源经济研究所2023年报［R/OL］.（2024－06－14）[2024－10－26]. https：//www. 3e. tsinghua. edu. cn/cn/category/intro－annual－report/articles.

构建产学研用协同创新体系，推动成果转化。清华大学能源环境经济研究所不仅积极为国家献言献策，参与能源气候政策起草工作，为能源战略、碳减排目标等政策制定提供关键支撑，而且与国内外院校、科研机构、高端智库和非政府组织保持着良好合作，搭建了合作交流平台，如为生态环境部造林碳汇等4项CCER方法学提供技术支撑，在联合国气候变化大会上承办中国碳市场发展与展望主题边会①等，通过举办学术会议、研讨会等活动，促进学术交流与成果共享，推动产学研用深度融合，加速研究成果转化为实际应用。在实践层面上，研究所也努力研究能源体系变革规律，构建前沿模型，为能源决策筑牢量化分析根基。

注重人才培养，打造高素质研究团队。清华大学能源环境经济研究所作为清华大学"管理科学与工程"学科的核心支撑团队，参与创建相关学科，牵头讲授多门课程，培养了众多学术型博士和硕士研究生。其全职研究人员在各自领域深入研究，发表大量高水平学术文章，出版多本专著，为能源环境经济领域发展提供智力支持。清华大学能源环境经济研究所坚持国际标准，并积极创造条件和世界著名大学和研究机构开展研究生培养合作，先后派出40多位研究生到麻省理工学院、哈佛大学、加州大学伯克利分校、美国西北太平洋国家实验室、美国劳伦斯伯克利国家实验室、美国阿贡国家实验室、国际应用系统分析研究所、波茨坦气候研究所、英国伦敦大学学院等国外高校和研究机构学习交流②，培养了众多能源及相关行业的专业人才。

（二）南亚和东南亚

南亚和东南亚大部分国家处于发展阶段，能源资源消耗量大，依赖于政府制定的能源资源政策和战略保证供应和社会经济发展，并且凭借当地地理气候条件，具有发展多种类型清洁能源的优势，两个地区的能源政策注重应对能源问题和气候环境挑战，积极研究可持续发展。下面将以能源、环境和水资源委员会和能源环境资源开发中心为例介绍其特征。

1. 聚焦全球挑战和印度发展的独立研究机构——印度能源、环境和水资源委员会

印度能源、环境和水资源委员会（Council on Energy, Environment and Water, CEEW）成立于2010年8月，是一个总部位于印度、全球参与的政策研究组织，对能源、环境和水资源的关键问题进行分析和建议，为具有不同技能的人们提供一个平台，

---

① 清华大学能源经济研究所2023年报［R/OL］.（2024-06-14）［2024-10-26］. https：//www. 3e. tsinghua. edu. cn/cn/category/intro-annual-report/articles.
② 清华大学能源环境经济研究所40周年纪念册［R/OL］.（2024-06-14）［2024-10-26］. https：//www. 3e. tsinghua. edu. cn/cn/category/intro-annual-report/articles.

让他们聚集在一起，追求自己的兴趣并在公共政策领域建立事业。CEEW 是一个独立的、无党派的、非营利性的政策研究机构，坚持综合、国际化、独立的价值观。CEEW 致力于研究影响资源使用、再利用和滥用的所有事项，通过多种渠道的资金来源来保持委员会的独立性，例如来自私人和慈善基金会、多边组织、政府赠款、公司和公共机构的捐赠和赠款[1]。

深度参与国际合作与交流。CEEW 一直以来专注于了解全球挑战和这些问题挑战对印度发展的影响，所有研究成果均具有国际相关性。CEEW 活跃于联合国气候变化大会（COP）、G20 峰会、斯德哥尔摩+50 会议等国际平台，曾在 COP26、COP27 等展示研究成果、参与规则制定与议题讨论，推动全球气候行动；借 G20 平台助印度提升国际可持续发展领域话语权。CEEW 也与国际组织、各国政府、科研机构、企业广泛合作，如与联合国机构合作开发能力建设工具、推动气候透明报告；与美、法、德、澳等多国伙伴协同开展能源转型、绿色氢能等研究与项目，加速技术创新与知识共享[2]，为实现可持续发展目标作出贡献。

注重传播力和影响力提升。CEEW 每年产出众多高质量研究成果，包含政策报告、学术论文、书籍等，出版物和研究成果的主题广泛涵盖能源转型策略、气候变化应对、可持续生计模式、环境质量改善、绿色金融创新等多领域，为政策制定、学术研究与行业实践提供关键依据。CEEW 及其研究团队也获得了大量媒体关注，于彭博社、《华盛顿邮报》《印度快报》等媒体频繁亮相超数千次，专家多次出镜发声，发表众多观点文章[3]，通过多渠道传播可持续发展理念，提升公众认知与支持，塑造积极舆论环境推动政策实施与社会行动。CEEW 还积极探索传播实践创新，使用大众喜闻乐见的形式宣传其研究成果和观点。近年来，CEEW 制作了系列宣传资料与创意作品，如纪录片"Faces of Climate Resilience"获得国际电影节奖项；漫画系列"What On Earth！"以生动形式传播知识，漫画形象被制作成手提袋、杯子等赠予外交官及 CEEW 的合作伙伴；CEEW 在 COP26 举办前开发并推出了一个策略和模拟游戏，以帮助行业专家了解印度能源转型所需的规模和速度，允许用户通过探索可用的技术发展组合来选择印度的净零目标年[4]。CEEW 通过举办形式丰富的线上线下活动、发布公共服务广告，借多途径增强了公众对于解决气候环境和能源问题的参与度与行动力。

---

[1] Our Story [EB/OL]. [2024-12-06]. https：//www.ceew.in/our-story.
[2][3] For the World from the Global South [R/OL]. [2024-12-06]. https：//www.ceew.in/year-in-review.
[4] Mainstreaming Sustainability [R/OL]. (2023-03-14) [2024-12-06]. https：//www.ceew.in/year-in-review.

不断优化机构发展与人才培育。CEEW不断优化内部架构与工作流程，提升研究、项目管理、传播等专业能力，在设计可持续生活方式的经济框架方面也发挥了不可或缺的作用。CEEW在德里和勒克瑙开设了新办事处，将综合、国际化和独立的原则基础融入了建筑，从回收家具和升级再造材料到可生物降解的地板和节能照明，深刻践行可持续发展的理念①。在人才培养与团队建设方面，CEEW注重人才吸引与培养，提供丰富培训学习机会与职业发展通道，开展领导力学院培训，提升员工专业素养与管理能力；表彰长期服务员工，增强团队凝聚力与归属感，稳固机构发展的人才基石。

2. 亚太地区能源政策的观察站——泰国能源环境资源开发中心

泰国能源环境资源开发中心（Centre for Energy Environment Resources Development，CEERD）的成立是为了开发、推广和传播可持续能源环境概念、国际经验和推荐做法。CEERD在国际合作项目的框架内开展能源环境经济学、规划、建模、政策、市场和技术方面的培训和研究，以加强亚太地区各国政府在能源环境规划和政策制定方面的能力。CEERD在国际和国家机构以及私营部门赞助的咨询项目框架内，通过在国家、区域和国际会议上发表或展示研究成果，提供有关影响亚太地区和其他地区的能源环境当前问题和发展的信息和知识②。CEERD机构旨在成为亚太地区能源系统和能源政策的首要观察站和情报单位，该机构与欧盟、亚洲开发银行等国际组织合作密切，目前已被泰国能源部认可为东盟能源中心（ACE）网络的正式成员，其推出的能源环境数据库管理软件、能源需求与长期预测模型已被亚太20多个国家的能源研究机构采用③。

积极拓展合作网络。CEERD的研究与开发聚焦于支持亚太地区项目，基于自身在能源环境领域的经验，CEERD与众多伙伴形成了正式与非正式的合作安排，其合作伙伴包括亚太、欧洲和美洲地区的国家与国际组织、学术科研机构、非政府组织及私营企业，依托合作伙伴的各类资源，利用各领域人才、学科交叉优势、多样化的经费来源产出高质量的研究成果。并且CEERD与国内外高校积极进行合作，开展研究项目，如与泰国坦亚武里皇家理工大学科技学院合作开展"培养环保意识促进可持续发展"

---

① Mainstreaming Sustainability [R/OL]. (2023-03-14) [2024-12-06]. https://www.ceew.in/year-in-review.

② Centre for Energy Environment Resources Development [EB/OL]. [2024-11-10]. https://onthinktanks.org/think-tank/centre-for-energy-environment-resources-development/#:~:text=The%20Centre%20for%20Energy%20Environment%20Resources%20Development%20%28CEERD%29,sustainable%20energy-environment%20concepts%2C%20international%20experiences%20and%20recommended%20practices.

③ 泰国智库：推动国家可持续发展的重要力量 [EB/OL]. [2024-12-03]. https://www.thepaper.cn/newsDetail_forward_3641089.

项目，旨在推动学生的环保意识、全球变暖意识及可持续发展意识相关活动；与欧亚高校及研究中心合作，接收硕士研究生进行 1~6 个月短期实习，共同开展应用与最终研究。随着中心发展，CEERD 在能源环境领域与私营部门开展更多项目，凭借专业员工经验及专家网络实现业务多元化。CEERD 能够开展能源环境技术市场调研，涉及环境保护方面的环境审计、工程咨询及相关规范标准制定等工作，并与泰国的 Energy, Economy, and Environment Consultants Co. Ltd. (EEEC) 和 Informatics Management Associates Co. Ltd. (IMA) 等私营咨询公司合作，为私营部门提供项目及网页设计等技术服务[1]。

采用多种量化方式辅助决策咨询服务。CEERD 拥有多种项目实施方法工具以及模型：能源环境数据库管理软件（DBA – VOID），带有多个用于能源环境分析的应用程序包：结构强度分析包（SED）、能源平衡生成和维护包（BAL）、增长率和弹性分析包（GRA）、辅助文件计算包（SFC）和自定义可设计报告生成包（REP）；发展中国家部门能源需求分析和长期预测模型（MEDEE – S、MEDEE – S/ENV、LEAP 等）；能源环境供应分析和长期预测模型（模拟/优化）（EFOM – ENV、DECPAC）；电力公用事业扩张分析和预测模型（MAED、WASPIII、ENPEP）；能源政策模型（MICRO-COSM）；用于估计能源外部性、空气污染排放和扩散以及气候变化影响的能源环境模型。在各种区域、国家项目的实施过程中，能源环境数据库管理软件和 MEDEE S/ENV 模型已被转移到亚太地区 20 多个国家的国家能源研究机构或负责能源规划和政策的政府机构。同时，EFOM – ENV 模型已转移到 20 个国家，包括东盟国家，以及朝鲜、印度、伊朗、尼泊尔、巴基斯坦、中国、韩国、斯里兰卡和汤加[2]。

多活动领域深度覆盖。CEERD 利用其在能源环境领域的经验，在能源、能源效率和环境的各个领域提供信息和知识，并开展培训、研究和咨询。CEERD 协助东盟能源中心发起、组织和实施活动，以促进能源和环境方面的区域合作，包括规划和建模，政策制定、能源和环境政策、市场、技术和法规的研究和分析，以及应对气候变化。CEERD 参与的国际项目包含能源供需及环境评估预测、数据库开发、节能能效指标、区域规划模型、能源市场前景等专业范畴，借国际合作项目开展培训研究提升亚太政府能源环境规划与政策能力，通过咨询项目及研究成果分享提供知识信息，加强与私企合作，聚焦亚太研发并促进亚欧学术交流。并且，CEERD 专家团队积极参与国际会议分享成果、推广专长，还举办涵盖能源环境多方面主题的培训及与多组织合办各类活动，推动行业知识传播与人才能力提升，以丰富形式传播研究、培训成果，含报告、

---

[1] Our Network [EB/OL]. [2024 – 12 – 03]. https：//www.ceerd.net/our – network/.
[2] Tools and Models [EB/OL]. [2024 – 12 – 08]. https：//www.ceerd.net/tools – and – models/.

论文、专著、手册及能源环境规划软件指南等，例如发行《亚洲能源新闻》月刊，综合媒体与本地资源，精准呈现亚洲能源动态与趋势，为行业提供关键资讯参考，同时助力特定项目网站建设（如清洁发展领域）①，拓宽知识传播渠道。

（三）西亚和中亚

西亚和中亚地区能源资源储量巨大，得益于得天独厚的优势，当地的能源智库往往聚焦于本地特产的能源资源开发和能源安全，同时为当地政府以及全世界的政府、企业提供决策咨询服务。下面将以阿拉伯阿卜杜拉国王石油研发中心和沙特国王大学可持续能源技术中心为例介绍其特征。

1. 洞察全球能源格局的咨询机构——阿拉伯阿卜杜拉国王石油研发中心

阿卜杜拉国王石油研发中心（King Abdullah Petroleum Studies and Research Centre，KAPSARC）是全球能源经济学和可持续发展领域的咨询机构，为沙特能源行业的实体和当局提供服务，以通过循证建议和应用研究，推动沙特阿拉伯的能源行业发展并为全球政策提供信息为使命。其总部设在利雅得，为能源生态系统、全球能源问题提供咨询服务，KAPSARC 的专家使用多学科团队方法提供日常见解和更新，以推动长期价值实现并大规模交付切实的成果。KAPSARC 的愿景是成为能源经济学和可持续发展领域的顶尖咨询智囊团，目标是利用其分析能力和专业知识为沙特能源行业提供建议；生产国际公认的研究、工具和数据，以影响全球政策制定；为沙特阿拉伯能源行业的发展培养独特的人才；利用 KAPSARC 独特的基金会和资源开展新颖的举措，以最大限度地发挥机构影响力。与此同时，KAPSARC 重视国际合作，与世界各地的众多研究机构、公共政策组织和政府机构建立了牢固的国际联系②。

实体化建设贯彻机构理念，颇具特色。KAPSARC 不仅制定出政策和经济框架，帮助其咨询用户降低和减少能源消耗从而影响到环境和总体成本，其研究园区也充分体现了环保节能的理念，而且充分采用基于技术的解决方案从实践层面更有效地利用能源。其园区在设计上拥有坚实的技术并考虑了环境因素，园区内的五栋建筑组成了一个统一的整体，在设计上充分考虑了如何应对利雅得高原的环境条件，以尽量减少能源和资源消耗。园区建筑设计成蜂窝结构，可以使用最少的材料就能在指定的容积内体积搭建建筑，而且方便拓展和调整建筑结构，同时，KAPSARC 的建筑部分采用了可回收的材料制作，园区内广泛采用太阳能清洁能源，回收再利用水资源（见图16-2）。基

---

① Scope of Activities [EB/OL]. [2024-12-08]. https：//www.ceerd.net/scope-of-activities/.
② King Abdullah Petroleum Studies and Research Center（KAPSARC）[EB/OL]. [2024-12-03]. https：//www.kapsarc.org/about/.

于包括环境可持续性、安全性和生产力在内的标准，KAPSARC 也被评为沙特阿拉伯"最聪明"的建筑①。

图 16-2　阿卜杜拉国王石油研发中心/扎哈·哈迪德事务所

资料来源：阿卜杜拉国王石油研发中心/扎哈·哈迪德事务所 [EB/OL]. [2024-12-03]. https://www.archdaily.cn/cn/882427/a-bu-du-la-guo-wang-shi-you-yan-fa-zhong-xin-zaha-hadid-architects.

重视数据工具模拟决策及数据开放共享。KAPSARC 非常重视决策咨询服务与技术创新的融合，它开发了政策模拟器和引人入胜的视觉叙述等一系列技术工具，利用详细的模型介绍和使用指南来帮助决策者模拟政策制定的过程，预测政策设施的结果。其用户能通过自定义和探索各种能源经济学和气候情景，发现战略政策的可能性；通过交互式视觉对象获得有价值的见解，以做出符合可持续未来的战略决策。作为这些策略模拟器的补充，KAPSARC 使用可视化的技术将复杂的数据转化为引人入胜的故事，从而轻松解释关键信息，让决策者通过将数据与实际结果联系起来的视觉效果，了解全局和更精细的细节，增强对趋势和情景的理解②。此外，KAPSARC 在其官方网站提供了 50 余万条预处理过的开放数据，全面覆盖了中东地区的能源数据，按能源供应、能源利用、其他三个大主题进行分类，帮助用户了解能源经济学以及气候机遇和挑战③。

---

① 阿卜杜拉国王石油研发中心/扎哈·哈迪德事务所 [EB/OL]. [2024-12-03]. https://www.archdaily.cn/cn/882427/a-bu-du-la-guo-wang-shi-you-yan-fa-zhong-xin-zaha-hadid-architects.
② Run policy scenario simulators [EB/OL]. [2024-12-03]. https://www.kapsarc.org/our-offerings/simulators/.
③ KAPSARC Energy Data Portal [EB/OL]. [2024-12-03]. https://www.kapsarc.org/our-offerings/data/.

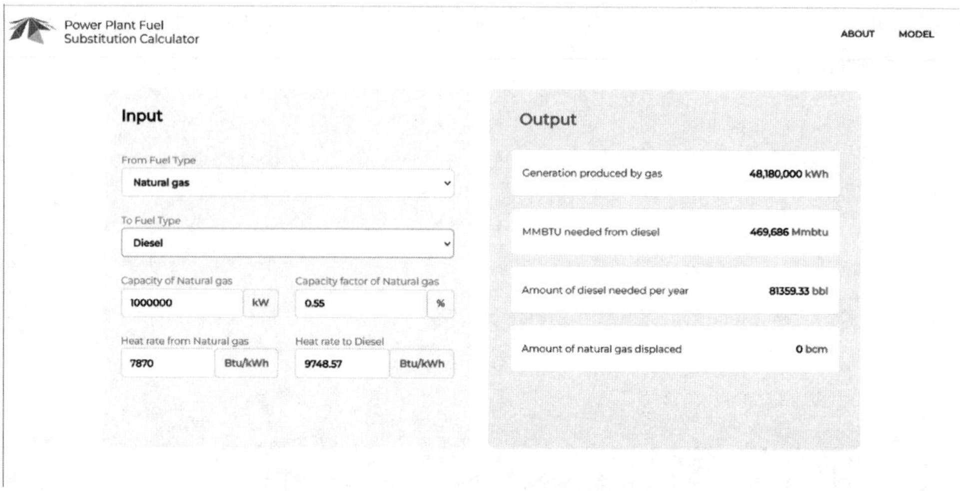

图 16-3　KAPSARC 燃料替代计算器

资料来源：KAPSARC Fuel Substitution Calculator [EB/OL]. [2024-12-03]. https：//www.kapsarc.org/our-offerings/simulators/.

聚焦全球能源经济、环境和政策难题。KAPSARC 志在成为全球转型时代背景下能源经济与可持续发展的顶尖咨询智库，致力于引领全球能源政策方向，KAPSARC 也在实际行动中不断践行其发展理念和愿景，为沙特阿拉伯乃至全世界提供有价值的见解和咨询方案，帮助全球塑造能源的未来。KAPSARC 的研究人员来自超过 15 个不同国家，他们通过与领先的区域和国际研究中心、公共政策组织、区域和地方行业和政府机构合作，分享知识、见解和分析框架，为全球政策决策提供信息。KAPSARC 积极参与全球能源气候会议，在 2024 年，KAPSARC 深度参与了第 14 届 IEA-IEF-OPEC 能源研讨会、第二十九届联合国气候变化大会（COP 29）、碳市场高级别圆桌会议等全球性能源环境和气候领域的会议，并且 KAPSARC 在 COP 中拥有观察员地位，在研究和独立非政府组织（RINGO）选区获得认可，这一地位使得 KAPSARC 能够积极为能源气候讨论做出贡献，并分享其对气候变化和能源问题的研究见解[1]，为全球气候对话贡献"沙特智慧"。此外，KAPSARC 注重与不同国家地区能源领域的研究机构构建战略伙伴关系，凸显了其关注全球能源问题的理念，并有效地丰富了 KAPSARC 的工作和研究内容，扩大了其在制定全球能源政策方面的影响力。

2. 专注可持续能源技术研究的高校智库——沙特国王大学可持续能源技术中心

沙特国王大学可持续能源技术中心（Sustainable Energy Technologies，SET）的愿景是通过其在可持续能源技术方面的杰出研究成为领先的技术开发商，以应对沙特阿拉

---

[1] KAPSARC at COP 29 [EB/OL]. [2024-12-03]. https：//www.kapsarc.org/events/kapsarc-at-cop-29/.

伯王国未来的能源挑战。SET 以技术开发为该计划的指导原则，其研究几乎涵盖了所有可再生和可持续能源，如太阳能、风能、地热能、生物质能、氢能和核能，以及可再生能源在海水淡化过程中的应用。为了进一步加强研究中心的基础和实力，SET 依托大学和各界提供的资源，提供这些领域的研究生学习和培训。沙特国王大学众多核心学科的背景，加上能源领域的领先研究工作，这些有利条件使 SET 能够为研究生学习提供理想的平台，以满足沙特王国发展对下一代可持续能源专家的需求①。

组建专精不同类型可持续能源研究的小组。SET 在可持续能源研究的领域下细分了不同的研究小组，这些研究小组专注于不同类型的能源研究，分别涉及 Solar Energy（太阳能）、Wind Energy（风能）、Energy Storage（储能）、Hydrogen Energy（氢能）、Biomass Energy（生物质能）、Nuclear Energy（核能）、Geothermal Energy（地热能）七个领域。每个小组专注于其具体研究领域的技术研究，拥有各自的目标和科研项目计划，并且获得学校相应的资源支持，出版各自领域的研究成果，例如，SET 中心的太阳能光伏小组就是理学院、工程学院和 SET 中心之间战略合作的产物。太阳能小组的愿景是努力让沙特阿拉伯在太阳能光伏技术方面处于领先地位，因为其全年的太阳辐射量很高，还有其他有利的因素，例如光伏安装所需的大面积可用性。其目标是：开发用于太阳能光伏应用的新材料，并提高现有材料的性能；减少沙特阿拉伯恶劣环境（温度和灰尘）对太阳能电池板的负面影响；制造用于智能窗户应用的薄膜材料。小组进行着新型太阳能海水淡化技术、热水系统等项目的开发，并且已出版了众多关于太阳能粒子加热接收器概念、相关实验和材料等研究成果②。

研究过程获得学校大力支持。SET 作为高校智库，依托沙特国王大学的学科优势和学院的基础资源组建，其各项活动都争取到了沙特国王大学甚至国家资源的倾斜，特别是在基础设施和设备等方面。SET 的研究实验室设备齐全，拥有全系列的基本实验室设备以及高科技仪器，这些是专为在沙特阿拉伯王国任何地方工作的研究人员准备的顶级仪器，例如在氢能研究实验室，拥有全套氢气生产、储存和燃料电池测试实验室设施，学校为研究人员配备了量子效率测量装置（IPCE）、台式 X 射线衍射仪（XRD）、UV－vis－NIR 分光光度计等仪器③。除了科学与工程学院的中央设施外，SET 中心还与工程材料研究卓越中心（CEREM）、阿卜杜拉国王纳米技术研究所（KAIN）、先进制造研究所等高级中心合作，这些中心和部门设施配备了最先进的仪器，帮助 SET

---

① About SET［EB/OL］.［2024－12－07］. https：//set. ksu. edu. sa/en/about－set.
② Solar PV Group［EB/OL］.［2024－12－07］. https：//set. ksu. edu. sa/en/PV－TH.
③ Instruments & Capabilities HE［EB/OL］.［2024－12－07］. https：//set. ksu. edu. sa/en/Instruments－HE.

进行材料合成、材料表征和器件制造的工作①。

积极承担社会责任。SET 认为其科学家和工程师都应对他们所从事研究的社会负责。在 SET 中心的意识形态中，知识是发展创新和可持续社会的关键，在进行科学和技术研究的同时，它也可以为社会提供更安全、更清洁的环境下技术发展的新机会。SET 中心依靠可持续能源运行，太阳能和风能被用来提供灯光电力，可再生能源供应使其能够每月减少近 2 千克的二氧化碳排放，为环保做出贡献，并且激发年轻人的兴趣。同时，SET 意识到提高对可再生能源技术在社会中重要性的认识的迫切需求，以及尽早让年轻一代保持兴趣并参与环保行动的重要性，因此 SET 开展了众多形式的宣传活动，如每学期定期组织系列公开研讨会，SET 学者在会上为学生和普通观众授课，旨在提高对可持续能源的认识和重要性，并警告社会注意当前碳基经济下温室气体排放的影响；征集小说作品和画作，举办艺术比赛展示可再生能源的作用和重要性及其对社会和全球环境的影响，提高学生及全社会的年轻人对可再生能源积极作用的认识②。

本章主要对亚洲能源智库进行了全面而深入的探讨。亚洲能源智库作为能源领域的重要智囊团，不仅数量众多，而且类型多样，既包含综合型智库，也涵盖专业型智库，既有政府主导型，也有民间资本投资型。这些智库在资金来源、运营机制、研究成果等方面多种多样，存在差异，但它们共同在亚洲能源研究和政策制定中发挥着重要作用。

除了地域分布外，亚洲能源智库的研究主题呈现出多样化的特点。从能源战略与政策、智慧能源、页岩油气、地热、新能源及能源国际合作等传统领域，到能源与气候、能源环境绩效评价、碳交易与碳减排机制、数字经济与能源环境管理等新兴领域，亚洲能源智库的研究范围涵盖了能源领域的方方面面。这种多样化的研究主题不仅有助于深化对能源领域的认识，而且也为政策制定提供了更为全面的参考。

在研究成果方面，亚洲能源智库也取得了显著的成效。通过深入研究和分析，这些智库不仅为政府决策提供了科学依据，而且也为能源企业和社会公众提供了有价值的参考信息。例如，一些智库在能源政策制定、能源技术创新、能源市场分析等方面取得了重要突破，为亚洲能源领域的可

---

① Facilities & Capabilities [EB/OL]. [2024-12-07]. https：//set.ksu.edu.sa/en/Facilities-Capabilities.
② Social Responsibility [EB/OL]. [2024-12-07]. https：//set.ksu.edu.sa/en/Social-Responsibility.

持续发展作出了积极贡献。

　　此外，亚洲能源智库之间的交流与合作也日益频繁。通过组织学术会议、开展联合研究、举办专题论坛等方式，这些智库不仅加强了彼此之间的联系与沟通，而且也促进了研究成果的共享与传播。这种交流与合作不仅有助于提升亚洲能源智库的整体研究水平，而且也为推动亚洲能源领域的合作与发展奠定了坚实基础。

　　综上所述，亚洲能源智库在能源研究和政策制定中发挥着重要作用。未来，随着亚洲能源领域的不断发展，这些智库将继续发挥重要作用，为推动亚洲能源领域的可持续发展作出更大贡献。同时，我们也期待亚洲能源智库能够继续加强交流与合作，共同应对能源领域面临的挑战与机遇。

第十七章

其他大洲能源智库

在全球范围内能源转型与可持续发展的大背景下,非洲和大洋洲能源智库的总体发展显得尤为突出且富有活力,既具有鲜明的地域特色,又展现出与全球能源治理接轨的显著特征。近年来,随着全球对清洁能源和可持续能源解决方案需求的日益增长,非洲大洋洲地区作为世界上能源资源最为丰富的地区之一,其能源智库的发展不仅成为推动地区能源转型的关键力量,也是促进全球能源治理与合作的重要一环。非洲能源智库主要围绕本土能源开发、可再生能源推广及能源普惠等议题开展研究,其发展历程与非洲国家的现代化进程紧密相连。大洋洲能源智库则在清洁能源转型、碳中和路径及区域能源合作等领域形成了独特的研究优势,为南太平洋地区的能源政策制定提供了重要的智力支持。本章将分别剖析这两个地区能源智库的发展现状、研究重点及代表性机构,以展现其在全球能源治理体系中的独特价值和影响力。

一、非洲

近年来,非洲能源智库在数量与规模上实现了快速增长,其在推动清洁能源开发、可再生能源探索、能源政策研究以及国际合作中发挥了重要作用。尽管整体基础设施建设和管理能力仍有待提升,但这一领域呈现出显著的多样化和创新趋势。这些智库覆盖了从基础能源研究到高级能源战略分析的广泛领域,形成了一个多层次、多维度的研究网络。它们不仅包括政府资助的官方智库,如非洲开发银行下设的能源部门,以及各国能源部直属的研究机构,还涌现了大量由高校、非政府组织、私营企业和国际机构共同发起或资助的独立智库。这些智库通过汇聚能源政策、经济学、环境科学、工程技术等多领域的专家学者,形成了一支跨学科的研究队伍,为地区能源政策的制定与实施提供了坚实的智力支撑。

(一)非洲能源智库的总体发展特征

本节的研究数据来源于OTT(On Think Tank)全球智库数据库和互联网公开信息

等，初步筛选后选出能源研究领域的综合型智库和专业型智库，纵览智库信息再通过论文、专著、互联网公开信息检索补充总结出如下的非洲地区能源智库发展特征。

1. 聚焦可再生能源的开发与推广

非洲大陆拥有得天独厚的可再生能源资源，包括丰富的太阳能、风能、水能和地热能资源。例如，撒哈拉地区的年均日照时间极长，东非裂谷的地热潜力也不容忽视。然而，尽管资源丰富，非洲大陆的能源开发仍然滞后。统计显示，在过去20年间全球可再生能源投资中，非洲仅占2%，这说明巨大的开发潜力尚未被充分挖掘[1]。为了应对能源贫困问题，许多能源智库将目标聚焦于离网和分布式可再生能源系统的推广。这些系统尤其适用于人口稀少或基础设施薄弱的偏远地区。在这些能源智库中，位于南非开普敦开普半岛理工大学的南非国家可再生能源研究中心 South African Renewable Energy Technology Centre（SARETEC）是南非第一个国家级可再生能源技术中心，专注于清洁能源技术的开发和政策推广，其与可再生能源领域的政府、学术界、行业协会、公司等建立了牢固的合作伙伴关系，致力于通过开展短期课程和研讨会为非洲地区的可再生能源行业提供与行业相关的专业培训和认证[2]。

2. 推动政策制定与区域合作

能源政策的制定是非洲能源智库的重要关注点之一，因为政策制定对能源系统的长期规划和可持续发展至关重要。近年来，非洲能源政策的制定愈发重视可再生能源和绿色工业化的发展，旨在通过政策激励推动清洁能源项目的落地。非洲能源政策中心（Africa Centre for Energy Policy，ACEP）是一家专注于能源政策和能源挖掘的机构，总部位于加纳，覆盖整个非洲地区。其旨在通过对非洲能源和采掘业进行高质量研究、分析和宣传，促进制定替代性和创新性政策干预措施[3]。在具体政策领域，非洲一些能源智库强调通过税收减免、补贴和低息贷款等方式，为清洁能源开发和应用提供激励。这些措施降低了中小企业进入能源市场的门槛，激发了私营部门的活力。此外，非洲能源智库在推动区域合作方面发挥了桥梁作用。例如，智库工作促进了非洲联盟（AU）和非洲开发银行（AfDB）之间的协作，共同推动泛非电网互联计划，该计划通过跨境电网连接，实现区域电力共享，优化能源配置，降低了各国的能源成本，有效提升了各国应对能源挑战的能力。

---

[1] 可再生能源市场分析：非洲及其地区［EB/OL］.［2024 - 12 - 07］. https：//www. irena. org/publications/2022/Jan/Renewable - Energy - Market - Analysis - ZH.

[2] South African Renewable Energy Technology Centre（SARETEC）. About us［EB/OL］.［2024 - 11 - 24］. https：//www. cput. ac. za/academic/faculties/5196 - about - saretec.

[3] Africa Centre for Energy Policy. About us［EB/OL］.［2024 - 11 - 24］. https：//acep. africa/the - organisation/.

3. 强化创新驱动的技术支持体系

技术创新是非洲能源智库推动能源转型的重要动力。在清洁能源领域，技术不仅关乎效率，还直接影响到能源系统的经济和环境效益。近年来，非洲能源智库通过引进新技术、支持本土研发以及优化能源管理等措施，为清洁能源的普及和应用提供了强有力的技术支持。在技术支持方面，非洲能源智库强调创新与本土化研发并行，其引进强调选择适合非洲本土环境的技术，例如撒哈拉以南地区常年高温干旱，传统火电站的冷却水资源匮乏，因此更多采用无须水资源的太阳能光伏技术。同时，在沿海地区和山地，风能涡轮机则被广泛应用。

（二）典型能源智库案例分析

1. 以推动能源转型为特色的政策研究机构——非洲能源政策中心

非洲能源政策中心（Africa Centre for Energy Policy，ACEP）成立于 2010 年，旨在通过对非洲能源和采掘业进行高质量的研究、分析和宣传，促进制定替代性和创新性的政策干预措施，以此促进整个非洲的经济转型和可持续包容性发展。不同于其他能源组织，非洲能源政策中心的工作重点在于开展以证据为基础的研究、政策分析、能力建设和宣传，提高该地区能源和采掘部门治理的透明度、健全相关问责制度，以确保非洲地区的能源和采掘资源能够被有效和公平地获取和利用[①]。

积极参与政策和法规的制定，保障非洲能源收支的公开透明。非洲大陆拥有丰富的自然资源（矿产、石油和天然气）。虽然这些储量巨大的资源有望促进经济发展和转型，但石油和天然气生产的历史表明，在许多石油资源丰富的非洲国家，石油工业对国家发展的影响并不理想。非洲能源政策中心积极关注非洲国家的能源和采掘资源收入管理，通过立法和监督等形式推动非洲地区财政审慎和高效、可持续地管理资源收入，包括《石油收入管理法》（2011 年）、《石油勘探和生产法》（2016 年）及其条例。在积极参与立法工作的同时，非洲能源政策中心也会监督法律法规的执行和落实，以确保实现法律中制定的目标。除此之外，非洲能源政策中心也跟踪《石油收入管理法》中设立的各种石油基金中石油资金的使用情况，以此评估政府支出的透明度、问责制和公平效率。

持续关注能源转型。全球气候问题迫使各国和企业，特别是化石燃料行业，采取行动向低碳型能源过渡。各国开始制定目标，一些大型石油公司也正在实现业务战略的多元化，加速研发替代燃料，投资融资的目标也从化石燃料大幅转向其他清洁能源。

---

① Africa Center for Energy Policy [EB/OL]. [2024 - 12 - 05]. https：//acep. africa/the - organisation/.

尽管全球急需应对气候变化，但各国对此次转型机遇的认知还存在着差距。在此背景下，非洲能源政策中心搭建了名为"非洲气候学院"的教育平台①，旨在促进公众对气候变化、能源转型及其对非洲的影响的理解，以此讨论范式的转变。这个为期一周的课程以政策制定者、媒体专业人士、民间社会领袖和学术界为对象，让他们从新的视角认识与石油依赖相关的风险以及可持续能源替代品带来的大量机遇。非洲气候学院在一周内开展一系列模块活动，每个模块都涉及气候变化、能源转型以及非洲在塑造可持续未来中的作用等方面，以此促进公众对石油依赖相关风险的理解，宣传向可持续能源过渡的紧迫性，重塑公众观念。与此同时，该课程帮助公众积累知识，了解全球能源状况，重点关注非洲面临的挑战和机遇，同时也提供有关可再生能源技术、政策的最新信息。除此之外，该课程搭建了一个交流思想与技术的平台，促进政策制定者、媒体代表和学术界之间的跨部门联系与合作，让参与者掌握宣传可持续能源政策所需的知识和技能，使他们有能力成为气候行动和可再生能源转型的倡导者。

积极参与国际倡议。2015年联合国气候峰会中通过了《巴黎协定》，明确了要将全球平均气温升幅控制在工业革命前水平以上低于2℃之内，并努力将气温升幅限制在工业化前水平以上1.5℃之内的目标，并针对可再生能源进行了投资②。在各国努力应对气候能源危机和实现《巴黎协定》提出的宏伟目标之际，非洲正处于一个关键的十字路口，54个非洲国家通过了《巴黎协定》。非洲大陆拥有丰富的自然资源，包括全球已探明矿产储量的30%和其他丰富的可再生能源资源如太阳能、风能、水能、地热能，其任务是利用自身的资源推动可持续发展和公平的能源获取。在此基础上，非洲能源政策中心积极参与和举行全球性活动，为全球气候和能源挑战做出贡献。2024年，非洲能源政策中心与其合作伙伴组织举办了2024未来能源大会，本次大会的主要目标是审查非洲的能源需求以及能够减少能源贫困的各种资源和技术，会议通过促进跨境合作、创新和知识交流，为实现非洲能源可持续发展制定路线和解决方案。会议重点包括：公平公正的能源转型、非洲能源系统的创新研究、从矿产到清洁能源等。除此之外，非洲能源政策中心还主办了气候行动大会、尼日利亚全国甲烷论坛、应对电力部门挑战公共论坛等会议③。

2. 非洲清洁能源和气候改革的引领性国际非政府组织——国际能源、环境与发展中心

国际能源、环境与发展中心（International Center for Energy, Environment & Devel-

---

① Africa Center for Energy Policy [EB/OL]. [2024-12-05]. https：//acep.africa/climate-academy/.
② 维基百科巴黎协定 [EB/OL]. [2024-12-07]. https：//zh.wikipedia.org/wiki/%E5%B7%B4%E9%BB%8E%E5%8D%94%E5%AE%9A.
③ Africa Center for Energy Policy [EB/OL]. [2024-12-05]. https：//acep.africa/events/.

opment，ICEED）是一个专注于全球能源、环境及可持续发展的国际非政府组织，其致力于推动可持续能源的发展并促进环境保护。ICEED的使命是通过创新、研究和国际合作，推动社会、经济和环境之间的平衡发展。

尼日利亚可再生能源政策的推动者。ICEED作为尼日利亚农村和可再生能源政策改革的关键，多年来协助建立了农村电气化机构、农村电气化基金和分部门战略，奠定了启动农村电气化战略的基础。2005年，ICEED担任尼日利亚首个可再生能源总体规划的首席顾问和作者；2006年，ICEED为联邦电力部制定了国家可再生能源电力政策指南和可再生能源电力行动方案；2010年ICEED为联邦环境部制定了国家可再生能源政策和指南。

清洁能源和气候改革项目的领导者。ICEED成立多年来，为尼日利亚带来了世界一流的能源分析、专业知识、项目实施和交流，其领导了一些重要的清洁能源和气候变化有关的改革活动，包括成功推动《建立国家气候变化委员会法案》，为尼日利亚联邦政府撰写了《可再生能源总体规划》，支持制定了《国家清洁烹饪政策》，以及最近开展的《博尔诺州适应气候变化行动计划》[1]。除积极参与尼日利亚地区的政策制定外，ICEED还领导开展了非洲地区一系列可再生能源项目。其中包括非洲微型电网的可持续性、包容性和治理（Sustainability，Inclusiveness and Governance of Mini-grids in Africa，SIGMA），该项目由萨里大学与苏塞克斯大学、ICEED和其他三个非洲国家的研究人员共同开展，通过研究肯尼亚、尼日利亚、塞内加尔和坦桑尼亚的情况，更好地理解撒哈拉以南非洲地区微型电网的可持续性、包容性和治理情况，为全球普及电气化提供更好的决策支持[2]。除此之外，ICEED作为顾问与亚当-史密斯国际组织共同设计、开发并管理了尼日利亚太阳能计划。该计划旨在尼日利亚建立一个可持续的分布式太阳能市场，提高城市和农村地区的电气化率，改善卫生、教育和家庭领域的福利成果，同时促进节能减排。

二、大洋洲

大洋洲虽然在国土面积和人口规模上相对有限，但作为世界重要能源出口地区，在全球能源转型和气候变化应对中具有举足轻重的地位。该地区能源智库的发展特征呈现出规模精悍、研究深入、影响广泛的特点。以澳大利亚和新西兰为代表的21家能

---

[1] ICEED. About Us［EB/OL］.［2024-12-07］. https：//iceednigeria.org/about/project-management.html.
[2] ICEED. PROJECT MANAGEMENT［EB/OL］.［2024-12-07］. https：//iceednigeria.org/about/project-management.html.

源智库，通过专业化分工与深度研究，在清洁能源技术创新、碳市场建设等领域形成了独特的研究优势，在全球能源治理体系中发挥着不可或缺的作用。通过考察大洋洲能源智库的发展特征和代表性机构，不仅可以深入理解该地区在全球能源治理中的特殊地位，更能为其他地区能源智库的发展提供有益借鉴。

（一）大洋洲能源智库的总体发展特征

本研究基于 OTT（On Think Tank）全球智库数据库展开，首先在研究领域中选取与能源相关的智库进行初步筛选，随后剔除部分与能源研究关联度较低的机构，最终将符合条件的智库按照综合型和专业型进行分类。同时，研究团队通过检索互联网公开信息、学术论文等开源渠道，对智库的具体信息进行了补充和验证，确保数据的准确性和完整性。大洋洲能源智库基本情况如下。

1. 形成了高效精准的专业研究体系布局

作为全球能源转型的重要参与者，大洋洲地区培育了 21 家具有重要影响力的能源和气候变化智库。其中，专业型智库如清洁能源委员会（Clean Energy Council）、澳大利亚能源市场运营商（AEMO）专注于细分领域研究；综合型智库如澳大利亚战略政策研究所（ASPI）、格拉坦研究所则从更宏观的视角开展跨领域研究。这种专业型与综合型智库并存的格局，确保了研究深度与广度的有机统一。

2. 实现了多层次研究主题的系统性整合

这些智库的研究主题涵盖能源转型、气候变化、市场改革、技术创新等多个维度。在能源政策研究方面，澳大利亚能源政策研究所、能源经济与金融分析研究所等机构围绕能源市场改革、价格机制和监管框架开展深入研究；在技术创新领域，墨尔本大学能源研究所、澳大利亚国立大学能源变革研究所等高校智库则致力于新能源技术突破和系统集成创新。这种多层次的研究体系使其能够为能源转型提供全方位的智力支持。

3. 凸显了研究平台的国际化参与特征

作为连接亚太地区的重要研究平台，大洋洲能源智库积极参与全球能源治理。它们不仅在传统的能源贸易研究领域发挥作用，更在全球气候变化应对、可再生能源推广等新兴议题上贡献智慧。特别是在碳排放交易、能源技术合作等方面，悉尼环境研究所、全球碳捕获与存储研究所等机构通过开展跨国合作研究，推动了区域能源治理的深化发展。

（二）典型能源智库案例分析

1. 以协同管理为特色的国家级科研机构——澳大利亚联邦科学与工业研究组织

澳大利亚联邦科学与工业研究组织（Commonwealth Scientific and Industrial Research

Organisation，CSIRO）作为澳大利亚最具影响力的国家级科研机构，其能源研究中心在推动能源系统转型和技术创新方面发挥着核心作用。通过聚焦能源转型的关键挑战，CSIRO 能源中心不断引领全球能源领域的技术变革与政策创新，助力澳大利亚实现净零排放目标的同时，积极应对全球能源系统的复杂挑战。

研究领域聚焦能源转型的关键挑战。CSIRO 能源研究中心专注于解决能源系统转型中的核心问题，涵盖多个关键领域。研究主题包括可再生能源系统集成、氢能技术开发、电网现代化、储能技术创新以及能源经济建模等。其中，CSIRO 在氢能产业的发展方面尤为突出，研发了从氢气制取到储运的全链条技术，为澳大利亚成为清洁能源出口大国提供了坚实技术支撑[1]。此外，其能源经济建模与情景分析为决策者提供了基于数据的战略指引，例如 *GenCost* 系列报告为新能源技术的成本趋势与经济性评估提供了权威参考[2]。

建立了完整的产学研协同创新体系。CSIRO 能源中心通过产学研一体化的协作模式，建立了高效的创新生态系统。研究中心与国内外知名高校、行业龙头企业及政府部门紧密合作，通过"研究—示范—推广"的创新路径实现技术突破与应用转化。例如，与澳大利亚国立大学合作推进的可再生能源集成技术研究成果已经在多个示范项目中实现商业化应用。此外，CSIRO 在国际层面积极推动跨境合作，与美国、日本等国的科研机构共同开展项目，进一步提升了技术影响力。

拥有先进的研究设施和强大的技术支持能力。CSIRO 能源研究中心配备了世界领先的研究设施，为技术开发和验证提供了强大的支持。其核心设施包括新一代太阳能发电实验室、储能技术测试平台和智能电网研究设施等，这些设施能够模拟复杂的能源环境，支持从基础研究到技术应用的全流程研发。此外，研究中心通过吸引全球顶尖能源领域专家，构建了一支多学科融合、国际化的研究团队，从而为能源创新提供了源源不断的动力。

在国际能源技术研发合作中树立典范。CSIRO 能源研究中心通过与全球合作伙伴的联动，在国际能源技术合作中树立了标杆。其研究成果在多个国际项目中得到了应用，例如与美国国家可再生能源实验室（National Renewable Energy Laboratory，NREL）的合作，推动了智能电网与储能技术的协同创新。这种国际化合作模式不仅强化了澳大利亚在全球能源技术领域的地位，也为其他国家在技术转移和国际合作方面提供了

---

① GenCost 2023-24 report [EB/OL]. [2024-11-24]. https：//www.csiro.au/en/research/technology-space/energy/GenCost.

② CSIRO Head Office. Annual Report 2023-24 [R/OL]. [2024-11-24]. https：//www.csiro.au/en/about/Corporate-governance/annual-reports/23-24-annual-report.

宝贵经验。

持续推动能源政策与技术创新的深度融合。CSIRO 能源研究中心的研究不仅专注于技术创新，还注重能源政策与经济分析的结合。其能源系统建模和情景分析能力使得政策制定者能够基于科学依据进行战略规划。例如，通过量化可变可再生能源的整合成本，CSIRO 为制定高比例可再生能源应用策略提供了关键支持。这种科学研究与政策应用的紧密结合，成为促进能源系统高效转型的重要基础。

可供借鉴的核心经验。CSIRO 能源研究中心的成功实践为全球能源智库提供了宝贵的启示。其通过产学研一体化模式提高了技术转化效率，通过高水平的国际合作扩展了技术影响力，通过政策与技术的结合强化了能源决策的科学性。这些经验为构建高效能源智库提供了系统化、可操作的实践框架，值得其他国家和机构深入研究与借鉴。

2. 以多元发展为特色的非营利科研学会——澳大利亚能源研究所

澳大利亚能源研究所（Australian Institute of Energy，AIE）是澳大利亚的一家非营利性能源研究学会，其致力于推动能源领域的技术发展、政策创新以及教育普及。随着全球能源需求的不断增长，澳大利亚也亟须在能源技术、管理和政策方面进行全面的探索和改革。澳大利亚能源研究所作为澳大利亚能源行业的重要声音和平台，通过促进学术界、工业界和政府部门之间的合作与交流，教育、研究及政策倡导来提高公众和行业对能源问题的关注，持续推动着澳大利亚能源行业的进步与发展。

统一管理的多分会协作模式。澳大利亚能源学会是一个非政治性、由志愿者领导的会员制组织，其秘书处设在新南威尔士州。除此之外，在阿德莱德、布里斯班、堪培拉、纽卡斯尔、珀斯、悉尼和维多利亚州设有七个分会①。各分会的会员包括来自当地和全国能源行业的专业人士，可以根据所在地区的政策需求和地方性问题，开展多样化的能源研究。除此之外，各地各分会还定期开展能源论坛、培训、座谈会等，一起了解、讨论和辩论新出现的能源问题，提供了一个良好的交流环境，也推动当地能源问题的解决。虽然各地分会的组织模式不同，但都受澳大利亚能源研究所总章程的管理与规范。

跨行业、跨领域合作的研究模式。从创立至今，澳大利亚能源研究所一直秉持跨领域合作的精神，致力于为来自不同能源领域的专业人士提供一个共享知识与经验的交流平台。其成员涵盖了从传统能源（如煤炭、石油、天然气）到可再生能源（如太阳能、风能、水力发电等）、能源存储与智能电网技术等多个领域的专家与从业人员。

---

① Australian Institute of Energy [EB/OL]. [2024-11-27]. https://www.aie.org.au/branches/about-branches/branch-info/.

这种多元化的成员结构使得澳大利亚能源研究所能够在广泛的能源议题上进行有效讨论与合作，推动了多种技术和解决方案的研究与实施。随着全球能源转型的不断推进，澳大利亚能源研究所逐步将可持续发展和能源效率提升作为其战略核心，致力于推动全球能源结构的绿色转型，尤其是在碳排放减排、清洁能源应用、能源存储技术和智能电网等方面作出了大量贡献。

可持续发展与环境责任的战略导向。澳大利亚能源研究所将提高社区对能源的生产和使用以及能源政策的认知作为组织的重要发展目标之一，并以此为基础向政府和社会开展广泛的宣传、推广学会的观点和活动。为向公众普及能源政策、提高其能源意识，澳大利亚政策研究所重视对公众，尤其是年轻会员和学生的教育和培训。通过组织各类学术活动、讲座和培训，帮助公众理解复杂的能源问题，普及能源教育，促进当地和整个国家能源行业的可持续发展。

专注打造智库品牌成果。澳大利亚能源研究所和其各个分会致力于在能源领域创造具有深远影响的品牌成果，其核心之一就是通过高质量的出版物和活动，推动能源行业的知识传播和技术创新。作为澳大利亚能源行业的重要机构，澳大利亚能源研究所通过定期举行各类能源论坛、研讨会和会议，进一步强化了其在行业中的品牌影响力。自1996年以来，澳大利亚能源学会珀斯分会和西澳大利亚政府能源政策部（EPWA）联合主办一年一度的西澳大利亚能源大会[①]。该大会是西澳大利亚州最重要的能源活动，为当地能源行业举办，聚焦于当前能源行业的重大议题，如能源转型、碳排放减排、全球能源市场变化等，汇聚政府官员、行业领袖、学术专家及企业代表，共同探讨未来能源发展方向。除了定期举办特色论坛，澳大利亚能源研究所还通过发布自己的官方期刊 *Energy News* 来展示行业最新研究成果。该期刊每季度出版一次，作为学会会员福利的一部分，每期重点关注一个能源领域的话题，目前已围绕"气候风险""能源转型"等主题进行了讨论。通过这一平台，澳大利亚能源研究所不仅为会员提供了一个了解能源行业前沿发展和新兴技术的窗口，也促进了知识的共享和讨论，推动了政策的有效制定和实施。

另外值得一提的是，澳大利亚能源研究所下的珀斯分会，于2015年初启动珀斯能源业女性网络[②]，旨在联系、支持和激励西澳大利亚能源业的女性。该网络提供了一个宣传性别多样性和包容性的平台，为女性提供建立社会关系、分享知识的机会，提高

---

① Australian Institute of Energy［EB/OL］.［2024-11-27］. https：//www.aie.org.au/events/annual-events/energy-in-wa-conference/.
② Australian Institute of Energy［EB/OL］.［2024-11-27］. https：//www.aie.org.au/branches/about-branches/women-in-energy/.

能源行业女性的知名度和形象，这将进一步留住能源行业的优秀女性，帮助她们发展自己的职业生涯。近年来，该网络取得了长足的发展，举办了一系列非常成功的活动，包括网络会议、技术和小组讨论以及以技能为基础的研讨会。这些平台是提高能源行业多样性、领导力和绩效的关键。

能源问题作为全球发展的核心议题之一，已经深刻影响着世界各国的经济、社会及环境发展。特别是在非洲和大洋洲这两个地区，能源问题的复杂性和挑战性愈发凸显。随着全球能源转型的推进，非洲和大洋洲的能源智库在推动能源政策、技术创新、可持续发展等方面，扮演着越来越重要的角色。本章概述了非洲地区和大洋洲地区能源智库的发展概况，并举例分析了具体能源智库的发展情况，从非洲、大洋洲地区能源智库总体和个体的发展特征中可以窥见，这两个地区都面临着能源需求快速增长、能源供应不足以及能源结构单一等问题。尤其是非洲，随着人口的快速增长和城市化进程的推进，能源需求急剧增加，但许多国家仍面临着能源贫困问题。而大洋洲的情况则有所不同，随着能源结构转型的需要，其能源政策研究和创新在不断推进。在这样的背景下，非洲和大洋洲的能源智库逐渐发挥了重要的作用。其不仅在能源政策的研究上贡献突出，而且在推动可再生能源（如太阳能、风能和水能）应用方面也做出了重要努力。它们不仅关注传统能源的开发利用，也积极探索绿色能源的发展路径，特别是如何将本地区丰富的可再生能源资源转化为促进经济增长和改善民生的驱动力。

未来，非洲和大洋洲的能源智库也可以通过加强国际合作，借鉴其他地区的成功经验，并利用全球气候变化和可持续发展议题的机会，进一步提高自身的影响力和竞争力。随着全球对清洁能源的重视，非洲和大洋洲的能源智库有望在全球能源转型过程中发挥越来越重要的作用。

附录 各大洲能源智库一览表

序号	智库中文名	智库英文名	智库网站	研究主题	所属大洲
1	战略与国际研究中心	Center for Strategic and International Studies	https://www.csis.org/	教育，环境/能源，治理，国际事务/发展，法律/司法，人权，私营部门发展，社会政策，技术/创新，贸易/经济/金融	北美洲
2	阿尔伯塔大学中国研究所	The China Institute at the University of Alberta	https://www.ualberta.ca/china-institute/index.html	国际事务/发展，贸易/经济/金融，媒体/文化/体育，环境/自然资源/能源	北美洲
3	贝尔弗科学与国际事务中心	Belfer Center for Science and International Affairs	https://www.belfercenter.org	环境/自然资源/能源，国防和平/安全，国际事务/发展，技术/创新，治理透明度，贸易/经济/金融，法律司法/人权	北美洲
4	贝克公共政策研究所	Baker Institute for Public Policy	https://www.bakerinstitute.org/	环境/自然资源/能源，国际事务/发展，贸易/经济/金融，健康	北美洲
5	边疆公共政策中心	Frontier Centre for Public Policy	https://fcpp.org/	环境/自然资源/能源，法律/司法/人权，交通/基础设施/城市，教育，媒体/文化/体育，健康	北美洲
6	布鲁金斯学会	Brookings Institution	http://www.brookings.edu	教育，环境/自然资源/能源，社会政策，国际事务/发展，技术/创新，贸易/经济/金融，交通/基础设施/城市，国防和平/安全，治理透明度，健康	北美洲
7	地球研究所	Earth Institute	http://www.earth.columbia.edu	环境/自然资源/能源，食品/农业，健康	北美洲

续表

序号	智库中文名	智库英文名	智库网站	研究主题	所属大洲
8	第二街	Second Street	https://www.secondstreet.org	环境/自然资源/能源,治理/透明度,健康,食品/农业	北美洲
9	弗雷泽研究所	Fraser Institute	http://www.fraserinstitute.ca	治理/透明度,贸易/经济/金融,教育,环境/自然资源/能源,健康	北美洲
10	公共政策论坛	Public Policy Forum	http://www.ppforum.ca/	治理/透明度,环境/自然资源/能源,法律/司法/人权	北美洲
11	国际可持续发展研究所	International Institute for Sustainable Development	http://www.iisd.org	环境/自然资源/能源,食品/农业,性别,技术/创新,贸易/经济/金融,法律/司法/人权	北美洲
12	国际可持续发展中心	International Centre for Sustainable Development	http://cides.net/	食品/农业,环境/自然资源/能源	北美洲
13	国际能源保护研究所	International Institute for Energy Conservation	https://iiec.org/	环境/自然资源/能源	北美洲
14	国家利益中心	Center for the National Interest	https://cftni.org/	国际事务/发展,国防/和平/安全,环境/自然资源/能源	北美洲
15	环境、农业食品、交通与能源经济研究中心	Centre for Economics Research on the Environment, Agri-food, Transportation, and Energy	https://www.create.ulaval.ca/	环境/自然资源/能源,食品/农业,贸易/经济/金融,交通/基础设施/城市	北美洲
16	环境防御	Environmental Defence	http://environmentaldefence.ca/	环境/自然资源/能源	北美洲
17	环境与能源研究所	Environmental and Energy Study Institute	https://www.eesi.org	食品/农业,环境/自然资源/能源,贸易/经济/金融,交通/基础设施/城市,法律/司法/人权	北美洲
18	加拿大气候选择研究所	Canadian Institute for Climate Choices	https://climatechoices.ca/	环境/自然资源/能源	北美洲

续表

序号	智库中文名	智库英文名	智库网站	研究主题	所属大洲
19	加拿大人委员会	Council of Canadians	https://canadians.org/	治理/透明度,环境/自然资源/能源,贸易/经济/金融,健康,法律司法/人权	北美洲
20	加拿大生态财政委员会	Canada's Ecofiscal Commission	https://ecofiscal.ca	环境/自然资源/能源,贸易/经济/金融	北美洲
21	加拿大西部基金会	Canada West Foundation	http://www.cwf.ca/	环境/自然资源/能源,技术/创新,社会政策,贸易/经济/金融,治理/透明度,法律/司法/人权	北美洲
22	加拿大亚太基金会	Asia Pacific Foundation of Canada	http://www.asiapacific.ca	贸易/经济/金融,国防/和平/安全,技术/创新,环境/自然资源/能源	北美洲
23	加拿大政策替代中心	Canadian Centre For Policy Alternatives	http://www.policyalternatives.ca/	环境/自然资源/能源,法律/司法/人权,社会政策,技术/创新,贸易/经济/金融,教育,性别	北美洲
24	可再生与适宜能源实验室	Renewable and Appropriate Energy Laboratory	http://rael.berkeley.edu	环境/自然资源/能源,食品/农业,法律司法/人权	北美洲
25	兰德公司	RAND Corporation	http://www.rand.org/	教育,环境/自然资源/能源,食品/农业,国际事务/发展,私营部门发展,社会政策,交通/基础设施/城市,媒体/文化/体育,贸易/经济/金融,法律/司法/人权,国防/和平/安全,技术/创新,治理/透明度,健康	北美洲
26	两党政策中心	Bipartisan Policy Center	https://bipartisanpolicy.org/	环境/自然资源/能源,国际事务/发展,金融,交通/基础设施/城市,贸易/经济/金融,国防/和平/安全,治理/透明度,健康,教育	北美洲
27	落基山研究所	Rocky Mountain Institute	https://www.rmi.org/	环境/自然资源/能源,国防/和平/安全,技术/创新,贸易/经济/金融,健康	北美洲
28	麻省理工学院能源与环境政策研究中心	MIT Center for Energy and Environmental Policy Research	http://ceepr.mit.edu/	环境/自然资源/能源,法律/司法/人权	北美洲

续表

序号	智库中文名	智库英文名	智库网站	研究主题	所属大洲
29	马里奥·莫利纳中心	Mario Molina Centre	http://centromariomolina.org/	教育，环境/自然资源/能源，交通/基础设施，治理透明度，城市	北美洲
30	麦克唐纳-劳里埃研究所	Macdonald Laurier Institute	https://macdonaldlaurier.ca/	国防/和平/安全，环境/自然资源/能源，交通/基础设施/城市，贸易/经济/金融，技术/创新，社会政策，法律司法人权，国际事务/发展，治理透明度	北美洲
31	美国企业公共政策研究所	American Enterprise Institute for Public Policy Research	https://www.aei.org/	教育，环境/能源，治理，国际事务/发展，法律司法人权，私营部门发展，社会政策，贸易经济金融	北美洲
32	蒙特利尔经济研究所 – IEDM/MEI	Montreal Economic Institute – IEDM/MEI	https://www.iedm.org/	教育，食品/农业，环境/自然资源/能源，健康，社会政策，法律司法人权，贸易/经济/金融	北美洲
33	墨西哥国立自治大学可再生能源研究所	Institute of Renewable Energies – National Autonomous University of Mexico	http://www.ier.unam.mx/	环境/自然资源/能源	北美洲
34	能源基金会	Energy Foundation	http://www.ef.org/	环境/自然资源/能源，交通/基础设施，城市	北美洲
35	能源经济中心	Center for Energy Economics	https://www.beg.utexas.edu/energyecon	环境/自然资源/能源，经济/金融	北美洲
36	能源研究所	Institute for Energy Research	http://www.instituteforenergyresearch.org/	环境/自然资源/能源，贸易/经济/金融，基础设施/城市，法律司法人权	北美洲
37	能源与环境研究所	Institute for Energy and Environment Research	https://ieer.org/	环境/自然资源/能源	北美洲
38	佩恩公共政策研究所	The Payne Institute for Public Policy	https://payneinstitute.mines.edu/	教育，环境，能源，治理，国际事务/发展，法律司法人权，私营部门发展，社会政策，技术/创新，贸易经济/金融	北美洲

续表

序号	智库中文名	智库英文名	智库网站	研究主题	所属大洲
39	彭比纳研究所	Pembina Institute	http://www.pembina.org	环境/自然资源/能源	北美洲
40	普林斯顿环境研究所	High Meadows Environmental Institute	http://www.princeton.edu/pei/	环境/自然资源/能源，食品/农业	北美洲
41	气候策略中心	Center for Climate Strategies	http://www.climatestrategies.us/	环境/自然资源/能源	北美洲
42	气候与能源解决方案中心	Center for Climate and Energy Solutions	http://www.c2es.org	环境/自然资源/能源，法律/司法/人权	北美洲
43	气候政策倡议	Climate Policy Initiative	http://www.climatepolicyinitiative.org/	环境/自然资源/能源，法律/司法/人权	北美洲
44	清洁空气政策中心	Center for Clean Air Policy	http://www.ccap.org	环境/自然资源/能源，法律/司法/人权	北美洲
45	全球安全分析研究所	Institute for the Analysis of Global Security	https://www.iags.org/	教育，环境/能源，治理，国际事务/发展，法律/司法，人权，私营部门发展，社会政策，技术/创新，贸易/经济/金融	北美洲
46	全球能源政策中心	Center on Global Energy policy	https://www.energypolicy.columbia.edu/	能源/金融与经济/交通/创新与技术/气候变化/地缘政治	北美洲
47	世界资源研究所	World Resources Institute	www.wri.org	环境/自然资源/能源，食品/农业，国际事务/发展，治理，透明度，法律/司法，人权	北美洲
48	水资源研究中心	Water Resources Research Center	http://wrrc.arizona.edu/	环境/自然资源/能源	北美洲
49	未来资源研究所	Resources for the Future	http://www.rff.org	环境/自然资源/能源，食品/农业	北美洲
50	污染探测组织	Pollution Probe	https://www.pollutionprobe.org/	环境/自然资源/能源，社会政策，贸易/经济/金融，交通基础设施/城市	北美洲
51	新经济中心	Center for a New Economy	https://grupocne.org/	环境/自然资源/能源，社会政策，教育，治理，透明度，私营部门发展，贸易/经济/金融	北美洲

续表

序号	智库中文名	智库英文名	智库网站	研究主题	所属大洲
52	新中心	The New Center	https://newcenter.org/	教育，环境/自然资源/能源，治理/透明度，健康，国际事务/发展，社会政策，技术/创新，贸易/经济/金融，交通基础设施/城市	北美洲
53	亚洲研究国家局	National Bureau of Asian Research	https://www.nbr.org	环境/自然资源/能源，国际事务/发展，社会政策，技术/创新，贸易/经济/金融，国防/和平/安全，法律/司法/人权，媒体/文化/体育，治理/透明度，健康	北美洲
54	Think To DO 研究所	Think To DO Institute	www.thinktodoinstitute.com	教育，环境/自然资源/能源，治理/透明度，国际事务/发展，法律/司法/人权，私营部门发展，社会政策，技术/创新，贸易/经济/金融	北美洲
55	澳大利亚战略政策研究所	Australian Strategic Policy Institute	https://www.aspi.org.au/	国防/和平/安全，环境/自然资源/能源，贸易/经济/金融	大洋洲
56	澳大利亚国立大学能源变革研究所	ANU Energy Change Institute	https://energy.anu.edu.au	能源转型/可再生能源/能源技术创新/能源政策	大洋洲
57	澳大利亚联邦科学与工业研究组织能源中心	Commonwealth Scientific and Industrial Research Organisation	https://www.csiro.au/	能源转型/氢能技术/电网集成/能源效率/工业脱碳	大洋洲
58	澳大利亚能源市场运营商	Australian Energy Market Operator	https://www.aemo.com.au	能源市场运营/电力系统规划/能源预测/电网整合	大洋洲
59	澳大利亚能源研究所	Australian Institute of Energy	https://www.aie.org.au/	能源/能源技术/能源市场/能源政策	大洋洲
60	澳大利亚能源政策研究所	Energy Policy Institute of Australia	http://www.energypolicyinstitute.com.au	能源政策/能源市场/能源安全/能源监管	大洋洲
61	澳大利亚研究所能源与气候项目	The Australia Institute – Climate & Energy Program	https://australiainstitute.org.au	能源政策/气候变化/能源市场改革/可再生能源	大洋洲

续表

序号	智库中文名	智库英文名	智库网站	研究主题	所属大洲
62	格拉坦研究所	The Grattan Institute	https://grattan.edu.au	能源市场改革/能源价格/能源政策/气候变化	大洋洲
63	环境保护协会	Environmental Defence Society	https://eds.org.nz/	环境/自然资源/能源	大洋洲
64	零排放未来	Beyond Zero Emissions	www.bze.org.au	环境/自然资源/能源，交通/基础设施/城市	大洋洲
65	莫图研究所	Motu	www.motu.nz	教育，环境/自然资源/能源，性别，健康，法律/司法/人权，社会政策，贸易/经济/金融	大洋洲
66	墨尔本大学能源研究所	University of Melbourne Energy Institute	https://energy.unimelb.edu.au	能源系统/能源技术/能源市场/能源政策	大洋洲
67	能源经济与金融分析研究所（澳分所）	Institute for Energy Economics and Financial Analysis	https://ieefa.org/australia	能源经济/能源金融/能源转型/市场分析	大洋洲
68	珀斯亚美中心	Perth USAsia Centre	https://perthusasia.edu.au	国防/和平/安全，教育，国际事务/发展，贸易/经济/金融，环境/自然资源/能源	大洋洲
69	气候经济与政策中心	Centre for Climate Economics and Policy	http://ccep.anu.edu.au	环境/自然资源/能源，社会政策	大洋洲
70	气候委员会	The Climate Council	https://www.climatecouncil.org.au	气候变化/可再生能源/能源转型/公共政策	大洋洲
71	清洁能源委员会	Clean Energy Council	https://www.cleanenergycouncil.org.au	可再生能源/能源技术/清洁能源政策/能源标准	大洋洲
72	全球碳捕获与存储研究所	The Global CCS Institute	http://www.globalccsinstitute.com/	环境/自然资源/能源，社会政策，技术/创新	大洋洲
73	突破：国家气候恢复中心	Breakthrough – National Centre for Climate Restoration	https://www.breakthroughonline.org.au/	环境/自然资源/能源	大洋洲
74	悉尼环境研究所	Sydney Environment Institute	sei.sydney.edu.au	环境/自然资源/能源，食品/农业，法律/司法/人权，社会政策	大洋洲

续表

序号	智库中文名	智库英文名	智库网站	研究主题	所属大洲
75	新南威尔士大学气候变化研究中心	UNSW Climate Change Research Center	http://www.ccrc.unsw.edu.au	环境/自然资源/能源	大洋洲
76	新西兰气候变化研究所	New Zealand Climate Change Research Institute	https://www.wgtn.ac.nz/nzccri	环境/自然资源/能源	大洋洲
77	博茨瓦纳发展政策分析研究所	Botswana Institute for Development Policy Analysis	http://www.bidpa.bw	贸易/经济/金融，环境/自然资源/能源，粮食/农业，治理/透明度	非洲
78	地球万寿中心	Centro Terra Viva (CTV)	http://www.ctv.org.mz/	环境/自然资源/能源	非洲
79	东非可再生能源和能源效率卓越中心	The East African Centre of Excellence for Renewable Energy and Energy Efficiency	https://eacreee.org/	环境/自然资源/能源	非洲
80	发展与环境倡导者联盟	Advocates Coalition for Development and Environment	http://www.acode-u.org/	环境/自然资源/能源，技术/安全，粮食/农业	非洲
81	非洲发展政策研究所	African Institute for Development Policy	https://www.afidep.org/	教育，环境/自然资源/能源，性别，治理/透明度，卫生，社会政策	非洲
82	非洲技术政策研究网络	African Technologies Policy Studies Network	https://atpsnet.org/	环境/自然资源/能源，食品/农业，性别，治理	非洲
83	非洲可持续发展研究所	Institute for Sustainability Africa (INSAF)	http://www.insforsustainafrica.org/	环境/自然资源/能源，治理/透明度，法律	非洲
84	非洲能源政策中心	Africa Centre for Energy Policy	https://acep.africa/	环境/自然资源/能源	非洲
85	非洲之角区域环境中心与网络	Horn of Africa Regional Environment Centre & Network	www.hoarec.org	环境/自然资源/能源	非洲

续表

序号	智库中文名	智库英文名	智库网站	研究主题	所属大洲
86	国际能源、环境与发展中心	International Center for Energy, Environment & Development	http://iceednigeria.org/	环境/自然资源/能源	非洲
87	环境与发展中心	Centre for Environment and Development	http://www.cedcameroun.org/	食品/农业、环境/自然资源/能源、交通/基础设施/城市	非洲
88	环境政策与宣传中心	Centre for Environmental Policy and Advocacy	http://www.cepa.org.mw	环境/自然资源/能源	非洲
89	加纳国际海洋事务中心	Centre for International Maritime Affairs, Ghana	www.cimaghana.org	环境/自然资源/能源、国防/和平/安全、治理	非洲
90	粮食、农业和自然资源政策分析网络	Food, Agriculture and Natural Resources Policy Analysis Network	https://www.fanrpan.org/	环境/自然资源/能源、食品/农业、社会政策、治理透明度、性别平等	非洲
91	卢旺达经济政策研究网络	Economic Policy Research Network (EPRN Rwanda)	www.eprnrwanda.org	环境/自然资源/能源、食品/农业、性别、治理	非洲
92	南非国家可再生能源研究中心	South African Renewable Energy Technology Centre (SARETEC)	https://www.cput.ac.za/academic/faculties/5196-about-saretec	环境/自然资源/能源	非洲
93	南非国家能源发展研究所	The South African National Energy Development Institute	https://www.sanedi.org.za	环境/自然资源/能源	非洲
94	南-南-北	SouthSouth North	https://southsouthnorth.org/	环境/自然资源/能源	非洲
95	农业政策研究区域网络	Regional Network of Agricultural Policy Research Institutes	http://www.renapri.org/	环境/自然资源/能源、食品/农业、贸易/经济/金融	非洲
96	气候与发展知识网络	Climate and Development Knowledge Network	https://cdkn.org/?loclang=en_gb	环境/自然资源/能源、食品/农业、性别平等	非洲

续表

序号	智库中文名	智库英文名	智库网站	研究主题	所属大洲
97	人口与环境发展中心	Centre for Population and Environmental Development	www.cped.org.ng	教育、环境/自然资源/能源、食品/农业、性别、卫生、社会政策、治理透明度	非洲
98	坦桑尼亚自然资源论坛	Tanzania Natural Resource Forum	https://tnrf.org/en	环境/自然资源/能源、食品/农业	非洲
99	效能与方法	Efficacy Methodology	https://www.efficacymethodology.org/	环境/自然资源/能源、治理透明度、性别、国际事务	非洲
100	应用经济学促进发展研究中心	Research Center for Applied Economics for Development	http://www.cread.dz	环境/自然资源/能源、食品/农业、社会政策、贸易/经济/金融、私营部门发展、健康	非洲
101	政策监测与研究中心	Policy Monitoring and Research Center	https://pmrczambia.com	环境/自然资源/能源、教育、治理/环境	非洲
102	E+能源转型	E+energy transition	https://emaisenergia.org	能源、能源政策、能源转型	南美洲
103	阿根廷外交关系委员会	Argentinean Council of Foreign Relations	http://www.cari.org.ar/	国防/和平/安全、环境/自然资源/能源、食品/农业、国际事务/发展、法律/司法/人权、技术/创新、贸易/经济/金融、交通/基础设施、城市	南美洲
104	阿根廷野生动物基金会	Argentine Wildlife Foundation	https://www.vidasilvestre.org.ar/	环境/自然资源/能源、法律/司法/人权	南美洲
105	巴里洛切基金会	Bariloche Foundation	http://www.fundacionbariloche.org.ar	技术/创新、环境/自然资源/能源	南美洲
106	巴西电力分销商协会	Brazilian Association of Electricity Distributors – Abradee Institute	https://www.abradee.org.br/	私营部门发展、环境/自然资源/能源	南美洲
107	巴西光电研究所－巴西电力行业观察站	Acende Brasil Institute or Observatory of the brazilian electricity sector	https://acendebrasil.com.br	环境/自然资源/能源、贸易/经济/金融	南美洲

续表

序号	智库中文名	智库英文名	智库网站	研究主题	所属大洲
108	巴西国际关系中心	Brazilian Center for International Relations (CEBRI)	https://cebri.org/	国防/和平/安全,环境/自然资源/能源,食品/农业,国际事务/发展,贸易/经济/金融,法律/司法/人权,媒体/文化/体育	南美洲
109	玻利维亚环境与发展论坛	Bolivian Forum on Environment and Development	http://fobomade.org.bo/	治理/透明度,环境/自然资源/能源,食品/农业	南美洲
110	布宜诺斯艾利斯大学物理化学材料、环境与能源研究所	Institute of Physical Chemistry of Materials, Environment and Energy – University of Buenos Aires	http://inquimae2.qi.fcen.uba.ar/	环境/自然资源/能源	南美洲
111	公共空间	Espacio Público	https://www.espaciopublico.cl/	教育,环境/自然资源/能源,治理/透明度,健康,法律/司法/人权,社会政策,技术/创新,交通/基础设施/城市	南美洲
112	公共研究中心	Centre of Public Studies	https://www.cepchile.cl/	教育,贸易/经济/金融,环境/自然资源/能源,法律/司法/人权,治理/透明度,社会政策	南美洲
113	公共政策实施中心,促进公平与增长	Center for the Implementation of Public Policies Promoting Equity and Growth (CIPPEC)	https://www.cippec.org/	教育,环境/自然资源/能源,性别,法律/司法/人权,社会政策,贸易/经济/金融	南美洲
114	环境与自然资源基金会	Environment and Natural Resources Foundation	https://farn.org.ar/	环境/自然资源/能源,食品/农业,治理/透明度,法律/司法/人权	南美洲
115	经济学研究所 – 里约热内卢联邦大学	Institute of Economics – Federal University of Rio de Janeiro	http://www.ie.ufrj.br/	贸易/经济/金融,环境/自然资源/能源,社会政策	南美洲
116	可持续智利	Sustainable Chile	http://www.chilesustentable.net/	环境/自然资源/能源,法律/司法/人权	南美洲
117	跨学科环境实验室	Environmental Sciences Laboratory (LIMA)	http://www.lima.coppe.ufrj.br/index.php/br/	教育,环境/自然资源/能源,私营部门发展,交通/基础设施/城市	南美洲

续表

序号	智库中文名	智库英文名	智库网站	研究主题	所属大洲
118	拉丁美洲和加勒比经济委员会	Economic Commission for Latin America and the Caribbean	https://www.cepal.org/es	性别，私营部门发展，国际事务/发展，贸易/经济/金融，环境/自然资源/能源，交通基础设施/城市，社会政策，健康，教育	南美洲
119	拉丁美洲及加勒比石油和天然气企业区域协会	Regional Association of Oil, Gas and Biofuels Sector Companies in Latin America and the Caribbean	https://arpel.org/	环境/自然资源/能源，健康	南美洲
120	米蒂西迪－能源转型	Mitsidi – Energy Transition	https://mitsidi.com/en/	环境/自然资源/能源	南美洲
121	能源与可持续发展观察站	Energy and Sustainable Development Observatory	https://www.ucu.edu.uy/categoria/Observatorio-de-Energia-y-Desarrollo-Sus-401	贸易/经济/金融，国际事务/发展，环境/自然资源/能源	南美洲
122	生态工作坊	Ecological workshop	http://tallerecologista.org.ar/	环境/自然资源/能源，性别，教育	南美洲
123	生态与行动	Ecology and Action	http://ecoa.org.br/	环境/自然资源/能源，食品/农业	南美洲
124	水和环境可持续管理支持中心"可持续水"	Support Centre for the Sustainable Management of Water and the Environment "Sustainable Water"	http://www.aguasustentable.org/	环境/自然资源/能源，性别	南美洲
125	水资源管理促进研究所	Institute for the Promotion of Water Management	http://www.iproga.org.pe/	环境/自然资源/能源	南美洲
126	禧年基金会	Jubilee Foundation	www.jubileobolivia.org.bo	环境/自然资源/能源，治理/透明度，国际事务/发展，人权，社会政策，法律/司法	南美洲
127	智利21基金会	Chile 21 Foundation	http://www.chile21.cl/	治理/透明度，性别，环境/自然资源/能源，法律/司法，人权	南美洲
128	智利基金会	Chile Foundation	https://fch.cl/	环境/自然资源/能源	南美洲

续表

序号	智库中文名	智库英文名	智库网站	研究主题	所属大洲
129	ADASTRA 分析中心	Think Tank ADASTRA - ADASTRA	https://adastra.org.ua	国际事务/发展、法律司法/人权、贸易/经济/金融、国防/和平/安全、环境/自然资源/能源、技术/创新	欧洲
130	Ember 气候	Ember Climate	ember-climate.org	环境/自然资源/能源	欧洲
131	ESRC STEPS 中心	ESRC STEPS Centre	https://steps-centre.org	环境/自然资源/能源、食品/农业、国际事务/发展、技术/创新	欧洲
132	KIT 能源中心	KIT Energy Center	https://www.energy.kit.edu/index.php	环境/自然资源/能源、技术/创新	欧洲
133	TMG 研究	TMG Researchg GmbH	https://tmg-thinktank.com/	环境/自然资源/能源、食品/农业、性别、治理/透明度、国际事务/发展、法律司法/人权、社会政策、技术/创新、交通/基础设施/城市	欧洲
134	阿德尔菲	Adelphi	http://www.adelphi.de/	环境/自然资源/能源、国防/和平/安全、国际事务/发展、交通/基础设施/城市	欧洲
135	埃尼·亨利·马修斯基金会	Eni Enrico Mattei Foundation	http://www.feem.it/	环境/自然资源/能源、技术/创新	欧洲
136	艾戈纳能源转型智库	Agora Energiewende	www.agora-energiewende.org	环境/自然资源/能源	欧洲
137	爱德华·佩斯特尔研究所	Eduard Pestel Institute	https://www.pestel-institut.de	环境/自然资源/能源、国际事务/发展、贸易/经济/金融、社会政策、健康	欧洲
138	奥地利环境与技术学会	Austrian Society for Environment and Technology	https://www.oegut.at/de/	环境/自然资源/能源	欧洲
139	柏林德国经济研究所	DIW Berlin, German Institute for Economic Research	http://www.diw.de	贸易/经济/金融、技术/创新、社会政策、交通/基础设施/城市、环境/自然资源/能源、教育、性别	欧洲

附录 各大洲能源智库一览表

续表

序号	智库中文名	智库英文名	智库网站	研究主题	所属大洲
140	北欧能源研究	Nordic Energy Research	https://www.nordicenergy.org/	环境/自然资源/能源、国际事务/发展、技术/创新	欧洲
141	贝尔格莱德奥特沃雷纳斯科拉	Belgrade Open School	https://bos.rs/en/	教育、环境/自然资源/能源、治理透明度、法律/司法/人权	欧洲
142	勃鲁盖尔	Bruegel	https://www.bruegel.org/	贸易/经济/金融、环境/自然资源/能源、国际事务/发展	欧洲
143	产业经济研究所	Research Institute of Industrial Economics	https://www.ifn.se/en	贸易/经济/金融、环境/自然资源/能源、私营部门发展	欧洲
144	创新研究与咨询资格研究所	The Institute for Qualifying Innovation Research and Consulting	https://www.iqib.de/	技术/创新、环境/自然资源/能源、交通/基础设施/城市、健康	欧洲
145	创业自由研究所	Institut für Unternehmerische Freiheit	https://iuf-berlin.com/	贸易/经济/金融、环境/自然资源/能源、社会政策	欧洲
146	地理、资源、环境、能源与网络绿色研究中心	Centre for Research on Geography, Resources, Environment, Energy & Networks – Green	http://www.green.unibocconi.eu/wps/wcm/connect/cdr/green/home/	环境/自然资源/能源	欧洲
147	迪西智库	NGO DIXI GROUP	https://dixigroup.org/en/home-en/	国防/和平/安全、教育、环境/自然资源/能源、国际事务/发展、法律/司法/人权、治理透明度	欧洲
148	法国环境与能源管理署	French Environment & Energy Management Agency	https://www.ademe.fr/	环境/自然资源/能源、贸易/经济/金融、交通/基础设施/城市、私营部门发展、社会政策、食品/农业	欧洲
149	非洲可再生能源解决方案智库	Renewable Energy Solutions for Africa	https://www.res4africa.org/about-r4a	环境/自然资源/能源、国际事务/发展	欧洲
150	弗里乔夫·南森研究所	The Fridtjof Nansen Institute	www.fni.no	环境/自然资源/能源、食品/农业、国际事务/发展	欧洲

续表

序号	智库中文名	智库英文名	智库网站	研究主题	所属大洲
151	佛罗伦萨监管学院	Florence School of Regulation	http://fsr.eui.eu	环境/自然资源/能源、媒体/文化体育、交通基础设施/城市、治理透明度、技术/创新	欧洲
152	公共政治研究所	The Institute of Public Policies	https://ipp.expert/	教育、治理透明度、环境/自然资源/能源、国际事务/发展	欧洲
153	国际环境研究合作中心	International Center for Research on the Environment and Development	http://www.centre-cired.fr/	环境/自然资源/能源、贸易/经济/金融	欧洲
154	国际环境研究中心	Centre for International Environmental Studies（CIES）	https://www.graduateinstitute.ch/cies	环境/自然资源/能源、食品/农业	欧洲
155	国际经济与环境研究中心	ICRE8 – International Centre for Research on the Economy and the Environment	http://icre8.eu	环境/自然资源/能源、贸易/经济/金融、社会政策、治理透明度	欧洲
156	国际前瞻性研究中心	International Center for Policy Studies	http://icps.com.ua/en/	贸易/经济/金融、国际事务/发展、社会政策、环境/自然资源/能源、治理透明度、国防/和平/安全	欧洲
157	国际应用系统分析研究所	International Institute for Applied Systems Analysis	http://www.iiasa.ac.at/	环境/自然资源/能源、国际事务/发展、技术/创新	欧洲
158	海牙战略研究中心	Hague Centre for Strategic Studies（HCSS）	https://hcss.nl/	贸易/经济/金融、国际事务/发展、社会政策、环境/自然资源/能源、国防/和平/安全	欧洲
159	荷兰发展组织	SNV	https://snv.org/	社会政策、食品/农业、环境/自然资源/能源	欧洲
160	环境政策研究中心	Environmental Policy Research Centre	http://www.polsoz.fu-berlin.de/en/polwiss/forschung/systeme/ffu/index.html	环境/自然资源/能源、治理透明度、法律/司法/人权	欧洲

续表

序号	智库中文名	智库英文名	智库网站	研究主题	所属大洲
161	吉奥纳多	Geonardo	https://geonardo.com/	环境/自然资源/能源	欧洲
162	京都俱乐部	Kyoto4Club	http://www.kyotoclub.org	环境/自然资源/能源	欧洲
163	可持续发展基金会	Sustainable Development Foundation	http://www.fondazionesvilupposostenibile.org/	环境/自然资源/能源、交通/基础设施/城市、技术/创新、食品/农业	欧洲
164	可持续消费和生产协作中心	Collaborating Centre on Sustainable Consumption and Production (CSCP)	www.cscp.org	环境/自然资源/能源、食品/农业、治理/透明度、贸易/经济/金融、教育、技术/创新	欧洲
165	可再生能源基金会	Renewable Energy Foundation	http://www.ref.org.uk/	环境/自然资源/能源、交通/基础设施/城市、法律/司法、人权	欧洲
166	拉祖姆科夫中心	Razumkov Centre	https://razumkov.org.ua/en/	国防/和平/安全、环境/自然资源/能源、性别、社会政策、贸易/经济/金融、治理/透明度、国际事务/发展	欧洲
167	莱布尼茨生态城市与区域发展研究所	Leibniz Institute of Ecological Urban and Regional Development	www.ioer.de	环境/自然资源/能源、交通/基础设施/城市、技术/创新	欧洲
168	立陶宛能源研究所	Lithuanian Energy Institute	http://www.lei.lv/	环境/自然资源/能源	欧洲
169	民主研究中心	Center for the Study of Democracy	https://csd.bg	国防/和平/安全、环境/自然资源/能源、性别、治理/透明度、国际事务/发展、法律/司法/人权、媒体/文化/体育、私营部门发展、社会政策、技术/创新、贸易/经济/金融	欧洲
170	能源、气候和海洋研究中心	Research Centre for Energy, Climate and Marine	https://www.marei.ie/	环境/自然资源/能源	欧洲
171	能源、气候和海洋研究中心	Research Centre for Energy, Climate and Marine (MaREI)	https://www.marei.ie/	环境/自然资源/能源、国际事务/发展	欧洲

续表

序号	智库中文名	智库英文名	智库网站	研究主题	所属大洲
172	能源、石油和矿产法律与政策中心	Centre for Energy, Petroleum and Mineral Law and Policy	http://www.cepmlp.org	环境/自然资源/能源、技术/创新、贸易/经济/金融、治理/透明度	欧洲
173	能源经济学	Economics for Energy	http://www.eforenergy.org/	环境/自然资源/能源、技术/创新、贸易/经济/金融	欧洲
174	能源经济学研究所	Institute of Energy Economics	http://www.ewi.uni-koeln.de	环境/自然资源/能源、贸易/经济/金融	欧洲
175	能源与安全研究中心	Center for Energy and Security Studies	http://ceness-russia.org/engl/	环境/自然资源/能源、技术/创新、国防/和平/安全	欧洲
176	能源与环境研究中心	Energy and Environment Research Centre	https://energiewellen.tuwien.ac.at/home/	环境/自然资源/能源	欧洲
177	能源政策与经济中心	Centre for Energy Policy and Economics (CEPE)	https://cepe.ethz.ch/	环境/自然资源/能源、国际事务/发展	欧洲
178	牛津能源研究所	Oxford Institute for Energy Studies	https://www.oxfordenergy.org	环境/自然资源/能源、贸易/经济/金融、技术/创新、基础设施/城市、国际事务/发展、私营部门发展	欧洲
179	挪威研究中心	NORCE	https://www.norceresearch.no/en/	环境/自然资源/能源、技术/创新、健康、农业	欧洲
180	欧洲发展政策管理中心	European Centre for Development Policy Management	https://ecdpm.org/	国防/和平/安全、环境/自然资源/能源、食品/农业、性别、治理/透明度、国际事务/发展、贸易/经济/金融	欧洲
181	欧洲建筑性能研究所	Buildings Performance Institute Europe, BPIE ASBL	www.bpie.eu	环境/自然资源/能源、技术/创新	欧洲

续表

序号	智库中文名	智库英文名	智库网站	研究主题	所属大洲
182	欧洲政策研究中心	CEPS (Centre for European Policy Studies)	https://www.ceps.eu	国防/和平/安全，环境/自然资源，能源，治理/透明度，健康，国际事务/发展，法律/司法/人权，社会政策，技术/创新，贸易/经济/金融，食品/农业	欧洲
183	潘诺普罗创新中心	Pannon Pro Innovations	https://ppis.hu/	环境/自然资源，能源	欧洲
184	气候、能源和社会研究所	LIFE – Institute for Climate, Energy and Society	https://www.joanneum.at/en/life/	环境/自然资源，能源，食品/农业	欧洲
185	气候保护、能源和移动研究所	Institute for Climate Protection, Energy and Mobility (IKEM)	https://www.ikem.de/	环境/自然资源，能源，交通/基础设施，城市	欧洲
186	气候焦点	Climate Focus	http://www.climatefocus.com	环境/自然资源，能源，交通/基础设施，城市	欧洲
187	气候经济学研究所	I4CE – Institute for Climate Economics	https://www.i4ce.org/	环境/自然资源，能源，贸易/经济/金融，食品/农业，法律/司法/人权	欧洲
188	气候经济学主席	Climate Economics Chair	http://www.chaireeconomieduclimat.org/?lang=en	环境/自然资源，能源，贸易/经济/金融，食品/农业	欧洲
189	气候战略与合作伙伴	Climate Strategy & Partners	https://www.climatestrategy.es/en/index.php	环境/自然资源，能源，私营部门发展	欧洲
190	气候组织	The Climate Group	http://www.theclimategroup.org	环境/自然资源，能源，国际事务/发展，私营部门发展，技术/创新，贸易/经济/金融，治理/透明度，交通/基础设施，城市	欧洲
191	清洁空气行动小组	Clean Air Action Group	levego.hu	环境/自然资源，能源	欧洲
192	全球治理研究所	Global Governance Institute	http://www.globalgovernance.eu/	教育，环境/自然资源，能源，治理/透明度，国际事务/发展，法律/司法/人权	欧洲

续表

序号	智库中文名	智库英文名	智库网站	研究主题	所属大洲
193	瑞典环境研究院	IVL Swedish Environmental Research Institute	http://www.ivl.se	环境/自然资源/能源,交通/基础设施/城市	欧洲
194	生态工厂	The Ecological Factory	http://www.lafabriqueecologique.fr/	环境/自然资源/能源,贸易/经济/金融	欧洲
195	生态经济学研究所	Institute for Ecological Economy Research	http://www.ioew.de/	环境/自然资源/能源,治理/透明度,技术/创新,贸易/经济/金融	欧洲
196	生物经济中心	Centre for Bioeconomy	https://short.boku.ac.at/biooekonomie	环境/自然资源/能源,食品/农业,社会政策,教育	欧洲
197	索别斯基研究所	Sobieski Institute	http://www.sobieski.org.pl/en/	贸易/经济/金融,国际事务/发展,能源,治理/透明度,社会政策	欧洲
198	韦格纳气候变化与全球变化中心	Wegener Center for Climate and Global Change	http://wegcenter.uni-graz.at/en/	环境/自然资源/能源	欧洲
199	未来研究秘书处	Secretariat for Future Studies	http://www.sfz-berlin.eu/	环境/自然资源/能源,技术/创新,交通/基础设施/城市,社会政策	欧洲
200	伍珀塔尔研究所	The Wuppertal Institute	https://wupperinst.org/	环境/自然资源/能源,交通/基础设施/城市,治理/透明度	欧洲
201	匈牙利能源研究中心	REKK Foundation for Regional Policy Co-operation in Energy and Infrastructure – REKK Foundation	https://rekk.org/home	环境/自然资源/能源,技术/创新	欧洲
202	意大利气候	Italy for Climate	www.italyforclimate.org	环境/自然资源/能源	欧洲
203	应用生态学研究所	Institute for Applied Ecology	http://www.oeko.de/	环境/自然资源/能源,交通/基础设施/城市,法律/司法/人权,技术/创新	欧洲

续表

序号	智库中文名	智库英文名	智库网站	研究主题	所属大洲
204	英国皇家国际事务研究所	Chatham House	http://www.chathamhouse.org	国际事务/发展、贸易/经济/金融、国防/和平/安全、法律/司法/人权、环境/自然资源/能源、治理/透明度、食品/农业、性别、技术/创新、社会政策、健康	欧洲
205	詹姆斯·赫顿研究所	James Hutton Institute	http://www.hutton.ac.uk/	环境/自然资源/能源、食品/农业、技术/创新、治理/透明度、国际事务/发展、媒体/文化/体育、交通/基础设施、城市、健康	欧洲
206	转变智库	The Shift Project	http://www.theshiftproject.org/	环境/自然资源/能源、交通/基础设施、城市、透明度、私营部门发展、贸易/经济/金融、技术/创新、法律/司法/人权	欧洲
207	资源效率和能源战略研究所	Institute for Resource Efficiency and Energy Strategies	www.irees.de	环境/自然资源/能源、社会政策、交通/基础设施、城市、国际事务/发展	欧洲
208	"区域"国际分析中心	"Region" International Analytical Center	http://www.rbam.org	教育/环境/自然资源/能源、法律/人权/社会政策等	亚洲
209	AFKAR交易和咨询	AFKAR for Trading & Consulting	http://afkar-sy.com/en	食品/农业/性别/环境/自然资源/能源/社会政策/健康/儿童	亚洲
210	ArmActive青年中心	ArmActive Youth Center	http://armactive.org/	环境/自然资源/能源/法律/人权/社会政策/医疗/文化/体育/国防安全/社会政策/金融/城镇化等	亚洲
211	INNOV8	INNOV8	https://innov8.channel8.com/	能源与环境等	亚洲
212	阿卜杜拉·本·哈马德·阿提亚国际基金会	The Abdullah Bin Hamad Al-Attiyah International Foundation for energy and sustainable development	https://www.abhafoundation.org/slider/1369	国际能源/可持续发展/气候变化等	亚洲

续表

序号	智库中文名	智库英文名	智库网站	研究主题	所属大洲
213	阿卜杜拉国王石油研发中心	King Abdullah Petroleum Studies and Research Center	https://www.kapsarc.org/	石油和天然气/公共事业和可再生能源/气候与可持续性/能源宏观与微观经济学	亚洲
214	阿尔泰咨询公司	Altai Consulting	http://www.altaiconsulting.com/	可再生能源/普惠金融/电信和数字/环境和气候移民问题/经济增长和劳动力市场等	亚洲
215	阿联酋战略研究与研究中心	Emirates Center for Strategic Studies and Research	https://www.ecssr.ae/en/	中东问题/地缘政治/经济/社会/法律研究/安全/军事研究/战略研究/能源/气候变化和可持续性	亚洲
216	阿联酋政策中心	Emirates Policy Center	http://www.epc.ae/	地缘政治/极端主义和反恐以及能源	亚洲
217	巴林战略/国际和能源研究中心（Derasat）	Bahrain Center for Strategic, International & Energy Studies (Derasat)	https://www.derasat.org.bh/	国家安全与和平/环境/自然资源/能源/国际关系/性别/贸易金融/技术创新等	亚洲
218	半岛电视台研究中心	Al Jazeera Centre for Studies	http://studies.aljazeera.net/en/	国家安全与和平/环境/自然资源/能源/国际关系/贸易金融	亚洲
219	北京大学能源研究院	Institute of Energy	https://energy.pku.edu.cn/	能源战略与政策/智慧能源/页岩油气/地热/新能源及能源国际合作	亚洲
220	北京理工大学北京经济社会可持续发展研究基地	Sustainable Development Research Institute for Economy and Society of Beijing	http://sdri.bit.edu.cn/index.htm	能源经济可持续发展及其风险管理/战略新兴产业优化决策与可持续发展	亚洲
221	北京理工大学能源与环境政策研究中心	Center for Energy & Environmental Policy Research	https://ceep.bit.edu.cn/	能源/经济/环境	亚洲
222	策略及政策研究中心	Centre for Strategic and Policy Studies	http://www.csps.org.bn	经济发展/能源和环境/交通运输/金融投资等	亚洲
223	地方政府可持续发展协会	ICLEI – Local Governments for Sustainability	http://southasia.iclei.org/	环境资源管理/能源/可再生能源/气候变化/城市治理等	亚洲

续表

序号	智库中文名	智库英文名	智库网站	研究主题	所属大洲
224	第比利斯国立大学（ISET）政策研究所	ISET Policy Institute	https://iset-pi.ge/en	能源/电力/农业/商业/性别平等/宏观经济等	亚洲
225	电力产业综合研究所	Central Research Institute of Electric Power Industry	https://criepi.denken.or.jp/en/index.html	资源环境/能源	亚洲
226	电力规划设计总院	China Electric Power Planning & Engineering Institute	http://www.eppei.ceec.net.cn/	电力	亚洲
227	电力中央研究所	Central Research Institute of Electric Power Industry	https://criepi.denken.or.jp/en/index.html	能源政策/电力工业	亚洲
228	非传统安全中心	Centre for Non-Traditional Security	http://rsis-ntsasia.org/	冲突与社区安全/贫困和经济安全/环境安全与气候变化/粮食安全/能源安全/非正规移民和人员流动等	亚洲
229	福岛可再生能源研究所	Fukushima Renewable Energy Institute	https://www.aist.go.jp/fukushima/	可再生能源	亚洲
230	腐蚀卓越研究中心（CoRE-C）	The Center Of Research Excellence In Corrosion（CoRE-C）	https://bit.ly/3TdHiny	环境/自然资源/能源/技术创新	亚洲
231	公正转型能源与气候研究所	Energy and Climate Policy Institute for Just Transition	http://ecpi.or.kr/	能源与气候政策	亚洲
232	公众环境研究中心	Institute of Public and Environmental Affairs	https://www.ipe.org.cn/index.html	气候/能源/绿色金融	亚洲
233	国电能源研究院	State Electric Energy Research Institute	\	能源/新能源	亚洲
234	国电新能源技术研究院	Guodian New Energy Technology Research Institute	\	能源/新能源	亚洲

续表

序号	智库中文名	智库英文名	智库网站	研究主题	所属大洲
235	国际能源安全研究中心	International Centre for Energy Security Studies	\	国内外能源问题研究界/能源行业	亚洲
236	国家发展和改革委员会能源研究所	Energy Research Institute, National Development and Reform Commission	\	能源/经济	亚洲
237	国家能源集团技术经济研究院	National Energy Group Institute of Technology and Economics	http://jjy.chnenergy.com.cn/jjyww/index.shtml	电力/煤炭/生态建设与环境	亚洲
238	国家能源集团科学技术研究院	National Energy Group Science and Technology Research Institute	http://cestri.chnenergy.com.cn/	电力	亚洲
239	国网福建省电力有限公司经济技术研究院	Academy of Economics and Technology of State Grid Fujian Electric Power CO., LTD	\	电力	亚洲
240	国网江苏省电力有限公司经济技术研究院	Academy of Economics and Technology of State Grid Jiangsu Electric Power CO., LTD	http://www.js.sgcc.cn/	电力	亚洲
241	国网能源研究院	State Grid Energy Research Institute	\	能源电力软科学与企业战略运营管理	亚洲
242	哈比比中心	The Habibie Center	habibiecenter.or.id	气候变化/能源转型等	亚洲
243	哈萨克斯坦战略研究所（KazISS）	Kazakhstan Institute for Strategic Studies (KazISS)	https://kisi.kz/en/home/	国际关系/社会政策/能源/经济等	亚洲
244	海南大学海南低碳经济政策与产业技术研究院	Hainan Policy and Industrial Research Institute of Low–Carbon Economy	https://hb.hainanu.edu.cn/	低碳经济政策与发展战略/新能源与节能减排技术/低碳生活模式设计与示范区建设规划	亚洲
245	韩国能源经济研究院	Korea Energy Economics Institute (KEEI)	http://www.keei.re.kr	能源/能源政策/气候	亚洲

续表

序号	智库中文名	智库英文名	智库网站	研究主题	所属大洲
246	韩国气候变化研究所	Korea Research Institute on Climate Change	http://www.kric.re.kr/assets/comm/en/html/index.html	气候变化/能源环境/能源政策	亚洲
247	赫舍尔可持续发展中心	Heschel Sustainability Center	http://www.heschel.org.il/heschel-media	气候/可持续发展/可再生能源/区域合作等	亚洲
248	胡马－社区与生态法改革协会	HuMa – Society for the Reform of Community and Ecological Law	http://www.huma.or.id/	环境/土地和自然资源/能源	亚洲
249	湖南大学资源与环境管理研究中心	Center for Resource and Environmental Management	http://crem.hnu.edu.cn/	能源环境绩效评价/石油资产定价与预测/碳交易与碳减排机制/数字经济与能源环境管理等	亚洲
250	互联互通	Tawasul	https://tawasul.co.om/	教育/环境/自然资源/能源/社会政策等	亚洲
251	华北电力大学北京能源发展研究基地	Beijing Energy Development Research Center	https://bjnyjd.ncepu.edu.cn/index.htm	能源立法/能源政策/能源经济/能源管理/能源教育	亚洲
252	华北电力大学现代电力研究院	Academy of Modern Electric Power Research	https://dlyjy.ncepu.edu.cn/index.htm	能源电力市场/能源政策/能源信息化/储能技术	亚洲
253	华东理工大学能源经济与环境管理研究中心	Research Center for Energy Economics and Environmental Management	\	能源产业政策/能源技术系统/能源金融/能源产业空间经济计量与优化/能源低碳供应链管理等	亚洲
254	环境与可持续发展社会研究中心	Japan Center for a Sustainable Environment and Society	http://www.jacses.org	自然资源/能源	亚洲
255	环境与可持续发展研究与应用中心	Center for Environment and Sustainable Development Studies and Application	http://www.cenesta.org/	环境/自然资源/能源/农业/食品/法律和人权等	亚洲
256	环欧地政策与投资委员会	European Rim Policy and Investment Council	http://www.erpic.org	东地中海地区安全/民主法治/能源问题和方案	亚洲

续表

序号	智库中文名	智库英文名	智库网站	研究主题	所属大洲
257	经济发展与研究中心	Economic Development and Research Centre	https://www.edrc.am	私营部门发展，人类发展，社会权利和福利，政策制度/结构发展，农村发展和小城镇现代化，能源效率和可持续发展，区域合作与一体化	亚洲
258	经济和社会研究所 – LPEM FEB UI	Institute for Economic and Social Research – LPEM FEB UI	www.lpem.org	自然资源和能源/宏观金融/绿色经济/数字化/气候问题/性别/人权等	亚洲
259	经济与外交政策研究中心	Centre for Economics and Foreign Policy Studies	http://www.edam.org.tr/	数字化政策/经济与能源/国防安全/外交政策等	亚洲
260	卡塔尔乔治城大学国际与区域研究中心	Center for International and Regional Studies, Georgetown University in Qatar	https://cirs.georgetown.edu/	全球能源文化能源人文等	亚洲
261	开发替代方案	Development Alternatives	https://www.devalt.org	可持续发展/气候应对/水资源/绿色能源等	亚洲
262	科威特科学研究所	Kuwait Institute for Scientific Research	http://www.kisr.edu.kw	保护环境/可持续管理/自然资源/水和能源/农业技术	亚洲
263	科学技术和政策研究中心	Center for Study of Science, Technology and Policy	https://www.cstep.in/	环境/自然资源/能源/教育/食品/农业/健康等	亚洲
264	科学和环境中心	Centre for Science and Environment	https://www.cseindia.org/	空气/水资源/污染/工业/可再生能源/气候变化/环境实验室/教育/医疗等	亚洲
265	科学研究委员会	The Research Council	https://www.trc.gov.om/trcweb/home	环境/自然资源/能源/技术创新等	亚洲
266	可持续发展政策研究所	Sustainable Development Policy Institute	www.sdpi.org	环境/能源/公共管理/性别/食品安全/经济发展/信息交流等	亚洲
267	可持续能源技术中心	Sustainable Energy Technologies	https://set.ksu.edu.sa/en	可再生和可持续能源	亚洲

附录 各大洲能源智库一览表

续表

序号	智库中文名	智库英文名	智库网站	研究主题	所属大洲
268	可持续能源政策研究所	Institute for Sustainable Energy Policies	https://www.isep.or.jp/	可再生能源/气候变化	亚洲
269	马尼拉观测台	Manila Observatory	http://www.observatory.ph/	环境/自然资源/能源/健康	亚洲
270	孟加拉国发展研究所	Bangladesh Institute of Development Studies	http://www.bids.org.bd/	宏观经济管理/环境和气候变化影响/基础设施（包括能源和电力）/全球化/农业和农村发展/贫困和不平等/贸易/粮食安全等	亚洲
271	缅甸绿莲花	Green Lotus Myanmar	https://www.green-lotus.org/	环境/自然资源/能源	亚洲
272	南方电网能源发展研究院	China Southern Power Grid Energy Development Research Institute Co., Ltd.	\	能源战略与政策/电力系统与规划/新兴技术与可持续发展	亚洲
273	能源、环境和水委员会	Council on Energy, Environment and Water (CEEW)	https://www.ceew.in/	能源/环境和水	亚洲
274	能源、生态与发展中心	Center for Energy, Ecology and Development	https://ceedphilippines.com/	环境/自然资源/能源	亚洲
275	能源和资源研究所	The Energy and Resources Institute	http://www.teriin.org/	可持续农业/气候变化/能源/环境/健康与营养/城市化/资源和可持续发展	亚洲
276	能源环境资源开发中心	Centre for Energy Environment Resources Development	http://www.ceerd.net/	环境/自然资源/能源	亚洲
277	能源科学与工程系	Department of Energy Science & Engineering	https://www.ese.iitb.ac.in	能效/可再生能源/核能/石油和天然气	亚洲
278	能源效率局	Bureau of Energy Efficiency	https://beeindia.gov.in	环境/自然资源/能源/经济/金融贸易	亚洲
279	能源综合工学研究所	Institute of Applied Energy	http://www.iae.or.jp	自然资源/能源	亚洲
280	尼泊尔清洁能源	Clean Energy Nepal	www.cen.org.np	能源环境问题/清洁能源	亚洲

续表

序号	智库中文名	智库英文名	智库网站	研究主题	所属大洲
281	清华大学能源互联网创新研究院	Energy Internet Research Institute	https://www.eiri.tsinghua.edu.cn/index.htm	能源战略与能源政策分析/能源创新规划与设计等	亚洲
282	清华大学能源环境经济研究所	Institute of Energy, Environment and Economy	https://www.3e.tsinghua.edu.cn/	能源与气候	亚洲
283	全球环境中心	Global Environment Centre	http://www.gec.org.my/	环境/自然资源/能源	亚洲
284	全球能源互联网研究院	Global Energy Interconnection Research Institute	\	电力/先进计算及应用/半导体器件/电工新材料	亚洲
285	人类发展研究中心	Human Development Research Centre	https://www.hdrc-bd.com/	健康/计划生育/食品安全/农业/卫生/能源和电气化/性别/教育等	亚洲
286	日本可再生能源研究所	Renewable Energy Institute	https://www.renewable-ei.org/en	可再生能源/气候	亚洲
287	日本可再生能源综合研究所	National Research Institute of Renewable Energy, Japan	http://jrri.jp/	可再生能源/环境	亚洲
288	日本能源经济研究所	Institute of Energy Economics	https://eneken.ieej.or.jp/	能源/经济和环境问题以及中东地缘政治	亚洲
289	瑞穗技术与研究所	Mizuho Information & Research Institute, Inc.	http://www.mizuho-ir.co.jp/	能源资源政策/经济贸易/技术	亚洲
290	塞缪尔·内曼国家政策研究所	Samuel Neaman Institute	https://www.neaman.org.il/EN/Home	能源和环境/食物和水/健康/教育/伦理学等	亚洲
291	沙特能源经济协会	Saudi Association for Energy Economics	https://www.saudi-aee.sa/	能源经济	亚洲
292	水政策协会	Water Policy Association	https://www.hidropolitikakademi.org/en	水资源/水管理/能源/环境/食品	亚洲

附录　各大洲能源智库一览表

续表

序号	智库中文名	智库英文名	智库网站	研究主题	所属大洲
293	斯蒂芬和南希大水研究所	Stephen and Nancy Grand Water Research Institute	http://gwri.technion.ac.il	环境/自然资源/能源	亚洲
294	太阳界蓝黛智库	Solar Vision	\	太阳能产业	亚洲
295	推动生命发展，振兴祖国	Advancing Life and Regenerating Motherland	https://alarmmyanmar.org/	环境/自然资源/能源	亚洲
296	西亚-北非研究所	West Asia – North Africa Institute	http://wanainstitute.org/en	社会正义/可持续发展/人类安全/可再生能源	亚洲
297	新加坡地球观测站	Earth Observatory of Singapore	http://www.earthobservatory.sg/	环境/自然资源/能源	亚洲
298	研究与传播基金会	Center for Research and Communication Foundation, Inc.	https://crc.uap.asia/	数字化/能源/教育/食品/农业/制造业/工业等	亚洲
299	研究与咨询中心	Centre for Research and Consulting	https://crcons.com	环境/自然资源/能源/教育/食品/农业/健康等	亚洲
300	耶路撒冷应用研究所	Applied Research Institute – Jerusalem	http://www.arij.org	可再生能源的利用/气候变化/自然资源管理/城市化/粮食安全/地理技术/环境监测等	亚洲
301	伊朗-欧亚研究所	Institute for Iran – Eurasia Studies	http://www.iras.ir/en	国防安全/国际关系/环境/自然资源/能源/金融贸易等	亚洲
302	伊斯坦布尔政策中心	Istanbul Policy Center	www.ipc.sabanciuniv.edu	环境/自然资源/能源/国际关系/社会政策等	亚洲
303	以色列地球物理研究所	Geophysical Institute of Israel	http://www.gii.co.il	石油和天然气/矿产/地下工程/国土安全	亚洲
304	应用经济学研究中心	Applied Economics Research Center	https://www.aerc.edu.pk/	贸易/农业/宏观经济学/教育/健康/贫困/性别/人口学/能源/工业/环境等	亚洲
305	英迪拉·甘地发展研究所	Indira Gandhi Institute of Development Research	http://www.igidr.ac.in/	国际贸易/金融和经济体系/能源/技术和环境问题	亚洲
306	越南能源转型倡议	Vietnam Initiative for Energy Transition	https://vietse.vn/en/	环境/自然资源/能源	亚洲

续表

序号	智库中文名	智库英文名	智库网站	研究主题	所属大洲
307	中东安全科学研究所	Middle East Scientific Institute For Security	http://www.mesis.jo/	教育/环境/自然资源/能源等	亚洲
308	中国电建集团贵州电力设计研究院	POWERCHINA Guizhou Electric Power Engineering	http://gzed.powerchina.cn/	大容量机组/特高压输变电/智能电网/新能源	亚洲
309	中国电力科学研究院	China Electric Power Research Institute	www.sgcc.com.cn	电力/电工	亚洲
310	中国能源经济研究院	China Institute of Energy economics research	\	国内外能源政策述评/分析与对比/最新动向观察	亚洲
311	中国能源研究会	China Energy Research Society	https://www.cers.org.cn/site/index.html?siteid=10000	能源战略和政策/能源管理和能源科学技术	亚洲
312	中国人民大学能源与资源战略研究中心	Center for Energy and Resources Strategy	http://nads.ruc.edu.cn/jgsz/yjzx/nyyzylyjzx/index.htm	中国城镇化过程中的能源与资源	亚洲
313	中国社会科学院研究生院国际能源安全研究中心	Center for International Energy Security Studies	\	中外能源产业与能源政策领域	亚洲
314	中国石油大学中国能源战略研究院	Academy of Chinese Energy Strategy	https://www.cup.edu.cn/aces/	能源战略	亚洲
315	中国石油经济技术研究院	CNPC Economics & Technology Research Institute	http://etri.cnpc.com.cn/etri/2021/home.shtml	能源战略与决策/油气市场与营销/国际化经营与地缘政治/科技发展与创新管理以及信息资源开发	亚洲
316	中国石油勘探开发研究院	Research Institute of Petroleum Exploration & Development	http://riped.cnpc.com.cn/riped/index.shtml	全球油气战略	亚洲

续表

序号	智库中文名	智库英文名	智库网站	研究主题	所属大洲
317	中华人民共和国自然资源部油气资源战略研究中心	Strategic Research Center for Oil and Gas Resources, Ministry of Natural Resources of the People's Republic of China	\	油气资源战略/规划研究	亚洲
318	自然资源与环境研究中心	Natural Resource and Environmental Research Center	http://nrerc.haifa.ac.il/	空气污染/环境和资源评估/生物多样性/能源/绿色建筑/气候变化/资源管理	亚洲
319	综合研究和行动促进发展	Integrated Research and Action for Development	http://www.irade.org	气候变化和环境/清洁能源转型/可持续发展/农业和粮食安全以及减贫/性别平等	亚洲

后　　记

在全球气候变化与能源转型的双重挑战下，国际能源智库作为连接政策制定者与能源领域实践者的重要桥梁，其在全球能源治理领域的重要性愈发突出。本书的编写旨在探索填补国际能源智库研究领域空白，为我国能源智库国际化建设提供理论支撑与实践助力。

书稿历经两年精心筹备与编写，凝聚了团队成员的智慧与心血。南京大学中国智库研究与评价中心与国网福建省电力有限公司经济技术研究院通力合作，共同完成了这一具有开创性的研究成果。南京大学信息管理学院李刚教授对本书的总体框架设计、内容逻辑提供了重要指导，国网福建省电力有限公司经济技术研究院对研究团队给予了宝贵支持，确保了项目顺利推进。

研究团队在文献收集过程中克服了诸多困难。由于国际能源智库资料分散且多为外文，团队成员付出了巨大的精力进行资料检索、翻译与整理工作。为了确保研究的前沿性和准确性，团队通过线上会议、邮件等方式与部分能源智库研究人员进行了深入交流，获取了宝贵的一手资料。受国际交流恢复缓慢等客观条件限制，未能开展大规模的国际实地调研，但团队依托丰富的文献资源和网络信息渠道，尽最大程度努力保证研究的科学性与全面性。

编写过程中，南京大学团队与国网福建省电力有限公司经济技术研究院建立了密切的协作机制。双方定期召开线上研讨会，共同商讨研究思路，分享最新研究进展，解决写作过程中遇到的难题，克服了时间紧、任务重的压力，确保了书稿按期完成。

本书共分为四个篇章。理论篇致力于构建国际能源智库研究的理论框架，由南京大学信息管理学院卢柯全完成。其中第一章第三节、第四节由南京大学信息管理学院蒋承桉完成。管理篇聚焦国际能源智库的组织运营。其中第六章由南京大学信息管理学院高麟娜执笔，第七章由国网福建省电力有限公司经济技术研究院林晗星撰写，第八章由国网福建省电力有限公司经济技术研究院张雨馨、陈文欣完成。业务篇是本书的重点内容，涵盖了四个专题章节。其中第九章和第十章分别由南京大学信息管理学院葛子豪、郑禧㵾撰写，第十一章和第十二章分别由南京大学信息管理学院唐闻天、陈霏执笔，章节写作过程中融合了部分实践案例，以加强实操与理论的结合。借鉴篇是本书的特色所在，共计五个章节。第十三章至第十七章分别由南京大学信息管理学院朱敬泽、王盈盈、吴嘉敏、黄筠惠、何爱雪完成，系统考察了国际能源组织以及欧洲、美洲、亚洲、非洲和大洋洲等地区重要能源智库的发展经验。这些章节不仅呈现了全球能源智库的发展现状，更重要的是揭示了不同类型、不同地区智库的特色与优势，为我国能源智库国际化建设提供了多元化的借鉴样本。

本书在写作过程中力求实事求是、客观公正。理论篇注重理论溯源与概念辨析，管理篇立足实践经验与制度创新，业务篇强调方法总结与技术展望，借鉴篇突出比较研究与经验提炼。各篇章负责人深入挖掘一手资料，努力确保研究的科学性和准确性。

同时，我们也清醒地认识到本书存在的不足。受限于资料获取渠道，对部分地区机构或新兴议题的分析可能存在深度不够、未能及时反映最新发展态势的问题，因此本书中的不当、不妥之处恳请广大读者不吝指正，以便在以后研究中得以完善和补充。

《国际能源智库概论》编委会
2025 年 2 月